应用型本科教育研究与实践

商洛学院 2022 年教育教学研究成果

范新会 / 主编

中国纺织出版社有限公司

图书在版编目（CIP）数据

应用型本科教育研究与实践. 商洛学院2022年教育教学研究成果 / 范新会主编. --北京：中国纺织出版社有限公司，2022.12
ISBN 978-7-5229-0181-7

Ⅰ.①应… Ⅱ.①范… Ⅲ.①本科－教学研究－中国－文集 Ⅳ.①G649.2-53

中国版本图书馆CIP数据核字（2022）第248549号

责任编辑：郭　婷　　责任校对：高　涵　　责任印制：储志伟

中国纺织出版社有限公司出版发行
地址：北京市朝阳区百子湾东里A407号楼　邮政编码：100124
销售电话：010—67004422　传真：010—87155801
http://www.c-textilep.com
中国纺织出版社天猫旗舰店
官方微博 http://weibo.com/2119887771
三河市宏盛印务有限公司印刷　各地新华书店经销
2022年12月第1版第1次印刷
开本：787×1092　1/16　印张：32
字数：510千字　定价：158.00元

凡购本书，如有缺页、倒页、脱页，由本社图书营销中心调换

编委会

主编：范新会
主任：刘宝盈
委员：李 超　周春生　张文诺　袁训峰　郭耀东　王学军
　　　彭晓邦　张 林　李世鹏　黄显忠　蒋正治　王 怡
　　　李会荣　王潇雅　杨娜娟

前 言

21世纪以来，我国的教育规模实现了从精英化到大众化到普及化的跨越，高等教育迎来了高质量全面发展的机遇期。中央发布的《关于新时代振兴中西部高等教育的若干意见》强调，振兴中西部高等教育，要坚持和加强党对高校的全面领导，坚持中国特色社会主义教育发展道路，全面贯彻党的教育方针，落实立德树人根本任务，推动实现内涵式发展，主动对接重大区域发展战略，扎根中国大地办大学，突出优势特色、汇聚办学资源、促进要素流动，有效激发中西部高等教育内生动力和发展活力，推动形成同中西部开发开放格局相匹配的高等教育体系。这不仅对中西部高等教育改革发展提出了新要求，也为中西部高等教育加快形成改革发展新格局指明了方向，具有重要的战略意义。

商洛学院作为一所地方应用型本科院校，学校大力实施"质量立校"战略，坚持教学中心地位不动摇，深入推进改革创新，促进教育教学质量提升。学校现有省级"一流专业"11个，省级创新创业教育改革试点学院、省级大学生创新创业实践教育基地、陕西高校实践育人创新创业基地等8个创新创业实践平台，实习实训基地302个。获批省级及以上新工科、新农科研究与实践项目4项、教育部产学合作协同育人项目78项，主持省级以上教改教研课题100余项，荣获陕西省高等教育教学成果奖一等奖6项、二等奖8项，获批省级本科教学工程项目30个。学校认真落实立德树人根本任务，扎实推进三全育人、五育并举，大力营造良好学风。学生主持国家级大学生创新创业训练计划项目189项，在各类竞赛中荣获省级以上奖励1800余项。荣获中国国际"互联网+"大学生创新创业大赛全国总决赛铜奖3项，陕西赛区省级复赛获得6金、33银、29铜的优异成绩。

教师专业发展是学校可持续发展的关键，是学校核心竞争力最集中的体现。近年来，学校的教育教学质量和社会声誉获得了快速的提升，这与我校重视教师队伍建设，特别是重视教师的专业成长密不可分。实践证明，促进教师专业化发展，不但要有学校制度上的支持，更离不开教师自身对教育教学工作不断地进行思考与研究、总结与反思，以及通过撰写论文进行自身的理论提升。本书是在我校 2022 年教育教学研究的 61 篇论文梳理和归类的基础上形成的一部论文集。本论文集中所有文章均出自我校专任教师之手，是广大教师近年来在教育的过程中的教学心得体会和专业与课程建设的构想与研究，内容涉及教学方法、教学模式、课程思政、教育教学实践以及基础教育研究等方面。学校组织编写论文集，目的是立足习近平总书记新时代中国特色教育教学的变革，引导教师对应用型人才培养目标进行专业课程建设的改革与探索，架起课程理念和教育理论转化为教学行为的桥梁，促进先进教学经验的提炼和传播，促进教师的专业发展和提升教师教育的教学水平。

使命呼唤担当，使命引领未来。面对新时代高等教育发展的新形势、新要求，"教研兴教、科研兴校"的理念已深入人心，全体教师必须树立高度的危机意识和发展意识，全面落实"立德树人"的根本任务，深化教育教学改革，培养德智体美劳全面发展的社会主义建设者和接班人，谱写商洛学院的美好未来。

编者

2022 年 8 月

目 录

立足"五微"实践　提升思政课实践育人的实效性 …………………………（李娜娜）1

"金课"与"水课"对学生学习自主性的养成效果探究 ……………（孙强强，薛婉婷，金振国）6

基于 ISO 29990 标准：地方应用型本科教学质量保证体系的构建研究 …………（王丹丹）15

对接中药产业链的中药制药专业特色发展研究与实践 ……………………………（梁旭华）24

"信号与系统"一流课程建设探索与实践 ………………………（李亚文，鱼轮，王园园）31

校企产教研深度融合实现对策研究——以盘龙产业学院建设
　　为例 …………………………………………………（李世玺，梁旭华，程敏，贾朝）37

地质地貌学"双融合＋三联动＋三渠道"教学创新实践 ……………………（李晓刚）44

"四个一流"背景下地方院校应用型人才发展的探索与实践 …………………（张亦琳）50

机械波的动态可视化仿真教学 ……………………………………………………（刘俊）57

乡村振兴背景下地方高校资源循环专业实践教学环节改革研究——以商洛学院
　　为例 ………………………………………………（刘璇，曹宝月，南宁，周春生）64

混合式教学在地理学科中的应用研究 ………………………（房舒，刘燕，张红侠，秦进）69

基于 OBE 理念的"电气控制与 PLC"课程教学改革探索与
　　实践 ………………………………………………（柯希彪，郭琳，袁训锋，刘俊）79

叙事教学在本科内科护理学课程中的实践研究 …………………………（周亚妮，李会荣）85

一流课程建设背景下的细胞生物学"课程思政"协同育人体系的
　　构建 ……………………………………（李小玲，华智锐，吴珍，王洋，史璐静，常伟东）91

"互联网＋"背景下地方院校专创融合应用型人才培养模式的探索与实效 ………（李春）97

基于 BIM 的工程管理专业实践教学改革研究 ……………………………………（党斌）102

三角教学管理法：教学改革破圈之道探索与梳理 …………………………………（唐塱堃）109

马克思恩格斯科技思想的当代价值 ………………………………………………(王伟萍) 116

"双减"背景下师范教育实践教学体系改革探究 ………………(陈红艳，梁彦红，李嫱) 121

中小学语文教材中贾平凹选文的文学特点 …………………………………(程华) 126

化学史在高中化学教学中的应用 ………………………(樊雪梅，王书民，孙楠，刘萍) 134

中学化学微课设计与制作 …………………(樊雪梅，李健鹏，王书民，孙楠，刘萍) 146

语料库在中学英语词汇教学中的应用研究 …………………………………(冯丽君) 160

中学生学习英语的误区、根源与对策 ………………………………………(冯丽君) 165

课程思政一体化背景下数学教学实践研究 ………………(郭萌，刘瑞瑞，王怡) 169

信息化教学手段在中学数学教学中的应用研究 …………(郭萌，齐荣洁，王怡) 177

基于 HPS 教学模式在中学课堂教学中的应用——以有机化学
    为例 ……………………………………………(郝东艳，龚伟，徐思清，张露芮) 184

线上教学的利弊分析——以新冠肺炎疫情期间金丝峡中学化学教学
    为例 ……………………………………………(郝东艳，王君，胡玉洁，张青丽) 194

课程思政背景下初中数学课堂教学策略探析 ………………(李超，徐怡欣，程国) 203

新课改背景下初中数学教学中学生数学思维能力的培养 …………(李超，韩佳池，程国) 209

初中数学课堂差异教学的案例研究与反思 …………………………(李会荣，安曼琦) 217

分类讨论思想在中学数学教学中的应用 ……………………………(李会荣，闵钊) 227

基础教育阶段王维诗歌教学方法探析 ………………………………(李小奇，王俊) 237

教育生态视角下小学古诗词教学刍议 ………………………………(李小奇，王蕾婷) 248

小学生亲子沟通与自尊 ……………………………………(梁丰，李盼盼，杨思琪) 255

小学生师生关系与学习动机对学业成绩的影响研究 …………(梁丰，李盼盼，崔连诗) 263

新课程标准下初中物理有效课堂教学探究 …………………(刘宝盈，李丽君，刘宗辉) 272

中学物理教学中学生创新能力培养的研究 …………………(刘宝盈，李丽君，张颖) 281

初中"道德与法治"课中优秀传统文化教育的路径研究 ………(王贝贝，王晓霞，李敏) 289

运用红色文化资源开展中小学德育的价值和途径探索 ………(刘勇，金敏，张文) 296

"双减"政策背景下小学语文作业设计策略 …………………………………(张文诺) 303

初中数学变式教学研究 …………………………………………………（张东翰，蒋凯维）311
基于 MATLAB 的简谐振动研究 …………………………………（袁训锋，黄天清，刘宝盈）319
问题驱动：基础数字教育资源公共服务政策变迁逻辑 ………………………（杨小锋）332
"双减"背景下初中化学教学现状及改善策略 ……………………（王怡，刘惟肖，郭萌）341
初中数学教学中的德育渗透 …………………………………………………（王晓，曹星）350
试错法在中学物理教学中的应用 ……………………………………………（谭小东，李安军）356
普通中学学生化学认知水平现状与提升研究 ………………………………（王香婷，王竞宇）362
"翻转课堂"在中学化学教学中的探索与实践 ………………………（王香婷，刘婷，郑禧音）375
情绪调节策略与高中生考试焦虑 ……………………………………（彭虎军，李盼盼，王格）383
实验室几种度量器具损坏后的修复与校正 ……………（任有良，王羽，王建成，孙楠）390
手持技术在 CO_2 通入澄清石灰水系列实验中的应用 ………………（任有良，崔坤，孙楠）404
中小学历史教学中互动教学模式初探 …………………………………………（赵卓煜）415
试论高中历史教学中学生史料解析能力的培养 ………………………………（赵卓煜）422
翻转课堂在初中数学教学中的应用 …………………………（赵鹏军，张文华，吴小鹏）435
初中数学教学中学生问题意识的培养 ………………………（赵鹏军，刘怡婷，吴小鹏）446
基础教育阶段深化爱国主义教育的路径探析 ………………（张志昌，朱琳，蒋正治）458
"三校生"物理化学基础知识调研及学习对策 …………（石启英，张璐，杨和平，王建芳）465
大学物理课程思政研究现状分析 ……………………………………（史军辉，侯茹，李乐茹）475
点电荷静电场的模拟在高中物理课程中的应用 ……………………………（宋亚峰）484
简谐运动的模拟在高中物理课程中的应用 ……………………………………（宋亚峰）492

立足"五微"实践 提升思政课实践育人的实效性

李娜娜 [1]

摘要：实践育人是高校思政课教学工作的重要组成部分，是实现思政小课堂与社会大课堂相结合的系统工程。"五微"实践教学蕴含着思政课实践育人的基本遵循，也突显了思政课实践育人的鲜明特色，立足"五微"实践教学来加强思政课实践育人的实效性是讲活思政课的重要方式。本篇分析了高校"五微"实践育人的现实困境，有针对性地提出优化路径，从而推动新时代思想政治理论课改革发展，提升高校思想政治工作的育人质量和效果。

关键词："五微"实践；立德树人；实践育人；实践成效

思想政治理论课（以下简称"思政课"）实践教学是提升思政课教学实效、培养德智体美劳全面发展的社会主义建设者和接班人的需要。2019年3月18日，习近平总书记在主持召开的学校思想政治理论课教师座谈会时强调，"要坚持理论性和实践性相统一，用科学理论培养人，重视思政课的实践性，把思政小课堂同社会大课堂结合起来。"可见，实践育人作为新时代高校"大思政课"的题中之意，只有不断改进和创新教学方式，强化实践育人，方能推动思政教育入脑入心。

"五微"实践教学模式是应对新时代思政课改革创新的必然举措，是着力实现学校课堂与社会课堂紧密结合的教学创新方式，其类型主要包括微课件、微视频、微研究、微调查、微公益。这一实践教学模式是在继承传统课堂积累的丰富理论教育经验的基础上，用好社会这个大课堂，充分体现学生的主体地位和激发学生的学习兴趣，对于当代大学生树立理想信念、培养问题意识、提升综合素质具有至关重要的作用。

一、"五微"实践是提升思政课实践育人的主要依托

（一）"五微"实践教学蕴含思政课实践育人的基本遵循原则

思政课实践育人是有效落实立德树人教育根本任务的关键环节，而"五微"实践教学模式则是助力这一关键环节顺利完成的有效举措。习近平总书记强调："要把立德树人融入思想政治教育、文化知识教育、社会实践教育的各个环节[2]"。这深刻地阐明了立德树人在教育各个环节中的基础性地位和引领性作用。"五微"实践教学模式紧扣立德树人根本任务，

---

[1] 作者介绍：李娜娜，女，甘肃省庆阳人，硕士，助教

[2] 习近平．习近平在全国教育大会上强调：坚持中国特色社会主义发育发展道路．培育德智体美劳全面发展的社会主义建设者和接班人 [N]．人民时报，2018-09-11(01)．

在教学大纲的制定、教学内容的确立、教学形式的设计等方面符合思政课实践教学的基本要求，遵循思想政治工作规律、教书育人规律、学生成长规律。在实践教学活动中依据学生所学专业和兴趣在教学内容上设计不同的板块，采用不同的活动形式充分激活思政育人元素去完成实践教学目标，引导学生在实践活动中坚定政治信仰、进行理性反思，培养问题意识、提高自身素质和能力。这一实践教学模式在育人路径上坚持理论与实践相统一，在育人理念上坚持教师主导和学生主体相统一，在育人阵地上坚持课上与课下相统一。彰显了新时代思政课改革创新的本质与规律，深化了学生对理论知识的理解力，提升了学生对思政课教学的认同感，增强了思政课实践育人的实效性。可以说，"五微"实践蕴含着思政课实践育人的基本遵循原则。

（二）"五微"实践凸显思政课实践育人的鲜明特色

"五微"实践活动是我校结合自身发展特色和学生的实际情况探索的一项寓教于"行"的实践新模式，旨在摆脱教师单向教学，不断提高学生对实践教学过程的参与度与融入度，不同类型的"五微"实践活动凸显了思政课实践育人的鲜明特色。

一是教师主导与学生主体性作用的双向互动促进内化理论认知。教与学、教师与学生的双向互动是教书育人规律的基本要求，也是"大思政课"视域下思政课实践育人的鲜明特色。思政课教师在课堂教学中对教学内容进行阐释、转化、输出，并设定实践目标、统筹协调实践活动。学生在课堂上将所学理论知识进行输入、吸收、内化，并在"五微"实践教学中积极发挥主体能动性，以团队为主体，依照兴趣点选择不同的实践类型，进而实现深化理论认识、增强理论觉悟、实现对理论的主动建构和内化认知。

二是内容整合与形式创新的有机统一促进深化价值认同。思政课实践育人的目标是要在形式创新的基础上形成理论认知、深化价值认同，进而将理论认同转化为学生现实的自觉行动。思政课教师在开展"五微"实践活动时，在把握理论本身整体性逻辑的基础上将思政课与课程思政有机结合，不断适应世界发展大势、信息技术和媒介传播手段的发展要求，不断了解学生成长发展的规律和个性特点，以此激发学生参与和主动构建认知的积极性，在形式创新和理论传授的有机统一中促进学生形成积极、正确的价值认同。

三是问题导向与价值导向的辩证统一促进并增强行动自觉。一方面，思政课教师在引导学生开展"五微"实践活动时坚持以问题为导向，旨在透过纷繁复杂的社会现实问题、学生关注的热点问题，用科学的理论指导实践，并在实践的检验中进一步深化对理论的学习与理解，以此激发学生的学习兴趣、增强理论的现实解释力和说服力。另一方面，坚持以价值为导向，在马克思主义理论内在逻辑与规律掌握的基础上，结合生动的现实生活和丰富的实践活动，切实发挥实践育人行为塑造、价值引领、情感认同与升华的功能和作用。坚持问题导向与价值导向的辩证统一，有助于充分发挥思政课实践育人问题分析和理论阐释基础上的价值引领功能，从而不断增强青年学生理论认同基础上的行动自觉。

二、"五微"实践育人的现实困境

（一）忽视对学生的研究

"办好思政课，最根本的是要全面贯彻党的教育方针，解决好培养什么人、怎样培养人、为谁培养人这个根本问题。"习近平总书记强调："培养一代又一代拥护中国共产党领导和我国社会主义制度、立志为中国特色社会主义事业奋斗终身的有用人才。"这便指明思政课教师要把教育对象培养成国家和社会所需要的人。思政课教学是教师和教学对象围绕思政课内容要求展开的互动过程,在这一过程中,就要求教师要研究和精通传导的内容要求,清楚自己要传什么;也要求教师要关注和研究学生,清楚学生成长发展的规律和对所学内容理论认同和行动自觉。然而,在实际的教学过程中,教师对学生接触不够,了解不够,讲授的内容脱离实际,缺乏对学生思想上的深层次启迪,摸不到学生思想的脉搏,对学生真实的内心感受和能力变化关注较少,难以客观地把握学生,进而在课堂教学中理论阐释不透彻、方法运用单一、课堂氛围单调,在实践教学中难以激发学生的兴趣、提高学生的参与度、增进对现实社会的感悟、致使在部分学生中存在"为了实践而实践"的现象,多数是体验式、走过场,或者是应付老师交给的"任务",这就难以完成思政课实践教学的根本任务,也严重影响了思政课的实效性。

(二)学思与知行结合不够紧密

高校虽然一直强调思政课实践教学的重要性,也陆续把实践教学纳入课程体系,但对其重要性的认识还不到位,存在偏差,在一定程度上仍存在"重理论轻实践、重知识传授轻能力培养"的观念。在此观念的影响下,一方面,思政课教师在开展专业化、知识化的理论时,未能很好紧跟形势,坚持理论与实践相结合,及时发现学生思想观念和价值追求的变化,使课堂教学与实践教学两者之间尚未有效衔接,很难达到预期教学目标。另一方面,青年学生在观念中也存在着重视专业课的学习,轻视思政课的学习情况,致使在实施微研究中对专业知识和马克思主义理论知识的结合不够,存在"两张皮"的现象;在开展微调查中对现实社会中的热点难点问题分析不足,存在理论与实践相脱节的现象;在微课件制作和微视频拍摄中运用形式多样的载体和形式去增强趣味性,却忽视了理论的深邃性和逻辑性,存在重形式而轻内容的现象;在微公益的实施过程中注重公益活动的参与感而情感投入不足,存在重参与而轻感悟的现象,且形式单一。以上这些,致使"五微"实践活动难以发挥育人功能,存在重外在华丽形式、轻内涵品质培育的现象,缺乏有特色、有亮点的育人品牌及可推广的经验。

(三)协同育人机制不够完善

实践教学成效的取得需要坚持科学性、系统性、完备性、协同性原则,这就要求要科学设定实践育人内容,在顶层设计中加强实践育人工作的科学性、系统性、协同性。要善于从整体上总体规划和评价反馈中发现问题并及时解决问题,使实践主体、实践活动、实践管理统筹规划,推动全员、全方位、全过程实践育人永续发展。然而,在实施"五微"实践的过程中,思政课教师、管理人员和领导等各育人主体间相互沟通、相互作用不足,未能较好地找准利益共同点,创造有利条件搭建共赢共享发展平台;在实践活动开展中存在活动总体规划和活动评价反馈不足,未能使实践育人活动逐步形成闭环运行模式;在实践育人管理上未能进一步完善相关制度和监督活动实施,实践育人激励机制不完善等。以上这些致使构建能够适应高校教育发展和人才培养目标的实践育人工作体系不完善,进而会影响高校实践育人工作取得新成效。

三、立足"五微"实践提升思政课实践育人的主要途径

(一)明确研究内容,把握研究学生的指向

从总体上来说,思政课教学研究学生应有利于提高思政课的教学实效,这就要求思政课教师要明确研究内容,把握研究学生的指向。一是研究学生的发展水平和思想行为特点,以使思政课教学具有适应性。马克思曾经说过:"任何人如果不同时为了自己的某种需要和为了这种需要的器官而做事,他就什么也不能做。"因此,思政课教师要进一步研究和把握学生的发展水平,使育人目标与青年大学生的成长需求时刻保持一致。"要用好课堂教学这个主渠道,思想政治理论课要坚持在改进中加强,提升思想政治教育亲和力和针对性,满足学生成长发展需求和期待。"此外,习近平总书记指出:"做好高校思想政治工作,要因事而化、因时而进、因势而新"思政课教师要时刻保持与学生的交流沟通,组建专业团队加强研究学生的思想行为特点。二是研究学生的兴趣和学科特点,以使思政课教学具有针对性。当前,互联网的迅猛发展和新媒体的快速迭代为高校实践育人带来了新机遇、新活力。尤其是互联网激发了学生参与实践活动的主体意识和兴趣点,吸引了学生运用新媒体技术和平台积极参与实践活动。因此,思政课教学要坚持以学生为中心,"思想政治工作从根本上说是做人的工作,必须围绕学生、关照学生、服务学生"。同时要"加大对学生的认知规律和接受特点的研究,发挥学生主体性作用。"这样学生才可能接受思政课的内容要求。此外,还要依据学生所学学科的特点,有意识地将思政课与课程思政有机融合,激发学生学习的"兴奋点",着力提升学生对思政课的认识及其实际掌握水平。三是研究学生思想品德中存在的问题,以使思政课教学具有导向性。思想政治教育的基本矛盾是"一定社会发展所提出的思想品德要求与人们思想品德水平之间的矛盾。"思政课教学过程,就是解决国家和社会要求与对象思想政治品德现状的矛盾、问题。如通过"微公益"的实施,学生以5~7人组成的团队确定公益活动项目、制订公益活动方案、借助媒介手段实施活动、撰写实践报告、个人心得及制作PPT,最终进行展示汇报。在这一实践过程中,学生在参与中廓清了认识错误,把传统美德内化为自身的道德品质和信念,培育了大学生的公益精神和社会责任意识。

(二)深化内涵建设,打造实践育人特色项目

党的十九大提出了实现高校教育内涵式发展的目标要求。所谓内涵式发展就是坚持把立德树人成效作为根本标准,坚定不移走中国特色社会主义教育发展道路。实践教学注重从内容上结合习近平新时代中国特色社会主义思想"三进"要求,如深入挖掘商洛地方独特的红色文化资源和社会建设成就,开展"五微"实践教学创新活动,用实地、实景、实践进行"微视频"拍摄、"微课件"制作、"微研究"思考、"微调查"实地调研、"微公益"实施等方式,把思想政治教育融入社会实践、基层宣讲、志愿服务等活动中,引导学生自觉将所学理论应用到实践中,加深对理论的认知和理解,并在实践活动中积极思考,发现问题、分析问题、解决问题,反思和总结马克思主义理论对个人成长价值,深刻体验并真心信服理论的真理性,产生"真的有收获"的感受。

(三)优化系统设计,构建实践育人的长效机制

"三全育人"是高校思政课实践教学的基本要求。开展"五微"实践,要从实践教学

的系统优化上着力，构建实践育人的长效机制。一是加强各育人主体间的相互作用。学校领导要高度重视思政课建设，将"五微"实践教学纳入教学计划，组成实践课程领导小组，在管理制度、经费保障及实践过程和环节等进行规范。同时，相应的制度规范还需要在实践过程中进一步的修订和完善，这就需要学校领导、管理人员、思政课教师等各育人主体间进行相互交流，确保思政课实践教学得以有效、规范和持续开展。二是扎实做好实践课程的设计和实施。要进一步从实践教学课程化建设的角度来统筹"五微"实践教学模式，围绕思政课课堂教学制定针对性较强的实践教学方案。在实施过程中注重科学性和可操作性，确保实践教学内容与课堂理论保持一致。在实践活动完成之后对教师和学生要有明确的考核评价机制。这样既有助于调动教师的积极性，也可以有效地缓解学生将思政课的实践作业看作一项可有可无的作业的态度，解决少数人参与的状况。三是建立各院部联合教研组。通过定期组织与各院部的教学研讨和学术交流，深耕"课程"与"思政"的内在联系，深入挖掘各类课程和教学方式中蕴含的思想政治教育元素和所承载的思想政治教育功能，这不仅有助于充分发挥思政课主渠道的作用，深化思政课改革创新建设"大思政课"，还有助于教师了解各专业学生的关注点和兴趣点，进而有针对性地进行教学，实现课堂教学和实践教学在教学内容、培养目标上的高度统一。

参考文献

[1] 习近平. 用新时代中国特色社会主义思想铸魂育人贯彻党的教育方针落实立德树人根本任务 [N]. 人民日报，2019-03-19(1).

[2] 习近平. 思政课是落实立德树人根本任务的关键课程 [M]. 北京：人民出版社，2020.

[3] 马克思，恩格斯. 马克思恩格斯全集 [M]. 第3卷. 北京：人民出版社，1960.

[4] 习近平在全国高校思想政治工作会议上强调：把思想政治工作贯穿教育教学全过程开创我国高等教育事业发展新局面 [N]. 人民日报，2016-12-09(1).

"金课"与"水课"对学生学习自主性的养成效果探究

孙强强，薛婉婷，金振国

摘要：本研究以淘汰"水课"，打造"金课"为出发点，运用文献查阅法、内容分析法、调查研究法等方法，系统地阐述了"金课"与"水课"的基本观点和发展历史，分析学生学习自主性养成的现状和存在的问题，以及影响学生学习自主性养成的因素，发现在"金课"中学习，可以促进学生学习自主性的养成，使学习效率显著提升。

关键词：金课；水课；学习自主性；问卷调查

在全面深化教育教学改革的进程中，人才培养的核心要素是课程。2018年4月，教育部正式批准颁发了《教育信息化2.0行动计划》。2018年6月，时任教育部部长陈宝生在新时代全国高等学校本科教育工作会议上首次提出"金课"概念。紧接着，2018年11月，教育部高教司吴岩司长作了《建设中国"金课"》的重点工作专题报告，明确提出了高校必须尽快淘汰"水课"，打造"金课"。"水课"即陈旧且低阶性的课程，而"金课"指有深度、难度和挑战度的课程。"金课"的提出是习近平新时代中国特色社会主义思想对人才培养的需求，是对传统课堂教学模式的一次挑战，是对社会发展、科技创新与课堂教学陈旧、教学效益低下矛盾的反思。高校"金课"建设不仅能够促进学生的健全发展，而且能为国家培育更多、更高水平的人才。理念、目标与行为的变革是实现高校课程"去水增金"的关键。

如今，淘汰"水课"、打造"金课"的建设也在不断完善。然而当前面临的最大问题是"金课"建设主体并未提升对"金课"建设的认识水平。目前，校方或主管课程建设的职能部门多停留在文件传递层面，未深刻领悟"金课"建设之本；教师群体大部分仍延续着对课程的传统认知，不愿主动探索"金课"建设的路径。许多教师都不注重改变课程的低阶性，导致授课水平难以提高，学生也很难学到真正的知识。高校中自然科学的某些基础课内容多年没有多少变化，教师从教学"生手"发展到教学"熟手"之后，渐渐在教学中体会不到多少挑战性。此外，部分学校对学生的要求偏低，在学业、学术研究方面没有高的要求，导致学位授予率过高。通过淘汰"水课"、打造"金课"的建设，逐步将"水课"剔除出学校的课程体系，打造出更多的"金课"，可以减少学生对学习的散漫行为，增强进取心，提高学习动机，从而提升自身的综合能力；经过优胜劣汰，也能促进教师自身教学水平的提高。

1997年12月，OECD实施了"素养的界定与遴选：理论和概念基础"的项目研究，其认为，核心素养有两个主要职能：一是为了实现个人成功的生活和生活，二是为了构建一个健全的社会。研究人员建设了一个具有三大类别九项素养、彼此相互关联的核心素养体系，形成核心素养的概念参照框架图（见图1）。

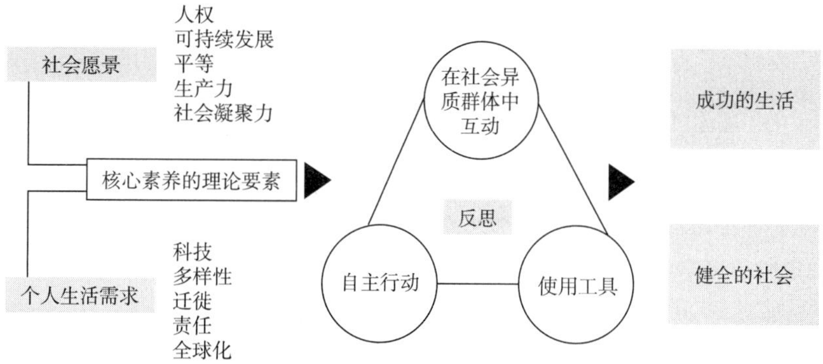

图1　OECD提出的核心素养概念参照框架图

可以发现，学生的核心素养有三个方面：第一是使用工具，即可以使用文化工具与外界进行交流；第二就是能够独立地自主做出行动，拥有自身独立的价值观和人格，能够独立地主导自身的言论和行为；第三是在社会异质群体中互动，与他人共同学习、生活。基于该研究成果，后续大多课题组在探索培养学生的核心素养时，将促进学生的自主发展作为关键组成部分。有学者对国际组织、各国及地区学生核心素养进行了比较（见表1）。

表1　国际组织、各国及地区学生核心素养之自主发展比较

组织/国家（地区）	自主发展（人与自己）
经合组织	与他人之间建立良好的关系；团队合作；管理与解决冲突
欧盟	主动及创新意识；学会学习
联合国教科文组织	学会发展和改变
国际文凭组织	思维能力；身心全面发展；反思能力；探究能力
美国	创新能力或创造力；解决问题的能力；自我导向与主动性
芬兰	成长为人；交通与安全
英国	改进学习的能力；问题解决能力
德国	问题解决能力；对自己活动陈述解释的能力
法国	拥有独立自主和主动进取的精神
澳大利亚	与他人合作在团体中工作的能力
新西兰	自主管理能力；思维能力

从表1可以看出，虽然各国或组织对学生自主性范畴存在差异性，但均将学生学习自主性作为其必须具备的核心素养之一。

目前，我国学生学习自主性的水平偏低。露沃思的一项研究中指出，人的自主性会产生变化，在婴幼儿时期属于"最小自主性"，随着其心智的成熟，将会逐步发展到成人阶段的"常态自主性"，甚至可能会进一步达到"超常自主性"的程度。这种反差的出现，可能是因为中西文化存在差异性或者科学研究的方法使用的不同，但也说明了我国学生学习自主性的发展被当前的教育所严重阻碍。学校教育太多地注重"考试导向"，在教学模式上进行僵硬化的"一刀切"。长期以来，受教师的监督和升学考试等因素的影响，学生真正自主发展的时间与空间非常少。针对此现状，学校必须重视起来，不遗余力地去探究并发展学生学习自主性的策略。

面对当下的课堂教学，强教弱学的"过度讲授"这一问题还普遍存在于当前我国的一系列教育和课程活动中。毋庸置疑的是，在经过长期的教育教学改革后，不少教师和学生能够接受并已经开始逐步建立和兴起了新教学思想，在课堂的教学活动过程中充分开展了学生独立自主参与的课堂学习活动。发展学生的学习自主性是促进教学改革的必然选择。只有学生拥有良好的学习自主性，才会对学习怀有积极正面的态度，重视学习的重要性，积极提高学习效率。

为促进学生课堂学习自主性的养成，从淘汰"水课"、打造"金课"的建设因素出发，对学生课堂学习效果进行调查研究。基于淘汰"水课"、打造"金课"的相关理论，分析研究建设"金课"为其所带来的利弊。设计问卷调查，探究学生学习自主性养成过程的学习效果，分析影响学生学习自主性养成的因素，并根据养成效果提出发展策略。

一、学生自主性养成探究方法及思路

以文献分析法在中国知网、万方数据库中文献检索，查找有关淘汰"水课"、打造"金课"及学生课堂学习自主性养成为关键词的相关文献进行分析与整理，以此作为理论支撑。利用内容分析法梳理淘汰"水课"、打造"金课"对学生的课堂学习自主性进行影响。从国内现状出发，分析"金课"给教育行业带来的挑战和发展。通过问卷调查法，收集学生基于淘汰"水课"，打造"金课"建设下课堂学习自主性的养成效果，使用数据工具对问卷中各维度数据进行整理与分析，最终获得结论，给出合理性建议。基于淘汰"水课"、打造"金课"促进学生自主性养成的探究思路，如图2所示。

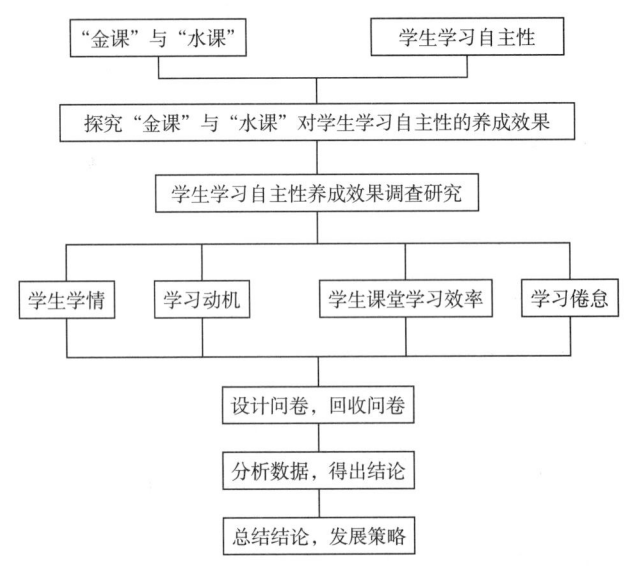

图2 基于"金课"与"水课"对学生学习自主性的养成探究流程图

基于淘汰"水课"、打造"金课"建设背景下，以问卷调查的方式，剖析影响学生课堂学习自主性养成的认知因素与非认知因素，评价课堂学习自主性的养成效果。同时，提供学生课堂学习自主性养成效果分析的案例，为今后课堂的建构提供案例参考。分析影响学生在课堂中学习自主性养成效果的影响因素，提出最终发展性策略，显著提高学生的学习自主性，提升学习效率。

二、问卷调查及数据分析

(一)调查问卷设计

1. 问卷编制

本文以开设了多项"金课"的商洛学院学生为研究对象，进行问卷调查分析，主要包含四个维度。第一维度主要包含被调查学生的基本信息，以学生学情出发，设人口变量为：性别、专业、年级，如表2所示。

表2 人口变量表

选项	属性
性别	男 / 女
专业属类	文科 / 理工 / 艺术、体育
年级	大一 / 大二 / 大三 / 大四

第二维度包含学生的学习动机。学习动机能够充分反映学生的学习效果，以学习兴趣、自我效能感等学习动机为重点研究对象设计问卷、收集数据，结果如表3所示。

表3 维度及具体问题

维度	具体问题
自我效能	我的课堂学习自觉性很低
	我的课堂学习自觉性一般
	我的课堂学习自觉性很高
期望水平	期望自己课堂学习自主性变强，学习效率提升
	期望学习到有用的知识
诱因价值	在学习上取得好成绩
	掌握课堂上老师所讲内容
努力程度	某次考试中的成绩不理想，平静地分析自己在考试中所犯的错误
	选择虽然难却能够从中学到知识的学习任务，而付出更多的努力

第三维度主要包含学生的学习倦怠而导致的行为。由于学生长期面对课业压力，产生了学习倦怠，逐渐丧失了对课业及活动的热情，对待同学冷漠疏远，并且对学业报有负

面态度，导致其不想学习。因此，将学习倦怠作为研究对象设计问卷、收集数据，结果如表 4 所示。

表 4　维度及具体问题

维度	具体问题
情绪低落	早晨起来，面对学习，感到很疲倦
	一整天学习下来，感到筋疲力尽
行为不当	感到学习很枯燥
成就感低	所学的知识有用
	所学的一部分知识有用
	所学的知识毫无用处

第四维度主要是在"金课"学习后，学生对知识的掌握程度，学生的学习状态，是否会影响学生课堂学习自主性。问卷中还设有单选题，主要考查学生对"金课"与"水课"的了解及接受程度，如较之于"水课"，学生在"金课"中的学习效果和学习自主性有无提高等。

2. 问卷预调研

为了能充分地反映学生的学习效果，增强问卷的合理性与全面性，会对学生做一个预调研，通过预发放 50 份问卷进行预调研，之后回收分析，回收率 100%。同时，通过与学生交流，进一步优化问卷内容。

3. 正式问卷发放及收集

基于淘汰"水课"、打造"金课"建设背景下，以开设多项"金课"的商洛学院学生为研究对象，设置相关问题，通过网上问卷形式对学生的意愿进行征集，共收集调查问卷 140 份，有效问卷 134 份，有效率为 95%。

（二）问卷调查与分析

本文调查研究的对象是基于淘汰"水课"、打造"金课"建设下开设了多项"金课"的商洛学院学生，累计发放问卷 140 份，回收 134 份，有效问卷 134 份。问卷分析情况如下：

（1）调查性别占比为男生占 24%，女生占 76%。

（2）本研究中选择的学生是商洛学院文科类、理工类、体育艺术类的学生，具体参与的人数如表 5 所示。

表 5　学生专业属类描述统计表

专业名称	频率	百分比（%）
文科	44	33
理工	78	58

续表

专业名称	频率	百分比(%)
体育、艺术	12	9

(3) 从学习兴趣、自我效能感等对学生的学习动机展开数据分析，结果见图 3、图 4。

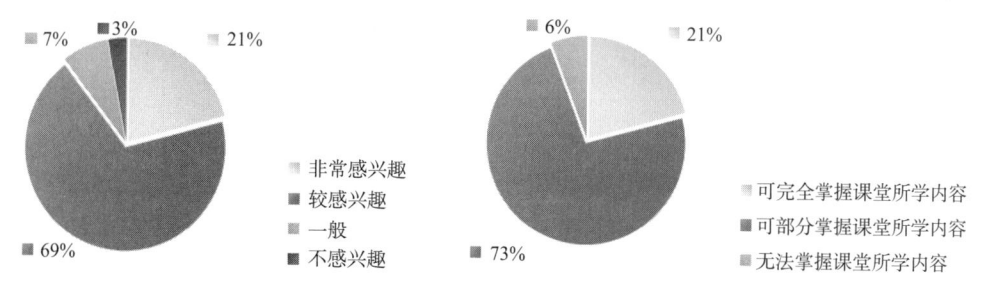

图 3　学生学习兴趣统计饼状图

图 4　自我效能感调查效果饼状图

从图 3 中可反映出大部分学生对"金课"的学习是较为感兴趣的，学习兴趣是培养学生学习的第一步，首先适应这种教学方式，才能更好地融入课堂学习中。如图 4 所示，问卷中开展了学生自我效能感的调查，根据学生能否掌握课堂所学内容来反映学生的学习动机是否强烈。从饼状图分析，有 21% 的学生可完全掌握课堂所学内容，学习能力强；有 73% 的学生可部分掌握课堂所学内容，学习动机水平一般；还有 6% 的学生无法掌握课堂所学内容，学习动机差，导致自身的课堂学习自主性也越来越低。因此，要尽量增强学生的自我效能感，提高学生对于学习的信心，才能得到更好的学习效果。

(4) 问卷中开展了学习倦怠对学生学习状态的影响的调查，根据学生在平时课堂中的学习精力来反映学习倦怠对学生学习状态产生的影响，结果如图 5 所示。

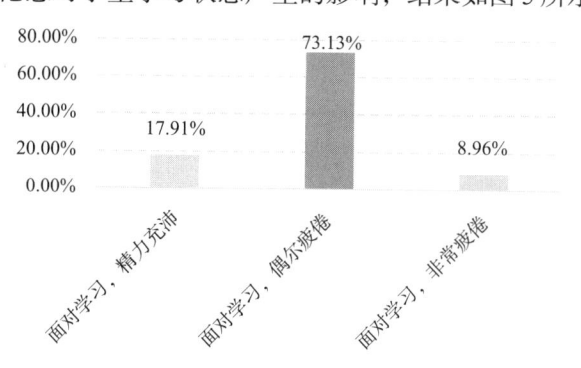

图 5　学习倦怠对学生学习状态的影响

从图 5 的柱状图中，可以直观看到有 17.91% 的学生面对一天的学习，精力充沛；有 73.13% 的学生偶尔感到疲倦，会放慢学习脚步；也有 8.96% 的学生一想到要学习，就非常疲倦，久而久之，对学习的上进心逐渐减少，自身的课堂学习自主性也越来越低。故而，要采取相应举措尽量减少学生对学习的倦怠，使其重视学习的重要性。

(5) "金课"教学对学生学习自主性的影响程度调查结果如图 6 所示。根据图 6 中的柱状分布图充分反映了采取完全"金课"教学的方式，对于学生课堂自主性的养成起到了积极作用，强化了学生的学习效果，对学生的学习成绩也起到了促进作用。然而，上课开小差、不写作业、谈恋爱、考试作弊、不分场合地与同学交头接耳、嬉戏打闹、考前抱佛脚等仍是学生学习过程的常见现象。作为教师，要调整教学方案，转变教学和课程评价方式，要引导学生融入课堂中去。同时，鼓励学生要善于反思自我，培养自己的学习自主性，积极地参与到课堂中去，课堂中有疑问及时寻求老师的帮助。

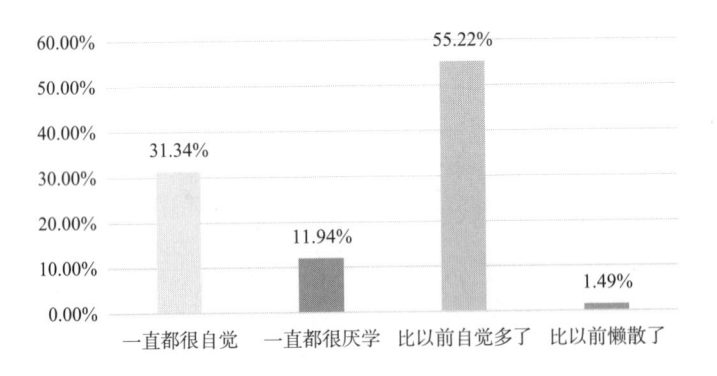

图 6 "金课"教学对学生学习自主性的影响

（6）如图 7 所示，问卷中开展了"金课"教学对学生学习状态影响的调查，根据学生通过在"金课"课堂中学习后的学习状态，来反映"金课"课堂教学对学生的学习效果产生的影响。

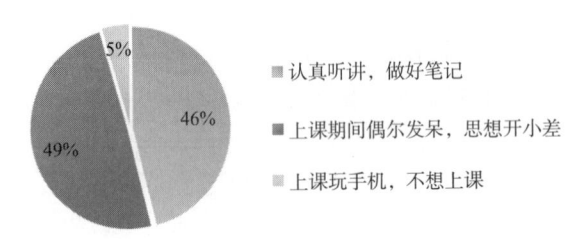

图 7 "金课"对学习状态影响饼状图

从图 7 的饼状图分析，有 46% 的学生通过在"金课"课堂中学习后认真听讲，做好笔记；有 49% 的学生上课期间偶尔发呆，思想开小差；仍然有 5% 的学生上课玩手机，不想上课，学习自觉性差。说明"金课"课堂教学对于学生的学习还是有积极影响的，优秀的学生可能会适应这种强度的教学，而对于基础差、学习吸收比较慢的学生来说是比较困难的，因此，还是要对这种"金课"课堂教学进行不断完善，促进各类学生发展。

三、研究结论及合理化建议

(一) 研究结论

根据问卷调查数据分析结果，可以得出以下几个结论：

(1) 在进行"金课"课程学习前，学生的整体学习自主性处于中等水平；在进行"金课"课程学习后，学生的整体课堂学习自主性增强。无论是"金课"还是"水课"的学习，学生的学习动机都会直接影响学生的学习效果。因此，学生要重视培养自己的学习动机，包括兴趣爱好和自我效能感。

（2）在学习过程中，学习倦怠也会影响学生对知识的学习成效。在内容更多、强度更大的大学课程学习中，部分学生的学习动机不强烈，势必造成学生的倦怠心理，影响学习效果。

（3）"水课"的淘汰、"金课"的打建设造也会直接影响学生的学习成效。学习动机的培养需要学生自主养成，而"金课"会培养学生综合能力以及高级思维，来解决复杂问题，并由学生自行进行学习结果的探究，增强自身对于学习的要求，来提高学生的学习动机，从而增强学生课堂学习自主性。因此，我们要大力推进淘汰"水课"、打造"金课"的建设。

（二）合理化建议

（1）培养学习动机。学习的主体是学生，要培养其自身的学习自主性。作为教师，可以引导学生创设问题情景，激发学生的求知欲望，重视学生的学习反馈，加强学生的学习动机。

（2）降低倦怠心理。大学生的学习自我效能感越高，其对应的学习倦怠程度就越低。因为学生的自我效能感会直接影响他们对自身学习能力的评估。自我效能感较高的学生，会经常将自己放置在与成功相关的学习环境中，身心始终保持健康、积极地进行学习的状态，能够主动将自己的目光聚焦在各个问题解决的过程中，从而体验了更多的成功，以此降低学生的学习倦怠水平。在这样的情况下，可以尝试如下调节方法：

① 进行适度的运动，学会舒缓身心。适度运动也对减少疲劳有好处。学习一段时间后要适度进行体力活动，达到恢复体力和脑力的目的。

② 用放松法舒缓压力。自我释放是一种舒适和减轻压力的途径。面对学习倦怠的状态，想要休息便去休息，停下脚步，想要发呆就去发呆，不要强行逼迫自己进入学习状态。用宣泄法舒缓压力。如果在心理上陷入了焦灼、冲动的情绪之中，攻击别人、轻生等消极行为很有可能被充分地表现出来，此时应该采取一种可调控、遵循社会规律且合法的方式进行自我宣泄，以此帮助恢复精神状态。用语言暗示法舒缓压力。用语言对自身进行心理暗示，降低压力，转换心情。

③ 改善学习方法。学习方式的选择是决定学习成败的关键。找到一种适合自己学习的方法，高效学习；改变学习态度，培养自身对于学习的兴趣，使学习变成一件有乐趣的事，减少学习的倦怠感；调整学习目标，根据自己的对知识的掌握情况和能力，设立合适的学习目标以及计划，不能好高骛远。

④ 积极评价，找回自信。能够对自己进行正确的认识和评价，是每个人都应该具备的能力。在学习倦怠状态下，不要先去对自身进行否定，而是能够正确地归因自身的成功和失败，并且要始终保持一种积极乐观的精神状态，肯定自身的能力。

⑤ 改造适应或环境。要适应或改造学校、家庭和社会环境，得到父母、老师和社会的理解与帮助，携手降低学业上的负担和压力。

（3）加快淘汰"水课"、打造"金课"的建设进程。"金课"这一概念的提出，为我国教育改革提供了新道路。目前，许多大学已经开设了相关专业的"金课"课程，突出了信息时代所具备的新知识观和新学习观，融合了信息技术与教育教学，培养了大量高素质人才。但更多高校还没有打造出"金课"。课程随心所欲，课堂管理松懈，教师不批改作业，考试流于形式，这种"水课"的存在主要取决于教师的主观意愿。因此，淘汰"水课"，打造"金课"建设应避免三大误区。

① 不能只重管理而轻改革。在进行治理"水课"时，最常见的一项措施是各个学校将会加强对课程教学工作的监管与执行。例如在教室安装监控镜头，检验教师的授课情况和学生的听课效果。但是，在大力推进课程体制改革、提倡"以学生为中心"的课程模式等方面，并没有多少具体举措得以落实。

②不能只重视形式而轻内容。有的学校制定了一些硬性的规定，上课时一般都要保证前排的就座率，以及学生必须抬头等。还有些学校认为，打造"金课"就意味着必须提高考试难度，硬性规定了每门课程必须有多少人不及格，才能说是好课，教学方式流于表面。

③更不能只重传统而轻创新。在当前快速发展的信息时代，很多传统教学方式已经不太适用于当下。今天的教师在教学中进行的备课、授讲大部分是使用了信息技术的手段，已经习惯在计算机上讲授。但还有部分学校则普遍认为，打造"金课"就是必须要把课堂教学的传统进行回归修改，规定教师需要定期编写、提交相关纸质教案，增加了教师不必要的工作包袱。在进行听课时，教师的课堂教学活动按照一个教学评分表进行评分，然而这个评分表的各种指标和工作流程并不适合应用于一些讨论式、探究式以及开放式的教育教学活动。

加强对课程管理的同时，更重要的是打造出更多的"金课"。在具备一定标准的基础上，鼓励大家积极进行大胆的探索与创新十分重要。不要使打造"金课"成为一次强化落后教育观的运动，这与教育改革的初衷大相径庭。若完全规避了以上的几点误区，大力地推进淘汰"水课"、打造"金课"建设一定会为我们的教育打造出更多"金课"。展望未来，高校中"金课"百花齐放，学生的学习动机大大增强，课堂学习自主性也相应提高，教学效果显著增强，我们的学生就能更好地发展自身，使教育体系多元化，培养更多的人才。

参考文献

[1] 陈宝生. 在新时代全国高等学校本科教育工作会议上的讲话 [J]. 中国高等教育，2018，Z3:4-10.

[2] 吴岩. 建设中国"金课" [J]. 中国大学教学，2018,12:4-9.

[3] 莫鹏毅. "金课"是怎样炼成的 [J]. 中国多媒体与网络教学学报（中旬刊），2020,6:49-50.

[4] 宋晔，刘清东. 去水增金：高校"金课"的建设标准与发展路径 [J]. 河南教育学院学报（哲学社会科学版），2020,39(1):39-43.

基于 ISO 29990 标准：地方应用型本科教学质量保证体系的构建研究 [1]

王丹丹 [2]

摘要：教学质量是高校的生命线。当前，地方应用型本科教学质量管理存在几个问题：一是尚未形成有规模的质量文化；二是大部分院校根据自身管理特点和实际经验进行教学质量管理，缺乏创新和改进意识；三是注重评估和认证指标的达成，疏于对教学过程的整体性有效控制和管理；四是缺乏国际化视野，未能形成借鉴或引入国际标准化组织的系列标准构建教学教育质量管理体系的优秀案例。国际标准化组织 2010 年发布的 ISO 29990 标准与地方应用型本科教学在培养学习者实践能力、提升教学质量和注重过程控制等方面具有一致性，地方应用型本科可以借鉴该标准，从学习服务和教育管理两个层面构建教学质量保证体系，以保证人才培养的质量。

关键词：ISO 29990 标准；地方应用型本科；教学质量保证体系；教学管理体系

自教育部 2015 年提出"采取试点推动、示范引领等方式，引导一批普通本科高等学校向应用技术类型高等学校转型，重点举办本科职业教育"以来，如何构建应用型本科的教学质量保证体系就成为学界不断探索和研究的重要命题。众所周知，教学质量是高校的生命线，如何保证人才培养的高质量，必须有赖于富有成效的教学质量保证体系，因此国家要求"完善质量保证体系，将学生成长成才作为出发点和落脚点，建立导向正确、科学有效、简明清晰的评价体系"；2021 年，教育部细化了面向应用型高校的评估指标，要"突出考察高校本科人才培养目标定位、资源条件、培养过程、学生发展、教学成效等，促进该类高校聚焦应用型人才培养，服务区域经济社会发展，彰显地方特色。"由此，应用型本科构建教学质量保证及评价体系已迫在眉睫，且建设方向逐渐明朗。然而，当前学界和部分应用型本科高校探索基于审核评估、专业认证、"四新"背景或 OBE 教育理念等教学质量保证体系的构建，普遍存在几个问题：一是尚未形成有规模的质量文化；二是大部分院校根据自身管理特点和实际经验进行教学质量管理，缺乏创新和改进意识；三是注重评估和认证指标的达成，教学效果的评价主要依靠教育主管部门为主体的外部宏观质量监控与管理，如人才培养工作评估、数据平台和人才培养质量年报等，尚未完全融入应用型高校的日常管理，疏于对教学过程的整体性有效控制和管理；四是缺乏国际化视野，未能形成借鉴或引入国际标准化组织的系列标准构建教学教育质量管理体系的优秀案例。地方应用型本科作为面向地方培养应用型人才的高校，其培养高级职业人才的定位与职业大学存在重

---

[1] 基金项目：国家社科基金"十三五"规划教育学一般课题"ISO 29990 国际职业教育标准体系及应用研究"（编号：BJA160066）

[2] 作者介绍：王丹丹，陕西商洛学院人文学院教师，博士，讲师

合之处，结合地方应用型高校当前教育质量体系的现状，以及教育部"支持相关省市和高校引进德国'双元制'职业教育模式……继续探索职业教育合作办学制度创新，支持各地各校学习借鉴国外先进办学经验，助力我国高水平应用型高校建设"的引导，地方应用型高校不能故步自封，可以借助国外职业教育的先进理念来构建教学质量保证体系。

一、地方应用型本科教学借鉴 ISO 29990 标准构建教学质量保证体系的可行性

我国高等教育分为研究型、应用型和技能型三类。应用型本科是介于研究型与技能型之间的高等教育形态，主要培养从事服务经济社会发展的应用型人才——具有理论素养的实践型人才。地方应用型本科院校应如何培养服务于地方经济和社会发展的应用型人才，即如何体现服务地方的理念，如何体现其地方应用型特色？这需要有科学的能够检验人才培养质量，即质量管理体系的标准，且最好是获得国际公认的标准。遗憾的是，当前国际上并没有针对应用型本科而提出的教学质量标准，我们只能借鉴具有相似性的国际质量标准，并根据我国教育的实际情况加以变通。事实上，科学的质量管理体系不仅应具有全面有效性、预防性和动态性等特征，还应留有一定变通的余地。2010 年，国际标准组织（International Standard Organization，简称 ISO）在德国发布世界首个教育质量标准，即 ISO 29990，这是国际第一个针对教育行业提出的质量标准。该标准体系具有以下特点：注重教学和学习过程；受教育者的学习需求、教学过程、定向反馈以及监控和评价过程构成 PDCA 闭环系统；注重教育组织的能力建设。这些特点与我国应用型人才培养有诸多相似之处，而且能够帮助解决不同标准及多元化体系所导致的学习服务提供者及其教育产品缺少透明度和可比性等问题。目前，国内部分高职院校已陆续引进 ISO 29990 标准，并形成了成功案例。地方应用型本科则相对缺乏引进国际标准构建教学质量保证体系的理念。那么，地方应用型高校借鉴这一标准构建教学质量保证体系是否可行？这要看二者存在哪些共性。

（一）二者均注重培养学习者的实践能力

ISO 29990 标准诞生前，国内一些院校借鉴的是 ISO 9000 认证标准，该系列标准针对工业领域而制定，可为行业性较强的职业院校提供借鉴，但普适性不强。2010 年推出的 ISO 29990 代表了教育服务领域的国际标准。其中，29990 是 ISO 针对不同产业制定不同品质标准的代号，代表社区大学、培训机构等以培养服务型人才为宗旨的教育类型。

社区大学最早诞生于美国，由 19 世纪的初级学院逐步转型而来，随后成为包括美国、英国和芬兰等国家的一种普遍的教育类型，旨在为社区培养服务型人才。迄今为止，美国的社区大学约 1200 所，这类学校基本不考虑受教育者的年龄和教育背景，18～70 岁的公民均可以入学，大学为其提供相当于大学本科一、二年级的通识教育，修满规定学分即可获得副学士学位，随后受教育者可以根据其自身需求，获得更高阶段的学习机会或就业。服务地方的应用型高校与之存在一定差异，比如受教育者的入学方式与教育背景要求更严格，学制时长更长，也不存在副学士学位，但在注重实践教育以及相当一部分学生毕业后的去向分流等方面并无不同。教育部 2022 年公布的高校名单显示，我国目前共有应用型本科 1229 所，国家将继续支持有条件的普通本科逐步向应用型转变。如此大规模的转型以及教育部鼓励和支持地方应用型本科引进德国"双元制"职业教育模式，表明地方应用型本科实际上承担了应用大学的部分育人功能，因此，将 ISO 29990 标准引入以培养实践能力

为核心的地方应用型大学是可行的。

(二) 二者在提升教育质量目标上具有一致性

ISO 29990 旨在提高教学质量，归根到底是提升人才培养质量，且注重受教育者实践能力的培养。教学质量是任何一所高校的生存之本，地方应用型本科从普通本科向应用型的转型，不仅面临办学理念、专业设置等多方面调整，而且更注重实践能力的培养。因此，ISO 29990 标准与地方应用型本科以培育能够适应社会需求的应用型人才目标一致。教育部提出"探索建立应用型本科评价标准，突出培养相应专业能力和实践应用能力"，这需要通过建立常态化的自主的人才培养质量保证机制，构建具有较强预警功能和激励作用的内部质量保证体系，实现教学管理水平的持续改进，以保障人才培养质量的稳定提升。

(三) ISO 29990 标准与地方应用型本科均须注重过程控制

过程控制是为了更好地达成目标。地方应用型本科基于培育符合地方需求的应用型人才的目标，势必要加强对人才培养过程的监控，这需要建立一套符合培养目标的教学管理体系，进而构建行之有效的内部教学质量保证体系。地方应用型本科院校不能只依靠外在的评估或认证，亟须从内部建立具有预警、诊断和改进功能的管理体系。

ISO 29990 是一套自上而下、过程可控的教育管理体系。作为针对教育与培训行业的第一个国际质量标准，ISO 29990 将控制论运用于教学服务与管理的各个环节，其中教学服务遵从计划（P）、执行（D）、反馈（C）、改进（A）的循环过程。仅就 ISO 29990 标准在教学服务提供的过程而言，其原理如图 1 所示。

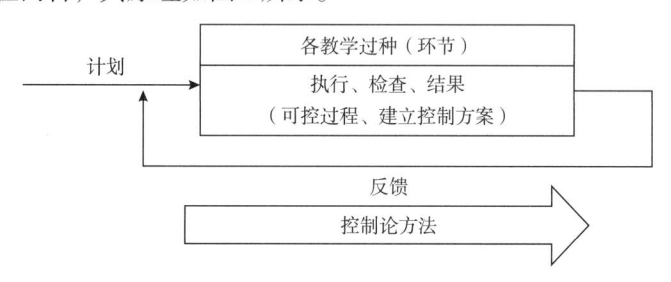

图 1　ISO 29990 教学服务过程示意图

基于此 PDCA 循环过程，ISO 29990 标准的教育质量与改进形成一个可循环改进的体系，如图 2 所示。

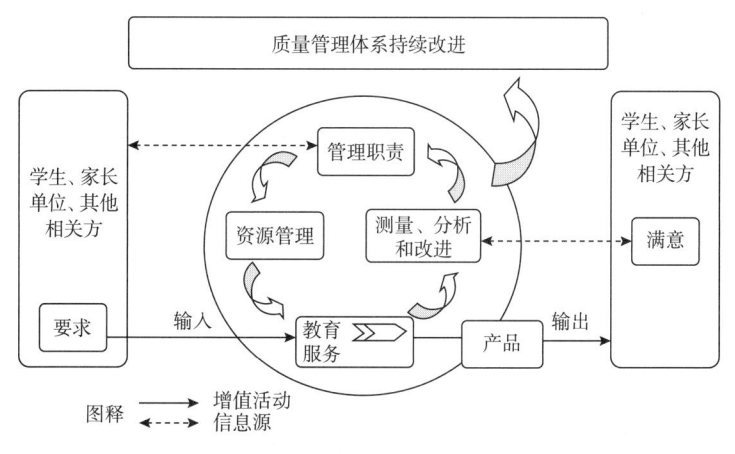

图 2　ISO 29990 教学质量管理体系改进示意图

这一循环中包含了自我诊断、注重改进机制，隐含了需求导向、多元诊断的方法。这既能满足应用型本科建立内部质量保证体系的需求，也能够弥补教学管理存在的不足。

(四)借鉴 ISO 29990 标准与我国教育与国际接轨的要求相一致

ISO 系列标准结构严谨、内容丰富、规定具体、操作性和通用性强，是已被各国普遍承认的国际标准，能够在高等教育的国际交流与合作中发挥积极作用。事实上，在国际交流与合作中，一些国家的教育机构对外国学生的学历或学位是否由国际质量认证机构认证的学校授予做出了硬性规定。如美国加州大学规定，凡到加州大学攻读博士学位的外国学生，其在本国所获硕士学位须授学位机构通过教育质量国际认证。国内教育专家认为，我国教育应跳出落后、僵化、单一和封闭的模式，改革国内行政性的教育质量评价手段，主动适应国际竞争和国际交流的需要。长期以来，地方应用型本科院校并不缺乏国际交流与合作，但普遍缺乏教育认证观念。当前教育发展的形势一再表明，我国教育管理和质量评价如果能够与国际接轨，将在国际交流与合作中赢得更多机遇。这也与教育部"支持各地各校学习借鉴国外先进办学经验，助力我国高水平应用型高校建设"的倡导一致。

总之，ISO 29990 作为结构严谨、系统全面及可操作和通用性强的标准体系，与地方应用型本科的发展存在诸多契合之处，符合地方应用型本科院校未来发展的方向和趋势。

二、地方应用型本科教学基于 ISO 29990 的教学质量保证体系模型的构建

通常认为，教学质量由教育的实施者——院系及教师保证，实际上所有与教学相关的部门与人员均属教学质量保证体系的成员。教学质量保证体系并非一个独立、自足的体系，其构建与实施均需诸多相关管理部门，比如财务处、人事处、总务处等各职能部门的支持，因此教学质量保证体系实际上由教学服务和教学管理两个体系组成。其关系及运行如图3所示。

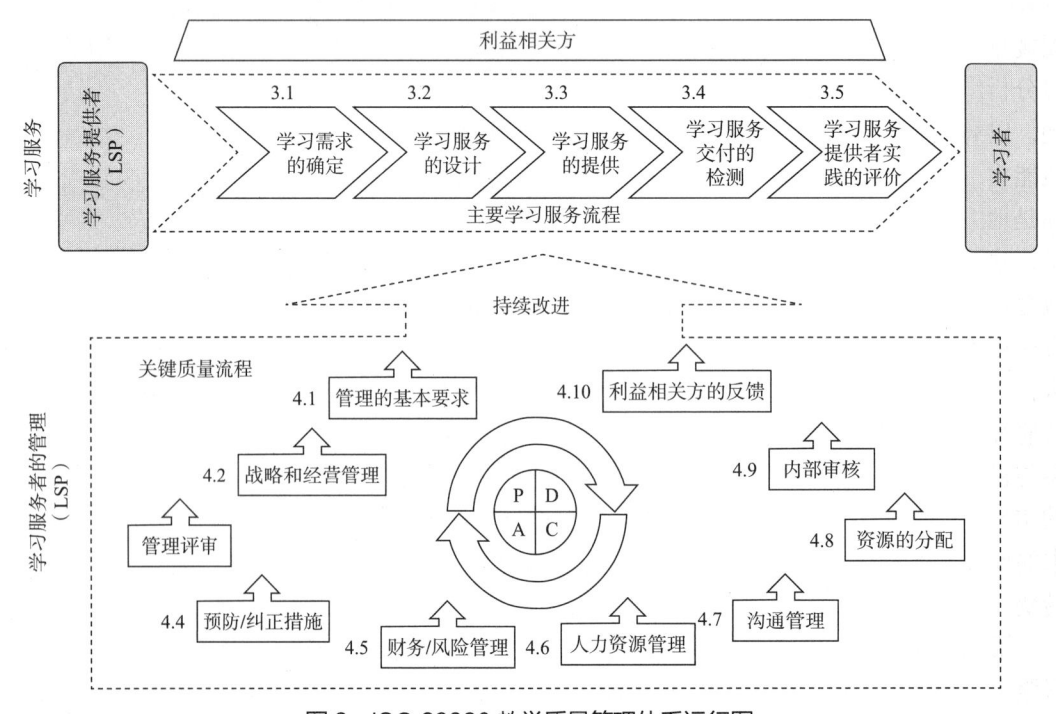

图3 ISO 29990 教学质量管理体系运行图

基于此，地方应用型本科教学质量保证体系模型的构建需从教学服务与教学管理两方面进行。

(一) 学习服务体系模型的构建

ISO 29990 质量管理标准的第三部分《学习服务提供》是其核心理念，也是教育组织能否顺利实现其人才培养目标的关键，它将学习服务的通用过程进行了重新划分，分别为学习需求的确定、学习服务的设计、学习服务的提供、学习服务交付的监测及学习服务提供者实施的评价等 5 个过程，是一个循环系统，如图 4 所示。

学习服务提供者实施的评价
Evaluation carried out by learning service providers

学习需求的确定　　学习服务交付的监测　　学习服务的提供
Determining　　　Monitoring the delivery　Provision of learning
learning needs　　of the learning services　　serices

学习服务的设计
Design the learning service

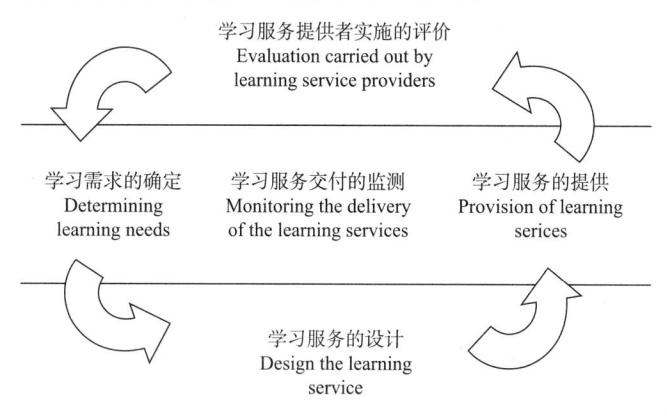

图 4　学习服务体系运行模型

由图 4 可知，监测贯穿学习服务的各个环节，是确保各环节能够处于可控状态。这一模型是构建学习服务体系的依据和基础。

第一，学习需求的确定。ISO 29990 标准规定，学习需求由 LSP（Learning Service Provider，即学习服务提供者）确定，具体做法是：LSP 调研利益相关方，包括地方政府的发展规划、行业企业等用人单位的人才需求、学生家长及学生未来规划和教师等的需求，经过分析统计确定学习服务的设计内容，且一旦确定，必须反馈给利益相关方，并得到其认同，以最大限度地保证学习服务提供的针对性和适应性。地方应用型本科院校注重培养实践能力，但并非以完全以职业技能为导向，因此，利益相关方中的行业企业等用人单位实际是地方产业、行业代表，而这也与地方应用型本科要"健全产教融合、校企合作育人体系，建立学校、地方、行业、企业等共同参与的合作办学、合作治理机制，探索共同组建教育集团、共建产业学院，构建协同育人的利益共同体和长效机制"的发展方向一致。地方应用型本科教学一是要打破原有专业及其课程设置思路，要紧密围绕政府和地方产业需求；二是做好从教育行政管理向提供教学服务角色的转变。在以往院校专业和课程设置上，政府和学校具有绝对的主导地位，行业企业、学生家长、学生和教师等利益相关方很少有参与机会，只能被动地接受学校安排，这不仅不利于对接地方需求、培养应用型人才目标的实现，而且难以充分调动利益相关方的积极性。ISO 29990 标准对 LSP 如何确定学习需求的要求，有利于改变普通本科专业设置及人才培养与社会脱节等积弊，促进其向应用型转变。

第二，学习服务的设计。ISO 29990 标准规定，学习需求确定之后，LSP 可以进行学习服务的设计，如课程的开发、能力目标及实现路径设计、训练技能的设计等，以达到学习者的具体目标要求和期望。地方应用型本科在这一环节，一是要根据学习需求确定专业建设目标，围绕此目标设计课程及其学时、每门课程的能力目标及其实现路径、实践能力的培养方法等，相关实践课程要根据地方发展需求而有所变化，确定每门课程的考评方法，必要时要根据学生情况采取不同的教学方法；二是确定相关教辅部门及教师等的教学检测与评价义务，并获得学习服务评价的标准与方式，如教师自评、督导评价、学生评教、外部与内部审核等结果；三是将教学标准反馈给利益相关方，主要是地方产业、行业代表并获得认可。以上几个环节实际上是由校方、利益相关方以及地方产业代表形成闭环，以确保能够实践学习需求的目标。另外，校方必须提供确保教学设计能够顺利实施的场所及资源，比如图书馆、实训室等场所对学生的开放程度，教学设备是否完全满足需求并处于正常运行状态，学生对网络课程的可浏览程度等。

第三，学习服务的提供。提供学习服务的主体包括教师及相关教辅、教学管理部门。以教师为主体，负责提供课程所需资料（课件、网络学习资料等），并按照学校制定的教学计划、课程标准等授课；教务处等教学管理部门负责教师实施授课过程中的突发事件，比如临时调停课、学生转专业等；图书馆、信息中心和实训中心等教辅部门提供学习所需的环境及硬件，保障教学顺利进行。

第四，学习服务交付的监测。ISO 29990 标准注重将过程监测与过程管理紧密结合。教务处、督导处等教学管理部门可定期组织评教等活动，比如教师互评、学生反馈、督导评课和中期考核等，并及时与教师沟通，以保证教学效果。

第五，学习服务提供者实施的评价。校方对学生的学习效果进行评价，以评估其是否达到预定的学习目标。评价方式可多样化，除考试、考查外，还应包括用人单位对学生理论与实践能力的评价，并在可能的情况下，收集足够广泛的信息，体现各相关方的意见。对收集到的信息有较准确的分析、统计，排除不公正因素，并及时向院系提供评价证据、改进方案。

各应用型本科院校在其发展过程中，已形成大致相似的教学运行流程，以上学习服务体系，不排除某些细节在应用型本科高校中已形成工作常态，只是未能将其纳入整个规范流程，或有些细节实际在运作而未能加以规范形成常态。上述体系的一个突出特色是对利益相关方的重视，这正是普通本科院校向应用型转变的关键所在。

（二）教学管理体系的构建

根据图 3 所示，ISO 29990 将教学管理体系分为组织的质量方针、质量目标、发展愿景、质量管理体系的人力资源管理、内（外）部沟通、内部审核、管理评审、预防与纠正措施、财务风险、质量监测、利益相关方反馈等若干个质量管理和环节，并形成一个个独立的质量控制文件。该体系模型并非一成不变，可以根据我国国情及院校规模、专业特点等因素对之进行调整，围绕学习服务提供全过程，最终形成一个完整、接口对应的系统。

第一，分析现状，构建质量管理架构。院校首先应对照 ISO 29990 标准条款和"十大应用工具"，对教学质量管理现状进行分析，梳理与教学质量有关的管理制度，在充分掌握教学及管理流程和制度的基础上，建立以学习服务为核心的管理架构，围绕人才培养目标，将各职能部门按照职责构成一个能够支持学习服务的闭环系统。

第二，制定质量目标，细化部门职责。学校根据地方政府等相关方的需求和远景规划，结合学校基础，制订符合其特点的发展愿景，包括未来5年及每年的发展计划，各职能部门和院系据此制订各自的发展计划，经由学校确认后，获得政府等利益相关方确认。另外，ISO 29990标准强调对LSP服务能力的建设与评估。院校的人事处等相关部门首先应构建内部各岗位职责说明书，并对此岗位需要的关键能力和职责予以说明，其次应关注对所涉及的教师及行政服务人员岗位能力的评价，学校应据此制定相关人员能力提升计划，在建设内部保证体系的同时，真正达到提升员工素质的内涵式发展，通过循环改进对学习服务提供最大支持。同时，根据部门职责，通常是教务处、督导处等部门担任监测和评定教学效果的任务，评测结果及时向院部和教师反馈，然后将建议作为下一次循环的给定量，进行纠正和改进。此外，一般要一年进行1~2次管理评审和内部审核。

第三，创建文件系统。在以上教学管理系统框架基本形成的基础上，院校就可以结合实际并根据ISO 29990标准创建文件系统。文件系统反映质量管理的目标和实施方案，是体系运行的依据。院校也可通过创建用于质量管理的网站或信息交流平台实现。文件系统分为质量手册、程序文件、作业文件和记录。质量手册相当于纲领性文件，规定质量管理的目标和主要职能部门的职责及其应制定的文件，并协调各部门之间的管理运行；程序文件相当于具体的实施方案，规定各具体分管部门的职责及工作流程；作业文件是各部门按照职责制定的具体管理文件，这是相关人员的办事依据；记录是各质量体系的运行痕迹，是管理实施的证明，也是监测和改进的可追溯性依据。

三、地方应用型本科教学基于ISO 29990构建教学质量保证体系的实施要点

目前，国内只有高职院校引进ISO 29990质量管理体系的案例，由于地方应用型本科院校与高职院校在建校时间、校园文化等各方面存在较大差异，故地方应用型本科教学尚需要做出改变，才能保障该体系的顺利实施。

第一，营造质量文化氛围。地方应用型本科院校普遍有几十年的建校史，长期以来形成了固有的教育质量管理思维和管理方式，缺乏现代化的科学管理理念和方法，大多未能形成严格的质量管理体系，"侧重于常规下的奖惩和按部就班的运行，不注重开放性，易形成安于现状的心态，忧患意识单薄，较少考虑学校的生存于发展。"同时，高校的质量管理多靠外在的评估、认证等非常态化的"他律"方式约束，这很难发挥高校的自主性。2016年，教育部在教政法〔2016〕5号文中提出后评估时期"办管评"分离的要求，鼓励高校建立自主的质量保证体系，有学者认为，"非常态下的项目化质量建设，不仅受阶段性和不可持续性的局限，还会受外部非教育因素影响，导致教学工作偏离学校教育的本质，造成质量定位和评价方法偏差。"营造质量文化有助于让组织成员树立"教育服务"理念，将个人进步与组织发展联系起来，从而形成良性循环，而且从国际高等教育普遍经验来看，"建立高校自主的内部质量保证体系、培育学校质量文化，质量保证才具有可持续性"。质量文化是一个集体无形的凝聚力，文化氛围的营造不能仅依靠行政手段，而是要加强正向引导，比如让全体成员从了解教学质量保证体系是什么、有何必要、与学校未来发展及切身利益的关系等方面增进了解，消除抵触情绪，逐渐增强其主人公的责任感和参与热情，将质量文化成为校园文化的一部分。

第二，自上而下，全员参与。"质量保证思想着重于以预防问题为中心，强调全员性的

管理，视质量为校园文化的一部分（即倡导质量文化），建立以保证质量为主线的发展战略，将质量保证提升到战略管理的高度，从而体现全局性和全过程性的管理特点。"与传统的教育管理比较，教育质量保证的特点之一就是"保证管理的全面性、全过程性和全员参与"。因此，教学质量保证体系绝不是各因素的集合与堆砌，需要以整体和全局观念协调各要素之间的联系，使之形成运行顺畅、效果优化的机制。其中，学校层面的统一部署与协调显得尤为重要。高校引进质量保证体系的优秀案例表明，教学质量保证体系建设必须依靠顶层设计、各部门配合及全员参与，形成集体力量。学校可以将体系建设任务纳入年终考核、项目评级之中予以奖惩，及时处理和化解职能部门在体系运行中的困难和矛盾，全校上下形成以质量建设规范管理、以规范管理促教学质量的氛围，将质量体系融入日常教学与管理的各个环节。

第三，注重过程，持续改进。传统的教学管理注重结果和检验，出了问题才去被动地解决问题，往往难以追溯问题的根源。ISO 29990 标准既注重目标（质量）的达成，更注重过程控制。目标（质量）是形成链接过程的最终结果，换句话说，要控制质量必须控制过程。ISO 29990 标准在学习服务和教学管理体系中都形成 PDCA 循环，强调过程管理必须科学、有效，一旦某一环节出现问题，必然会被及时检测和反馈，得到及时纠正和改进，从而达到质量控制的目标。由于注重过程管理，一旦某一环节被检测到出现问题，通过程序管理和文件系统能够轻松追溯其根源，避免了传统管理的不足。

此外，ISO 29990 标准中的 PDCA 闭环并非一次性，而是一个可持续循环的闭环系统。一个再科学的管理体系都不可能预测到未来可能出现的所有问题。ISO 29990 标准中的 PDCA 循环能够将检测到的新问题得以及时反馈，使之成为下一个循环的输入量，通过系统的纠正成为结果正确的输出。理论上，我们无法通过体系建设解决所有问题，但可以通过解决问题保证目标不出现偏差。强调不断改进过程控制，从而不断提高教学质量，以达到保证学生质量的目的，这正是教学质量保证体系的一大特点。

第四，以内为主，内外结合。"内"指内部保证体系，"外"指外部保证体系。ISO 29990 通过内审与外审制度检测体系运行的效果，审视质量目标的达成程度。内审由院校各部门具有内审员资格的员工担任，按照《标准》条款及各部门的质量目标进行审核。外审则由具有通过国际质量标准组织培训并获得外审资格的第三方负责，比如中山火炬职业技术学院 2016 年的外审由 ISO 29990 体系德国主任审核员 Achim Ender、Andreas Hauschild 等组成的审核组进行。总之要确保第三方的专业与公正。外审结果关乎院校声誉、社会形象、人才培养质量等，历来为院校所重视，但在内外体系关系上，我们不应只重视外在声誉而忽视内部体系的稳定健康发展，而应立足于健全内部保证体系，以半年或一年为周期进行内部审核，确保内部体系的质量稳步、有序地提升，实现由内而外、以外促内，确保内部体系的质量建设主体地位，始终保持院校的自主精神。

ISO 29990 标准体现了应用型人才教育的规律，其注重过程、预防纠正及持续改进的管理方式，以及以学习需求为核心，对教学效果进行持续监控，并最终以利益相关方的满意程度作为衡量和检测教学质量标准的理念，为全面提升应用型本科的教学管理水平将提供强有力的支持。当前，我国地方普通本科正面临向应用型转变的机遇与挑战，亟须构建能体现地方应用特色的教学质量保证体系，ISO 29990 标准以其科学和流程化的教育管理理念，能够最大限度地避免传统教学管理中存在的积弊，建立规范化的内部质量体系和尽量客观、公正的监测评价体系，这必将促使教学质量的不断提升，促进我国应用型本科教学健康、稳定的发展，为我国教育的国际交流与合作带来新的机遇！

参考文献

[1]《教育部　发展改革委　财政部关于引导部分地方普通本科高校向应用型转变的指导意见》，教发〔2015〕7号[EB/OL]. http://www.gov.cn/gongbao/content/2016/content_5046077.htm.

[2]《国务院关于印发统筹推进世界一流大学和一流学科建设总体方案的通知》，国发〔2015〕64号，http://www.gov.cn/zhengce/content/2015-11/05/content_10269.htm.

[3]《教育部关于印发〈普通高等学校本科教育教学审核评估实施方案（2021—2025年）〉的通知》，教督〔2021〕1号[EB/OL]. http://www.moe.gov.cn/srcsite/A11/s7057/202102/t20210205_512709.html.

[4]《对十三届全国人大四次会议第2795号建议的答复》，教高建议〔2021〕83号[EB/OL]. http://www.moe.gov.cn/jyb_xxgk/xxgk_jyta/jyta_gaojiaosi/202109/t20210907_560068.html.

对接中药产业链的中药制药专业特色发展研究与实践[1]

梁旭华[2]

摘要：本研究在充分调研中药产业发展的基础上，按目标导向原则，将专业课与中药产业链衔接，整合优化育人平台，构建全新的立体化实践教学体系。探索一种保障学校办学、学生成长及企业利益，适合行业需求的校企合作人才培养长效机制，推进校企协同育人模式改革。旨在对接陕西中药产业创新链发展，培养家国情怀深、学科理论扎实、综合素养高的"下得去、用得上、留得住"的应用型人才，同时为省内外相关高校开展对接产业链的专业建设发挥示范引领作用。

关键词：中药产业链；制药工程；课程思政；协同育人

党的十八大以来，以习近平同志为核心的党中央高度重视中医药发展，习近平总书记致信祝贺中国中医科学院成立60周年时强调："切实把中医药这一祖先留给我们的宝贵财富继承好、发展好、利用好"。依托商洛地区特色生物资源优势，商洛市着力推进"现代中药、绿色食品"等主导产业发展，中药资源开发已从单纯的中药饮片、茶饮品开发进入高技术含量、高附加值的产品综合开发利用全产业链阶段，发展速度较快。然而人才是产业发展创新的源泉，也决定了制药企业的核心竞争力。随着社会的不断向前发展，企业对于人才的要求越来越高，传统模式培养的中药制药专业毕业生实践能力不足，一方面导致应届毕业生就业率偏低，另一方面导致企业招收不到心满意足的人才。因此培养具有高素质的创新应用型人才是当前亟须解决的问题，使中药制药专业的建设与发展符合地方经济发展的需求。作为商洛市唯一的一所本科院校，商洛学院在人才培养过程中，强化价值引领，融入思政元素，开展专业思政，致力于培养"下得去、用得上、留得住"的专业技术人才。

一、中药制药专业教学现状分析

（一）企业和高校协同育人积极性不高、合作机制有待完善

作为工科属性的专业，中药制药专业主要培养从事现代中药创制和生产等方面工作的高级技术人才，非常重视学生实践能力的培养。由于药品生产的特殊性，中成药剂型多、工序复杂，高校自主建设的实践教学基地远远达不到学生实践能力培养的要求，制药企业

---

[1] 基金项目：陕西省高等教育教学改革项目（21BY160）；陕西省高等教育学会2021年度高等教育科学研究项目（XGH21227）

[2] 作者介绍：梁旭华，男，副教授，研究方向：中药纳米靶向制剂研究

成为学生实习实训的重要场所。然而大部分制药企业对接收学生实习实训的热情度不高,一方面是部分企业由于考虑到严格的洁净度要求,担心学生实习影响车间正常生产或者其他安全顾虑,不愿意接收学生进厂实习;另一方面是在市场经济体制下,企业的经济效益和产品品质是其追求的首要目标,与此相关的知识产权和商业机密问题也导致了制药企业对学生实习实训缺乏积极性和主动性。因此,多数时候学生实习只通过参观走廊快速对学生讲解,实习地点也经常更换,导致学生实习内容不饱满,实践能力很难提高。这一方面反映出企业与高校协同育人意识不足,缺乏人才危机感,未能意识到校企协同培养高素质专业型人才将反哺企业,成为企业创新的核心和动力源;另一方面也反映出企业对于校企协同育人的期待与高校办学、学生成长没有找到平衡点,未能形成三方互赢的局面,校企合作机制还有待完善。

(二)中药制药专业人才培养不满足中药产业发展需求

人才供需达不到平衡,主要是人才知识结构和实践能力不能同时兼得造成的,真正符合企业需求的复合型人才十分稀缺,满足不了用人单位需求。一是中药制药专业人才培养未能充分结合地方企业和行业需求,未能充分以企业技术问题为导向,未深度融合创新创业教育理念和方法,专业教育和双创教育融合度不够。实践教学以实践能力培养为主,"自造血"功能不强,不能达到新时代以培养能够适应未来新技术创新需求的人才,人才培养应具有前瞻性的要求;二是实践教学项目与教学环节之间缺乏知识与能力的相互支撑,难以形成实践与创新能力培养的合力,学生的工程能力、创新意识、创新能力不能满足产业发展对人才综合素质的要求;三是实践教学条件不能有效支撑以新技术开发能力培养为目标的实践教学过程,部分学生存在"有学历无技能"的痛点,也未能调动学生扎根企业生产一线的热情与激情。

(三)师资队伍工程实践能力弱化、学校和企业对学生的职业认知教育不足

青年教师作为高校教师的主力军,主要来源于各大高校的博士毕业生,长期受到高校科研导向的影响,很少有机会深入企业生产一线进行锻炼和培训,因此理论知识和实验技能丰富,而对地方产业、资源缺乏了解,所掌握的理论知识与产业实际距离较远。在现行教师考评机制下,高校青年教师面临的科研压力巨大,相当一部分青年教师对指导学生实践教学缺乏积极性,导致青年教师的授课停留在理论知识讲授和实验方案设计上,不能很好地指导学生的实习实训活动,学生实习实训达不到预期的效果,也无法提高学生的兴趣。因此,从青年教师培训和考评机制入手,努力培养"双师型"教师,改善教师结构,是保证学生实习实训活动效果的重要保障。此外,学校和企业对学生的职业认知教育不足,没有系统地设置课程体系,仅仅是围绕就业率进行。不少用人单位为了让学生提前上岗,无视教育教学规律,学校为了保证就业率也是一路绿灯,这无疑与"工学结合""校企合作"的初始目标背道而驰,进一步影响了毕业生的素质。

(四)课堂教学缺乏实践路径,课程内容与企业需求吻合度较低

目前高校传统的教学方法依然占据主导地位,教师是课堂的主角。学生是被动的学习

者，他们的个人兴趣没有得到充分激发、特长志向未得到尊重、自主性没有得到充分发挥，记忆知识与应对考试仍然是学生的主要任务。从教师角度来说，授课内容往往是熟悉的内容，导致每个学期、每个教学班级讲述的内容大多相同，教学效率不高，教师本人也陷入繁重的重复劳动当中；在师生交流方面，由于学生往往都是大班上课，除了课堂听讲外，学生很少有机会与教师交流，学习的共同体没有形成，师生的共同学习、合作学习无法实现；实践教学中，以单个实验项目为主体的实践教学方法，存在学生参与设计、讨论、质疑教学过程力度不足的问题。此外，目前传统课程体系和教学内容不能紧密对接企业对人才的需求。现有理论和实践实验课程设置多以传统课程为主，企业参与度较低，不能有效对接地方生物医药产业发展，严重影响学生实践能力的培养，对学生的创新能力支撑不足。因此，在改革新的教学模式的同时也亟须改革教学方法，调整课程内容与企业行业的吻合度，探索课堂教学的最佳实施路径。

(五) 考核评价体系无法检验学生的综合素质和创新能力

课程考核是检验学生学习水平和教师教学效果的重要环节，科学合理的考核评价体系对于改进教学方式、提升教学效果等教育教学改革起着指挥棒的作用。传统的考核方式主要以期末笔试为主，对于过程考核评价较少，主要考查学生对书本知识的认知和记忆，而忽视了学生对知识的理解应用和各课程之间的融会贯通，不能客观反映学生能力提升情况。尽管考试过程中会有分析论述题和设计题，但是由于考试时间的关系，也仅仅是教材范围内基本知识点的简单运用，难以体现学生的学习能力，导致学习主要停留在课本基础知识，造成学生知识面窄、求知欲望不强，难以检验学生的综合素质和创新能力。此外，传统考核方式体现不出学生平时的思考、实践和创新，不利于调动学生学习积极性和实践技能训练的动力，间接导致部分学生不注重平时学习和积累，临近期末考试再突击复习，这与应用型人才培养目标背道而驰。

二、对接中药产业链的中药制药专业建设的思考

目前，中药产业开发已从单纯的中药饮片、茶饮品开发进入高技术含量、高附加值的产品综合开发利用全产业链阶段，发展速度较快，亟须大量"下得去、用得上、留得住"的专业技术人才。按照中药产业链发展的人才需求，本文结合一流专业建设要求和新工科建设标准，推进专业教学平台及育人模式改革，搭建服务产业链发展的校企协同育人共享平台，探索一种保障学校办学、学生成长及企业利益，适合行业需求的校企合作人才培养长效机制。在具体实施过程中，从深化校企协同育人理念出发，通过强化人才培养顶层设计，构建新业态调查机制、新建实践教学体系、重构实践教学模式，建立四层次能力培养体系，优化实践育人保障条件；开展项目牵引的线上线下混合式教学方法，加强课程思政引领专业建设，推进对接中药产业链的专业思政实现路径，培养学生爱岗敬业与责任担当，弘扬爱国精神、厚植家国情怀；最后基于教学效果层次分析，重构协同创新评价体系。本文的主要思路如图1所示。

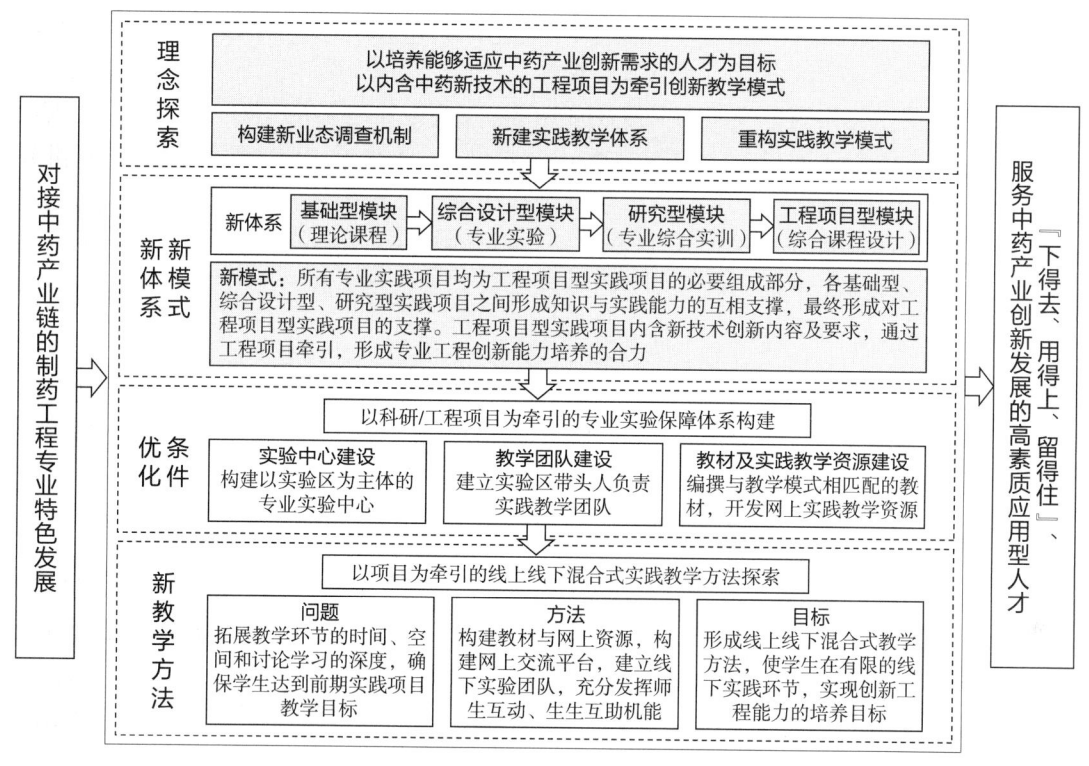

图1 项目研究思路及实施路径图

三、中药制药专业围绕中药产业链教学改革的措施

（一）紧扣人才培养顶层设计、深化校企协同育人理念

通过产教融合、校企协同的方式，顺应中药产业发展需求与趋势，深化协同育人理念，完善顶层专业布局、设计人才培养方案和课程结构、共建实践创新型的校外教学平台。在各专业培养计划实施过程中，针对大型企业少、企业分散、容纳能力不足等问题，合理设计人才培养方案的主体框架和基本构想，兼顾企业实际、专业人才培养基本要求和学生职业规划，对培养计划执行的教学进度及课程授课顺序进行调整。通过合理设计结合专业教学实际情况、企业需求、学生感受的卓越校外实践教学、理论教学方案，从校企双方实际需求出发，寻找高校、学生和企业的利益共鸣点，探索专业人才培养实施过程中的可行实施途径。通过人才培养方案的顶层设计，构建"培根—启智—铸魂"一体化的人才培养模式，即：重构专业课程体系，建立"基本能力→专业能力→创新能力→综合能力"四层次能力培养体系，为提高学生综合素养筑根基（培根）；创新教学组织形态，构建线上线下混合式教学模式；创新教学内容，合理增加课程深度，提高课程挑战度，进一步提升应用能力（启智）；通过挖掘思政元素、强化示范引领，强化教师"立德树人"意识与担当，强化对学生的价值塑造，培养具有家国情怀，综合素养高的中药制药专业人才（铸魂）。

（二）对标中药产业发展要求，建立四层次能力培养体系

本文研究以培养能够适应中药产业发展需求的人才为目标，以中药产业的工程项目为牵引，创建"基础型模块（理论课程）、综合设计型模块（专业实验）、研究型模块（专业综合

训练）、工程项目型模块（综合课程设计）"四层次知识体系，采用一体化的课程组织原则，围绕理论知识和专业技能构建课程计划，把能力和项目交叉编织，构建"任务引导，项目驱动"的教学方法，实现了各实验项目之间的相互支撑，实现知识与实践能力两者之间充分的融合。在实践教学模式上，采取"先现场、后仿真、再现场"的方式进行生产实习，建立"虚拟仿真＋工厂实习"教学模式，将理论教学穿插于实习实训课程中，建立"认知实习→虚拟仿真实训→专业课程实训（课程设计）→创新创业训练→综合实习"立体化实习实训教学内容体系和"基本能力→专业能力→创新能力→综合能力"递进式的四层次能力培养体系。

（三）统筹教师培养和平台建设，优化实践育人保障条件

教师工程素养是一流应用型人才培养的关键要素，"双师型"教师比例是衡量师资队伍实践能力的关键指标。应该将青年教师个人成长和专业实践教学基地建设相结合，制订青年教师培养计划，安排青年教师到企业兼职锻炼，真正参与企业生产运行及管理；安排学生实习带队教师与学生同实习同考核，强化生产实践经验。另外，将教师培养与学校根植地方行动计划相结合，安排青年教师深入校企合作新型研发平台、合作企业工作1～3个月，鼓励教师在企业完成相关科研课题。在实践育人条件方面，强化以科研项目为牵引的专业实验保障体系建设，构建以实验区为主体的专业实验中心建设，建立实验区带头人负责人实践教学团队建设，编撰与教学模式相匹配的教材，更新丰富实践教学线上资源库，建立符合企业需求的教学实施体系。上述举措既提高了青年教师的实践能力，又在一定程度上激发了青年教师参与实践教学环节的积极性。目前商洛学院制药工程专业的11名专任教师中，有9名已通过学校双师型教师认定。

（四）聚焦线上线下融合发展，推进课堂教学方法改革

随着时代的发展，教育信息化越来越深入人心，课堂教学不应是单一的系统性讲解，也不应是简单的翻转课堂，而是"快速的系统讲解＋有针对性的重点讲解＋疑难及创新性问题讨论"多个环节的有效组合。基于问题的教学方法与翻转课堂相结合构建"线上线下"混合式教学，可以根据学生学情灵活调整各个环节的轻重比例，让课堂在有限的时间内达到最佳的教学效果。线上教学可以通过网上资源平台、网络交流平台，开展问题讨论、方案设计、疑难解答等，实现拓展时间教学实践、空间，增加工程项目设计问题讨论的深度。线下教学通过构建实施实验方案、组织实践协作团队，培养学生专业技能、工程能力、创新意识和能力。"线上线下"混合式教学过程中，教师可以按照教学计划制定学习目标、设计学习内容，将知识点碎片化分解，与奉献、爱国等思想进行融合并制成微课、视频、PPT课件等资源上传网络学习平台，同时也解决了授课学时不足的问题，提高了课程思政教学的效果。

（五）深入挖掘课程思政元素，落实立德树人根本任务

对标商洛学院一流专业建设制药高层次人才培养新要求，秉承"守正创新，立德树人"的教育理念，打造中药课程群，深入挖掘课程思政元素，打造有温度的课堂，引领学生文化自信和专业自信的价值认同感。充分挖掘"德育"内涵，有机融入中国传统文化教育，注重科学思维和职业素养教育的同时，进行学生的价值观、政治信仰、理想信念的引领；

注重大学生精神心灵的健康发展人文精神的培养；结合热点事件，教育学生要克服因浮躁和急功近利的心理所带来的片面追逐个人利益，对社会漠不关心，甚至做出损害他人利益、威胁国家安全的行为，培养大学生的社会责任、伦理责任和国家责任。中药学、天然药物化学、中药鉴定学、中药炮制学、中药药理学、中药制药设备与车间设计等属于中药制药专业的核心课程，均具有鲜明的中医药特色。在课程思政理念的指导下，团队将课堂思政渗入到中药学课程群的理论教学和科研实践中，提升学生的中药创新研究和解决实际问题的能力，探索中药现代化、国际化的可能途径，增强学生对中医药的民族自信心，推动中药研究在传承精华、守正创新中不断高质量地向前发展，最终让中药这块中华文明瑰宝焕发新的生机。

（六）基于教学效果层次分析，重构协同创新评价体系

校企协同创新教学模式与传统的模式相比，是一个动态的过程，主要是以培养能够综合运用所学知识和技能，适应应用型技术人才和管理人才为目的的，根据中药制药人才培养目标，结合学情校情选用适当的评价指标，构建基于层次分析法的教学效果评价体系，主要从知识、能力、素质三个方面来考虑，针对不同的企业，校企协同制订特色评价标准，评价过程中指标的内涵应该明确、具体、可操作性强，采用定量与定性相结合的原则，过程评价与绝对评价相结合的方法，并落实到实习实训的具体细节中。例如："线上线下"混合式教学强调学生自主学习，改革考核方式，调动学生自我学习的积极性，对提高教学效果是很重要的。传统教学中，课程成绩大多是平时成绩＋实验成绩＋期末考试成绩。平时成绩一般有考勤、课堂表现、作业等几个部分组成；而实验成绩由预习报告、实验操作和实验报告几部分按照一定比例构成。无论是作业、预习报告还是实验报告都存在简单抄写讲义或相互抄袭现象，学生之间分数差距不大。期末考试成绩一般为闭卷考试，也存在较多的临时抱佛脚现象，并不能完全体现学生的学习效果。在引入"线上线下"混合式教学后，考核方式除保留传统方式之外，还增加了线上预习报告质量、课堂讨论、视频互动、章节测试及师生交流情况等作为综合评定的依据，同时降低了期末考试所占比例。

四、结语

按照中药产业链发展的人才需求，本文强化人才培养顶层设计，建立教学内容与培养目标的动态调整机制；加强课程思政引领专业建设，推进对接中药产业链的专业思政实现路径，培养学生爱岗敬业与责任担当，弘扬爱国精神、厚植家国情怀；构建对接中药产业链的实习实训教学平台和体系，开展项目牵引的线上线下混合式教学方法。本文在充分调研中药产业发展的基础上，按目标导向原则，校企协同从课程体系、教学管理、资源平台、师资队伍、实践与创新创业平台构建、质量保障体系等关键环节入手，以"持续改进"为主线，构建适应中药产业发展需求的应用型人才培养体系；结合一流专业建设要求和新工科建设标准，推进专业教学平台及育人模式改革，搭建服务产业链发展的校企协同育人共享平台，探索一种保障学校办学、学生成长及企业利益，适合行业需求的校企合作人才培养长效机制。

参考文献

[1] 康信煌，张国光，谢翔宇，等. 新工科背景下制药工程专业生产实习的构建与实施[J]. 广东化工，2019,46(17):188-189.

[2] 董莎，王珊. 高校实践教学与企业需求契合性研究[J]. 现代经济信息，2017,4:390-391.

[3] 刘慧，张珩，祝宏，等. 制药工程专业多层次实践教学体系的初建[J]. 药学教育，2015,31(1):75-77,81.

[4] 闫俊伢，杨冬英. 校企协同创新视角下的实习实训模式研究[J]. 吕梁学院学报，2018,8(6):76-78.

"信号与系统"一流课程建设探索与实践

李亚文[1]，鱼轮，王园园

摘要： 针对电子信息专业课程"信号与系统"课时少、数学原理和公式多、晦涩难懂，学生学习兴趣不高，重理论、轻实践普遍存在的现状，以及行业领域对电子信息类人才实践创新能力的需求，本研究以课程建设为抓手，开展《信号与系统》省级一流课程建设，主要包括教师团队建设和课程内涵建设。以产出为导向，以学生为中心，设置明确的教学目标；通过建设在线开放课程资源、课程思政案例库资源、积极开展"混合式＋项目式"教学模式等，凸显课程的两性一度；深挖课程德育元素，将知识传授和价值塑造有机融合，达到培养有专业情怀、基础扎实的应用型电子信息人才的目的。

关键词： 一流课程；教师团队建设；混合式教学；课程思政

为了有效推动高等教育质量，实现本科教育内涵式发展，2019年教育部决定全面实施"六卓越一拔尖"计划2.0，实施一流课程建设"双万计划"。为推进一流专业和一流课程建设质量、进一步提升卓越拔尖人才培养能力，全国各类部属和省属都制定实施关于课程建设的《一流专业与一流课程建设方案》，拉开了高校建设"金课"，淘汰"水课"，打造一流课程的序幕。一流课程建设内涵包括：课程教学团队的建设、课程资源建设与优化、针对课程特点进行系统化的教学改革（包括教学方法和考核方式）、完整的教学效果评价机制和教学质量可持续改进措施等。

商洛学院是陕西省一所省属地方高校，学校以"立足商洛，面向地方，服务基层，培养应用型人才"为办学定位，2020年电子信息科学与技术专业获批陕西省一流专业建设点。课程是人才培养的核心要素，课程质量将直接决定人才培养的质量，因此，一流的课程是一流专业建设的关键。

一、"信号与系统"一流课程建设的主要内容

"信号与系统"课程是电子信息类专业本科二年级所开设的一门专业基础课程，本课程分析了信号的基本概念和特性，以及系统的数学建模和基本特点；确定性信号通过LTI系统传输与处理的基本分析方法：包括连续系统与离散系统的时域分析、连续系统的频域分析、连续系统的复频域分析和离散系统的Z域分析等；掌握各种分析方法相互间的联系及区别，初步具备应用信号与系统的观点和方法处理实际问题的能力，为学生未来从事信号处理类相关工作作铺垫。

---

[1] 作者介绍：李亚文，1984年生，陕西华州人，工学硕士，商洛学院电信学院副教授，研究方向为混合式＋项目式教学

(一)一流课程建设关键

"信号与系统"课程 2021 年获批省级"线下一流课程",课程团队成员共 5 名教师,从 2016 年开始进行课程建设至今,总结和概括一流课程建设的关键是:更新教学理念,设置合理的教学目标,利用先进的教学手段,完善教学资源,建立多元化的评价机制等。

(1) 教学理念:以产出为导向,正向设计,反向实施,持续改进的理念;课程讲授中确定以学生为中心,体现以学生发展为核心的价值塑造、知识传授和能力培养的目标。

(2) 教学目标:设置基础目标,旨在掌握基本知识和技能,注重课程高阶性、创新性和课程的挑战度(增加研究性和综合性内容)。

(3) 教学手段:强调以提升学生综合能力为重点的创新教学方法,注重现代信息技术与教学深度融合,解决好"教与学"模式创新的问题。

(4) 教学资源:建设在线开放课程,持续改进优化,增加师生线上互动交流,有效延长学习链条;建立课程思政案例库,将德育元素与专业知识有机融合,达到课程育人的目的。

(5) 评价机制:以激发学生动力和专业志趣为着力点,突出和完善过程性评价制度。

(二)一流课程建设的主要内容

"信号与系统"一流课程建设中,教师团队是课程建设的主体,教育者要先受教育;注重课程的工程实践应用,建设丰富多样的课程资源,突出课程内涵建设,具体如图 1 所示。

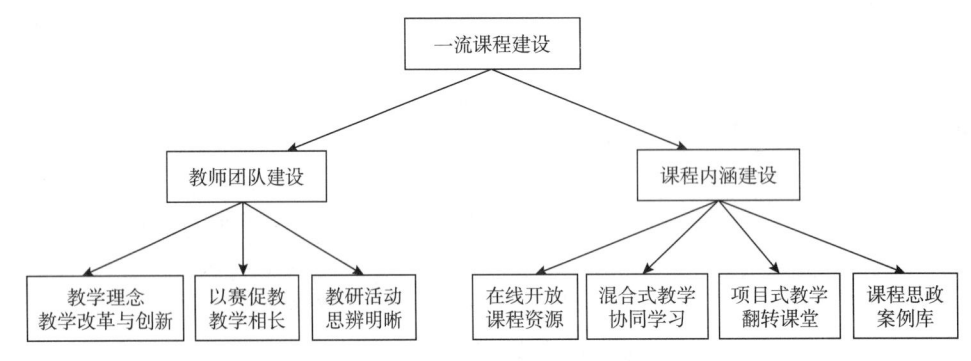

图 1 一流课程建设主要内容

(1) 教师团队建设:团队成员需要革新教学理念,以产出为导向,以学生为中心,持续改进的教学理念;通过参加各类教学竞赛,包括青教赛、课堂创新比赛、课程思政比赛以及各类专业课程协会组织的比赛,不断锤炼团队成员扎实的基本功底和娴熟的教学技能,实现以赛促教、以赛促学、教学相长的良好氛围;注重日常的教研活动,通过听课、评课、辩论、汇报等形式,碰撞教学火花,总结整理优秀方法和案例,达到思辨明晰的效果。

(2) 课程内涵建设:为了落实专业培养应用型人才的目标,突出课程实践应用,建立符合学生实际和认知特点的"信号与系统"线上课程资源,积极开展混合式教学,将课前+课中+课后三部曲有机融合,整理优秀的项目案例并纳入课程教学中,鼓励学生积极参与课程教学;建立课程思政资源案例库,并和专业知识巧妙融合,达到知识传授与价值塑造双向双行,有机融合。

(三)在线开放课程的建设

"信号与系统"课程讲授学时(包括理论+实验)从 72 学时压缩至 54 学时,直至现在的 48 学时，如何在有限的时间内完成课程教学目标要求，并能突出以学生为中心的教学理念？课程团队于 2019 年 12 月在学银在线平台上线"信号与系统"在线开放课程，辅助线下课程教学，有效节约了课堂教学时间，"信号与系统"在线开放课程内容如表 1 所示，以知识点微课形式再现课程内容。通过课前发布预习知识点任务、项目教学任务等，让学生提前了解课程内容，课中辅助项目式教学、现场发布测试等，完成教学任务；课后通过师生互动、习题测验等形式巩固知识内容，答疑解惑，利用碎片化的时间，化零为整，延长学习长度和深度广度，提高教学质量。

表 1 "信号与系统"在线开放课程内容

章节	知识点内容	知识点个数	时长（分钟）
第 1 章	1.1 信号及分类　1.2 典型信号 1.3 连续信号的运算　1.4 系统响应及其性质	4 个	55
第 2 章	2.1 LTI 系统数学模型的建立　2.2 LTI 系统的零输入响应 2.3 LTI 系统的零状态响应　2.4 LTI 系统的全响应	4 个	65
第 3 章	3.1 周期信号的傅里叶级数　3.2 非周期信号频谱 3.3 傅里叶变换的性质 (1)(2)　3.4 LTI 系统的频域响应 3.5 无失真传输系统　3.6 时域采样定理	7 个	56
第 4 章	4.1 拉普拉斯变换　4.2 拉普拉斯变换的性质与定理 (1)(2) 4.3 拉普拉斯反变换　4.4 LTI 系统的复频域分析法 4.5 系统函数 4.6 连续时间系统的信号流图	7 个	128
第 5 章	5.1 典型离散基本序列及基本运算　5.2 LTI 离散时间系统的数学模型 5.3 离散时间系统零输入响应　5.4 离散时间系统零输入状态响应 (1) (2) 5.5 离散时间系统完全响应与特性	6 个	65
第 6 章	6.1 Z 变换的定义　6.2 Z 变换的性质　6.3 逆 Z 变换 6.4 离散系统的复频域分析　6.5 离散系统函数	5 个	105

二、"混合式 + 项目式"教学模式的实践

为了有效利用课堂时间，充分调动学生学习的兴趣，延长学习链条，"信号与系统"课程结合学银在线自建的在线开放课程，实施混合式教学模式；由于该课程理论性较强，公式原理复杂难懂，同时电子信息类人才培养定位为培养实践应用型专业人才，要求课程目标要突出培养学生的实践创新能力，因此，开展合适的项目式教学恰逢其时，通过整合项目资源，锻炼学生的项目实践开发能力和团队协作能力，实现从课堂到企业的无缝衔接。

(一) 混合式教学模式的实践

充分利用教学团队自建的"信号与系统"在线开放课程，结合手机学习通 App，课前解锁分配任务至每一位同学账号中，包括知识点预习、需要查阅的项目资料、阅读的文献材料等，完成任务并获得相关成绩；课堂中，教师树立主要的知识点，并对难点内容进行

强调，学习通 App 现场推送测试练习，及时了解学情，根据实际情况，灵活安排教学进度。安排项目式教学的内容，分小组代表汇报展示、学生质疑、提问、教师点评、生生互评等形式，深挖项目内涵。课后，学生完成课后测试题，通过"问卷星"软件收集整理学生中疑难困惑，或者学习通师生互动版块留言回帖等形式，了解学生的学习效果，收集课后反馈信息，持续改进，不断优化线上课程资源，具体实现过程如图2所示。

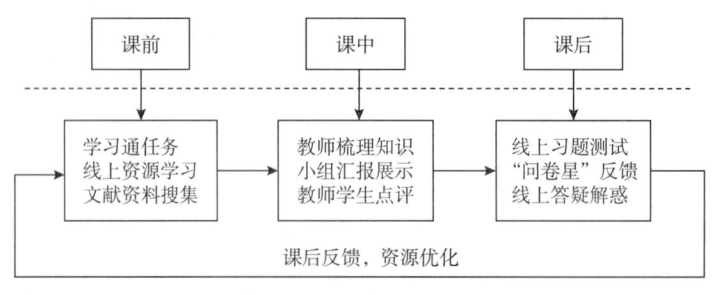

图2 "信号与系统"混合式教学过程

（二）项目式教学的开展

（1）合适的项目教学案例资源整理。教学团队成员通过分析课程内容，确立合适的项目案例，主要来源为大学生创新创业训练项目、电子类学科竞赛课题、教师科研项目，以及充分利用校企合作企业的项目资源、教育部产学协同育人立项项目，与相关企业工程师商讨确立合适的项目内容，发挥"双师型"教师的作用，模拟真实项目案例。

（2）项目教学开展过程。课前教师发布相关项目查阅资料，小组分工协作；课中以翻转课堂形式进行小组汇报展示，分析项目内容，熟练项目思路，形成课程的项目实施方案并进行论证答辩，通过师生点评形式，不断优化项目内容；课后形成项目总结报告，通过学习通线上提交，并进行答疑解惑。

（3）项目教学评价机制。为了持续巩固项目教学成果，"信号与系统"项目式教学共安排4次，每次占25分，一次项目成绩 = 现场汇报（40%）+ 现场答辩（20%）+ 项目报告（40%），充分调动学生自主学习的热情，实现以学生为主体、教师为主导的良好教学场景。

三、课程思政在一流课程建设中的融入

高校人才培养中80%是专业教师，课程的80%是专业课程，学生学习时间的80%是专业学习，并且长期调查发现80%的大学生认为对自己影响最深的是专业课和专业课教师，因此，课程讲授中坚持马克思主义立场观点、科学思维方法和科学伦理，坚守探索未知、追求真理、勇攀科学高峰的责任感和使命感、注重学思结合、知行统一，增强学生勇于探索的创新精神、善于解决实践问题的能力、科技报国的家国情怀和使命担当；注重爱国教育，引导弘扬中华民族优秀传统文化和在艰苦奋斗中锤炼个人意志品质(见表2)。

"信号与系统"课程教学团队深入挖掘课程思政元素，建立课程思政案例库，目前已经整理完成50个教学案例，其中原创案例32个，八大育人主题，主要包括：学习科学家精神；爱国主义和家国情怀、民族自信心和自豪感的体现；工匠精神和实践创新的能力；崇尚马克思辩证唯物主义观点；正确价值观的塑造；个人优秀品质和道德培养；在工程实践中倡导科学发展观；项目开发研究中的团队精诚合作精神等方面。巧妙将八大育人主题中

的德育元素与专业理论相结合，培养学生的爱国热情和社会责任感，为专业知识和工程理论的创新提供可持续的内在驱动力。"信号与系统"课程思政案例库，是将知识传授、能力提高与素质提升相融合，实现价值塑造、知识传授、能力培养三者有机融合。深入挖掘课程思政元素，构建系统化的课程思政体系，坚持"以学生为中心"，落实立德树人根本任务。以知识点为思政融合的基本点，通过对课程各章节内容的分析，挖掘与知识点相关的历史事件、经典案例、知名人物、人文知识、传统文化等内容作为思政讲解的课程要素，使得课程思政切入自然，做到春风化雨、水滴石穿。

表2 课程思政在一流课程建设中的融入

育人主题	案例个数（个）
主题1：科学家精神 积极探索、敢于质疑、追求真理、坚持不懈、勇攀高峰	5
主题2：家国情怀，民族自信心 爱国情怀，科技强国，提升民族自信心，民族自豪感	7
主题3：工匠精神、创新思维：多角度看问题、多元化思考	11
主题4：辩证唯物主义观点 辩证法、事物的发展遵循客观规律、批判性思维、理论和实践的关系	5
主题5：价值塑造 专业认同感和使命感、社会责任感、提升专业素养	6
主题6：个人品质塑造 努力奋斗、积极心态、提出问题解决问题、注重细节、终身学习理念	11
主题7：科学发展观：保护生态环境的意识	1
主题8：团队精神：竞争合作、团结协作	4

四、结束语

"信号与系统"课程被评选为省级一流课程以来，课程教学团队成员主要从加强教师团队建设和课程内涵建设两大核心内容下功夫。其中教师团队建设主要包括教师教学理念的革新、教学技能和水平的提升，通过各类教学竞赛实现"以赛促教"提高教师业务水平，以教研活动为平台碰撞教学思路火花，团队成员进行头脑风暴，形成"高效、先进、务实"的教学思路，为实现课程"两性一度"标准奠定坚实的基础。课程内涵建设主要包括：在线开放课程建设、"混合式+项目式"教学模式的探索与实践和课程思政内容的融入三个方面。以在线开放课程为开展混合式教学的线上资源，将各类优秀的项目素材融入课程教学当中，充分调动学生学习的兴趣与热情，通过"混合式+项目式"的教学模式，充分落实以学生为中心的教学理念，以培养实践应用型电子信息类人才的人才培养目标。通过建立课程思政案例库，课堂教学中将课程思政内容与专业知识巧妙融合，润物无声，体现专业课程育人的主战场、主阵地的作用，将知识传授与价值塑造有机融合，实现专业课程育人的目的。

参考文献

[1] 时刚，张素磊，李永辉，等. "双一流"和"双万计划"背景下学科、专业、课程协同建设：动因、策略与路径 [J]. 高等教育研究学报，2019,42(3):35-43.

[2] 杨祥，王强，高建. 课程思政是方法不是"加法"——金课、一流课程及课程教材的认识和实践 [J]. 中国高等教育，2020,8:4-5.

[3] 邓忠波. 大学课程中"水课"现象审视与"金课"建设进路 [J]. 中国电化教育，2020,4:68-74.

校企产教研深度融合实现对策研究
——以盘龙产业学院建设为例

李世玺，梁旭华，程敏，贾朝

摘要： 产教研深度融合已经成为促进区域产业经济提质增效、教育与经济社会协调发展、科技服经济发展的重要举措。本文在分析"产教融合""产研融合"和"科教融合"的重要性以及实施现状的基础上，从产业发展和企业需求出发，依托盘龙产业学院，以提升人才培养质量和社会服务能力为目标，构建企业全过程参与的产教研融合和协同育人新模式。校企共同开展制药工程类专业人才培养、教学团队、教学资源、技术合作、实习实训、创新创业等方面建设工作，引领地方中医药产业发展，助力区域健康医药产业集群发展，服务地方经济社会高质量发展，提高应用型人才培养质量。本研究将为省内外相关高校开展对接产业链的产教研融合研究发挥示范引领作用。

关键词： 产业学院；人才培养；产教研融合；校企合作

随着高等学校的分类发展日益明确，建设高水平应用型大学已成为地方本科院校的基本定位。地方院校肩负着培养符合产业需求的高素质创新型人才以及服务地方经济和社会发展的重任。建设地方一流应用型大学必须回归本源，在实现深度产教研融合上下功夫。"产教研"融合即将社会生产、学校教学以及学术科研进行融合，构建完善的教育生态系统。通过实施深度产教融合和校企合作，学校不仅可以为企业提供科研支撑，解决企业技术难题，而且能够为企业培养专业人才，为企业长久发展提供人才保障。企业通过向学校投入资金，帮助建设与自身发展需求相关的专业，培养能够满足自己生产与发展需求的应用型高素质人才。产教研融合发展已经成为解决区域产业转型升级、教育与经济社会协调发展、科技服务经济发展的国家战略。然而目前大多数产教研融合和校企合作所创造的价值与我国新时代的产业要求还有一定的差距。因此，加快探索符合区域发展要求的产教研融合、校企合作路径迫在眉睫。

产业学院的应运而生完美诠释了"产""教""研"的融合。产业学院通过对接本区域产业链发展，形成紧密对接产业链、创新链的专业体系，按照区域产业经济发展对技术技能人才层次、结构、规模、质量的需求，培养高素质应用型、复合型、创新型人才，使人才链不断延伸和完善，进而推动企业创新性发展，推动产业链与其他相关产业的对接与融合，助推产业链延伸到更新的领域。

为了推动科研与企业精准对接，产学研用深度融合，商洛学院与陕西盘龙药业集团股份有限公司本着"优势互补、资源共享、平等自愿、互惠双赢、共同发展"的原则，以现有校企合作平台源为基础，整合、利用校企优质教育教学资源，以商洛学院生物医药与食品工程学院为载体，共建盘龙产业学院。构建企业全过程参与的产教研融合和协同育人新模式，围绕地方特色资源，结合企业发展过程中的技术需求，开展相关基础应用性研究和技术开发，引领地方中医药产业发展，助力区域健康医药产业集群发展，服务地方经济社会高质量发展，提高应用型人才培养质量。

一、产教研融合实践现状分析及研究意义

当前高等教育中普遍存在着重科研轻教育、重课堂教学而轻实践活动，重理论知识学习而轻实践能力训练等问题。产教研脱节很容易造成三个不良后果：一是高校培养的学生缺乏创新意识，动手实践能力差，难以胜任企业岗位需求；二是高校科研方向与企业实际需求偏离严重，研究成果难以实现落地转化，最终沦为"屠龙之术"；三是高校的科研队伍和丰富的科研资源与企业优质资源难以实现合作共享，双方各自为战，重复建设，不仅浪费了大量资源，也不利于科研成果的交流转化。因此，如何有效地整合高校和企业优势资源，实现产教研深度融合，实现校企协同育人和推动区域经济社会高质量发展是当今校企合作的重大课题。

（一）科教融合现状分析及研究意义

教学和科研一直是应用型本科院校的基本职责。随着社会的发展，这些院校教师的教学任务不仅要向学生传授基础知识，而且要培养学生的创新性思维和实践能力，为社会培养符合时代需求的应用型人才。高校教师需要及时了解学科发展的前沿信息、掌握学科发展的研究动态、开展有价值的学术研究，将科研工作的思路、方法和成果引入到教学过程中，不断充实教学内容。这既能体现教学对科研的促进作用，又能显露出科研对教学的反作用，即"科研反哺教学"。

目前很多高校在科研水平上得到了较大提高，但存在教学质量下滑的问题，面临着"重科研、轻教学"的现象。教学与科研存在本质上的差异，教学质量与教学成果难以量化考核，且受多重因素影响，这也就决定了教学质量评价存在主观性。教师在教学上投入的隐性成本很可能无法取得显性成果，并且这种隐性成本无法计入教学评价体系。由此，教学日趋成为一项沉没成本极高，且难以量化、不受控制的工作。与之相反，科研具有较为明确具体的量化考核指标，且具有客观可控性，同时能带动职称评定、福利待遇等多方收益，这进一步加剧了高校青年教师"重科研、轻教学"的倾向。基于外部压力和职业发展需求，高校教师的专注力不得不大幅度转移。受考核压力和功利心的影响，盲目申报课题已成乱象，这种现象导致教师很难静下心来做学问，科研成果既无创新和应用价值，又于提升教学质量无益。长此以往，既不利于教书育人，也不利于社会发展，还消耗了大量的人力和社会资源。因此，如何将教学与科研紧密结合对于提升教学质量具有积极的意义。

（二）产研融合现状分析及研究意义

地方高校作为创新知识高度聚集地，其科研成果的转化成为服务区域经济和整个社会的重要形式，经济建设的发展也对高校进行科学研究起到极大的推动作用。深化产研融合，更大程度发挥校企双方优势，促进教育链、人才链与产业链、创新链有机衔接，是完善国家和区域创新体系、推动科技自立自强的必然要求和务实举措。当今国内外的市场竞争越发激烈，企业需要通过与科研单位合作来提高产品研发能力、市场推广能力。科研单位由

于在资金、场地、人才及实验设备等方面的限制，不具备科研成果转化的条件，急需加强与企业的合作。但是我国地方高校在产研融合实践过程中遇到了很多问题，转化情况不容乐观。

地方高校的科研人员在选题时未充分考虑市场需求，忽略了其导向作用，使研究出的科研成果市场价值偏低。地方高校的科研人员在选题时未充分考虑地方经济建设的需求，使地方资源得不到有效利用，获得地方政府和企业支持的可能性大幅降低。有些科研项目的负责人存在学术腐败的问题，在科研过程中拼凑造假、不履行项目职责等，使研究出的科研成果质量达不到标准。

从企业方面来看，很多企业只关注较成熟的现有技术，忽略了新技术和新成果。大量企业技术力量薄弱、资金短缺、生产条件不足，不敢尝试技术含量高的地方高校科研成果，宁愿出高价购买较成熟但即将面临淘汰的技术，限制了地方高校科研成果的转化。由此可见，我国地方高校科研成果的转化对生产力和经济实力增长的促进作用还未充分发挥。要改变这种状况，必须深入分析目前存在的问题，找出合理的对策，使其真正为国家科技创新和经济建设的发展服务。

(三) 产教融合现状分析及研究意义

现在大部分高校依然沿用着传统的教学方法，教师往往不遗余力地"灌"，学生则习惯于被动地接受，故所学的知识管理往往局限在教师传授的范围内，缺乏有效解决企业实际发展问题和创新思维能力的训练，教学方法只注重教材知识的教学，忽视了学生实践能力的培养，不利于教学质量的提高，不能适应现代社会的要求。党的十九大报告中指出，要"深化产教融合、校企合作"，产教融合是地方普通本科高校向应用型转变的主要路径。国内众多地方院校与企业因地制宜，结合自身的办学定位和企业实际需求，开展了形式多样的产教融合实践活动，取得了很多的重要成果。

然而产教融合多方合作的环节上也有诸多有不尽如人意之处。目前产教融合实践方面主要存在着"三不"现象："不对接"，人才培养层次和类型与实体经济产业布局和发展需求不相适应，技能型、应用型、复合型人才长期短缺；"不愿接"，企业发展难点与院校课题"研点"各吹各的号、各唱各的调，校企协同的人才培养局面成了"两张皮"；"不敢接"，办教育的投入产出比不确定，企业参与产教融合的积极性不高。因此瞄准区域经济和产业链发展需要，打造校企双方命运共同体，探索符合多方利益诉求的产教融合模式是当务之急。

二、依托盘龙产业学院，创新协同育人模式

为了培养符合中医药产业链高质量发展需求的高素质创新型人才，培养创新型师资队伍，提高办学质量，商洛学院立足于制药工程专业人才培养方案和学情，从产业发展和企业需求出发，以盘龙产业学院为载体，以提升人才培养质量和社会服务能力为目标，校企共同开展制药工程类专业人才培养、教学团队、教学资源、技术创新、质量评价、实习实训、就业创业、文化传承等方面建设工作，为省内外相关高校开展对接产业链的产教研融合研究发挥示范引领作用。

(一) 重构制药专业人才培养体系

以服务产业需求和提高职业能力为导向，以盘龙产业学院为载体，基于企业现实产业

布局，深化产教研融合、校企合作，与盘龙药业共同制订人才培养方案、共同开发课程资源、共同实施培养过程、共同评价培养质量，探索共建"现代学徒制试点班""订单式培养试点班""定向委培班""企业冠名班"，实现招生与招工同步、实习与就业联体、毕业生就业"零转换"。对人才培养规格、课程体系、教学内容、教学方式和学生学业考核评价方法等进行重构，企业全程参与人才培养全过程，建立以提升创新意识和实践能力为引领的人才培养流程，强化"专业对接产业，课程对接岗位，课堂对接师傅，院长对接厂长"，实现专业链与产业链、课程内容与产业要求、教学过程与生产过程对接，深化产教研融合、创新协同育人模式。

（二）对标新工科建设标准，提升专业建设质量

商洛学院深入开展人才培养顶层设计，着力将制药工程专业建在中药产业创新链上。注重培养学生解决复杂工程问题的能力，突出应用型人才培养的办学定位，强化产教研融合，进一步提升了创新创业教育水平及服务中药产业创新链发展的人才培养质量。

盘龙产业学院从中药产业发展和企业需求出发，对标新工科专业建设标准，以培养服务于秦岭中药产业链的应用型人才为目标，整合优化育人平台，将企业需求和学校培养有机结合，构建全新的立体化实践教学体系，实施专业课程思政，落实"三全育人"，构建嵌入中药产业链的制药工程专业育人体系，提升专业建设质量，实现培养为区域经济社会发展所需的制药工程"新工科"应用型人才。

（三）打造"双师双能型"师资队伍

以盘龙产业学院为载体，促进校企双方人员交流互通和双向流动。加大校内教师转型力度，学校根据企业实际需求，有计划选送现有专任教师到盘龙药业接受培训、挂职工作和实践锻炼，选派高学历、高职称教师为盘龙药业进行员工技能培训，促进校内教师转型，提升现有师资队伍的"双师双能型"比例。以盘龙产业学院为纽带，引进行业企业资深专家、高级工程技术人员、技术骨干和管理专家担任实践指导教师，充实学院师资队伍，进一步改善学院师资队伍结构。在此基础上，围绕产业学院发展建设，加强教师分类管理，改革教师评价体系，设置不同类型的教师岗位，引导学院师资队伍向"双师双能型"转变。

（四）构建校企合作的课程体系及课程思政实施途径

课程群建设是课程建设的高级阶段，直接关系到相关专业的教学质量，关系到专业人才培养目标的实现。商洛学院以产业学院所服务的行业企业需求为导向，引入行业优质资源，开发地方和应用型特色鲜明、符合行业实际需求的优质课程，并进行共享开放。依托科研项目和科技成果进行课程改革、设计课程体系、优化课程结构，推动课程内容与职业标准对接，整合专业基础课、主干课、核心课、专业技能应用和实验实践课，构建突出实践能力培养的应用型课程群。

对标商洛学院一流专业建设制药高层次人才培养新要求，秉承"守正创新，立德树人"的教育理念，打造中药课程群，如中药学、天然药物化学、中药鉴定学、中药炮制学、中药药理学、中药制药设备与车间设计等中药制药专业的核心课程。结合企业科研经验和生产实践经验，及时把企业的技术性知识、制度性知识和文化性知识编制到不同类型的课程内容中，开设诸如"制药过程安全与环保""药品生产质量管理工程""职业道德教育""药

品营销"等课程。不断将科研的新理论、新技术引入教学，选择、重构和整合学科知识体系和课程内容，增开"新药开发过程""药品与生物制品检验""制药产业发展前沿"等课程；同时增加"药物制剂仿真实验""专业技术创新训练""创新创业教育与训练"和"制药工程专业实验"等实践课程，注重培养学生的应用能力和创新创业能力。

在课程思政理念的指导下，教学团队将课程思政渗入中药学课程群的理论教学和科研实践中，提升学生的中药创新研究和解决实际问题的能力，探索中药现代化、国际化的可能途径，增强学生对中医药的民族自信心，推动中药研究在传承精华、守正创新中不断高质量地向前发展。结合产业学院教师专业教育工作经验以及药物研发和生产过程中的实践经验，通过融合药物的社会价值和专业前景，总结凝练出制药工程专业"递进式"课程思政实施基本思路：在知识传授、课程教学、专业教育和职业教育等各环节融入思想政治元素，逐步使学生产生知识认同感、课程认同感、专业认同感和职业认同感。按照知识、课程、专业、职业的内在逻辑关系"递进式"开展思想政治教育，使学生在知识学习和课程学习过程中，激发学生的学习动力，巩固学生的专业知识；通过强调对生命的敬畏与对社会的大爱，构建牢固的专业道德底线，提升学生的专业情感与思维水平，使学生逐渐热爱自己的专业和职业，最终成为一名具有强烈的社会责任感和家国情怀的制药工程从业者。

（五）改革理论实践教学模式

对接商洛中医药产业链，以培养具有实践能力和创新能力的实用型人才为目标，以科研及技术服务为后盾，加强校企协同，深化产教研融合，改革理论和实践教学模式。以科研的态度教学，以科研的方法教学，以科研的成果应用于教学，把优质科研资源转化为育人资源与优势，把科研平台转化为教学创新平台，把科研成果转化为教学内容，把"科学研究的密度"转化为"教学创新的浓度"，把人才培养寓于科学研究之中，在创新成果产生过程中提升人才培养能力和水平，使科学研究与人才培养形成良性互动机制，提高科学研究对人才培养的贡献度，同时为省内外相关高校开展对接产业链的科研教学关系研究发挥示范引领作用。

通过与企业共同实施以解决实际问题为导向和以学生为中心的启发式、合作式、项目式教学模式，将科研工作的思路、方法和成果引入教学过程中，不断充实教学内容，拓展学生和教师的教学视野，激发学生对新技术和新方法的探讨兴趣和激情，促进师生间深层次学习与交流。

改革实践教学内容、方法和手段，把企业技术革新项目作为应用型人才培养的重要载体，把企业的一线需要作为毕业设计选题来源。按照产业发展需要的"下得去、用得上、留得住"的人才培养目标，构建循序渐进提升学生创新能力及综合实践能力的实习实训模式，建立"认知实习→虚拟仿真实训→专业课程实训（课程设计）→创新创业训练→综合实习"分层递进的立体化实习实训教学内容体系。

三、依托产业学院，提升高校服务区域产业经济发展的能力

高校在高层次人才密度和科研资源方面具有企业难以企及的优势，企业则具有资金、实践平台和实践经验等方面的巨大优势。校企开展深度产学研融合，共享高层次智力资源、优质科研资源和企业优势资源等，强强联合，实现合作共赢，可以有力地推动区域产业高

质量发展。

盘龙产业学院精准对接商洛市中药产业集群，通过合作开展科技项目攻关、推进教育科研成果转化和实施协同育人策略，进一步加强校企合作科学研究的发展，实现学科建设和产业完美结合。一方面通过专任教师到盘龙药业接受培训、挂职工作和实践锻炼，选派高学历高职称教师为盘龙药业进行员工技能培训，加强双师型教师队伍建设；另一方面引进行业企业资深专家、高级工程技术人员、技术骨干和管理专家充实学院师资队伍，促进校企双方人员交流互通和双向流动，实现智力资源共享。

借助现代产业学院创新平台，充分发挥高校的人才优势和企业的资源优势，通过深度合作来促进教育科研成果的转化，解决企业关键性技术难题，发挥科技对产业的支撑引领作用，提升企业技术创新能力，实现高校科研成果的经济效益和社会效益，同时增强了企业的市场竞争力。校企紧密合作，使现代产业学院的发展更有活力，人才培养更具创新创业能力。

四、依托产业学院，探究提升学生创新创业能力路径

在新工科背景下，要提高学生的创新社会实践教学能力，就必须要将"产教研"有机地融合，采用改革创新的育人模式，激发学生学习动力。按照资源共享、产教融合、学用合一的原则，统筹相关专业理论教学、实践教学资源，构建功能集约、资源共享、开放充分、运作高效的中医药产业产教研融合与创新创业实训平台，扩展产业学院实践教学资源。商洛学院根据专业实习需要，结合专业课程实验、毕业设计、创新创业竞赛等实践教学环节，基于合作共赢前提，以学生就业为先导，科研及技术服务为后盾，开展中药制药专业"地方高校＋龙头企业"协同育人的资源共享平台实践探索，并成功建设了省级中药资源实验教学示范中心、国家级众创空间"星创天地""陕西秦岭特色生物资源产业技术研究院"、商洛连翘工程技术研究中心、"众创空间""孵化基地"等一批校企合作新型创新、实践平台。

根据盘龙产业学院的功能布局、生产特点，双方合作重构各专业认知实习、课程实习、生产实训、综合实习和毕业论文等实践教学体系，将相关生产场地和仪器设备开放，用于盘龙产业学院的实验、实践教学。依托上述场地和设施，建设双方联合申报并共建了省级大学生校外创新创业实践教育基地，基于产业实际，培养学生实践应用能力和创新能力。

以商洛学院盘龙产业学院作为企业技术孵化器和核心智库，基于企业发展的现实需求，校企双方整合现有智力资源，并引入外部优质资源，帮助企业根据市场发展的趋势，不断优化、创新企业的人员素质、业态结构、产品形态和商业模式，合作构建能够可持续发展、具有地方和行业特色的中医药产业发展模式，并对该模式进行复制、输出，提升、扩大校企双方的社会影响力。

五、结语

本研究精准对接区域中医药产业链，从中医药产业发展和企业需求出发，依托盘龙产业学院，以培养具有实践能力和创新能力的实用型人才为目标，以服务地方中医药产业链创新发展为核心，通过开展校企协同育人和加强科研合作与成功共享，探索一条具有地方特色的产教研深度融合实践路径。这种实践方式可以有效提高学生的专业技能与创新能力，

提高教师的教学科研水平和服务产业经济的能力，同时也能够为企业输送大量高素质创新性专业人才和丰富的科研成果。本研究为应用型高校培养契合产业链创新发展的高质量人才提供思路，同时为省内外相关高校开展对接产业链的产教研融合研究发挥示范引领作用。

参考文献

[1] 郭娟，卢光跃，杨武军，等. 地方行业高校基于 OBE 的产教融合人才培养体系构建与实践 [J]. 工业和信息化教育，2019,8:1-5.

[2] 刘波，李礼，赵蓉. 科教深度融合的人才培养模式探究与实践 [J]. 煤炭高等教育，2019,37(2):86-91.

[3] 彭姗姗. 产教融合背景下应用型高校师资队伍建设现状研究——以安徽省为例 [J]. 行政事业资产与财务，2020,20:119-120.

[4] 刘绍丽，马座山. 地方应用型高校"科研反哺教学"的实施策略探索 [J]. 产业与科技论坛，2018,7:145-146.

地质地貌学"双融合+三联动+三渠道"教学创新实践

李晓刚[1]

摘要：地质地貌学是地理科学类专业九大核心课程之一。教材内容更新慢、教学模式单一、思政元素库薄弱是困扰地质地貌学课程的三大教学痛点，严重影响了学生毕业要求的达成度。结合十八载的教学实践与迭代创新，本文提出"双融合+三联动+三渠道"教学创新模式：①用团队科研成果和学科前沿成果"双融合"更新教学内容，培养学生创新意识；②采用翻转课堂、线上线下、理实融合"三联动"激发课堂活力，培养学生动手实践能力；③建立地质地貌学思政元素库，通过课堂理论教学、室内实验教学、野外实践教学"三渠道"润物无声，培养学生的家国情怀。该课程教学创新实践在校内试验运行良好，学生创新意识和实践能力明显提升。该教学创新模式可以在西北地方本科院校示范推广。

关键词：创新实践；教学痛点；地质地貌学

地质地貌学是地理科学及地学相关专业（自然地理与资源环境、人文地理与城乡规划、地理信息科学、水土保持、资源与环境等）的专业基础课，是地理科学类专业九大核心课程之一，将为后续土壤地理学、全球变化、中国地理等课程学习奠定基础。前人在地质地貌学教学方法改革、实践体系构建和课程思政建设等方面都有一定的研究。本文从地质地貌学课程教学中的三大痛点入手，结合多年教学实践，提出"双融合+三联动+三渠道"教学创新模式，运行良好，在地方本科院校推广价值明显。

一、教学要求与教学痛点

（一）教学要求

地质地貌学是地理科学类专业九大核心课程之一，它支撑了毕业要求"2.2 掌握自然地理学基础知识，地理学科知识体系"；毕业要求"3.1 能在生活中发现地理问题，并能基于环境整体性思维分析其成因"；毕业要求"4.2 学会观察地理现象，具备发现地理问题的创新意识，能够将地理学科知识运用到地理实践中"；毕业要求"6.2 具备通过野外考察、实验分析等获取第一手地理数据的技能和方法，具有定量分析研究地理问题的能力"；毕业要求"9.1 理解学习共同体的作用，掌握沟通合作技能，能积极开展小组合作学习"。

地质地貌学面向大学一年级新生第二学期开设，先修课程地理科学导论和地球概论。

---

[1] 作者介绍：李晓刚，1983年生，男，山西省吕梁人，教授，博士，主要从事自然地理学方面研究与教学工作

学生们已经对地理学科有一定的认识，但是对地球内部构造、地层分析、地球表层各类地貌的分布及发育过程尚停留在初步认知阶段，尚不具备野外识别岩石和地貌类型判别能力，以及分析地貌成因及演化的能力。

(二) 教学痛点

地质地貌学经过商洛学院老、中、青三代十八载的不断创新，虽然取得了一定成绩，但是新时代随着信息技术的不断升级和学生自主学习能力的增强，仍然存在以下三个教学痛点：

痛点一，教材内容更新慢，阻碍了学生创新意识的培养。地质地貌学课程的最新教材是由山东师范大学张祖陆老师主编，2012年由科学出版社出版。教材中诸多内容如今已略显陈旧、更新慢，难以培养学生的创新意识，不能很好地支撑毕业要求"4.2 学会观察地理现象，具备发现地理问题的意识"。

痛点二，教学模式单一，阻碍了学生动手实践能力的培养。单一的教学模式、传统课堂灌满堂、实验实习课时不足 (8个室内实验课时和1周野外实习)、"以教师为中心"的传统课堂忽视了学生的主观能动性，阻碍了学生动手实践能力的培养，难以支撑毕业要求"6.2 具备通过野外考察、实验分析等获取第一手地理数据的技能和方法"，以及毕业要求"9.1 能积极开展小组合作学习"。

痛点三，思政元素库薄弱，影响了学生家国情怀的塑造。零碎、孤立的思政元素难以落实习近平总书记在全国高校思想政治工作会议上 (2016年) 提出的"将思想政治教育贯穿教育教学全过程"的精神要义，影响了学生家国情怀的塑造，难以支撑毕业要求"1.1 增进对中国特色社会主义的认同，具有艰苦奋斗、乐于奉献的品质"。

二、教学创新实践

针对地质地貌学存在的三个教学痛点问题，结合课程团队多年的教学实践，提出"双融合＋三联动＋三渠道"教学创新新思路 (图1)。通过将团队科研成果和学科科研成果融

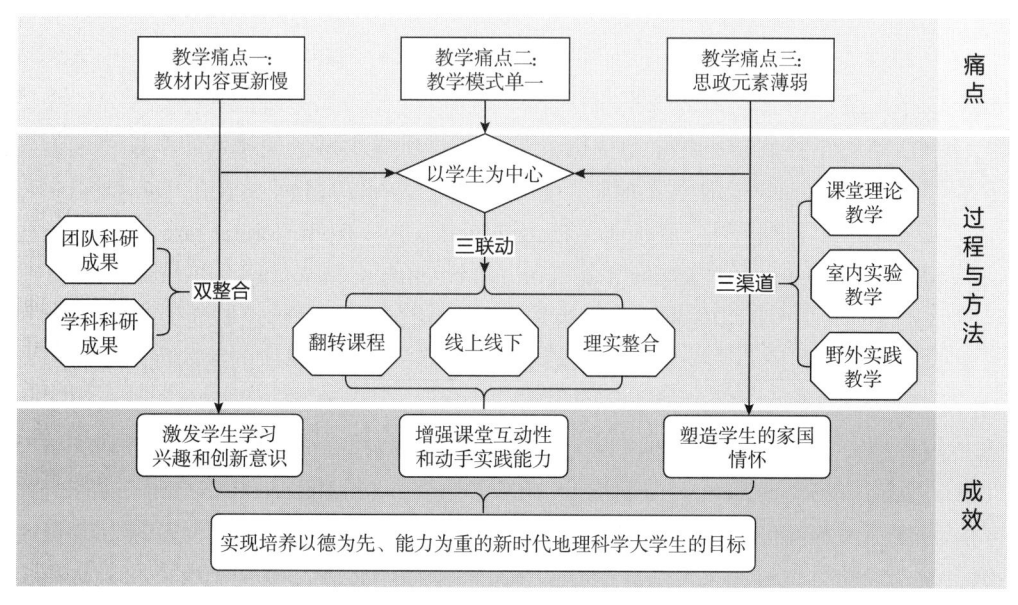

图1 "双融合＋三联动＋三渠道"教学创新新思路

入教学内容的"双融合",激发学生的求知欲和创新意识。采取翻转课程、线上线下和理实融合的"三联动"教学方式来贯彻"以学生为中心"的教学理念,增强课堂互动性和实践能力。建立地质地貌学课程思政元素库,通过课堂理论教学、室内实验教学和野外实践教学"三渠道",将思政之盐注入课程之汤,实现培养以德为先、能力为重的新时代大学生的目标。

(一)"双融合"更新教学内容——解决痛点一

通过将团队科研成果和学科科研成果融入教学内容的"双融合",激发学生的求知欲和创新意识,解决教学痛点一,支撑毕业要求"4.2 学会观察地理现象,具备发现地理问题的创新意识"(图2)。

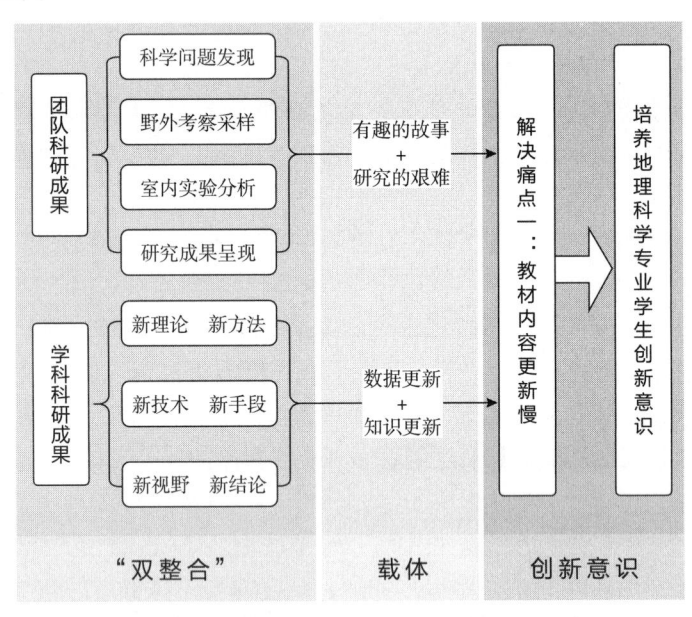

图2 "双融合"更新教学内容解决痛点一

在课堂授课过程中,补充地质学与地理学的新思想、新理论、新技术,开阔学生视野,提升学生兴趣,使其成为适应当前社会需求的卓越教师和考研深造储备人才。发挥团队中两位陕西省青年科技新星的学术优势,将团队科研成果融入地质地貌学课程内容。课程团队第一参与人,在"坡地水文地貌"主题报告中,将2013年发表在"Soil and Tillage Research"《土壤和耕作研究》上的文章:Tracing water flow from sloping farmland to streams using oxygen-18 isotope to study a small agricultural catchment in southwest China(利用O^{18}同位素对中国西南部一个小型农业流域的坡耕地到溪流的水流进行追踪研究)引入课堂中,向学生们重点讲解"利用O^{18}同位素追踪从坡地到溪流的水流"科学问题的发现过程,以及采样、实验过程中遇到的难题与有趣故事。课程团队负责人将丹江流域特大洪水对黄土地貌的改造过程研究成果:Hydrological reconstruction of extreme palaeoflood events 9000–8500 a BP in the Danjiang River Valley, tributary of the Danjiangkou Reservoir, China(中国丹江口水库支流丹江流域9000-8500 a BP极端古洪水事件的水文重建)融入第九章第二节黄土与黄土地貌中。将学科科研成果"差异抬升:青藏高原新生代古高度变化历史"(刘晓惠,中国科学，2017）"融入第三章新构造运动中。将学科科研成果"秦岭的由来（孟庆仁，中国科学，2017）"融入第五章构造地貌中。团队科研成果和学科科研成果融入教学内容的"双融合"，在横向上有广度，纵向上有深度，体现了创新性、高阶性和挑战度。

（二）"三联动"创新教学方式——解决痛点二

坚持"以教师为主导、以学生为中心"教学理念，通过翻转课堂、线上线下和理实融合的"三联动"教学方式创新，让学生处于自觉且主动学习的中心地位，挖掘学生潜能并将其思维外显，增强学生的动手实践能力，解决痛点二，支撑毕业要求"6.2 具备通过野外考察、实验分析的技能方法"和毕业要求"9.1 能积极开展小组合作学习"（图3）。

通过"翻转课堂＋线上线下＋理实融合"的教学方式，以小组讨论合作学习增强学生的自主学习能力和课堂学习的有效性。课前在自主研发的地质地貌学课程网络平台上传3~5分钟的知识点短视频和学科前沿文献，并推荐中国MOOC平台资源，让学生分小组预学讨论。课中学生带着问题进入课堂，教师着重讲解重点内容、难点内容以及各知识点之间的逻辑结构，使用"雨课堂"设置抢答、习题测验等；学生按小组选择代表对预学问题讨论汇报，其余小组质疑辩论。课后设置讨论区，进行师生多元实时互动，有效促进课前—课中—课后教学过程闭环。为了避免组内搭便车情况，每个小组任务都设置组内互相评分方式。

实验课堂采用课前线上预学实验规范操作短视频，实验课中验证理论课相应知识点，实验课后在开放实验环境中，学生以小组形式完成大创项目，探索学科理论前沿，做到理实融合。通过三联动教学方式创新，课堂从静默、简单问答走向对话、质疑、辩论，大大激发了学生课堂生机活力，同时增强了学生动手实践能力。

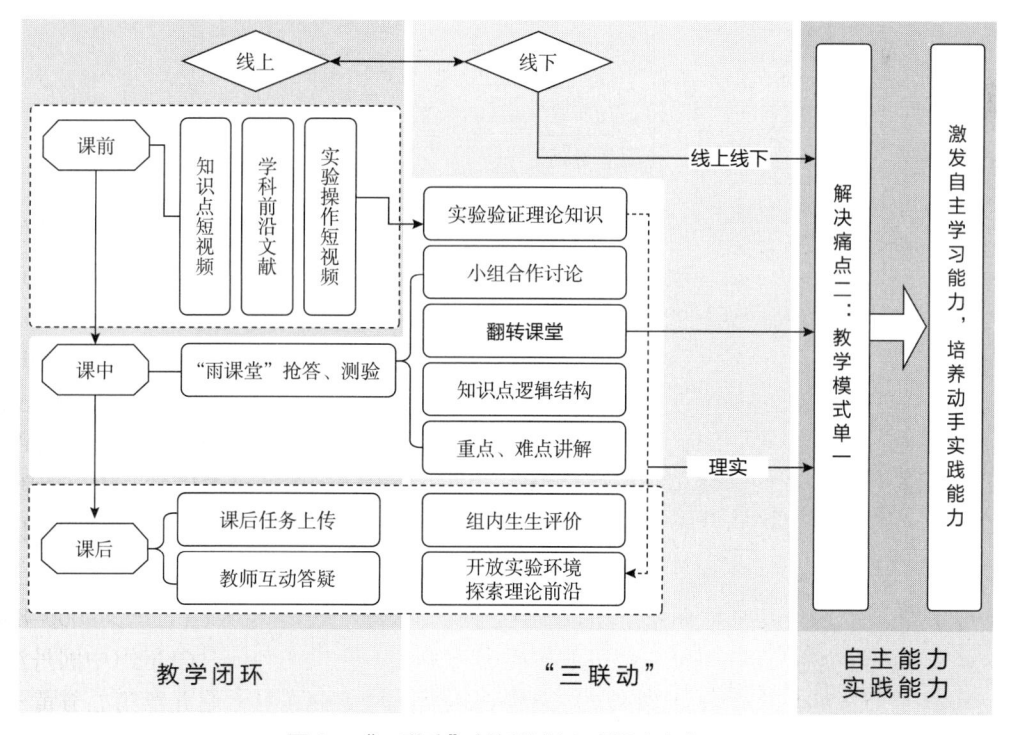

图3 "三联动"创新教学方式解决痛点二

(三)"三渠道"建立思政元素库——解决痛点三

以"立德树人"为出发点,通过课堂理论教学、室内实验教学、野外实践教学"三个渠道"挖掘思政元素,建立思政元素库,塑造学生的家国情怀和历史使命感,解决痛点三,支撑毕业要求"1.1 增进对中国特色社会主义的认同,具有艰苦奋斗、乐于奉献的品质"(图4)。

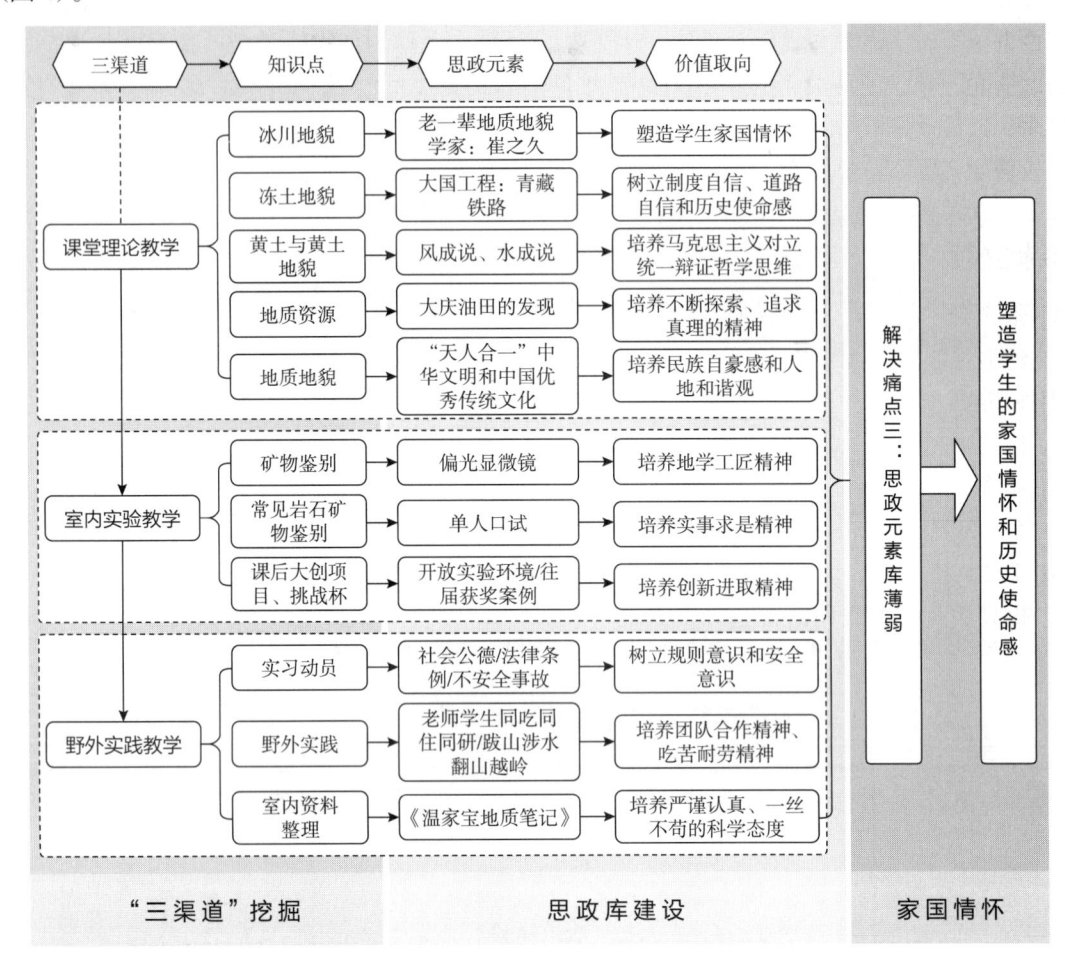

图4 "三渠道"建立思政元素库解决痛点三

课堂理论教学课程思政设计:老一辈地质地貌学家典型案例塑造学生家国情怀,大国工程培养使树立学生制度自信、道路自信和历史使命感,学术争鸣培养学生马克思主义哲学思维,科学发现培养不断探索、追求科学真理的精神,中华文明与中国优秀传统文化培养学生的民族精神和人地和谐观。

室内实验教学课程思政设计:借助偏光显微镜培养学生地学工匠精神,单人口试考核方式培养学生实事求是精神,开放实验环境培养学生创新进取精神。

野外实践教学课程思政设计:在实习动员中让学生牢固树立规则意识和安全意识,在野外工作中培养学生的团队合作精神和吃苦耐劳精神,在室内资料整理中培养学生严谨认真、一丝不苟的科学态度。

三、教学成效与推广

通过对地质地貌学"双融合+三联动+三渠道"教学创新模式实践，学生们创新实践能力得到显著提高，学生们通过本课程创新性培养获得国家级、省级大创项目15项，省级"挑战杯"获奖3项，数十位毕业生已经博士毕业在高校任职。在近年来省、校教改教材项目支持下，课程团队主编出版《东秦岭（商洛市）地质地貌野外实习指导书》。该教学模式在西北大学地质学专业野外实践教学中得到应用，受到指导教师和同学们的一致认可；在西北有色七一三总队承担的"商丹盆地地热资源调查评价（项目编号2019050）"应用效果显著；同时也获得陕西省高等教育教学成果奖二等奖，校级教学成果一等奖，团队多次在学校教学沙龙、学院教改分享会上交流发言。

参考文献

[1] 张文开. 地理之基，专业之本——关于基地班《地质地貌学》的教学及其改革[J]. 福建地理，2002,2:7-9.

[2] 解婷婷，单立山，马维伟. 混合式教学法在"地质地貌学"课程教学中的应用[J]. 广西科技师范学院学报，2020,35(4):117-120.

[3] 邓晓军，崔天顺，李艺. 高师院校"地质地貌学"课程教学改革与创新[J]. 中国电力教育，2010,19:65-66.

[4] 王数，王国安，郭景恒，等. 构建高等农业院校"地质与地貌学""三位一体"教学体系，提高学生的实践和创新能力[J]. 高等农业教育，2021,1:75-80.

"四个一流"背景下地方院校应用型人才发展的探索与实践

张亦琳

摘要：找准自身定位和服务对象是地方高校发展的先决条件。笔者根据地方院校的发展特点，提出了一流的发展思路、一流的特色办学、一流的人才基地和一流的服务方向，符合地方高校"四个一流"的发展规划，为具有地方特色的应用型人才发展提出有针对性的实施方案。

关键词：地方高校；"四个一流"；地方特色；应用型人才

2016年3月，陕西省为省内高校的发展制定了"四个一流"的宏伟目标，即"一流大学、一流学科，一流学院、一流专业"。高校承载着社会进步、民族复兴的伟大期许，如何顺利完成时代赋予高校的伟大使命，发展出符合自身特点的发展模式？地方院校只有寻求一流的发展思路、坚持一流特色办学、培养一流的创新型应用人才和一流的服务地方（"四个一流"），才能充分发挥高校的特色专业，注重立足地方、服务地方、发展地方、富强地方。

一、地方院校转型发展实施"四个一流"的必要性

"四个一流"为地方院校转型发展指明了道路。作为我国高等教育的重要组成部分——地方院校与省级以上重点院校相比，在办学定位、发展层次、办学规模、师资力量等方面有着自身发展差异。地方高校根据自身定位、发展现状和发展规模，寻求符合自身特点的发展道路，保质保量地完成人才培养和服务地方的根本任务。要找准不同的侧重点，对于政府大力推行的"四个一流"的相关政策，地方院校必须结合自身的发展特点，做出全新的、正确的、创新的解读。地方院校转型发展的"四个一流"要求地方高校结合自身的特长，结合区域的特点，根植地方，为学校的发展提供一条全新的思路，即"一流的发展思路、坚持一流特色办学、培养一流的创新型应用人才和一流的服务地方"。地方高校转型发展必须把握机遇，充分利用好一切可以发展的空间和阵地，立足当地，做好自身定位与发展方面的选择，在学校的教学发展、科研发展、重点学科发展等领域，要有创新性的思路；要求高校在办学过程中必须要有一定的战略目光和选择的要素，确定符合实际的办学理念，发展符合自身的特色办学；大力推进应用型人才的培养，为发展地方社会经济提供的人才保障智力服务；把高等院校单一的教学科研转变为社会服务，以此推动社会制度的完善，真正做到服务地方、发展地方、繁荣地方。但是，地方院校转型发展中实施"四个一流"还面临如下问题：

(一)发展理念滞后,方式单一

发展理念是解决高等院校办学目标、办学方向、办学特点和学科建设方向的重大决策部署。地方院校的发展观念滞后表现在地方院校的学科发展、教学、科研以及人才培养等多个方面,具体表现在:对不断涌现出的高等院校发展新理念、教育思想和教育观念缺乏认知;对高等院校的发展模式进行变革的意识差;人才的培养方面理念保守,教学方法仍旧停留在灌输、记忆等原始的方式;课程知识内容针对性弱,与实际生产应用结合紧密度不够,部分教师知识体系老旧,观念落后现状没有改变;不注重学生通用能力的培养,缺乏对大学基本职能之一——服务社会的认知。滞后的发展理念严重阻碍了地方高校的职能发挥和发展壮大。

(二)发展模式老套,缺乏创新

自1999年大学扩招以来,各地高校迎来了蓬勃的发展黄金期,截至2021年,全国各类高等教育在学总规模达到4430万人,高等教育毛入学率达到57.8%(数据源自互联网)。我国地方高校发展在追求扩大办学规模、完善学科教学的过程中,逐步迷失了方向。发展方式墨守成规,缺乏创新。造成的后果就是各级地方院校唯有所处地域不同,而在办学模式和人才培养等方面千篇一律,没有找准自身定位,发展追求扩大规模,目标盲目过高。这种老套的高校发展模式已经不能满足社会经济日益增加的人才需求。

(三)发展特色平庸,重视不足

发展特色是高校长期发展所积累的最宝贵的财富,是高校保持核心竞争力的基础。但是我国高校在发展中表现出的却是"趋同有余,特色缺失"。造成这种困境的主要原因是学校在发展过程中没有注重特色的开发。地方院校在发展中一味地模仿其他院校的成功经验,殊不知办学理念可以复制,但办学特色却不可复制。特色办学的独特性、稳定性、发展性和优质性鲜活地反映了一所大学优于其他学校的独特优质风貌(赵德平,2010)。另外一个非常重要的原因就是,高校在发展的过程中,没有找准自身定位,缺乏对自身特色认知,对于高等院校来说,特色办学是一项系统的工程,涉及范围广泛,任何一个环节的缺失,都会造成发展特色的不足。

(四)办学针对性弱,应用性差

随着大众化教育理念的不断深化,传统精英教育模式在地方院校的发展中逐步边缘化,在教育理念发生巨大变革的今天,处于改革最前沿的地方院校目前所呈现出的办学针对性差、培养人才应用性不强的特征令人担忧。造成这种局面的主要原因有四个方面,①办学定位不明确。地方高校在不断扩大办学规模和增加学生数量的过程中,没有找准自身定位,好高骛远,表现出脱离实际的办学路径。②办学理念落后。地方院校大多分布于发展水平较差的区域,由于自身复杂的内外部因素,落后的办学理念根深蒂固。③人才培养带有极大地求同因素。地方院校依旧按照传统的师范专科的设置来培养人才,缺乏对学生素质发展的基本定位。④服务意识薄弱。长期以来,高校与地方的关系处于各自为营的互立状态,高校未能从自身生存和发展的战略高度认识到服务区域经济发展的重要性,缺乏主动寻求服务的意识(柳国梁,2014)。

二、开拓创新，一流的发展思路

地方高校寻求发展必须把握机遇，充分利用好一切可以发展的空间和阵地，立足当地，做好自身的定位与发展方面选择，在学校的教学发展、科研发展、重点学科发展等领域，要有创新性思路，以学校自身优势为主要入手点，寻求学校未来建设和发展的突破口，制定出符合自身特点的合理发展新思路。

(一)教学发展创新新思路

地方院校的教学发展应该以实际为基础，找准办学定位，以服务地方为基本目标来展开教学工作。学校的办学目标、办学方向、办学特点和学科建设方向都要充分与地方的特色相结合。认真调研区域经济发展新特点，找准根植地方的切入口，来引导和促进区域经济、社会和文化的全面繁荣。以教学设置为先导，先进教育理念为支撑，优质的教学发展为保障，实现教学过程有目的，学科设置针对性强，技能培养有导向的教学发展创新新理念。

(二)科研发展服务新思路

科研是现代高校的必备组成方面，国内外高校将科研作为学校评价标准的重要指标。地方院校由于其自身发展的差异性，基础研究水平相对较低，单纯从推动学科的发展方面来说，其贡献度相对有限，但是如果我们把研究思路转移到解决地方发展的实际问题中去，将会是对地方发展研究的一个重要补充，会对地方经济发展和产业结构调整起到十分关键的推动作用。地方高校科研方面的发展要树立服务地方的新思路，为地方经济和社会的发展带来思想上的源头活水，以此来带动地方经济发展；地方高校必须与地方企业相结合，以解决实际问题为主要评价标准，融入服务的新思路。

(三)学科发展专业新思路

2012年教育部颁发的《普通高等学校本科专业设置管理规定》第三条指出，高校设置和调整专业应主动适应国家和区域经济社会发展需求，适应知识创新、科技进步、学科发展的需求，更好地满足人民群众接受高等教育的需求。地方高校在专业设置方面要有特色，找准定位，在实际发展中探索；根植地方，在促进区域发展中推动自身的发展。办学理念要以推动地方的发展为前提，专业设置要以满足地方人才需求为目标，学科调整要以促进区域繁荣为导向。逐步形成地方高校促进地方经济繁荣和地方经济的繁荣反哺地方高校大发展的良性循环机制，真正做到高校学科设置有目标和专业设置有需求的新型学科专业发展思路。

三、结合地方，一流的特色办学

特色办学一直是我国高校追求的目标。要求高校在办学过程中必须要有一定的战略目光和选择要素。地方高校首要解决的问题就是要确定符合实际的办学理念。办学理念可以复制，但如何办出自身的特点，是每一所高校所面临最主要的问题。学校找准自身定位并加深对学校发展层次的客观认知，制定符合地方院校实际的相关制度来保证学校办学特色的顺利实施，主要可以从专业设置、校园文化、人才培养、和区域文化四个方面来体现。

(一) 专业设置特色

专业设置是大学学科组织的基本组成，高校的人才培养、地方服务和科学研究都以特色专业设置为基础。学校要构建特色学科平台和寻求专业发展模式，建立立足区域、服务地方的学科专业发展机制，致力于构建特色专业发展新格局，逐步优化专业类别，在服务地方的基础上完善学科布局，学校发展要紧密联系实际，在特长专业领域办出特色，办出成果。

(二) 大学校园文化特色

大学的本质是一种功能独特的文化组织，其本质是求真育人（王冀，2012）。作为研究高深学问的高等学府，大学与文化的关系是非常紧密的。文化是一个大学赖以生存和发展的重要根基和血脉，也是人们对不同大学以及大学与其他社会组织进行区别的重要标志和特征。加强大学的特色文化建设，不仅对人才的思维方式和完整知识结构的培养有非常重要的推动作用（袁贵仁，2002），而且有利于创新型人才的培养和师资队伍质量的提高。所以说，具有特色的大学文化，是人才培养的关键，是建设一流大学的必要条件。地方院校如何发展自身的特色文化？要把自身的文化根植于学校的历史和区域特色文化中，要集中体现学校的精神风貌、价值体系和道德情感，要建立相对宽松的沟通环境，营造自由平等的学习环境，充分融合地方特色环境，使大学文化成为促进人才培养、学科建设、学校发展和区域繁荣的特色文化。

(三) 人才培养特色

人才培养是地方高校的基本职能之一，其发展必须保持特色，简单地讲就是培养的人才要符合区域发展的特点。目前我国的高等教育已经处于大众化教育阶段，地方高校必须在当前教育模式的基础上，建立起符合地方发展的人才培养机制，在教育思想和办学理念上体现出地方高校的办学特色和强化服务地方经济社会的办学定位，充分落实地方与学校互助共进的政策要求。地方院校发展不仅要立足地方优势产业，还要贴近地方发展的轨迹，不断完善特色学科建设，对区域经济和优势行业的发展提供强有力的人才保障。坚持一流的人才培养特色，面向地方服务社会，探索出符合地方发展的应用技术型人才培养模式，为推动地方经济和高校自身发展寻求一条特色发展道路。

(四) 区域文化特色

地域文化是重要的地域特色之一，它对培养地方高校的办学特色具有十分重要的作用（曹毓民，2010）。地方高校作为推动地方文化发展的先锋队，要善于挖掘地方文化资源，把它接收成一种新的文化形式，并要对其进行内化，使其富有鲜明的时代特征和区域特点，要善于把发展文化过程中积累的经验与高校的人才培养相结合，通过对地方区域文化的不断推广，逐步发展和完善学校的特色办学。地方高校要把传播区域文化作为高校特色发展的切入点，把区域文化的发展融入学校发展的浪潮中，善于挖掘和宣传区域文化，以此扩大区域文化的影响力。同时，高校要把特色的区域文化融入自身教学科研中去，在发展的过程中，也要做好区域文化的开发利用和保护，才能使区域文化更好地服务于区域的发展。只有通过高等教育的思想加工，区域文化才能得到更加深入的认知，才能逐步彰显出区域文化的价值。

四、有的放矢，一流的人才基地

随着我国全面深化改革、全面推进产业结构调整，高校的地位逐步走向了经济社会的中心。显而易见，需要更多的创新型人才为我国创新型国家建设服务，大力发展应用技术型大学势在必行。建设社会主义伟大事业的就是培养创新型人才的过程。应用技术型大学承担着培养具有创新精神和实践能力的高级专门人才，发展科学文化，促进社会主义现代化建设的重要任务（张辉，2012），应该把握时代的脉搏，瞄准机遇，大力推进思想意识创新、办学体制创新和培养模式创新，来满足地方院校应用技术型人才培养的期待。

（一）破釜沉舟，敢于打破陈旧现状

人才培养目标的实质是知识、能力、素质的协调发展，检验人才质量的唯一标准是社会实践。当前社会的发展对人才素质的要求不断提高，现行高校的人才培养理念已经不能满足社会的需求。社会对人才的应用性，技术型和创新型的综合要求日益加大，与之配套的人才培养体制的陈旧性表现得越来越明显，应用技术型大学理念应运而生，影响应用技术型高校创新人才培养的内部因素主要有教育理念、课程设置、学校文化以及教师与学生等（张典兵，2015）。其中，教育理念对应用技术型大学创新型人才培养起先导性作用和推动作用；课程设置是把握创新型人才培养的方向和理念；校园文化则为应用技术型院校的创新型人才培养提供了文化的氛围和潜移默化的引导；教师和学生作为应用技术创新型人才培养的直接参与者和受教育者，二者对待学问的态度和相互之间协作的关系等都对应用技术型院校的创新型人才的培养有很大的影响。大学应该为创新性人才的培养提供好这个平台，对于有碍于发展创新性人才培养的因素，要积极地应对，敢于打破保守、陈旧的现状，为应用技术类创新性人才培养提供最基本、最重要的环境支撑。

（二）目标明确，紧跟市场需求的步伐

矛盾是事物发展的源泉和动力。当下，社会主义市场经济的巨大发展与日益增大的应用技术类创新型人才的缺口之间的矛盾已经凸显。应用技术型大学作为应用技术类创造型人才培养的主战场，应该充分地把握机遇，人才的培养应该紧跟市场需求的步伐。2012年教育部颁发的《国家教育事业发展第十二个五年规划》表明，高等院校的职业教育重点培养产业转型升级和企业技术创新需要的发展型、复合型和创新型的技术技能人才（丁金昌，2014）。从"技能型"到"技术技能型"的转变，说明社会的需求对高职院校人才培养的知识结构和能力结构的要求不断提高，逐步向应用技术创造型人才靠拢。应用技术型大学作为大学改革的先驱，人才培养的基地应该目标明确，充分把握市场发展的动向，紧跟市场需求的步伐，有针对性地建立"品德育、知识育、技能育，创新育"的四大课堂，从本质上改革和深化"产、学、研"相结合的办学理念，真正实现一切活动都是为了培养学生的目标，使学生的发展和社会的需求对接，培养出社会更加需要的应用技术类创新型人才。

（三）有的放矢，鼓励聘请行业导师

应用技术型大学对于创新型人才的培养，应该充分利用外部因素的影响。所谓的外部因素不仅仅是国家的政策法规或者说教育资金投入，更是把社会作为检验人才质量的标尺，来引导高校的改革。如何才能培养出合格的创新型技术人才？要求学校既要有学术研究的积淀和氛围，又要在培养过程中重视应用，推崇解决生产实际和行业前沿问题的能力。我

们目前的应用技术型大学最缺乏的就是理论与实践相结合的教师人才和配套创新型技术人才的培养方案。目前国内对与应用技术型大学的人才培养和评价才刚刚起步，但是人才培养定位是非常清晰的。学校应该结合先前发展的不足，有的放矢。应用技术创新型人才作为介于普通技术工人和一般管理工人之间的专门性、技术性、实用性和创造性的人才（陈沛然，2015），其培养方法也应有别于常规人才的独特性，聘请企业背景的专业教师，来补充人才培养方面技术性和实用性教育方面的不足，开阔学校教师与学生的视野，并能很好地传递社会发展的趋势，为学生营造一个全面接受知识的新型人才培养体系，为学生的创新意识提高做好理论和技术支持。

（四）依托优势，加大与拥有先进技术理念的用人单位合作

校企合作广义上是指教育机构与产业界彼此间的资源交互而进行的全方位、多层次、长期的各种交流互动活动（朱林军，2012）。在实际的推行中，校企合作是以培养人才为主要目的而进行的一系列合作。加强校企合作是当下应用技术型院校培养创新性人才的有效途径。但是，当前我国高等教育校企合作存在着利益主体相关度差异大、合作质量不高、合作深度不足的特点（潘海生，2013）。根据应用技术教育的实践发展看，转变高校教育传统观念，牢牢把握企业、市场的需求办学正逐渐成为新型应用技术教育领域的共识。学校应该依托自身的优势，加大与拥有先进技术理念的用人单位合作，企业组织在人才需求预测、信息平台和创新性应用技术型人才标准方面的把握，具有更加准确的特点。学校与先进技术理念的用人单位合作对引导和推进应用技术创新性人才培养模式的健康发展起到十分重要的作用。

五、依托优势，一流的服务方向

1810年，冯·洪堡提出教学与科研相结合和学术自由的相关概念，首次明确科研对于大学的重要性，并被世界各地效仿，争相把科研列为学校与教师的职责。随着社会生产现代化不断加深，人们认识到高等学校对区域经济和区域文明进程的重要作用，这一理论后来被发展成著名的"威斯康星理念"。但是如何把高等院校单一的教学科研转变为社会服务，以此推动社会制度的完善，一直是困扰人们的关键。地方高校和地方的关系是互相存在、互相依托、互相促进的，只有认识到这一点，地方高校才能充分发挥地方高校服务地方的基本职能。现阶段，我国的地方院校应该充分与地方特色相结合，尽自身最大的努力为地方发展提供一流的服务。主要可以通过以下三个方面入手。

（一）服务地方文化，促进精神文明建设

地方高校作为区域文化的中心，就引领新文化新时尚主体的作用而言，其功能不亚于地方政府的文化宣传部门。作为先进思想的推行者和先行军，地方高校无疑对区域经济文化的影响起着更大的推动作用，是增强区域精神文明建设的有力杠杆，高校的文化渗透和辐射能力比任何单位机构都强。在当代，越来越多的人认识到高校对精神文明建设的重要性，地方高校的使命就是将最先进的思维、最先进的知识与地方的传统文化相融合，创生出一种符合当地特色的新型区域文化，与落后守旧文化的斗争中，地方高校充当着先锋队的作用，要发挥好文化核心作用。因此，地方高校有责任、有义务为区域的文化建设做出自身的贡献，做好地方信息资源和文化建设的统筹安排，努力消除地区与发达区域的文化

差异，普及科学知识，营造共同繁荣的文化氛围，发挥好区域文化的向导作用，努力提升地方院校在区域文化中的影响力，真正做到服务地方文化、促进地方文化、优化地方文化，最终实现促进区域的精神文明建设。

（二）服务地方经济，加快产业结构调整

加快产业结构调整是我国当下所面临最主要的经济问题，超预期的经济增速放缓，企业利润整体下降，经济增长区域性分化严重等一系列经济问题接踵而至，举国上下处于经济结构调整的关键时期。地方大学应该以科学发展观为指导，结合地方实际，认真分析，严谨论证，对地方经济的长期有效发展出谋划策；充当好政府的参谋者的角色，保证经济制度实施的可行性和科学性；立足地方长远发展，为地方经济建设提供政策决策支持和人才培养保障；要与地方支柱产业相结合，开辟出自身发展的特色道路，解决地方产业结构调整中遇到的问题，真正做到产学研相结合，发展自身特色，只有做到立足当地经济发展的前景，服务当地经济，才能完成好时代赋予地方高校的历史使命。

（三）服务地方科技，充当区域发展的智力保障

高校作为我国科技创新的中心，汇聚着成千上万的行业精英和创新性人才。地方高校代表着地方科技文化发展的最高水平，应该为我国地方科技的发展做好智力保障，高校应该与当地的企业相结合，解决实际问题，在重点领域上求创新，成果转化方面求实效。学校应该在人才培养、学术研究和产学研转化等方面都应全面与地方的实际相结合，为地方经济社会的发展出谋划策，充分发挥地方高校在思想创新知识创新方面的特长，服务地方科技，为地方科学技术的发展做好智力保障，推动地方科学技术的发展。

六、结束语

地方院校发展的"四个一流"之间的关系是循序渐进，紧密相关，缺一不可的。地方高校只有确立一流的发展思路，才能保证特色办学的实施，只有坚持特色办学，才能为地方的发展提供一流的人才供应，才能更好地为地方得到发展服务。地方院校发展的"四个一流"的理论创新为地方高校的发展奠定了理论基础，只有充分结合实际，推动地方高校"四个一流"的建设，才能充分发展自身，才能更好地反哺区域，服务地方。

参考文献

[1] 赵德平，陈仲堂，缪淑贤. 浅谈大学特色发展的几点想法 [J]. 科技创新与产业发展. 2010:734.

[2] 柳国梁. 地方高校的服务转型与内涵式发展 [J]. 宁波教育学院学校，2014,16(1):1.

[3] 王冀生. 大学文化哲学 [M]. 中山：中山大学出版社，2012.

[4] Han L. Research on CAMPUS CULTURE CONSTRUCTION BASED ON UNIVERSITY'S core values[J]. RESEARCH ON MODERN HIGHER EDUCATION, 2017: 81-85.

机械波的动态可视化仿真教学[1]

刘俊

摘要：机械波是中学物理和大学物理的重要内容之一，其中部分内容理论性强、物理公式复杂，对学生的抽象思维和数学计算能力有较高要求。为了帮助学生深入理解机械波相关知识，利用计算机软件编写仿真代码，实现机械波抽象概念和结论的具体化、物理动态过程的可视化，从而降低机械波的教和学的难度。通过学生问卷调查，结果显示，动态仿真教学的方法不仅增强了学生的学习兴趣和对知识的理解深度，对于师范生，还提升了他们利用仿真技术提升课堂教学质量的思维和代码编写能力。

关键词：机械波；动态可视化；教学

机械波是物理课程的重要内容之一，也是后续电磁波、波动光学等相关知识学习的基础。学生对机械波模块中相关基本概念和单一的横、纵波传播过程较易理解，但是对机械波传播过程中遇到障碍物后的传播形式、两列波相遇叠加后波形等动态的相互交互影响的知识内容，由于其形象的现象图形较难绘制，且学生脑中也不易形成动态立体图像，造成了师生教与学的困难。

目前，机械波相关知识的传统教学方式主要是概念讲授、公式解读、习题练习等。虽然有部分教师向学生展示相关波动物理教学模型，其现象更接近于实际，有利于对真实世界的理解，但是对教材中理想化的知识理论及其对应的现象，却基本无法展现，影响学生由理想到实际、由特殊到一般的递进式学习过程。随着计算机技术和相关软件的发展，可视化仿真已经在教学的各阶段、各学科中得到了普遍应用。机械波的可视化可以将复杂的数学公式、抽象的概念具体化为我们肉眼可见的精度很高的仿真模型，其为教师提供了更高效的教学手段。学生通过直观观察由机械波相关知识建模仿真转化的图形动画，能够更深刻地理解物理数学公式、物理现象产生过程、波动的内在规律等。因此，机械波可视化教学手段对当前信息化教学的改革具有较强的现实意义。

在机械波的教学中，较多物理概念仅靠静态图像不易展示其内在规律和实质，利用动态可视化图像既可以全面展示静态特征，还能宏观感受物理现象的发展过程。为了较深入揭示机械波相关知识点的本质含义，培养学生的数学抽象思维能力，提高学生利用代码编写解决物理相关问题的创新思维能力，本文以惠更斯原理演示波的衍射现象、叠加原理演示波的干涉现象为例，给出部分重要理论知识、计算机代码实现思路、部分动态波动过程图样。

---

[1] 基金项目：陕西省教育科学"十四五"规划项目（SGH21Y0238）；陕西省新工科研究与实践项目（XGK125）；陕西高等教育教学改革重点研究项目（21BZ075）；商洛学院教育教学改革课程思政专项（21jyjxs106）；商洛学院大学物理教学研究中心资助（22JXYJ01）

一、惠更斯原理演示波的衍射现象

(一)惠更斯原理

惠更斯原理可以很好地解释波的衍射、反射、折射、散射等现象,包括机械波和电磁波。该原理的表述为:在波的传播过程中,波阵面上的每一点都可以看作是发射子波的波源,在其后的任意时刻,这些子波的包迹就成为新的波阵面。应用惠更斯原理绘制平面波的传播过程,算法的伪代码如下:

算法1 应用惠更斯原理绘制平面波

输入:子波源数量 N、间距 d 及初始位置 x_0,子波源传播速度 v,波阵面间距 L。
输出:半径增加的子波源球面波及移动的波阵面。
步骤1:令 $N = 6$,$d = 0.2$,$x_0 = 0$,$v = 0.01$,$L = 0.5$。
步骤2:while 1
    按速度 v 增加子波源传播的球面半径;
    计算子波源半圆波前的相对横、纵坐标;
    计算波阵面的横坐标;
    更新图窗,并延时 0.05 秒;
    若按 ESC 键则退出程序;
    若按回车键暂停程序;
  end

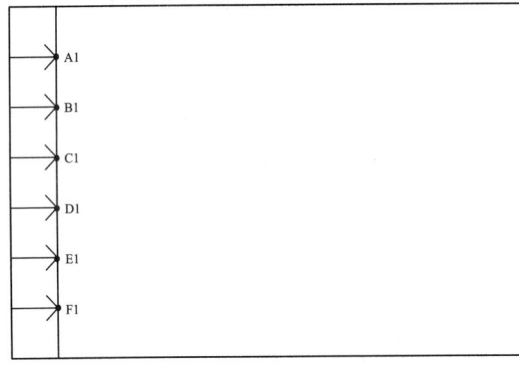

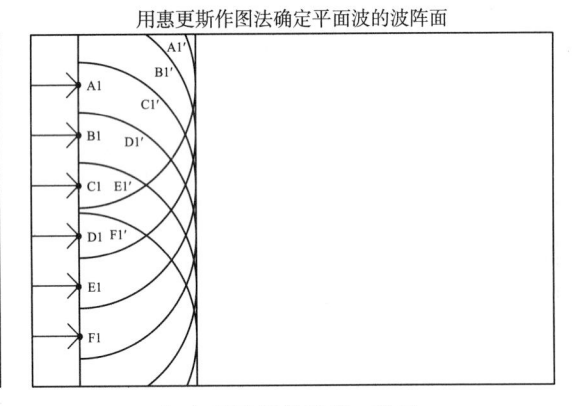

(a)子波源和波前的初始位置　　　　　　(b)子波源传播第一阶段

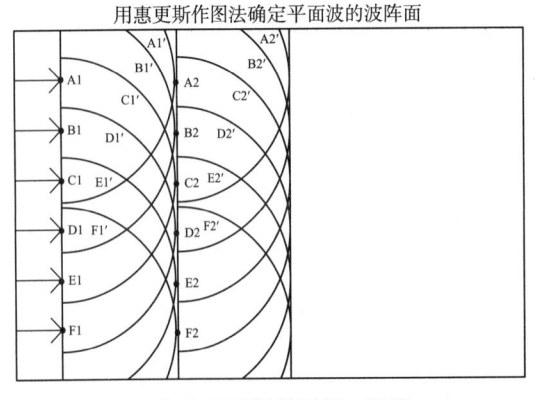

(c)子波源传播第二阶段　　　　　　(d)子波源传播完整结果

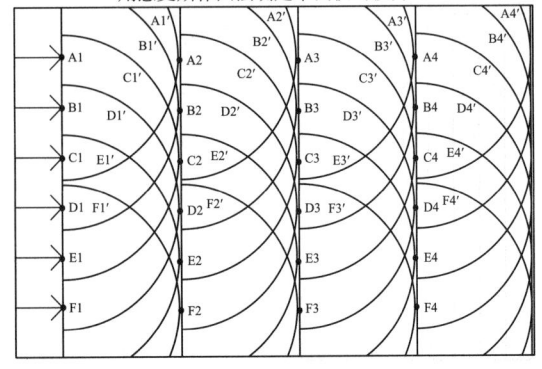

图 1　利用惠更斯原理作平面波

图1为利用惠更斯原理作平面波的图形动画部分图。初始的6个子波源A1～F1向前分别传播形成球面波A1′～F1′，并形成波阵面；在波阵面上再次选取6个子波源A2～F2，重复独立向前传播。在整个子波源传播和波阵面形成过程中，动态图像形象逼真，在教学中能够使学生更加深刻理解惠更斯原理。

（二）波的衍射

波在传播过程中遇到障碍物时会绕过障碍物发生偏折，此现象称为波的衍射，可以利用惠更斯原理做出解释。例如，两人隔着高墙对话，是声波的衍射实例；隔着山岭收听无线广播，是电磁波的衍射实例。

下面以平面波经过缝隙形成衍射现象为例，设计动态可视化教学案例。在同一平面内设置两个挡板，挡板有一间隙，当平面波向前传播并通过间隙时，会发生衍射现象。该现象解释为：通过间隙的波前拥有大量的子波源，子波源不断前进，就会绕过挡板形成波的衍射图样。算法实现的伪代码如下：

```
算法2  应用惠更斯原理解释波的衍射
───────────────────────────────────────────
输入：初始波阵面的位置 $x_0$ 及相邻波阵面的间距 $d$，机械波前进速度 $v$，上下挡板的位置 $x_m$，间隙宽度 $s$。
输出：波阵面移动过程（衍射图样）。
步骤1：令 $x_0 = 0.01$，$d = 0.1$，$v = 0.01$，$x_m = 0.75$，$s = 0.5$ 和 0.02。
步骤2：画出挡板和初始波阵面；
    while 1
        波以速度 $v$ 向前传播；
            if 波阵面位置 $x \leq x_m$
        波阵面为直线（平面），并向前传播；
            end
        if 波阵面位置 $x > x_m$
            计算子波源半圆形波阵面的横、纵坐标；
            连接波前的公切线；
        end
        更新图窗，并延时0.05秒；
        若按ESC键则退出程序；
        若按回车键暂停程序；
    end
```

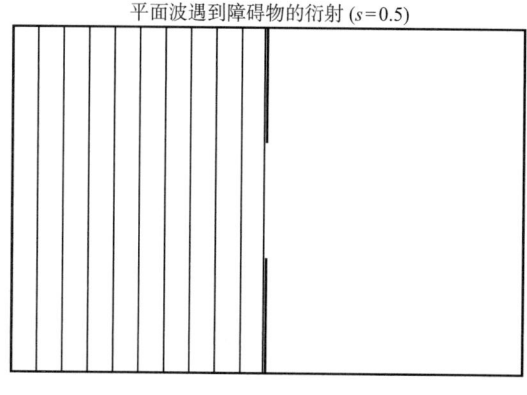

平面波遇到障碍物的衍射（$s = 0.5$）　　　　平面波遇到障碍物的衍射（$s = 0.5$）

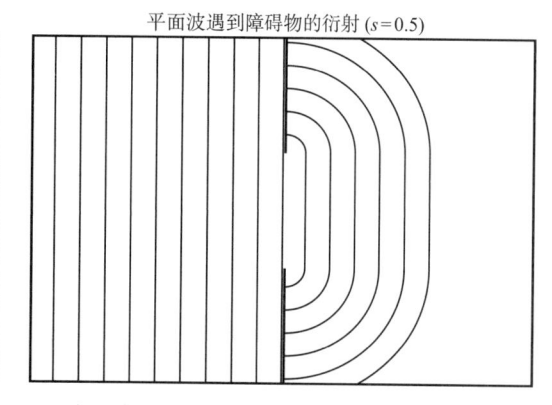

（a）挡板左侧平面波区（$s = 0.5$）　　　（b）挡板左侧和右侧绕射波区（$s = 0.5$）

图2

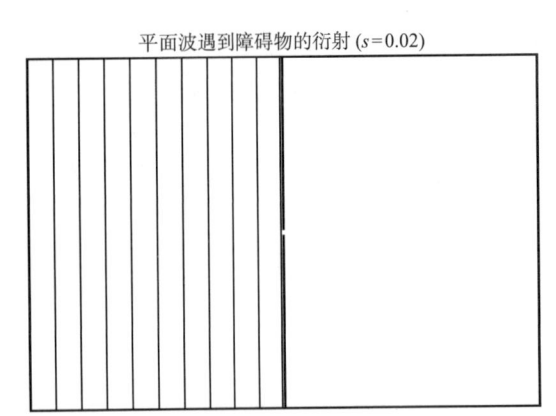

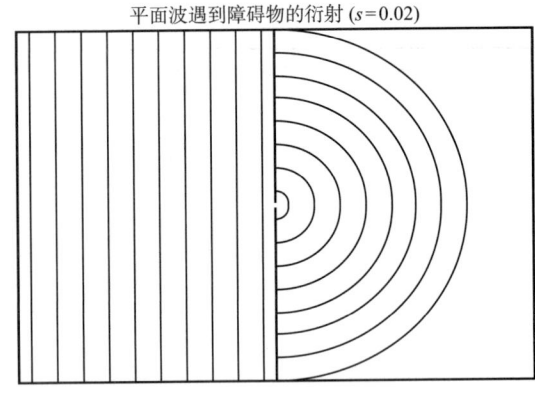

（c）挡板左侧平面波区（$s=0.02$）　　　（d）挡板左侧和右侧绕射波区（$s=0.02$）

图 2　利用惠更斯原理解释波的衍射

图 2 为在两种平板间间隙大小一致的情况下，利用惠更斯原理解释波的衍射现象的图形动画部分图。当平面波未遇到障碍物前，沿波速方向直线传播；当遇到障碍物时，缝隙上的波成为新的点波源，发出球面波，于是在平板右侧形成波纹。当缝隙间距较大时，衍射波纹为平面波和球面波；当缝隙间距非常小时，衍射波纹主要表现为球面波。两种情况机械波都可以通过障碍物后继续前进，其中小缝隙的衍射现象更加明显。利用惠更斯原理绘制的波的衍射过程与实际现象相同，反过来也说明了惠更斯原理的正确性。

二、叠加原理演示波的干涉现象

(一) 波的叠加原理

在波的振幅较小的情况下，几列波相遇的合振动为各列波在相遇点单独振动的矢量和，称为波的叠加原理。设右行波的波函数为：$u_1 = A_1 \cos(\omega t - \pi x)$，

左行波的波函数为 $u_2 = A_2 \cos(\omega t + \pi x/2)$。

设两列波在 $x = k$ 处相遇，相遇处质点合振动为：

$$u = u_1 + u_2 = A\cos(\omega t + \phi)$$

式中：$A = \sqrt{A_1^2 + A_2^2 + 2A_1 A_2 \cos\left(\dfrac{3}{2}k\right)}$，$\tan\varphi = \dfrac{A_1 \sin(-\pi k) + A_2 \sin\left(\dfrac{\pi}{2}k\right)}{A_1 \cos(-\pi k) + A_2 \cos\left(\dfrac{\pi}{2}k\right)}$

为了动态可视化更清楚地展示波的传播方向和振幅叠加情况，将右行波和左行波分别只取正位移的一段半周期波形，形成脉冲波，分别向右和向左传播，在相遇的区域进行叠加。算法的伪代码如下：

算法3　左行、右行脉冲波传播和叠加过程
输入：右行脉冲波和左行脉冲波的振幅 A_1 和 A_2，波形前进速度 v。 输出：左行脉冲波、左行脉冲波传播和叠加过程。 步骤1：令 $A_1 = 0.5$，$A_2 = 0.2$，$v = 0.1$。 步骤2：计算右行波和左行波初位移；

续表

```
选取右行脉冲波和左行脉冲波；
while 1
    右行脉冲波和左行脉冲波分别以速度 v 向右和向左传播；
    计算可行域内波的合振动；
    更新图窗，并延时 0.05 秒；
    若按 ESC 键则退出程序；
    若按回车键暂停程序；
end
```

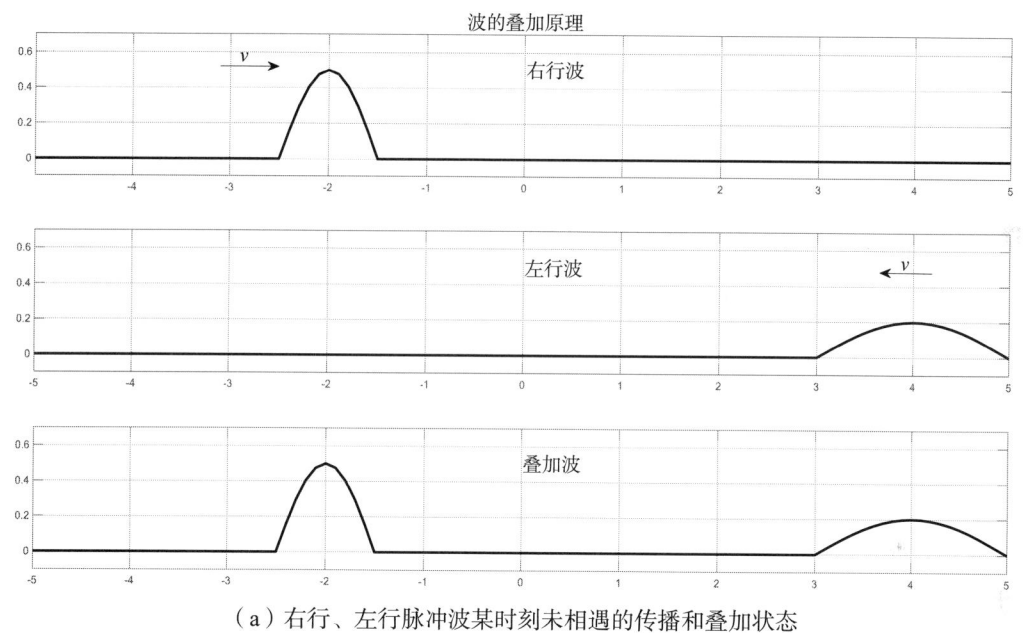

（a）右行、左行脉冲波某时刻未相遇的传播和叠加状态

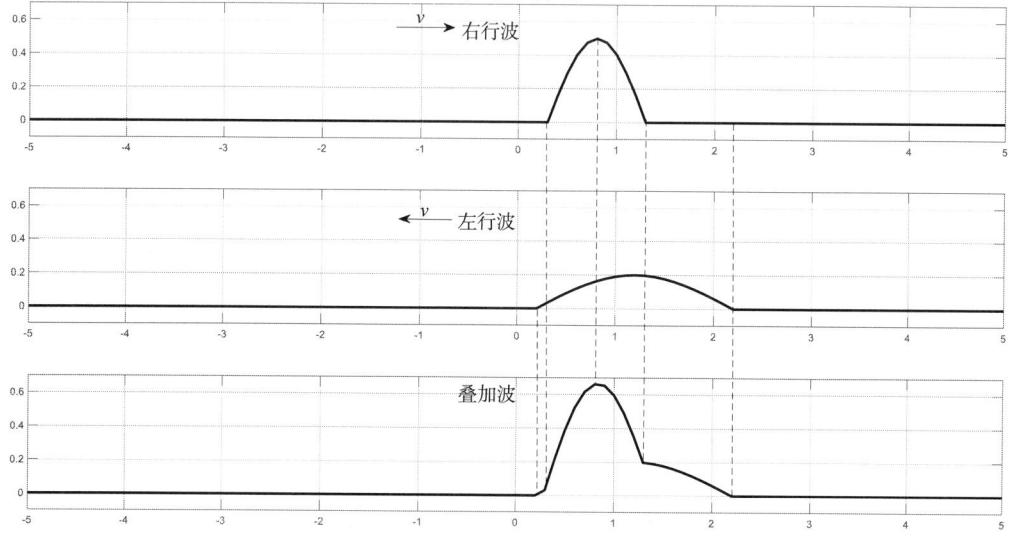

（b）右行、左行脉冲波某时刻相遇时的传播和叠加状态

图 3　右行、左行脉冲波传播和叠加过程

图 3 为右行波和左行波独立传播过程中未相遇和相遇某时刻的叠加图形。在动态传播和叠加过程中，可以通过动态图形清晰展示每一时刻波传播的独立性和叠加过程，还可以通过波形上数据检验根据叠加原理得到数学结果。

(二) 波的干涉

当频率相同、振动方向相同、相位差恒定或相位相同的两列波相遇时，会发生干涉现象，这种波称为相关波。两列相干波叠加后波的强度 I 正比于振幅的平方，结果为：

$$I = I_1 + I_2 + 2\sqrt{I_1 I_2} \cos \Delta \varphi$$

式中，$\Delta \varphi$ 与两列波的初相差和波程差有关。经过分析得到，在干涉区域，当波程差等于波长整数倍的各点，其振幅最大；当波程差等于半波长奇数倍的各点，其振幅最小；其余位置的振幅介于最小和最大之间。

为了形象展示波的干涉过程，设计一个仿真实验。在一平面内竖直放置三块挡板，挡板间有两个小缝隙，缝隙间距相同，两个小缝隙中间位置的左侧有一稳定振动的波源，则根据惠更斯原理，两个缝隙可看作是子波的波源，将会发出两列相干波。此两列相干波在挡板右侧将产生干涉波纹。算法的伪代码如下：

算法 4　波的干涉过程

输入：两缝之间间距 d，两挡板位置 x_m，点波源位置 x_0，波阵面相对距离 r，波前进速度 v。
输出：波的干涉过程。
步骤 1：令 $d = 3$，$x_m = 0$，$x_0 = -2.5$，$r = 0.05$，$v = 0.05$。
步骤 2：画出挡板；标记点波源。
　　　　while 1
　　　　　　波以速度 v 向前传播；
　　　　　　if 波阵面位置 $x \leqslant x_m$
　　　　　　　　计算点波源波阵面横纵坐标，并绘制弧形波阵面；
　　　　　　end
　　　　　　if 波阵面位置 $x > x_m$
　　　　　　　　计算子波源半圆形波阵面的横、纵坐标，并绘制半圆形波阵面；
　　　　　　end
　　　　　　更新图窗，并延时 0.05 秒；
　　　　　　若按 ESC 键则退出程序；
　　　　　　若按回车键暂停程序；
　　　　end

图 4 为两列波干涉过程初期和中期某一时刻图样。在动态图中可以清晰地看到两列子波源的独立传播过程和叠加区域中的加强区和减弱区。动态可视化可以在任意时刻暂停播放，查看干涉瞬时结果；其速度可以根据教学需求通过简单修改代码参数进行调整，动态追踪特定位置波的强度变化，从而更好地帮助学生理解复杂的物理公式和干涉内在规律。

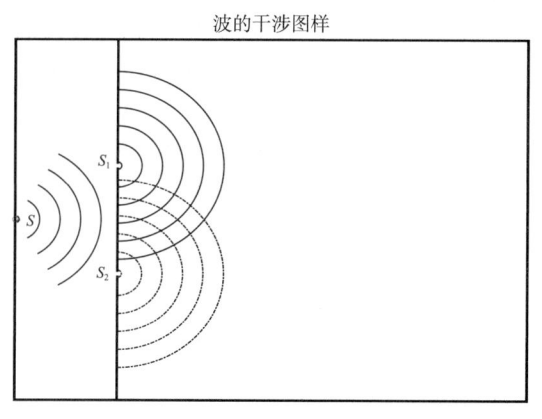

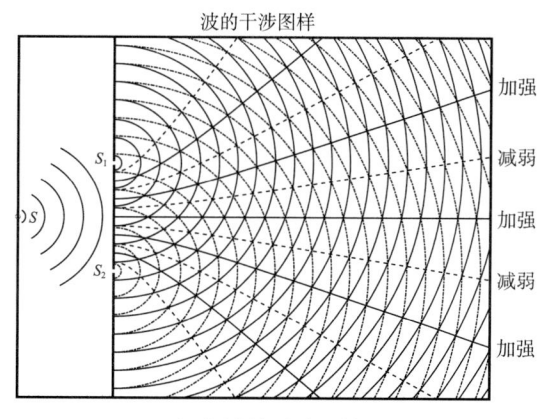

（a）波的干涉动态画面初期　　　　（b）波的干涉图样

图4　波的干涉过程

三、结语

利用机械波的动态可视化教学，将抽象的物理概念和复杂的物理公式转化为动态图样，直观展示物理规律，解决机械波的相关难题。将可视化教学理念融入传统课堂教学中，可以提高学生的学习兴趣和对机械波知识的理解深度，也为机械波的理论和实验教学提供新的思路。通过教师动态可视化仿真教学的以身示范，进一步培养物理学师范生的信息化教学能力。

参考文献

[1] 李会东，吉驭嫔，王时建. BOPPPS模型引入大学物理教学课堂的实践——以《机械波》为例[J]. 教育现代化，2020,7(3):127-129.

[2] 鹿桂花. 西部高校大学物理与中学物理的教学衔接研究——以伊犁师范大学为例[J]. 伊犁师范学院学报（自然科学版），2019,13(3):74-80.

[3] 周冠双，汪晨，种潼薇，等. 基于CiteSpace的"互联网+中医药"研究可视化分析[J]. 中医药导报，2022,28(8):164-170,176.

[4] 周冰洁. 基于知识可视化的儿童早期教育产品交互设计[J]. 自动化与仪器仪表，2022,8:217-220,225.

乡村振兴背景下地方高校资源循环专业实践教学环节改革研究——以商洛学院为例[1]

刘璇[2]，曹宝月，南宁，周春生

摘要： 资源循环专业人才的培养是乡村振兴战略的重要支撑，通过分析近年来该专业实践教学环节存在的问题来梳理实践教学改革思路，结合商洛学院办学特色和区域发展需求、地域特色及资源优势，提出该校资源循环专业实践教学环节改革方向，以期能为同类院校类似专业的发展提供借鉴，助力乡村人才振兴。

关键词： 乡村振兴；资源循环专业；实践教学环节；地方高校

2018年召开的全国教育大会上，习近平总书记强调，"提升教育服务经济社会发展能力，调整优化高校区域布局、学科结构、专业设置，建立健全学科专业动态调整机制，推进产学研协同创新，着重培养创新型、复合型、应用型人才。"实践教学环节是巩固、加深和应用课堂理论知识的重要途径，是培养与提高大学生专业技能、动手能力和创新能力的有效教学方法与手段。但地方高校实践教学环节面临着育人方向不明、教学方式落后、课程体系分散、师资队伍匮乏和教学资源短缺等亟待解决的难题，无法满足区域产业发展和乡村经济振兴急需人才的培养需求，迫切需要地方高校探索适合自身情况和符合地方产业发展需求的实践育人模式，充分发挥实践教学环节在人才培养过程中的重要作用。张高煜等针对围绕提升学生实践应用能力和创新创业能力，以线上、线下运行创新创业实践育人模式，构建了实践育人支撑结构；孔伟明等全面梳理校企合作协同实践育人现状与问题，提出构建协同育人管理机制、运行机制、考核激励和沟通反馈机制以提高人才培养质量。

党的十九大报告指出："要优先发展教育事业，深化产教融合、校企合作"，提出"乡村振兴"的战略决策。2021年7月，国家发展改革委印发《"十四五"循环经济发展规划》确定"十四五"期间我国资源利用水平和再生资源利用情况定量目标，并提出到2025年资源循环利用产业产值达到5万亿元。2021年10月，商洛市政府印发《关于进一步提升成长型产业链发展水平的实施方案》明确将围绕"3+N"绿色循环产业体系，并结合"三百四千"工程奋力赶超行动制定了《促进企业高质量发展的具体措施》，全力推进乡村振兴。资源循环科学与工程专业是商洛学院在国家建设"资源节约型"和"环境友好型"社会的背景下，结合地域经济发展特色和人才需求，以实现"绿水青山就是金山银山"目标，于2014年申请获批的国家战略性新兴产业急需的本科专业。经过多年的发展，确定了"紧密对接区域主导产业，突出秦岭丰富的矿产资源优势，聚焦秦岭矿产资源的绿色开发和循环利用"的

---

[1] 基金项目：陕西省教育科学"十四五"规划一般项目（SGH22Y1465）；商洛学院教育教学改革项目（22jyjx101）

[2] 作者介绍：刘璇，男，陕西丹凤人，硕士，副教授，主要从事废弃物资源化研究

专业定位。

一、实践教学环节存在的问题

通过近年来的大量教学实践和调研分析，结合我校资源循环专业实践教学具体情况，笔者总结出实践教学环节目前存在校内实践教学资源实战化配置难、校外实践教学基地应用效果提升难、实践教学与就业单位一体化接轨难等"三大难题"。

(一)校内实践教学资源实战化配置难

学校前期投入大量资金使得校内实验实训教学条件有了极大的改善，但"双师型"师资力量不足使得现有校内资源难以充分发挥作用；缺少企业专家参与实践项目设计使得教学内容及评价标准与企业实际情况存在较大偏差；因安全、经费、时间等问题导致教学项目不够真实和实践教学环境虚化，使学生工程实践能力培养大打折扣。

(二)校外实践教学基地应用效果提升难

商洛学院所处地区经济发展滞后，产业发展水平较低导致可供开展校外实践教学的单位规模小、分布散，加之经费不足、导师欠缺等，使教学偏向参观型、体验式。此外，校外实践教学基地因企业欠缺承担社会责任的积极性而未真正发挥其全部作用，使实习效果差且提升难度较大，最终导致培养的学生"用不上、靠不住"。

(三)实践教学与就业单位一体化接轨难

商洛学院作为一所地方院校，学生普遍存在工程实践基础差、自主学习能力弱等问题，校内教师未深度融入企业生产实际导致实践经验欠缺、企业教师未经系统训练而导致知识传授能力较弱，致使学生对企业价值和发展前景了解不够深入，加之部分企业发展潜力不足、规模较小，使得培养的学生"下不去、留不住"，实践教学与学生就业难以实现无缝对接。

二、实践教学改革思路

商洛学院坚持"立足商洛，面向地方，服务基层，培养应用型人才，建设多学科协调发展的应用型本科院校"的办学定位，凝练打造了"秦岭矿产资源综合开发利用"等三大鲜明办学特色。我校资源循环专业经多年发展，修订完善的2022版人才培养方案和教学大纲（理论和实践学分的比例分配如表1所示），实践学分增加到了41.11%，突出了专业实践教学环节的重要性。如何保障和提高实践教学质量，在实践教学环节中与地方产业深度融合，培养地方产业发展和乡村经济振兴急需的应用型人才，成为专业建设的根本任务。

表1 理论和实践学分的比例分配

课程体系	理论学分（%）	实践学分（%）	总学分（%）
公共基础部分	27.50	13.05	40.55
专业基础部分	21.94	13.89	35.83
专业主干部分	9.45	14.17	23.62
合计	58.89	41.11	100.00

如图1所示为乡村振兴背景下的实践教学改革思路，以区域产业发展和乡村经济振兴为目标，针对"学生缺乏扎根地方、服务基层的主动性，教学内容偏离企业实际需求，企业发展潜力不足、规模较小"等痛点，与相关企事业单位建立合作关系。通过认知实习、课程见习等认知实践环节培养学生的创新能力；通过课程实验、综合实验等技能训练环节提升学生的实践操作能力；通过生产实习、课外科技活动和毕业设计等综合实践环节培养学生的工程素养。在此过程中，重塑实践育人课程体系、搭建实践育人平台、完善实践育人质量评价模式，探索出一套"理论—实践"相结合的教学模式，助力商洛区域产业发展和乡村经济振兴急需应用型人才的培养，总结成效并为其他同类院校提供示范。

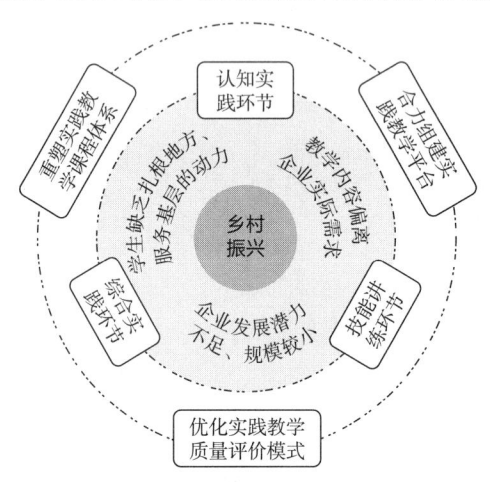

图1 实践教学环节改革与实践思路

三、实践教学改革体系

商洛学院基于地域特色和资源优势并以乡村振兴需求和学生产出为导向，打造实践育人课程体系、搭建实践育人平台、完善实践育人质量评价模式，主要改革体系如图2所示。

(一) 打造校企紧密结合的实践育人课程体系

深入调研区域产业发展和乡村经济振兴发展需求，并以此为基础结合地域特色及资源优势，科学设计修订人才培养方案，为应用型人才培养提供了科学的"纲"性保障。邀请行业专家、企业高管和专业教师逆向设计各实践环节的课程配置和实践教学内容，将课程体系、教学内容与区域产业发展和乡村经济振兴需求深度融合，优化传统工科人才培养模式，激发学生扎根地方、服务基层的主动性。

(二) 搭建校企互惠互利的实践育人平台

深化产教融合，以校企双走进活动及根植地方行动计划为契机，打通专业与行业互动壁垒，向行业"取经"和为行业"服务"，统筹协调多方优势资源以校、企、生三方共赢为目标建设校外实践育人基地，探寻适宜人员互相聘任制度以壮大"双师型"教学师资力量，制定切实可行的互惠共赢机制以提高技术应用及推广效能，充分利用生产实习和毕业设计环节推动实践就业一体化，不断创新实习就业模式，确保应用型人才"供给畅通"和"供需匹配"。

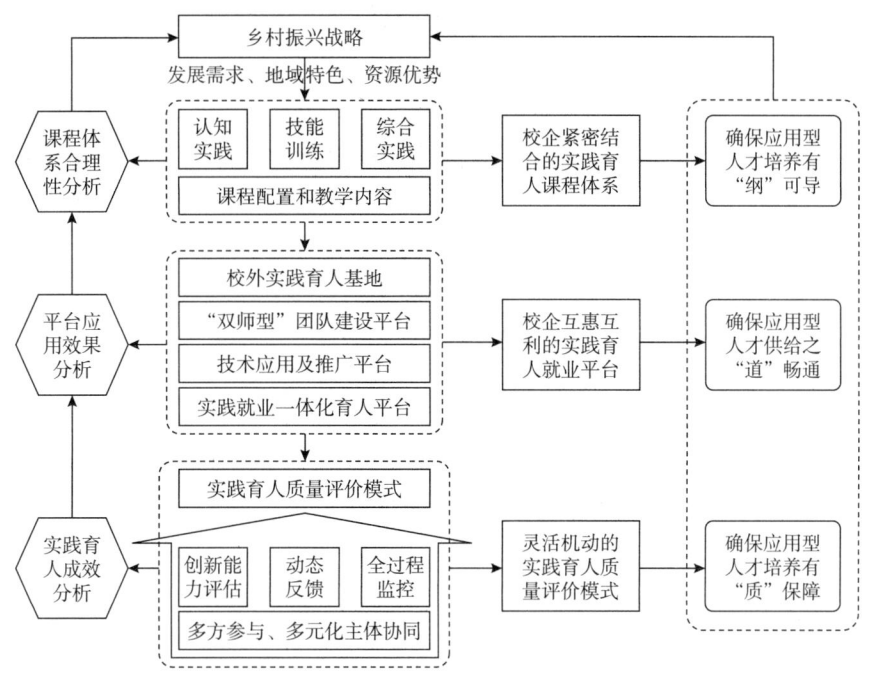

图2 实践教学改革体系示意图

（三）完善实践育人质量评价模式

以问卷调查、座谈讨论、动态反馈等形式完善多方参与、多元化主体协同评价的包含创新能力评估、动态反馈和全过程监控的实践育人质量评价模式，实现持续改进的目标。建立相应的教学质量监控机制、创新能力评价制度、动态反馈机制等实践育人质量评价模式，以便更地的服务乡村振兴战略的技术和人才需求。探讨课程体系、育人平台和质量评价模式的实践效果，使其形成一个有机结合的闭环，确保应用技能人才培养有"质"保障。

四、结束语

通过分析近年来资源循环专业实践教学环节存在的问题来梳理实践教学改革思路，结合商洛学院办学特色、专业定位和区域发展需求、地域特色及资源优势，分析实践教学环节存在的问题并梳理实践教学改革思路。提出我校"打造校企紧密结合的实践育人课程体系，为应用型人才培养提供了科学的'纲'性保障；搭建校企互惠互利的实践育人平台，确保应用型人才'供给畅通'和'供需匹配'；完善实践育人质量评价模式，确保应用技能人才培养有'质'保障"的改革方向，为同类院校类似专业的发展提供借鉴，助力乡村人才振兴战略。

参考文献

[1] 许启彬. 我国高校创业教育的文化根基：学理诠释与夯实路径[J]. 高校教育管理, 2020,1:70-73.

[2] 张高煜, 郑微. 应用型院校创新创业实践育人模式的探索与实践[J]. 科技资讯, 2018,16(7):194-196,198.

[3] 叶红春，王昕正. 地方高校经管类大学生"五位一体"实践育人模式构建研究[J]. 创新与创业教育，2019,10(4):99-102.

[4] 孔伟明，龚雪俊，范乐源，等. 校企合作协同实践育人模式探究[J]. 创新创业理论研究与实践，2020,3(9):110-111,116.

混合式教学在地理学科中的应用研究

房舒，刘燕，张红侠，秦进

摘要： 21世纪之后混合式教学已经成为信息化教学模式的新主流，但是关于地理学科的混合式教学研究依然比较匮乏。因此，本文结合文献计量和问卷调查，探讨了目前地理学科混合式教学遇到的瓶颈和解决途径，为地理学科混合式教学的构建提供思路和方案。整体来看，地理学科的混合式教学在2012年后才得到较好的发展，研究集中在南方地区的院校，所占混合式教学研究比例不足0.5%，发表论文的期刊整体质量不高，应用的主要课程为技术实践类课程。本文结合地理学科混合式教学的热点、存在的问题和在商洛学院展开的混合式教学现状调查结果，提出：丰富教学设计，混合多种教学资源和环境；提升课程内容，实现学生自导——教师服务课堂；优化课程评价，培养高素质应用型人才的地理学科混合式教学方案。

关键词： 混合式教学；地理学科；文献计量；问卷调查

混合式学习（Blended Learning）指将利用网络支持的自主学习（E-learning）与课堂中进行的面对面合作学习全面结合的一种全新的学习方式和理念。混合式教学是将在线教学和传统教学的优势结合起来的一种线上线下相结合的教学模式。我国从20世纪90年代开始逐渐形成了依赖现代电子信息技术的E-learning；2001年开始，基于对自主学习的反思，关于混合式学习的探讨逐渐增多。随着教育信息化的发展，一些新型教学手段如网络三课即翻转课堂、慕课（MOOC）、微课等应运而生成，成为教育研究者的热点方向，混合式教学成为信息化教育模式的新主流。2016年6月1日实施的《中华人民共和国教育法》将教育信息化列为法定内容；《国家中长期教育改革和发展规划纲要（2010—2020年）》中指出了"开发网络学习课程，创新网络教学模式，更新教学观念，改进教学方法，提高教学效果"的要求。另外，在《"十四五"国家信息化规划》中也提出了开展终身数字教育、开展"互联网+教育"云网一体化建设、加快建设中国教育专用网络和"互联网+教育"大平台、实施全民数字素养与技能提升行动等目标。2018年教育信息化2.0行动计划中指出教育信息化是加快实现教育现代化的有效途径，而如今教育逐渐迈入信息化3.0的阶段，更是涌现了一批如在线教室、虚拟课堂、智能系统等新的混合式教学方式。可以看出，在教育信息化的时代，混合式教学能有效地结合线上教学和传统面对面授课形式，让技术为教学服务，构建从学生的认知规律出发，满足学生个性化学习需求，提高教与学有效性的教育新时代。

地理专业兼顾自然科学和社会科学双重属性，课程具有区域性、综合性与应用性的特点，学科体系庞大，内容繁杂；当代地理学发展与相关学科的耦合，更是拓展了地理学的应用领域，对地理专业的人才培养提出了更多更高的要求。虽然混合式教学的研究已经是

21世纪以来教学方法探究的重点和热点,但是关于地理专业的混合式教学研究还是相对匮乏。应用型人才培养模式下构建与设计地理专业混合式教学方案,促进课程体系的优化,是强化地理专业建设与提高教学质量的基础。

因此,本文结合文献计量和问卷调查,探讨了目前地理学科混合式教学遇到的瓶颈和解决途径,为地理学科混合式教学模式的构建提供思路和方案。

一、研究方法

(一) 文献计量法

本文在中国知网文献数据库中以"混合式教学"和"地理"为主题,搜索2000—2020年所有文献,综合文献计量学和文献分析对近20年来地理学科混合式教学论文的数量、发表的主要期刊、关注热点、存在的问题及其年际变化进行了统计分析。同时以"混合式教学"为关键词检索了2000—2020年有关混合式论文的期刊论文数量,分析了地理学科混合式教学研究在混合式教学研究中所占的比例和年际变化。

(二) 问卷调查法

本文结合文献计量中总结提炼的问题,以商洛学院地理科学专业已经开展了混合式教学的学生为调查对象,在问卷星平台设计了23个问题,调查了高校地理科学专业混合式教学的现状(1~7题);学生对混合式教学的体验(8~18题);以及学生对混合式教学的期望(19~23题)三方面的内容。

最后结合文献调查和问卷调查结果,分析了21世纪地理专业混合式教学存在的问题和瓶颈,提出适合地理专业的混合式教学模式。

二、文献计量结果

(一) 发表论文情况简述

按上述方法检索,排除不符合条件的论文后,检索到2000—2020年地理学科混合式教学研究论文共42篇,期刊论文比例为76%(中文28篇,英文5篇),硕士研究生论文9篇。2000—2011年没有地理学科相关混合式教学的期刊论文,只有两篇硕士论文。期刊论文的发表主要集中在2012—2020年,其数量年际变化如表1所示。2015年以后期刊论文的数量明显增加,2019年和2020年发表的论文超过了总研究的一半。

表1 2012—2020年地理学科混合式教学研究论文数量变化

年份	2012	2013	2014	2015	2016	2017	2018	2019	2020	总计
总论文数(篇)	1	1	0	3	3	4	6	11	11	40
期刊论文数(篇)	1	0	0	3	3	4	4	10	8	33

虽然地理学科混合式教学研究起步较晚,但搜索混合式教学发现,21世纪后混合式教学的研究已经得到了很好的发展(图1)。除2006年混合式教学的研究达到了104篇外,2010年以前混合式教学的期刊论文都在100篇以下,2010年以后混合式教学的研究增长

趋势明显，到 2020 年混合式教学研究的期刊论文达到了 5203 篇。虽然地理学科混合式研究在 2010 年后也开始发展，但是相比于混合式教学的研究来看，所占比例一直不足 0.5%，在 2015 年达到最大 0.51%，之后又有所降低。可见地理学科的混合式教学研究还远远不够。从发表期刊论文的区域来看（表2），江苏省最多共 6 篇，山东省有 5 篇，上海有 3 篇，陕西、河北、广东、河南、浙江各有 2 篇，新疆、吉林、福建、宁夏各有 1 篇，而其他区域没有相关论文发表。

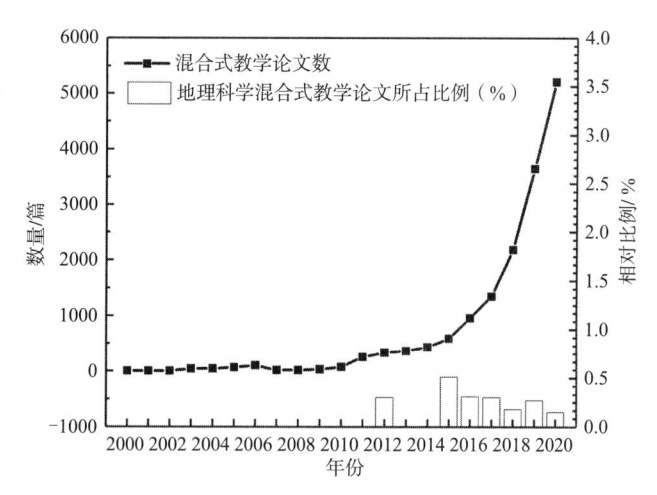

图 1 混合式教学论文数量及地理学科混合式教学所占比例年际变化

表 2 地理学科混合式教学发表论文地域分布

省份	发表期刊文献数（篇）	省份	发表期刊文献数（篇）
江苏	6	河南	2
山东	5	浙江	2
上海	3	新疆	1
陕西	2	吉林	1
河北	2	福建	1
广东	2	宁夏	1

从发表地理学科混合式教学论文最多的中文期刊来看（表3），2000—2020 年一共发表中文核心期刊 5 篇，包括地理教学 4 篇，黑龙江教育（高教研究与评估）1 篇，外文期刊中有两篇被 SSCI 期刊收录的《高等教育地理杂志》(*Journal of Geography in Higher Education*) 期刊收录。其余文章影响因子不高，甚至查询不到影响因子。

表 3 发表地理学科教学研究文章最多的中文期刊

期刊	总数（%）	复合影响因子（2021）
地理教学	4(12.12)	1.054

续表

期刊	总数（%）	复合影响因子（2021）
创新创业理论研究与实践	2(6.06)	0.138
课程教育研究	2(6.06)	
地理教育	2(6.06)	0.563

从关键词来看，混合式教学和混合式学习出现的频次最高，研究地理学科混合式教学的主要目的是进一步熟悉地理学科特色、课程特点，明确教师角色，进行教学模式和教学设计的探讨，并将其应用到教学实践中，探讨教学改革和教学革新之路。应用的课程主要为地理信息技术、遥感技术等技术和实践类课程，其次为人文地理相关课程，讨论自然地理类课程的论文最少。涉及教学方法主要有：在线教学、线上线下混合式教学、面对面教学、信息化教学、深度学习、实践探索、自主学习等。而所用的方法手段主要有：雨课堂、Moodle 课堂、E 学习平台、蓝墨云班课、微视频等。

（二）地理学科混合式教学关注热点

地理学科具有规律性、生活性、图例性、参与性、信息性等特征，较易整合学习资源，与信息平台相结合。混合式教学能将地理学科的知识点和技能点利用"互联网+教育"技术进行重构，通过文字、图像、音频、视频、动画等形式搭建资源，利用面授、网络、移动 App 进行多平台实时教学，学生可以通过调研、汇报、问答、讨论、实训、作业等一系列学习活动来学习。通过文献阅读，发现近 20 年来地理混合式教学主要关注的热点包括课程设计、课堂学习和课后评价三方面 (图 2)，涵盖了教学的全过程。

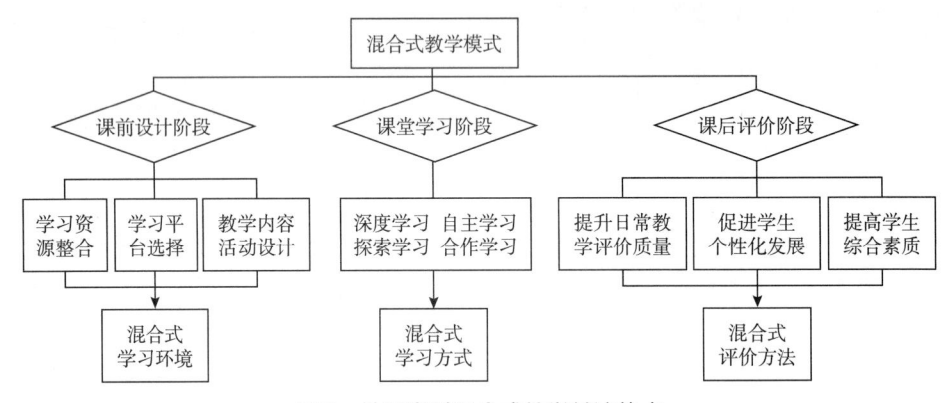

图 2 地理学科混合式教学关注热点

1. 以信息化环境设计为重点，创设"混合型"学习环境

混合式教学要求教师课前做好学习资源整合、学习平台选择和教学内容及活动设计的工作，为学生创造"混合型"学习环境。在线地理学科教学资源充沛，主要为大规模开放在线课程，如慕课及智慧树在线教育平台。而学习平台的选择范围更广，常规的平台如雨课堂、Moodle 平台、Dreamweaver 软件、EDA 技术、多媒体 CAI 课件、晓黑板教学等，能整合地理教学内容，营造生动的教学环境，激发学生的学习兴趣，优化课堂互动，统筹

教学全过程。而一些专业软件如奥维互动地图，Qgis、Meteoearth、Solarwalk lite、World Time Zone、Meteo Earth 等，能带领学生真实感受如大气运动、时区变化、人口分布、城市规划、商业布局等地理的主题学习内容。教学内容和学习活动的设计中则需要地理教师更多地考虑调动学生的积极性、自主学习能力和钻研探索精神，可结合研究性学习，利用地理学科数字化学习资源进行混合式教学，可以更有效地组织教学活动。

2. 以任务驱动式目标构建为抓手，构建"混合式"学习方式

混合式教学过程中，需要利用信息化方法技术提供线上学习环境、提升面对面教学质量，灵活运用小组合作、实践探索等地课堂活动，达到学生深度学习、自主学习、探索学习、合作学习的学习方式。在地理教学实践中，基于建构主义理论的任务驱动式学习更能体现以学生为主体、教师为主导的教学模式。驱动学生思考的最好方式是将地理课堂内容设计为封闭性和开放性任务，在任务的驱动下调动学生的积极性和思考能力。学生带着任务探究课堂，主动寻求答案，跟随教学主线，能更多地体会学习的快乐。比如优酷平台多元智能教学以问题任务促进学生地理学习的内省过程，让学生在互动交流中就完成了学习目标。同时任务驱动式教学也使学生自主学习能力、实际操作能力得到很大提高。

3. 以综合素质全面提升为目标，搭建"混合式"评价方法

混合式教学使得课堂评价更加简单快捷、综合全面。学习平台搭建，能够完善班级和学生的学习档案，并能进行数据的自动统计，有利于建立课程的实时反馈，帮助学生及时查漏补缺，协助教师及时调整学习方案，攻克教学重难点。传统的考核多注重期末考试成绩，而混合式考核评价方式更加科学、客观、公平和多元化。地理教学的评价更应该注重学生地理学科核心素养的培养，这就要求教师在教学过程不仅要提高学生的成绩，更要引导学生树立可持续发展观、人地观协调，形成尊重自然、关爱生命、保护环境、珍惜资源的世界观。因此实施了混合式教学后，学生的考试成绩不见得突飞猛进，但是却促进了学生的个性化发展，提高了学生综合素质。混合式教学也使更多学生参与到了地理学科相关的校企合作项目、创新训练项目、"挑战杯"竞赛中，并取得了一定的成绩。

(三) 地理学科混合式教学存在的问题

1. 理念落后，多元化教学搭建不足

混合式教学不是单纯地应用网络资源、应用多媒体教学。仅在多媒体应用上做文章，并不能真正提高学习效果，以"学生为中心"的课堂仍然较难实现。如果仅把混合式教学理解为线上课程，还会产生互动效率较低、教学监督难，课程流畅性难以保证，浪费宝贵的教学时间等新的问题。一些课程比如3S技能课，只采用传统的混合式教学手段而不结合同步实践操作的情况下，学生依旧很难对抽象的理论知识产生深入认识。因此教师更重要的是充分发挥组织作用，做引领者，引导学生实现学生主体地位。对于一些知识类的地理课程，借助如云班课等多样化平台更能调动课堂氛围。

2. 教学活动重形式轻体验，师生负担过重

混合式教学没有明确的注意事项，没有具体的方法借鉴，因此设计时容易偏离重心。部分地理基础专业课本就存在课时不足的问题，而混合式教学模式环节较多、比较费时，

过多的设计有时反而给教师及学生带来更多的负担。为了"混合"而"混合"会逐渐消耗学生的学习热情，面对数量庞大的课程资源和各类 App，学生不免产生应付心理。同时，教师不仅需要在有限的时间内完成大纲所规定的授课内容，还得兼顾授课的探究性、趣味性，时间紧、任务重。因此，混合式教学绝不仅是教学方法上的改变，也不是将原有的教学内容简单机械地重组，而是需要老师重构课程框架，重新梳理知识点，设计课程教学内容、制作或整理教学资源、设计学习效果评价体系。

3. 内容陈旧，无法满足应用型人才培养需求

地理信息是天然的大数据库，而基于大数据的地理软件、网站、AR 全息投影等都为地理知识体系的构建不断更新和补充实时信息，不断更新课堂内容，紧跟时事，才能为学生营造有效真实的地理教学氛围，这对教师无疑是一个更大的挑战。同时一些技能类课程却更新换代非常快，以至于教学内容不适应实际需求。比如3S课程，很多高校并未开设诸如 Web GIS、云 GIS 等与当前地理信息科学行业发展趋势息息相关的课程，进而使人才培养的结果与社会需求脱节。而一些专业软件如 Arcgis、Envi 等更新换代非常快，学生往往在实践课中使用的还是旧版软件，不利用专业技能的提升。

三、问卷调查结果

本次共发放215份问卷，收到172份问卷，问卷回收率为80%，结果分析如下：

(一) 混合式教学的现状分析

调查统计学生参与混合式教学实际情况 (表 4) 发现，地理教学混合式教学并不全然依赖于线上学习，线上学习的时间占10%~50%。混合式教学明显提高了教学活动的丰富程度，改善了课程的考核方式。目前可供选择的线上平台比较多样，采用较多的有钉钉直播 (95.35%)、智慧树、中国大学慕课和腾讯课堂。

表 4 学生参与线上教学实际情况

问题	选项	人数	比重 (%)
混合式教学中，你线上学习的时间占整体学习时间的比例是多少？	A. 80% 以上	32	18.6
	B. 50%~79%	34	19.77
	C. 30%~49%	42	24.42
	D. 10%~29%	42	24.42
	E. 10% 以下	22	12.79
混合式教学期间，你的地理专业课考核方式是什么？[多选题]	A. 线上限时答题	124	72.09
	B. 提交论文	70	40.7
	C. 作业完成情况	152	88.37
	D. 课堂互动情况	138	80.23
	E. 其他	14	8.14

续表

问题	选项	人数	比重（%）
混合式教学期间，你参加过哪些地理实践活动？[多选题]	A. 模拟实验	44	25.58
	B. 户外考察	78	45.35
	C. 社会调查	52	30.23
	D. 地理知识竞赛	62	36.05
	E. 地图绘制、教具制作	26	15.12
	F. 研学旅行	22	12.79
	G. 地理辩论	44	25.58
	H. 地理观测	60	34.88
	I. 没有参加	40	23.26

（二）混合式教学的体验感受分析

学生混合式教学体验表（表5）数据显示，学生混合式学习以师生互动共同学习为主，占66.28%。学生体验感最好的平台为钉钉，体验感较差的为智慧树和中国大学慕课。能从混合式教学中获得锻炼提取信息能力、材料分析能力的学生占比超过50%。影响学生混合式学习的主要原因是教师使用的软件过多带来的混乱、网络带来的课程不顺畅、不能及时与教师进行交流。75.58%的学生对混合式教学兴趣度一般，56.40%的学生可以做到认真听课但不做笔记，73.26%学生能消化混合式教学的内容。70.93%的学生仍然希望混合式教学中以教师讲解为主。学生认为混合式教学带来的最大好处有时间空间更自由、能反复学习以及资源更丰富。而影响混合式教学体验的主要因素为个人自觉性差以及长期观看电子产品导致的视觉疲劳。

表5 学生线上教学体验

问题	选项	人数	比重（%）
在地理混合式教学过程中，扮演主导角色的是谁？	A. 教师主导	48	27.91
	B. 学生主导	8	4.65
	C. 师生互动共同学习	114	66.28
	D. 其他	2	1.16
混合式教学对你地理学习哪个方面帮助较大？[多选题]	A. 材料分析能力	106	61.63
	B. 提取信息能力	142	82.56
	C. 动手实践能力	58	33.72
	D. 地理洞察力	72	41.86
	E. 其他	8	4.65

续表

问题	选项	人数	比重（%）
在地理混合式课堂上，你更倾向的教学方法是什么？[多选题]	A. 教师讲解，必要时教师通过实验演示	122	70.93
	B. 学生自主学习探索知识	90	52.33
	C. 小组讨论	84	48.84
	D. 考题测试，教师答疑	96	55.81
	E. 教师结合实践活动讲授新知	104	60.47
你在混合式学习的过程中遇到过哪些问题？[多选题]	A. 缺少硬件设施	68	39.53
	B. 网络卡顿、掉线	152	88.37
	C. 学习环境嘈杂	76	44.19
	D. 使用软件过多，造成混乱	112	65.12
	E. 与教师沟通受限	72	41.86
	F. 教师讲课速度过快，跟不上	40	23.26
	G. 其他	8	4.65
经过混合式学习，你是否能将课程内容消化？	A. 完全可以	14	8.14
	B. 大部分可以	126	73.26
	C. 多数不能	30	17.44
	D. 完全不能	2	1.16
你认为混合式教学与传统教学相比，有何优点？[多选题]	A. 时间与空间上更自由	134	77.91
	B. 资源更丰富	124	72.09
	C. 知识框架更立体	72	41.86
	D. 可反复观看加深记忆	134	77.91
	E. 其他	2	1.16

（三）混合式教学的未来展望

通过问卷调查学生对线上教学的展望（表6）发现，一半以上的学生认为线上地理教学中非常有必要进行地理实践。目前线上授课教育存在的最大问题是形式过于单一，以及网络问题带来的课程不顺畅。学生最希望在线上得到教学视频的信息（79%），希望获得远程辅导与教学资料的人数比例也比较高，在70%左右。此外学生希望未来的网课能更便利地获取共享资源。同时学生也较为担忧因自制力较差加上教师较难监管而导致学习效果变差的问题。

表6 学生对混合式教学的展望

问题	选项	人数	比重（%）
你认为在混合式地理教学中，有必要做地理实践吗？	A. 非常有必要	88	51.16
	B. 可以有选择的进行	80	46.51
	C. 无所谓	4	2.33
	D. 完全没必要	0	0
你觉得混合教学在课堂上有哪些地方需要改进？[多选题]	A. 授课形式过于单一	104	60.47
	B. 无法有效互动	90	52.33
	C. 授课老师无法得知自己的学习情况	90	52.33
	D. 网络滞后发现问题无法及时与教师沟通	102	59.3
你希望通过混合式教学获得什么信息？[多选题]	A. 教学资料	128	74.42
	B. 教学视频	136	79.07
	C. 远程辅导	120	69.77
	D. 其他	2	1.16

四、地理学科混合式教学的瓶颈与解决方案

（一）丰富教学设计，混合多种教学资源和环境

混合式教学的根基在于课前的准备。线上虽然有很多精品高质量课程，但学生在实际体验中反而对在线课程感受最差。因此，教师应结合学生的实际学情选择适合的在线课程，同时配合学习任务，让学生带有思考地进行线上学习，提升线上学习的体验感。学习平台的选择上一定要兼顾平衡性和适度性，选择简单易上手，师生互动性高，能体现专业特色的平台。同时进行多门混合式教学尽量做到平台统一，减轻教师和学生的身心压力，把更多精力投入教学内容本身。

（二）提升课程内容，实现学生自导—教师服务课堂

混合式教学课堂重点为改善以教师为中心的教学结构，建立以构建主义为主的多元化教育模式，通过计划性、预见性、创新性的教学设计使课堂逐渐实现从学生依赖—教师主导型到学生自导—教师服务型的转化。将教师的主导作用更多体现在资源准备、学习方法指导、疑难问题点拨、学生思维延伸、知识实际应用等方面。精炼教学内容，以任务驱动式活动设计引导学生自主思考、深度学习。做到特色与学科相融合，科研与教学相渗透，理论与实践相组合，打造生动全面的地理课堂。达到课程内容媒体化，教学方式现代化、地理信息技术与现代技术一体化，提高课程的专业性和信息化程度，加强学生课堂投入度。

（三）优化课程评价，培养高素质应用型人才

混合式教学应该利用其电子资料整合、数据统计方便的优势，促进学生系统地学习、

客观评价纠正学习状态，协助老师实时掌握学生动态，提升教学内容和设计。同时通过实时的线上答疑解惑，拉近教师和学生的距离，突破教学的重点难点。此外注重学生的学习差异，多元化地考核学生的发展，尽可能地挖掘每一个学生的特长和优势。在提高学生考试成绩的基础上，注重学生地理学科核心素质的培养，增强学生的科研思维、国际视野，引导学生树立可持续发展、人地协调的价值观，为地理学科培养高素质的应用型人才。

参考文献

[1] 宋城杰. 混合式学习在信息技术与地理课程整合中的应用研究 [D]. 上海：华东师范大学，2005.

[2] 姚洁. 践行混合教学，彰显学科特色地理学科混合式教学模式校本化实践探索 [J]. 上海教育，2020,2:43-45.

[3] 金鑫，疏国会. 混合式教学模式的构建与实践 [J]. 福建电脑，2021,37(5):141-144.

[4] 严宝文，宋松柏，栗现文. 基于混合式教学方式的"自然地理学"教学模式研究 [J]. 黑龙江教育 (高教研究与评估)，2018,11:1-3.

基于OBE理念的"电气控制与PLC"课程教学改革探索与实践

柯希彪，郭琳，袁训锋，刘俊 ❶

摘要： 本文以电气工程专业"电气控制与PLC"课程基于OBE理念教学改革探索与实践为例进行教学过程设计，以教学形式、教学内容、教学活动、教学评价为纵向拓展，提出了OBE理念教学新模式，教学过程以学生为主体，以教师为主导，把无聊、乏味的编程知识、工程设计知识，转换为有趣、明确的教学目标，实现以结果为导向的教学新模式，增强教育教学的实效性。

关键词： OBE理念；电气控制与PLC课程；教学改革

一、研究意义

科技革命4.0时代的到来，深刻改变着世界范围内的经济发展、产业结构和生产方式。我国走中国特色新型工业化道路，建设创新型国家、人才强国等一系列战略目标的实现，需要培养和造就科学、技术领域的拔尖创新人才和一大批复合型人才。经济的发展和国家战略的需要带动了社会对理工科高校教育质量改革的新需求。以成果为导向的OBE理念（Outcome-Based Education，简称OBE）重视学生学习产出，关注学生预期目标的达成，注重学生的个人能力的养成。能够满足快速发展的经济形势和我国创新驱动战略对高校人才培养的需要。因此，开展基于OBE理念的高校专业课程教学方法改革研究具有重要的理论价值和实际意义。

基于国家战略发展新需求、国际竞争新形势、立德树人新要求，我国于2016年提出"新工科"概念。这一概念的提出为我国工程教育改革指明方向，也为我国理工科高校的发展和教育质量的提高提出新要求。OBE理念以其适应理工科学科和专业发展改革的理念特性，能有效指导我国理工科高校教育教学实施的改革。通过对OBE理念概念分析，其注重成果导向设计教育教学实施，关注学生学习产出；结合"新工科"背景下社会发展对理工科高校提出的新要求，进行"电气控制与PLC"课程教学改革探索与实践。项目主要以"电

---

❶ 作者介绍：柯希彪，1989年生，陕西省柞水县人，工学硕士，商洛学院电子信息与电气工程学院讲师，研究方向为电力电子与电气传动

郭琳，1980年生，陕西省柞水县人，商洛学院电子信息与电气工程学院教授，西安交通大学青年骨干国内访问学者，主要从事智慧农业、检测控制等方面的教学科研工作

袁训锋，1984年生，湖北省神农架市人，理学博士，商洛学院电子信息与电气工程学院副教授，主要从事金属学及金属工艺、电力工业等方面的教学科研工作

刘俊，1986年生，山西省大同市人，工学硕士，商洛学院电子信息与电气工程学院讲师，主要从事自动化技术、电力工业科研工作

气控制与PLC"课程教学的实施为研究对象。教学改革内容主要体现在以下方面：

（1）OBE理念聚焦有效性教学目标。在传统课程教学的设计中，教学的主要目标就是让学生掌握学科知识，OBE理念下把学习成果作为教学目标，这个学习成果是清晰、可执行的。"电气控制与PLC"是电气专业的专业主干课，是一门操作性很强的课程，从能力培养的角度说，OBE理念下学习成果的具体化和可操作性与"电气控制与PLC"课程大纲要求正好吻合，这种可量化的预期学习成果可以使学生明确自己应该获得的知识、能力和素质，有助于学生在未来职业生涯中的发展。

（2）OBE理念适用多样化教学方式。教学方法是师生在教学活动中相互作用的方式，"电气控制与PLC"课程是一门理论性和操作性相结合的课程，单一的教学方法无法挖掘学生的学习潜能，难以满足学生的能力培养需求。OBE理念强调教学内容及学生的差异性，为了满足学生学习的个性需求，根据不同的课程内容选择科学的教学方法，才能精准施策。

（3）OBE理念整合实用性教学内容。基于当前课程教学内容中存在的问题，教学活动的开展以教学目标为基础，教学内容的选择以预期成果为焦点，整合能培养学生能力和素质的内容。利用OBE理念明确制定教学内容和学习成果的对应关系，帮助学生指引学习路径。在整合教学内容时，通过对社会需求和自我需求的内外部需求分析，重点突出有用的教学内容，使学生获得真正需要的能力。

（4）OBE理念提供多元化的评价方式。为检验学生的学习效果以及掌握学生是否取得预期学习成果，有效的教学质量评价是教学活动中必不可少的部分，更是教学过程中及时发现问题的一种反馈机制。OBE理念强调建立多元化评价体系，对教学活动进行回馈和改进，帮助学生和教师及时发现自己的不足并加以改进，在不断地反馈信息中调整教学，使得教学活动在持续改进中得到良性发展。

二、研究现状分析

OBE理念源于西方，并最先由西方各国把OBE理念应用于指导高等教育改革。各国和地区均有关于运用OBE理念指导高等教育改革实践的研究。20世纪80年代中期以来，美国宾州高等教育界认为OBE理念是一种提高教育标准和教育价值的方法与途径，在全州推行OBE理念教育改革；2010年至2016年底，在巴基斯坦、巴西等7所大学的本科教育和研究生教育改革中，全面借鉴OBE理念指导教学和课程体系的改革；我国的香港城市大学在《2010—2015年策略性发展计划》中就指出在课程建设、教学制度的改革中借鉴OBE理念的"成果导向"。学者们从关注OBE理念概念本身转向基于OBE理念的实践教育教学改革，开始思考OBE理念在指导高等教育质量提高的有效路径。

国内对OBE理念在教育教学实践中的研究大多围绕工程教育专业认证框架教育改革实践的研究。2014年，顾佩华等人在《基于"学习产出"工程教育模式》提到，汕头大学在工程教育改革中提出要实施高水平的OBE，首先要求教师确立好预期学习产出，并将其分解为可以操作的细化目标；其次要求教师要善于利用各类教育资源、灵活选择各种教育策略来实现预期教育目标；再次要求教师掌握多样化的教学评价方法，动态把握学生知识、能力和态度的发展水平；最后要求教师能够因材施教，为每一位学生设置个性化的发展方案。2017年，龙奋杰等人在《新建本科院校推行成果导向工程教育模式的探索与实践》一文中以贵州理工学院为例，阐述了OBE理念指导下的人才培养目标制定、专业优化改革升级等具体改革路径。

通过对国内外关于 OBE 理念本身和实践应用等方面的研究和分析，各国学者和专家在理解和运用 OBE 理念指导教育教学时，都有不同侧重点。但其根源并没有脱离 OBE 理念的核心，只是在其基础上进行丰富和拓展。做好顶层设计之后，选择合适的路径和改革领域方向才能使 OBE 理念的作用得到更好发挥。

三、"电气控制与 PLC"课程教学改革探索与实践

OBE 理念注重学生最后的学习产出，所有教学环节都要围绕学生最后目标的达成来实施。OBE 理念强调以下 4 个问题：通过一定阶段的学习要让学生取得什么样的学习成果？为什么要让学生取得这样的学习成果？如何有效地帮助学生取得这些学习成果？如何知道学生已经取得了这些学习成果？

在 OBE 理念指导教育教学实施过程中，教育者必须对学生应达到的能力及其水平有清楚的构想，然后寻求构建适宜的教育结构来保证学生达到这些预期目标。课程目标和学习成果的获得必须通过教学实施来完成，如何有效组织活动和实施教学需要通过教学设计来实现。科学的课程教学设计既是完成课程目标的过程，又是教学活动有序开展的重要环节。在"电气控制与 PLC"课程教学设计中，选取适当的教学内容和科学的教学方法，是促成课程目标高质量达成的关键。

(一)重构教学内容

基于 OBE 理念的教学内容设计，不同于传统教学中强调课程的独立性和知识体系的系统性，不再以教材为中心，而是以预期的学习成果为核心，在尊重教材宏观框架的基础上，灵活地编排选择教学内容。对于"电气控制与 PLC"课程内容的选择包含以下方面：教材内容为基础、教学大纲为指引、更新新技术和新知识、补充需求内容。

(二)选择教学方法

教学方法是教学活动中帮助学生完成预期学习成果及获取教学内容的手段。针对"电气控制与 PLC"中基础知识教学和上机操作教学的不同特点，采用单一的教学方法难以达到理想的教学成果，因此在教学实施中要根据课程教学内容的特点，选择合理高效的教学方法和灵活多样的教学组织形式，促使学生获得学习成果、达到课程目标。根据学生获取知识和能力的需求，在基于 OBE 理念的教学实施过程中，要结合教学内容的特点选择不同的教学方法，使"电气控制与 PLC"课程的理论教学和实践教学更科学的运行。本课程常用的经典教学方法有如下三种。

1. 任务驱动法

任务驱动法是一种学生在教师指导下，围绕指定教学任务展开教学活动的教学方法。在教学活动中，教师把教学目标和教学内容隐含在精心设计的任务中，引导学生分析任务，让学生在协作学习和自主探索的过程中制订任务计划、完成任务，在完成任务的各个环节中获得预期学习成果。任务驱动法要求学生带着任务目标查找资料、完成任务、获得知识技能，优势在于学生的学习目的性和针对性很强，这种探究式教学有利于 OBE 理念的教学实施，广泛适用于理论教学和实践课教学。

2. 项目教学法

项目教学法是一种强调以学生为项目实施主体的教学方法。学生通过收集信息和设计方案，在教师的指导下以小组工作的形式实施项目，通过完成项目获得课程知识和技能。在教学中，以项目为教学载体，重新整合教学内容，以工作任务为依托，选择项目内容，以多样化的任务方案展示学习成果，尤其适用于实践性较强的操作类课程。在"电气控制与PLC"课程的实践环节中，学生可以通过STEP 7 Microwin V4.0软件对课本中的经典程序进行仿真验证，或者对课本中设计类习题进行问题分析、方案设计、方案实施及结果反馈，比如交通灯控制设计。这种具有建构意义的项目教学法有助于OBE理念指导下的学生学习成果的获得。

3. 案例教学法

案例教学法是教师为了满足学生的学习需要，选择与教学内容相关的案例，引导学生在具体的情境中明确学习目标和思路构建，学生在交互式的课堂讨论中从不同角度分析同一案例，在对比自己与他人意见和决策过程中，确定最佳实施方案，促使学生综合素质的养成。在"电气控制与PLC"课程中，案例教学法适用于教学的各个环节。比如在学习新内容时，通常引入案例激发学生学习兴趣。

（三）课程教学评价设计

基于OBE的教学评价是以学生的学习成果为中心对学生学习效果的评价，评价学生达成预期成果的程度。评价的目的是对学生学习成果取得的过程进行持续改进，对教学实施的反馈和调控，通过"实施—诊断—反馈—改进"的闭环反馈使教学活动始终朝着教学目标行进，最终达成学习成果。因此，基于OBE理念的教学评价不是教学活动的终点，而是教学活动实施的起点。教学评价体系设计如表1所示。

表1 教学评价设计

评价形式	
"过程+结果"双层次评价	"内部+外部"多元化主体评价
过程性评价	自我评价
结果性评价	同伴互评
	教师评价

1. "过程+结果"双层次评价

（1）过程性评价。

过程性评价旨在了解学生学习的真实情况，主要采用填写评价表的形式，通过教师观察学生表现的方式从多维度进行评价，为改进教师的教和学生的学提供及时反馈和参考。

（2）结果性评价。

结果性评价旨在检查学生最终学习成果的实现程度，强调对学生可测学习成果的评价，更具客观性，通过学生学习的项目成果、作业和测验对学生知识技能的进行考核。

区别于传统教学评价中仅仅以学生的成绩或测试作为最终的评价结果，基于OBE的教学评价的目的不是为了追求成绩的高低，而是着眼于学生的未来发展，更注重对学生学习过程的评价，使教师和学生通过评价获得实时反馈，及时发现教学中存在的问题并加以改进。针对过程性评价和结果性评价在教学中的不同作用，把过程性评价和结果性评价有机结合，才能使师生在教学交流中共同进步。

2."内部＋外部"多元化主体评价

根据学生有效达到学习成果的需要，选择多主体共同参与可以降低评价的主观性，基于OBE理念的教学评价设计要求多元化评价主体从不同角度对学生学习情况进行全面质量评价，完成教学诊断过程。

（1）自我评价。

自我评价是学生在教学活动中，根据自己任务和项目完成的真实情况进行评价，通过自我评价表的填写，促使学生在自我评价过程中进行反思和对预期学习成果的主观理解，在不断调整与改进中持续发展学业。

（2）同伴互评。

同伴是指与学生共同参与教学活动的同学，大家有着相同的学习目标、学习内容和学习过程，同伴互评既可以使自己从别人的评价中得到反馈，也可以从对别人的观察评价中取长补短。主要通过填写同伴互评表实现教学观察互评。

（3）教师评价。

教师是教学活动的组织者，教师对学生的评价包括形成性评价和终结性评价，形成性评价中通过观察学生在教学活动中的表现，发现学生学习过程中的不足，弥补教师在教学设计和组织中的不足。学生和教师共同改进，帮助学生达成预期的学习成果。教师评价可以采用测试、观察、项目、作业等多种方法从不同角度对学生的学习成果进行测评和反馈。

（四）推广应用

在商洛学院2022版人才培养方案实施初期，大学生OBE理念教育和创新创业教育的落地生根需要新模式、新方案和新措施来推进完成，紧密围绕新人才培养方案，设计课程OBE理念教学模式。将教学模式应用于创新教学过程中，对实施过程和受试对象进行效果评价反馈，改进教学模式，再扩大实施对象范围，以期获得更好的研究成果和应用价值。对本课程教学改革的实施，将在我校和同类本科高校中发挥以下重要研究意义：

（1）通过将OBE理念融入电气控制与PLC课程教学中，发挥学习目标导向作用，能够让学生和教师不断加强学习，提高学习效率和工作成绩。

（2）在OBE理念指导下的各类工程人才培养过程中，切实做到关注学生预期目标的达成并重视学生实际的学习产出，由此来保证高校培养的工程类人才在投入到社会建设时，可以创造更大的经济效益。目前工程教育专业认证作为推进工程人才培养国际互认的重要环节，已成为完善我国高等工程教育质量保证体系的重要抓手，并成为我国理工科高校教育质量改革的重要方面。

（3）对教师来说，学会如何对学生进行价值引领，采取科学的教学方式让学生接受，参考OBE理念新教学模式，我们要做好三点：是否实现教学大纲要求、是否有利于学生思维的扩展与知识传授、是否达到能力提升，这是教学改革应该实现的重要应用价值。

参考文献

[1] 吴全全. 美宾州教育改革以效果为导向 [J]. 世界教育息，1994,5:20-21.

[2] 陈彬. 香港城市大学协理副校长程星：国际化，高校更应注重"内功" [J]. 中国科学报，2016,7:45-52.

[3] 顾佩华，胡文龙，林鹏，等. 基于"学习产出"(OBE)的工程教育模式——汕头大学的实践与探索 [J]. 高等工程教育研究，2014,1:27-37.

[4] 龙奋杰，王建平，邵芳. 新建本科院校推行成果导向工程教育模式的探索与实践 [J]. 高等工程教育研究，2017,6:76-80.

[5] 刘俊，袁训锋，郭琳，等. 混合式教学模式在"PLC课程"中的教学实践 [J]. 电气电子教学学报，2022,44(1):150-154.

叙事教学在本科内科护理学课程中的实践研究[1]

周亚妮[2]，李会荣

摘要：本文探讨本科内科护理学课程中实施叙事教学对培养学生人文关怀素养的作用。以商洛学院2018级和2019级共计157名护理本科生为研究对象，在内科护理学教学中实施叙事教学，主要评价学生人文素养能力，并在叙事教学结束后调查学生对课程的评价。叙事教学实施后，两组学生的关怀能力总分和其他维度得分与实施前差异无统计学意义（$P > 0.05$）。两组学生人文教育效果指标的两项比较，差异均有统计学意义（$P < 0.05$）。80.3%的学生认为叙事教学有助于培养学生的人文关怀能力。叙事教学在内科护理学课程中推广，对学生人文关怀素养的培养具有建设性意义。

关键词：叙事教学；内科护理；人文素养；关怀能力

叙事医学的概念在2001年首次由美国哥伦比亚大学长老会医院的内科医生、文学学者的丽塔教授提出。1993年叙事教学被美国护理教育学家班娜首次引入护理教育，二十多年来，叙事教学方式不断发展，有的是在教学过程中引入小说、电影等环节，有的融合了多种教学策略。叙事教学主要通过叙述、解释和重构教育者和学生的故事、经历，从而达到"共情"教育目的，具有培养学生的生命性、情境性和反思性等人文关怀素养特征。而传统的教学模式往往强调对理论的系统掌握和对技能的强化训练，理论和实践易脱节，而且忽略了对学生人文综合素质的培养。有研究表明，对学生综合素质尤其是人文关怀素质的培养具有积极作用。"内科护理学"是护理专业的核心课程，该课程内容涉及面广，疾病复杂多样化，病人年龄跨度大，甚至很多疾病要伴随病人一生。为了优化内科护理学教学质量，将传统的教学模式向人文素养教学模式转变，提高护生的关怀能力。我们在内科护理学的教学实践中，将医学知识与人文素养有机地结合起来，渗透到内科护理教学中，评价其对培养学生关怀能力的效果，为叙事教学在护理专业课程中的应用提供借鉴。

一、研究对象与方法

（一）研究对象

本文以商洛学院健康管理学院护理系2018级和2019级级全日制护理学专业157名本科生为研究对象，其中男生14名（13.4%），女生133名（86.6%），年龄（20.23 ± 0.54）岁。

---

[1] 基金项目：陕西省教育学会2022年度一般课题（课题编号：SJHYBKT2022115）"初中数学差异教学的创新与实践研究"

[2] 作者介绍：周亚妮，1980年生，女，陕西商州人，硕士，副教授，研究方向为医学教学研究

（二）研究方法

"内科护理学"课程在商洛学院护理专业的第二学年第四学期开设，理论教学64学时，实验32学时。其中2018级82人，标记为A组，实施传统教学模式，将教学内容、教学重点灌输给学生；2019级75人，标记为B组，实施传统教学渗透人文知识教学，将人文知识渗透到内科护理的教学中，如将人文精神融入护理程序的各个环节，将"以人为本"的理念融入护理评估、诊断、计划、实施、评价的每个环节中；在见习过程中讲述内科各种疾病病人的不同表现及内心感受时，渗透护理人员的敬业精神、仪态及与病人的沟通方式等人文知识。

两组学生统一使用由尤黎明、吴瑛主编的国家卫生和计划生育委员会"十三五"规划教材《内科护理学》第6版，该教材供本科护理学专业使用。教研组采用集体备课，使用同一教学大纲，以教学计划为依据。两组学生的教学内容、教学重点均一致。两组学生在性别、年龄、入学成绩、生源、学习态度等方面比较，差异均无显著意义（$P > 0.05$）。

（三）教学改革的效果评价

1. 护生关怀能力的调查问卷

应用关怀能力评价量表（Caring Ability Inventory，CAI）评价叙事教学实施前后学生的关怀能力。该量表包括耐心和理解两个维度，共37个条目，采用Likert7级评分，分数越高表示关怀能力越强。叙事教学开始前，教师向学生集中发放问卷，问卷完成后当场回收。共发放问卷75份，回收有效问卷74份，有效回收率98.7%。最后一次叙事教学结束后，教师在教室中采用同样的方法发放问卷。实施前课程结束后共发放问卷75份，回收有效问卷75份，有效回收率100%。根据问卷中学生基本信息，将收集到的问卷结果进行分析比较。

2. 护生对人文教育认同度相关指标的回答正确率评价

教学完成后，对两组学生通过问卷调查进行综合分析评价。采用问卷调查的方式收集资料，从护生对人文精神的认同度方面列出两个调查项目，制成不记名的调查表对两组学生进行调查，将收集到的问卷结果进行分析比较。A组发放问卷82份，回收有效问卷82份，有效回收率100%。B组发放问卷75份，回收有效问卷75份，有效回收率100%。

3. 学生对叙事教学的评价

叙事教学结束后，采用自设问卷调查学生的反馈意见。问卷共涉及3个条目，分为："完全同意""基本同意""不同意"，采用Likert5级计分法，分数越高说明学生越认可该条目的内容，选择"完全同意"和"基本同意"为认可教学效果。问卷采用结课后以不记名形式当堂发放问卷，共发放问卷75份，回收有效问卷75份，有效回收率为100%。

（四）统计学方法

整理数据，利用SPSS18.0软件进行统计学分析，率的比较采用x^2检验，叙事教学实施前后学生关怀能力的比较采用t检验。$P < 0.05$，认为差异有统计学意义。

二、结果

(一)叙事教学实施前后关怀能力的比较

叙事教学后学生在各维度得分较课程前有提高,$P < 0.05$;总分和其他维度差异无统计学意义,$P > 0.05$(见表1和图1)。

表1 叙事教学前后护生关怀能力得分比较(分,$x \pm s$)

阶段	关怀能力总分	理解维度评分	耐心维度评分
叙事教学前	161.5 ± 19.2	64.7 ± .3	53.2 ± 7.5
叙事教学后	179.1 ± 18.4	67.6 ± 10.7	53.0 ± 7.1
t 值	0.667	0.125	0.453
P 值	0.501	0.875	0.587

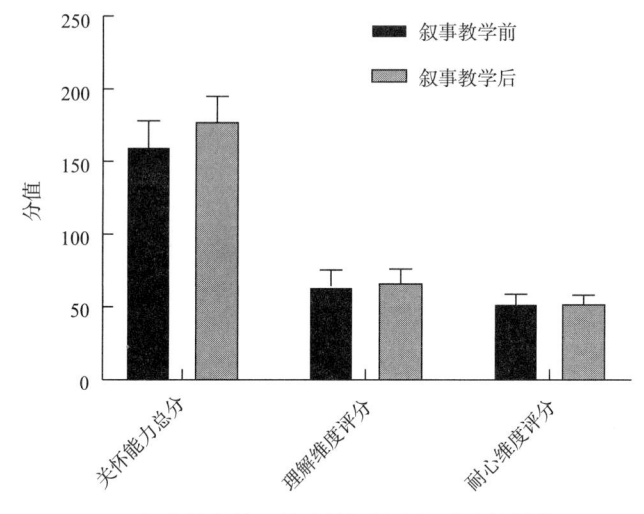

图1 叙事教学前后护生关怀能力得分比较柱状图

(二)护生对人文教育认同度指标的回答正确率比较

对人文精神的认同度方面,B组在"护患关系是伙伴关系"和"临床工作中提供符合文化特点的护理"回答的正确率高于A组,差异具有统计学意义($P < 0.05$)(见表2和图2)。

表2 人文教育效果指标的正确率比较

调查项目	A组	B组	x^2	P
护患关系是伙伴关系	46(56.45%)	56(75.12%)	8.59	< 0.01
提供符合文化特点的护理	60(73.21%)	62(82.66%)	4.36	< 0.05

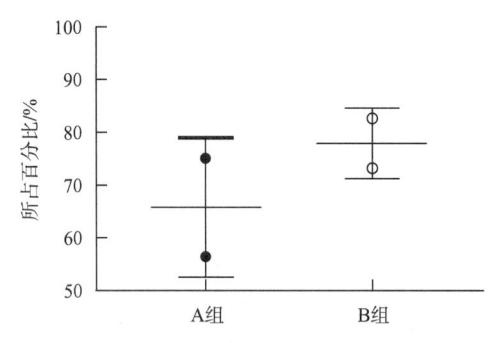

图2 人文教育效果指标的回答正确率比较

（三）护生对叙事教学的评价结果

对于教学效果评价的描述。82.1%的学生认为叙事教学可以帮助其发展人文关怀能力，76.3%学生认为叙事教学可以帮助其更好地认识自己的专业角色，73.3%的学生认为叙事教学可以帮助其增强职业认同感（见表3和图3）。

表3 护生对叙事教学认同度评价

评价项目	总人数	认同人数	认同率（%）
培养人文关怀能力	75	62	82.1%
认识专业角色	75	57	76.3%
增强职业认同感	75	55	73.3%

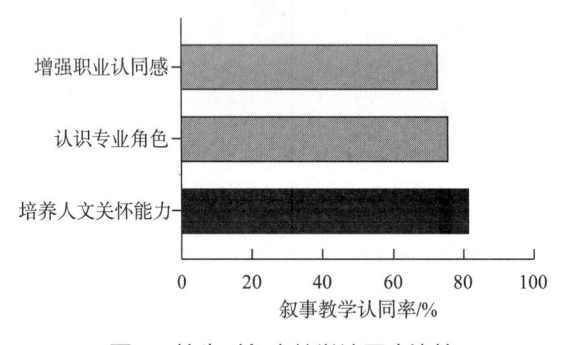

图3 护生对叙事教学认同度比较

三、讨论

（一）叙事教学对培养护生关怀能力的作用

叙事教学以"共情"和"反思"为核心，凭借其创设的饱含情感的真实或类似真实的护理情境虚拟，在培养护理专业学生人文素养方面具有独特的价值。本研究的结果显示叙事教学有助于学生人文关怀能力的培养，82.1%的学生认为叙事教学有助于培养学生的人文关怀能力，这与许娟等人的研究一致。同时本研究中有76.3%和73.3%的学生认为叙事教学有助于学生更好地认识专业角色、增强职业认同感。护理的本质就是关怀，如果护理专业的学生理解和认同了护理职业，将来就可能更好地践行对患者的关爱。本研究的结果还显示叙事教学实施前后，学生关怀能力的总分及理解和耐心维度的得分，差异无统计学意义，多考虑与本研究只持续了一个学期有关。虽然护生主观上认同叙事教学对培养关怀能力的积极意义，但是毕竟关怀素质的培养仅凭几次课难以取得理想效果，故叙事教学对学生关怀能力的总体影响还有待较长期的干预研究。

（二）叙事教学渗透"以人为本"的理念融入护理内科教学的作用

本次研究中，从"护患关系是伙伴关系"和"临床工作中提供符合文化特点的护理"两个模块的人文教育效果指标正确率比较，发现采用人文知识渗透的 B 组人文教育效果明显优于传统模式教学 A 组，两个项目均为 $P<0.05$，提示在课程中融入人文精神的教育，将人文知识渗透到内科护理的教学中，使"以人为本"的理念融入护理内科教学的每个环节中，极大地提高了护生人文精神的认同度。在内科护理教学中，渗透人文教育，不仅提高了学生的人文知识和专业素质，而且也让学生对护理专业有了更好的认识。

（三）叙事教学对培养护生的人文关怀发挥"共情"作用

本研究表明，学生课程后各维度得分得到了提高，这说明叙事教学对学生关怀能力的影响确有积极意义。全日制本科生社会阅历尚浅，学生在校期间缺少与临床患者接触的机会，叙事教学有利于学生"感同身受"，增强其对患者的理解和耐心。本研究为了让学生能充分体验理解内科病人的感受和想法，要求学生以授课融入编排情景剧，让学生把自己置身在患者的社会和文化背景中去感受，达到"共情"培养效果，同时，让学生深入地理解和诠释患者的叙事，反思自己的言行和护理方案、措施，寻求更合适支持患者的方式和措施。

四、叙事教学对培养护生的护患沟通能力有积极作用

尽管少部分学生对叙事医学还不十分了解，但有研究表明，近半数的医学学生希望通过叙事医学在内科护理学中的实践，以此来学习医患沟通技巧，他们认为叙事医学提高了护患的沟通及交流能力。在护理教育中的应用叙事医学这种崭新的教学方法，能够提高护生在实践教学过程中的体验，学生从叙事医学的角度模拟体验教师与病患的沟通过程，可加深其对相关医学叙事技能如护理过程中疾病信息采集能力的理解，同时，锻炼了护生医学信息表达能力和引导患者主动自由倾诉的叙事技能和沟通能力，有助于其在将来应用于临床实践中。教学实践中，我们也发现，将叙事教学引入到内科护理学常规教学设计，并整合到临床前所有教学阶段以及后续的见习、实习过程中，可能效果更佳。这也是未来我们教学工作的进一步计划，并将在其他护理学专业主干课程中实施。总之，叙事教学对培养护生对内科疾病的理解能力和医患沟通能力，有非常重要的价值，有利于提高内科护理学教学效果。

参考文献

[1] Charon, Rita. Narrative medicine: form, function, and ethics.[J]. Annals of Internal Medicine,

2001, 134(1):83-87.

[2] SILVA J, MARINA V G C. An articulation between hermeneutics and phenomenology for a heideggerian-based psychological clinic[J]. Revista Da Abordagem Gestáltica, 2015, 21(1):74-82.

[3] 何影，林锦秀，林楠. 叙事教育在医学伦理教育中的应用[J]. 中国医学伦理学，2017, 30(2):187-190.

[4] 高晨晨，姜安丽. 叙事教育在护理人文关怀教育中的应用[J]. 解放军护理杂志，2013, 30(11):31-33.

[5] Nkongho NO. Measurement of Nursing Outcomes[M].New York:Springer, 1990.

一流课程建设背景下的细胞生物学"课程思政"协同育人体系的构建[1]

李小玲[2], 华智锐, 吴珍, 王洋, 史璐静, 常伟东

摘要：商洛学院生物技术省级一流专业所开设的细胞生物学课程作为陕西省线下一流本科课程，一直是学院重点建设的课程。一流本科课程建设对新时代高校课程建设提出了更高的要求，在一流课程建设背景下，全面推广"课程思政"协同育人体系的构建需要将专业教育和思政教育有机融合，提高课程思政实效，做到育人与育才相统一，为我校一流专业与一流课程的建设提供新思路。

关键词：一流课程；课程思政；细胞生物学；协同育人

一、引言

2018年5月，习近平总书记在北京大学与师生座谈时明确指出，大学是立德树人、培养人才的地方，是青年人学习知识、增长才干、放飞梦想的地方。人才培养一定是育人和育才相统一的过程，而育人是本，人无德不立，育人的根本在于立德。全国高等院校都应该围绕立德这个根本任务，建立健全促进立德树人的教育体系，引导教师把教书育人和自我修养结合起来，做到以德立身、以德立学、以德施教。2019年10月教育部印发《关于一流本科课程建设的实施意见》（教高〔2019〕8号）指明：建设一流课程必须将专业教育和思政教育有机融合。立德树人成效将作为鉴定高校一切工作的根本标准，建设具有高阶性、创新性和挑战度的"两性一度"一流课程。2020年5月教育部印发的《高等学校课程思政建设指导纲要》（教高〔2020〕3号）指出，全面提高人才培养质量的重要任务是开展课程思政建设，明确了高等学校课程思政建设的五个重点内容，专业课程要深入研究不同专业的育人目标，深度挖掘提炼专业知识体系中所蕴含的德育内涵和德育元素，做到既教书又育人，将学生培养成为既有高尚品德又有真才实学的人才。当今，细胞生物学是我国生物科学及生物技术专业本科生一门必修的专业基础课，它既是生命科学的基础学科又是前沿学科，在生命科学教育中占有核心地位。我校作为地方应用型本科院校，以培养应用型人才为目标，更新教育观念、夯实学生的理论知识、培养学生的创新意识及科学素养就显得尤为重要。目前，地方高校专业课程思政改革还处于探索阶段，专业课教师应积极响应思政育人的形势，着眼于学校的定位，立足于学科建设特点及人才培养目标的要求，以"立德

---

[1] 基金项目：陕西省细胞生物学一流本科课程（21ylkc07）；商洛学院校级课程思政示范项目（22SFKC06）
[2] 作者介绍：李小玲，1980年生，女，陕西省蓝田县人，生物医药与食品工程学院副教授，主要从事细胞生物学的教学工作

树人"为根本任务，强化教师思政能力建设，改进创新教学手段和方法，形成课程思政协同育人机制，发挥专业课程的思政功能。因此，结合生物技术专业人才培养目标及细胞生物学课程目标进行课程思政设计，挖掘德育元素，让学生在系统地掌握专业知识的同时，提高分析解决实际问题的能力，并能运用所学的知识解决生命科学中的复杂问题，同时培养学生的家国情怀和使命担当，达到育人育才相统一。

二、细胞生物学的学科特点及建设发展历程

细胞生物学是现代生命科学的基础学科，同时也是一门枢纽学科和前沿学科，在生命科学领域占有核心地位。它是从细胞、细胞器及分子水平上研究细胞的结构、功能及重要生命活动的一门课程，与生物化学、微生物学、分子生物学等多门课程相互交叉渗透，承担着重要的专业引导作用。

纵观商洛学院的办学历史，历经了专科和本科两个阶段。在专科阶段，学校以师范类专业为主，先后创办的生物类专业有生物教育、生物技术及应用，"细胞生物学"作为该专业的基础课、必修课，在该专业的人才培养方案课程体系中起着重要的作用。2006年2月经教育部批准，商洛学院升格为本科院校，2011年起成为省市共建高校，2014年被陕西省教育厅确定为向应用技术大学转型发展试点高校。随着我校学科发展、人才培养方案的要求及现代信息技术的冲击，"细胞生物学"课程的教学重点也发生了转变，从对细胞形态结构与功能定位转移到细胞重大生命活动及其分子机制的探索上来。目前该课程大纲规定课时为54学时，其中理论教学36学时，实验教学18学时。学院重视课程团队建设，先后选派教师参加国家生命科学论坛和细胞生物学研讨合作式培训班，团队成员也积极主持和参与"细胞生物学"课程的改革探讨，获得了校级教学成果二等奖、省级微课二等奖、省级一流课程等荣誉，为生物学优势学科建设和生物技术一流专业的建设奠定了坚实基础。

细胞生物学是集理论、技术与实践相结合的专业基础课，在教学目标和培养方案的制定上，结合我校建设应用型本科院校的办学定位，实现应用型人才培养的目标，首先要考虑知识目标和能力目标的培养，引导学生掌握细胞的结构与功能、细胞重大生命活动的基本规律及其机理、细胞生物学研究的基本方法及技能；其次，在当前课程思政的大格局下，如何挖掘"细胞生物学"课程中所蕴含的思政元素，将思政育人的理念融入专业课程教学全过程，打造有温度、有生命的课堂，培养学生的人文素养实现育人的素质目标是亟待思考和解决的问题。

三、一流课程建设与"课程思政"同向同行的必要性

（一）课程思政是高校教师实现立德树人的重要抓手

党的十九大报告明确指出，高校要坚持把立德树人作为中心环节，把思想政治工作贯穿教育教学全过程，实现全员育人、全方位育人，努力开创我国高等教育事业发展新局面。高校专业课程教师要用好课堂教学这个主渠道，要守好一段渠、种好责任田，使各类课程与思想政治理论课同向同行，形成协同效应。传统的"重知识教育、轻道德引导""重书本教育、轻教学实践"的认识已经不符合新时代对人才培养的要求。因此，每一位高校教师不仅要对学生授之以渔，还要对学生授之以德，更好承担起学生健康成长的指导者和引路

人之责。

(二) 课程思政是新时期一流课程建设的内在要求

商洛学院"细胞生物学"课程是我校生物技术省级一流本科专业的专业基础课，该课程于2021年获批为陕西省一流本科课程，同时也是生物技术专业学生考研必考的专业课程之一。由于课程内容抽象难懂，学时有限，因此教学过程中教师思政能力不足，偏重于专业知识的传授和技能的训练，忽略了对学生意识形态的引导。在"立德树人、人人育人"的"大思政"格局下，"细胞生物学"专职教师也应树立"课程思政"观念，使专业知识教育与思想政治教育同向同行，使学生对细胞、疾病、生命形成新的认知，在传授知识的同时实现价值升华。

(三) 课程思政是衔接专业知识和精神文化的纽带

"细胞生物学"课程开设在大学第四学期，学生已经学习了相关的专业基础课程，如植物学、植物生理学、生物化学、遗传学等先修课程，考虑到知识的联系与重叠性，如细胞的显微结构、细胞的类型、细胞内膜系统、细胞核与染色体、细胞分裂等内容，学生已经在其他基础课程中有所了解，重复授课就会让学生因缺乏新鲜感而失去学习兴趣；而抽象、微观的知识点，如细胞的超微结构及细胞重大生命活动的规律又相对复杂难懂，鉴于此，通过了解学生的学习状态，将学科发展史、学科背后的人文故事或者重大研究成果等元素融入课堂教学，激发学生的学习兴趣，如当谈及病毒时，结合当前抗击新冠肺炎疫情过程中的感人故事，培养学生树立良好的职业道德精神；当介绍到重大研究成果中涌现出的诺贝尔奖获得者时，通过弘扬科学家寻求科学真理的团结协作精神，激励学生形成内在学习驱动力。

四、一流专业建设背景下"课程思政"协同育人体系的构建

(一) 凝聚"师资力量"，加强师德师风建设，提高培养质量

《礼记》中提到："大学之道，在明明德，在亲民，在止于至善""身教胜于言传""学高为师，身正为范"等都体现了教师在学生健康成长中承担着指导者和引路人的责任。立德先立师，树人先正己，教师作为立德树人的执行者和课程思政的推进者，对学生思想政治素质的培育具有直接的影响作用，教师的一言一行及人格品质会潜移默化地影响学生。因此，教师应不断提升自身思想政治素养，努力践行"四个自信"、做到"两个维护"，牢固树立"四有好老师"信念，将思想政治工作贯穿于整个教学过程，不断在立德、修德、践德上下功夫，坚持教书和育人相统一、言传和身教相统一、潜心问道和关注社会相统一。因此，强化"细胞生物学"学科教师的形象，加强师德师风建设至关重要。生物技术专业是我校升本以来首批设立本科专业之一，先后获批为校级特色专业、省级综合改革试点专业、省级一流专业，先后获批"植物学""生物化学""众创时代下的生命科学导论"等省级精品课程及创新创业教育示范课程，"细胞生物学"获批省级一流课程，这些成绩的取得与学院历届领导对专业建设和课程建设的重视分不开，更加离不开本系浓烈的教研气氛和优良的教学传统。目前，本专业教师队伍中有"陕西省岗位学雷锋标兵"2名，商洛市教学名师1名，4名教师被聘为秦岭生态环保"青年学者"，商洛市"优秀五四青年"1名，陕西省"身

边好人"1名。这些身边的教师典型和优秀事迹已成为本专业开展课程思政的重要元素和教学案例。近年来,正是由于生物学院坚持和发扬优秀师德师风,通过良好教风与学风的潜移默化作用,才先后涌现出了以"孝老爱亲"模范、"中国好人"唐伟丽和被央视报道表扬的生态卫士毕柽为代表的一批批优秀学子在各自岗位上发光发热,也必将激励在校大学生树立正确的价值观和人生观。

(二)优化人才培养方案,实现思政育人的目标

人才培养方案是学校落实党和国家关于人才培养的总体设计和实施蓝图,是实施人才培养和开展质量评价的基本依据。党的十八大以来,习近平总书记围绕"培养社会主义建设者和接班人"做出一系列重要论述,深刻回答了"培养什么人、怎样培养人、为谁培养人"这一根本性问题。论述中指出要将立德树人放在人才培养的首位,将德育贯彻到新时代人才培养的全方位、全过程中,在广大青年学子中大力弘扬社会主义核心价值观,真正培养出对国家、对社会、对人民的有用之才。因此,地方本科高校要根据新时代中国特色社会主义发展要求、立德树人的根本要求及学校办学定位制定可行的人才培养方案。在以往人才培养经验的基础上,根据新时期大学生的思想特点,专业人才培养目标定位和需求,以学生德育培养为导向,能力培养为目标,树立多样化的人才观,促进学生素质、知识、能力全面协调发展,培养学生的健全人格、奋斗精神和责任担当。

(三)挖掘思政元素,推进教学改革

细胞生物学作为生命科学的四大基础学科之一,同时也是生命科学中的前沿学科,具有双重特点。在细胞生物学课程思政教学案例设计中,以社会主义核心价值观中"爱国、敬业、诚信、友善"为价值准则,紧密围绕学生德智体美劳全面发展的育人目标,充分结合细胞生物学的前沿学科属性,紧跟生命科学和医学领域的最新研究热点。在理论及实验课教学中不断从"知识点"深入挖掘最新思政元素,使思政元素与时俱进。知识点是教学的基本单元,也是思政元素最基本的承载点,例如,在细胞生物学思政教学中通过引入与课程内容相关的诺贝尔生理学或医学奖,并进行解读,培养学生探索未知、追求真理、勇攀科学高峰的责任感和使命感。通过讲述科学家的专业成就及教师个人的经历与感悟,培养学生的家国情怀和创新思维。讲解病毒知识点时,利用细胞生物学与医学紧密相关的性质,对病毒的结构、复制、传播等知识进行拓展,引入新冠肺炎疫情,开展有关新冠肺炎疫情发展的细胞分子机制、新冠肺炎的预防与治疗方法的讨论课,积极引导学生树立实事求是、热爱生命和珍惜生命的价值观。通过介绍钟南山院士的杰出贡献,引领学生弘扬"求真求确,必邃必专"的学术道德,传承"敬佑生命""甘于奉献"的医者精神。在讲授细胞器的结构与功能时,以线粒体、叶绿体、内质网、溶酶体为切入点,告诉学生这些细胞器体积虽小,却能各司其职,对细胞功能的行使具有重要作用,引导学生爱岗敬业、无私奉献,学习新时代的雷锋精神,做一颗永不生锈的"螺丝钉"。通过讲述商洛学院生物学院小麦育种团队创始人于浩世老师几十年如一日耐得住寂寞、艰苦朴素的育种精神,教育当代大学生应该珍惜机会、爱惜粮食,养成勤俭节约的良好习惯,鼓励学生能吃苦耐劳、敢于实践创新,培养为国家奋斗志向和培育为人民服务的初心,弘扬袁隆平为国家无私奉献的种子精神。另外,通过分享商洛学院生物学院"援非专家"张军老师及"陕西省学雷锋标兵"王洋同志的先进事迹,传播社会正能量,引导学生热爱党热爱教育事业,学习两位

教师攻坚克难的坚定意志和无私奉献的高尚情操。当讲到细胞重大生命活动时，以"细胞"与"疾病"为内容主线，通过探讨细胞生命活动与疾病、细胞生存环境与疾病让学生在细胞水平上理解人体的病理过程，培养学生的独立分析问题、自主学习、探究式思维及团队协作等综合能力，引导学生树立正确的生命观，关注健康、关爱老年人。在"细胞生物学"实验（实践）课程中挖掘和渗透思政元素，要求学生具有制度敬畏与尊重他人劳动成果的品质，培养学生的工匠精神，团队协作、发现与质疑精神，探索与创新的精神。思政教学设计贯穿于细胞生物学整个教学过程中（见表1），拓展了课程的广度、深度和温度，培养了学生创新思维以及正确的世界观、人生观和价值观。

表1 "细胞生物学"课程思政教学案例设计

知识模块	拟实施课程思政的知识点	思政案例	思政育人目标	教学模式及方法
细胞基础知识	（1）细胞生物学发展史（细胞的发现、细胞学说的形成） （2）细胞生物学研究方法病毒基本知识（病毒的类型、病毒的繁殖、病毒传播途径）	（1）讲解细胞的发现与显微镜的发明时，分享科学家列文虎克的故事；解读历年诺贝尔生理学或医学奖 （2）讲病毒时，结合新冠肺炎疫情的发现、研究及疫情的防控，挖掘思政元素，如病毒的结构、传播途径、病毒的增殖及传播等；介绍钟南山院士个人事迹	（1）将课程知识内化于心，提高学习兴趣 （2）培养学生的社会责任感和挑战学科前沿的勇气，强化热爱科学事业的品质 （3）培养学生的科学素养和创新思维	研讨式教学模式；讨论教学法、案例教学法
细胞结构与功能	（1）内膜系统、蛋白质分选与膜泡运输 （2）细胞器（叶绿体、线粒体、细胞核、内质网、高尔基体、溶酶体等） （3）细胞骨架与疾病	（1）"一带一路"建设、解读2013年诺贝尔生理学或医学奖 （2）身边典型案例及先进人物事迹介绍，引入"雷锋精神"等 （3）细胞骨架与阿尔兹海默症	（1）培养学生的团队协作精神 （2）爱岗敬业、艰苦奋斗、无私奉献、助人为乐的"螺丝钉精神" （3）关爱老年人，关注健康的社会责任感	基于MOOC的微课教学模式；问题导向法、案例教学法、翻转课堂
细胞重大生命活动	（1）细胞信号传递（G蛋白、cAMP信号传递通路的级联放大效应） （2）细胞周期、癌细胞 （3）细胞决定 （4）干细胞治疗重大疾病干细胞移植 （5）细胞衰老与死亡	（1）国家宏观调控、社区网格化管理；错误积小成大；1998年诺贝尔生理学或医学奖 （2）中华五千年的文化历史传承、癌症产生的根源；2001年诺贝尔生理学或医学奖 （3）学生人生规划及生态文明建设；珍贵野生动物的保护；生态环境的保护 （4）认识生命、关注健康	（1）坚定理论自信和文化自信 （2）培养学生爱国主义思想，抵制不良诱惑，树立正确的人生观、价值观和世界观 （3）科学创新精神、实事求是态度的培养；培养学生保护生态环境、保护珍稀野生动物的社会责任感 （4）培养学生树立正确的生命观、传递健康理念	研究性教学模式；讨论教学法、案例教学法

续表

知识模块	拟实施课程思政的知识点	思政案例	思政育人目标	教学模式及方法
细胞生物学实验课	（1）实验室制度学习 （2）基础实验 （3）综合性实验 （4）设计性实验 （5）实验室卫生	（1）往届优秀考研学生案例介绍 （2）科学家的探索精神及创新思维	要求学生具备制度敬畏和遵守实验室的规章制度，从他律到自律；培养学生的工匠精神，提高学生的团队协作、发现与质疑、探索与创新等能力及客观严谨的求学态度	案例教学法

（四）完善"机制保障"，创新协同发展

做好一流课程建设与"课程思政"的融合，一是需要学校统筹教育教学资源，打破专业界限，加强各二级学院专业教师与马克思主义学院教师之间的通力合作，实现课程思政资源的共享与互补；二是建立更加完善的教师荣誉体系，调动教师的积极性；三是改革传统的课程考核模式，融入学生德育培养评价，有利于提高课程教学效果，进一步激发学生的学习动力，体现了学生的综合素质。

五、结束语

高等学校人才培养是育人和育才相统一的过程，"课程思政"是落实高校人才培养立德树人根本任务的重要举措。专业课程是课程思政建设的基本载体，深入研究专业的育人目标，挖掘提炼专业知识体系中所蕴含的思政内涵，有机融入课程教学，达到润物无声的育人效果，需要教师不断提升自身的思想政治素质，才能做好学生的引路人，把学生培养成为有理想担当、有社会责任感的新时代人才。将思政元素融入"细胞生物学"教学，是一项需要长期坚持的教学探索。只有不断探索思政元素融入"细胞生物学"课程教学过程的有效途径、方法和手段，充分发挥和体现课程的育人目标和功能，才能打造一门有思想、有温度、有灵魂的一流本科课程。

参考文献

[1] 杨小敏，刘建平. 地方高校有机化学教学改革的探索与实践 [J]. 化学教育（中英文），2020,41(22):8-11.

[2] 陈宝生. 牢记习近平总书记的嘱托务必把高校思政课办好 [J]. 中国高等教育，2017(11):1.

[3] 刘姗，曾令超. 立德树人视域下大学生理想信念教育的推进路径研究——学习习近平总书记在全国高校思想政治工作会议上的重要讲话 [J]. 长春理工大学学报（社会科学版），2019,32(1):11-15.

"互联网+"背景下地方院校专创融合应用型人才培养模式的探索与实效 [1]

李春 [2]

摘要：借助"互联网+"平台，结合地方产业特色，探索地方院校专创融合创新创业应用型人才培养模式，对服务地方发展具有重大的实用价值。本文分析了"互联网+"背景下地方院校专创融合应用型人才培养的必要性，并结合我校化材类专业的实际情况，阐述了"互联网+"背景下地方院校专创融合应用型人才培养的途径及实效，为打通"实践教学项目的优化、创新创业能力的培养、服务地方水平的提升及人才的评价与反馈"的循环通道提供了新思路，为提高学生创新能力提供一定的借鉴意义。

关键词：专创融合；应用型人才；地方本科院校

在"大众创业，万众创新"蓬勃发展的背景下，我国高校成为"双创"教育最大、最有效的"人才孵化基地"，应该主动回应高等教育大众化、市场化、全球化带来的挑战和冲击。地方本科高校面临着教育理念陈旧、人才培养目标不明确、课程体系分裂、教学方法单一、师资队伍匮乏等难题，无法满足新时代大学生成长成才的需求，迫切需要探索专创深度融合的方法及路径，通过多种渠道，将创新创业理念贯穿于人才培养全过程。

王建仙探究了高校创业教育与专业教育融合的支持政策，从加大政策评估指标体系建设力度、转变人才培养模式和全方位打造专创融合教育政策支持体系等方面构建专创融合政策落实的路径。彭华涛等探究了"双一流"建设与专创深度融合的内在逻辑、典型模式与融合路径。卢卓研究了专创融合深化产教融合的向度及路径，认为专创融合深化产教融合改革主要包括产业与教育的结构融合、教学融合、角色融合和环境融合等四个向度。那么，对于地方应用型本科院校而言，如何使得双创教育更好融入专业教育之中，让创新创业教育的理念、思维、途径等深深地扎根在学生的脑海之中？

2015年国务院办公厅印发了《国务院办公厅关于深化高等学校创新创业教育改革的实施意见》（国办发〔2015〕36号），文件中指出举办中国"互联网+"大学生创新创业大赛，深化高等教育综合改革，激发大学生的创造力，培养造就"大众创业、万众创新"的生力军，促进"互联网+"新业态形成，服务经济提质增效升级，以创新引领创业、创业带动就业，推动高校毕业生更高质量创业就业。因此，借助"互联网+"平台，结合地方产业特色，探索地方院校创新创业应用型人才培养模式，对服务地方发展具有重大的实用价值。

---

[1] 课题资助信息：陕西省"十四五"教育科学规划课题（SGH22Y1485）；商洛学院教育教学改革项目（21jyjx103）

[2] 作者介绍：李春，1986年生，陕西商州人，商洛学院化学工程与现代材料学院副教授，研究方向为纳米功能器件材料

一、"互联网+"背景下地方院校专创融合应用型人才培养的必要性

(一)"互联网+"大赛是促进专创融合应用型人才的有力抓手

"互联网+"大学生创新创业大赛,为创新成果转化提供了一个新平台,为培养创新创业应用型人才提供了新方案,为服务地方、促进区域地方经济发展和产业升级、保卫脱贫攻坚成果提供了思路。吴岩司长在第七届中国国际"互联网+"大学生创新创业大赛筹备会上指出:"一是要更加凸显大赛更国际、更全面、更创新、更中国、更教育的"五更"办赛目标;二是要将红旅打造成一堂融思政、党史、创业、乡村振兴、红色筑梦五门大课为一体的,有温度、有深度、有广度、有高度、有气度、叫得响的中国金课。使之成为一门能够入耳、入眼、入脑、入心,触及灵魂的大课。"以"互联网+"大赛为主要抓手,充分结合本地区的地域特色、资源优势及产业状况,以"围绕产业链部署创新链,围绕创新链布局产业链"为切入点,聚焦"特色农业、大健康、大旅游、新材料"四大产业增长极,深挖行业痛点,将本地企业和产业技术需求融入课堂教学,提高应用型人才的培养质量。

(二)"互联网+"背景下专创融合是强化学生情怀教育的有效途径

创新教育不仅要融入专业课教育之中,还要更加注重实践环节的训练。目前双创教育过程中,往往通过创新创业训练项目、竞赛、比赛、讲座等方式来实现对双创人才的培养,这使得学生对创新和创业的逻辑关系、创新思维的构建模式、创业的机遇和风险等未获得全面的理解。创新应固本,但先前在创新实践训练的过程中,往往忽略了对学生家国情怀、人文情怀等方面的塑造。需要将家国情怀、创新理念和创业意识等深度融入专业教育之中,使得创新精神内化于心,外化于形。同时,将本地企业经典案例、问题攻关等融入专业课程教学过程中,加深学生对本地企业的了解,充分调动学生扎根地方、服务基层的热情与激情。

(三)"互联网+"背景下专创融合是激发学生自主学习能力的内生动力

对于地方高校的部分专业,本是为区域经济发展服务的理念而开设的,然而所培养的部分学生存在"有学历无技能"的痛点,未能更好地赋能产业。和重点大学的学生相比,地方本科院校的学生基础相对较弱,自主学习能力较差。完全沿用现有成熟的教材作为理论课和实践教学项目的开设依据,不能较好地体现"个性化、差异性"的理念。教学过程往往借助模块化、成套化地进行驱动,缺乏教学过程中的"自造血"机制,影响了学生学习兴趣的激发和持续性。这些需要教师进行有效的引导和政策激励,使得创新创业的理念植根于学生脑海之中,提升积极探索的热情,从而激发学生自主学习能力的内生动力。

二、地方本科院校专创融合促进应用型人才培养的途径

(一)深化对创新创业教育的理解

专创融合促进应用型人才的培养,需要充分理解创新创业教育的新理念、新结构、新要求、新途径和新质量,对区域经济发展和产业转型升级发挥起支撑作用。从思维模式和解决途径两方面加深对创新创业教育体系的理解。图1所示为创新创业教育体系的构建方

案，以现有教学体系和方案为基础，以工业4.0的新要求和新规格为目标，主动构建新的知识体系，提出创新概念，培养学生的创新意识；以企业、行业、商业等经典案例为素材，与地方企业建立联系，通过认知实习让学生体验制造、认知创新，采用问题导向训练创新思维，提升学生的创新能力；以根植地方、校企联合、资源平台为导向，通过刻意练习，实现创新设计，掌握创新方法，强化创新实践教育环节的优化与改进；以解决实际问题为目标，通过实验验证和实验探究，最终实现新材料、新产品、新工艺的工程应用。经过以上几个环节的交替实施和反馈，构建应用型本科院校创新创业教育模式，使得创新思维模式和途径融入本科教学的全过程。

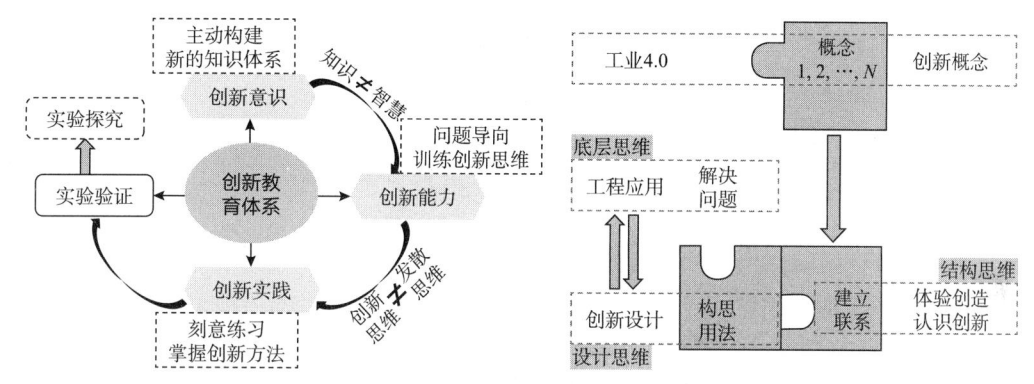

图1 创新创业教育体系的构建方案

（二）构筑"点、线、面、体"相结合的创新型实践教学培养方案

给现有实践教学培养方案注入创新创业教育的"魂"，实现专业教育与创新创业教育的深度融合。图2给出了"点、线、面、体"相结合的创新型实践教学培养模式的框架图，以金属材料工程专业课程体系为突破口，以核心课程为基础，着重布局重要知识点，并以后续专业主干课作为支撑（构线），优化实践教学课程体系（布面），凝练打造"秦岭矿产资源绿色开发与新材料研发"的办学特色（合体）。以工业4.0的新要求和新规格为目标，

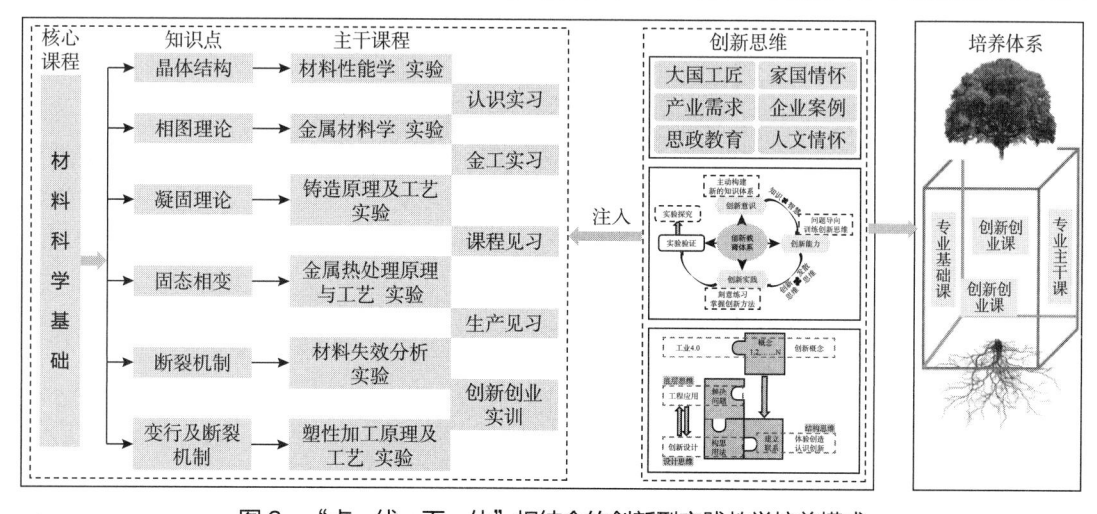

图2 "点、线、面、体"相结合的创新型实践教学培养模式

将问题导向训练、项目导向式教学纳入实践教学的全过程，强化实践教学项目的"自造血"功能；制定了16学时的创新创业教育与训练的教学大纲，制定了7大类、24小类的创新创业学分认定办法，并将创新思维模式和途径融入本科教学的全过程；以企业、行业、商业等经典案例为素材，借鉴国内30余所地方高校培养方案，从思维模式和解决途径两方面全面落实40%实践教学环节，使得所培养的应用型人才可"顶天立地"。

(三)"导师引领、学生跟进"推动创新型实践教学全面实施

效仿研究生培养模式，积极探索本科生导师制培养创新创业应用型人才培养的新模式，对学生大学四年进行合理的规划和全面的指导，根据学生的兴趣爱好，指导学生参与教师研究课题、参加各类竞赛和比赛、参与更多实践环节的锻炼，解决部分学生"大一新鲜、大二渴望、大三悲观、大四无奈"的不良境况。

图3所示为导师制提升地方高校本科生创新创业能力培养模式，先后调研了我校500余名学生大学四年的学习状况及生活感受，分析了导致学生自主学习能力较差的影响因素；拟定了《关于商洛学院化学工程与现代材料开展本科生导师制的实施细则》，构建了基于本科生导师制提升创新型应用人才培养的方案；强制要求（学分要求）与兴趣驱动（自主选题）并重，充分发挥教师引领作用，为学生第二课堂提供更多选择。从导师和学生团队建设与管理方案、导师制在根植地方促进学生创新创业能力的提升对策、导师制创新创业人才培养方案以及导师制在"互联网+教育"中的作用和地方等方面，构建了"互联网+"背景下导师制提升创新创业应用型人才培养模式，并综合分析了近五年的实施效果。

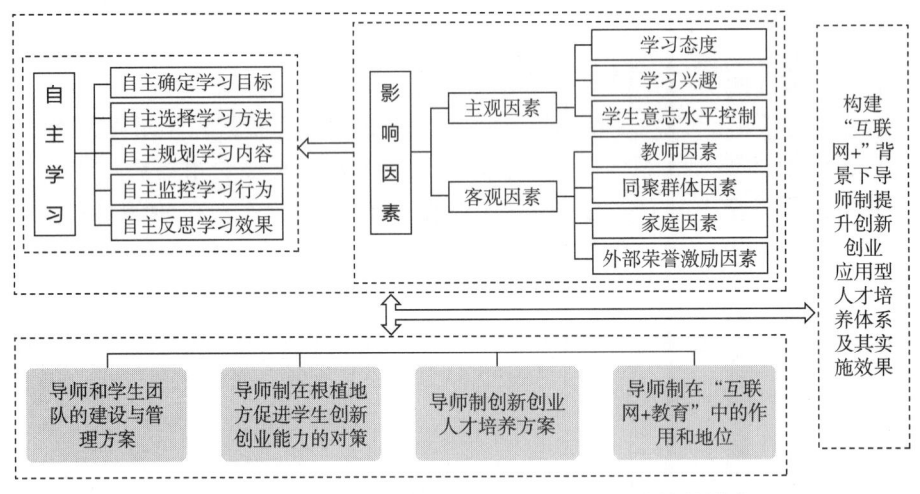

图3 导师制提升地方高校本科生创新创业能力培养模式

三、"互联网+"背景下地方院校专创融合应用型人才培养的成效

学生实践动手能力逐步提升，第二课堂不断丰富，创新创业成果显著增加。自2015年至今，学生在第三至第七届中国国际"互联网+"大学生创新创业大赛中省级复赛中共获得金奖2项、银奖8项、铜奖2项，校级铜奖以上30余项；"挑战杯"大学生课外学术科技作品竞赛获省级二等奖2项；全国大学生创新创业训练计划项目申报200余项，获校级立项70余项，省级立项40余项，国家级立项20余项；连续3年参加全国"金相大赛"获得团

体优秀组织奖1项，国家级一等奖1项，二等奖2项，三等奖3项；陕西省化学实验技能大赛，一等奖1项，二等奖1项，三等奖2项；学生发表论文60余篇，学生为第一作者的10余篇；学生申请国家专利11件，其中发明专利7件。2017级金属材料工程专业蔡凯新团队完成"单层石墨烯基料生产新工艺"项目在商丹高新工业园区进行孵化；王恩峰同学完成论文"掺杂商洛钼尾矿制备免烧砖的研究"并在学校学术年会上做报告。

教师的创新意识和成果凝练能力全面提升，创新创业导师队伍逐步强大。组建了一支校院两级14人为主体、全员参与的创新创业教师队伍，教师指导学生毕业论文的质量逐年提升，指导学生完成的项目逐年递增。带领学生参与完成的各类项目30余项，争取各类横向课题23项，累积到账经费300余万元，服务企业检测样品1000余个。省级一流课程两门，"双师型"教师6人，新增省级教学团队1个、科研团队1个，科技新星1人，省级教学名师2人，陕西省普通高校青年杰出人才5人，化材学院于2016年入选陕西省"创新创业教育改革试点学院"。

（3）应用型人才培养成效显著，用人单位反响良好。近年来，我校化材类专业就业率均在90%以上，10余位同学开办了公司，20余名同学在企业担任技术骨干和中层管理人员。30余名同学分别于西安交通大学、西北工业大学等多所985学校攻读博士研究生，其中李原同学硕士期间在《今日纳米》(*Nano Today*)等SCI一区期刊发表论文3篇，影响因子综合超30。

四、结语

"互联网+"大赛是促进专创融合应用型人才的有力抓手，"互联网+"背景下专创融合是强化学生情怀教育的有效途径和激发学生自主学习能力的内生动力，对培养应用型创新创业人才具有重要意义。虽然我们目前结合我校化材类专业的实际情况进行了初步的探索，然而也存在诸多问题。在今后的探索过程中，必须融合对"有底气、有骨气、有志气"新时代青年培养的新要求，加大对学生家国情怀、人文情怀及初心使命等方面的教育。从创新导师团队的建设与管理方案、人才创新教育体系的构建、专业教育与双创教育深度融合的措施与方案、地域特色校企协同育人的本质与内涵、创新创业教育实践"金课"的构建等方面，构建"新工科"背景下地方高校校企协同提升创新应用型人才培养体系，使得专业教育、创新创业教育、项目导向式教学、学生引导与管理、服务地方经济发展和人才的评价与反馈等要素形成一个有机结合的闭环。

参考文献

[1] 许启彬. 我国高校创业教育的文化根基：学理诠释与夯实路径[J]. 高校教育管理，2020(1):70-73.

[2] 王建仙. 高校创业教育与专业教育融合支持政策探究[J]. 江苏经贸职业技术学院学报，2021(2):70-72.

[3] 彭华涛，朱滔. "双一流"建设背景下专创深度融合模式及路径研究[J]. 高等工程教育研究，2021(1):169-175.

[4] 卢卓. 专创融合深化产教融合的向度及路径研究[J]. 黑龙江教育（理论与实践），2021(2):75-77.

基于 BIM 的工程管理专业实践教学改革研究

党斌[1]

摘要：工程管理是一个实践性和政策性较强的专业，实践教学环节不到位，会影响工程管理专业人才培养质量，难以满足社会需要。笔者在分析了工程管理专业人才需求的基础上，探讨了工程管理专业实践教学的研究现状及存在的问题，针对问题提出了一些解决策略。基于 BIM 的工程管理专业实践教学，为工程类专业实践教学的探索及实践教学问题的解决奠定了坚实的基础。

关键词：工程管理专业；人才培养；实践教学

教育部印发的《教育信息化十年发展规划（2011—2020年）》文件中：从优质教育资源的信息化学习环境、推进信息技术与教学融合、加快建设职业教育信息化发展环境、提高教师应用信息技术水平、建立教育信息化产业发展机制等不同角度对信息化教学提出了要求。

习近平主席在致首届国际教育信息化大会（2015年）的贺信中提出："积极推动信息技术与教育融合创新发展"，"坚持不懈推进教育信息化，努力以信息化为手段扩大优质教育资源覆盖面"，"通过教育信息化，逐步缩小区域、城乡数字差距，大力促进教育公平，让亿万孩子同在蓝天下共享优质教育、通过知识改变命运"，指明了教育信息化今后工作的目标、方向和途径。

BIM（Building Information Modeling）是指基于 BIM 所产生的"数字化建筑模型建筑信息模拟"，是指创建并利用数字化模型对建设工程项目的设计、建造和运营全过程进行管理和优化的过程、方法和技术。BIM 技术从建筑业起源，通过数字化的方式在项目施工前模拟项目的物理和功能特征，有利于提高项目的经济性和环境友好性。BIM 技术可在项目的完整过程里，通过统一协调各类信息可视化地模拟真实项目的物理构造、性能等，并通过反馈优化项目属性。尽管我国的 BIM 技术还处于初级阶段，但了解、使用和发展 BIM 技术，已经成为建筑行业信息化转型的必然趋势。

工程管理专业的传统教学中，工程制图与识图等课程需要较强的空间想象能力，大部分学生对建筑图纸理解相对比较困难，很难将二维图纸转化成三维建筑模型，造成课堂上被动接受，应用能力较差。房屋构造、土木工程施工等课程的教学过程中，由于学生缺乏对施工现场的感性认识，对建筑构件的位置和形状想象力不够，对部分施工工艺理解不到位，学起来比较吃力，不但让学生由于学不懂而对学习失去兴趣，而且经常会出现理解上的错觉。后续的课程像建筑结构、工程估价由于学生前期课程的基础不牢固，知识理解不

---

[1] 作者介绍：党斌，1983年生，陕西省商州人，工程硕士，商洛学院建工院讲师，研究方向为工程管理专业教学研究

到位，经常出现为学而学，学生学习结束后动手能力非常差。针对上述情况，我院积极探索 BIM 融入实践教学的教学模式，已经取得了一定的效果。

一、工程管理专业人才需求分析

从 2012 年到 2021 年十年间，我国建筑行业总产值和合同金额均持续攀升（见图 1），行业从业人数在波动中呈现上升趋势，行业整体发展迅速。2021 年建筑业从业人数为 5282.94 万人，建筑行业总产值 293079.31 亿元，同比增长 11.04%；房屋施工面积 157.55 亿平方米，同比增长 5.41%。

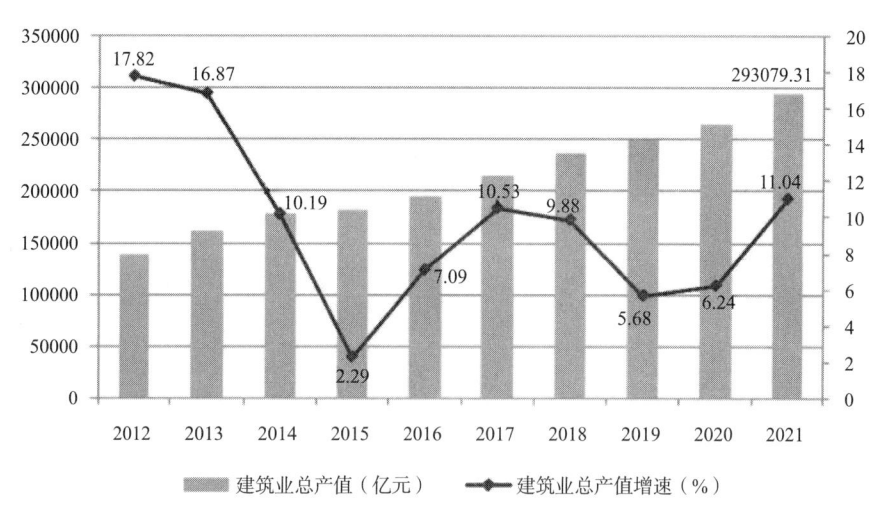

图 1 建筑行业总产值及增速

2021 年我国城镇化率 64.7%，2012 年城镇化率为 52.57%，2021 年城镇就业人员占比超过六成，比 2012 年提高了 13.8 个百分点。随着我国城镇化的稳步推进，建筑行业的发展前景光明，对工程管理和土木工程专业人才的需求也不断增加。根据教育部门发布的 2018 年高校毕业生就业质量年度报告显示，建筑行业毕业生就业情况良好，但从业过程中也暴露出一些问题。如理论与现实脱节、自主学习能力差、理论基础不扎实等问题，具体见图 2。

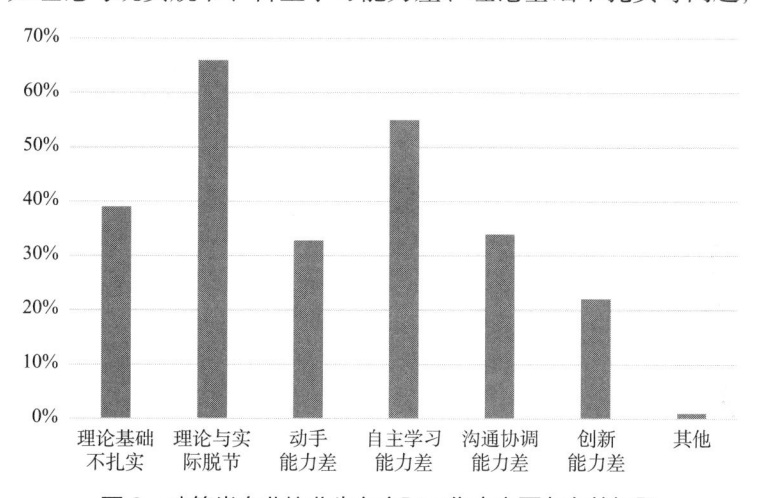

图 2 建筑类专业毕业生在实际工作中主要存在的问题

究其原因，首先应届毕业生入职初期多会感到迷茫，导致进入角色时间滞后；其次应届毕业生对建筑施工环境、工作难度和压力难以接受，缺少吃苦耐劳精神和自我约束能力，缺乏岗位认同，导致工作过程中频繁出现问题。据调查显示多数应届毕业生偏理论基础，缺少实践经验，进入企业后大多需要进行长时间培训学习才能正式上岗。长此以往导致企业对专业人才能力要求较高，最终只有一少部分人能适应建筑类企业工作的需求。

二、工程管理专业实践教学研究现状及存在的问题

（一）研究现状

英、美、德等国家的工程管理专业实践教学体系较为完善且具有特色，其中英国工程管理专业的实践教学重视与企业的有效合作；美国工程管理专业教育鼓励学生参加创新实践活动，强调现代信息技术的应用，重视学生在校外相关企业实习；德国要求学生在专业学习阶段必须以工人的身份参与工程实际项目的实施过程。

国内学者从训练（技能—能力—创新）层次、推广 BIM 技术、引入 CDIO 理念、基于 ABET 认证、执业能力培养等角度分别构建了工程管理专业实践教学体系，并从实现高等院校的培养目标、适应社会需求等方面对构建工程管理专业实践教学体系进行了大量探索，形成了一系列的理论观点，出现了一批高质量的研究成果。此外还有一些学者就工程管理专业能力、人才培养、教学改革、教学质量评价等方面进行了系统研究。

（二）存在的问题

（1）工程管理专业人才培养课程体系与建筑行业现场应用的知识存在偏差，毕业生与社会需求的契合度不高。建筑行业对 BIM 人才需求旺盛，目前大多数院校都是仅仅开设一门课程，导致部分学生没有形成系统的专业训练，学生片面认为 BIM 就是建模，达不到培养 BIM 人才的目的，也就不能满足社会需求。此外，通识教育课与专业课比例不协调，与培养"综合知识够用、应用能力强、具有创新精神"的应用型人才不相符。

（2）BIM 技术方面师资薄弱。工程管理专业教师由于平时教学工作量大和科研任务重，没有时间进行系统的培训，也没有教师参与过项目的 BIM 咨询，导致教师可持续发展能力不足，学生创新意识得不到提高，好的创新成果难以出现，对行业规范、工程教育理念、成果应用转化和创新思维的训练涉及较少，毕业生应具备的能力和社会对人才需求不吻合。

（3）工程管理专业实践教学基地不稳定，实践教学受外部条件制约多。根据人才培养方案的要求，学生需要在施工现场完成认知实习、生产实习、毕业实习等课程任务，但是教学需要的场景往往找不到合适的，施工现场的实际情况与教学需求不一致，部分施工企业以现场安全隐患或担心影响施工进度拒绝接收学生去施工现场实习，部分企业只让学生完成他们急需工程部位的 BIM 建模，学生接触到的 BIM 操作和应用局限性较大，导致实践教学不能很好落实。

（4）应用型 BIM 技术人才培养路径单一，不适应多样性人才培养的要求。BIM 技术人才培养过程中仍然以学校为主，校企合作，产教融合停留在理论层面，协同育人合作不畅。学习参与实际项目的机会不多，很多学生对 BIM 的认识只停留在建模层面，缺乏实际场景的应用，建筑信息模型建立完成后没有机会应用。

三、工程管理专业改革措施

(一)强化能力培养,构建工程管理"厚基础、重实践"的 BIM 课程体系

基于 BIM 的专业课程体系设置过程中,应突出"宽口径、厚基础、重个性、强实践、求创新",重点提高学生的应用能力。在课程教学过程中,围绕培养 BIM 人才的主线,响应 BIM 信息化集成的特点,在不同课程教学中注重连贯性,避免 BIM 知识在不同课程中的脱节。探索将一个案例、一套图纸贯穿于建筑、施工、工程造价等不同课程中。例如:画法几何与土木工程制图中利用一套图纸识图,然后在 CAD 课程中绘制出这套图纸的 CAD 版本,接着在 BIM 技术原理及其应用课程中建立这套图纸的 BIM 模型,在后续的土木工程施工技术与组织、建筑工程造价、招投标与合同管理及工程项目管理等课程中全部运用这个 BIM 模型作为案例,对其不断进行完善和改进。

在课程建设上明确"分层建设、分类推进、主干优先、以点带面"的建设思路,以培养"应用型"人才为目标,构建课程建设平台,按照"合格课程认定序列→课程精品化序列→课程资源化序列"三个序列全面推进课程建设。工程管理专业教学团队根据 BIM 能力培养目标,提出基于 OBE 的工程管理 BIM 实践课程体系,如图 3 所示。

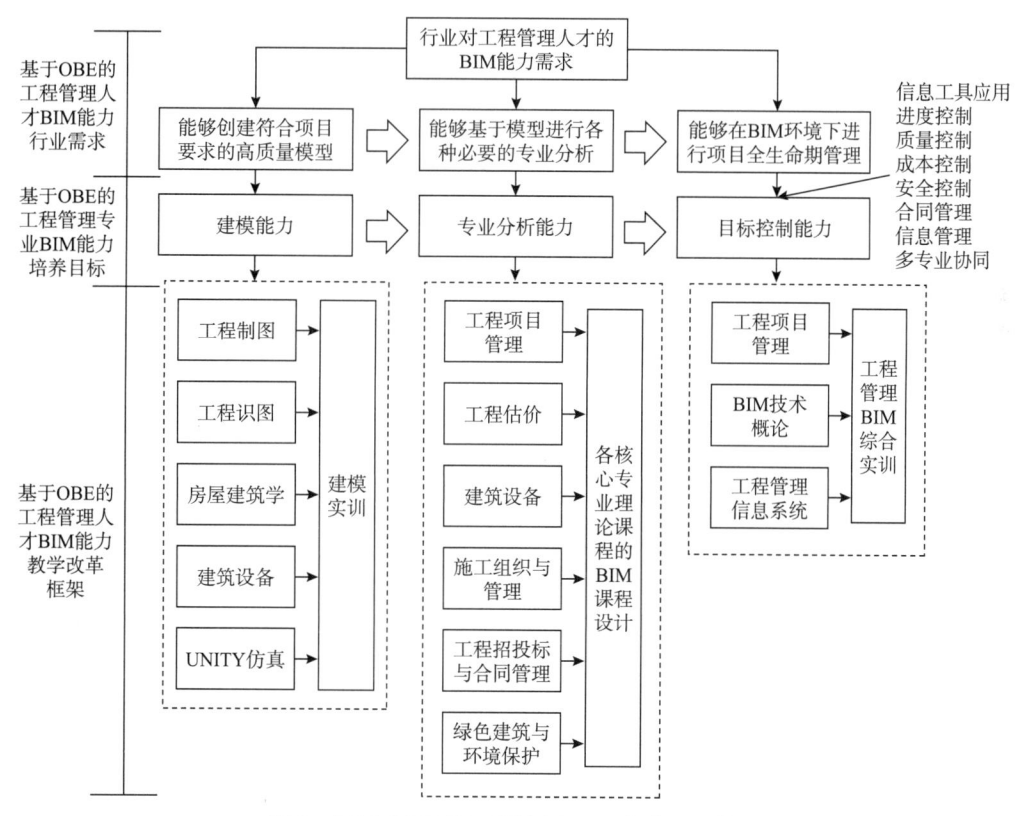

图 3 基于 OBE 的工程管理 BIM 实践课程体系

对本校工程管理专业 BIM 实践教学课程教学模式的设计如图 4 所示,分为构思、设计、实现与运作四个阶段:

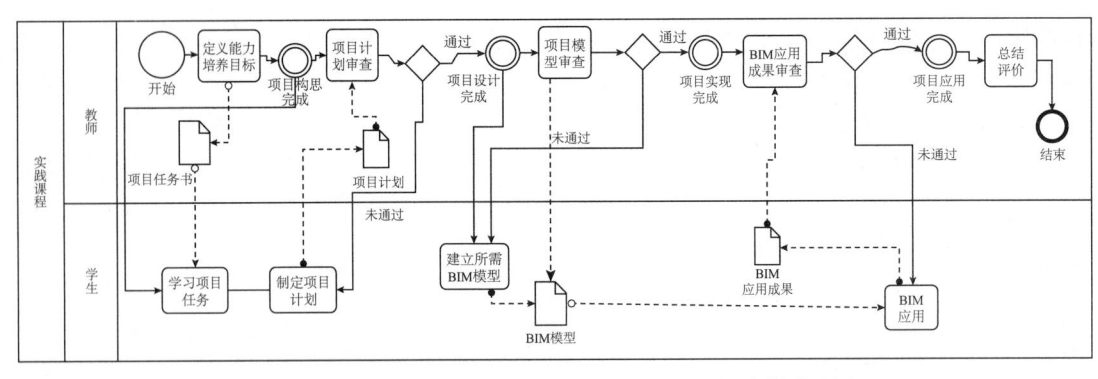

图4　基于BIM+的工程管理类专业实践课程教学模式设计

近几年，越来越多的教学方法应用在建设类院校的课堂上，从原来的图片、文字、多媒体的教育方法，通过建设工程立体知识云库，将数字资源与教学管理紧密联系，打造一体化的在线教育云平台，使课堂、实训实践、自主学习有机结合。工程识图三维仿真教学通过BIM技术，以案例的形式，通过空间相互转换，快速掌握工程图纸的识读，通过书本上二维学习和三维仿真学习进行对比分析，三维BIM软件进一步地诠释了学习中的一些隐蔽内容。工程力学虚拟仿真教学运用虚拟仿真技术，结合案例，让学生充分了解并掌握工程力学中杆件的受力形式，系统中通过建立三维模型，模拟实验的操作及试件的变形情况，学生可手动输入试件参数，模拟实验过程，得出实验结果，增加了学生对工程力学课程学习的趣味性和操作性，便于学生对力学课程知识内容的学习和应用。土木工程施工借助BIM虚拟建造帮助学生熟悉相关安全消防、文明生产等相关知识，以微课+立体文章（教学+练+考）和3D互动实训的创新课堂形式，为学生创造虚拟施工现场，辅助教师教学，达到让学生能够熟悉施工现场的目的，掌握建筑施工技术，了解新工艺的目的，从而全面提升学生对土建施工的认知能力和实训能力。

（二）将BIM技术融入课程设计

采用将实践融入理论的混合式教学方法，将BIM技术引入所有理论课程教学范畴，从实践教学切入，以实际工程为背景，全面提升理论教学水平，提高教学质量。以BIM技术改进理论课程教学过程，增强学生对专业知识的理解；让学生参与实际工程的BIM咨询，提高学生动手能力和实践能力，通过学习BIM的基本原理和基础软件操作，提升完成BIM策划、碰撞检查、净高优化、三维场布等工程管理各项工作的能力。

课程设计作为检验学生对该门课程掌握程度最有效、最直接的办法，在教学过程中被广泛采用。开设基于BIM+的综合课程设计，整合相关专业基础课程和专业课程的教学内容，包括项目策划、正向设计、BIM5D、文档管理、合同管理、质量管理等。综合课程设计包括两个部分，一是模型和基础知识模块，二是专业模块，包括基于BIM的招投标文件编制、基于BIM的施工组织设计的编制。综合课程设计囊括了工程项目全寿命周期，完全包含工程管理类专业所有核心内容，具有整体性和研究性，能够大大提高学生的实践应用能力。

（三）毕业设计开设BIM方向

选题毕业设计能够检验学生对大学期间所学专业知识掌握程度是否熟练，因此在毕业检测中被广泛使用。为了检验学生在本科四年的学习中是否对 BIM 技术学习掌握良好，可尝试在我校工程管理类应届毕业生毕业设计的选题方向上，有针对性地开设 BIM+ 技术的选题方向，如"BIM+ 策划""BIM+ 设计""BIM+ 施工组织""BIM+ 虚拟建造"等。

(四)"教—赛"融促，创新实践教学模式

积极鼓励学生参加各类 BIM 大赛，如 BIM 应用技能大赛、BIM 毕业设计大赛等，通过参赛培养学生自主学习 BIM 软件的能力，提高学生的专业技能水平和团队协作能力推动基于 BIM 技术的工程管理专业人才培养模式改革，加强各高校之间的沟通和交流。在此基础上构建教赛融合体系，对竞赛成果进行分析和整合，将最新的学术前沿知识转化为教学资源，及时更新教学内容并运用于课堂教学中。

(五) 鼓励学生考取 BIM 等级证书

为了提高学生学习积极性和学习兴趣，在课程教学、课程设计、校内外实习、毕业设计等学校实践环节的基础上，鼓励学生考取 BIM 等级证书和 1+X BIM 证书，让学生在任务驱动下，促进学生 BIM 应用能力和动手能力，成为在取得毕业证书的基础上又持有 BIM 等级证书的双证人才。

(六)"产—教"联动，打造校企合作育人平台

积极开展产学研相结合的教学活动，加强与 BIM 相关的企业和科研机构的广泛联系与合作，为师生开展科研活动、提高学生的实践动手能力和创新能力提供良好的条件。在专业培养方案修订过程中邀请企业人员参与，并通过校企联合编写 BIM 相关教材、校企联合建设 BIM 实验实训中心、教师承接企业 BIM 相关横向课题等方式打造校企合作育人平台。

四、结论

利用 BIM 技术构建实践教学平台，通过案例式场景互动实训，能让课堂教学变成虚拟现场的漫游，有效提升学生学习兴趣，能够辅助实训目标制定、实践教学任务分解、实践教学情景设计、缩短实践教学周期、提高实践教学质量、降低实践教学成本等。构建工程管理专业 BIM 课程体系，将 BIM 融入认知实习、课程设计、毕业设计等实践教学环节，鼓励学生参加各类 BIM 大赛，以赛促教，校企联合编写 BIM 相关教材、校企联合建设 BIM 实验实训中心、教师承接企业 BIM 相关横向课题等方式打造校企合作育人平台，对于激发学生学习积极性，提高实践动手能力有重要的现实意义。

BIM 实践教学改革不仅为学生提供了参与工程实践的机会，提高了工程管理专业学生的培养质量，增强了其就业竞争力，以 BIM 为载体，探索学校与产业、行业、企业协同培养人才的新机制。通过 BIM 实验中心的建设，凝聚校企优质资源深度融合和充分共享，推动教学科研协同发展，引导学生在社会实践中学习，在科学研究中学习，提高工程管理专业学生勇于探索的创新精神和善于解决问题的实践能力，为社会培养出更多有工程应用能力的专业工程管理人才，为实现学校内涵式发展目标提供有力支撑，并为工程管理专业 BIM 实践教学改革提供了有益的借鉴。

参考文献

[1] 郭文良，等. 翻转课堂：背景、理念与特征 [J]. 教育理论与实践，2015(11):3-6.

[2] 马琳. 基于微信的微学习空间的建设与教学应用研究——以邢台现代职业学校"InDesign"课程为例 [D]. 石家庄：河北师范大学，2018.

[3] 蔡静. 教育信息化对实现教师角色转变的影响 [J]. 电子世界，2016(18):4-6,14.

[4] 李拓宇，李飞，陆国栋. 面向"中国制造2025"的工程科技人才培养质量提升路径探析 [J]. 高等工程教育研究，2015(6):17-23.

[5] 乔莉，袁军堂，汪振华，等. 需求牵引能力导向多模式培养机械工程创新人才 [J]. 中国大学教学，2019(5):19-23.

三角教学管理法：教学改革破圈之道探索与梳理

唐翌堃 ❶

摘要：当前高校教育教学改革已经进入深水区，教师教学内容、教学理念、教学方法之类的教育教学改革点多面广，成效显著。三角教学管理法是针对教师课程教学过程中"学风养成"议题设计的教改探索尝试路径，是围绕形成教学环节"激活管理、提升教风、促进学风"的过程闭环进行的教学改革破圈策论研讨。旨在通过激活教学管理的灵活性、科学性及适配性，让人性化兼科学化的授课教师教学管理区段相互作用力量平衡，从而切实形成"管理、教学、学习"的正三角形循环模型，进而通过三者的相互作用，带动良好"学风养成"的正循环效应，最终实现"教与管、教与学、管与学"同频共振，实现优质人才培养的高校教育教学目标。

关键词：高校教育；教学改革；三角教学管理法；学风养成

新时代，我国社会、经济、文化全面实现提质增速，高校教育迎来了空前的发展机遇，在实现中华民族伟大复兴的战略中，教育的角色不可替代，作用不言而喻，任务光荣艰巨。我国具有优秀的文明成果积淀，拥有悠久的教育经验积累，教育教学改革尝试如火如荼，成果与经验有效促进了当前我国高校教育事业的发展，特别是研究者对教育本质、宗旨、规律的探索研究，以及对教学内容、理念、方法更新升级层面的成果丰硕。但是，在实际的教学过程中，教师与学生仍然能感受到"学风下滑"的隐忧和影响。

一、教学管理及教学管理改革简述

高校教学管理是教育教学过程中所实施的必要管理，其具体概念是指高等学校根据一定的目标、原则对整个教学工作进行的调解和控制，从而保证教学工作有序有效地进行，以顺利实现培养德智体美劳全面发展的人才培养预定目标。高校教学管理的基本任务是：研究教学及其管理规律，改进教学管理工作，提高教学管理水平；建立和谐的教学秩序，保证教学工作正常运行；研究并组织实施教学改革；努力调动教师和学生教与学的积极性。有关高校教学管理的众多实施运行文本及针对性议题研究很多，也符合与时俱进的时代需求下的更新演进规律。广义的教学管理与管理学中管理要义密切相关，必然囊括教学与管理两个部分之间的"人、物、事、责、权、利"诸多要素。

显然，微观的教学管理是学校管理者遵循教学及管理规律，科学组织、协调教学系统

---

❶ 作者介绍：唐翌堃，陕西商洛人，艺术学硕士，商洛学院艺术学院教师，研究方向为现代雕塑、民间艺术研究及教育学（艺术类）

内部各环节，使教学工作有序、高效运转的决策和行为，实现教学目标的协调过程，涵盖推动教学有序高效运行和助力提高教学质量，以达成教学目标为宗旨的综合性教育教学过程。同时，在当前我校2022版《人才培养方案》修订背景下，还包含围绕"OBE"产出导向教学目标点贯彻落实的设计和关联矩阵效应的崭新要义，而文中论述的三角教学管理法中的教学管理主要针对课堂教学过程中的微观教学管理进行实践性探索研究，以期为以后更深入研究和探讨高校教学管理寻找一个切入点。

文章重点阐述探讨"三角教学管理法"的教学管理改革创新试验效果展开，"激活管理、提升教风、促进学风"是三角教学管理法的核心三要素，以强化课程教学中教师角色和功能为抓手，形成"以学生为中心，以教师为桥梁"的弹性杠杆，准确把握教师"教书和育人"的双重职业责任，通过教师的课堂教学管理，准确落实学校按照国家教育目标设置的专业教学目标，筑牢"三全育人"最直接的链条和篱笆，在严肃教学管理的路径上，对应性改良教风，进而通过正三角形的作用力，拉动和推动优质"学风养成"的循环内驱力形成。

二、调查问卷及实践数据分析

文中所涉及的"学风养成"是指一个班级或针对一门课程教学效果进行评价的质性定义，主要是想通过促进学风，继而严格落实"教学和育人"的具体目标要求。在日常教学过程中，具体到一个班或一门课的学风是整个教育对象学习习惯外显的缩影，我们经常讨论性评价某班学风不好，都是相关授课老师教学管理松懈的重要佐证。在研究中发现，个别教师将学风不好作为自己上课效果的主观归因是不负责任的教学自我评价，也是对之前所有参与教学教师群体的否定，但真正的原因可以追溯到教师日常对学生管理的职责落实差距上。

某个班级的教师由于岗位角色不同、学科专业不同、年龄不同、职称学历不同，甚至性别容貌不同，都会形成教师在日程教学管理中的差异化表现，因此，塑造教师个体教学管理自觉、自信、自律的素养品质显得尤为重要。一般情况下，一个班授课教师的责任心、自信心和教育荣辱观强的，该班的学习氛围就越好，加上合理的教法和知识答疑，很容易激活该班级学生普遍重视学习的风气形成，反之亦然。

新形势下，"以学生为中心"是整个教育领域的最大共识和挑战，也是未来相当一段时间要贯彻落实的教育教学改革重点。强调这一核心理念就是"以学生为本"，实际上是"以人为本"的社会理念在教育中的具体化。学生与教师关联的平台是学校硬件，纽带是课堂教学，试纸是学习成效。

现以某高校美术专业某班四年本科教学为参照，在对其的教学评价问卷调查中发现如表1中的教学管理问题：

表1 班级概况

	男女比例	生源构成	参与问卷	有效问卷
班级概况（27人）	男生11人；女生16人	外省9人；省内18人中西安户籍6人，本地12人	26人；1人未参与问卷，理由是毕业工作太忙，顾不上	25人；无效问卷为本地人，主要原因为只选择"其他"项

续表

	男女比例	生源构成	参与问卷	有效问卷
反馈比例	性别层面积极反馈比例：男生73%；女生81%	积极反馈比例：外省78%；省内70%；省内中西安户籍65%，本地75%	参与反馈比例为96%	有效反馈比例为93%

围绕问卷统计情况，表1（班级概况）可以反映出：毕业进入工作环境后，女生会时常回顾和思考上学时相关教师的教学管理情况，对于自身学习情况及现状有更为积极的认识判断；外省学生的积极反馈率更高，主要原因是因为求学的不易，更刻苦，更自觉。相反，省内学生因为交通便捷、专业基础较弱，以及自身对学习环境的诉求偏高，而导致对过去的教学管理认同降低，特别是处于省会城市西安的学生，认同落差更大，表现出对教学管理的失望。虽然参与问卷比例和有效问卷比例分别达到96%和93%，但学生对教学管理过程中的宽松混乱、不人性化、不及时高效的印象很深刻。也就是说，在教学环节的管理过程中，涉及教师的责任履行态度、方法和人性化方面明显偏弱，也反映出教师在教学管理中的科学性不足、介入性不强、创新性不够。

表2 问卷涉及被评价教师的指标量化统计表

涉及被评价教师（21人）	学工及辅导员	专业实践课教师	专业理论课教师	公共课教师
	3	9	3	6
管理满意度	78%	63%	61%	54%
管理覆盖面	纪律95%；德育88%；知识3%	纪律58%；德育45%；知识86%	纪律47%；德育67%；知识63%	纪律41%；德育71%；知识62%
管理方法占比	考勤97%；谈心82%；批评65%	考勤91%；谈心62%；批评78%	考勤95%；谈心42%；批评66%	考勤96%；谈心12%；批评54%
管理差评关键词	后果自负；做检讨；树模推优	不如考前生；比某班还差；没悟性	加强自学；考试挂科；作弊	提问式互动；挂科；作弊
管理难点关键词	按时提交；拖拉；劳动不积极	自学能力差；卫生差；玩电子产品	开小差；考核过关率；玩电子产品	开小差；考核过关率；玩电子产品
在线教学管理认同	满意	基本满意	基本满意	基本满意
管理感观印象	不人性化、泛表格化	自由宽松、缺乏持久性	缺乏威慑力、缺乏主动性	形式化严重、自说自话
管理综合评级	良好	合格	一般	较差
毕业后管理影响评价	影响有限	在学管理偏松	弱影响	无影响

围绕问卷量化统计数据情况，表2反映如下六类问题：

（1）从教学管理满意度统计数据可以反映出：学生对亲历的教学管理满意度整体偏低，平均值为64%。其中，放任、宽松、自由式教学管理被学生评价为不认真、敷衍和不负责任。

(2) 从管理覆盖面量化统计数据中可以反映出：四类教师对纪律、德育、知识的教学管理各有侧重，同时反映出学工及辅导员承担的纪律层面的教学管理最突出，而专业实践课教师在知识层面投入的教学管理更显著，这种将纪律、德育、知识分离并差别化对待的现象日趋严重，而美术专业学生不喜欢上理论课的现象在持续，其中有指标现实，有考研规划的学生对授课教师的教学管理意见更大，从侧面反映出教学管理松懈影响学习成绩优异的学生。

(3) 从教学管理方法层面量化统计数据可以反映出：考勤、谈心、批评被评为使用频率最高的教学管理方法，三者的平均值分别为95%、50%、66%。"考勤"为最简单、最直接、最高效的教学管理方法，其中的缘由不言而喻；而"谈心"被大家关注，反映出学生渴望共情并平等交流，启发式沟通的主观诉求。"批评"让大家记忆深刻，其中包含了规范、劝诫、引导、激励、提示等情感因素，被学生普遍性接受和认可。

(4) 从管理差评关键词量化统计数据中可以反映出：带有制裁、贬低、比较的词语或事项会让学生反感，"作弊"成为理论课程考核的热词，反映出教风与学风之间存在很大间隙。其中，画重点、及格、挂科、学风、考风等成为"作弊"的潜在温床，相对宽松的教学管理体验反映出当前考试考核不严格、不严肃、不严密的惯性现状，甚至有学生认为通过补考、清考，教师"放水"会让考试更简单。其中，优秀的学生认为学风差、考风差会导致考试流于形式，而且直接影响树模评优的公平性。可以看出，不同岗位和角色的教学管理之间其实密不可分，而这种弱衔接性的长期存在，会影响人才培养质量。

(5) 从管理难点关键词量化统计数据中可以反映出：学生自律性差，崇尚自由，以个人为中心、不爱劳动表现明显。玩电子产品现象突出，特别是手机作为媒介，在线上教学和线下互动方面作用不容忽视，但对传统教学效果的负面影响也应该引起重视。也就是说，在传统教学和线上教学交叉运行的现实教育趋势下，我们对教学管理的更新创新和适配度还有待进一步加强。

(6) 从统计数据质性研究可以反映出：学生对在线教学管理认同不高，在线教学管理效应学生整体认同为"基本满意"，同时表现出对网课进行过程中自己的具体表现不愿多说，反映出当前网络教学管理仍处于薄弱区间，相关研究和促进措施应该进一步规范。同时，参与问卷的班级学生对整体教学管理体验维持在"合格"评级上；对传统教学管理感观印象可以定性为"一般"或"及格"，整体反馈评价多为"不人性化、泛表格化、随意宽松、缺乏创新和威慑"之类的抱怨情绪，所以，僵化、宽松、放任、批评的教学管理思维和方式亟待改革，抓学风的整体教育诉求进一步上升。

整体而言，参与问卷的学生对自己从学过程中的教师教学管理评价未能达到"良好"的预期指标。学生对教学管理的体验、讨论和反馈其实是有极大的积极性，只是反馈体验和诉求的渠道被忽视、弱化和阻塞。换言之，学生对教师在教学过程中所呈现的教学管理价效评价差强人意，直接导致综合评级及毕业后教学管理对其影响的质性评价趋向进一步"消解弱化"。这种教学管理上是连锁效应，最终影响了学校整体的"教学管理、提增教风、促进学风"的良性互促模式的构建。

三、教师课堂教学管理隐忧及成因

教师对教学管理的真心付出、积极介入、深度参与、科学施策、公平评价、互动沟通、教学相长及巧妙反馈，将成为教学管理的主要切入逻辑。结合问卷调查，回归文章探讨的重点，即参与某班日常教学全环节的教师，在教学管理方面存在的突出问题具体表现及诱因如下：

首先，复杂多变的外因，诸如"育人环境、教师评价体系、社会认同、专业氛围、管理权限薄弱"等综合作用下，一线教师的教学管理积极主动性没有得到巩固。绩效评价中关于教学管理的指标模糊、考核弱化、体现不足，让大部分教师觉得"教学管理"的主观必要性有限，长此以往，教学过程的教学管理一再被集体意识弱化。

其次，高校教学学科划分清晰，各专业属性差异较大，教务和学生管理机构成为教学管理的主体，教学管理表格化、责任化、形式化让部分专业课授课教师觉得教学管理既然有分工，就应该是学工办和辅导员的事，将"教书与育人"的岗位职责割裂开对待。加上一些大学生的心理承受脆弱，教学管理负面公众事件频发，教师惩戒权的丧失，教风学风规范失语等因素，潜在影响着大多数教师只重视教书，而忽视育人的氛围。

最后，关于教学管理方面的教学改革严重滞后，过于注重教学成绩、成果和成效，客观上不重视一线教师在教学过程中的管理能力培养和考核。教学改革不断强化理念、平台和方法，人为注重赛讲、公开课和标兵式课堂，让润物无声的日常教学管理没有得到关注和肯定，导致部分年龄大、职称低、课程少或选修课教师对教学管理抱有得过且过的心态。而过于形式化的赛讲标兵，在后继的教学管理中持续发挥优势的氛围并不浓郁，甚至被学生和其他教师冠以太表象、太认真、太刻意的印象。在问及印象最深的授课教师中，倒是严格要求、批评督促力度较大、专业知识更新较快的教师更容易被学生评为负责任的教学管理者。

总之，鉴于一所高校教学管理的整体性会兼顾多部门、多专业、多学科的最大公约数，权衡学校整体办学定位，需要不断与时俱进，高标准参照国家教育战略和政策、部委教育规划和布局、省厅教育指导和监管，教学管理的更新速度势必会及时更续、调整或升级。这一层级的教学管理大多关联的是教育核心管理者，往往在教学管理理念和政策完善方面传导及时高效，这是传统科层制管理的效应优势和认同惯性。

对于各层级的众多评价、认证和比赛而言，教学管理多呈现出文件传达、成果罗列或绩效量化，这种显性的量化模式，往往让一线教师与学生之间产生弹性隔阂。高校教学管理者在了解基本的教育发展规律后，掌握和把握教学规律和教育方针，充分结合了普遍施行的先进的教学理论、管理理念和科学的管理方式，借助包括决策、规划、组织以及管理在内的一系列管理职能，推动和保障教学活动工作正常开展和有效落实。当然，这是后继要讨论的重点，而由于师生之间的隔阂间接导致普通教师在日常教学环节中的管理热情下降、耐心缺失、创新滞后，确是不争的事实。

四、策略路径及结语

"三角教学管理法"（图1）的创新点在于，针对一线教师教育活动和教学过程，围绕"管理、教学、学习"三要素，运用三角形力学作用原理，将教师"教书和育人"的职责角色一分为二，同时加强"以学生为中心"这一要旨。开展延伸"激活管理"与"提升教风"的边长作用力，保持"提升教风"的水平基础性作用边距，缩短"激活管理"与"促进学风"边长作用力，最终达到三者的正三角状态，保证"教与学"的三角形力学平衡状态，反复通过个体教师的教学管理角色的功能彰显，实现个别事项或单门课程"教学管理"点位回归，实现该班同学优良"学风养成"的教学氛围目标形成，最终将一线教师教学管理的作用力传导于人才培养的核心目标。

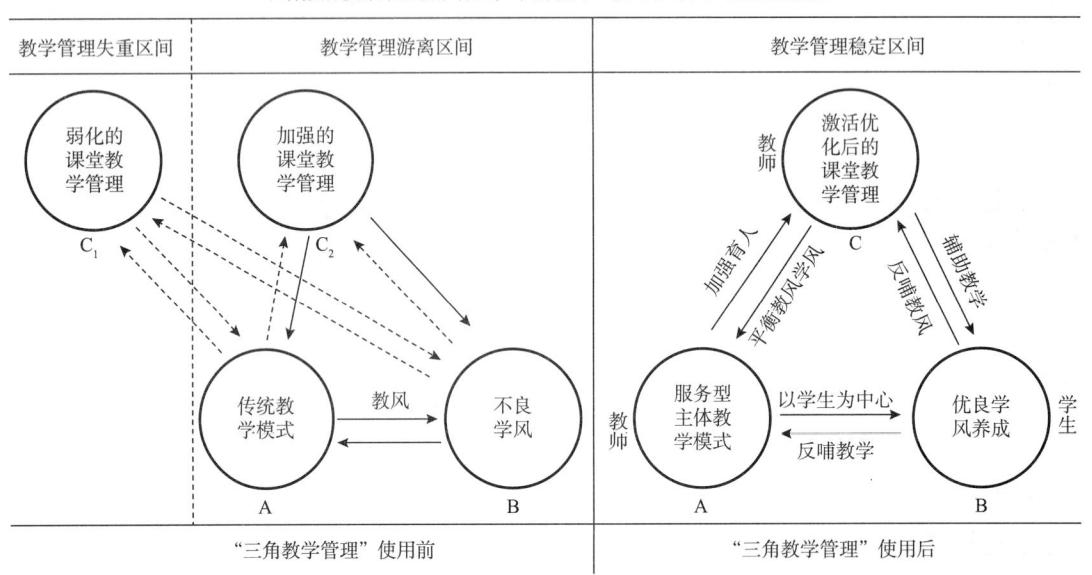

不断激活教师课堂教学管理，平衡教师"教书和育人"的双重功能

图1 "三角教学管理法"模型

"三角教学管理法"模型说明：①教师—教学（A）与学生—学习（B）之间有稳定的区段受力作用，属于定量，作为教学活动的基础；②教师—管理（C_1：弱化的教学管理、C_2 略微加强的教学管理、C 激活优化的教学管理）作为教学管理改革的调整变量，让它回归正三角形中心重心，其过程主要是通过教师主观上将"教书和育人"的功能平衡化，即通过教学管理影响教学氛围，服务学生学习，通过"激活管理—提升教风—促进学风"作用杠杆，促进优良"学风养成"的目标；③"三角教学管理法"实施后，"管理、教学、学习"的正三角形更加稳固，三个焦点之间的循环更容易相互作用，阻力减小，呈正圆循环模式，更符合人才培养过程中"教师主体，学生中心"教育教学规律；④"三角教学管理法"中的变量 C_1、C_2、C 是教师教育职责、功能和内容的时代化要求，也是教育教学环节必不可少的重要组成部分，是实现"三全育人"的内在要求，不能弱化与虚无，否则，"教育与教学"的过程就不完整。

实践证明，实施"三角教学管理法"以来，该班整体学习面貌和学风明显好转，具体策略实现路径如下：研究者通过班主任兼五门课的专业老师主观改进教风，与部分专业教师进行沟通交流，让大部分教师参与全过程育人环节，打破"只教书、弱育人"现象。第一，用教学管理的杠杆让教与学形成闭环，系统性尝试围绕教学管理进行教育教学改革，在深水区找到抓手和破圈之道。第二，依托主题班会、专业自习班、学科竞赛辅导班，与学生面对面沟通，实现柔性管理。所谓柔性管理是指在管理过程中强化感情投入、精神感召，注重使用指导、民主、共同参与、协调、激励、创新的管理手段，是依据组织共同的价值观和文化、精神氛围进行的人格化管理。通过与个别关键学生（基础扎实、有强烈学习诉求）深入谈心，针对性鼓励6名学生考研并予以力所能及的帮助和辅导，以线带面促进学风向上。第三，通过"比学赶帮超"的激励机制，做自由散漫学生的思想工作；同时，进一步严格上课秩序，加强考试管理，严肃考核过程，四年总共批评过9人，让惩戒权回归，强化班级学习能动性，制作详细的学习量化统计册，让评优树模有据可依，彰显公开、透明、公平原则。教育公平要做到起点、过程和结果这三个层次的公平，这三方面是实现教育公平目标的最基本的要求。第四，创新性开展谈心"六字育人法"——引、震、警、激、梳、启（即引领指引、震慑提振、警示预警、激励刺激、梳理引导、启迪启发）。实践证明，谈心不仅仅可以增进学生与教师的关系，还可以锐化班级学生之间的融洽程度，有利于让每个学生都找到自己的学习坐标和前进方向。

通过以上实践路径，该班学风考风明显趋好，参加学科竞赛、书画展、资质培训和艺术服务实践的学生明显增多。具体到该班整体学习成效：参加学科竞赛占比达78%，其中4人团队获批国家级"创新训练项目"立项并顺利结题，3名学生独立发表学术论文，该班6人参加应届生考研，1人被西安美术学院录取，1人被湖北某综合类大学录取，考研成效显著。

可见，教学管理不仅是高校教育主体和行政管理人员的职责，还应该通过教学活动、教学过程、教学主体长时间融会贯通于"教与学"的密切互动过程之中。同时，在高校教育教学改革研究层面，广大教师应该就"教学管理"这一议题倾注更多的精力和热情，深入系统地补齐教学实施关联最为密切的课堂实践教学管理研究，从而强化教师的主导地位，确保"管理、教学、学习"三要素的默契互促，达到"激活管理、提升教风、促进学风"教学管理改革的预设目标，最终依靠良好"学风养成"持续实现人才培养的稳定循环模式。

参考文献

[1] 第一次全国高等学校教学工作会议文件和资料汇编 [M]. 北京：高等教育出版社. 1999.

[2] 谈红，徐薇薇. 完善学分制教学管理制度、培养高素质创新人才 [J]. 成都中医药大学学报（教育科学版），2004:1.

[3] 李延锋. 最新高校教师教学管理创新与师资队伍标准化建设实务全书 [M]. 北京：高等教育出版社，2008.

[4] 肖红艳. 信息化条件下高校的教学管理研究 [D]. 长沙：湖南师范大学，2004.

[5] 郭新和. 促进教育公平论要 [J]. 河南师范大学学报（社科类），2008,35(2):206-208.

马克思恩格斯科技思想的当代价值[1]

王伟萍[2]

摘要：马克思恩格斯的科学技术思想是马克思主义理论的有机组成部分，它不仅是马克思、恩格斯对他们所生活的时代的科技发展状况的总结，更是他们运用辩证唯物主义和历史唯物主义的世界观与方法论对人类科学技术实践活动的高度抽象概括的理论成果，是帮助人们认识、发展和运用科学技术的指南。马克思恩格斯科技思想为新时代科技哲学提供丰富的思想养分，为新时代科技政策的制定提供科学的决策遵循，为新时代科技伦理的建立提供根本的价值指引。

关键词：马克思；恩格斯；科技思想；当代价值

马克思恩格斯的时代，是一个科学从宗教控制与神学羁绊中解放出来而昂首阔步的时代，是科学技术迅速发展和广泛应用的时代，是一个科学理性碾压人文理性的时代，是一个唯科学主义滥觞的时代。马克思和恩格斯都对科学与技术的进步作用充满敬意，并将自己创立的共产主义学说命名为"科学社会主义"。马克思恩格斯虽然没有发表过系统论述科学技术的鸿篇巨制，但散落在不同文献中的关于科学与技术的只言片语，有如一颗颗璀璨的珍珠，熠熠发光。

马克思恩格斯的科学技术思想是马克思主义理论的有机组成部分，它不仅是马克思、恩格斯对他们所生活的时代的科技发展状况的总结，更是他们运用辩证唯物主义和历史唯物主义的世界观与方法论对人类科学技术实践活动的高度抽象概括的理论成果，是帮助人们认识、发展和运用科学技术的指南。马克思关于科学技术的社会本质的认识成果是马克思恩格斯科技思想的理论精髓，值得我们认真领悟。

贝尔纳在《科学的社会功能》一书中所总结的，"马克思主义的价值在于它是一个方法和行动的指南，而不在于它是一个信条和一种宇宙进化论。马克思主义和科学的关系在于马克思主义使科学脱离了它想象中的完全超然的地位，并且证明科学是经济和社会发展的一个组成部分，而且还是一个极其关键的组成部分。他这样做，也就可以剔除在整个科学历史进程中渗入科学思想的形而上学成分。我们正是靠着马克思主义才认识到以前没有人分析过的科学发展的动力，而这种认识也只有靠马克思主义的实际成就才能体现在为人类造福的科学的组织形式中。"

马克思认为，科学是人类通过实践对自然的认识与解释，是人类对客观世界规律的理论概括，是感性认识和理性认识的统一，是社会发展的一般精神产品，是"人类理论的进步"。马克思指出，"工业的历史和工业的已经产生对象性的存在，是一本打开了的关于人

---

[1] 基金项目：陕西省教育厅人文社会科学专项课题（20JK0117）；商洛学院教育教学改革项目（22jyjx120）
[2] 作者介绍：王伟萍，女，陕西商洛人，哲学硕士，讲师

的本质力量的书"。马克思明确指出了技术体现为工业的本质，而技术的本质乃是人本质的异化。马克思指出，"自然界没有制造出任何机器，没有制造出机床、铁路、电报、走锭精纺机等等。它们是人类劳动的产物，是变成了人类意志驾驭自然的器官或人类在自然界活动的器官的自然物质。它们是人类的手创造出来的人类头脑的器官，是物化的知识力量"。可见，在马克思看来，技术是人的创造物，技术的本质不过是人的本质力量的对象化或人的本质的外化。马克思认为，"工业是自然界同人之间，因而也是自然科学同人之间的现实的历史关系。因此，如果把工业看成人的本质力量的展示，那么，自然界的人的本质，或者人的自然的本质，也就可以理解了"。

一、为新时代科技哲学的转型提供了丰富的思想养分

科学技术哲学属于哲学的重要分支学科，主要研究自然界的一般规律、科学技术活动的基本方法、科学技术及其发展中的哲学问题、科学技术与社会的相互作用等内容。由于科学技术活动已成为独立的社会活动，因此，将科学技术作为一个单独对象考察和研究无论对科技发展还是对社会发展都具有重要的作用。中国的科学技术哲学与马克思主义有着深厚的渊源，其前身自然辩证法是马克思主义理论的重要组成部分。1956年，自然辩证法作为"在哲学和自然科学之间存在着的"一门学科被恩格斯的著作《自然辩证法》冠名，直接继承了恩格斯在此书中对于自然科学及其成果进行的哲学研究。马克思恩格斯虽然没有建立自己的科技哲学，但他们关于科学技术的真知灼见为新时代科技哲学向全面融通发展的科技哲学转型提供了理论洞见。

（1）马克思恩格斯关于"一门科学"的思想，为以自然科学技术为主要研究对象的科技哲学向包括所有社会、科学社会技术在内的全面的科学技术为研究对象转变提供了理论依据。马克思指出，"自然科学往后将包括关于人的科学，正像关于人的科学包括自然科学一样，将是一门科学"。他又说："自然界的社会现实和人的自然科学或关于人的自然科学，是同一个说法。"目前现存的科技哲学更多的只是其中的一个门类——自然科技哲学。自然科技哲学是工业社会的产物，而"全面科技哲学"是新世纪、新时代的必然要求。"全面科技哲学"取代自然科技哲学对形成具有中国特色与中国风格的科技哲学亦将起到推波助澜的作用。

（2）马克思恩格斯关于科学与技术相互作用的思想，为科学哲学与技术哲学相互分离走向内在融通的科技哲学提供了科学预见。马克思恩格斯认为科学与技术都是人的本质力量的对象化，科学是在认识活动中人的本质力量的对象化，而技术则是在实践活动中人的本质力量的对象化。科学研究会孕育出新技术，而技术应用也会为科学带来新问题或新发现。不存在没有科学基础的技术，也不存在完全没有技术应用前景的科学，科学技术化、技术科学化，科学技术一体化已经成为马克思时代以来不可逆转的发展趋势。新时代的科技哲学一定是把科学与技术结合起来研究的哲学。

（3）马克思恩格斯关于发展的思想，为中国当代科技哲学向发展科技哲学转型提供了理论指南。发展是马克思主义最高范畴，为了每一个人的全面发展是马克思主义的核心要义。发展也是中国的第一要务，是解决中国所有问题的关键。中国作为最大的发展中国家，发展科学技术对于巩固和发展中国特色社会主义，对于坚持国际共产主义，对于非西方国家不走西方化道路而实现现代化都具有特殊重要的意义。建构类似发展政治学、发展经济

学、发展社会学一样的发展科技哲学，对于丰富和完善以发展问题为导向的非西方的哲学社会科学意义重大。

二、为新时代我国科技政策的制定提供了科学的决策遵循

科技政策是国家为实现一定历史时期的科技任务而规定的基本行动准则，是确定科技事业发展方向，指导整个科技事业的战略和策略原则。科技政策在整个科技活动中，表明支持什么，反对什么，发展什么，限制什么，起着协调控制的作用，保证科学技术朝着一定的目标，沿着正确的路线有序发展。中国要建设创新型国家，必须强化科技政策的供给和使用。中国的科技政策指的就是在中国共产党的领导下，国家所制定的一系列基本方针和政策，这些科技方针和政策就是从现实需求和发展现状出发，以马克思主义相关理论为依据，为了实现大力发展科技事业，提高科技水平这一目标而制定的。科学技术要为人民服务，要为国家建设服务，这是国家各项科技政策的出发点和落脚点。

（1）马克思恩格斯关于科学技术的历史推动作用的论述，是我国实施科教兴国战略的重要理论依据。科教兴国，是指全面落实科学技术是第一生产力的思想，坚持教育为本，把科技和教育摆在经济、社会发展的重要位置，增强国家的科技实力及实现生产力转化的能力，提高全民族的科技文化素质。"科教兴国"是党中央、国务院按照邓小平理论和党的基本路线，科学分析和总结世界近代以来特别是当代经济、社会、科技发展趋势和经验，并充分估计未来科学技术特别是高技术发展对综合国力、社会经济结构、人民生活和现代化进程的巨大影响，根据中国国情，为实现社会主义现代化建设三步走的宏伟目标而提出的发展战略。

（2）马克思关于人的解放的论述，是我们实施科技以人为本政策的基本共同信念。如何发挥科技对人的发展和人的解放的积极作用，防范和消除其压抑人、摧残人的消极作用是发展科技必须注意解决的问题。人们研究科学、发展技术，其目的就是改善生活，增进福祉，人类的需求是科技发展的根本动力。不管大数据、人工智能等科技如何进步，都还是在人类主导下的发展。但科技发展可能带来的挑战，我们需要提前做好准备，让人始终是科技的主人、科技的受益者，而不是相反。

（3）马克思关于人与自然关系的思想，是我国实施科技生态化政策的重要决策考量。在人与自然关系的认识上，马克思恩格斯经历了从"自然界是人的无机的身体"到"人是社会有机体"的思想进程。恩格斯在《自然辩证法》中有一段人与自然关系的著名论述："我们不要过分陶醉于我们人类对自然界的胜利。对于每一次这样的胜利，自然界都对我们进行报复。"现代科技发展步伐不断加快，但在发展中形成了无限追求控制力和生产力的科技观，在给人类带来福祉的同时，也对生态环境造成了破坏，其所产生的负面效应随着社会的发展愈加明显。人类要想跨入生态文明社会，必须实现科技的生态化转向，探索人与自然协同进化的路径。

三、为新时代我国科技伦理的建立提供了根本的价值指引

科技伦理是指科技创新活动中人与社会、人与自然和人与人关系的思想与行为准则，它规定了科技工作者及其共同体应恪守的价值观念、社会责任和行为规范。科技伦理规范是观念和道德的规范。它要规范什么呢？简单地说，就是从观念和道德层面上规范人们从

事科技活动的行为准则，其核心问题是使之不损害人类的生存条件（环境）和生命健康，保障人类的切身利益，促进人类社会的可持续发展。

马克思、恩格斯处在第一次科技革命盛行的年代，自18世纪60年代英国发起的技术革命开始，法、德、美、俄等国也纷纷掀起科技浪潮，世界范围内的生产方式、生活方式由此发生深刻变革。如此强大的社会生产力深深地触动了马克思、恩格斯，由此也促使了他们的科技伦理思想的萌发。他们深刻地回答了科技是否需要伦理约束的问题，揭示了科技伦理的必要性，说明了构建什么样的科技伦理的问题，明确了科技伦理的基本规范。马克思认为，"科学绝不是一种自私自利的享乐。有幸能够致力于科学研究的人，首先应该拿自己的学识为人类服务"。马克思恩格斯的科技伦理思想揭示了科学技术发展的内在规律，阐明了科技与道德之间的辩证关系，为新时代科技伦理的建立提供了深厚的学理支撑和价值指引。把科技作为满足人的基本需求、维护人的根本利益、促进人的长远发展的重要手段，把握宏观、驾驭大局，规避负面效应，真正关注人、关心人，以人为本，这是马克思科技伦理思想的精髓。

在马克思恩格斯科技伦理思想的指引下，中国共产党确立了科学技术为社会主义建设服务、为人民大众服务的基本原则。科学技术作为人类智慧的产物，它的根本原则就是为人类服务。这一原则对现如今科技人员提出了基本要求及根本价值遵循：科技人员要始终热爱、关心和爱护人民，要为人民的幸福而工作，要将人民利益作为自己的思想和工作的出发点、归宿点和根本标准。

科学技术从来没有像今天这样深刻影响着国家前途命运，从来没有像今天这样深刻影响着人民生活福祉。发展科技伦理，就是把价值、原则、规范带入科技活动，从而在各个环节、各个层面提升科技活动的伦理质量，使科学技术更好地造福人类社会。

随着中国科技规模的快速扩张，如何让这庞大的建制处于有序与健康的发展状态，而又不陷入科技异化的怪圈，是当下科技管理部门亟须解决的问题，科技伦理就是科技界最有效的规训机制。

2019年7月24日，中央全面深化改革委员会第九次会议召开，会议把科技伦理确定为科技活动必须遵守的价值准则，审议并通过了《国家科技伦理委员会组建方案》。其主要目的是推动构建科技伦理治理体系建设，完善制度规范、健全治理机制、强化伦理监督，严格规范各类科研活动。会议指出，科技伦理是科技活动必须遵守的价值准则。组建国家科技伦理委员会，目的就是加强统筹规范和指导协调，推动构建覆盖全面、导向明确、规范有序、协调一致的科技伦理治理体系。建立国家层面的科技伦理委员会，就是要全面把握科学前沿和新兴科技的事实与深远后果，系统深入地展开价值权衡和伦理考量，确立科技活动必须遵循的一系列价值准则，以其权威性和严正性，对科技活动加以统筹规范和指导协调，进而构建起覆盖全面、导向明确、规范有序、协调一致的科技伦理治理体系，让科技伦理成为国际科技伦理治理体系的倡导者与构建者。

党的二十大报告指出，教育、科技、人才是全面建设社会主义现代化国家的基础性、战略性支撑。必须坚持科技是第一生产力、人才是第一资源、创新是第一动力，深入实施科教兴国战略、人才强国战略、创新驱动发展战略，开辟发展新领域新赛道，不断塑造发展新动能新优势。党的二十大报告强调要坚持面向世界科技前沿、面向经济主战场、面向国家重大需求、面向人民生命健康，加快实现高水平科技自立自强。以国家战略需求为导向，积聚力量进行原创性引领性科技攻关，坚决打赢关键核心技术攻坚战。加快实施一批具有战略性全局性前瞻性的国家重大科技项目，增强自主创新能力。加强基础研究，突出原创，鼓励自由探索。提升科技投入效能，深化财政科技经费分配使用机制改革，激发创新活力。加强企业主导的产学研深度融合，强化目标导向，提高科技成果转化和产业化水平。二十大报告关于科学技术的重要论述丰富和发展了马克思恩格斯的科技思想，为新时代我国科技事业发展提供了基本遵循原则，这将进一步充分发挥科学技术在推进中国式现代化和实现中华民族伟大复兴进程中的巨大作用。

参考文献

[1] 贝尔纳. 科学的社会功能 [M]. 北京：商务印书馆，1982.

[2] 马克思，恩格斯. 马克思恩格斯全集 [M]. 第3卷. 北京：人民出版社，1979.

[3] 马克思. 1844年经济学哲学手稿 [M]. 北京：人民出版社，1985.

[4] 陈文化，易显飞. "全面科技哲学"取代"自然科技哲学"是新时代的呼唤 [J]. 长沙理工大学学报 (社会科学版)，2015,9:5.

[5] 习近平. 在中国科学院第十九次院士大会、中国工程院第十四次院士大会上的讲话 [N]. 人民日报，2018-05-29(2).

"双减"背景下师范教育实践教学体系改革探究[1]

陈红艳[2]，梁彦红，李嫱

摘要："双减"政策在部分学校实施中暴露出一些问题，反映了师范教育实践教学中存在的不足：注重教学而忽视促学和助学，存在多种"两张皮"现象，忽视研究性实践活动，评价方式单一，监管力度不够。师范教育实践教学可以通过建立三体系联动的实践教学基地，培养学生中心的教育意识，增加研究性实践教学环节，合理评价，制度化监督等措施，以适应义务教育阶段的"双减"政策的推行。

关键词：双减；实践教学；改革

2021年7月24日，中共中央、国务院印发《关于进一步减轻义务教育阶段学生作业负担和校外培训负担的意见》(以下简称"双减")标志着中小学学业负担治理步入历史新阶段，这是党中央通过"小切口"推动教育领域"大改革"的一次实践创新。通过一年的努力，"双减"取得了可喜成效，但也出现了诸如等量减负、齐步减负、片面减负、强制减负等不利于学习的极端现象。通过对教师的调查了解发现，在作业环节，"教师仍然习惯于应试导向下的反复练习"；近五成教师存在着作业设计方面的困惑与困难；31%的教师观念没有及时更新；在临近期末期，增加作业量、刷题现象重新出现。基于产出导向的理念，师范教育可以根据"双减"政策要求和实施以来暴露的问题，反向倒推师范教育自身的改革方向，保证为基础教育培养能够担当教育大任的教师。

"双减"对教师提出了更高要求。首先，从工作领域来看，"双减"之后，教师增加了课后服务工作，还在作业布置的基础上增加了作业设计、总量调节、差异分层、多元评价等任务，在家校工作中增加了家长教育工作，这些工作对教师的相关能力提出了更高要求；其次，为了完成这些任务，更好落实"双减"政策，促进学生全面健康发展，教师还要进行教育观念的转变和教师新角色的适应；为了提高教育教学效果，教师还应该提升个性化教学和信息技术应用能力。总体来讲，"双减"对教师的能力和教育理念都有了新的要求。根据能力形成的规律和人类认识的一般规律，师范教育实践教育体系的充实和改革有助于培养未来教师的相关能力，并养成新的教育理念。

---

[1] 基金项目：陕西省教育科学"十四五"规划2022年度一般课题：双减背景下地方院校师范教育改革路径研究

[2] 作者介绍：陈红艳，1973年生，陕西省泾阳县人，教育学硕士，商洛学院健康管理学院副教授，研究方向为教育心理

一、师范教育实践教学体系对"双减"政策的不适应表现

（一）注重教学而忽视促学和助学

"构建教育良好生态，有效缓解家长焦虑情绪，促进学生全面发展、健康成长"是"双减"政策的指导思想，通过减负提质，促进学生健康成长，最主要的是要调动学生学习的积极性，发挥学生在学习中的主体作用，使学生在轻松愉快的氛围中会学、乐学、学会。所以，如何激发学生的学习动机，为学生学习提供个性化服务是完成减负增效的重要任务，促学和助学是关键。

然而，传统的师范教育类课程教学和实践重视"如何教"的训练，师范各科教育类课程把"教什么""如何教"作为重点知识和重点训练项目，忽视了学生主体性参与活动的"学"，如作业的相关教学和训练，培养的师范生促学和助学意识、能力差。从而导致在"双减"实施后，半数左右的教师在作业布置上有困惑或困难，把课后作业辅导当成了作业批改课，甚至不少的教师存在考试焦虑，在临近考试时组织学生大量刷题，出现了减负后的临时倒退现象。

（二）实践教学"两张皮"的现象依然存在

教育理论与教育实践是一种"相互滋养"的关系。理论指导实践，实践验证理论，加深对理论的理解，并把理论转化为能力。但是，师范教育实践教学中"两张皮"的现象影响了师范生所学理论与实践之间的衔接，阻滞理论向能力的转化。

首先，在校内教学中，理论与实践"两张皮"现象存在。有的高校配有专门的实践教师，理论课教师只教理论，实践课教师专管实践，教师之间缺少沟通，会出现理论与实践教学时间顺序不匹配、理论与实践内容错位等现象；同一课程兼任理论和实践教学的教师，也会因实验实践教学设备和场地所限，不能及时在理论教学后组织实践，影响教学衔接。

其次，高校与实践教学基地之间"两张皮"的现象多发。高校与实践教学基地一般在非实习期间缺少联系，缺乏相互了解。实践教学基地学生的实习活动，多由实践教学基地教师负责，实践教学基地教师具有较高自主权，利于师范生加深对未来职业场及其工作的了解和相关能力的训练，但也易造成高校理论与中小学实践之间的脱节。

最后，课程间的纵向贯通少。师范专业的教育类课程门类较多，一般情况下，教育类通识课，如"教育学""心理学"等课程由教育学院教师担任，"教育技术"则可能由信息技术专业教师担任，各科的课程与教学类课程由本专业任课教师担任。任课教师分属不同部门，加之高校科目分类较细，课程任课教师之间缺少沟通，导致课程实践内容重复或缺失。

总之，各种"两张皮"现象导致课程间的分割，影响师范生系统理论学习和能力培养，影响学习效果。

（三）实践过程参观和模仿多，研究性活动少

在实践教学过程中，参观和模仿是必不可少的。但是，如果只进行参观和模仿，则降低学生对知识的理解和应用水平，难以培养知识的综合运用能力和创新意识。知识只有在主动应用中才能转化为能力，而教师从事的就是一个富有创新性的职业，我国教育法也界定了教师职业的专业性。仅仅靠模仿难以应对不断变化的群代特征，更难以履行教育教学改革任务。

师范教育的实践教学中多是参观和教育实习中的模仿,师范生多从事事务性工作,实习环节缺乏制度性的群体性教学研讨、问题交流、集体备课说课和个体化教学研究等活动,以及实践中的学习活动。从而造成师范生知识内化水平不高,综合运用知识能力和创新能力差,表现在"双减"政策实施中则为教师对政策的不适应。

(四)实践教学评价重结果轻过程

过程性评价可以及时发现问题、解决问题,有利于评价对象和评价主体的内省和自我发现、自我教育,提升评价对象的自主意识,促其更好更快发展。

师范教育的实践教学评价多依据实践过程的考勤纪律表现和实验实习报告来进行,教育实习中还参考了实习单位对实习生的评价,多在实习结束后一次完成。可以看出,实践教学多进行的是终结性评价,只能发挥评价的评定功能,不能及时解决实习生实习过程中的问题,也不能促进实习生的专业成长。

(五)实践教学监管不到位

实践教学和理论课教学相比,具有时间分散,场地不固定、较远,过程较乱,结果难以评价等特点,致使实践教学评价重终结性评定,也造成过程监管的困难。又因为实践教学的任务主要是学生能力的形成,能力是内隐的,具有不可视性,只能在活动中表现而被人所知,对实践教学成果的监管也难以实现。所以,一般对实践教学的监管多侧重在纪律方面,对较长时期的教育实习监管多采用教育视察方式。这种监管不到位现象,易造成实习人员思想松懈,实践教学形式化现象。

二、师范教育实践教学体系的改革

师范教育实践教学存在的以上问题,严重影响师范生理论知识的深度加工和教育教学能力的养成,当他们走上工作岗位,就造成了各种不适应,在"双减"政策下,暴露出各种问题。只有依据基础教育阶段的新变化,对教师的新需求,改变目前师范教育实践教学的现状,提升师范生的专业素养,才能培养出能够担当民族伟大复兴的新教师。

(一)建立三体系联动的实践教学体系

师范教育的实践教育体系一般由校外实践活动和校内课程实践两个体系构成,因为课时限制、场地缺乏、集体性教学不利于活动开展等原因,这种体系安排往往导致师范生实践能力不强,高校所学与校外实践脱节。所以建议加大师范教育中校内实践活动,把能力培养贯穿于日常教学生活中,从而提出三体系联动的实践教学体系。

三体系联动的实践教学体系包括校外实践教学活动、校内课程实践教学活动、校内助教实践教学活动三个实践教学体系。校外实践教学活动包括校外认知实习、校外课程实践、教育实习三部分;校内课程实践教学活动包括课程实验、课程论文、课内实践教学、毕业设计或论文;校内助教实践教学活动是一种学徒制的教学实践活动,指把师范生分配给教育类课程的任课教师和在教学方面取得一定成果的专业课教师,师范生跟着这些教师,从大三开始各种教学助教工作。助教工作梯级开展,从教学案例分析,到课程资源建设,教学设计,教学演练,最后到教学实践。校内助教实践教学活动把教育教学实践贯穿于日常教学工作中,有利于学生及时发现问题,加强知识与实践的有效衔接,也可帮助学生尽快度过专业发展的"新手期",成为一个"成熟教师"。

三个体系之间建立联动机制,首先是校内校外联动。高校和教学实践基地之间要建立常规联动机制,有效发挥协同育人效果。联动方式包括基地教师指导师范生实践、基地进入高校课堂,进行校内实践技能指导、高校下基地调研,了解基地学校需求和基础教育发展动态、高校和基地开展联谊、教师发展促进、协同研究等。其次是校内院系和各科之间的联动。成立教育学院基础教育科,由师范专业教育类课程的教师组成,开展各种集体性活动;或建立院系和各科之间的联动机制,安排常规性的研讨、调研活动。

(二) 转变教学思路,培养师范生教学、促学、助学意识和能力

顺应"双减"政策,更好推进素质教育,要培养师范生学生为本的学生主体意识,在传统的教师范生"如何教"的基础上,增加"如何促学""如何助学"的相关知识学习和能力锻炼。

在教育教学过程中,学生的主体性活动包括预习活动、课堂听讲、课堂练习、课外作业、课外拓展等。相应的知识和能力包括学习资源选择的能力、自主学习能力、注意力保持和调节能力、笔记能力、思维和想象能力、动手能力、时间管理能力、学习策略、学业评价能力,以及坚定的意志力、乐观向上的精神、充沛的求知欲、合理的自我效能感等。所以,在师范教育的内容上,应着重培养师范生的学生中心的教育意识,增加信息获取及选择、学习策略、动机激发、时间管理、记笔记、作业治理、个性化教育等教育学和心理学知识,使其具有促学和助学能力。在实践教学环节,除了锻炼师范生课堂教学能力外,还应该培养其从学生角度,而非仅从教学任务角度开展教学准备和教学实施工作的意识和能力,促其养成教学有物更有人的教学习惯。

(三) 增加研究性实践教学环节

要面对发展中的学生,处理教育中各种问题,更好地贯彻"双减"政策,教师应该具有一定的创新意识和教育创新能力。为此,在师范教育校外和校内的实践性教学中,应相应增加研究性实践教学环节,以培养师范生的创新能力。

研究性实践教学依创新性的大小,可以分为教学案例优化、教学设计改编、教学资源重整、教学问题解决、教学方法设计、教学资源开发、教学工具制作、教学研究报告撰写等。研究性实践教学还可以分为个体方式和集体方式进行。应把研究性实践教学环节纳入实践教学大纲中,根据课程、实践活动时间、实践活动任务、场地条件等综合设置,并有具体内容和考核方式。

(四) 科学评价实践教学

实践教学评价对实践工作总结和下一步实践活动的开展都有重要意义,并能及时发现实践中存在的问题,及时调节,避免评价的形式化,提高师范生专业能力水平。

实践教学的结果呈现是活动能力的形成,仅仅采用书面汇报难以对能力水平进行正确评价,所以,评价实践教学应该以活动评价的形式为主;用于评价实践教学的活动可以采用活动分析、技能竞赛、模拟实践考核等。而书面汇报能够促进学生自我反思,利于总结时的实践结合理论,提高师范生应用知识的能力,故书面汇报可以作为辅助评价材料。

评价中将形成性评价和终结性评价有机结合。形成性评价材料可以阶段性收集,除考

勤和纪律情况外，可以收集实践教学活动中的优秀设计方案、优秀教学视频等，采用档案袋等方式进行发展性评价。终结性评价可以采用实践实习报告评价、实践教学成果展评价等。在评价中注意调动师范生的积极性，多元评价结相结合。

(五) 实践教学监管制度化

实践教学的实效，与制度化的监管有关，而其实效，又是师范生教育能力形成的反映。实践教学监管实施虽困难，但说明了监管的重要性。师范教育机构要建立制度化的监管体系，从监管机构设立、人员配备、权责分工、监管措施、监管标准、监管反馈等方面进行详细论证，以保证制度的合理性。要严格执行监管制度，从实践教学活动的审批到活动开展、活动结束实施有效的审核；实施监管的层级反馈机制，在监管过程中，要有明确的证据意识，善于利用信息技术工具辅助监管。监管过程中还要处理好监管和教师自主之间的矛盾，不能不管，也不能管得过严。

实践教学是师范教育工作中的重要一环，关系师范生能力养成。实践教学比理论教学更难操作，容易形式化。在以学生为中心的教育理念中，实践教学不仅关乎学生的能力养成，而且是直接经验理论化的重要途径，是有效教学的保障。"双减"政策对教师提出教育能力和理念的新要求，师范教育应该顺应基础教育的关切，以工作场域需求为导向，进行以实践教学为主的改革。

参考文献

[1] 赵亮，倪娟，代建军. 动因·价值·遵循："双减"政策的三维审思 [J]. 现代教育管理，2022(4):30-39.

[2] 李芒，葛楠，石君齐. "双减"的本质与责任主体 [J]. 现代远程教育研究，2022,34(3):24-31.

[3] 樊未晨，叶雨婷. "双减"落地超半年 教育生态如何重构 [N]. 中国青年报，2022-03-14(5).

[4] 郭尚武，陈拥贤，陈勇，等. "双减"实施的风险预判与防范策略 [J/OL]. 当代教育论坛，2022-08-23.

[5] 朱永新. 教育改革与发展亟须关注的三个重要问题 [J]. 教育研究，2022,43(3):20-24.

中小学语文教材中贾平凹选文的文学特点

程华 ❶

摘要： 新课标语文教材越来越重视文学作品在语文教学中的比例，重视语文教学的文学性特征，注重提升学生的文学素养和审美品质。贾平凹有十多篇散文入选中小学语文教材，这些散文都写于20世纪80年代，文学特性比较鲜明，是具有典范性的美文。贾平凹后期也创作出了一系列大散文，这些作品思路开阔，富有时代性和思想性，可作为中学生课外必读书目开列。不论是贾平凹的文学理论还是创作实践，对于正在思想成长阶段的学生都是非常有益的。

关键词： 贾平凹；中小学语文教材；文质兼美

贾平凹是中国当代文学史上的大家，在各类文学体裁的创作上都富有个性和特点。近年来，中小学语文教材注重甄选当代作家的优秀作品，莫言、余华、贾平凹、铁凝、王蒙、王安忆等作家的作品都有被选入中小学语文教材的必读和选读书目中。这也说明，新课标语文教材越来越重视文学作品在语文教学中的比例，重视语文教学的文学性特征，注重提升学生的文学素养和审美品质。

一、语文新课标对选文的要求

我国中小学语文教材的编写体例一直是"文选型"，选文是语文教材的主体，选文的质量决定了教育质量的高低，我们探讨中小学语文课程标准对选文的要求是很有必要的，在新课标下应该坚持什么样的选文原则呢？课程标准是教材编写的依据和纲领，在2011年的《义务教育语文课程标准》中明确提出：语文教材选文要文质兼美，具有典范性，富有文化内涵和时代气息，题材、体裁、风格丰富多样，各种类别配置适当，难易适度，适合学生学习。要重视开发高质量的新课文。

文质兼美是语文教材选文的总标准，这是由语文学科的工具性和人文性决定的。新中国成立以来，虽然初高中语文教材的选文内容不断在变化，但是"文质兼美"是我国当代语文教材始终坚持的选文标准，保障着语文教材的质量和教育水平。文质兼美主要针对的是选文的内容和形式，要求所选文章内容丰富充实，同时也要在形式上给人以审美的享受，达到选文内容与形式的完美统一。

选入中小学语文教材的课文也应具有典范性，对学生的学习起到示范作用。选文的典范是指选文的思想内涵、文化内涵、情感精神、审美意蕴以及语言表达等方面历经时代的发展变化依旧不衰，能经得起各种各样的考验。如教材中所选鲁迅的《故乡》《社戏》《中国人失掉自信力了吗》、老舍《济南的冬天》《骆驼祥子》片段、朱自清《背影》《春》等，

---

❶ 作者介绍：程华，女，陕西韩城人，硕士，教授

这些作品经过时间的考验仍然是经典的课文。叶圣陶先生1978年在一次语文教学研讨会上提出:"语文教材无非是个例子。"是的,语文教材是语文学习的基础,学生通过对这个例子的学习来达到举一反三、触类旁通的作用,所以语文教材的选文必须合乎规范,这样才能全面提高学生的语文素养,使学生全面发展。

选文的时代性也是中小学语文课程标准的要求,教材选文的时代性是指教材的选文要贴近社会实际,反映当代社会生活,可以随时代的发展而不断更新。语文不仅仅是一门工具,它还承载着文学、文明和文化的传承,所以语文教材在编写的时候要适应时代、引领时代,在选文上紧紧把握与时代的联系,尽量缩短与现实生活的距离,适当注入时代的灵魂,让语文"活"起来。

在教材编写的时候,也要考虑到中小学生是处于发展过程中的人,这就意味着学生心智技能没有达到完全成熟,对知识的理解处于一个相对浅薄的层面,所以在选择教材内容的时候要符合中小学生身心发展的特点,适应学生的认知水平,做到篇幅适中、难度适中,这样才有利于激发学生的学习能力和创新精神。

二、贾平凹选文在不同的教材版本中的情况

(一)各个版本小学教材选入贾平凹的作品

入选版本	入选篇目和年级
人教版	《风筝》(三年级上册)
北师大版	《月迹》(四年级上册) 《丑石》(六年级上册)
西师大版	《访兰》(六年级下册) 《一只贝》(五年级上册)
鄂教版	《我的小桃树》(六年级下册) 《太阳路》(五年级上册)
教科版	《地平线》(六年级下册)
湘教版	《中秋寻月》(三年级上册)
长春版	《一只贝》(五年级下册)
语文S版	《一只贝》(四年级上册)
部编版	《月迹》(五年级上册) 《风筝》(四年级上册)

(二)各个版本初中教材选入贾平凹的作品

入选版本	入选篇目和年级
人教版	《风雨》(七年级下册) 《一棵小桃树》(七年级下册)

续表

入选版本	入选篇目和年级
北师大版	《落叶》（七年级上册）
苏教版	《月迹》（七年级下册）
鲁教版	《落叶》（九年级上册）
冀教版	《黄陵柏》（七年级下册）
河大版	《黄陵柏》（七年级下册）
鄂教版	《小巷》（九年级上册）
部编版	《一棵小桃树》（七年级下册）

据以上统计，贾平凹有十多篇作品被选入不同版本的中小学语文教材中，从入选的情况可以看出，《月迹》《风筝》《一只贝》《一棵小桃树》等同时被选入多部教材中。从出现的数量看，贾平凹的作品已成为中小学语文选文系统中不可缺少的一部分。从这些入选的文章来看，贾平凹选文的文章体裁都是散文，数量较多，能成为学生学习的范文，符合语文课程标准的要求，其具有一定的文学价值。

三、贾平凹选文的文学特点

贾平凹有十多篇散文入选中小学语文教材，这些散文文质兼美，是贾平凹早期散文中的代表作。在贾平凹的整个文学创作中，尤以小说和散文文学品质最高，其早期散文创作文辞优美，构思精巧，意象丰富，是典型的美文。1990年以后，贾平凹倡导大散文，自己也身体力行，创作出一系列大散文，诸如《江浙日记》《老西安》《西路上》《定西笔记》等作品，这些作品思路开阔，富有时代性和思想性，也是长篇幅的散文作品，可作为中学生课外必读书目开列。入选中小学教材的这些散文，在创作特点上具有一定的共性，其文学特性比较鲜明，是具有典范性的美文，符合中小学生语文教材的选篇要求，其文学性特点具体表现如下：

（一）孩童视角叙事，语言简洁明了，对话充满童趣和智慧

选文中的《一只贝》《月迹》《丑石》《风筝》等作品，篇幅都不长，少则600字左右，如《一只贝》《风筝》，长则1500字，如《月迹》，文章的主角是孩子们，用孩子们的眼睛观察贝壳、月亮、风筝、丑石，语言清新明了，对话也充满童真趣味，非常适合小孩子阅读。

细读这些文章，孩童视角下的语言充满童趣，简单明了而不拖泥带水。在《一只贝》中，作者这样叙述："一只贝，和别的贝一样，长年生活在海里。海水是咸的，又有着风浪的压力；嫩嫩的身子就藏在壳里。壳的样子很体面，涨潮的时候，总是高高地浮在潮的上头。有一次，他们被送到海岸，当海水又哗哗地落潮去了，就永远地留在沙滩，再没有回去。蚂蚁、虫子立即围拢来，将他们的软肉吞噬掉，空剩着两个硬硬的壳。"这段作品中语言的童趣表现在：一是叙述内容皆为叙事者眼睛所见，叙述内容不拖泥带水，也没有过多的修饰词语。二是双声修饰词语的运用，增加童趣，诸如嫩嫩的／高高地／哗哗地／硬硬的，使所修饰的景象富有动感和音乐感觉。

孩童视角下的对话也符合少儿的心理，这四篇选文中，孩子们和大人的对话都占了很大的篇幅，对话表明着孩子们对事物好奇的态度，对话也是作品的文眼，作者将他的思想寄予在对话中，对话也就有了双重意蕴，这也是贾平凹散文的创作特点。如《一只贝》中的对话：

"这是什么东西？"

"这是珍珠！嗨，多稀罕的一颗大珍珠！"

"珍珠？这是哪儿来的呢？"

"这是石子钻进贝里，贝用血和肉磨制成的。啊，那贝壳呢？这是一只可怜的贝，也是一只可敬的贝。"

在这段对话中，孩子们惊奇的声音和好奇的询问都在里面，大人的回答中则蕴含哲理。叙述的价值不在刻板的叙事中，而在一问一答的巧妙而机智的问询中。这段对话回答了孩子们的问题，珍珠为什么稀罕？因为它是贝用血和肉磨制而成的，不经历一番痛彻心扉的苦难，怎能获得弥足珍贵的宝珠呢？这既是对贝壳的评价，也是一种人生态度的证明，对小孩子也有思想启迪的意义。

例如《月迹》中的一段对话：

我们就坐在沙滩上，掬着沙儿，瞧那光辉，我说：

"你们说，月亮是个什么呢？"

"月亮是我所要的。"弟弟说。

"月亮是个好。"妹妹说。

我同意他们的话。正像奶奶说的那样：它是属于我们的，每个人的。我们就又仰起头来看那天上的月亮，月亮白光光的，在天空上。我突然觉得，我们有了月亮，那无边无际的天空也是我们的了；那月亮不是我们按在天空上的印章吗？

挂在天空的月亮在地面上留下的印迹是抽象的，看不到摸不着，文章写了孩子们寻找月迹的过程，这叙述本身就充满童趣。最后的对话则将文章的思想得以升华：月亮是好的，是我们每一个人都需要的，是美好事物的象征，美好属于每一个人。

《风筝》是贾平凹的一篇散文，原文较长，有两个叙事空间，一个老女人的和孩子们的，改编后，删剪了有关老女人对风筝的态度，"风筝"成为孩子们追逐的幸福鸟，记录着孩童的快乐生活。教材编者之所以这样改编，目的是适应小学生的心智发展的需求，适应孩子们对未来的快乐生活的憧憬和愿望，这也是很多寓意丰富的作品没有进入部编版中小学教材的原因。

(二) 叙事细腻，富有层次感；意象丰富，蕴含着哲理

贾平凹的这些散文，都以客观景象作为描述对象，但在叙述客观景象中蕴含主观的情思，情景交融，意象丰富。《月迹》中，作者叙述了孩子们寻找月迹的过程，孩子们眼中的月迹是逼真而细腻的：

我们看时，那竹窗帘儿里，果然有了月亮，款款地，悄没声儿地溜进来，出现在窗前的穿衣镜上了：原来月亮是长了腿的，爬着那竹帘格儿，先是一个白道儿，再是半圆，渐渐地爬得高了，穿衣镜上的圆便满盈了。我们都高兴起来，又都屏气儿不出，生怕那是个尘影儿变的，会一口气吹跑呢。月亮还在竹帘儿上爬，

那满圆却慢慢儿又亏了,末了,便全没了踪迹,只留下一个空镜,一个失望。

我们都看着那杯酒,果真里边就浮起一个小小的月亮的满圆。捧着,一动不动的,手刚一动,它便酥酥地颤,使人可怜儿的样子。大家都喝下肚去,月亮就在每一个人的心里了。

这是文中两段关于月迹的叙述,作者用白描的手法,用孩童的视角,将月亮人格化,它"款款地,悄没声儿地溜进来",它"酥酥地颤,使人可怜儿的样子",描写中,作者运用拟人和比喻的修辞手法,情景交融,写出了月光荡漾在孩子们内心中的情景。

在《丑石》中,作者叙述丑石之丑,其描写细腻之处在于善于铺排,运用对比的手法,有层次感地写出了丑石的无用:第一层次叙写奶奶嫌丑石碍地面,第二层次叙写伯父盖房也没有看上它,第三层次再写石匠钻磨子也没看上它,第四层次书写我们这些孩子们也讨厌了它。但就是这样的丑石,在天文学家眼里,原来却是块陨石。作品这样叙述:

奶奶说:"真看不出!它那么不一般,却怎么连墙也垒不成,台阶也垒不成呢?"

"它是太丑了"。天文学家说。

"真的,是太丑了"。

"可这正是它的美"天文学家说,"它是以丑为美的。"

"以丑为美?"

"是的,丑到极处,便是美到极处。"

作者将美丑辩证的哲理蕴含在对话中,如上文所述,对话富有双重意蕴,是贾平凹散文的创作特点,对话既是客观叙述,也是情景的升华。如同"丑石"这样的意象一样,贾平凹的"一只贝""一棵小桃树",《访兰》中的"兰",《文竹》中的"文竹"等,都是情景交融的意象,作者叙述的景象客观而细腻,但同时在这景象中又寄予了丰富的情感和思想。贾平凹创造的这些意象,很多情境下是通过孩童的视角观察出来,写实逼真细腻,因而能给中小学生思想的启迪和情感的熏陶。诸如,"一只贝"中包含有只有不断经历苦难的折磨,才有可能增强自身的品质,只有经历风雨的吹打,才能遇见美好的彩虹。"月迹"中包含着的意蕴在于,只要我们每个人都有一双发现美的眼睛和感受美的心灵,这世界便处处是美好。"文竹"是清冷孤独的自我写照,"小桃树"虽被冷落,但终以灿烂回报,"小桃树"里也包含着作者对奶奶的情思。

(三) 感情真挚,富有真性情;构思精巧,善于测面描写

贾平凹的这些选文都是富有真性情的文章。20世纪20年代,周作人就提出,文艺性美文的特性就是要具有个性。梁实秋也认为,散文是个性的,犹如一个个人在行走。贾平凹认为,散文是心灵的自由,是为文适性,是张扬个性。"一部中国散文史,严格讲是一部个性存亡史,是一部情之失复史。"散文中的真性灵是讲个人的心志和品性,要在作品里表现出来。

《一颗小桃树》入选人教版《语文》七年级下册(2016版)第五单元第19课。作品中包含着贾平凹的个人体验和真实的感情,他书写的是桃树,但其实也是在表达自己的心志。桃树不被人注意,时时经历风吹雨打,在风雨飘摇中仍然昂首站立,这是作者个性和思想的外化。作者多年来也时时历经挫折,但仍要面对生活,桃树是作者思想和情感的载体。

在作者笔下，小桃树富有这样的人格意志："雨还在下着，我的小桃树千百次地俯下身去，又千百次地挣扎起来，一树的桃花，一片，一片，湿得深重，像一只天鹅，眼睁睁地羽毛剥脱，变得赤裸的了，黑枯的了。然而，就在那俯地的刹那，我突然看见那树儿的顶端，高高的一枝儿上，竟还保留着一个欲绽的花苞，嫩黄的，嫩红的，在风中摇着，抖着满身的雨水，几次要掉下来了，但却没有掉下去，像风浪里航道上的指示灯，闪着时隐时现的嫩黄的光，嫩红的光。"

小桃树也是作者和奶奶的情感纽带，这颗小桃树，唤起了作者和奶奶的生活点滴，也使作者打开了记忆的大门，心中涌动着对亲人的感情。作者这样叙写："他们曾嫌它长得不是地方，又不好看，想砍掉它，奶奶却不同意，常常护着给它浇水。啊，小桃树儿，我怎么将你遗在这里，而身漂异乡，又漠漠忘却了呢？看着桃树，想起没能再见一面的奶奶，我深深懊丧对不起我的奶奶，对不起我的小桃树了。"小桃树不仅寄托着我对美好的希望，小桃树也如一个精灵，唤起了对奶奶的思念，作者写道："雨却这么大地下着，花瓣儿纷纷零落去。我只说有了这场春雨，花儿会开得更艳，香味会蓄得更浓，谁知它却这么命薄，受不得这么大的福分，受不得这么多的洗礼，片片付给风了，雨了！我心里喊着我的奶奶。"

贾平凹笔下的小桃树，包含有他自己切身的经历和体验，小桃树不是自然地长在风雨里地桃树，它蕴含着作者的情思，寄予着作者的思念，是从作者心灵里书写的文字，饱含着情感。与《丑石》《一只贝》《文竹》等作品不同，这些作品中的意象浓缩着人生经验以及生活的智慧，"小桃树"意象中，蕴含着深深的情思，它能与读者产生情感共鸣。

《风雨》是贾平凹书写自然景象的一篇短小的散文，此文构思精巧，描写细致，突出表现了贾平凹在白描书写上的功力。作者描写了树林子里的情景："树林子像一块面团了，四面都在鼓，鼓了就陷，陷了再鼓；接着就向一边倒，漫地而行的；忽的又腾上来了，飘忽不能固定；猛地又扑向另一边去，再也扯不断，忽大忽小，忽聚忽散；已经完全没有方向了。"写到各种树木在风雨中的状态："垂柳全乱了线条，当抛举在空中的时候，却出奇地显出清楚，刹那间僵直了，随即就扑撒下来，乱得像麻团一般。杨叶千万次地变着模样：叶背翻过来，是一片灰白；又扭转过来，绿深得黑青。那片芦苇便全然倒伏了，一节断茎斜插在泥里，响着破裂的颤声。"还写到断了绳的羊、槐树上的葡萄蔓、鸟巢与鸟、池塘里的浮萍、小木屋的门框等物象在风雨中的情景，题目是"风雨"，但全文没有一处具体描写风和雨的文字，但却处处写出了风雨铺面而来的情景，整篇文字犹如西方印象派的画面，罗列了各种风雨中的景象，充满骚动不安的气象，这也充分展现了贾平凹侧面描写的功夫。贾平凹的这种写作技巧深受中国传统美学的影响，可以说是"不着一字，尽得风流"。这样的书写背后，考验的是作者立意的别出心裁和构思的精巧别致，是中小学生学习写作技巧的难得的范文。

四、贾平凹的大散文及其义务教育阶段当代文学作品选读书目瞻望

贾平凹是出色的散文写作者，多年散文创作的经验使其对散文文体有着更为成熟的认识。他早期的散文多文笔清新、感觉细腻、注重散文的形式技巧，散文风格"俊逸优美"，可以说是艺术散文的杰出代表。上文所列的中小学语文教材篇目都来自他早期的散文创作。

随着贾平凹本人艺术观念的不断成熟，他认为散文写作和小说写作一样，也应具有现代意识，应突破散文的柔靡之风和狭窄格局，拓展散文的领域，开拓散文的境界。

当代散文领域以贾平凹等为代表提出模糊散文的界限，发展"大散文"和以刘锡庆为代表的"文体净化"在20世纪90年代一度引发轰轰烈烈的争论。刘锡庆要为散文"清理门户"，倡导艺术散文。贾平凹则认为，之所以倡导"大散文"，"目的就是以我们的力量来反对那种甜腻的、花花草草的、鸡肠小肚的一类文风，倡导散文的大气、清正，鼓呼把散文的路子拓开，为越分越细沉沦为小家子气的散文广大门路。"在与穆涛的访谈中，贾平凹说写散文的人多，但整个散文界并不景气，貌似繁荣，实则缺乏好的气势。他说："在散文被总体上的靡丽柔软之风污染和要沉沦之时，需要的是有一股苍茫之力，而不宜于什么'清理门户'，寻纯而又纯的东西，那只会使散文更加穷途末路。"贾平凹从创作者的角度，说明散文要突破和创新，不应过分纯洁散文文体和重视散文的写作技巧，那样只会使散文脱离现实。他从创作者的角度，说明散文要突破和创新，不应过分纯洁散文文体。散文越走越狭窄的根源是与生活和时代脱轨，缺乏大气象、真性情。

贾平凹倡导大散文的目的就是要开拓散文的题材和内容，他认为散文写作要有生活实感。生活实感，不仅仅是咏物抒怀，要在文字中看到具体可感的生活。《美文》杂志作为倡导大散文的主要阵地，在遴选稿件时，他强调，多选择那些从事不同行业的投稿者的稿件，拓宽散文创作者的路子。他认为，哪怕艺术的东西欠缺，生活的内容具体可感，都是好的文章。本人赞同贾的观念，认为散文最主要的是真实记叙生活中发生的事，从生活之事中传达思想，表现感情。

贾平凹不仅从题材和内容方面鼓呼要开拓散文的疆域，从审美境界上也追求大气象和大格局。中国传统散文追求"精致、典雅的苏州园林式的小格局"，多是"千字文"，追求"描写——抒情——议论"的单一模式，不能承载丰富多义的思想内涵，也不能记叙磅礴而富有气势的时代内容。大境界其实是思想的解放，贾平凹是成功的小说作者，他认为散文也可以像小说一样，"无事不可入""无意不可言"，从历史、现实、自然、人生中去发掘蕴含思想、文化内涵的题材，直面现实、反思历史、解剖人生。他认为："在这块园地上，你可以抒发天地宏论，你可以阐述治国安邦之道，可以做生命的沉思，可以行文化的苦旅，可以谈文说艺，可以赏鱼虫花鸟。"

与大境界的审美品格相呼应，贾平凹在散文文体形式方面也倡导自由的形式，他认为："散文是大而化之的，散文是大可随便的，散文就是一切的文章。"在写作实践中，他也倡导把文学还原到生活中去，什么人都可以写散文，什么领域里都有美文，大雅者大俗，大俗者大雅。比如政治家的批文，科学家的论文，商业的广告，病院的案例，诉状、答辩、启事、家信甚至便条——不要以为文章都是文人写的。

在大散文理论的指导下，贾平凹在创作实践方面也追求散文大气象，相继写出了《我是农民》《老西安》《西路上》《定西笔记》这样宏大篇幅的文章，散文领域里宏大篇幅和鸿篇巨制不仅是散文文体的革新，长篇幅的文体容易容纳大体量蕴涵丰富的内涵。

贾平凹的散文理论是文学创作方面解放思想和开放格局的表现，无论是他的理论还是创作实践，对于正在思想成长期的学生都是非常有益且必要的。孩子们也要培养开放的思想，也要在学习过程中具备现代意识，与时代接轨，开阔思想，发展创新意识。贾平凹后期在大散文观念指导下的创作，诸如《老西安》《定西笔记》《西路上》等作品，也利于写作学习期的孩子们学习，能够培养他们随时随地观察和写作的能力，这些大散文的代表作，若能甄选到当代文学必读书目中，定能给中小学学生良好的教益。

参考文献

[1] 中华人民共和国教育部. 义务教育语文课程标准(2011年版)[M]. 北京：北京师范大学出版社，2012.

[2] 叶圣陶. 叶圣陶语文教育论集[M]. 北京：教育科学出版社，1980.

[3] 贾平凹. 一只贝[M]// 贾平凹. 贾平凹文集：第11卷. 西安：陕西人民出版社，1998:294.

[4] 贾平凹. 新时期散文创作[M]// 贾平凹. 贾平凹文集：第12卷. 西安：陕西人民出版社，1998:305.

[5] 贾平凹. 在《美文》创刊五周年纪念会上的致辞[M]// 贾平凹. 贾平凹文集：散文肆. 西安：陕西人民出版社，2008:166.

化学史在高中化学教学中的应用

樊雪梅，王书民，孙楠，刘萍

摘要： 随着化学新课程改革的推进，教育目标逐渐由传统的应试教育向以提高学生科学素养为核心转变。本研究分析了高中化学史教育的作用，找出了我国目前高中化学史教学中所存在的主要问题。研究认为，化学教学实际上就是借助化学史，然后在课堂上进行教学，完善学生的知识体系，促进情感态度与价值观的形成。化学史教育价值的发现和作用使得化学家不断探索将化学史融入化学教学的方法、途径，已然成为化学教育理论和实践研究的重要组成部分。但是受到传统应试教育和升学考试的影响，化学史教育的理论与实际课堂并未达到很好的融合，造成了脱节的现象。因此，如何将化学史融入高中化学教学是目前化学史教学的重点。

关键词： 化学史；化学史教育；化学教学

化学史可以看作是科学史的一个分支，在科学发展的历史长河中也有它的身影。美国著名的科学史家 G.萨顿曾经说过：科学史可以看作是在具体实践中进行不断总结的过程。化学史也是化学的一个重要分支，系统地描述了自然化学知识的历史，以及人类在探索和理解世界方面长期的社会实践的真实表现，记录了人类认识世界、改造世界的艰辛过程，是人类自身发展不可或缺的一部分。准确地说，化学史是从化学发展的历程中产生和发展起来的，从钻木取火到燃料的燃烧，从以树叶遮羞到各种新颖服饰，从茹毛饮血到用火烹煮食物，从石器到青铜铁器的使用，从八音律到元素周期律，化学给人类带来了巨大的财富和便捷。化学史是人类发展史和科技发展史的重要组成部分，它还是化学学科的重要组成部分，描述了化学学科的产生和演变规律，也是学生学习化学知识所必不可少的一部分。它记录了化学概念和原理的创造过程，展示了化学思想的发展过程，再现了化学家们探寻新的科学方法解释化学规律的曲折过程，体现了无数科学家和劳动人民的智慧。学生学习时，通过它的动态演变过程，能更清晰地理解静态的逻辑理论知识，使学生对于化学知识的学习不仅仅局限于静态的结论，并且对三维目标的实现起到了促进的作用。同时，学习化学家的典型事迹，也能更好地培养学生的科学素养。

著名化学家戴安邦教授说："不能进行单纯的教学，要注重学生思维的训练，更重要的是科学精神的培养。"对于现代化学教学的任务来说，不单单要向学生传授科学知识和实验技能，还要教其方法，提升自身的能力。

新的教学要求表明：学生首先要对化学有兴趣，在此基础之上进行合理引导；注重其中的过程，培养学生的科研精神。化学史是记载科学家们探究化学发展的过程，在这个过程中，化学家们身上所体现的一些科学思想和方法以及求真务实、开拓创新、敢于质疑的

---

❶ 基金项目：陕西省教育学会教学改革研究项目（SJHYBKT2022140）

精神都有利于学生科学素养的提高。与化学史建立紧密的联系，引导学生从科学家求真的过程中受到启发，才能使学生从中学到科学的思想和方法。在化学教学中融入化学史教育，可以真正帮助学生对知识的理解和学习，同时使得学生具备良好的科学素质。

一、化学史在高中化学教学中的作用

（一）化学史的研究发展

著名学者傅鹰认为："化学史是人类智慧的结晶和产出"，代表了人们不断探索和认知的过程，也是化学家理解世界并改变世界的过程，在这个过程中他们身上所体现出的一些思路和方法，人格和品质，为学生提供了宝贵的精神财富，有利于培养学生良好的学习能力，树立正确的人生观、价值观。在素质教育背景下的今天，将化学史融入化学教学中来提高学生的学习能力成为一种必然趋势。

《普通高中化学课程标准（实验）》中指出，化学课程以提高学生的科学素养为宗旨，以改变学生的学习方式为目标。要想实现这一目标，化学史是其中一个必不可少的有效途径。新课标尤将化学史教育提上议程，将基本原理和化学史进一步结合，有利于学生的学习。

在西方，有关科学教育史的早期发展可以追溯到19世纪中期。著名学者惠威尔（Whewel）认为："相对于传授学生知识，还不如教会其科学方法。"在1917年BAAS年会上他再次提出："科学史教育是自然和人文的结晶。"而朗之万认为："科学史是教学的增味剂。"当时，法国只注重一味地向学生灌输科学知识，而他对这种教学方式并不认可，认为科学史教育是最有效的方式。1926年实验教学法在法国被融入了理科教学之中，因为保守派势力的反对和拒绝，他的观点未被法国教育完全采纳，但日本和美国短时间采纳了朗之万的教学思想。

科学史教育当时在美国非常受重视。20世纪20年代以来，也有越来越多的高等学府开设了这门课程，中学也逐渐沿用了化学史教材，并取得了较好的成效。美国著名学者克劳费尔于1950年编写了《科学史事例》的教材。20世纪60年代，美国26个州的100多所学校接受了HOSC教学法的试点教学，并取得了显著成果。接受化学史教育的53个班级比未接受化学史教育的55个班级就知识水平有明显提高。在同一时期，美国著名教育家施瓦布也强调科学史教育。

我国许多老一辈的化学家、教育家也都很重视化学史教育。20世纪30年代，丁绪贤先生撰写了中国第一部化学史书籍《化学史通考》，并首次在北京大学设置了化学史课程，主要讲授世界化学史；在这之后，袁翰青教授在北京师范大学的化学史课上介绍了中国化学史。王星拱、付鹰教授也在教学过程中经常运用化学史，学生受益良多。通过对化学史相关的文献进行查阅可以发现，化学史在高中化学教学中的作用越来越受到更多学者的重视。

（二）化学史在高中化学教学中的作用

1. 激发学生学习化学的兴趣

我们知道，单纯的理论知识学起来比较枯燥、乏味，而化学史是化学发展的整个过程，它包含了一些扣人心弦又有趣的故事，这些故事可以激发学生学习化学的兴趣。例如苯分子结构就是德国化学家凯库勒在梦中受到启发而提出的。为了解释苯分子不能与不饱和烃发生加成反应的现象，他绞尽脑汁，有一天，当他在书房打瞌睡时，一条碳原子链突然涌现在他的眼前，它像蛇一样盘旋，最后咬住了自己的尾巴。他突然惊醒，故而联想到苯分子是一个由6个碳原子单双键交替组合形成的环状结构。恰巧是因为这个梦，他提出了苯分子的结构，这个梦也是他对科学、对真理不懈追求的体现。像这样令人感兴趣的历史事实能够有效地激发学生的学习兴趣，使得学生愿意学习，从而提高课堂效率。

2. 提高学生的科学素养和创新精神

戴安邦教授说："化学教学不仅传授化学知识和技术，更要训练科学思维和方法，还要培养科学精神和品德。"在化学史的基础上，探究性教学使学生在科学史的研究过程中，缩小了学生与科学家之间的距离，使学生体验并学习科学思想和方法，培养了合作精神，提高学生的科学探究意识和能力，从而促进学生的学习效率和能力，这可能不会提高学生的化学成绩，但最重要的是，学生可以从个人经历、过程、方法、情感态度等方面获得新的体验和学习方式，从而提高学生的科学素质。

邓小平同志曾经说过："任何一项科研成果，都不可能是一个人努力的结果，都是吸取了前人和今人的研究成果。"如果我们仔细回想一下化学学科产生与发展的历史，就会发现在这个过程中，化学家的思维也是非常重要的，他们的创新精神、科学方法和严谨的学术态度对他们的成功产生了至关重要的作用。他们很好地继承了前人的科学思想和成就，更注重理论与实践的统一。现代教育的重点是学生的能力建设，而化学教育更要注重培养学生的观察力、创造力和思维能力，换句话说，就是培养学生掌握科学方法。将化学史融入化学教学中，对于学生掌握科学方法是有利的，每一个成功的化学家身上都蕴藏着不同的科学方法，学生在以后的学习和生活中利用他们的思维方式和科学方法去发现问题、分析问题和解决问题，从中获得启示，最终不断地进行归纳演绎，从而提升学生的创造能力和创新精神。

3. 培养学生的爱国主义精神

爱国自古就是我国中华传统的美德。我国著名化学家侯德榜先生，从小受到爱国主义思想的熏陶，树立了长大拯救国家的理想。他在美国努力学习了八年并获得了博士学位后，放弃了国外的优厚条件，毅然决然地回国，只为了中国化学工业的发展。他创建了永利碱厂，潜心研究，最终发明"侯氏联合制碱法"，打破了国外对制碱行业的垄断，为中国的化学工业做出了重大贡献，并为中华民族争得了伟大荣誉。在化学史教育中，可以以此激发学生的爱国主义情感，鼓励学生为祖国的繁荣昌盛而努力学习。

"授人以鱼，不如授人以渔。"教师给学生传授的不仅是知识，还有做人的方法，培养学生树立正确的人生观、价值观和世界观。青少年正处于品德形成的关键期，教师在教学中恰当地引入一些化学家爱国的表现和事迹，可以使学生发奋学习，在这些爱国学者的影响和熏陶下，学生的爱国主义精神将得到很好的培养。

4. 提高教师自身的素质

化学教师的重要素质教育方式之一就是科学的工作方法，教师的教学风格对学生也有影响。俄国化学家布特列洛夫教授通过对化学史的研究总结出：要想有所创造，有所进步，那就必须对前人走过的道路有足够的了解,如果要找到一条新的道路,那就要了解过去的理论、成功与失败。作为一名合格的化学教师,就要倾注自己毕生精力,为化学教育事业的发展去探索、去奉献。如果化学教师通过学习化学史来理解化学学科知识之间的关系,就会在教学中运用。正确了解化学史是教师从哲学角度理解化学规律和理论并帮助学生形成科学的世界观和方法的一个必要条件。

二、化学史融入高中化学教学的方法

从目前高中化学教学的现状来看,虽然化学史对于高中化学教学有很多的益处,但是在实际应用中却不能够引起教师和学生的足够重视。在教材上,化学史大多以资料的形式向我们展现,缺少一些相应的描述,不足以引起学生的重视。因此,需要充分发挥化学史的教育价值和作用。为此,对于如何将化学史应用到实际教学中,笔者有以下几点建议:

(一)建立化学史素材库

在调查过程中,笔者发现在教师的调查问卷中有教师反映适用于高中教学的化学史素材搜集麻烦、寻找困难,因而对化学史教育保持着敬而远之的态度。而教材中的化学史材料数量有限、内容单一,此时,教师就应该有意搜集整理一些教学过程中涉及的化学史素材来供教学使用。

但是,化学史的内容繁杂、分类多、来源广泛,并且许多史料与难度过高的大学专业化学的发展有着密切的关系,在高中教学中应用会给教师带来一定的教学负担。如果要建立适合中学化学教学的历史资料库,那将给中学化学教师带来极大的便利,这样就会大大改善目前中学化学史教育的现状,相信这将极大地促进中学化学史研究进程发展。

(二)加强教师的化学史教育

要想充分发挥化学史的教育功能,促进学生的全面发展,这就对教师有较高的要求。不仅要有丰富的化学史知识,还要有扎实的化学专业基础,这对于实现目标是不可或缺的。但是,现实生活中,大多数在职高中教师甚至是即将成为高中教师的师范系学生,对于专业性的化学史教育接触几乎是空白的。为此,可以在高校化学教学中开设化学史和与化学史学科相关的课程;中学学校可以定期组织化学教师接受化学史的相关课程的在职培训、定期举办有关化学史的讲座等。

(三)将化学史作为课程导入

在化学教学中,教师常常会为了创设一些情境来进行课程的导入,而化学史就是一个不错的选择。教师可以利用化学史创设教学情境,帮助学生思考。例如,在讲授有机物的时候,就可以介绍德国化学家凯库勒如何提出苯的结构式的故事。这样,学生不仅可以学习化学史的相关知识,而且可以活跃课堂学习氛围,激发学生学习兴趣,使课堂环环相扣,提高学生学习效率。

(四)将化学史融入实验课中

众所周知,化学是一门以实验为基础的学科,而化学教育中最重要的一个部分就是实验。所以,教师可以在实验课中适当的引入一些相关的化学史内容,在增加实验趣味性的同时还能提高教学效率。例如,在学习酸碱滴定实验中,教师可以引入波义耳研究酸碱的故事。借助化学史，可以使得学生更好地掌握学科知识，方便学生今后对相关知识的学习。

（五）将化学史融入习题中

随着化学新课程改革的推进，化学史受到越来越多学者的重视，化学史不仅仅出现在教材上，有关化学史的题目也或多或少的出现在考卷上。无论是为了提高学生的应试能力还是综合水平，教师在设置习题时，都应考虑将相关的化学史问题融入其中。一方面，便于学生学习化学知识；另一方面，有助于将德育渗透进教学中，促进学生全面发展。

（六）将化学史延伸至课外自主探究

课堂教学时间比较短，教师不可能在课堂上面面俱到。因此，在实践与探究部分中，教师可以根据化学史指导学生自行搜集整理相关的资料，进行自主探究，这样不但能激发学生学习化学的兴趣，同时还可以促进学生自主学习和独立思考。

三、化学史在高中化学教学中的应用问卷调查及分析

本次研究采用问卷调查法了解化学史在高中化学课堂教学中的应用情况。此次调查选取了陕西部分高中的学生和教师。共发放教师调查问卷40份，回收有效问卷32份，有效率为80%；共发放学生调查问卷500份，回收有效问卷444份，有效率为88.8%。最后将调查结果与学生问卷调查结果进行整理，并与学生问卷结果进行整合，以便更好地反映化学史教育的应用情况。

（一）教师的问卷调查情况

为了了解在新课改背景下高中化学教师对于化学史的实践情况，2020年5月15日～5月20日，笔者对临潼中学部分高一、高二、高三化学教师进行了问卷调查，共计32人。调查问卷见附录1，具体调查结果如图1、图2、表1～表3所示。

教师对于将化学史融入化学教学中的看法如图1所示，选择"非常赞同"的教师达到了62.5%；有37.5%教师选择了"比较赞同"。由此可见，教师对于将化学史融入实际化学教学中是赞同的。

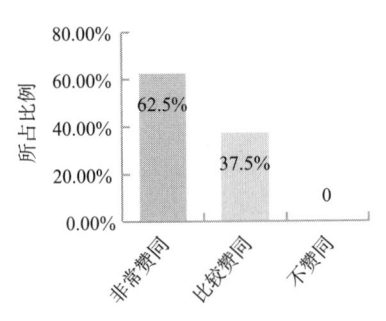

图1 教师对化学史教育的看法

由表1可知，对于运用化学史教学可以调节学生学习化学的积极性，有62.5%的教师选择了"非常赞同"；剩下37.5%教师均选择了"比较赞同"。当问到化学史是否有助于学生理解化学概念和化学规律时，选择"非常赞同"的教师占比达到了62.5%；其余37.5%教师均选择了"比较赞同"。由此看来，教师对于化学史的教育功能是保持认可态度的。

表1 教师对化学史教育功能的认识

问题	选项及比例		
	非常赞同	比较赞同	不赞同
运用化学史教学可以调节学生学习化学的积极性	62.5%	37.5%	0%
学习化学史有助于学生理解和掌握化学知识	62.5%	37.5%	0%

教师对化学史教学的实际运用情况调查结果如表2所示。虽然教师们认可化学史教育的作用，但实际应用情况却不是很乐观。由表中的数据可知，关于经常在教学中运用化学史教学，有50%的教师表示"不赞同"，有25%的教师表示"比较赞同"，而只有25%的教师表示"非常赞同"。对于教材中出现的化学史内容，还是有37.5%的教师会要求学生自行阅读或忽略，有62.5%的教师会进行讲解。当问及除了教材中的化学史内容，是否还会引入其他的与教学相关的化学史素材时，有75%教师表示会"看情况而定"，有12.5%的教师选择了"从不引入"，12.5%的教师选择了"经常引入"。由此可见，在高中化学教学中对化学史的实际运用还需要进一步加强。

表2 教师对化学史教学的实际运用情况

问题	选项及比例		
除过公开课以外，我经常在教学过程中运用化学史教学	非常赞同/25%	比较赞同/25%	不赞同/50%
教材中的化学史材料在教学中没有必要强调，学生自学或略过即可	非常赞同/0%	比较赞同/37.5%	不赞同/62.5%
除了教材中的化学史内容，您是否还会引入其他的与教学相关的化学史素材	经常引入/12.5%	看情况而定/75%	从不引入/12.5%

对于在化学教学中进行化学史教育会加重教师教学负担的问题，调查结果如图2所示。有37.5%的教师选择了"比较赞同"，有62.5%的教师选择了"不赞同"。由此看来，有一

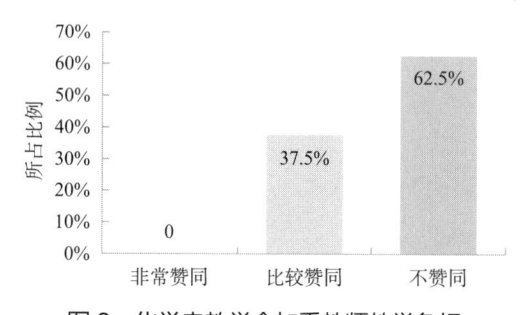

图2 化学史教学会加重教师教学负担

半数以上的教师认为额外的搜集一些化学史资料并运用在课堂中不会加重教师的教学负担，还有一少部分教师认为会加重教师的教学负担，究其原因可能是课堂教学时间有限、受到升学考试的制约、没有完整的化学史素材库、素材搜集起来比较费时费力等。

教师对化学史的处理情况结果如表3所示。当问及引入化学史的原因时，87.5%的教

师选择了"提高学生科学素养";有62.5%的教师选择了"课本上有相关的内容";还有37.5%的教师表示"与所讲知识有关联";也有12.5%的教师选择"考试会考到"。由此可见,随着化学新课程改革的推进,教师逐渐认识到提高学生科学素养的重要性,但是化学史教学在实际教学中的实践情况不理想。大部分教师在处理化学史内容的时候,教学方式略显简单,并未充分发挥出化学史的教育功能。

表3 教师对化学史的处理情况

问题	选项及比例			
您在教学中讲解化学史的原因	考试会考到/12.5%	与所讲知识有关联/37.5%	提高学生科学素养/87.5%	课本上有相关的内容/62.5%
您曾在教学中用过什么方法讲述化学史	借助多媒体播放相关视频/75%	展示图片/75%	讲述科学故事/100%	引入经典实验/37.5%

最后,针对实施化学史教学过程中有遇到什么困难一题中,有不少教师提到:在进行化学史教育时,缺少一些相关的化学史课程资源也是他们所面临的难题。从调查情况来看,化学教材中的化学史材料内容相对较少,尚未满足教师的需求,在授课时,他们需要作少量的补充,需要的时候会在网络上进行查阅,但是可以用的资料不多,就打消了用化学史进行教学的想法;还有教师自身的化学史素养不足,很多在职教师也没有接触过专业的化学史教育,对于化学史的知识掌握不够等。

(二)学生的问卷调查情况

为了了解学生对教师进行化学史教学的反馈情况,2020年5月15~20日,笔者对临潼中学高中部分高一、高二、高三学生进行了问卷调查,共计444人。调查问卷见附录2,具体调查结果如图3~图7、表4、表5所示。

如图3所示,参与本次调查的学生有19%是高一的学生,高二的学生所占比为22%,高三的学生所占比例最多,有59%。由此可见,高三的学生对化学史在实际教学中的应用还是比较有感触的。

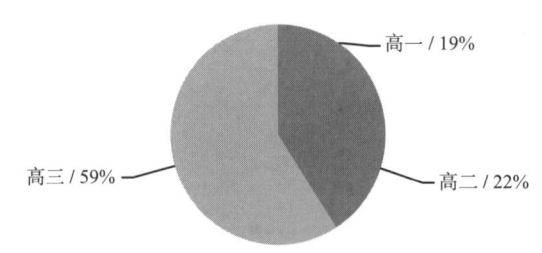

图3 参与人群所占百分比

学生对于化学课的喜欢程度调查结果如图4所示,有26.8%的学生"特别喜欢"化学课;"比较喜欢"化学课的学生所占比例为45%;有25.4%的学生对化学课的感觉"一般";仅有2.8%的学生"不喜欢"化学课。从这些数据可以看出,基本上大部分学生还是比较喜欢上化学课的,除了极少数学生可能因为在学习上比较吃力而不喜欢化学课。只有学生喜欢化学,才能保证化学课程能顺利开展。

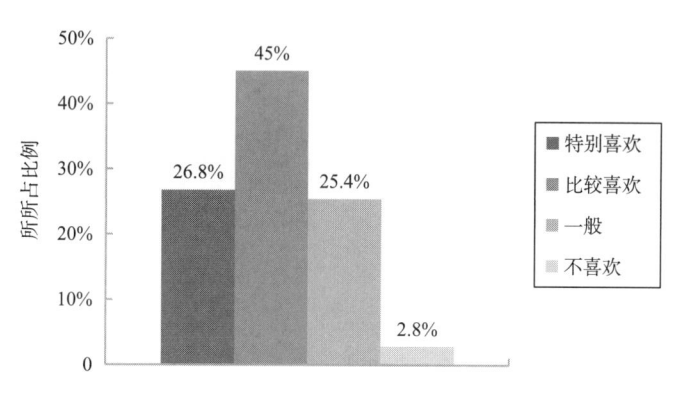

图4　对化学课的喜欢程度

关于对教师所讲的化学史内容是否感兴趣，结果如图5所示，有32.4%的学生"很感兴趣"；对化学史内容"比较感兴趣"的学生占比例最多，有47.9%；17%的学生对化学史的兴趣持"一般"态度；仅有3%的学生对化学史的内容"不感兴趣"。以上数据表明，大多数学生对于化学史教育还是感兴趣的，只有极个别不喜欢化学课的学生对于化学史教育也不感兴趣。"兴趣是最好的老师"，只要学生对于学习有兴趣，喜欢学习，愿意学习，就能取得好的学习效果。简而言之，就是要求教师在教学过程中要注意培养学生学习化学的兴趣。

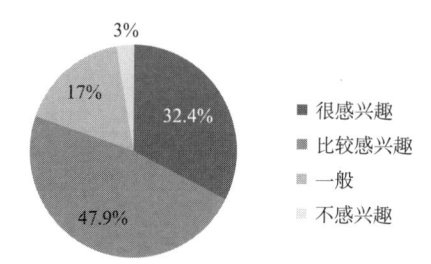

图5　对化学史内容感兴趣程度

学习化学史对学生理解和掌握化学知识是否有帮助，学生们给出的结果如图6所示：有31%的学生认为"很有帮助"；认为"比较有帮助"的学生所占比例最多，达到了50.7%；18.3%的学生认为化学史对于他们理解化学概念和化学规律持"一般"态度；认为"没有帮助"的学生为零。由此可见，学生们都是认可化学史的应用对于他们理解化学概念和化学规律是有所帮助的，对于课堂上进行化学史教育他们是持肯定的态度。

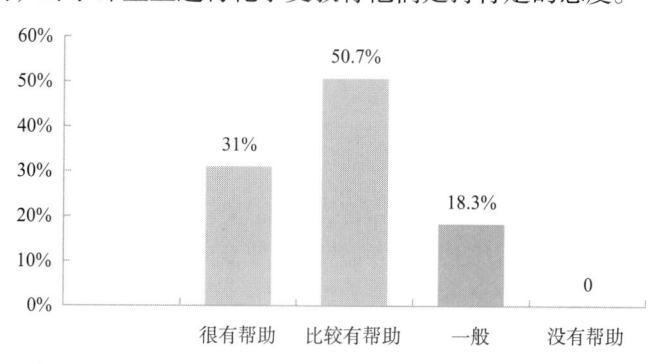

图6　学习化学史对于学生是否有帮助

对于在实际课堂教学中，教师是否涉及化学史教育，学生给出的结果如图7所示：有14.1%的学生认为实际课堂上教师对化学史教育"涉及很多"；有33.8%的学生认为"涉及比较多"；而50.7%的学生认为涉及"一般"；还有1.4%的学生认为课堂上教师对化学史教育几乎"不涉及"。由此看来，在课堂上教师进行化学史教育的情况并不是很好。出现这种情况的原因可能有：课堂时间有限、升学压力对教师的影响、教师自身化学史知识欠缺，等等。

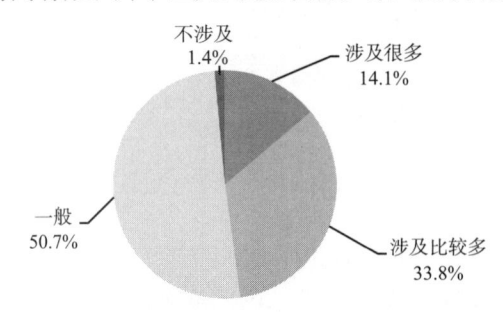

图7 实际教学是否涉及化学史教育所占比例

对于学生平时通过什么方式了解化学史，笔者通过表格对此题进行分析，如表4所示。结果显示，有70.4%的学生选择了"教师的讲解补充"，居于首位；有63.4%的学生选择了"教材"，位居第二；有50.7%的学生选择了"网络、电视节目、相关科学杂志"，位居第三；有40.9%的学生选择了"课外辅导资料"。由此可见，学生平时除了通过教师讲解和教材上的化学史内容外，有一半的学生还通过网络、电视节目以及相关的科学杂志来了解化学史料。

表4 学生了解化学史的方式

途径	教材	课外辅导资料	教师的讲解补充	网络、电视节目、相关科学杂志
百分比	63.4%	40.9%	70.4%	50.7%

对于学习化学史有什么收获，学生们的回答结果如表5所示。有66.2%的学生选择了"巩固化学基础知识和基本技能"，居于首位；有63.4%的学生选择了"了解了科学的发展历程"，位居第二；有62.0%选择了"学到了科学家身上不懈努力、勇于探索的精神"，位居第三；选择"学会了科学研究的方法"和"形成了对待问题的辩证思维"的学生所占比例均为53.5%。除此之外，有4.2%的学生还列举了很多其他的帮助，如可以激发学生学习化学的兴趣和热情、可以培养严谨的科学态度、可以利用所学知识解决生活中的实际问题等。由此可见，化学史教育对学生理解和掌握基础知识、巩固化学技能、形成辩证思维起到了促进作用，学生也认识到了化学史所带来的积极作用。

表5 学习化学史的收获

收获	形成了对待问题的辩证思维	学会了科学研究的方法	学到了科学家身上不懈努力、勇于探索的精神	巩固化学基础知识和基本技能	了解了科学的发展历程	其他
百分比	53.5%	53.5%	62.0%	66.2%	63.4%	4.2%

最后一题是一道开放性问题，关于在化学课堂中进行化学史教育有不少学生提出了自己的一些意见和建议：教师可以用比较生动的方式引用化学史，保证课堂气氛良好；可以利用多媒体设备或者图片进行多方面展示，增加视觉效果；可以多实践、做实验，体验化学家的科研历程；应该多一些化学史背景知识的了解，有助于学生理解化学原理；也可以出化学史专题板报、手抄报，等等。

四、结论

化学史从历史的角度出发，为我们展示了化学的演变过程及其规律。它不仅将化学知识呈现给学生，还给予学生智慧，并且还向我们展示出了历代化学家身上热爱科学、无私奉献的精神等人文内涵。化学史是化学教学的重要组成部分，本研究对化学史在高中化学教学中的应用进行了调查研究，并总结如下：

（1）本次研究主要完成了化学史运用的文献综述，化学史融入实际教学的调查研究等。

（2）由对教师和学生的问卷调查结果得出，化学史在高中化学教学中的发展前景不错，但是实际运用情况并不是很理想，大多数教师在教学中只是简单提及，并没有真正有意识地将其融入教学过程中，这也是使得化学史的价值并未被充分利用的原因。

（3）化学教师认识到化学史的价值，主要是从提高学生的学习兴趣、提高学生的科学素养、提高教师的素质、发展情感教育等方面，它体现了教师对化学史教育的深刻认识，强调了化学史在化学教学中的重要作用。

（4）以问卷调查的方式，调查了化学史在高中化学课堂教学中的实际应用情况。调查结果表明，化学史教育在教学过程中的作用已经被很多教师所认可，但在实际化学教学中却不能完全落到实处。如在化学教学中化学史教育得不到重视、教师对于化学史的教学方式单一化、教师对化学史教育的作用认识和应用不够全面等。针对以上存在的问题进行分析，表明可能存在的影响因素有升学考试的制约、教师自身化学史知识储备不足和教学资源的缺乏这三个方面。

参考文献

[1] 张家治. 化学史教程 [M]. 太原：山西教育出版社，2004.
[2] 徐承波，吴俊明. 化学教学设计与实践 [M]. 北京：民主与建设出版社，1998.
[3] 中华人民共和国教育部. 普通高中化学课程标准（实验）[M]. 北京：人民教育出版社，2003.
[4] 蒋俊志. 中学化学教学中化学史的素质教育功能研究 [D]. 南京：南京师范大学，2008.

附录一　教师问卷调查表

化学史在高中化学教学中的应用的问卷调查

尊敬的老师：

您好！首先感谢您在百忙之中抽出时间完成本次问卷调查。本次调查是为了了解各位老师关于化学史教育的认识和看法，答案均无正误之分，只是希望能得到您的真实想法。您的答案将为笔者完成本次研究提供一定的有效参考。请将您认为最符合的答案选出即可。再次感谢您的参与！

  您的教龄 A. 1～3 年   B. 4～10 年   C. 10 年以上

1. 您对于将化学史融入化学教学中的看法？
  A. 非常赞同   B. 比较赞同   C. 不赞同

2. 我认为运用化学史教学可以调节学生学习化学的积极性。
  A. 非常赞同   B. 比较赞同   C. 不赞同

3. 我认为学习化学史有助于学生理解和掌握化学知识。
  A. 非常赞同   B. 比较赞同   C. 不赞同

4. 除过公开课以外，我也经常在教学过程中运用化学史教学。
  A. 非常赞同   B. 比较赞同   C. 不赞同

5. 对于教材中的化学史材料在教学中没有必要强调，学生自学或略过即可。
  A. 非常赞同   B. 比较赞同   C. 不赞同

6. 对于教材中的化学史内容，您是否还会引入其他的与教学内容相关的化学史素材。
  A. 经常引入   B. 看情况引入   C. 从不引入

7. 搜集、了解化学史资料，并在课堂教学中运用会加重教师的教学负担。
  A. 非常赞同   B. 比较赞同   C. 不赞同

8. 您在教学中讲解化学史的原因？（可多选）
  A. 考试会考到   B. 与所讲知识有关联
  C. 提高学生科学素养   D. 课本上有相关内容

9. 您在教学中曾用过什么方法讲述化学史？（可多选）
  A. 借助多媒体播放相关视频   B. 展示图片
  C. 讲述科学故事   D. 引入经典实验

10. 在实施化学史教学过程中遇到什么困难吗？

附录二 学生问卷调查表

化学史在高中化学教学中的应用的问卷调查

亲爱的同学：

  你好！首先感谢你参与此次问卷调查，为了更好地开展化学教学，了解你对化学教学中进行化学史教育的真实看法，特设此调查问卷进行不记名调查，回答没有对错之分，回答的结果仅用于本次研究。希望同学们认真填写，谢谢你的参与和支持！

1. 你是几年级的学生？
  A. 高一   B. 高二   C. 高三

2. 你喜欢化学课吗？
  A. 特别喜欢   B. 比较喜欢   C. 一般   D. 不喜欢

3. 你对老师在课堂上讲的化学史内容感兴趣吗？
  A. 很感兴趣   B. 比较感兴趣   C. 一般   D. 不感兴趣

4. 你认为学习化学史对理解和掌握化学知识是否有帮助？

    A. 很有帮助　　　　B. 比较有帮助　　　C. 一般　　　　　　D. 没有帮助

5. 在实际课堂教学中，老师涉及的化学史教学多吗？

    A. 涉及很多　　　　B. 涉及比较多　　　C. 一般　　　　　　D. 不涉及

6. 你平时通什么方式了解化学史？（可多选）

    A. 教材　　　　　　　　　　　　　　　B. 课外辅导资料

    C. 教师讲解补充　　　　　　　　　　　D. 网络、电视节目、相关科学杂志

7. 你认为学习化学史有什么收获？（可多选）

    A. 形成了对待问题的辩证思维

    B. 学会了科学研究的方法

    C. 学到了科学家身上不懈努力用于探索的精神

    D. 巩固了化学基础知识和基本技能

    E. 了解了科学的发展历程

    F. 其他

8. 你对化学课堂中进行化学史教育有什么意见或建议？

中学化学微课设计与制作

樊雪梅，李健鹏，王书民，孙楠，刘萍

摘要：随着互联网技术发展、移动设备普及，微课在教育教学中得到了广泛应用，并逐渐受到学者和教育工作者的欢迎。本文运用文献法、内容分析法和问卷调查法，总结了国内外"微课"理论的研究现状和理论依据，提出了中学化学微课的设计原则，即"实用性原则、突出特点原则、情景创设原则、移动优先原则、自主学习原则"五大原则，并基于ADDIE教学设计模型，即"分析、设计、开发、实施和评价"五大环节，设计开发出了以师生问答方式推进微课进程的微课案例，并通过问卷调查对微课案例进行了初步评价，希望为广大化学教育工作者提供借鉴，并期望更多优秀教师加入微课的设计与开发中来，开发出更多适合学生个性化学习的微课。

关键词：微课；教学设计；中学化学

当今时代，伴随着互联网技术高速发展，教育信息化改革进程不断加快，微课是现代教育技术与现代教育思想结合发展的产物，与教育信息化的要求相契合，正在充分发挥着其在教育信息化改革中的优势。当美国的翻转课堂等革命性的新型教育方式兴起，我国基础教育的课堂教学也捕捉到了互联网时代背景下的教学改革新契机，在教学中应用微课成为这一契机下的一个重要尝试。2020年，新冠疫情突然而至，国内各级学校也都因疫情原因从线下教育转到了线上教育，微课作为线上教育的重要形式，凭借着短小精悍、传播快速等特征，成为线上直播教学之下重要的教育手段和辅助手段。时代在不断的发展，作为一名教师要想跟上发展的脚步，就必须要不断学习以更新自己的知识，提高自己的综合能力，这样才能适应教育改革，更新教育方式。

化学是一门实践和理论性非常强的课程，知识点抽象而且繁杂，很多化学反应原理和模型只通过教师的语言讲授和简单图片的配合，学生难以想象，教师无法完全得知每个学生知识掌握情况，学生课后也无法重现课堂教学情景。但是微课却可以有效地解决这类问题。将微课运用到中学化学的教学中，不但能够激发学生对化学学习的兴趣，使知识点的学习从枯燥的文字变成精彩的视频影像，还可以在一定程度突破地域经济的限制，让学生接受到更好的教育资源，更容易地理解抽象的化学概念和反应原理，从而激发学生的探索性和思考的积极性。

一、微课的特点和理论依据

（一）微课的特点

化学是一门实践和理论性非常强的课程，强调学生必须通过实践获取相关知识和技能。

---

[1] 基金项目：陕西教育科学"十三五"规划课题（SGH18H401）

但是很多抽象的化学反应原理和模型是学生很难想象的，如电解质的电离平衡、化学键等。微课资源在传统化学课堂上的使用，恰好可以弥补板书内容的不足，弥补我们平时课堂上无法观察到的实验现象，并且也可以解决难以操作的实验，如有毒有腐蚀性的物质。化学微课结合了化学学科的特点，它与一般意义上的微课不相同，结合化学学科特点的基础上使其更具有目标性和指向性，呈现多角度的特点，以满足师生的教和学的需求。

（1）时间短。微课的核心是教学视频，一节微课在5~10分钟，比较符合中小学生的认知特点和学习规律，从而使学习者有较好的学习效果。相较于传统课堂的45分钟来说，5~10分钟视频教学可谓为"微"课或"课堂片段"。

（2）内容少。5~10分钟的时间限制了教学视频的内容，因此微课的内容通常较少，与传统课堂相比较，"微"课的问题也比较聚中，主题更加突出，一般是为了突出教学中某一学科的知识点（教学重点、教学难点、教学疑点）。

（3）容量小、易传播。随着科技发展，智能手机和平板电脑普及，微课的视屏格式一般都是流媒体格式，在线观看也十分流畅，同时5~10分钟的微课内容一般内存容量在十几兆到几十兆，如此小的容量，在4G无线网络环境下，无论是上传还是下载用时都是十分短的。各种网络平台的不断发展，传播形式也变得多种多样，如微博、101课堂、微信公众号、钉钉、抖音、手机蓝牙等。

（4）内容明显而具体，主旨鲜明。一般来说，一节微课只讲一个知识点或主题，内容突出，针对性更强。同时对微课教学设计的要求也越高。

（5）交互性，不受场地限制。信息技术迅速发展，无线网络从3G到4G再到5G，信息流通速度有了极大的提升，同时智能手机的飞速发展也为微课的快速流通和微课平台的构建提供了技术支撑，学习者可以利用智能手机等便携式电子设备，灵活地选择场地进行学习，如宿舍、操场、家里、有条件的交通工具上等校内外场所，随时随地满足学习需求。

综上所述，微课的特点可以概括为"短、小、精、悍"。"短"指微课的学习时间比传统课堂的时长要短得多；"小"指微课的学习内容"小"、视频内存"小"，在有4G网络和智能手机的硬件支撑，微课的"小"，在传播中有着巨大优势；"精"指微课的设计精、主旨突出，在短短几分钟里面，一般就一个主旨或教学活动，但要将所包含的内容讲清楚明白，就要有优秀微课设计方案；"悍"指微课的交互性强，不受场地限制，可以满足学习者的灵活地选择场地、随时随地学习的需求。

(二)理论依据

1. 情境认知理论

情境认知理论认为，知识来源于现实的真实情境，是情境化的，人们只有在真实的社会活动、文化背景中使用知识，才能真正理解它的内涵并灵活、准确使用知识，即只有基于社会的真实情境之中才可以产生有意义的学习。因此，在设计教学资源时，需要给学生提供真实或仿真的"情景创设"，使学生产生代入感，激发学生的学习兴趣。

2. 非正式学习理论

非正式学习理论的提出，从一定程度上打破了"教室"对学习的限制，同时，将学习这一概念从学校等特定场所延伸到了学生的实际生活中，可以随时随地发生。非正式学习理论与正式学习理论并没有冲突，而是一种相辅相成的共生关系。微课这种短小精悍的学习方式，可以随时随地进行，同时针对性强，很适合成为一种非正式学习的方式。同时，在科技与经济迅速发展的大背景下，对人才的需求日益增加，越来越多的人需要"再充电"，非正式学习的迅速发展也成就了微课。

3. 碎片化学习理论

碎片化学习，古来有之。北宋欧阳修曾提倡"学习要随时随地，千方百计，即使在马上、枕上、厕上，也一刻不得放松"，指将学习内容分割成一个个碎片，学员针对每个碎片进行随时随地学习。随着科技进步，阅读载体的变化和发展以及快节奏生活的影响，人们企图用更短的时间了解更多，碎片化学习迅速在社会中流行起来，而微课便是碎片化学习的产物之一。碎片化学习主要有以下几个特点：①增加了灵活性。划分学习内容后，学生可以更好地控制每碎片的学习时间，从而增加了掌握学习时间的灵活性。②提高针对性。划分学习内容后，学生可以专注于对自己更有帮助和启发的学习内容。③提高吸收率。划分学习内容后，每个碎片内容较短，相应的学习时间也较短，根据中小学生的认知规律，可以有效保障在这段时间的学习兴趣，提升学习的效果，从而保证较高的学习效率。

（三）微课研究进展

国外的研究中 micro-lecture、micro-lesson 等都是与"微观课堂"相关联的名词。Micro-lesson 针对的是以教学活动与信息技术相结合为支撑，并且重视学习情境、资源的设置。Micro-lecture 则是以教学视频为基础，可以整合日常课程教学，也可以供学生自主学习，运用形式较为多样。

2008 年，美国新墨西哥州圣胡安学院高级教学设计师学院的 David Penrose 提出的微课（micro-lecture）概念目前是大家广泛认可的。他以经典建构理论为基础，开发了以针对不受时间和地点的限制或在线学习为目的的微课教学，将传统的教学时间缩短到令人惊讶的 60 秒以内，因此，他把这种形式的教学形象地称为"知识脉冲"。孟加拉裔美国人萨尔曼·可汗命名的可汗学院应该是国外微课应用的杰出代表。可汗学院有大量精品微课视频流行于美国教育界，这些视频时长在 10 分钟左右，内容由浅入深。其教学模式可以概括为学生通过观看微课学习知识点并完成对应的习题，而课堂则变成了用于教师提问和学生讨论的环境。在这种形式下微课发挥了传统课堂中教师的作用，而教师则在课堂上有针对性地对学习者提出的问题进行解答。

在我国，广东省佛山市教育局胡铁生先生首先提出了"微课"的概念，他也是我国微课研究的先驱。他发现教育信息资源利用率低，首先提出了一种以微视频为核心的新的教学资源。他指出，"微课"是按照新的课程标准和教学实践的要求，以教学视频为主要手段，记录教师在课堂教学过程中的某一知识点或教学环节，进行教学资源的相互结合，而不是在课堂教学过程中进行资源整合。

广东省佛山市是我国最早将微课教学引入课堂教学的地区。2010 年，当地教师开始收集全市的微课作品。在短短一个月的时间内，收集了一线教师提交的 1621 篇微课作品，对微课的发展起到了重要作用。2012 年下半年以来，李家厚教授及其研究生团队对上海市闵行区浦江第一小学微课程教学的应用进行了现场调查，开展了"微课程促进教学改革"的研究创新活动。常州博爱教育集团专注于创建和启动小学课程"博爱微课程学院"，微型课程资源包括数学、语文、化学、音乐、艺术、科学、综合实践等，受到了师生的广泛好评。近年来，随着微课程理念的普及和互联网的快速发展，各种微课程网站也得到了迅速发展。其中，以中学生学习为重点的代表性网站有网易云教室、网易开放课、五分钟课程网、微课网等。

二、基于 ADDIE 模型的中学化学微课的设计与开发

(一) 中学化学微课的设计原则

在中学教育过程中，学生一直是教学活动的主体，而教师起着主导作用，负责在学习生活中对学生进行引导、指引。因此，在设计微课的过程中，一定不要忽视学生的主体地位和教师的主导地位，同时也要注重创设情景和手段运用，通过多重渠道刺激学习者，激发学习兴趣。根据微课的特点，本文尝试以师生问答方式提出以下几点设计原则：

(1) 实用性原则。实用性是针对微课的选题内容来说的，只有微课的选题内容真正包含了学生想要学习的内容或能解决困扰学习者的某个疑难问题，这个微课才算是真正实用、有价值的微课；想要实现实用性，就要充分考虑学生的学习水平和接受能力，内容最好是教学过程中的重点、难点、疑点等。

(2) 突出特点原则。"微"课，顾名思义，有着时间短、内容简的特点，因此时间不可以过长，每个微课的学习时间维持在 5~7 分钟最为理想，最长不超过 10 分钟。其次内容要短小精悍，微课不是仅仅将平时课程中的教学内容进行简单的复制就可以制作而成，而根据课程标准的要求，将中学化学课程中的重要知识点按照符合化学学科特点的方式与方法，进行科学性的分割，同时利用结构化、碎片化的科学理念，构建一个又一个微小的、独立的、碎片化的课件。这类微课，既可以进行独立地传授知识点，又可以通过结构化的理念重新组成完整的体系。

(3) 情景创设原则。时刻谨记，微课的用户是学生，简单说就是设计微课要以学生为主体，运用多种手段创设情景。根据情景认知理论所提出的，有效的学习产生于真实的社会情境，在微课中利用多媒体技术，模拟真实课堂上的师生问答场景，让学生有直面教师的感觉，激发学生兴趣。同时，也可以遵循化学学科特点和学生思维习惯，将微观现象宏观化、抽象知识点形象化，提高学生学习兴趣。

(4) 移动优先原则。移动设备对微课有着不可替代的作用，随着网络技术从 4G 时代开始迈向 5G 时代，便携式移动设备的迅速发展和使用，使微课的传播形式变得多种多样，更加方便与快捷，人们可以随时随地观看，极大促进了微课的发展。因此在微课件制作过程中，不论是从素材资源的呈现格式还是容量大小，都应当优先考虑以移动设备作为载体的可行性。

(5) 自主学习原则。微课学习是一种涵盖碎片化学习、非正式学习的模式，因此，不能仅仅期望于学习者自身拥有强烈的学习动机，而应该思考如何才能引导学习者的学习动机和激发学习兴趣，从而有帮助学习者提升学习品质、增强自信心，帮助学习者培养自主学习的能力。

(二) 中学化学微课的前期设计与开发流程

"短小精悍"的特点凸显了微课作为一个完整教学系统的属性，而且要达到高效率的设

计目标，就必须有一个科学性的教学设计模型作为理论支撑，ADDIE 模型作为一种系统科学的教学设计模型，包括了：分析、设计、开发、实施与评估五大阶段，主张以学生和学习内容为中心进行教学设计，具有很强的可操作性（图 1）。

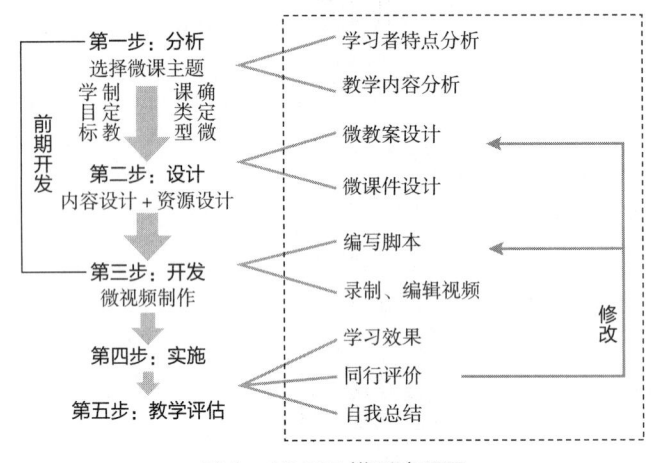

图 1　ADDIE 模型流程图

1. 分析

类似于盖楼房的打地基工作，制作微课的过程中，之前的准备工作对整个课程的开发、制作具有举足轻重的作用，没有充足的准备工作就没有办法制作出扎实、全面的微课课程。教师在进行微课制作之前必须筑牢教材整体的知识骨架，按照自己平时教学的经验以及实际教学过程结合受众的实际情况完成选题的确定，对于重点、难点的部分要着重厘清。不但如此，微课的方式是否适合实际知识点也是教师必须要考虑到的问题，也就是说，教师能不能在 10 分钟之内将知识点清楚地讲述出来，并且让受众完全地理解并接受。选题完成后，要深入地分析教学内容及受众的实际情况。

想要设计出一堂精彩的微课课程，准确地分析、理解、掌握教学的具体内容是非常重要的，掌握好课程中最重要的知识点。制定相应的教学目标，根据教学内容及重点难点编写微课程教案，只有这样我们才能开发出一堂高质量的微课课程。

分析教学内容并确定重点知识点一般包含两个方面：首先是对选择的教学内容所要讲述的重点知识点、涉及一个课程整体的知识架构，以及与所有内容的作用及地位进行相关的分析；其次是参考《普通初中化学课程标准（实验）》（以下简称《课程标准》）。

2. 设计

一些优秀的品质让微课在近年来广受教育者与学习者的青睐，其中最主要的特点就是其视频短而精。所以，在进行微课设计的时候必须要围绕重点知识点有选择性地进行制作，确保将视频的时间缩短至 5~10 分钟范围。假如教学内容里面的重难点很多，没有办法在一个微课视频中全部呈现，应该将知识点细分为若干个具体的小知识点，分集讲解。但是单个微课内容之间存在的相互联系必须阐述清楚，一方面要确保不同的微课彼此都是独立的，另一方面能让知识结构更完整，也具有一定的层次。接下来，我们要确定所制作微课的类型，然后选择合适的方式，这些工作都是为微课资源的设计开发做准备。

本次研究在制作微课案例时，均选择以 PPT 录屏的方式进行视频录制，所以，在资源

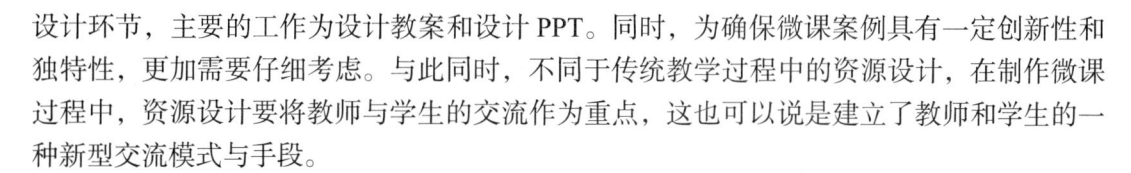

设计环节，主要的工作为设计教案和设计 PPT。同时，为确保微课案例具有一定创新性和独特性，更加需要仔细考虑。与此同时，不同于传统教学过程中的资源设计，在制作微课过程中，资源设计要将教师与学生的交流作为重点，这也可以说是建立了教师和学生的一种新型交流模式与手段。

3. 开发

在微课的设计阶段完成以后，就可以开始进行制作。到了这一环节，首先，要确定微课的类型，再选择合适的制作方式，这时可选择一种方式，也可同时选择几种方式。在开始实际拍摄和录制之前，要做好一些准备，器材方面可以选择手机、摄像机，软件方面可以准备 Camtasia 2019 等，将微课制作的脚本提前编制好。在正式录制视频时，格外注意要处于一个安静的环境中，否则会很容易干扰到视频录制，进而可能会对视频的制作质量产生不利影响。在视频录制或者视频拍摄结束后，可选择后期处理软件对拍摄的音频和视频进行编辑。

这里要重点强调的是，在对化学微课进行设计开发的过程中，内容若为化学实验，那么要进行充分考虑，比如考虑实验是否安全、是否可操作。对于化学反应现象明显且操作比较简单的化学实验，可采用拍摄实景的方式制作微课，呈现给学生一个完整的实验过程；如果有些操作比较复杂，同时还可能有安全隐患，但为了学生能更好理解和掌握课程内容所必须演示的实验，可以通过互联网进行素材和资源的收集与整理，这样可以极大地避免风险。设计开发化学概念或者化学知识的微课，不需要考虑上述问题。

4. 实施

在教学中微课很受教师与学生的青睐，既可以作为实际教学活动的辅助，也可以作为教学模式（如翻转课堂等）的载体，如运用在课前预习、课中讲解、课后复习等环节之中。现今，有关于化学微课的主要使用途径通常是在教学环节课中讲解。微课虽然在教师的教与学生的学之间架起一道桥梁，但也不能抹去师生交流、生生交流以及学生自身的思考空间。当学生将知识理解了、内化了，才能达到真正的教学目的。

5. 评估

教师通过对学生使用微课后学生对于微课的反馈，总结微课设计与实施过程的优缺点，并根据这些反馈信息进行设计改进，这样便能设计、开发出更利于学生个性化发展的化学微课，并激发学生兴趣，促进学生自主学习。

三、化合价微课案例设计

根据本课题中提出的关于微课的设计方式、开发流程，选用九年级《化学（上册）》中"化合价"这一节来进行微课的设计与开发。以下选用本课题所提出微课的设计模式中的流程进行前期的设计，以便为完成"化合价"微课的开发打下坚实基础。

（一）分析

1. 教学内容分析

"化合价"位于九年级《化学（上册）》第四单元课题四，它是整个初中化学的重要内容之一，是初中学生学习化学的重要工具之一，对化学式的书写、化学方程式的计算等的学习都有着重要的作用。这节微课主要讲述化合价概念、化合物化合价计算等，本节微课选取"化合价"作为教学主题。根据《课程标准》的要求，微课教学目标是：初识化合价，熟记常见元素和原子团的化合价；运用化合价原则，判断化学式中元素化合价；运用化合价原则，书写化学式。

2. 学习者分析

根据人教版九年级《化学（上册）》的课程安排和学生知识水平，学生已习得分子、原子以及离子的相关概念，可以简单分析最外层电子数与离子电荷数的关系，能够较好地书写元素的离子符号表示，给本节微课的学习提供了知识基础。从中学生心理特征来讲，初三学生处在思维能力迅速提高的过程中，形象思维正在向抽象思维转变的过渡期，形象思维起着主导作用，学生更加倾向于感性的认识。因此，本节微课中应该在适当时期为学习者提供感性的材料，帮助学生把抽象的概念形象化、具体化，以便有助于学生接受与理解新的知识。

（二）设计

1. 内容设计

根据前一环节对于教学内容分析后，依据分析结果进行内容设计（表1），包括知识点来源、知识点分析、学情分析和设计思路四点。

表1 内容设计

微课名称	化合价	学科	化学
知识点来源	人教版九年级《化学（上册）》第四单元课题四"化学式与化合价"中的一个知识点			
知识点分析	2011年《义务教育化学课程标准》为："可以说出几种常见元素化合价"及"运用化合价写出常见化合物的化学式"，这个标准在实际教学中并不是很实用，学生经常会问到"什么是化合价"。为了回答疑问，本次微课以"$MgCl_2$"的形成为例，从原子结构及其化学变化中的得失等电子角度，解释化合价			
学情分析	根据人教版九年级《化学（上册）》课程安排，学生已经在第三单元学习过原子的结构及离子的形成，已经初步具备学习化合价的能力，教师在教授化合价的过程中可以先复习以前的知识			
设计思路	本知识点是一个较难的知识点，为了让微课更具互动性，本次微课采用卡通人物，以师生问答的方式，让学生有直面教师的感受，同时，学生也比较喜欢卡通、漫画，希望能使学生更有学习兴趣			

2. 微教案设计

依据内容设计，确定三维教学目标，即知识与技能、过程与方法、情感态度与价值观，列出课题的重点与难点，再依据三维目标、难点和重点，设计出以师生问答方式推进教学进程的微教案（表2）。

表2　微教案设计

课题	化合价
知识与技能	(1) 使学生理解化合价的概念，初步了解化合价的本质 (2) 了解常见元素及原子团的化合价
过程与方法	学会根据化学式计算化合价的方法
情感态度与价值观	(1) 通过学习，培养学生的推断、分析、整理和归纳的能力 (2) 通过编写的化合价口诀歌，激发学生的学习兴趣
重点	(1) 化合物中正负化合价的代数之和为零 (2) 记住常见元素化合价
难点	化合价概念的建立

教学过程		
教学环节	内容	时间
一、导入	学生：我们已经会写单质的化学式了，化合物的化学式该怎样写呢？ 老师：写化合物的化学式需要学习化合价。 老师：以水为例，如果你想用化学式来表示水，要知道哪些信息呢？ 学生：组成元素、各个元素的原子个数比。 老师：组成元素通常从物质名称可以获取信息，而原子个数比呢？只有请化合价来帮忙了。	30s
二、什么是化合价	学生：老师，什么是化合价？ 老师：化合价就是元素化合时，所表现出来的一种化学性质。简单来说，化合价就是体现化合物中组成元素原子数目关系的数值，比如氢元素的化合价为 +1 价，氧元素为 -2 价，磷元素为 +5 价。 老师：用化合价可以确定氢氧元素形成水时，氢原子与氧原子的个数比为 1∶2，磷氧元素形成五氧化二磷时的原子个数比为 2∶5，所以说化合价是体现化合物中组成元素原子数目比值关系的数值。	62s
三、化合价数值与哪些因素有关	学生：化合价数值与哪些因素有关呢？ 老师：通过之前学习，你已经知道元素的化学性质与原子的最外层电子数关系密切，化合价这种化学性质就是有原子的最外层电子数决定。	23s
四、化合价与离子带电情况的关系	老师：回顾之前学习过的知识，知道最外层电子数还能知道什么呢？ 学生：离子带电情况。 老师：那么离子的带电情况与元素化合价有什么关系吗？ 老师：让我们从 $MgCl_2$ 的形成过程来看看吧，根据镁原子的结构示意图可以看出镁原子怎样形成镁离子，并且离子带电情况是怎样的呢？ 学生：镁原子失去两个电子变成镁离子，镁离子带两个单位正电荷。 老师：镁元素的化合价也为 +2 价，再看氯原子，氯原子怎样形成的氯离子？离子带电情况是怎样的呢？ 学生：氯原子得到一个电子变成氯离子，氯离子带一个单位正电荷。 老师：同样氯元素的化合价也为 -1 价，由此可以看出由于决定因素相同，元素化合价与离子所带电荷是一致的，即数值、正，负都相同，表示符号不同。	120s

续表

教学环节	教学过程	
	内容	时间
四、化合价与离子带电情况的关系	老师：镁原子失去两个电子，而氯原子只得到一个电子，根据电子守恒可以得出在形成 $MgCl_2$ 过程中一个镁原子失去电子需要两个氯原子进行接受，因此，镁原子与氯原子的原子个数比为 1∶2。 演示 $MgCl_2$ 的化合价计算：在 $MgCl_2$ 中，Mg 显 +2 价，Cl 显 -1 价，则（+2）×1+（-1）×2＝0。	120s
五、原子团概念及其常见原子化合价	老师：原子团是多个原子结合在一起形成的带电集团，原子团也有化合价，并且与所带电荷数的数值、正负都相同，下面是常见原子团。 学生：记住原子团就记住了它的化合价！	40s
六、小结	老师：为了方便确定化合物中元素的化合价，需要注意以下几点： (1) 化合价有正价和负价 ①氢元素通常显 +1 价，氧元素通常显 -2 价。 ②金属元素与非金属元素化合时，金属元素通常显正价，非金属元素通常显负价。 (2) 单质中元素化合价为 0。 (3) 化合物中正负化合价的代数的和等于零。 (4) 有些元素有不同的化合价态，例如 Fe 有 +2 价，还有 +3 价，Cu 有 +1 价，还有 +2 价。	47s
七、化合价口诀	老师：在书写化学式时，经常会用到一些常见元素的化合价，为了方便记忆，有一首化合价之歌你会唱吗？ 学生：我会唱啊！ 播放化合价口诀之歌。歌词： 一价钾钠氯氢银，二价氧钙钡镁锌。 三铝四硅五氮磷，铜一二，铁二三。 原子团也要记清，氢氧负一铵正一。 酸根所有价为负，一硝二硫碳三磷。	56s
八、片尾	老师：同学们，本节课到此结束，再见。 学生：老师再见。	8s

（三）开发

第一步录制前做好筹备工作。录制微课前根据微课类型要选取适合的录制工具、软件等，然后选取合适的录制环境。做好准备后按照脚本设计进行微课的录制，控制好表达的节奏。

从微课的制作方法上来说，化学微课可以分为现场录制型、录屏型、动画型和合成混合型。录屏型微课就是采取 Camtasia2019 录屏大师等软件通过 PPT 课件进行的录屏。录屏型操作相对来说较为简单，利于上手。本文主要是通过录屏方式制作微课，下面以录屏型微课为例，介绍微课录制的步骤如下（图 2～图 8）：

（1）打开 Camtasia2019 的主界面点击录制打开"化合价"案例的 PPT 演示文档，点击"幻灯片放映"；

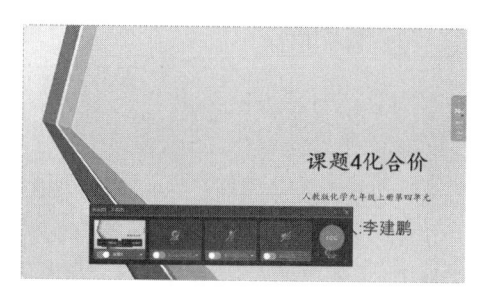

图2　准备录制

（2）点击"rec"开始录制，录制时保持周围环境安静；

图3　开始录制

（3）录制结束后，按"F10"，即可结束视频的录制；

图4　录制完毕

（4）点击"分享"，再次点击"本地文件"；

图5　保存文件

· 155 ·

(5) 选择"仅 MP4"点击"下一步"按钮；

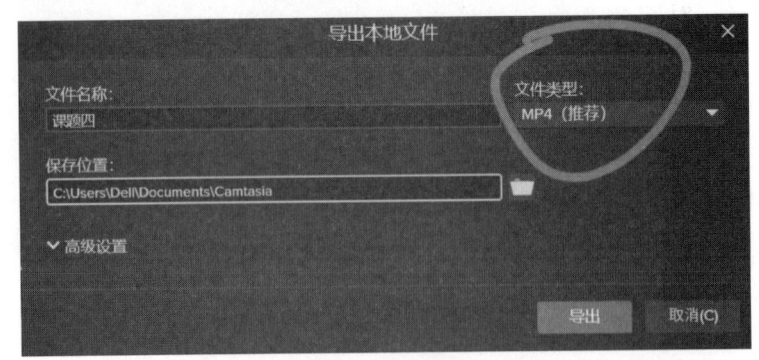

图 6　选择格式

(6) 选择合适路径，点击"完成"按钮；

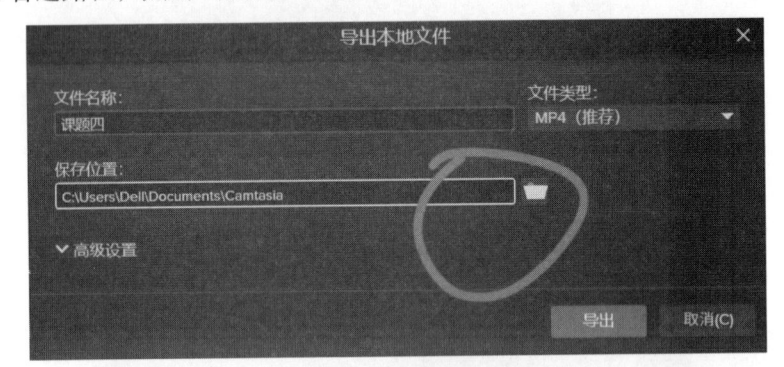

图 7　选择保存路径

(7) 完成渲染，得到视频。

图 8　导出视频

(四) 微课后续相关调查及分析

本次设计调查问卷主要是想通过问卷调查进行信息反馈，以便准确掌握微课设计的具体情况及存在问题。通过查阅相关文献以及书籍，为问卷调查设计奠定一定的理论基础（调查问卷见附件）。

本次调查采用网络调查，针对商洛学院 2016 级化学工程与现代材料学院化学教育专业 1601 班 33 名学生（本人除外）作为调查对象进行调查。此次调查一共发布 33 份问卷，回收

33份，问卷可利用率为100%。

收集问卷后，对于33份有效问卷进行整理，并将数据用Excel软件制成图表，进行分析。

(1) 如果你是化学教师，你愿意使用微课参与到教育过程中吗？（单选）

根据调查结果显示（图9），75.75%的人愿意使用微课参与教学过程中，15.15%的人对使用微课加入教学持无所谓的态度，9.09%的人不愿意使用微课参与教学，由此可见，大多数人还是比较支持使用微课加入课堂教学中的。

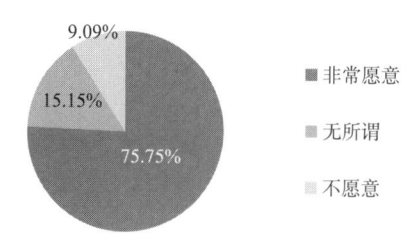

图9 微课参与到教育过程占比

(2) 你认为通过再现师生问答情景，进行微课设计有利于提升学生学习效果吗？（单选）

据调查结果显示（图10），66.66%的人认为再现师生问答的情景有利于提升学习效果，15.15%的人认为再现师生问答的情景对提升学习效果没有影响，只有18.18%的人认为再现师生问答的情景不利于提升学习效果。由此可以看出，大多数人认为再现师生问答的情景是有利于提升学习效果的。

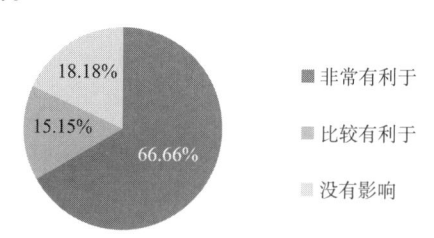

图10 情景微课利于提升学习效果占比

(3) 对于此次所提供的微课资源是否满意？（单选）

从调查数据分析（图11），54.54%的人比较满意本次微课，24.24%的人对本次微课评价一般，只有12.12%的人不满意本次微课。可以看出来，再现师生问答情景设计微课在初步实施中是可行的。

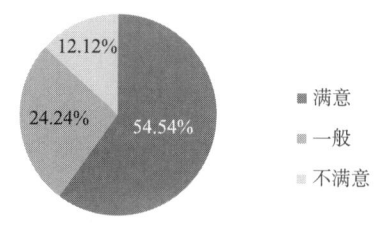

图11 微课满意度

(4) 你觉得是什么因素影响了微课的应用效果？（多选题）

从统计结果看 (图 12)，影响微课应用效果的因素从大到小依次是，微课版面设计 32.61%，教师的教学水平占了 25%，同学使用与参与热情占了 23.91%，学生对于微课了解不多占了 18.48%，由此可见，提高教师的教学水平和教师的微课版面设计水平可以进一步提升微课学习效果。

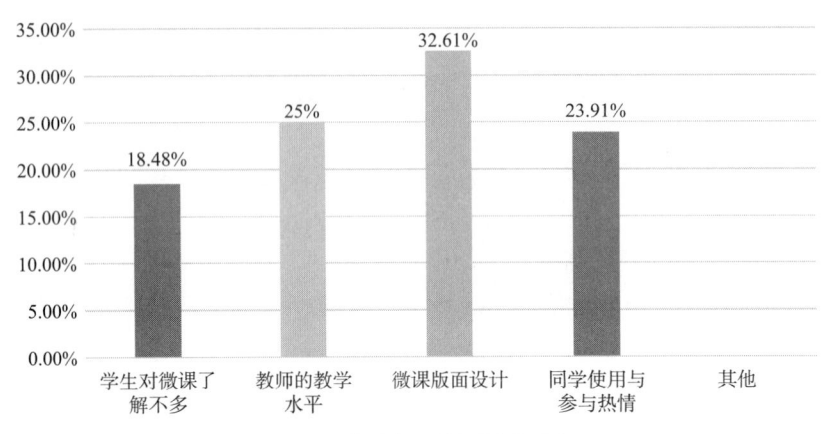

图 12　微课应用效果影响因素

针对以上调查结果进行分析后可以得出，多数的人是愿意使用微课参加教学过程的，而以师生问答方式来推动微课的教学进程也得到了到大多数人的认可，认为有助于提高学生的学习效果。

四、结论

本文对"微课"进行深入研究，将化学学科教学内容通过微课方式呈现，做到将互联网技术充分融入学科教学中，对教师的教学实践具有重要的参考意义。而且，微课的优点很多，一方面可以满足学生不同的需求，更加具有针对性；另一方面能够让学生随时随地可以进行学习，获得更多的学习机会。因此，以中学化学为内容的微课设计开发对于学生学习化学学科来说十分必要。

在本次研究过程中，首先通过查阅大量文献，将国内以及国外关于微课和化学教学开展的相关研究进行了总结和归纳，介绍了微课和化学教学的概念和理论基础。其次，以此为基础，提出了化学学科微课设计的基本原则，并利用 ADDIE 模型深入研究和分析了设计开发微课的整体流程。最后，利用上述设计原则和流程，完成了以化学学科教学为内容，以师生问答情景为推进教学进程的微课案例的设计与开发，并运用调查问卷对微课案例做了初步评价。

参考文献

[1] 李思江. 翻转课堂思想下中学化学微课设计探析 [J]. 学周刊，2017,6(33):150-151.

[2] 吴建萍. 微课在中学化学教学中的应用研究 [D]. 西安：陕西师范大学，2016.

[3] 胡铁生，黄明燕，李民，等. 我国微课发展的三个阶段及其启示 [J]. 远程教育杂志，2013(4):36-42.

[4] 焦建利. 微课及其应用与影响 [J]. 中小学信息技术，2013(4):10-12.
[5] 黎加厚. 微课的含义与发展 [J]. 中小学信息技术，2013(4):10-12.

附录　教师问卷调查表

中学化学微课情况调查

您好！十分感谢您抽出始时间参加本次问卷调查，希望您如实填写。本次问卷只做调查研究之用，所有问卷都采用不记名形式，不会外泄您的任何信息，再次感谢您的支持与合作。

第1题 如果你是化学教师，你愿意使用微课参与教学过程中吗？（单选题）

A. 非常愿意　　　　　B. 愿意　　　　　C. 无所谓　　　　　D. 不愿意

第2题 你认为通过再现师生问答情景进行微课设计，有利于提升学生学习效果吗？（单选题）

A. 非常有利于　　　　B. 比较有利于　　　C. 没有影响　　　　D. 不利于

第3题 对此次所提出的微课资源满意吗？（单选题）

A. 非常满意　　　　　B. 满意　　　　　　C. 一般　　　　　　D. 不满意

第4题 你觉得是什么因素影响了微课的应用效果？（多选题）

A. 学生对微课了解不多　　　　　　　　　B. 教师的教学水平
C. 微课版面设计　　　　　　　　　　　　D. 同学使用与参与热情

语料库在中学英语词汇教学中的应用研究

冯丽君

摘要：词汇是中学生英语学习的基础，也是中学英语教学的重点之一。将语料库语言学的研究方法和技术手段应用到中学英语词汇教学中，通过语料库获取常用高频词表、词汇的使用语境、常用搭配和语义韵等。在真实语境中学习词汇，总结词汇使用规律，中学生学习英语才能达到事半功倍的效果。

关键词：语料库；中学；英语；词汇

语料库是指按照一定的采样标准采集而来的自然语言资源，能够代表某种语言或语言变体，主要用于语言研究或教学的电子文本集。当今社会，计算机和网络的普及以及信息化技术和工具的快速发展，正深刻影响着教育教学的内容、方法和手段。语料库作为语言研究和教学的一个重要工具和方法，越来越得到英语教师的广泛接受和认可。本研究将重点讨论语料库在中学英语教学中的应用。

一、语料库在英语教学中的应用研究现状

在语言学领域，计算机的广泛应用促进了语料库技术的诞生和发展。20世纪60年代初，美国布朗大学建立的"布朗语料库"（BROWN Corpus）是最早的机读通用语料库。早期的语料库主要用于语言研究。20世纪末期很多学者开始将语料库应用到教学中，并把语料库在语言教学的应用作为语料库语言学的一个重要分支。国外基于语料库的语言教学研究主要集中在三个方面：①教学资源开发。主要利用语料库资源开发词汇搭配表、设计阅读和写作教材、进行词典的编纂等。②学习任务研究。主要利用语料库进行数据驱动学习（Data-driven Learning）和运用语料库进行学生自主学习的相关研究。③教学语料库建设。研究者根据教学需求创建不同类型的语料库，如学术英语口语语料库、文学作品语料库等。

国内将语料库用于语言教学中的相关研究和实践相对较晚，20世纪90年代起，国内才开始有学者将语料库应用于外语教学实践，之后相关的研究和实践逐渐引起外语教师和学者的关注。近二十年来，国内语料库应用于外语教学研究的成果主要集中在两个方面：一是基于语料库的英语教学资源研究，例如教学大纲设计、教材的编写和评估、教学课件的开发等。二是基于语料库的英语课堂教学研究。如基于语料库的词汇教学、口语教学、翻译教学和学习模式探讨等。但是现有研究多是探讨语料库在大学生外语教学中的应用，对语料库在中小学等基础教育阶段英语教学中的应用研究相对较少。本研究重点分析语料

---

❶ 基金项目：商洛学院教改项目：新文科视阈下语料库在校本英语教学中的应用研究（项目编号：22jyjx122）；陕西乡村基础教育研究项目：陕西商洛城乡中小学英语教师专业发展状况比较研究（项目编号：SXJY202205）

❷ 作者介绍：冯丽君，女，1975年生，山西运城人，硕士，副教授，主要研究方向：英语教育和翻译

库在中学英语词汇教学中的应用，为中小学英语教学提供借鉴和参考。

二、语料库在中学英语词汇教学中的应用

中学生英语学习目前存在的主要问题是词汇量不够，词汇学习的方法缺乏。词汇是语言学习的基础，也是语言学习的重点。词汇量的大小在很大程度上决定着语言学习者的语言运用能力。特别在中小学英语教学中，词汇的教学是英语教学的一个重要内容。但是目前很多中小学英语教师在教授英语词汇时，主要注重讲授单词的发音、拼写、词性等，要求学生通过背诵默写的方式来记英语单词。这种方式学习单词，耗时费力，而且学过的单词也很容易忘；即使记住了，真正需要使用这些单词进行表达的时候，却很难活用。有些中小学教师也意识到传统词汇教学方式的弊端，但苦于找不到有效的词汇教学方法和手段。而语料库拥有大规模电子化的真实语料资源，方便的检索、统计和分析手段，能够为英语词汇的教和学提供强有力的保障。

（一）利用语料库获取高频词表

英语语言的词汇丰富，总词汇量有上百万，但是人们日常交流只需要掌握2000～3000个常用的词汇就足够了。据统计，Brown语料库频次排名前2000的单词总量几乎占到了语料库总词汇量的80%，可见这些词的使用频率之高。因此，学习英语词汇，首先应该从高频的常用词入手。掌握了这些高频词汇，学习者的英语表达能力就会提高很快，从而达到事半功倍的学习效果。那么哪些词汇是高频词汇呢？语料库能够帮助我们快速获取高频词表。教师可以利用现有的语料库比如英国的BNC语料库或美国的Brown语料库或COCA语料库，这些语料库都是通用语料库，语料库规模大，代表性强，通过这些语料库获取的

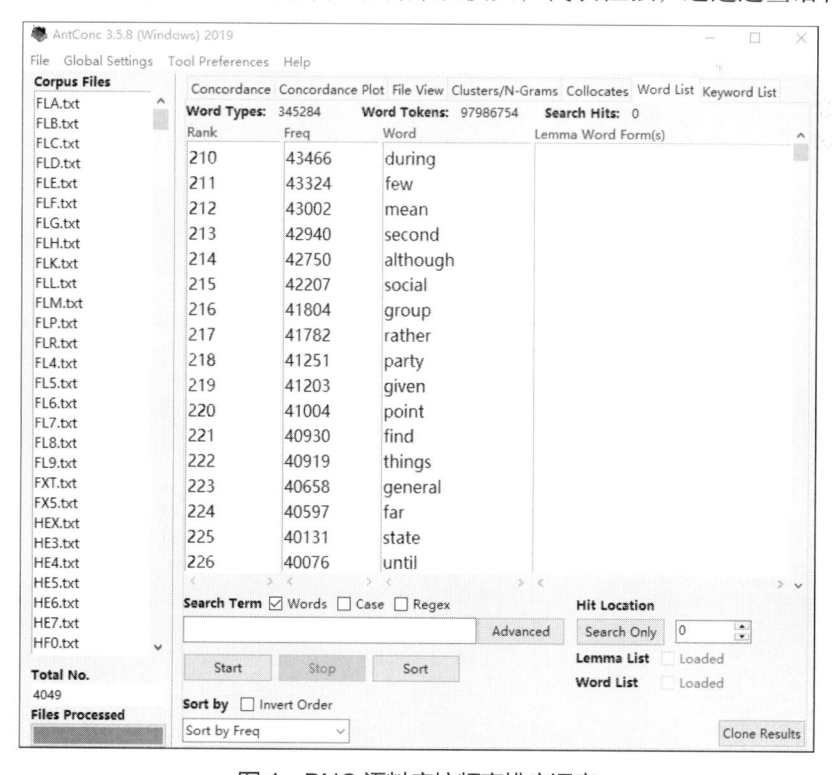

图1　BNC语料库按频率排序词表

高频词表是英语语言学习必须要掌握的高频词。图 1 就是运用 AntConc 语料库检索软件检索 BNC 语料库得到的部分词表界面：第一列是序号，第二列是频次，第三列是按频次排序的单词。对于中学生来说，需要掌握的词汇量大约为 3000 词，这些词汇哪些是高频的常用词，教师都可以通过语料库进行统计。教师还可以根据学生的水平，以自己讲授的教材内容为语料，自建各年级教材语料库、口语语料库、听力材料语料库、中高考试题语料库等等，利用语料库软件检索教材中的高频常用词，创建各年级的高频常用词表，词汇教学重点讲授这些高频常用词。这些词汇在教材中出现频率比较高，学生掌握了这些高频词汇，学习教材就会轻松很多，学生学习英语的兴趣和积极性也会提高。

（二）利用语料库获取词汇搭配

单词的意义不是孤立的，而是分布在与之相邻的一连串词语中。也就是说我们阅读或是学习一个句子或一篇文章，不要一个单词、一个单词的记忆和理解，因为句子的意思往往不是单词意思的叠加。就比如说"How are you？"是习惯表达，表示问候"你好"的意思，而不是"怎么（How）是（are）你（you）"。很多同学阅读英语文章都习惯一个单词、一个单词地读，其实，短语或意群才是真正的意义单位。阅读要以意群为单位，学习英语词汇也一样，不能只孤立地背诵默写单词，要放在句子中、短语中、搭配中去记忆和理解。也就是说要想真正掌握一个单词，不仅要会读会写，还要掌握这个单词的用法、常用的搭配、语义韵等。获取这些信息最好的方法就是通过语料库检索。

语料库是由大规模的自然语言资源按照一定的标准文本化后建成的，同时，语料库最大的优点就是能够实现快速地检索，获取所需信息。例如，单词 cause 作动词时意思是"引起、造成、是……原因"，但是具体使用时，是否可以说："His diligence cause his success"？我们从 BNC（缩减版）语料库中检索动词 cause 的用法（见图 2），就会发现，cause 后面跟

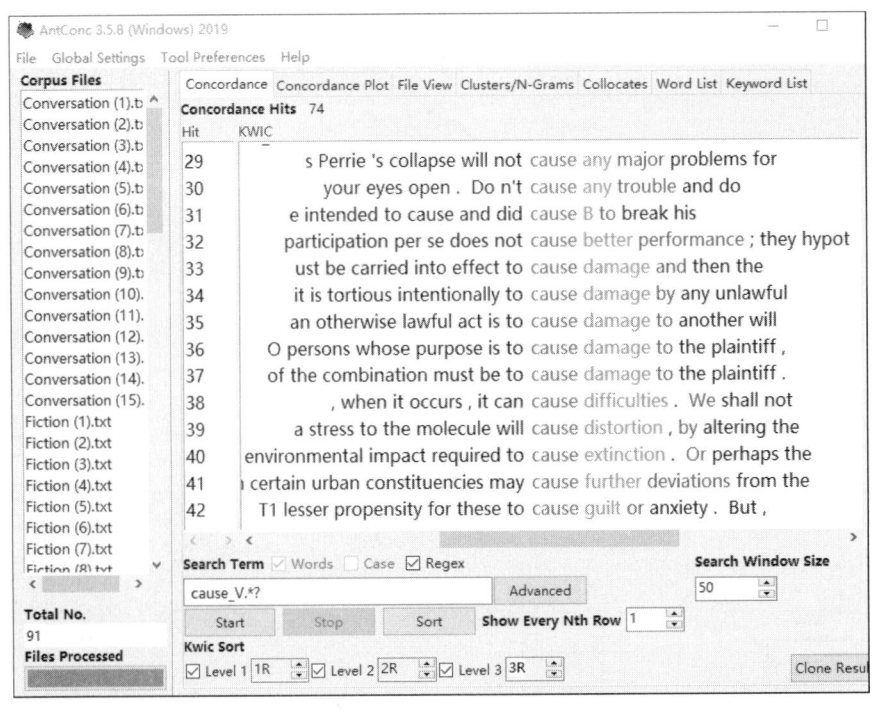

图 2　动词 cause 语料库检索结果

的宾语都是 problem, trouble, damage, difficulties, distortion, extinction, guilty 等一些表示负面的、不好的结果相关的词,也就是说 cause 的语义韵是否定的,所以说"cause his success"的表达是不恰当的。通过语料库检索,学生不仅弄清楚了 cause 作动词时的用法,而且掌握了该词常用的搭配和语义韵,以后在英语表达中使用该单词就会更得心应手。

总之,通过语料库的检索,可以快速获得检索词在自然语言中的用法,包括该词的使用频率、常用的搭配词、语义韵等。对于中学生来说,使用电脑的机会如果不多的话,教师可以将语料库应用到备课、课堂讲授和习题的设置等环节中。例如,教师将每单元讲授的重点词汇,通过语料库检索,将检索的结果添加到课件中,或设置成练习题等形式,帮助学生记忆和掌握该词的用法。

(三)利用语料库获取词汇真实的使用语境

语言学家福斯(John Firth)曾经说过:"每个单词用在新的语境中就是一个新的单词(Every word used in a new context is a new word);只有通过上下文才能理解一个单词(You shall know a word by the company it keeps)"。福斯认为一个单词的完整意义一定是在上下文中确立,脱离了语境,学习单词是没有意义的,可见语境的重要性。语境(context)就是检索词所处的上下文,没有上下文,词汇就没有确定的意义。所以学习词汇,不能只孤立地记单词,一定要放到语境中学习。

根据教育部颁布的最新《义务教育英语课程标准(2011版)》要求,新时期英语教学应该注重语言学习的实践性和过程性,引导学生接触和体验真实的语境,在真实语境中理解语言和学会运用语言。可见,学好语言需要有真实的语境,需要学生积极参与,主动探索和发现语言的规律,才能更好地掌握语言知识和技能。

语料库就是由大规模、真实的自然语言资源组成的,对于非英语国家的学生来说,语料库的诞生为学生提供了巨量的、真实的语言资源,同时,语料库经过加工后可以快速检索获取所需信息,对于学生探索和发现语言的规律非常有帮助。AntConc 等语料库检索软

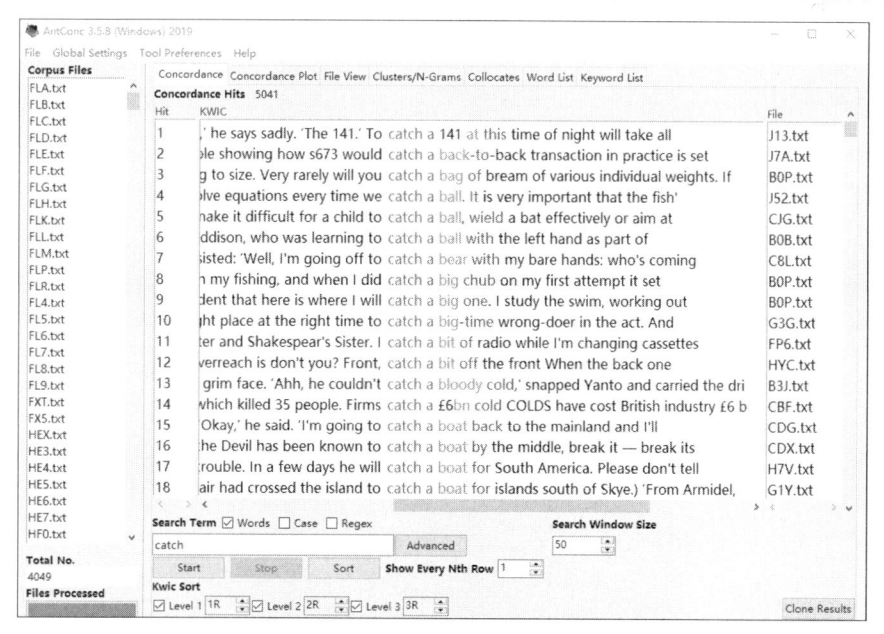

图3 AntConc 中 KWIC 检索界面

件一般都使用 KWIC（Key Word In Context）或语境共现行（Concordance）检索界面。图 3 就是 BNC 语料库在 AntConc 语料库检索软件中的 Concordance 检索界面，检索词是 catch，检索结果得到 5041 个检索词的语境共现行，双击还可以进入文本界面进行阅读，从而更好地了解检索词所处的语境，总结词汇使用的规律。

另外，利用语料库检索软件的 Cluster 或 N-Grams 检索界面，设置参数还可以获三字词、四字词等形式的词组或短语，collocates 界面可以获得检索词的常用搭配等，这些功能都有助于学生了解所学词汇在真实语境中的用法，在语境中学单词掌握其地道的用法。

三、结语

词汇教学是中学英语教学的重点和难点之一，传统基础英语教学中，教师往往采用传授式教学法，注重讲授单词的发音、拼写、词性等，要求学生通过背诵默写的方式来记英语单词，教师对词汇用法的介绍缺乏客观真实语境中的应用实例，学生难以掌握词汇的使用规律，学到的单词在表达中常常不会应用。语料库是由大量的自然语言资源文本化后建成，教师掌握了语料库技术后，通过检索软件可以快速获取高频词表，以及检索词的使用语境、常用的搭配、词汇共现、语义韵等词汇的使用规律，因此，语料库在中学英语词汇教学中具有传统英语教学方法难以企及的优越性。同时，掌握了语料库技术，中学英语教师还可以将语料库应用在语法、写作、翻译等教学方面，以及教材分析、教材编撰、试题编写、语言研究等方面，从而在提高英语教学水平的同时，提升自身的信息素养和科研能力。

参考文献

[1] SINCLAIR J. Corpus and text — basic principles[A]. Developing Linguistic Corpora: A Guide to Good Practice[C]. Ed. Martin Wynne. Oxford: Oxbow Books, 2004:5-24.
[2] 梁茂成，李文中，许家金．语料库应用教程[M]．北京：外语教学与研究出版社，2010.
[3] SINCLAIR J. Corpus, Concordance, Collocation[M]. Oxford: Oxford University Press, 1991.
[4] LEECH G. Teaching and language corpora: A convergence[A]. In A. Wichmann, et al (eds.). Teaching and Language Corpora[C]. London: Longman, 1997:1-23.
[5] COXHEAD A. A new academic word list[J]. TESOL Quarterly, 2000, 34(2):213-238.

中学生学习英语的误区、根源与对策[1]

冯丽君[2]

摘要：中学生普遍存在死记硬背记单词、脱离语言环境学语法、应试为目的刷题等英语学习的误区。造成这些误区的根源是教师的教学观念未能彻底转变，仍然坚持以高考为指挥棒的教育模式。因此，建议教师转变教学理念，改进教学方法，多采用现代化的教学手段，激发学生的学习兴趣，引导学生在视听和阅读的过程中学习单词，探索语言和语法规律，从而提高英语的学习效率。

关键词：中学生；英语；误区；策略

英语多年来一直是中学生的一门主课，是高考文理科必考科目。中国大多数地区学生从小学三年级就学习英语直到高中毕业，学习英语近十年，但很多高中学生却很难用英语写出完整的作文或者用英语进行基本的交流。英语成为高中生偏科最多的科目，很多高考生因为英语成绩太低，无缘心仪的大学。笔者在某地方二本院校非英语专业学生中调查发现，约30%的调查学生高考英语成绩不到60分（满分150分），如果这些学生英语能在原来的基础上提高50分以上，也许可以考入一本院校。笔者到当地的一些高中调研也发现，很多高中生数理化很强，就是英语偏科。有些学生学习也很用功，但只是感觉在英语上花很多时间还是学不好。笔者经过调查分析发现，高中生英语学不好，共同的特点是，他们学习英语的方式都存在一些误区。下面就这些误区做简单分析，并提出相应的解决策略。

一、中学生学习英语的误区

（一）死记硬背学单词

词汇是语言学习的基础。学好英语首先要掌握一定的词汇量，初高中英语教师在课堂上也反复强调记单词的重要性，但是往往忽略了教会学生记单词的方法，学生认为记单词就是背拼写，记汉语意思。学生一有时间就翻开单词表，花费了不少时间感觉单词都记住了，可是一到要用这些单词进行表达的时候，发现还是不会用，记住的单词也很容易忘记。很多同学就开始沮丧，怀疑自己的记忆力，认为自己没有学英语的天赋，甚至开始放弃英语，不愿在英语学习上花费太多的时间和精力。另外，很多同学不注重英语单词的正确发音，只顾记单词拼写和汉语意义，结果是看起来记住了单词，听力中出现同样的单词听不懂，自己表达的别人也听不懂，学成了"哑巴英语"。

---

[1] 基金项目：陕西乡村基础教育研究项目：陕西商洛城乡中小学英语教师专业发展状况比较研究（项目编号：SXJY202205）；商洛学院教改项目：新文科视阈下语料库在校本英语教学中的应用研究（项目编号：22jyjx122）

[2] 作者介绍：冯丽君，女，1975年生，山西运城人，硕士，副教授，主要研究方向：英语教育和翻译

(二)将语法学习与语言分离

语法是语言的框架，学习英语需要掌握一定的语法知识，初高中英语教师在课堂上也会强调语法的重要性，重点讲授一些语法知识或进行语法训练。学习语法知识没有错，但是有些同学过于注重语法，而忽略了语言学习的方法。很多同学死记硬背语法的条条框框，做语法训练题；有些同学每阅读一个句子或一篇文章就开始分析它的语法成分，句子结构，认为只有把语法结构分析清楚，才能看懂这篇文章，往往会浪费很多时间，失去了阅读速度，缺乏根据上下文语境来理解和推断语意的能力，将语言学习当成了语法学习，往往失去了语言学习的乐趣。

(三)应试学习，自然语言输入缺乏

大多数中学生学习英语都是一种应试教育，为了考试而学习。学生学习英语的方式，除了记单词就是做题。高中生每单元学完都有各种各样的配套练习题，因为课堂时间有限，教师讲练习主要以单项选择题为主，因为单项选择题有语言或语法知识点，其他题由于时间关系教师常常就只对答案，不予讲解。造成了学生做题往往只喜欢做单项选择题，学习稍好的同学也会做阅读和完形填空，而对听力和写作大多数学生都懒得做，或不愿花时间去做。这种方式学英语，看似很努力，每节课都在认真听、认真记笔记，学生却没有真正接触到自然语言资源，听、读等语言的输入不够，写、译、说等的输出能力也没有得到练习，所以，学生很难学好英语。

二、造成中学生学习误区的根源分析

(一)教学观念未能彻底转变

尽管近年来，基础英语教学改革的浪潮一直在高涨，但是很多在一线教学工作岗位工作了多年的老教师，在教学工作中多年来形成了以语法为重点、翻译为方法、做题为战术的教学模式，认为教师上课的任务就是要多讲、细讲，这样才是对学生负责任。尽管根据教育部颁布的最新《义务教育英语课程标准(2022版)》要求课堂要以学生为中心，语言交际为重点，注重培养学生的价值目标和情感目标。要求教师引导学生探索、归纳总结语言中的语法现象，但是，很多中学英语教师仍然习惯于以往的教学方法，总觉得学生没有能力去总结，教师如果不讲语法就是对学生不负责任，教师的教学观念无形中影响学生的英语学习效果。

(二)教学方法没能跟上时代

教师的教学观念影响着教师的教学方法。尽管近年来各种各样的英语教学方法改革，如交际教学法、任务驱动教学法、混合式教学法等都在基础英语教学中得到了应用。但是在地方中学，特别是一些落后地区乡村中小学，很多教师的教学观念跟不上，学校教学的硬件设施也跟不上，多媒体课件、网络平台学习未能广泛应用于英语教学，很多教师上课还是传统的填鸭式教学方式，教师课堂上滔滔不绝的"满堂灌"，精讲、细讲语法知识，生怕学生听不懂。造成的结果是学生养成了被动接收知识的习惯，上课只是被动听讲、忙于记笔记、偶尔回答一些问题的习惯，从而缺乏独立思考、独立总结归纳知识、建构知识体系的能力。另外，应试教育的观念根植于教师和学生的思想中，造成教师以高考为纲，上课只注重讲解词汇、分析语法、翻译课文，然后就是疯狂的刷题、讲题。学生满脑子装的都是单词、语法、句型等条条框框的规则，听、说、写等英语表达能力很差。造成的结果是学生失去了对英语的学习兴趣，被动地花费大量的时间学习英语，反而很难取得理想的成绩。

三、中学生英语学习改进策略

（一）教师转变教学观念，改进教学方法

中学生对事物的认知能力还在发展阶段，在英语的学习上对教师的依赖性还比较大，教师的引领作用非常重要。中学英语教师首先要转变思想，摒弃应试教育题海战术的观念，将课堂学习的主体地位交给学生，将教学的重点从传授知识转变到引导学生探索知识、发现和总结语言规律上，激发学生的学习兴趣，教会学生学习的方法，培养学生的自主学习能力和思辨能力。

另外，教师要摒弃孤立讲单词、讲语法的课堂教学方法。单词的意义不是孤立的，而是分布在与之相邻的一连串词语中。也就是说要想真正掌握一个单词，不仅要会读会写，还要掌握这个单词的用法、常用的搭配、语义韵等。语法是语言使用中总结出来的规律，语法的学习要渗透在语言学习中。教师要避免孤立地讲语法，而应让学生大量接触自然语言，让学生在语言学习中探索、发现和总结语言规律。

21世纪以来，随着信息技术的发展，以及网络和电脑的普及，人们获取信息的方法逐渐多样化，教育教学的内容、方法和手段也要随之发生变化。传统的中学英语教学主要是课堂教学，教学的内容主要是课本，一个黑板一根粉笔就可以上课。现在大多数中学教室都有多媒体设备、网络，教师授课就要充分利用这些设备和资源，充分备课，精心准备多媒体课件，例如，在讲授"small talk（寒暄）"这个短语时可以通过视频的方式播放几个场景，让学生体会西方人人际交往寒暄的方式，然后引导学生思考我们中国人有哪些寒暄的方式和用语。在加深学生对这个短语理解的同时，增加学生对中西方文化的了解。此外，教师还可以引导学生利用语料库检索哪些词还可以修饰"talk"，引领学生总结一些常用的搭配，如"have a talk""give a talk"。总之，通过视觉和听觉上的刺激，加深学生对所学短语的记忆和理解，同时，能够激发学生探索能力，增加学生学习英语的兴趣。

（二）学生改变学习方法，加强语言输入和输出

中学生要想学好英语，首先要摒弃死记硬背地记单词和语法的学习方法。语言的学习需要有语境，需要足够的语言输入，才能会有输出的可能。就像婴儿每天听家人说话，慢慢就学会了说话，如果家人说的是英语，婴儿自然学会的也是英语。所以，要想学好英语，首先要有足够的输入，这里的输入指视听和阅读。输入的最好是地道的自然语言情景信息。在视听和阅读的过程中，掌握单词，探索语言语法规律。也就是说将单词和语法放在语境中去学习和记忆，因为每个单词用在新的语境中就是一个新的单词；只有通过上下文才能理解一个单词，没有上下文，词汇就没有确定的意义。所以学习词汇，不能只孤立地记单词，一定要放到语境中学习。注重语言学习的实践性和过程性，通过视听和阅读多接触和体验真实的语境，在真实语境中理解语言和学会运用语言，才能更好地掌握语言知识和技能。

作为中学生为了能够在中、高考中取得好成绩，在课外加强做题训练也是必要的。但是做题时避免只倾向于做单项选择题，而不愿做听力、阅读和写作题的习惯。听力理解能力、阅读能力和写作能力都是学好英语、考试取得好成绩的关键。这些能力的训练是相通的，多加强听力训练，能够更好地掌握单词的正确发音，英语的习惯表达、语音语调等。阅读是语言输入的关键，经常进行阅读训练，能够提高阅读的速度和阅读理解能力，同时，在阅读的过程中学习单词和语法，更容易掌握单词和语法的具体用法。阅读时多积累一些地道的英语表达，阅读能力提高了，写作能力也会相应提高。近年来，高考试题中短文阅读理解共计40多分，是分值最高的一道大题，阅读能力强，英语的成绩也不会很差。同时，要加强写作训练，很多同学记住了大量单词和语法规则，但是只学不用这些知识无法变成有效输出，所以必须加强输出训练，激活自己所学的单词和语法。将自己所学的语言知识应用到写作和语言表达中，这样才能真正掌握英语语言，取得较好的英语成绩。

四、总结

英语是基础教育的主干课程，是中、高考的必考科目，也是很多中学生最头疼、最容易偏科的科目之一。研究发现中学生普遍存在死记硬背记单词、脱离语言环境学语法，应试为目的死做题等英语学习的误区。造成这些误区的根源是教师的教学观念未能彻底转变，仍然坚持以高考为指挥棒的应试教育，课堂教学仍然是以教师为主的讲语法、翻译课文、讲试题等传统的教学方法。在基础英语教学阶段，教师的引导作用非常重要，要想让学生养成良好的英语学习习惯，首先要改变教师的教学理念和教学方法，摒弃应试教育和填鸭式的教学模式，多采用现代化的教学手段，激发学生的学习兴趣，引导学生在视听和阅读的过程中学习单词，探索语言和语法规律，从而提高英语的学习效率。总之，学好英语不是一蹴而就的事情，需要有持续不懈的学习精神，以及师生的共同探索和努力，才能取得理想的学习结果。

参考文献

[1] 中华人民共和国教育部. 义务教育英语课程标准（2022版）[M]. 北京：北京师范大学出版社，2012.
[2] SINCLAIR J. Looking Up: An Account of the COBUILD Project in Lexical Computing[M]. London: Collins ELT, 1987.
[3] FIRTH J R. Papers in Linguistics[M]. Oxford: Oxford University Press, 1957.

课程思政一体化背景下数学教学实践研究[1]

郭萌，刘瑞瑞，王怡

摘要： 教育是一个连续的整体，构建课程思政大中小一体化是新时代党中央推动教育事业向纵深发展的一项重要战略部署。本文首先分析了大中小课程思政一体化背景下的数学教学现状及不同年龄段学生的学习特点，其次从文化、科技、经济等多个角度充分挖掘数学课堂中的思政元素，最后从解线性方程组的角度出发，寻找与方程组相关的大中小教材的相似性，楔入思政元素，并根据大中小各阶段学生的学习特点给出合理的教学方法。

关键词： 课程思政；大中小一体化；数学教学

数学学科是其他理科学科的基础，也是学生最早接触的一门学科，数学学科的思政教育，要在运算、操作、合作中发展数学思维；在探究、实践和讨论中培养数学美学；在数学文化中渗透道德品质。运用猜想、逻辑推理、例题演示等方式，使学生养成有论据、有条理、有逻辑的思维和表达；运用数学的方法与知识来解决问题，使得学生具有探索、质疑、思考的思维能力；通过数学史，提高国民自信，增强荣辱意识。在大中小课程一体化的环境下，课堂教学要从单纯围绕学科、知识展开教学，到注重学生核心能力的培养，转变为以教学为目的的全面提高课堂教学质量。党的十八大以来，党中央高度重视思政课程建设向课程思政的转变。习近平总书记2019年在学校思想政治理论课教师座谈会上强调"在大中小学循序渐进、螺旋上升地开设思想政治理论课非常必要，是培养一代又一代社会主义建设者和接班人的重要保障"。课程思政一体化是以习近平新时代中国特色社会主义思想为核心的"学生为本"与"道德与法治"课程的队伍、教学和评价等进行集体建设，是把思政元素融入各科目中，从而实现课程思政要求一体化。在一体化的课程思政中，主要从以德育为本的学科思政理念出发，发掘其他课程与教育方法所包含的道德法治教育与思想政治教育的内容，从而提高学科协作教育的有效性。

一、课程思政一体化

（一）课程思政

"课程思政"一词最早由上海市委、市政府于2014年提出，它不是增开一门课，也不是增设一项活动，而是一种教育理念，是将思想政治教育融入高校课程教学和教学改革的各个环节，实现立德树人、润物无声，它是一种文化体系或者说是育人体系。在2019年3月的学校思想政治理论课教师座谈会中，习近平总书记更是强调"要坚持显性教育和隐形教育相统一，挖掘其他课程和教学方式中蕴含的思想政治教育资源，实现全员全方位育

---

[1] 基金项目：陕西省教育学会2022年度课题（课题编号：SJHYBKT2022198）"产教融合背景下职业技术教育教学模式创新研究"

人"。随着国家以及地方政府部门不断颁发相关的政策和召开相关的会议，在教育界形成了一场关于"课程思政"理论与实践并存的学术热潮，这一新的教学理念在大中小学校实践中取得了一定的成果。

与"思政课程"相比，"课程思政"是一种新型的教学观念。改变以往仅在政治课上进行的传统的思想政治教学模式，并将其运用到实际教学中，把思想政治教学与科目教学有机结合起来。

(二) 课程思政一体化

要将大中小思政课建设作为一项重要的工程，包含了"课程思政"，就是要挖掘各类课程中的思政元素。课程思政的目的是突破"思政课程"与"学科"的隔阂，激活学科内在的思政要素，将"育人"思想渗透到每一门学科中，从而实现"全面育人"，课程思政的范围贯穿大中小学教育的全过程。在对"课程思政"这一理念的认识上，应将"课程思政"和"思政课程"这两个区分，思政课是指学校开展的有关思想政治课及其有关的各项活动的总称。从实质上看，课程思政在德育体系是显性的，而在教育工作的理念方法上是隐性的。

课程思政一体化要适应不同学段之间的差异性和相关性，但在建设过程中大中小学教师间存在相互割裂、各自为政等现象，以掌握知识为主，忽视其他能力的培养，使大中小课程思政教学不连贯。因此课程思政一体化最重要的是协调教育目标、内容、方法的有效性、协调性和完整性，改变过去各阶段教学的相互分割、各个学段教师独立分工的思政教育结构，为改进课程思政一体化提供科学合理的基础。在"十四五"时期，要把大中小学校的德育工作继续推进，加强素质培养，促进学生的综合能力；培养学生的社会责任感和爱国主义意识；实践性是我国和全国发展的一个重要战略平台，必须一以贯之。大中小学的思想政治教育一体化是对"大学课程思政"与"中小学课程思政"的问题的深入研究，是一个统一有序的系统，大中小学的思政课在目标、内容、方法上必须有序地衔接和合理地布局。在课程体系的构建上，小学教育注重引导学生对创造性理论简明的理性认识，而在大学阶段，注重对学生进行历史、理论和实际逻辑的阐释。因此，要充分挖掘学科的思政教育资源，共同推进大中小课程思政教育的有机结合。

(三) 研究综述

"课程思政"是以习近平新时代中国特色社会主义思想为指导，贯彻习近平总书记关于教育的重要论述的重大理论与实践活动。当前大中小学校德育工作不仅要依靠德育师资，更要把德育工作融入日常的课堂中；在教育中浸润思想，在教育中融入思政要素，使学生具有爱国情怀，形成正确的学习观念。钱鑫波对数学课程思政融入数学课堂教学做了研究，认为数学课程思政是数学文化的一部分，数学课程思政元素能够通过经典的数学文化元素体现。操晓娟、王家正提到"课程思政"是一种新的教学理念，坚持在高校教育教学中以立德树人为中心，强调通过教学设计把思想政治教育元素融入各类课程的教学中。段娟对数学史的关注度做了研究，得到了教师和学生都对数学史的关注程度不够，但绝大部分的教师和学生都认可数学史对数学学习的作用这一结论，提出了数学史融入课堂需要注意有理有据、迎合课堂、比例适中、浅显易懂四项原则。李丽娟认为在教学过程中，不仅要求学生开阔数学视野，更要求教师自身有很高的数学史素养。新时代，课程思政是党中央推进思想政治教育的重大决策。课程思想政治教育关系到个人价值的养成、品德的发展、人格的形成。因此，要把思政工作融入大中小各个阶段学生的培养和课堂中去，使课程思政与思政合作同行、相互配合，形成一个良好的育人环境。从目前"课程思政"工作的实际情况来看，大中小课程思政一体化存在着许多问题。为此，必须找到课程思政的难点，并寻求最优路径，从而促进课程思政一体化的规范化与科学性。本文主要针对大学、中学、小学三阶段数学的学科特点，发掘契合的思政元素，将专业知识与思政目标有机结合，设计教学，并对个别案例通过问卷调查及实验对比对教学效果进行实证研究。

二、课程思政一体化各阶段分析

（一）大学阶段

首先，分析选用教材。在大学阶段，数学是理工类的基础学科，包含高等数学、线性代数、概率论与数理统计等，学时长，逻辑性强，覆盖面广，大学数学的教材随着课程思政的提出，部分教师也开发出了一些思政元素，但只是挖掘出了一些明显的素材对学生进行的德育渗透，而一些隐形的德育素材并没有进行深层次的开发。同时，学生进入大学期间，思想和观念处于一个高速发展的阶段，每届学生对同一事物的看法和观点也会略有不同，而教材中不变的思政元素和学生的认知水平不相符合，这就需要教师时刻提高教学能力与教学手段，开阔视野，从实际问题出发，正确把握学生的认知水平，为各个学段、各专业学生有效地进行课程思政教学。

其次，分析教学方法。在应用型本科院校中，大多数学生的数学基础一般，再加上学时的限制，教学过程中，教师具体、细节、烦琐的知识讲多了，普遍性、创新型的方法就讲的少了，结果使学生丧失了对大学数学的内涵和应用价值的认识，磨灭了学习兴趣，增加了学习难度。课中也由于课时要求忙于赶进度，缺少师生之间的交流，更是无暇渗透德育知识。大学数学的讲解中存在大量的公式推导，学生在推导过程中往往发现不了乐趣，半途而废。在实际中，大多是经过教师分析，直接给出解题过程，很难有效地实现深度学习。

最后，分析思政切入点。大学阶段"寓教于思"，大学生的心智已经成熟，可通过引发学生的内在矛盾及反思进行德育教育。高校数学教学内容包括三个层面：一是"育人目标"，使大学生具有良好的人生观、世界观和科学观，勇于承担国家振兴重任的新生力量；二是"育人内容"，是指在数学教学中，传授基本概念、定理和数学思维方式，以提高数学的思维素质和运用数学知识的能力；三是"育人载体"，展示数学重大概念的产生与发展，让学生了解数学的知识以及理念，感受数学的文化价值和人文精神。

高校的数学教学既要教授高校的数学学科，又要使学生能够对学生进行思考和应用，更要深入理解其所包含的科学和人文精神。高校数学的教学目的是以立德树人为核心，以人文精神和科学精神为一体，培养勇于承担责任、勇于实践和勇于探索的人才。高校的数学教学目标是使学生经过系统的理论和实际的教育，培养崇高的道德观念和较强的责任心；引导学生重视数学的运用和发展，树立正确的科学理念，培养学生为人类服务的使命感。

（二）中学阶段

首先，分析选用教材。中学数学课程在学习新章节时，每一章的开始之前，都会附有一张文字描述的插图。章前图通常是一些很有意思的让人感兴趣的插图，而二元一次方程式的章节，章前图也各有溢彩，例如，苏教版教材、鲁教版教材中的鸡兔同笼问题，冀教版教材中章前图为牛马驮物的问题，都能比较好地作为本章学习的引导。

其次，分析教学方法。立德树人是教育工作的根本任务。当前，一些教师仍存在着重知识、轻德育和课程思政等形式主义的问题。我们应该考虑怎样去培育，探讨如何培育人才、为谁而培养，这一目标和使命是当前许多教师面临的一个实际问题。在初中阶段，数学的重要地位是毋庸置疑的，它不但可以显著地提高学习技能，提高逻辑能力，提高思维能力，而且有利于培养和提高学生的长期发展能力。中学生对外界的一切都很好奇，也很容易被塑造，但是因为他们还没有完全成长起来，三观还没有建立起来，再加上现在的科学技术发展很快，他们所知道的东西也是五花八门。因此，开展思政工作既有其必要性，又有其重要性；然而，中学实施"课程思政"的战略并不能完全复制高校的版本，而要结合学生的认识和年龄特点，将其纳入到课堂教学之中，在课堂上组织各种不同的活动。

最后，分析思政切入点。中学阶段宜"寓教于史"。中学生的心智不完全成熟，也具有一定的独立思考的能力，所以教师可以通过科学史或者数学文化对学生进行德育教育。因此，在中学数学中通过讲述国内外数学家的坚定信念和奋斗精神的故事，对学生的理想信念和生活方式产生着潜移默化的作用，使他们的科学素养与人文素养有机统一。通过对学生进行"科学"和"爱国"的教育，有利于提高中学生的"自信心"和"自强"意识。而思政元素的引进，正是能够引起学生学习兴趣，改变学生的数学观，使数学更加人性化，使学生了解数学的基本知识和社会文化知识，提高学生对数学的认识和欣赏能力，增强学生的自信。

（三）小学阶段

首先，分析选用教材。在小学阶段，数学课本的图多于字，对小学生的数学要求也是掌握一些数的加减乘除及简单的逻辑运算能力。因此小学教师应将"课程思政"融入日常生活，深刻理解"课程思政"思想，树立全员思政、全时思政、全科思政的教育思想，共同努力，培育新时代社会主义接班人。在问题解决中，小学教师要善于运用实际的生活案例引发学生的认知，即解决问题的教学不能脱离现实进行，这就需要教师能够善于运用直观的教学方式进行授课，从直观中抽象归纳出问题来使学生学习与理解。另外，在解决实际问题过程中教师需要注重逻辑与推理，用多种方法去促进学生发展数学思维。

其次，分析教学方法。小学生好奇心强，小学教师要充分发挥小学生的发展特征，在设立问题时要贴合生活实际，使学生成为主体。另外，要建立现实与相关知识之间的联系，不仅仅是局限于数学，还要学会用数学知识去解决其他问题，加强数学应用实际的能力，从多方面找到解决问题的策略，而图示法的教学就是培养小学生应用意识，能够帮助学生主动运用数学语言来描述现实问题，让学生在游戏中、在故事中解决实际问题。

最后，分析思政引入点。小学生心智尚未成熟，注意力持续时间较短，教师可以将思政教育融入一些互动游戏中或者诗歌文化中"寓教于乐"。因此小学数学教育的特性决定了"情景"与"讨论"的结合，数学教学模式更多地依靠教师所设定的特定情境，让学生体验到知识生成、情感感悟，激发学生对知识的渴望，从而产生对知识的探究和创造。在知识层次上，学生将自己置身于解决实际问题的环境中，并在知识层次上，从理性的学习转化到感性的经验，提高学生的思考能力和解决问题的技巧；师生的交流是一种情感的体验，教师的政治情感、人格魅力和学识都会对学生的人格和科学观念有影响，进而实现教育和育人的目标。在日常课堂教学中，要把思想政治要素自然地结合起来。作为数学教育的指导者和实践者，小学数学教师要转变"重知轻德"的错误态度，转变"两耳不闻窗外事，一门心思读书"的思想；其次，要把握好"思政"的切入点，以"爱家""爱国"为主题，把握"问题情境"，把握"知识"的生成、发展及其本质特点；通过对数学教学的深入研究，使学生能更好地了解数学、了解时事，并能自主地进行思维与协作，有效推动学生的知性、意行的全面协调发展。

三、数学教学中的思政元素挖掘

（一）数学中的传统文化

一是挖掘古代文化中的数学。《九章算术》涵盖了各个时期的数学成就，它还提到了分数问题和盈不足等问题。《九章算术》按照不同的用途和问题的性质分为方田、粟米、衰分等九章。其中讲述了平面几何的计算、比例的算法、通过面积体积求边长径长，还讲述了开平方开立方的方法。特别是最后三章盈不足、方程、勾股更是体现出了前人的智慧。数学家刘徽的割圆术是中国古代数学中一个非常重要的成就，他通过对《九章算术》中缺少注解、过程的缺陷进行了注解，著作了《九章算术注》一书。书中不但详细地解读了《九章算术》提到的各种问题，还在其基础上提出了极限思想，并且创立了"割圆术"这一突破性的数学方法。他将圆分割为192边形，得出了圆周率在3.1410与3.1427之间。后来刘徽发明一种快捷算法，可以只用96边形得到和1536边形同等的精确度，得到圆周率近似为3.1416。盈不足章节中提到了三种类型的盈亏问题，这是当时领先世界的成果，在传到西方以后，也造成了巨大影响。方程主要是研究一次方程组的解法，通过分离系数来表示线性方程，也就是现在我们所说的"矩阵"；而其中的直除法是世界上最早的线性方程解法，在西方直到17世纪才提出了完整解法。《九章算术》还使用了负数的概念，这是世界数学史上一次伟大的突破——人类史上第一次突破了正数的范围，拓展了数系。

二是挖掘对联中的数学。在中国文学上，诗词歌赋韵文数量之多，流传之广，技巧之高，都居世界前列，而对联更是独树一帜。古往今来，含有数字的对联为数较多。如洪秀全的天王府大殿上，挂着一副用金字书写的对联"虎贲三千，直扫幽燕之地；龙飞九五，重开尧舜之天"。蒲松龄故居对联"写鬼写妖高人一等；刺贪刺虐入骨三分"。杭州西湖湖心亭上对联"四季笙歌，尚有穷民悲夜月；六桥花柳，浑无隙地种桑麻"。苏州虎丘山花神庙对联"一百八记钟声，唤起万家春梦；二十四番花信，吹香七里山塘"。

三是挖掘诗歌中的数学。数学是对真实世界中的空间形态与数量的关系进行研究的一种科学。很多人都喜欢诗词，因为诗词美丽和浪漫，而数学也很有诗意，很多数学家和诗人都会用诗词来表达自己的观点，让人在欣赏诗词的过程中，体会到数学的美感。例如《山村咏怀》"一去二三里，烟村四五家。亭台六七座，八九十枝花。"这首诗以其短小精悍而著称，不仅诗里有画，富含意境，而且巧妙地将一到十的数字都运用在了这短短二十个字当中，可谓写法之高超。"一去二三里，烟村四五家"两句是一种线状的视觉美，"一去"做水平方向的运动，"二三"虚指数量较多，炊烟袅袅呈现垂直状态，"亭台六七座，八九十枝花"两句变换为点状视觉，亭台座座，鲜花朵朵。这首诗也是儿童学习一到十数字的启蒙诗，是最早的数学科普诗歌。这首诗中十个数字的嵌入，将全诗的意境体现了出来，这种数学与文学的有机统一不仅体现的是数学蕴含的奇妙内涵，还体现了数学的一种美学价值。例如从诗歌中学习点、线、面、体的基本数字概念。如"诗圣"杜甫的一首《绝句》："两个黄鹂鸣翠柳，一行白鹭上青天；窗含西岭千秋雪，门泊东吴万里船。"短短四句就描述了两点、一线、一面和一个空间体，刻画的可谓淋漓尽致。此外，还可以从诗词中学习数学的量，古诗词中涉及的数量知识有很多，最经典的是"诗仙"李白许多关于饮酒的诗歌。"花间一壶酒，独酌无相亲""金樽清酒斗十千，玉盘珍馐直万钱"，一杯、一壶、一斗……都是描述数量的单位，学生也会在课堂中学到。不过，要注意古代中的量与现代不同，我们要对古代的量做出合适得当的理解。

（二）数学中的家国情怀

爱国是立德之源，立功之基，是学校道德建设的主题。将爱国主义与数学文化结合起来，将数学文化教学作为一种有效的爱国主义教育手段，可以从数学历史、数学故事、数学应用三个方面入手。

一是数学历史。中国从古至今并不缺乏杰出的数学家。古代有刘徽、祖冲之、杨辉等，近代有华罗庚、苏步青、陈景润、吴文俊、陈省身等。他们在探索、论证、创造过程中所表现出的坚持、严谨、超越等敬业精神，都融进了数学界的深厚人文底蕴，成为我们学习的楷模。在数学教育中，我们要适时地讲数学家们的事迹，讲他们坚持不懈的努力及他们对祖国的伟大贡献。通过这些事迹，塑造学生的爱国主义榜样，使其深受影响，从而养成严谨的科研精神和学术思想；鼓励学生积极投身于社会主义近代化的建设，并立下为祖国服务的雄心壮志。

二是数学故事。例如苏步青出生在一个家贫山村里。他的父母省吃俭用供他上学。苏步青在中学遇到了一位刚留学回来的杨老师。第一节课杨老师是讲故事。杨老师说："当今世界，弱肉强食，世界列强依仗船坚炮利，都想蚕食瓜分中国。中华亡国灭种的危险迫在眉睫，振兴科学，发展实业，救亡图存，在此一举，每一位同学都有责任。"苏步青听过很多课，但这一课使他难以忘怀，并从此立下了"读书不忘救国，救国不忘读书"的誓言。后来苏步青在日本留学，为国争光的信念使得苏步青早早地进入了数学的研究领域，他在完成学业的同时，还完成了30多篇论文，并在1931年获得理学博士学位。正当日本一个大学聘他去担任副教授时，苏步青毅然决定回国。回国后，苏步青生活艰苦，面对困境时，他说："吃苦算得了什么，我甘心情愿，因为我选择了一条爱国的光明之路。"

三是数学应用。在科技领域，数理方法具有重要的地位和作用；对于不同的事物，采用的数学方法也是不一样的。如通过建立数理统计的方法，可以对新冠肺炎疫情进行预测、预警和风险分析。实际上，数学模型就是用数学公式和运算程序等来对现实问题进行描述，是对现实生活的一种仿真。在某种程度上，可以用来说明许多客观的现象，可以预见到一些事情的发展，并在某种程度上对某种现象进行了最优的控制。目前，数学建模已经在自然科学、社会科学等多个方面得到了广泛的运用。正如我国著名学者周海中教授在1993年发表的《21世纪数学展望》一文中所预言的那样，未来的数学模式会变得更加具有意义。数学模型，尤其是传染病动力学模型（如SIR模型、SEIR模型等）在新冠肺炎疫情研究中具有重要意义。

在新冠肺炎疫情暴发的过程中，很多科研工作者通过各种科学方法，运用数理模型进行了分析，为抗击疫情提供了关键技术支持。举例来说，诺贝尔化学获奖者、美国知名计算生物学家迈克尔·莱维特运用数学模式预言了某些受疫情影响较大的国家出现的转折性问题。再比如，清华大学研究小组建立了一种新的流行病动态模型，用于对全国范围内的流感流行和流行高峰进行预报；研究者们注意到，当疾病暴发和疾病的进展以及对疾病进行的调查时，所采用的模式和预测方式也会相应地进行相应的修正。英国牛津的研究组使用英国最新公布的新冠肺炎疫情和死亡率的资料，根据流行病学的模式以及各种参数，得出了英国潜在的新冠肺炎患者数量。美国哈佛大学医学院的一个小组，近期使用 SEIR 模式，对在严密和松散的环境中的病毒进行了仿真。在这个模式里，如果停止严格的隔离，没有任何有效的预防手段，就会导致受感染者大量增加，即 1000 名病人中有 2 名重度病人。

（三）数学中的科技创新

现代科技的发展，其实是人们全面运用各种技术的产物，而运用的是其最重要的知识，也就是从理论到实际的建立；而数学的发展，就是在人们解决科学研究和生活中遇到的问题时，才会被激发出来，从而不断地发展。

一是航天中的数学。中国在载人太空技术上，已超越了世界上许多发达国家，并在国际上获得了辉煌的成就。当前，国家处于发展的关键时期，要把航空精神发扬起来，提高全民的自信心和自豪，把整个国家的智力和实力都集中起来，为实现我国新一轮的全面建设，提供坚强的思想动力。在"神舟"和"天宫"系列产品的制造工作中，加工工艺存在着材料难加工、零件精度高等问题。中国航天科工集团首席技师张勇充分发挥聪明才智，通过勤学苦练、深入钻研、勇于创新、敢为人先，运用数学思维和数学方法指导实践，不断提高技术技能水平，领军攻克了"超高精度零件加工""有刷电机换向器精密加工"等 40 余项精加工难题。

二是物理中的数学。物理和数学之间，有着千丝万缕的联系，物理专业中数学教学内容最为丰富。物理学的公理化和数学化，一直是很多学者所追求的。牛顿之所以能够搭建起数学与物理之间的桥梁，是因为他把自己所学到的所有数学理论都运用到了物理理论上，并且对很多以前的研究成果进行了归纳和总结；麦克斯韦为电磁学做出了重要的贡献，他在学校里教授了一段时间的数学，后来他通过对电流的研究，建立了一组描述电场、磁场与电荷密度、电流密度之间关系的偏微分方程，从而证实了光线也是一种电磁波。俄国晶体学家费得洛夫于 19 世纪 80 年代以群理论为手段，对晶体学的一个基础问题即规则空间的划分进行了研究。结果表明，在近 8000 种不同的晶体中，存在着 230 个不同的空间点组，这些组分与费得洛夫的理论相一致。布尔代数是计算机的基础，没有它，世界上就不会有计算机，很多现代医学仪器的出现，都离不开它的数学理论。现代数学教学的目的是要培养学生的良好的数学思考能力、建立严谨的数学思维和科学的逻辑性。

四、结语

思想政治教育具有一定的规律性，各个学科在课程和课程思政课程的构建中应突破传统的"不相干"的状况，开展跨学科主题教育学活动，共同寻找思政课程开展显性的思想政治教育、其他学科开展隐性的思想政治教育的普遍规律，从而达到思想政治深入人心的效果。大中小学思想政治工作应把适应学生的发展需要与期望作为其行为根源。当前，课程思政的推进实践表明，大中小学课程思政一体化建设仍面临诸多问题，因此需要厘清一体化视角下课程思政的内涵与建设的难点，以推动大中小课程思政一体化建设。对于数学课程教学来讲，课程思政的融入更有利于教学开展，"思政"一词作为宏观性的表述，其思想体现在教学的很多方面，例如数学教学中用到的数形结合、类比推理等思想，不仅是对知识的巧妙教授，更是完成了对学生数学知识体系的构建和价值观目标的养成，从知识层面升华到育人层面，这才是我们大中小课程教学中的真正意义。

参考文献

[1] 王玉国. 大中小课程一体化背景下课堂教学变革 [J]. 大学（研究版），2019,1:45-49.

[2] 庄惠芬. 一体化课程思政的内涵理解与路径优化 [J]. 江苏教育，2021,83:22-26.

[3] 王玲燕. 润物无声，立德树人——谈初中数学课程中的"思政性" [J]. 数学之友，2021,5:1-3.

[4] 刘雨柔，赵临龙，高丽. 课程思政融入中学数学课堂的探究与思考 [J]. 数学学习与研究，2021,29:122-123.

[5] 顾润生. 思政课程与课程思政同向同行 [J]. 江苏教育，2021,75:7.

信息化教学手段在中学数学教学中的应用研究[1]

郭萌，齐荣洁，王怡

摘要： 传统的讲授法教学模式让学生对信息的加工处理受到限制，不利于学生的合作探究，导致学生缺乏创新和探索能力。信息化教学手段不仅帮助教师提高课堂教学效率，还有利于学生的数学学习。通过对目前中学数学教学现状的分析，从学校、教师、学生三个层面入手分析信息化教学手段在中学数学教学中所具有的优势及信息化教学手段在教学过程中存在的问题，以希沃白板、钉钉、翻转课堂为例给出相应的应用策略和教学案例，论述信息化教学手段在中学数学课堂上如何得以合理利用，并提出在中学数学课堂教学中信息化教学手段的使用方法，实现以学生为本的中学数学课堂中信息化教学手段的运用。

关键词： 信息化；教学手段；中学数学教学

随着信息技术的飞速发展，信息化教学手段对中学数学教学的应用研究让中学数学教师对信息化有了新的认识，更加了解信息化教学手段，使得教师观念发生变化。信息化教学手段在中学数学教学的应用研究有利于教师和学生角色的转变，新的教学模式有利于培养师生的协作能力和探究能力，突破学生学习时间和空间的局限，使学生成为课堂的主人，不再拘泥于传统教学模式——老师教、学生学，改变以往的学习方式，师生互相协作完成教学任务，提高教学质量。通过对信息化教学手段在中学数学教学的应用研究，学校管理层对信息化教学更加重视，加强了对教师自身素养和技能的培养，利用信息化资源减少教师工作量，使得教师有大量时间去关注学生、引导学生，推动学生进行自主探索，引导学生思维发展。

一、信息化教学

（一）信息化教育的发展

信息化教育发展经历了三个阶段。首先是计算机辅助教学（Computer-aided Instruction,简称CAI），20世纪中期到90年代初，得益于计算机技术的发展，信息化教学在教学领域中掀起了第一次高潮。这一阶段只是将计算机作为一种媒体辅助教师教学，辅助教师解决教学重难点，大多以演示为主，是信息化教学的初始阶段。第二阶段是计算机辅助学习（Computer-assisted Learning,简称CAL），始于1998年，CAL强调利用计算机作为辅助学生学习的工具从以教师教学为主转变到以学生学习为主。翻转课堂就是一个典型的CAL教

---

[1] 基金项目：陕西省教育学会2022年度重点课题（课题编号：SJHZDKT202204）"商洛市基础教育资源配置空间分布特征及共享机制优化研究"

学工具。目前，国外的研究和应用比较多，并取得了良好的教学效果。第三阶段主要是信息技术与课程整合（Integrating Information Technology into the Curriculum，简称IITC），它是21世纪基础教育教学改革的一条有效途径。这一阶段不仅仅把计算机作为辅助教或辅助学的工具，而是强调利用信息化教学手段实施启发式教学，促进学生产生学习动机，进行自主探究学习。在国外，美国作为第一个提出信息化教学的国家，在信息化教学中一直处于领先地位。21世纪以来，各个国家都非常重视信息化教育教学。美国作为翻转课堂的发源地，对于翻转课堂教学手段的理论研究也非常多。根据全国科学教师协会的报告显示，许多国外学校教师在教学中更倾向于使用翻转课堂。可以看出，国外学者对于翻转课堂的研究已经取得了巨大的成果。其研究者认为，翻转课堂的教学手段比传统教学手段的教学效果要好，但要求教师应收集丰富的教学资料、制作恰当的教学视频、具备合理设计教学过程的能力。祝智庭、顾小清教授（2004）在《论信息技术在基础教育新课程教学中的支持作用》中介绍了信息技术在教育教学中的作用，论述了在信息化教学手段的支持下，教学由教师的教为主转向学生的学为主，强调学生的自主学习、合作学习、探究学习。除此之外，有不少学者、教授也对信息化教学技术的改革和在教学中应用进行了研究和分析。

从以上研究文献中可以看出，应用信息化教学手段是教育教学改革最有效的途径，想要探究信息化教学手段在教学中的应用，首先需要知道在使用信息化教学手段进行教学时存在的问题，怎么来克服这些问题。其次需要借鉴专家、学者已经研究出来的文献，根据教师使用现状和学生的身心发展，分析出信息化教学手段的应用策略，通过应用信息化教学手段进行教学的案例分析并得出结论。

（二）信息化教学的主要形式

一是多媒体教学。多媒体教学是利用符号、语言、声音、文字、图形、影像等于一体的多种媒体信息，按照教学要求进行，教师根据学科知识制作的幻灯片课件通过投影设备将画面在屏幕上显示出来，与教师语言讲解结合起来完成教学过程，使学生在多媒体教学中获得思维、想象、创新等能力，提高学习兴趣和质量。现如今，大多数学校都已配备有多媒体设备，用于优化教育教学资源，更多的教师在教学过程中也偏向于多媒体教学，它作为用于辅助教学的工具成为了教师最好的教学助手。

二是在线课堂。在线课堂是指教师通过网络直播等形式，通过投屏实时分享电脑屏幕（显示幻灯片），教师语音实时输送给上课的学生，在互动栏与学生进行互动，课后利用软件发布作业、在线测试等的远程教学手段。学生通过手机或iPad在线观看教师准备的课程，与教师在互动栏互动或通过连麦的方式与教师语音通话提出问题，解决问题。课后在手机或电脑上完成教师布置的作业，进行在线答题。

三是翻转课堂。翻转课堂由国外的"Flipped Classroom"翻译而得到，也被称为"反转课堂"或"颠倒课堂"，是指将传统课堂中课上与课下的任务进行颠倒。翻转课堂是由教师提供以教学视频为主要形式的学习资源，传授知识的过程由课上转向课前，学生在前一天独立学习教学视频和有关学习资源，课外作业和练习完成的知识内化过程转移到课堂上，课堂时间用于学生作业答疑、生生合作、师生合作深入交流等，转变课堂模式。

二、信息化教学手段的优势

(一) 优化课堂教学效果

首先,信息化教学手段可以有效提升课堂教学效率。借助信息化教学手段进行教学,对于教师来说,节省备课、上课时间提高效率,利用信息化设备演示数学公式、数学知识等;改善教学条件和教学环境,能够为学生提供更多的学习平台,一个良好的教学环境可以创造良好、热烈的数学课堂氛围,学生也更愿意探索知识,寓学于乐,寓教于乐。

其次,信息化教学手段能够提供丰富的课件资源。教师没有充分的课前准备,就不可能有好的课堂,备课是上好课的前提。这就要求教师在课余时间花费大量的时间进行信息搜索和备课,信息化教学大大缩短了教师的备课时间,给教师提供了大量优秀的教学资料和课件,教师可以根据学生的实际情况找到合适的课件和教材进行充分利用。

最后,信息化教学手段可以把抽象问题具象化。中学数学教学之前都是以黑板粉笔为媒介的传统教学模式,对于如二次函数图像、几何问题等比较抽象的知识点,传统教学手段会受到一定的限制,学生很难解决抽象化的问题。中学数学课堂应用信息化教学手段,如几何画板、WPS 等软件,抽象的问题变得多样化、具象化。在绘图软件的帮助下,教师可以随时随地绘制图像,学生可以更直观、清晰、明确地观察图像特征变化,了解图像的变化,弄清抽象化问题的解题方法。

(二) 激发学生学习动机

首先,信息化教学手段能够激发学生数学学习兴趣。数学是学生学习必不可少的课程,学习数学需要学生有较强的言语理解和逻辑推理能力,还需要学生有极大的学习动力,保持好奇心,专注于数学知识学习。通过信息化教学手段将数学知识以图像、视频、三维建模等方式直观展示出来,让学生更加直观地学习和观察,充分发挥学生创造性思维,还可以创设各种情境实施启发性教学,吸引学生注意力,激发学生数学学习动机,培养学生学习兴趣,发掘数学的美。

其次,信息化教学手段可以引导学生自主探究学习。在数学教学中,学生一直处于中心地位,无论是哪种教学方式都是以学生自主学习能力为基础,并通过与同学和教师合作探究,加强数学知识的学习。在传统的教学中,学生一直依赖于教师,不能够独立自主的进行探究学习。信息技术的发展为学生提供学习资源,使得学生不再依赖于教师独立自主的学习,通过自身的学习与同学互动分享自己的学习成果,合作学习能有效对学生进行优势互补,共同克服教学重难点。

最后,信息化教学手段打破了学生学习时间和空间的限制。在传统的教学模式中,学生学习数学只限于学校的 45 分钟,学生学习的时间与空间受到制约,而互联网打破了这一限制。将信息化教学手段应用于教学,学生利用网络信息,在适当的时间和地点选择自己需要的内容,学生可以充分利用课余时间,变得更加充实,学生在数学知识课余时间时不再是被动的,而是更加主动。

(三) 发挥教师职业潜能

首先,信息化教学手段能够进一步发挥教师的创造力。教师不仅要具有较强的创造力,而且要具有丰富的专业知识和经验。虽然教师在上课前都进行了备课,但是在课堂上的突发状况和学生的问题是无法提前预测的,这就需要教师有随机应变的能力,发挥教学机智。在互联网的帮助下,教师可以有多种途径来获取资源提高自身知识,对专业知识进一步进行研究。

其次,信息化教学手段的分层教学有利于教师因材施教。素质教育要求教师针对不同学生进行有区别的教学,使每个学生能够更好地发展。班级授课制忽略了学生数学学习的主体性,课堂成为学生学习的主要场所,每节课只有45分钟,老师顾及不到每一位学生,导致学生产生学习差异。对于中学数学来说,前面的知识没有巩固,会制约后续知识的学习,所以对于中学数学的学习来说,因材施教的教学对学生来说非常重要。信息化可以很好地解决这一问题,分层式教学有利老师进行差异化教学,教师可以关注到每一位学生。教师可以根据学生的反馈来了解学生,有目的地进行教学。

最后,信息化教学手段的互动式教学有利于促进师生关系。教师与学生进行充分的互动交流才能形成热烈的教学气氛,建立良好的师生关系。通过师生互动,教师了解和研究学生,学会换位思考,引发共鸣,有利于解决师生矛盾。信息化教学手段为教师和学生提供了沟通交流的新场所,学生与教师的角色互换,学生成为课堂的主人,教师成为课堂的聆听者和见证者。通过线上社交,师生之间的交流更加方便快捷,数学课上人人平等,学生可以随时随地发表自己的意见,增加了学生与教师对话的频率,有效地促进了师生关系。

三、中学数学信息化教学存在的问题

(一)教学设施及管理制度滞后

目前,中学数学信息化教学的教学设施及管理制度滞后,主要表现在两个方面:一是信息化教学区域发展不平衡。利用信息化教学手段进行数学教学,必须具备一系列的配套设施,才能保证多媒体、投影仪等的正常使用。由于城市与农村发展不一致,城市中学校的硬件设施设备比较先进,而农村学校基础设施相对落后,信息化建设不足,区域化现象比较明显。城市的网络覆盖面更广,城市学生学习到的知识也比农村学校学生学到的知识更加丰富。二是管理者缺乏对信息化教学设施的重视。信息化教学依赖高科技软件设施,完善的设施需要学校管理层的资金支持并花费大量时间去管理设施,进行定期的保养和修理。如果只关注硬件设施,相关的软件设施、专业技术人员没有及时跟进,那么高价配置的硬件设施没有配套的软件设施,病毒没有专业技术人员进行及时修复,无论多么豪华的设备也用不了多长时间。

(二)教师信息化素养不足

当前,中学数学教师的信息化素养普遍不足。一是教师缺乏信息化专业指导。很多教师并没有掌握使用方法,对信息化教学手段也没有深入的了解。由于教师自身的信息化素养的原因,多媒体教学的流程没有弄清楚,许多教师还只是依靠传统的教学模式,导致学生接触不到多媒体。有些教师没有经过专业指导,没有仔细去琢磨多媒体,只是盲目地从网络上找出一些课件照搬,不能取得良好的课堂效果。二是教师在观念上重技术而轻理论。在教师的观念里,好像只要PPT做的花哨好看就是一个完美的课件,许多教师为了做一份课件花费大量的时间去研究技术,没有时间去钻研教学内容,课件中大量的动画、插图,忽略了数学知识本身,没有很好地突出教学重难点。花哨的课件使学生在上课时没有心思去注意本节课的理论知识，教师的主观能动性也得不到发挥。

(三) 学生课堂参与度低

一是学生不能快速适应信息化。中学生从接受式学习到探究式学习转变缓慢，不能快速适应信息化教学手段，对于数据库的基础知识缺乏掌握。因此，在教学过程中要注重培养学生独立获取和利用各类数据资源的能力，学校教师要发挥学生的主体性，让学生积极参加学习活动。二是学生学习自主性差。中学生学习自主性差，在学习过程中缺乏主动探究意识和能力。这种情况下，就会导致课堂上学习效率低、考试成绩差等问题。因此，要想提高数学教学质量，必须改变传统的授课方法，引导学生自主参与，实现合作交流的教学模式。根据课堂教学内容和教材特点设计有针对性、灵活多变的教学情境，引发学生积极探索与求解，促使学生通过自身努力达到预期目标。

四、中学数学信息化教学手段应用策略

(一) 多媒体教学的数学教学应用策略——以希沃白板为例

首先，多媒体教学与传统教学相结合。在信息化教学的过程中，不能以教学视频或微课代替教师的课堂授课活动，信息化手段不是万能的，不可能解决所有教学问题。多媒体教学并不意味着传统的教学方式远离课堂，盲目使用多媒体会削弱学生的主体地位，因此，只有将息技术与传统教学相结合，才能真正实现智慧型教学。

其次，要创设良好的数学教学情境。教师可根据教学内容，灵活选择多媒体，创设良好的数学教学情境，运用生动的教学情境设计来调动学生的学习热情。在构建数学情景时，教师应明确：课堂教学活动需要什么样的教学情境，如何创设教学情境，到底什么样的教学情境才能有效地实现学生学习兴趣的转移。针对中学生的年龄特征和个性特点，教师创设情境时有一定的要求，中学数学教师需要创设一个生动活泼、富有艺术感染力的环境来指导学生。

最后，要充分利用手机辅助教学。在传统的课堂教学中，教师经常通过板书来讲解知识。使用粉笔书写板书也会导致粉尘问题、书写时间问题等，希沃白板的拍照和授课助手功能能让教师借助手机实现教学，手机界面会弹出移动展台、课件演示、屏幕同步、文件上传、触摸板五种选择，让教师可以更加自由地进行教学讲解，投屏工具在手机上对课件进行在线翻页、批注帮助学生集中记忆和理解，还可以节省写板书的时间。当教师走下讲台时，可以同时关注分神的学生和课件，还可以拍摄学生的计算过程，将其上传到希沃白板，可以帮助学生找出错误并分析原因，及时引导学生发现问题重新正确计算，也可以拍摄优秀作业作为示范。

(二) 在线课堂的数学教学应用策略——以钉钉为例

首先，要利用平台数据形成质量监测体系。为了更好地完成教学任务，每个学生都可以参与到课堂中来。教师可以利用钉钉平台让学生进行打卡，实时监测学生上课出勤情况，可以及时通知学生进入课堂，课后钉钉平台也会为教师统计每位学生课堂参与情况，跟踪学生课堂参与进度。对于没有参与课程的同学，教师了解缺课原因后，让学生先学习录播课程，然后对学生进行一对一的辅导，让每个学生都可以获取知识。

其次，要在教学中紧紧抓住学生注意力。疫情期间教师控制教学活动变得困难，关键是吸引学生注意力，引导他们在直播课上积极思考。通过直播授课，教师只能间接了解学生的参与程度。因此，学生的注意力成为课堂的关键，只有让学生跟着教师逻辑思路走，深入其中，学生的课堂活动才能有效地进行。教师可以跟学生通过屏幕进行互动，也可以与学生连麦互动，及时对学生的互动表现进行评价和记录，保证学生切实有效地参与课堂，有效地引导学生的思维发展。

最后，要结合录播、家校本巩固练习。学生通过家校本完成线下学习任务，教师对学生提交的作业进行批改，选出模范作业发至钉钉群，鼓励学生学习。教师合理安排讲解过程，在线课程时间相对有限，因此教师可以录一段讲解视频，主要内容是学生课后练习中的易错点，同时对品学兼优的学生进行评价和鼓励，激励后进生。

（三）翻转课堂的数学教学应用策略

首先，要明确教学目标。教师要结合不同层次学生学习需求制定数学教学目标。教师需要做到两项准备：一是制作微课视频。微视频是教师亲自讲解、事先准备的视频，只是为了向学生展示教学内容。教师强调知识点，使学生理解本节课要学习的知识，把握课堂重难点，展开自主学习。二是制作检测试卷。学生自主观看视频后要进行知识检测，上课过程中对知识点综合应用能力进行检测，还有课后作业巩固，都需要教师制作符合学生情况、数量比较适中的试卷。学生可以使用相关软件查看和提交作业，教师可随时检查并纠正。

其次，要引导学生协作探索。合作学习作为一种有效的教育方法，是学生共同完成一项教师布置的任务的学习方法，也是翻转课堂的主要应用形式，对于中学生数学能力的有效发展至关重要。教师遵循"组内异质，组间同质"的原则把学生分成几个学习小组进行交流，发挥每一个学生的优势，使得每位学生都参与到课堂中，讨论结束后教师让每个小组派一个代表进行示范和成果分享。学生在探究过程中遇到疑难问题可以告诉教师，教师让其他小组帮忙，发挥集体优势解决问题，在学生交流过程中积极鼓励学生，肯定学生的自学成果，纠正学生不良学风。

最后，要进行综合性评价。师生进行协作探究以后，学生可以向教师表达本节课的感受和存在的疑问，教师会在整个课堂上回答学生的问题。综合评价学生表现，安排互评评价和自评评价，帮助学生找出问题所在。教师根据学生的课前视频自学情况、课上合作探究成果和课后作业完成情况等进行综合性评价，将评价结果发给学生让学生查漏补缺。此外，教师应该反思课堂执行能力，改进教学过程。

五、结语

在传统教育模式下，由于传统观念、知识结构、认知方面的制约，很难适应现代社会对数学学习的需求。信息化教学则有效地弥补了这些缺陷，使数学课堂更加生动活泼、形象直观，从根本上改善了传统教学方式的不足，促进了学生的学习兴趣和个性发展。但是，由于教育资金的限制，很多学校没有足够的多媒体教学设备，有的教师对学科特点、信息化教学本质认识不准确，学生自主学习能力差，信息化教学不理想，极大地影响了信息化教学发展。虽然教师意识到了信息化教学的必要性，并将信息化教学手段应用于数学课堂教学，但在实际教学过程中，仅把信息化技术当作一种潮流，并没有充分利用其强大功能，课件制作精美，但却很难有理想的教学效果，因为教师不注意对课堂内容的讲解。因此，如何在数学教学中应用信息化教学手段，使教学相长、师与生相互促进，帮助教师辅助教学，提高课堂效率，使之有利于学生的逻辑分析能力和创新思维等能力的培养，是摆在我们面前亟待研究的问题。随着社会进入信息时代，信息化教育已经成为国家总体发展战略。充分发挥信息化在数学教学中的作用，对国家的发展和学生个体的发展都具有重要的现实意义。

如今，信息化教学设备走进了很多学校，学校教学手段在不断的精细化和更新，给教育带来了很多的便利和机会。数学教师要学习和掌握各种现代教学设备的操作技巧，将信息技术应用于不同的教学环节，建设信息化高效的数学课堂，使学生能够借助信息技术积累更多的数学知识，最终达到学生提高自身数学应用能力的目的。在中学数学教学活动中，教师可以分层分类运用信息化手段，实现学生主体地位转化的转变，为国家发展培养优秀人才。

参考文献

[1] 李欣. 信息化教学手段在高中数学课堂中的应用 [D]. 武汉：华中师范大学，2018.

[2] 祝智庭，顾小清. 论信息技术在基础教育新课程教学中的支持作用 [J]. 全球教育展望，2004,33(3):47-49.

[3] 黄国庆. 中学数学教学中应用翻转课堂的有效性策略 [J]. 教育现代化，2019,6(95):171-172.

[4] 李勉莉. 浅谈信息化手段在中学数学教育中的应用策略 [J]. 考试周刊，2021,86:46-48.

[5] 程芹. 多媒体技术在初中数学教学中的应用分析 [J]. 数学学习与研究，2019,8:38.

基于 HPS 教学模式在中学课堂教学中的应用——以有机化学为例[1]

郝东艳[2]，龚伟，徐思清，张露芮

摘要： HPS 教学模式可以实现从"知识与技能、过程与方法及情感态度与价值观"三个角度帮助学生构建知识体系、提升科学素养。基于此，本论文主要采用文献研究法和问卷调查法，探究了 HPS 教学模式在商洛市两所中学中有机化学的应用情况。研究结果表明，实施 HPS 教学模式不仅能激发学生的学习兴趣，而且可促进学生对科学本质和科学精神的理解，实现"知识传授"与"价值引领"并行。因此，本论文根据调查发现的问题，建议将科学史等内容与授课知识内容结合，引导学生通过有效学习方法去获取知识，从而完善知识传授与学生价值观的培养相结合的教学理念。

关键词： HPS 教学模式；课堂教学；有机化学

一、引言

HPS 教学模式是由英国教育家孟克和奥斯本提出的将科学史、科学哲学与科学社会学结合在一起，融入科学课程的教育发展模式。HPS 教育模式是一种以建构主义为基础的新型教育理念。HPS 是教育内容与科学教育相融合而得到的，该模式的基本环节为演示现象、引出观念、学习历史、设计实验、呈现科学观念和实验、总结与评价。

HPS 教学模式是将科学史、科学社会学、科学哲学有机地结合起来，在课程的设计和教学过程中循序渐进地渗透到实际的教学中，目的是使学生更容易理解科学本质，促进科学教育发展，提高学生的科学素养，从而加强对自然科学知识本质的理解。

科学史就是科学发展的历史进程，主要对象是有贡献的人物、事件，以科学知识为主体构成的科学发展史。乔治·萨顿将其定义为："科学史是客观真理发现的历史，人类智能逐步征服自然的历史，它描述漫长而无止境的为思想自由，为思想免于暴力、错误和斗争的历史。"科学史一种是有文献或记录在册的客观存在的科学史实，另一种是主观性的科学精神、科学方法或者科学思想。

科学哲学主要研究对象是在科学观念或事实中的本质，如常见的"规律、概念、原理、定律"等，从哲学视角讨论科学。科学哲学注重"科学"以及"科学的本质"。科学哲学认为科学是随着具体发展而变化发展和完善的。我们研究科学哲学，是因为其可以帮助学生准确理解科学，克服科学是始终如一的客观真理的错误观点，树立科学是发展的、推陈出新的概念。

---

[1] 基金项目：陕西省教育学会教学改革研究项目（SJHYBKT2022097）
[2] 作者介绍：郝东艳，1986 年生，女，讲师

科学社会学出现相对较晚的，是第二次世界大战之后才被加入 HPS 教育中。本文谈论的是研究科学知识与社会的关系。科学的出现是与当时的社会背景有所联系的，科学知识在一定程度上推动社会发展，因此科学社会学是从社会学的角度看待科学知识的起源和发展过程。

本课题对商洛市两所中学的学生运用 HPS 教学模式的情况展开问卷调查和对比分析，以有机化学为例，研究如何高效地在科学教材的设计中合理融入 HPS 内容以加强学生理解科学的重要性。为了更好地了解现今 HPS 教学模式的应用，推动其更好的发展，本文通过对学生和教师的了解，结合有机化学课程的特点，以及对广大教育者在有机化学课程学习现状研究的基础上，采用文献分析法和问卷调查法等分析方法，得出目前 HPS 教学模式在有机化学中的应用现状，从而增加 HPS 教学模式在有机化学中的应用；帮助教师和学生更好地掌握 HPS 教学模式，填补一定教学模式的缺失；提高学生的科学素养，加强其对科学本质的理解和科学的人文性教育。致力于让学生在相关历史、哲学和社会学情境中的学习中重新认识科学，注重多视角看待科学本质，促进科学教育的发展、推动科学知识传播。

本文在新课程改革的背景下，主要对商洛市两所中学部分高二、高三年级学生和教师为研究对象，采用文献查找法、问卷调查法、统计分析法等研究方法，开展问卷调查，并对问卷进行具体对比分析，阐明 HPS 教学模式在有机化学教学具体实施中遇到的问题并提出相应的解决方法。

二、调研数据及处理

（一）调查对象

选择研究对象时，本论文主要针对商洛市的高中生，选取了两所中学（商丹高新学校、商州区中学）高二、高三年级化学学习水平相近、男女比例大致相同、班级氛围相似的两个班级，尽量避免一些外在因素对实验结果的影响。表 1 为本次调查学生样本的组成，由表可知所调查学校的学生组成情况。

表 1 学生调查样本的组成

学校名称	学生（人）	占比（%）
商丹高新学校	100	50
商州区中学	100	50
总数	200	100

（二）问题的编制

根据现阶段高中化学学科的特点，设计了《商洛市高中化学 HPS 教学模式的应用学生问卷调查》和《商洛市高中化学 HPS 教学模式的应用教师问卷调查》（见表2、表3）。以商洛市两所学校的学生和教师为对象进行抽样调查。

学生问卷采用不记名形式，共发放 200 份，回收有效 197 份，其中有效回收 196 份，无效问卷 1 份，回收有效率为 98%。表 2 为本次学生问卷调查的具体内容，问卷调查一共有 12 个选择题，主要从引入化学史料对学生学习化学的影响、学生对科学探究过程和方法的掌握，以及对科学观念的理解和认识、学生对化学与社会间关系的认识、学生对化学及化学实验具体的认识四个不同的角度进行调查分析，并将这些问卷调查所得数据采用 Excel 2010 进行分析。

表2　设计学生调查问卷的四个维度

调查维度	题号	意图
引入化学史料对学生学习化学的影响	2、6、10	了解学生对化学史相关内容的兴趣及态度，化学史料对学生学习化学的作用
学生对科学探究过程和方法的掌握，以及对科学观念的理解和认识	3、7、11	了解学生对科学探究各方面的认识情况，对现代科学观念的认识
学生对化学与社会间关系的认识	4、8	了解学生能否辩证地看待化学与社会的联系，是否对化学发现与社会背景有相关认识
学生对化学及化学实验具体的认识	5、9、12	了解学生的化学学习情况，以及对化学实验的重视程度

表3　设计教师调查问卷的四个维度

调查维度	题号	意图
教师对 HPS 教学模式应用的基本情况	1、2	对 HPS 教学模式应用的情况做大致了解
教师对化学史的了解、掌握情况及态度	3、4、5	了解教师对化学史相关内容的掌握情况以及在课堂上的态度
教师在课堂对科学探究过程和方法，以及对科学观念的讲授	6、7、8、9	了解教师对科学哲学各方面的讲授渗透，培养学生的科学观念
教师对化学与社会间关系的运用	10、11、12	了解教师能否给学生普及化学与社会的联系，是否联系社会环境讲授化学知识

三、结果分析

(一) 引入化学史料对学生学习化学的影响

问卷中题号为2、6、10的题目是为了解学生对化学史相关内容的兴趣，以及化学史料对学生学习化学的影响所设置的(见表4)。

表4　引入化学史料对学生学习化学的影响问题设计

题号	问题
2	在化学课堂中，你学习过有关化学史的内容吗？（　　） A. 经常　　B. 偶尔　　C. 很少　　D. 从未
6	你认为老师上化学课时讲授的化学史、社会知识及化学家科学探究的历史故事有必要吗？（　　） A. 很有兴趣　　B. 比较有兴趣　　C. 一般　　D. 一点都没有

续表

题号	问题
10	老师讲授的化学史，你对哪方面内容有兴趣？（ ） A. 科学家的生平　　　　B. 某种物质发现的科学过程 C. 发现方法　　　　　　D. 与生产生活相联系

由图1可知，第2题是为了解学生是否接触学习过化学史。84%的学生经常或者偶尔学习过，但还存在将近15%的学生很少接触，极少数的人从未接触过，说明化学史在课堂中的讲述是存在的。第6题是为了解学生对化学史的兴趣和态度，实验表明学生认为引入化学史相关内容是十分必要的。第10题是学生对于老师讲授化学史的各方面内容，四个选项的答案都有涉及，其中科学家的生平和生产生活的联系学生有更高兴趣，教师可以讲述相关内容来激发学生兴趣。由此说明引入化学史料是提高学生学习兴趣的一个好方法。

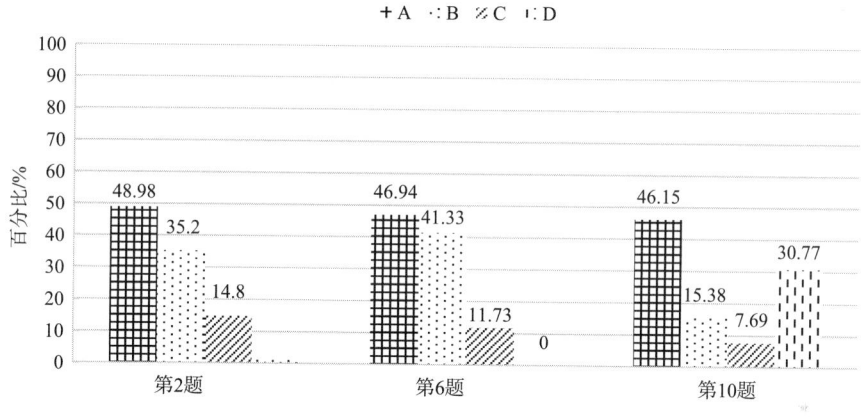

图1　引入化学史料对学生学习化学的影响数据统计

通过以上数据分析，我们可以得出一个初步的结论：在课堂中融入化学史，能够让学生产生学习兴趣，增强学生学习的信心，激发学生的学习热情，使化学趣味化。

（二）学生对科学探究过程方式与方法的掌握

问卷中题号为3、7、11的题目是为了解学生对科学观念的认识，对科学探究过程方式、方法的认识程度所设置的（见表5）。

表5　学生对科学探究过程方式、方法的掌握问题设计

题号	问题
3	科学的发现需要大胆的想象与猜测。（ ） A. 非常同意　　B. 同意　　C. 不太同意　　D. 不同意
7	科学知识不是短时期就能形成的，必须经过长时间的积累过程。（ ） A. 非常同意　　B. 同意　　C. 不太同意　　D. 不同意
11	当你完成实验发现现象与教材不符时，你会质疑教材中的实验现象。（ ） A. 非常同意　　B. 同意　　C. 不太同意　　D. 不同意

由图 2 可知，第 3 题是为考查学生对科学探究各要素的认识程度。不了解假设和猜想这一科学探究环节的共有 27.56%。第 7 题的设置是为测查学生对科学知识观的认识，50% 的学生能认识到科学知识的形成是一个不断发展的过程，具有累积性与创造性。第 11 题，有近 60% 的学生以实践的现象为准，与操作出现不统一时，对课本持有怀疑现象，对科学权威持批判的态度；有近 40% 的学生会始终确信课本中的内容。

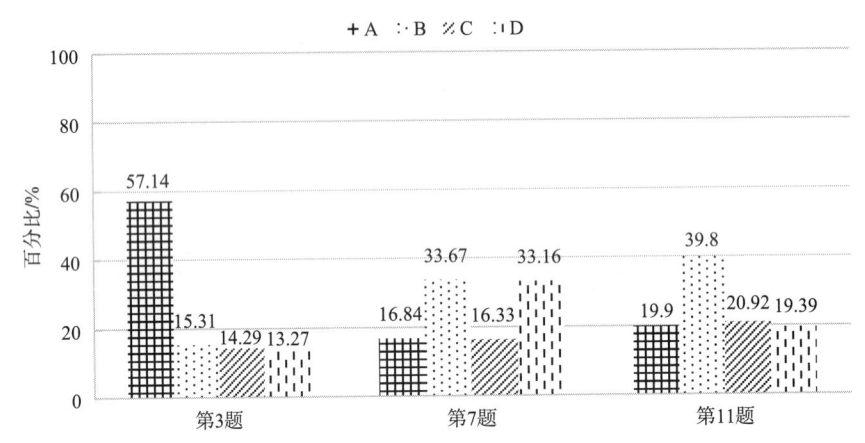

图 2 学生对科学探究过程方式、方法的掌握数据统计

通过以上的分析，我们初步做出判断：学生理解科学过程和科学方法还有所欠缺，对科学探究要素的认识不够深刻。

（三）学生对科学与社会间关系的认识

问卷中题号为 4、8 的题目了解学生是否能辩证地看待化学与社会间的关系，是否对化学发现的社会情境性有所了解所设置的（见表 6）。

表 6 学生对科学与社会间关系的认识问题设计

题号	问题
4	科学家在进行科研时，也会受到当时社会背景的影响。（ ） A. 非常同意　B. 同意　C. 不太同意　D. 不同意
8	对于日常生活中的一些现象，我会试图用所学的科学知识进行解释。（ ） A. 经常有这样的想法或做法　B. 有时有　C. 很少有　D. 几乎没有

由图 3 可知，第 4 题是为考察学生是否了解化学发现的社会情境性。有近 83% 的学生对这一观点有所了解，知道科学家在进行科研时会受其所处社会环境的制约，这与教师课上是否向学生提及科学或科学家与当时社会背景的观念有关。第 8 题是为了解学生能否学以致用，将所学的科学知识活用到日常生活当中。数据显示，17.35% 的学生面对生活中的现象会联系科学知识，尝试用科学知识进行解释。

以上分析表明：大多数学生能够辩证地看待科学与社会间的关系，知道科学与社会的关系，但能够真正将科学知识有所运用的学生不多。因此教师在日常的教学中应注意培养学生运用科学知识的能力。经过 HPS 教学模式的实施后，学生要对科学及科学家具有一定的社会属性深有体会。但仍有不少学生存在错误的观念，这需要教师在日常的教学中加强科学社会属性观念的渗透。

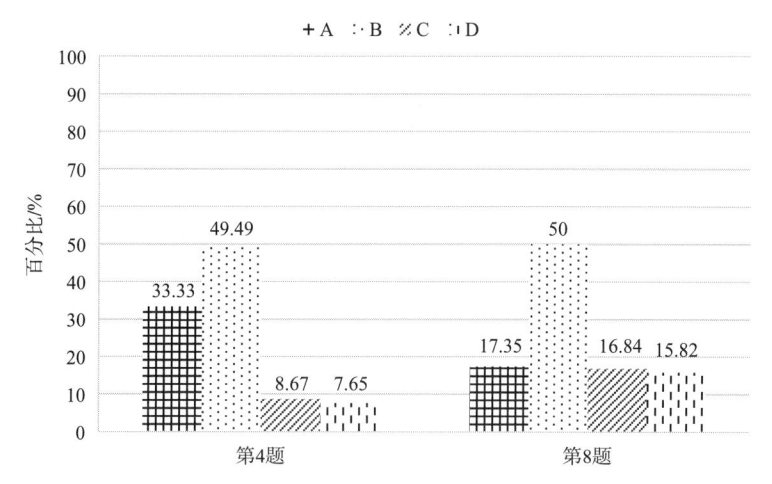

图3 学生对科学与社会间关系的认识数据统计

（四）学生对化学及化学实验具体的认识

问卷中题号为 5、9、12 的题目了解学生的化学学习情况，以及对化学实验的了解重视程度所设置的（见表7）。

表7 学生对化学及化学实验具体的认识问题设计

题号	问题
5	我认为在化学研究的过程中，如果有新的想法时，可以用实验的方法来验证。（　） A. 非常同意　　B. 同意　　C. 不太同意　　D. 不同意
9	学习过有机化学相关内容，你同意科学研究需要创造和协作吗？（　） A. 非常同意　　B. 同意　　C. 不太同意　　D. 不同意
12	你同意科学家对化学进行研究时需要结合生物、物理、数学等其他学科？（　） A. 非常同意　　B. 同意　　C. 不太同意　　D. 不同意

由图4可知，第5题是为测查学生对实验功能的认识，绝大多数学生同意用化学实验的方法检验新的想法，明确实验功能。进行教学时，涉及探究性实验、验证性试验，可以加强学生对实验功能的清楚认识。第9、第12题是对化学学习方式的具体调查，大部分学生认为化学的学习是需要与其他学科联系起来，有机结合，融会贯通；通过化学的学习，认为科学研究需要合作和创造，对科学有了进一步的认识。

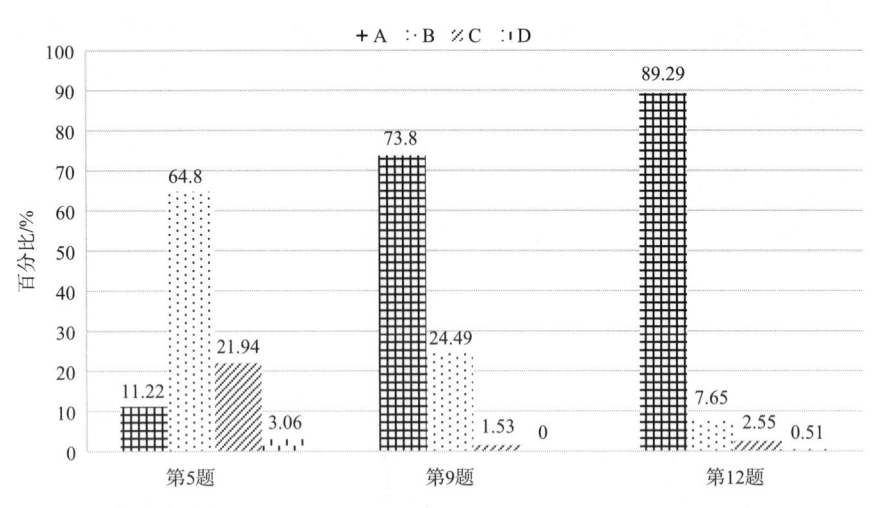

图4 学生对化学及化学实验具体的认识数据统计

(五) 问卷数据分析

从上述调研结果的初步统计与分析表明：①在课堂中引入化学史料，可以更好的激发学生的学习兴趣。②学生对科学哲学的认识方面并不十分明晰，这是因为在日常以及学习化学的过程中，学生因为学制的局限，受学习方式的影响，对科学探究过程和方法的掌握程度及科学观念的获取这方面的理解不够深刻。③大多数学生能够辩证地看待科学与社会间的关系，明确实验目的，使其学习化学课程时能够与其他学科联系起来。因此，在中学化学教学实施 HPS 教学模式对提升学生科学本质观尤为重要。

(六) 有机化合物知识教学设计案例开发

在进行化学教学设计时，教师要在全面考虑化学的学科特征、学生的特点和实际情况的基础上，结合相应的教学内容，充分发挥 HPS 教学模式在化学学科上培养兴趣和加深知识理解方面的优势。

化学基本概念和理论的学习，能帮助学生掌握学习化学和研究化学的方法，使学生更系统化地掌握所学知识，便于检索和记忆；能使学生对化学的认识不仅停留在较低级的阶段，而且能更完全地学习化学所研究的具体物质及其变化规律。在进行教学设计时，应掌握好概念的内涵和外延，辨析概念间联系，HPS 教学模式就是一个很好的解决该问题的方法。

有机化学是化学学科的一个重要分支，它是研究有机物来源、制备、结构、性质、用途等方面的一门科学。以碳、氢为主要元素构成的有机化合物数量庞大、结构复杂、性质灵活多变，反应条件不同产物也不同。有机化合物与我们的生活联系十分密切并且包含着大量的化学史，这是基于 HPS 教学模式的有机化合物知识教学设计案例开发的切入点。笔者以人教版高中《化学 (必修二)》第三章第二节《来自煤和石油的两种化工原料——苯》为例进行教学设计，具体运用 HPS 教学模式的教学过程设计 (见表8)。

表8　HPS教学模式下《来自煤和石油的两种化工原料——苯》教学过程设计

教学程序	具体做法	结合内容
创设情境，开启课堂	教师可以通过讲述科学小故事、小趣闻，或结合生活中、社会上常见的现象或热门话题来创设情境，引出本节课内容，激发学生的好奇心及求知欲，体会化学就在我们身边	[字谜]有人说我笨，其实我不笨，脱去竹笠戴草帽，化工生产逞英豪 [展示图片]苯为我们带来了什么？在工业、建筑、服装、纤维、药物、食品添加剂等方面的应用
引出概念，各抒己见	在第一步的基础上提出相关问题，让学生结合自己已知知识，发挥想象，提出不同的猜想，各抒己见	[提问]学习过的乙烯也是不饱和的烃。请同学们计算苯的不饱和度。并结合所学的不饱和烃，试写苯结构简式 [展示]科学家曾经预测的结构及学生写出的结构
讲述历史，体会科学	借助多媒体或角色扮演方式，展现当时科学家探讨该问题的过程，让学生以移情方式体会当时的科学探究工作。该阶段的目标是让学生了解同一现象的不同解释不仅与个人思维方式相关，还与当时社会科学发展现状有关，从而体验科学的历史及社会情境性	[视频资料]苯的发现史：19世纪，欧洲使用照明的煤气是压缩在桶里贮运，人们发现其中有一种油状液体，英国科学家法拉第对此产生很大好奇，他花费长时间提取这种液体，从中得到了苯
展示概念，得出结论	教师给出这一现象或问题的正确解释，这是学生对自己理解和反思的重要环节。从教师讲授或实验现象的观察，数据的收集和处理，最终得出结论，形成正确的科学观念	通过视频动画清楚讲解苯的分子结构，学生对比正确结构，思考分析自己书写的问题，小组讨论交流自己在书写上出错的地方，进行组内总结，再由教师统一进行分析总结
设计实验，验证猜想	教师采取"分组实验"方法设计实验，引导学生思考，训练学生实际操作能力。该阶段目标是让学生掌握科学探究的正确步骤	让学生根据已有的知识设计实验验证苯的物理性质和化学性质，实际动手操作实验，正确操作实验具体步骤
总结完善，联系生活	通过对科学探究过程的总结，分析科学探究的方法和步骤，学习科学知识，理解科学本质。同时也更深刻理解科学与社会之间的联系	教师引导学生体会科学探究方法和科学本质。苯应用于生活中各处，但苯挥发性强，在空气中易扩散。人和动物吸入或接触大量苯，会引起苯中毒

四、结论

　　本论文探究了HPS教学模式在商洛市两所中学高二、高三中有机化学的应用情况，进行了有机化学教学设计案例的开发和实施，最终整理研究思路，提出相应的意见并进行反思。研究发现运用HPS教学模式可以增加学生的学习兴趣与热情，激发学生学习的信心；对促进学生理解科学本质观、提升学生科学素养等具有一定的实施意义。同时教师在相关的教学授课过程中要及时更新教学观念、建立终身学习的目标，始终充实化学史知识、灵活运用HPS教学模式，设置合适HPS主题，完善自我的教学方式，丰富自己的知识，为自己积攒更多的经验。

参考文献

[1] 曾琳. 基于 HPS 教育的高中化学教学案例研究 [D]. 南昌：江西师范大学，2020.

[2] 崔世峰，王娟. 国内 HPS 教育融入中学化学教学的研究综述 [J]. 化学教学，2022,4: 6,3-8.

[3] 郭文青，王远. 基于 HPS 教育融合教学模式的教学设计——以"地球的内部圈层结构"为例 [J]. 地理教学，2022,10:7-38.

[4] 袁维新. HPS 教育：一种新的科学教育范式 [J]. 教育科学研究，2010,42(7):48-51.

[5] 蔡晓红，姜晓星，戴健敏，等. 检验医学课程线上教学模式调查问卷分析 [J]. 诊断学理论与实践，2021,20:314-316.

附录　学生问卷调查表

高中化学 HPS 教学模式的应用问卷调查

亲爱的同学们：

你好！为了了解高中化学 HPS 教学模式的应用现状，我们设计了此问卷，希望你能积极配合。由于是匿名调查，所以在你选择时无须有任何顾虑。请你根据实际情况按照题目要求选择答案，你的选择对我的研究十分重要。谢谢你的合作，祝你学习进步！

性别：_____　　班级：_____

1. 你对化学的学习兴趣如何？（　　）
   A. 非常高　　　　B. 比较高　　　　C. 一般　　　　D. 很低
2. 在化学课堂中，你学习过有关化学史的内容吗？（　　）
   A. 经常　　　　　B. 偶尔　　　　　C. 很少　　　　D. 从未
3. 科学的发现需要大胆的想象与猜测。（　　）
   A. 非常同意　　　B. 同意　　　　　C. 不太同意　　D. 不同意
4. 科学家在进行科研时，也会受到当时社会背景的影响。（　　）
   A. 非常同意　　　B. 同意　　　　　C. 不太同意　　D. 不同意
5. 我认为在化学研究的过程中，如果有新的想法时，可以用实验的方法来验证。（　　）
   A. 非常同意　　　B. 同意　　　　　C. 不太同意　　D. 不同意
6. 你认为老师上化学课时讲授的化学史、社会知识及化学家科学探究的历史故事有必要吗？（　　）
   A. 很有兴趣　　　B. 比较有兴趣　　C. 一般　　　　D. 一点都没有
7. 科学知识不是短时期就能形成的，必修经过长时间的积累过程。（　　）
   A. 非常同意　　　B. 同意　　　　　C. 不太同意　　D. 不同意
8. 对于日常生活中的一些现象，我会试图用所学的科学知识进行解释。（　　）
   A. 经常有这样的想法或做法　　　　B. 有时有
   C. 很少有　　　　　　　　　　　　D. 几乎没有

9. 学习过有机化学相关内容，你同意科学研究需要创造和协作吗？（ ）

　　A. 非常同意　　　　B. 同意　　　　C. 不太同意　　　　D. 不同意

10. 老师讲授的化学史，你对哪方面内容有兴趣？（ ）

　　A. 科学家的生平　　　　　　　　B. 某种物质发现的科学过程

　　C. 发现方法　　　　　　　　　　D. 与生产生活相联系

11. 当你完成实验发现现象与教材不符时，你会质疑教材中的实验现象。（ ）

　　A. 非常同意　　　　B. 同意　　　　C. 不太同意　　　　D. 不同意

12. 你同意科学家对化学进行研究时需要结合生物、物理、数学等其他学科？（ ）

　　A. 非常同意　　　　B. 同意　　　　C. 不太同意　　　　D. 不同意

线上教学的利弊分析——以新冠肺炎疫情期间金丝峡中学化学教学为例

郝东艳，王君，胡玉洁，张青丽

摘要：受新冠肺炎疫情的影响，全国各地大部分大中小学的教学方式由线下转换到了线上，运用线上教学是一次机遇，也是挑战。在此期间线上教学的优势和弊端也不断开始显现出来。为了今后能够更好地进行线上教学工作，本文对疫情期间线上教学情况进行了研究。基于此，本文先查阅了与线上教学相关的文献，以金丝峡初级中学的学生和教师为研究对象，设计和发放调查问卷。并设计与线上教学相关内容的问题与教师进行访谈。然后以根据调查问卷和访谈结果，分析线上教学的优缺点、存在的问题。据此，笔者围绕创新教学方法、线上线下相结合形成教育合力以及加强师生互动等提出优化建议，以期实现线上教学的良性发展。

关键词：线上教学；利弊分析；化学教学

一、引言

2020年新冠肺炎疫情席卷全球，全国各地大部分大中小学进行线上教学。线上教学代替线下教学保障了教育事业的发展。随着疫情期间大规模线上教学的开展，线上教学开始引发关注。

在国内，最早对远程教学进行探讨的是丁兴富。他把广义的远程教学分为两类，一类是教导，即教师利用电子设备对学生的远程学习进行指导；另一类是教与学，即教师和学生通过各类教育平台实现教与学的双边交互活动。狭义的远程教学，丁兴富则直接将远程教学归入远程教育这一大类，即辅导机构的远程教育。陈聪、许振文认为，线上教学以手机、电脑等为媒介，教师不能很好地接收学生的反馈；赵嘉华认为线上教学可以回放和重播，对学生来说有利于知识的巩固和复习；盛嘉祺提出互联网上海量的教育资源，除了丰富人们的选择，也会带来信息过载的问题；宋莉、施培蓓提出：线上教学可以帮助学生更好地预习与复习实验，但是代替不了线下的实际操作，线上实验可有效辅助线下实验教学。孙浩、金玉玲等人认为，解决线上教学存在的问题可以从加大课程资源库建设、对学生远程学习精准管控、加强线上教学质量监控和完善信息化教学服务平台等方面不懈努力。张欣提出以学校为主体，培养专业化的教师队伍，为教师创造全方位交流的机会。赵巍提出今后创建完善的线上线下混合式教学评价体系，全面提升线上教学的质量。

与国内线上教育平台学习成果认证类型不同，国外线上教育平台在学习过程中会提供优质的过程性服务。在学分认证服务领域方面，国外的线上教育平台多为合作形式，为学习者提供相应的学分认证服务。例如线上教育技术的不断更新，使得美国的线上教育正以较快的速度不断发展。美国高等教育政策研究所和美国网络教育在线平台 Blackboard 公司于 2000 年 4 月共同研制发表了《在线教育质量：远程互联网教育成功应用的标准》，将质量评价标准划分为学术支持评价标准、课程开发评价标准、教学过程评价标准、课程结构标准、学生支持评价标准、教师培训评价标准、教学效果评价标准 7 大类，以检查、监督和规范高校办学，保障美国网络高等教育的教学质量。Wang Hong 在《网络高等教育课程的基准和质量保障》一文中系统阐述了美国高等教育政策研究所、美国远程教育协会、美国教师联合会对网络高等课程提出的标准。詹姆斯·麦迪逊大学于 2010 年在《詹姆斯·麦迪逊大学在线和混合课程的传输最佳实践》中，对课程网络技术、教师培训、学生学术支持服务、课程评价等方面做出了严格的规范。

本论文以金丝峡镇初级中学初三年级学生为研究对象，采用文献查找法、问卷调查法等方法研究疫情期间化学学科线上学习情况，充分了解影响学生线上教学及学习情况的因素，开展问卷调查，并对问卷进行具体对比，分析线上教学的优缺点、存在的问题，并提出了创新教学方法、线上线下相结合形成教育合力以及加强师生互动等建议，以期实现线上教学的良性发展。

二、调研对象及问卷设计

（一）调研对象

笔者通过中国知网、万方等网站查找国内外线上教学的相关文献及研究现状，在分析其内容后设计调查问卷。本研究选取金丝峡镇初级中学初三年级的学生和教师作为调查对象，分别采用了问卷调查法和访谈法的方式了解其线上教学的开展情况。论文通过分享网络链接的方式来调查疫情期间化学线上学习情况，论文中"疫情期间化学线上学习情况调查问卷"共 230 份，实际填写人数为 210 人，回收率为 91.30%。详细情况如表 1 所示。

表 1 调查问卷的发放和回收情况统计表

调查对象	填写数量（份）	总人数（份）	回收率（%）	有效数（份）	有效率（%）
初三学生	210	230	91.30	210	100

（二）问卷设计

问卷的具体问题有：线上、线下哪种授课方式你比较喜欢？你感觉线上教学的效果如何，返校后还希望继续线上教学吗？课前老师布置的预习任务是否能按时完成？是否能自觉保持上课集中注意力听讲？要求学生根据自己 12 周以来线上学习的经历，就问卷调查中所问的问题，根据自己的实际情况与真实体会认真地填写。

三、研究结果与分析

（一）线上教育平台使用情况

调查问卷中对学生在疫情期间化学线上教学使用的平台进行了调查，填写情况如图 1 所示。

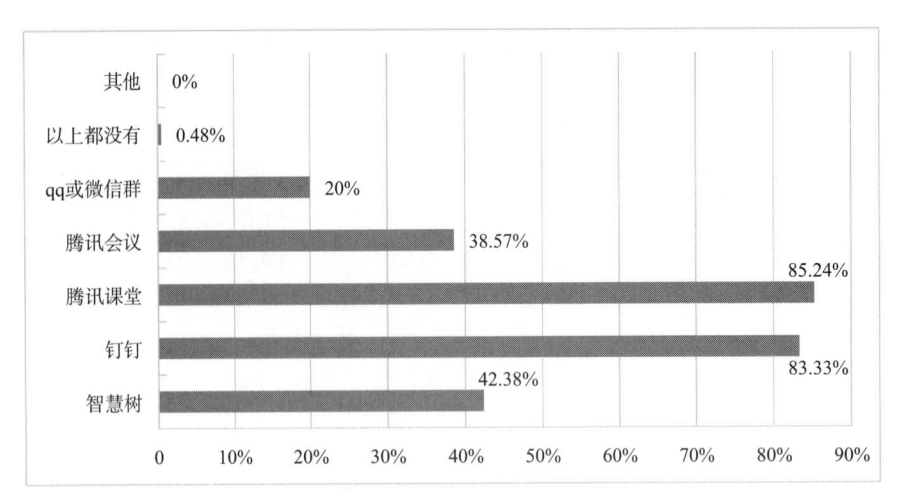

图 1 线上教学平台使用情况

由图 1 调查问卷结果显示，疫情期间线上教学平台使用较多的有钉钉、腾讯课堂等。商洛地区地广人稀，钉钉打破了时间、空间的限制，为学生和教师提供了便利。钉钉的一些功能是传统线下教学较难实现或不能实现的，教师在教学中可以充分利用这些功能以提高教学质量。钉钉的主要功能如下：①软件的群公告功能，用来提醒学生考试、交作业、发布资料等。②软件的回放功能。学生通过回放将课堂上没听懂的知识反复听，教师可利用回放来反思自己的教学过程是否存在不合理的地方。③软件中的讨论区可以实现师生互动，师生相互交流，及时反馈，尽量还原真实的线下课堂。

(二) 线上教学研究数据分析

本课题通过调查问卷了解学生对线上教学的看法，填写情况如图 2 所示。(问题：您认为线上教学的优点有哪些？)

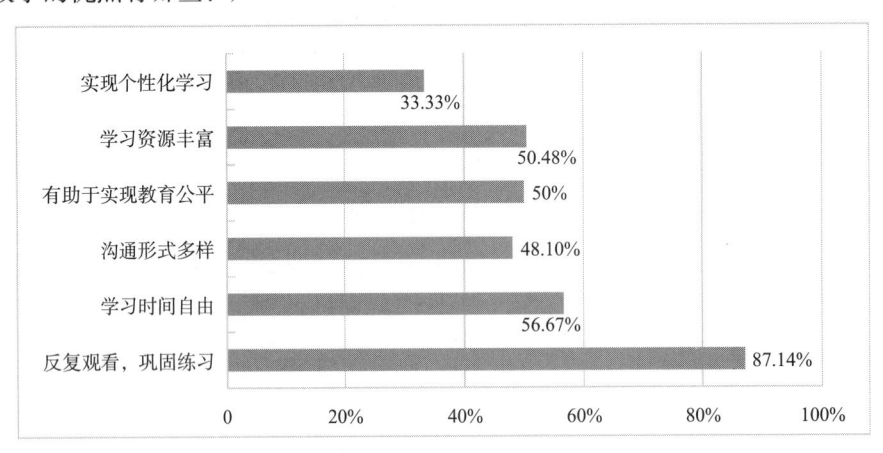

图 2 线上教学的优点

如图 2 所示，有 87.14% 的学生认为线上课程可以反复观看，有助于知识的巩固和练习；有 56.67% 的学生认为录播类课程学习时间自由、可以随时随地学习；有 50% 的学生认为线上教学有助于实现教育公平；50.48% 的学生认为线上学习资源丰富；48.10% 的学生认为线上教学沟通形式多样；33.33%的学生认为线上教学可以让他们选择自己喜欢的课程学习，能实现个性化学习。

(三) 线上教学突出优势

1. 可以反复观看，巩固练习 (87.14%)

通过对线上教学看法的调查中，笔者发现"反复观看，巩固练习"占比是最高的。"停课不停学"让线上教学成了学生学习的主要来源。线上教学和之前学生在学校学习有所不同。线上教学使得原来的时空界限被打破，我们用一部手机或者iPad，选择一个安静的环境，连上网络就能开始一天的学习。除了学生可以打破时空界限，线上教学给老师也带来了便利，足不出户就可以根据不同的课型带着学生走进不同平台，体验不同的学习情景。线上教学的回放功能，让学生在课上若遇到某个重难点时可以将教师刚刚讲的知识点通过录屏、录音等形式反复进行观看和聆听，对知识进行理解和巩固，对于学生学懂弄通知识点有很大好处，让学生的学习更高效。

2. 学习时间自由 (56.67%)

线上教育主要使用手机和电脑，能够连接网络就可以进行线上学习。对学生来说，可以提前下载学习资料预习，根据自己的时间合理安排学习时间。除了知识的学习外，还可以提高学生的学习能力。与线下课堂相比，线上教学使学生充分利用了各种碎片化的时间，按照自己的进度以及知识接受程度学习，随时调整学习方案，不懂的地方可以重播反复听，如果有时学生生病或者因为其他特殊的原因没有及时地观看直播，也可以自行安排学习时间，学习起来更加自由。

3. 学习资源丰富 (50.48%)

随着线上教育的发展，开放性的线上课程越来越受到广泛的接受和普及。例如慕课，时间在3~10分钟，在形式上，较为短小，视频后有测验和互动，极大地方便了学生的学习。全世界不同水平的学生均可享受到同等的资源，有助于实现全球的教育资源共享。

4. 有助于实现教育公平 (50%)

国内教育水平具有差异性，主要表现在以下两个方面：

(1) 宏观上，地域的差异性明显。在贫穷偏远地区，虽然国家的教育资金投入力度递增，但由于贫困地区经济发展慢，一些学校的办学条件得不到保证，不能满足学校教学和学生学习的需要。一些青年教师也因为贫困偏远、教学环境差等原因离职，使得偏远地区学校的师资力量薄弱。

(2) 微观上，线上教学克服了线下课堂的局限性。在我国，一、二线城市中的重点学校占据了大量的优质教学资源，办学条件好、师资雄厚。传统教育对贫困地区的孩子来说是不公平的，教师资力量薄弱，使得学生所能接受到的知识和先进的思想有限。线上教育的兴起刚好弥补了这一点，只要有网络，学生就可以享受到优质的教学资源，这在一定程度上解决了我国教育长期以来存在的教育教学资源分配不均衡的问题，从而有助于实现教育公平。

我国部分学校仍是以应试教育为主，过于注重学生的成绩，学校更多地考虑升学率，忽视了学生能力的差异和学生个人兴趣的差异。长此以往，不利于学生的全面发展以及创新能力的培养。而线上教育可以弥补这个缺点，除了疫情期间进行的线上教学，学生们也可以利用课余时间，搜索一些免费的线上教育平台提供的各种资源，选择自己感兴趣的观看，实现个性化学习。

（四）线上教学的弊端

任何事物都有两面性，线上教学作为新型的教学方式也存在不足之处，因此在研究过程中就线上教学有哪些弊端对学生进行了调查。（问题：您认为线上学习的弊端有哪些？）详细数据见图3。

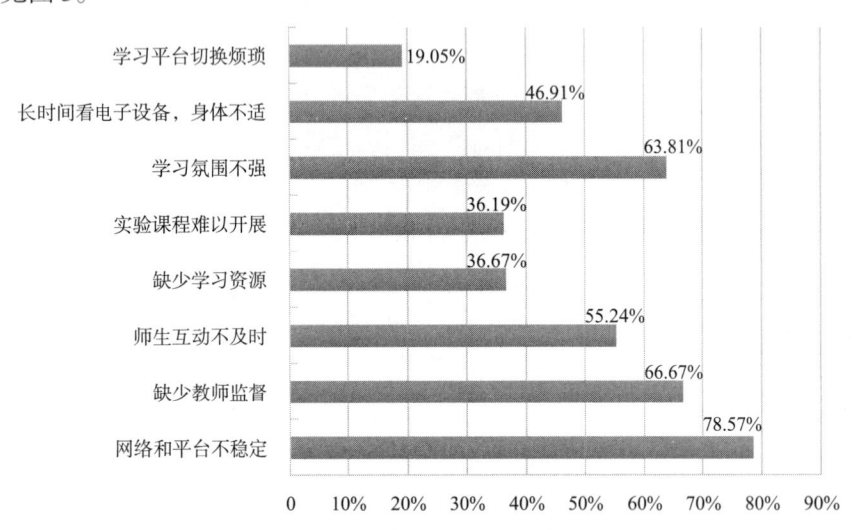

图3 线上教学的弊端填写情况

由图3可知，认为网络和平台不稳定的学生所占比例最多（78.57%），其次是有63.81%的学生认为线上学习缺少学习氛围，学习无法集中。分析部分原因如下：

1. 网络不稳定（78.57%）

基于此现象，笔者在调研中又对线上学习时网络是否受限进行了调查。（问题：线上学习过程中，网路是否顺畅？）调查显示的饼状图模块比例分布极不均匀，问题明显，具体比例情况见图4。

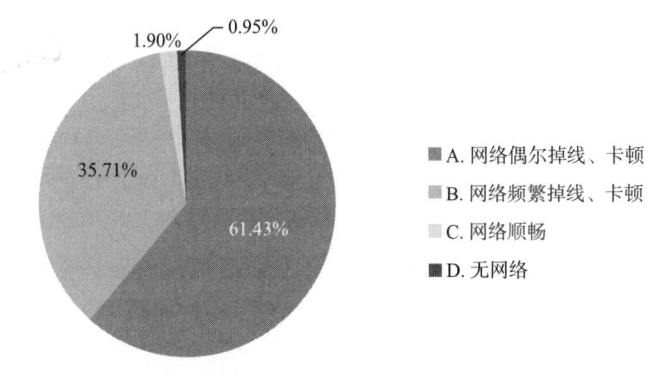

图4 线上学习时网络受限问题统计

由图4调查问卷数据显示，有61.43%的学生反映在线上教学听课的过程中网络偶尔掉线卡顿，有35.71%的学生反映网络频繁掉线卡顿，无网络或网络顺畅所占的比例较少，不到2%。线上教学主要是靠网络来进行，一少部分的学生因为家庭经济条件限制，没有网络或者在蹭网情况下学习，网络信号不稳定，听课的过程总是断断续续的，影响线上学习效果。

2. 学习氛围不强（63.81%）

于此，笔者又对学生在线学习注意力时间进行了调查。（问题：您一般在线学习时能集中精力学习多久？）情况如图5所示。

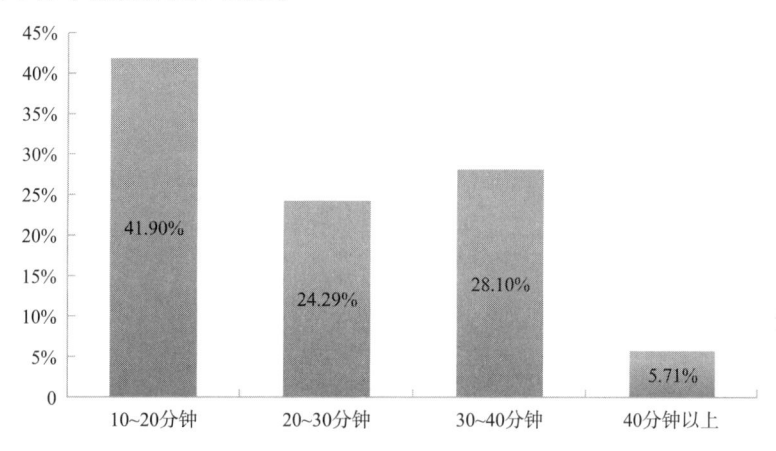

图5 学生在线学习集中注意力时间

由图5可知，学生注意力集中时间在10～20分钟的学生有41.90%，所占比例较大；注意力持续时间较短，注意力集中时间在20～30分钟的学生有24.29%；注意力集中时间在30～40分钟的学生有28.10%，注意力集中时间在40分钟以上的学生有5.71%。线上课堂会导致注意力集中时间短，学习效率降低。

3. 缺少老师监督（66.67%）

学生低自律性无法保证学习效果和效率。调查问卷数据显示，66.67%的学生认为线上学习缺少教师实时监督，无法自主投入学习。线上教学暴露出来的一个突出问题是学生自主学习能力不足。新冠肺炎疫情暴发以前，学生被制定好的规章制度约束着，生活、学习都按学校规定来执行，学习效率可以保证。但是，疫情期间大家都在家里足不出户进行线上学习，学生学习全靠自觉性。线上教学，同样也伴随着网络带来的诱惑，导致了在家学习"困难重重"，学生要抵制的诱惑太多，学生自觉性不够，单纯的线上学习无法保证与线下学习有相同的学习效果。线上学习依靠学生的自觉性，此研究又对学生的自主学习能力进行了调查。（问题：您平均每个线上学时对应的线下自主学习时间约为多长时间？）情况如图6所示。

如图6所示，51.90%的学生线上学时对应的线下自主学习时间为2小时以内，时间较短，这说明学生的自制力还有待提高。通常而言，学生学习自制力水平越高，在学习过程中的效率也越高，越能够取得较好的成绩。线上教学模式的开设，教师仅能查看学生的登录时间和登录情况，但学生真正的学习状况教师无法监督。初中学生正处于青春期，身心发展不成熟，会轻易地受周围环境的影响，不能自觉的静下心来、高效地按时投入线上学习当中。学生自制力较差，自主学习能力差，难以保证教学的有效性。

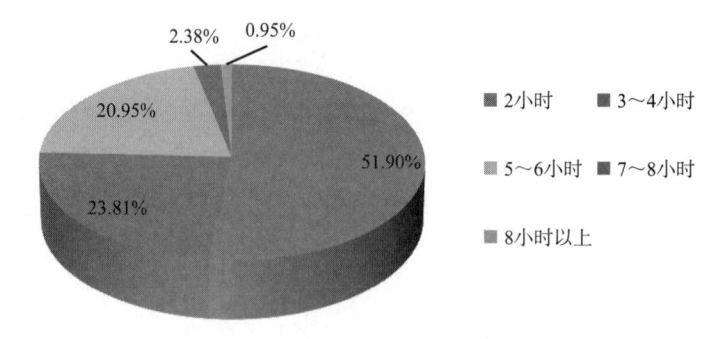

图6 学生的自主学习能力统计

四、讨论与建议

（一）提高教师对新技术的运用，创新课堂提高学生的参与度

在线上教学缺少老师的监督指导，在上课的过程中极其容易走神，线上教学暴露出来的一个最大的问题是学生的自主学习能力不足，没有教师的监督指导在课程中也很难自律地观看而达到应有的结果，学生长时间地观看教师讲课且在互动不多的情况下，难免会感到无趣而走神分心。在线教学要求学生具有主动学习的意识，自律源于自身约束与外在环境两方面，在自身约束方面，需要学生从内心接受线上教学这种模式，并愿意为其付出学习时间与精力。此时教师可以熟练掌握线上教学的相关应用和技术就显得尤为重要。我国在部分政策文件中有涉及提升教师信息素养的相关内容，如《中共中央 国务院关于全面深化新时代教师队伍建设改革的意见》指出："到2035年，教师主动适应信息化、'AI'等新技术变革，积极有效开展教育教学。"这为教师的发展指明了方向，线上教学将不再是只能在疫情期间进行教学的一种手段，它将存在于未来的生活中并成为一种常态，教师和学生都应该习惯线上和线下相结合的教学模式。

（二）增加线上课堂仪式感，实现师生的有效互动

在疫情常态化的今天，课堂学习不再是唯一获取知识的方式，教师要增加线上教学的仪式感，让学生在网络课堂中仍能感受到被约束的学习氛围。无论采取哪种学习方式，都要做好时间上的计划。比如晨读会被一些学生省略掉，这也省略掉了开始一天学习的准备活动。因为线上课方便快捷，有的学生会忽略到校上课的"仪式感"，建议学生们上网课最好打开摄像头，这会让自己注意着装，也更留意自己的精神状态。教师在直播教学时不要一味地讲授知识，要增加与学生互动的环节，从而带动线上教学的学习节奏；教师课前要备好课，在教学内容的设计上要有创意；教学所用的视频不要过长，有效地吸引学生的注意力；充分利用好线上讨论与测试，重视学生的反馈，及时改进不足。其次，教师要主动与家长沟通，了解学生没有上线学习的原因，帮助学生克服困难，确保"一个都不落"。

（三）进一步完善国家在线教学平台，给予学生较好的体验感

线上教学平台是实现线上教学的基础，也是保证教学效果的关键。笔者建议学校要针对自身的实际情况进一步挖掘具备综合功能的教学平台需要特别关注的是学校所采用的软

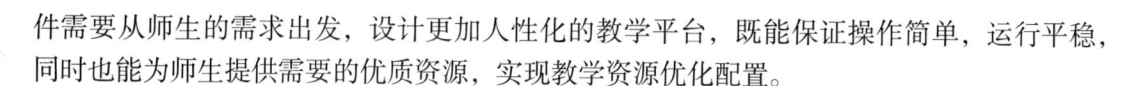

件需要从师生的需求出发，设计更加人性化的教学平台，既能保证操作简单，运行平稳，同时也能为师生提供需要的优质资源，实现教学资源优化配置。

五、结语

笔者通过问卷调查的结果来看，线上教学有可以反复观看、有助于知识的巩固和练习、学习时间自由、有助于实现教育公平、学习资源丰富、沟通形式多样、实现个性化学习等优点。同时也存在网络平台不稳定、学生自制力差和注意力不集中引起教学效率较低等弊端。教师是学生的引导者和知识的传授者，教师和学生要正确认识线上教学与线下课堂的关系，二者应相辅相成，当因为某些原因不能进行线下教育时，要充分利用线上课堂。在今后的学习生活中，教师能有效地将线上线下教学相结合，寓教于乐，使学生们热爱学习，全面发展。而这些对教师掌握信息技术程度、学生的自律能力的提高，以及地域网络普及程度都有一定的要求，为了更好地推进今后的教学，我们要科学化、规范化的逐步提高。

参考文献

[1] 康思雨. 对海外汉语线上教学课堂活动的考察 [D]. 北京：北京外国语大学，2020.
[2] 丁兴富. 远程教学和远程学习的新定义——对远程教育和开放学习基本概念的探讨 [J]. 国电化教育，2020,22 (7):47-49.
[3] 陈聪，许振文. 中学地理线上教学思考 [J]. 长春师范大学学报，2020,39(4):168-170.
[4] 赵嘉华. 浅析线上教学的利弊 [J]. 中国新通信，2020,22(16):217.
[5] 盛嘉祺. 融合线上线下教育资源的课程知识图谱构建研究 [D]. 上海：华东师范大学，2020.

附录　学生问卷调查表

疫情期间化学线上学习情况调查问卷

1. 您的性别：
   □ 男　　□ 女
2. 疫情期间您使用哪些平台进行线上学习？（多选题）
   □ 智慧树　　□ 钉钉　　□ 腾讯课堂　　□ 腾讯会议　　□ QQ 或微信群
   □ 以上都没有　　□ 其他
3. 您认为线上教学的优点有哪些？[多选题]
   □ 反复观看，巩固练习　　□ 学习时间自由　　□ 沟通形式多样
   □ 有助于实现教育公平　　□ 学习资源丰富　　□ 实现个性化学习
4. 您认为线上教学的弊端有哪些？[多选题]
   □ 网络不稳定　　□ 缺少教师监督　　□ 师生互动不及时　　□ 缺少学习资源
   □ 实验课程难以开展　　□ 学习氛围不强　　□ 长时间看电子设备，身体不适
   □ 学习平台切换烦琐

5. 线上教学过程中，网路是否顺畅？

　　□网络偶尔卡顿　　□网络频繁卡顿　　□网络顺畅　　□无网络

6. 线上学习教师布置的作业，您的完成情况？

　　□自己独立完成　　□自己做大部分　　□自己较少做　　□其他

7. 您平均每个线上学时对应的线下自主学习时间约为（包括预习和复习）？

　　□2小时以内　　□2~4小时　　□4~6小时　　□6~8小时　　□8小时以上

8. 您一般在线学习时能集中精力学习多久？

　　□10~20分钟　　□20~30分钟　　□30~40分钟　　□40分钟以上

9. 您更希望什么样的教学方式？

　　□线上教学　　□线下教学　　□两者相结合

10. 新冠肺炎疫情期间，您认为在线教学平台现有的功能可以满足您的学习需求吗？

　　□完全满足　　□基本满足，还有待完善　　□不能满足，功能太少

课程思政背景下初中数学课堂教学策略探析[1]

李超[2],徐怡欣,程国

摘要:初中数学课堂实施思政教育已成为必然趋势。在初中数学教学中,教师应该学习新教育理念,把思想政治教育与数学课程教学环节相融合,渗透并引领学生形成正确的价值观。本文讨论了思政课堂的含义及初中数学思政课堂的意义;提出了初中数学课程中思政元素挖掘的切入点;给出了课程思政与初中数学教学融合的路径。

关键词:课程思政;初中数学教育;渗透融合

长期以来,应试教育对课堂影响较大,初中课堂时常处于缺少思政教育的状态。数学这门课程有自己的文化,如数学语言、数学思想、数学精神等。数学文化对人的发展以及社会的进步具有重要的意义,所以将初中数学与思政教育结合,能进一步发挥教育立德树人的功能。课程思政是指课程与思想教育两者相互融合,"立德树人"为教育任务的综合教育方式。课程思政不是课程,而是一种教学理念,是一种思维方式,是教师有效地对学生进行思想道德教育。

信息技术快速发展便利了学生的生活,与此同时,也给部分初中生带来了影响。部分初中生对数学直接丧失了兴趣,从而没有养成良好的数学习惯。然而,学校忽视道德教育,仅仅只重视学习成绩。"只重教学,轻视育人"成为大部分初中学校的现状。通过数学课程与思想政治教育的结合,教师通过建设数学课程思政,使学生能够拥有正确的人生观和世界观。

当前对课程思政的研究分为对课程思政内涵和实践探索的研究。课程思政内涵的研究,一是认为课程思政是教育方法。刘磊认为利用课堂教学以课堂为载体去传授知识,侧重环节,从而去实现课程价值观的引领作用。二是认为课程思政是一种教育体系。李庆丰提出课程不仅要传授知识,更应该考虑培养什么样的人。何衡指出课程思政的思想政治的教学体系。沈贵鹏从心理角度出发,基于无意识的教育作用,认为课程思政是目的是用来强调内隐,过程是崇尚自然,方式是表示暗示的潜在隐形特点。在实践探索方面,何红娟提出,高校教师需要形成一个共同体,各类教师应该协同合作。邱仁富认为,协同需要四点,分别是步调一致、相互补充、互相促进以及共享发展。教育内容与国家文化制度和理论方面的要求保持同一高度。敖祖辉认为,高校课程重视知识传授却淡化教育功能,轻视道德教育,只教书不育人,严重偏离课程的本源。石书臣认为,各类课程和思想政治道德理论教

---

[1] 基金项目:陕西高等教育教学改革重点攻关项目(21BG046)、陕西省课程思政示范课程《高等数学》建设项目、陕西省线下一流本科课程《高等代数》建设项目、商洛学院课程思政教学研究中心建设项目(21JXYJ02)、商洛学院教育教学改革研究项目(20jyjx122;21jyjx119)、商洛学院课程思政示范课程《高等代数》建设项目(22SFKC02)

[2] 作者介绍:李超,1965年生,男,陕西镇安人,学士,三级教授,研究方向为数学教育

育应该共同肩负起立德树人的重任。

本文主要分析思政课堂的含义及初中数学思政课堂的意义，提出初中数学课程中思政元素挖掘的切入点，给出课程思政与初中数学教学融合的路径。

一、初中数学课程中思政元素挖掘的切入点

（一）挖掘初中数学史中的思政元素

初中数学中有丰富的数学史，因此可以被挖掘作为思政教育的素材。初中数学也是义务教育重要组成部分。学生在学习初中数学时，不能呆板地学习知识概念、定理法则等，而应该了解到数学的魅力，从而对数学产生浓厚兴趣。要做到这点，教师就要让学生学习数学史和了解数学家的活动。通过数学史、数学家活动的学习来调动学生的兴趣和民族自豪感。

（二）挖掘初中数学思维中的思政元素

初中数学有较为严密的数学论证，每一步都有根据，每一步都有出处，每一步都必须符合逻辑，教育学生要有严谨的态度，数学中的计算更是如此，需要学生具备认真严谨的做事态度。

（三）挖掘初中教材内容中的思政元素

数学教材中的内容往往包含一些哲理，教师在教育学生时，可以将教材内容中的思政元素挖掘出来，教授知识的同时，渗透思想道德教育。例如从全等三角形（图1）的图形中可以感受到三角形之间的联系，感受数学美。在学勾股定理时，利用边与边之间直接的联系，教师可以借此启发学生人与人之间也是互相有联系的。

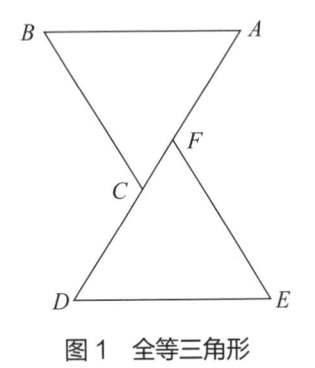

图1 全等三角形

二、初中数学教学中渗透思政教育的策略方法

（一）通过数学历史的学习，激发学生的民族自豪感和自信心

德育在五育中占有重要地位，国家教育政策要求在教学中渗透德育，因此作为教师应该在教学中加入思政教育。作为文明古国的中国，有着光辉灿烂的文化世界，在数学领域，曾独占鳌头，时至今日，我国仍有许多数学家的贡献在数学领域中居于世界先列。教师可以在讲授教学内容时介绍到我国数学家的贡献，以此来培养学生的爱国精神，使学生树立起国家和民族的自尊心和自信心。我国学生在国际奥林匹克数学竞赛中成绩优异，教师可

以借此来对学生进行教育；在介绍圆周率时，可以讲解祖冲之对圆周率的贡献，此外祖冲之还对负数、方程组的许多数学知识有所研究，比欧洲早1000年。在指导学生学习杨辉三角时，首先让学生了解到杨辉三角的历史，这段历史比其他国家早了400多年。此外我国还有许多经典古代著作，例如《数书九章》《九章算术》等。通过数学史的学习，可以使学生明确自己的人生目标，端正自己的人生态度，正确认识自己的定位，努力学习，提升自己。

(二) 通过数学知识进行人生观教育

数学有数形结合，还有许多逻辑推理，数学中有许多富有哲理的东西，教师应当学会挖掘，有针对性地教育学生。在讲解函数时，通过对函数图像的总结，对函数图像的特征进行分析，图像有直线、抛物线、曲线、折线等。以此来告诫学生，人生如同函数图像一样，并不是一帆风顺，一成不变的，有高低跌宕，有平坦，有崎岖，不管遇到什么磨难，都应该保持乐观、积极向上的人生态度，勇于面对成功与失败的考验。

(三) 通过感受数学美，增强学生集体荣誉感

哪里有数，哪里就有美。数学教学中，教师应该发现数学实际中包含的美学因素。数学的美体现在和谐、统一、对称等方面。比如在讲圆时，让学生充分感受到圆的对称，包括圆的轴对称和中心对称，仔细想想，圆体现了一种精神，正是集体主义精神，无数个零散的小点组合在一起被圆所包围，有秩序的、和谐的统一的排列在一起，形成封闭图形。可以告诫学生，每一个个体就犹如圆上的点，而班级则是整个集体，与每个人密切相关，个人不遵守集体的规则，游离于集体外部就不能感受集体的关怀。用这样的数学比喻，可以使学生将集体主义牢记在心。

(四) 通过数学知识的严谨性，增强学生严谨的态度

数学教学必须发挥数学的严谨性，要求学生学习知识，做到准确精练，书写作业做到工整规范，结论推理每一步都要有根据出处。这样教育学生，学生才能言必有据，学生才会坚持真理，以一丝不苟的态度去学习。通过数学教学，要使学生讲道理，明是非，数学中判断命题的真假不是通过经验验证，而是要依靠定义严密的论证，因此，教师在平时要培养学生的推理能力。

(五) 通过数学的对立统一，培养学生辩证的能力

初中数学蕴含着许多辩证思想，这也是数学学科的特点。现实世界的辩证在数学的概念公式中都得到了反映。这说明数学教学需要从教学内容中发现辩证的因素。例如直线和曲线、单调递增和单调递减、有理数与无理数、实数与虚数、加与减等，这些内容都有辩证因素，在教学中，需要教师利用这些辩证因素，培养学生辩证的观点。数学知识中存在许多对立统一的现象，因此，要求教师能够熟练地掌握初中数学知识，告诫学生世界万物都是对立统一的，要求学生以辩证的思维去看待万事万物，在遇到难题时，可以思考是否可以转化方法去解决问题。

(六) 开展数学活动，对学生进行德育教育，提升学生的综合能力

在进行数学知识讲授时，可以采用开展数学竞赛活动这一方式来对学生进行德育教育。

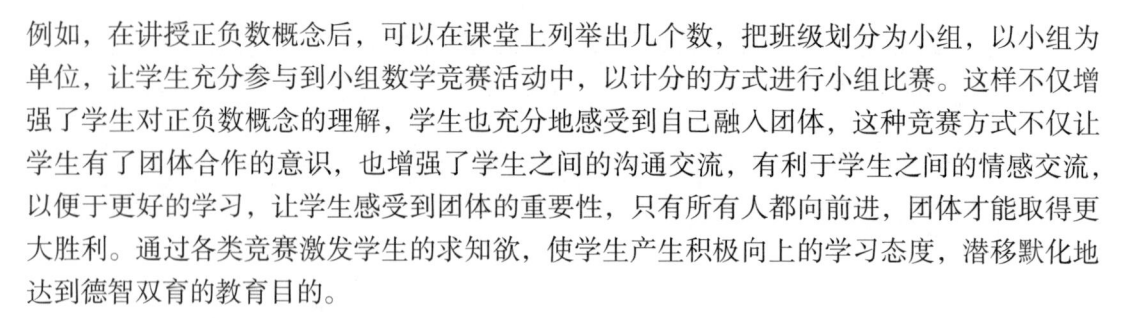

例如，在讲授正负数概念后，可以在课堂上列举出几个数，把班级划分为小组，以小组为单位，让学生充分参与到小组数学竞赛活动中，以计分的方式进行小组比赛。这样不仅增强了学生对正负数概念的理解，学生也充分地感受到自己融入团体，这种竞赛方式不仅让学生有了团体合作的意识，也增强了学生之间的沟通交流，有利于学生之间的情感交流，以便于更好的学习，让学生感受到团体的重要性，只有所有人都向前进，团体才能取得更大胜利。通过各类竞赛激发学生的求知欲，使学生产生积极向上的学习态度，潜移默化地达到德智双育的教育目的。

（七）创设实际中的生活情景

数学知识与现实生活密切相连，作为教师，要加强数学与实际生活的应用联系，把知识应用到生活中，这样不仅可以对学生进行思想教育，还可以锻炼学生的应用能力。例如，在讲授直角三角形的应用举例时，可以向学生讲述在现实生活中应用的实例，例如大禹就曾巧妙地应用地势，利用直角三角形的边角关系解决治水难题。学生们可以感受到古代人民聪明的才智，还可以感受到知识被实际运用的价值，这样可以增强学生学习的积极性。讲授三角形时要启发学生，让学生用知识和实际问题相结合的方法去解决实际问题。给学生设置生活情境中的问题，如测量学校教学楼的高度，自己制作三角板量角器等。让学生不仅可以遨游在知识的海洋里，同时还能密切接触社会生活，引导学生做生活的有心人，发挥数学的应用性。

三、初中数学课程思政存在的问题

（一）本末倒置

初中数学课程的内容和信息较多，在教学过程中，融入思想政治教育时，要防止本末倒置。初中数学内容较为抽象，对于中学生来说，是一门不容易掌握的课程，教师在教学过程中不应将过多的时间、精力放在思想教育上，忽略课程内容的讲解。本末倒置不但不能对学生起到思想教育，还可能会有反作用。

（二）部分教师素质不高

初中数学教师对于课程思政相关知识了解较少，略为浅薄，部分教师缺乏加入课程思政的意识，还有少部分教师认为思想政治教育并不属于教学任务；少量初中数学教师认为，在数学中融入思政元素不是重要的。因此，有教师不会主动将思政元素与初中数学结合。初中数学教师所学习接触到的思政资料是有限的，将课程思政与教学合理融入，对于教师来说是一个难点，不容易找到恰当的切入方法。由于条件的限制，目前教育环境和大多数学校对于思政不够重视。

（三）生拉硬扯，盲目融合

教师在教授初中数学知识时应该认真学习、分析教材的内容，找到合适的思想教育方法，让思想教育与教学内容完美契合。并非所有初中数学知识的思政元素都必须挖掘，不具备教育功能的，不必生拉硬扯，牵强附会。教师切忌没有必要的说教，让思想政治教育流于形式。

四、初中数学课程思政存在问题的改进措施

针对课程思政存在的问题，在初中数学中加入思想教育时仍然需要改进。

(一)教师加强学习，树立课程思政的意识

要想在数学教学中加入课程思政并得到较好的结果，教师首先要了解课程思政，知道课程思政的含义，这需要教师不断学习有关课程思政相关的内容，理解其深刻的含义，在教学过程中不断践行思政的重要意义，只有这样，才能树立起教师实施课程思政的意识，将想法变为行动。言传身教是教育的关键，教师在教育学生时应该注意提高自身的思想水平，提高自身道德修养，关心国家事，关爱学生，用辩证的方法和观点去处理数学知识。在课前，教师应该认真备课、精心设计板书，利用数学优美图形吸引学生，在无形中让学生喜欢教师并感受到教师的魅力，从而感受到数学知识的美。上课时，可以适当引入数学知识的背景故事，对于可以挖掘出思政元素的数学知识，应当合理对学生进行思想教育。

(二)学校应加强课程思政的教育机制

学校应该加强调动各部分力量来协助思政课程的实施，将课程思政融入课程中，可以在对教师的考核中加入课程思政方面的考核，使全体教师都能够参与到思政教育工作中。

(三)课程思政资源共享

课程思政的目的是让学生潜移默化，受到教育，课程思政的融入切忌生搬硬套。因此教师可以集体备课，采用多种合作探究的方法，实现课程思政资源共享，共同挖掘思政元素，将其融入数学教学中。

(四)加强教师职业道德的修养

课程思政要求教师对学生进行思想教育，那么首先教师就应该加强自身的道德修养，净化自身的心灵，端正自身行为，以身作则，成为学生的优秀榜样，潜移默化对学生进行思想教育。

(五)转变学生的思想观念

教育的最终目的是立德树人，教育教学活动都要以学生为主，以学生为本，部分学生还是持有以成绩为重的想法，认为只要将文化成绩提高就可以了，其他一律不管不顾。因此，要实现课程思政，转变学生的观念是必不可少的，可以通过让学生看视频、参加辩论等方法，帮助学生树立正确的思想观念。引导学生学习思想政治教育，提高学生自身的素质。

(六)建立科学的评价方式

将课程思政的实行结果纳入学生的评价方式中，通过写心得、写报告等方式对学生进行评定，将评定结果与文化成绩的结果相结合。教师应该在教学过程中关注学生的课堂表现，一言一行。在教学中要学会导向，引导、激励学生。

五、结束语

立德树人始终是我国教育的根本任务，我国教育所要培养的是中国现代化事业的建设

者，立德树人是各科教师所要承担的责任，各个阶段的学校都应该重视对学生的政治思想道德教育。初中生处在个性和品德形成的关键期，这一阶段也是他们的青春期，青春期的学生容易出现叛逆心理，再加上处于信息高速发展的时代，学生会有许多诱惑，作为教师应该对学生进行正确的引导，这些也是学校在教育方面需要做到的任务。初中数学知识贴近生活，存在许多可以被挖掘的思政元素，因此在初中数学课堂中融入思政元素是可行的。

参考文献

[1] 刘家新．"课程思政"视域下初中数学教学设计研究 [D]．天津：天津师范大学，2021.

[2] 吴虹．课程思政融入初中数学的课例分析——以《勾股定理及其证明》为例 [J]．湖北教育（教育教学），2020,11:32-34.

[3] 刘磊．课程思政实现路径的探索 [J]．广西教育学院学报，2018,4:110-112.

[4] 孙云卓．融入课程思政元素的小学数学教学探索 [N]．江苏教育报，2021-12-03(003).

[5] 何衡．高职院校从"思政课程"走向"课程思政"的困境及突破 [J]．教育科学论坛，2017,30:27-30.

新课改背景下初中数学教学中学生数学思维能力的培养[1]

李超[2]，韩佳池，程国

摘要：为了充分适应国家新课程及教学改革的整体方向，聚焦初中数学课堂的教学质量提升，在当前初中数学课堂教学实践中重视培养学生的数学思维能力是我国当下切实提升数学课堂教学质量的必要途径。本文主要对初中数学教学中学生数学思维能力培养进行分析研究，探索在初中数学课堂中培养学生数学思维能力的方法。

关键词：数学思维能力；初中数学课堂；新课程改革

一、引言

初中阶段对于学生发展数学思维能力来说是一个关键时期，在这个关键时期，教师们必须要注重数学课堂教学的构建，注重运用教学方法，提高学生的数学思维能力。在新的课程改革理念下，学生不再是知识的被动接受者，也不再是已经拟定好程序的"学习工具"，而是活跃自主的知识探索者和课堂的主人。新的课程标准要求教师要引导学生逐步成为课堂建设的核心部分，教师应当是每位学生主动学习发展的第一引导者，这对于以往课堂中教师讲授式教学来说是一个巨大转变，这就需要教师在课堂学习中重新细化设计知识的传递过程，吸引学生参与到课堂知识问答练习中，提高课堂实际效率。在初中阶段，数学是可以串联起其他学科的关键学科，数学学科的学习可以促进学生其他学科的学习，在当前的新课改背景下，如何构建高效的初中数学课堂则成为教育工作者需要思考、探索的主要课题。

在新的课程改革环境下，改良初中数学课堂教学形式，大力发展素质教育，培养具有创新精神和实践能力的综合性人才，是目前广大初中数学教师所共同面临的挑战，研究者都对此进行了深入研究。尹莹指出激发与培养初中生的数学思维能力，是培养中学生创新意识和实践能力的重要环节。张世英指明初中数学教师要以培养学生数学思维能力为重点，要想在培养中学生数学思维能力方面取得突破，就要在充分调动学生思维的同时，还要做好学生思维能力的培养。麦景雄认为，基于素质教育理念培养学生思维能力是初中数学教育的核心功能之一。越来越多数学专业特长的初中教育者目前正在重点聚焦于研究如何在

---

[1] 基金项目：陕西高等教育教学改革重点攻关项目 (21BG046)、陕西省课程思政示范课程《高等数学》建设项目、陕西省线下一流本科课程《高等代数》建设项目、商洛学院课程思政教学研究中心建设项目 (21JXYJ02)、商洛学院教育教学改革研究项目 (20jyjx122;21jyjx119)、商洛学院课程思政示范课程《高等代数》建设项目 (22SFKC02)

[2] 作者介绍：李超，1965年生，男，陕西镇安人，学士，三级教授，研究方向：数学教育

数学教学中真正系统高效地培养学生的数学思维能力，致力于新型数学教学方式的研究，并着力于通过研究新的数学教学方法来提高学生的学习能力，让学生在吸收知识的同时增强其数学思维能力。王淑花等人对学生思维能力培养的重要性进行实证分析，发现目前许多重要国外人文学科领域，比如哲学、心理学和社会学等，一直都在积极研究思维能力，并从中取得了许多比较重要的相关理论，并且已经在国外大学、中学、小学和其他学科领域中已经有广泛的教学实践。

本文主要对初中数学教学中学生数学思维能力培养进行分析研究，探索在初中数学课堂中培养学生数学思维能力的方法。

二、新课改的主要理念

新的课程理念坚持落实教育立德树人的根本任务，培养有革命志气、有战斗骨气、有底气的新时代接班人。新课改的基本思想之一是一切为了所有学生身心健康的快乐发展。因此"以人为本"和"以学生为本"是新课程教学改革工作的主要出发点。

新课程的主要理念包：括确立核心素养导向的课程目标、设计体现结构化特征的课程内容、实施促进学生发展的教学活动、探索激励学习和改进教学的评价、促进信息技术与数学课程融合。首先，体现在教学目标上，要按照课程标准和科学制度，在不同发展水平的不同学段，制定不同的教学目标，定期开展教学内容，完成知识技能等基本目标的学习，发展学生运用数学知识和方法发现、提出、分析、解决问题的能力；其次，在教学内容上，教师要认真研读教材，要挖掘出教材中与现代科学相联系的部分，要对内容进行结构化的整合，使得学生更加容易理解；再次，在教学活动上，教师要注意落实课堂活动的有效性，鼓励学生积极参与到课堂中，师生互动促进课堂教学；最后，在教学评价上，根据新课程评价目标的要求，课堂评价要体现以学生为主体，以发展为导向。传统课堂教学考核亟待改革，新课改要求我们课堂评价的主体多元化、形式多样化，强调学生在学习中的地位，并以课堂教学作为参考来评估课堂教学的质量。同时，在课堂上教师自身也要善于合理利用网络多媒体资源等大量现代信息技术资源，丰富课堂内容，提高学生的信息素养。

三、数学思维能力的含义及重要性

(一) 数学思维能力的含义

思维是一种人与生俱来的高级心理活动形式，而数学思维仅仅是这种心理活动形式的另一种基本表现形式，它也是一种构建数学世界的能力，是人类搭建数学世界的最重要的数学根基，它无处不在却也令人难以捉摸。数学思维也通常被称为数学思维能力，是指在组织学生去学习相关数学知识的过程中，帮助学生将枯燥深奥的抽象数学理论知识逐渐转变为理解更加容易的形象具体的概念，从而使每个学生可以更好地完成特定数学学习目标的独特思维方式，而数学思维能力就在这一思维活动过程中逐渐产生、发展并且完善。总而言之，数学思维能力是能够用数学的思维去正确思考认识问题和解决复杂问题的一种综合能力。数学思维能力也包括逻辑思维能力、几何思维能力、抽象思维能力、空间思维能力等。现代的教育学观点认为，数学教学是数学活动的教学，即是思维活动的教学。如何能在实际的数学教学工作中培养学生的数学思维能力，是课程教学改革当中的一个比较重要课题。

(二)培养数学思维能力的重要性

作为一门逻辑性较强的基础学科，相对应的初中数学难度的提高对于中学生的能力也有着比较高的要求，尤其是对中学生的创新思维能力与逻辑能力有着相当高的要求。特别是在初中课堂中，数学思维能力与知识技能等紧密结合，教师上课的过程就是学生通过与教师各种思维的沟通来为自己答疑的过程。这个过程中学生的数学思维能力如果跟不上，就会导致学生无法很好地用数学思维进行理解，以至于不能全身心投入数学课堂中来，只是机械地死记硬背，当遇见新的题目时就会感到无从下手，不利于学生学习。相反，如果当学生拥有一个相当高水准的数学思维能力时，就不仅能很好吸收老师在课堂上所讲的知识，还能举一反三活学活用到其他知识上。所以，数学思维能力提高对于初中学生们来说都十分地重要，教师多通过数学课堂培养学生基本的数学思维能力是非常有必要的。要想进一步提高初中学生的数学成绩，就一定要加大力度培养学生基本的数学思维能力。数学是一切科学的基础，可以说人类的每一次重大进步背后都是数学在后面强有力的支撑。由于数学思维能力包括判断推理能力、逻辑分析能力、灵活性等，因此它能够更好地体现学生的综合素质。初中生的知识能力均离不开思维，而整个初中时期正好是培养学生数学思维能力至关重要的阶段，所以初中阶段数学思维能力的培养对于学生的学习起到十分重要的作用。在这个时期，教师一定要在课堂教学中注重运用多种方式来培养学生良好的数学思维能力，进而培养出更加优秀的初中生。

四、当前初中数学课堂教学中存在的问题

(一)教学方式单一，师生缺乏交流

基于数学结构严谨且逻辑性非常强这一学科特点，使其不像其他学科那样容易讲得妙趣横生，数学课堂更多的是逻辑思维的串联、公式定理的讲解。对于这种情况，部分教师由于缺乏创新性思维能力，认为初中数学课堂还是得按照以往的教学方式，以教师讲授为主，学生主要听课做题，这样比较容易使整个课堂逻辑清晰，便于教师授课。但是教师往往会忽略这种单一的教学方式，会大大阻碍学生主观能动性的发展。教师的"保姆式"讲授会使学生养成一定的思维惰性，学生渐渐就会认为上课只要听老师讲课就行了，从而不再努力思考、积极探索，长此以往学生解决问题的实际能力得不到提升，学生的逻辑思维能力自然也得不到良好地培养，对于学生来说这种教学方式弊端太大，也不符合新课标"以人为本"的学生观。因此，在当前的初中数学课堂教学中，教师要改变现在这种单调乏味的教学方式，创新自己的教学理念，培养学生思维能力，引导学生参与到课堂中来。

(二)教学停留于表面，流于形式

近些年来，新课程改革一直都是教育的热点，许多学校和教师对于新课程改革都有自己新的尝试。新的课程大纲要求学生必须是课堂的主体，教师只是作为教育的专业人员对整个课堂的节奏进行把控，对学生进行辅助性教学。于是初中数学课堂中就出现了这样一种现象：整节课充斥着大量的学生讨论、师生互动等花里胡哨的形式，导致课堂混乱、主次颠倒。对于学生来说讨论的热火朝天，玩的也开心，但是并没有学到什么；对于教师来

说，课堂内容没有讲完，课堂教学任务不能完成。这样的课堂过于追求形式的多样化，流于表面形式，并没有什么作用。还有一些初中教师为了追求学生的数学成绩，在课堂教学中只是讲公式和定理，然后就让学生不断地做题，通过刷题来提高学生的数学成绩。这样做短时间内固然会让学生的成绩有所提高，但却有些急于求成，忽视了学生的数学思维能力水平，学生思维能力跟不上，解决问题的能力也得不到提高，遇见和以往题型稍微改变的题目时就无从下手，逐渐就会丧失对数学课堂的兴趣。这种教学显然也是留于表面，不利于学生长远发展。

（三）学生主体意识不强

在以往的那种传统初中数学课堂教学中，一直都是由教师讲授课程为主，学生在课堂上只是完全跟随着老师的节奏来学习，这样便于教师讲授知识以及掌控整个数学课堂的教学节奏，使课堂教学整体更加紧凑，但事实上这种课堂模式却不利于每个学生的全面发展，这种教学模式下教出来的学生很难再跟上新时代的步伐。而现代我国初中数学课堂的教学形式与以往明显不同，新课程改革的逐渐实施已经让越来越多的教师开始渐渐意识到培养学生成为课堂主体的必要性，于是广大教师们就想出各种办法来在课堂上逐渐提高学生的学习主动性，把课堂主体归还给全体学生，提供应有的指导启发作用。但是从国内目前的初中数学课堂教学实践整体情况上来看，初中数学课堂教学体系中还仍然会存在以教师的讲解为主、学生课堂参与度较少的情况。究其原因是学生的主体意识太浅薄，他们大都习惯了之前传统的教学方式，形成了思维惰性，缺乏主体意识和独立思考探究的能力，课堂主动参与度较低，而且对于自己课堂主体性的认知并不清晰。这种主动性的缺失和对自身认识的不足，是当前初中数学课堂最大的问题。

五、新课改背景下初中数学课堂教学中数学思维能力的培养策略

（一）创设情景，导入课题

导入是一堂课的开始，这节课能不能上好，导入是很重要的一个点。教师在进行课题导入的时候如果能很好地激发学生的学习动机，那么这堂课就成功了一半。因此，激发学生的思维动机无疑是成功培养广大初中生数学思维能力的第一关键驱动因素。这就要求广大教师必须在初中课堂思维教学环节中充分发挥教学的主导作用，结合教材中提供的背景知识，根据当前学生的心理特点，从贴近学生自身生活和社会生活现实的需要出发，积极创设教育情景，从而真正激发学生的思维动机，让学生会有较浓厚的兴趣而主动投身到接下来开展的各种教学活动中。

例如，在"分层抽样"这一节课时，首先必须要设法使大多数学生明确其学习这一节知识的基本目的，在平均抽样条件不可以变动的这种情况前提下，就必然会产生按照一定比例来进行平均抽样的新形式的分配方法。课堂教学过程中我们就可以先设计以下问题：一所学校某日计划对来自全校所有的1200名学生进行核酸检测，计划要抽取300名的同学进行抽样的检测。现在初一400人，初二300人，初三500人。把这300个名额平均来分给这三个年级合理吗？从而可以引发出学生对于这个三个年级学生分配名额方法究竟是否公平合理的一种探求与动机。这样有趣的一个情景问题设计不仅巧妙渗透进了"知识来源于生活"的基本数学思想，又进一步让这些学生充分意识到自己学习这些知识方法的直接目

的是解决那些实际生产和生活应用中常见的问题。这时，学生的学习动机已经被彻底激发起来了，自然会去全身心积极地投入后面一系列的教学活动中。

由此可见，通过创设思维情境引入课题来激发学生的思维动机，是对学生进行数学思维能力培养的一个重要环节。作为教师要特别的重视对广大初中生学习兴趣的培养，利用好情景教育创设这一教学法宝，激发每个学生强烈的学习动机，用已创好的情境将每个学生深深带入丰富多彩的数学世界里来，培养学生的数学思维能力，使课堂整体教学的质量真正得到提高。

(二) 新旧联系，启动思维

数学是一门既有逻辑性又实用性很强的学科，它包含了许多重要的知识点，这些知识点之间是互相连通。每当我们在学习新的知识的时候，一定会有旧的知识和它是有联系的。经常说"温故而知新"，在学习新的知识点时，要重视新的知识点与以前所学旧的知识点之间的衔接，教师应该设法引导学生把之前学习过的旧的知识和新学的知识联系起来，这样做既是对旧知识的一种系统的复习回顾，又带给了学生一种新知识并不陌生的感觉，使得学生对新学内容不产生陌生的抵触情绪，有利于学生学习和培养学生新旧联系的思维能力。

例如，教师在带领学生进行"不等式的性质"这一内容的过程当中，教师就可以适当引导学生回顾等式的特点来引入不等式，在黑板上分别列出等式和不等式来进行比较，这样学生就能更容易地接受不等式这一概念。教师通过引导学生将等式和不等式进行类比，就可以带领学生归纳总结出不等式的性质，加深学生理解对于等式和不等式之间的联系和区别。这样做不仅使学生学到了知识，也培养了学生遇到困难时找相似案例进行类比推理的能力，培养了学生数学的思维能力，促进学生成长。

因此，在初中数学课堂教学中，教师通过运用新旧知识联系的学习方法来引导启动学生的思维，能很好地激发学生在数学课堂上的学习兴趣，吸引学生参与到接下来的课堂活动中来，同时也帮助学生更加容易地理解掌握本节课的课堂知识，培养了学生转化归纳总结的数学思维，为学生接下来的学习做了很好的铺垫。教师要利用好新旧联系这一法宝，培养学生数学思维能力，为学生的发展做铺垫。

(三) 巧设疑难，明确问题

高效的初中数学课堂教学一定是基于学生的主体性，学生的主体性则是依托于其对所学知识有着浓厚的兴趣。一个好的数学课堂教学中不能一直是教师平铺直叙的讲授。一个好的数学教师一定会有自己特殊的方法来激发学生的学习热情，这种方法会在学生丧失学习激情时及时唤起学生兴趣，让学生能够一直保持兴趣投入到学习中去。总的来说，这种特殊有效的方法就是指教师能够在课堂教学中做到巧设疑难，明确问题。教师通过教学中所了解的学生的认知规律和实际情况，从而科学地分析与设计问题、巧妙地提出具体问题，让每个学生都能够明确问题，并且通过师生之间的互动，教师要启发诱导学生敢于提出问题和善于接受提问并仔细思考，理论问题联系到实际，围绕课程教材，而又不拘泥于课本教材，从而有效解决学生主观认识判断上固有的错误和概念模糊等问题，然后得出正确结论的教学方法。例如，在学习用绝对值来比较两个负数之间的大小这一节课的时候，可以进行如下设计：

例题：请在数轴上表示数 -1，-4，0，5，并比较它们之间的大小，将它们按照从小到大的顺序用"＜"号连接。

解 如图1所示，将它们按从小到大的顺序排列为：$-4 < -1 < 0 < 5$。

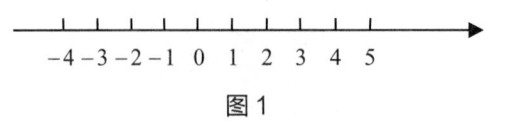

$$\xleftarrow{\quad-4\;-3\;-2\;-1\;\;0\;\;1\;\;2\;\;3\;\;4\;\;5\quad}\rightarrow$$

图1

有理数可以分为正数、负数和零。一般地，在数轴上表示的两个数，右边的数总比左边的数要大。那么两个有理数的大小比较有哪几种情况呢？（两个有理数的大小比较有如下几种情况：一正一零、一负一零、两负、一正一负、两正。）

结合例子，请同学们观察数轴并思考一下：正数、零和负数三者之间的大小关系如何？（正数大于零，负数小于零，正数大于负数。）

那么，同号（同正或同负）的两个数之间的大小关系又是如何的呢？

这样层层递进，通过不断设置问题，从而引导学生归纳得出结论：两个正数比较大小，绝对值大的数大；两个负数比较大小，绝对值大的数反而会小。

数学问题本身是所有数学知识和教学研究的前提，数学课程教学其实质就是为了真正解决生活和学习中存在的实际问题，没有这一个个的数学问题，数学学习与研究就完全变得空洞而没有什么意义。同时数学问题也是我们训练思维的重要手段。所以，教师要以解决数学问题作为课堂的突破口，巧妙地设计各种问题才能切实达到提高数学课堂教学效率的目的。在这个过程中，教师自己一定要做到对所要教给学生的内容和不同学生的特点都了然于心，还要注意用初中教学课程设计中的理论去结合具体的课堂教学实际，在实际课堂的每一个教学环节中都尽可能巧妙而准确地去创设出一些小问题，引导每一个初中生从数学的角度去观察问题、用数学的思维来分析解决问题，培养初中生的数学思维能力，鼓励学生要学会用数学的思维方式来分析思考问题并最终解决问题，从而去进一步地增加我们整个初中数学课堂教学的活力。

（四）探索新知，拓展思维

在新知识的讲授过程中，不再提倡以前的灌输式教育，新课程"以人为本"的学生观也要求教师要懂得尊重每位学生在课堂中的主体性，但这也并不意味着我们就要抛弃教师的讲解而让学生自己进行学习，更加提倡的是师生之间在课堂上进行交流和协作，学生自己作为课堂主体也是更加需要教师来引导学习的。课堂并不是我们教师的"一言堂"，应该是师生共同作用的。教师在新课讲授之前要注意到学生的心理特点，根据学生的心理发展规律设计相应的教学方案，逐渐建立和形成可以充分调动学生主体性的探究式教学方式。

例如，从初中生的现实生活经历与行为体验出发，通过"发现问题、分析问题、解决问题"这样富有逻辑的学习探索过程，培养并引导学生能够自觉养成符合自身素质的良好行为习惯和健康积极的思维品质，提高广大学生的学习兴趣，使学生掌握通过自主探究分析来发现认识问题、分析解决问题的有效方法，培养他们的创新意识和数学思维能力。教师在数学课堂教学中还要注意培养学生按照一定的流程来分析解决问题，面对比较复杂的问题，教师可以引导学生从局部入手、层层递进，这样做能使学生将一个大的问题分化成一个个小的问题，然后逐渐依次解决。

由于目前多数的初中生自身的性格还是不太成熟，自尊心上往往要比其他学段的学生强，教师们要尽量做到能充分地认识到这点，从而合理的对学生进行一个有计划、针对性强的心理引导，同时也要尊重这些青春期学生各自的性格特点，多给予积极的鼓励和正面的表扬。教师在教学实践当中也要始终注意站在学生的角度去帮助学生解决困难，使学生在解决问题的过程中能够形成突破学习困境后的优越感和自信心，从而能更加有效的提升学生内在的学习热情，激发学生的学习兴趣和主动性。

教师还可以在实践教学中通过利用一些信息技术平台来进行数学的辅助教学，将我们的一些抽象的数学知识通过多媒体技术等各种现代技术资源更为直观地展现在学生的面前，使每位学生能够更好地学习与理解数学当中的核心知识点，促进广大初中生轻松高效的学习。例如，在学习图形与几何的时候，由于有些图形比较复杂抽象，很难直观地在黑板上展示出来，这个时候借助多媒体来辅助教学就能解决当下的燃眉之急，学生通过多媒体能很好地观察到图形的特征，有助于学生对于本节课堂的理解。

(五)巩固练习，评价总结

数学相对于其他科目来说比较偏难，数学知识的学习是为了更好地解决问题，学会知识并不意味着会做数学题，而会做数学题是现代应试教育必须要掌握的技能，数学知识的学习一定是要通过做题练习来进行巩固的，只有这样才能很好地消化知识并内化为自己的东西来解决各种问题，更从容地应对各种考试。对于学生来说，通过练习不仅能很好检验自己当堂课的学习成果，明确知道自己能力的不足，而且能使学生进一步加深自身对课堂所学习内容的准确理解，巩固了学生思维的发展，使得学生能够熟练地将数学思维能力运用到解决问题当中，并且学会应用数学思维来解决具体问题，促进初中生数学思维能力的发展；对于老师来说，学生的练习无疑是老师直接了解自己学生课堂学习情况最好的一种方式，教师还能借此对学生练习结果进行分析并从中认识到学生对课堂知识的理解状况和思维能力强度，进而及时调整课堂节奏，保证学生能够有效地学习。因此，做题巩固练习是中学数学课堂必不可少的一个关键环节。

练习完成之后教师一定要及时地对此进行评价。新的课程标准着重突出强调教师在对学习者进行课堂学习结果评价时，既要密切地关注学生课堂学习的结果，同时也要高度关注学生课堂学习的整体过程，教师对学生评价时要注意评价的内容要多元化、方式要多样化，这样才有利于学生数学思维能力的提升。作为学生学习活动的组织者和引导者的教师，评价时必须做到在重视结果的同时更重视过程。学生学习的过程就是学生思维能力发展的过程。对学生评价时不能求全，只要学生在某一方面有进步的表现，都应该进行表扬。不光可以评价学生的练习，也可以评价学生在整个的课堂表现。同时鼓励学生通过自主测评、学生互评、师生互评、教师评分等评价方手段，对整节课做出回顾评价。为此，教师要全方位地观察每一位学生的学习过程，通过这样多方位的考查学生，才可以及时地为广大教师科学、全面、有效、合理地正确评价学生提供大量科学实用的第一手资料。通过观察学生的行为变化和学习发展状况，帮助学生及时地进行总结与反省，以便于老师进一步的帮助、指导每位学生，并推动他们发展。

六、总结

数学是一门既有思辨性又有逻辑性的学科，初中阶段又恰巧是我们从小学到高中的一个过渡阶段，这个阶段对于我们整个学生时期来说都是非常重要的，在这个时期培养学生的数学思维能力也是非常有必要的。因此，在初中阶段的数学课堂教学活动中，教师应该不只是单纯地给学生上课，给学生们讲解相关领域的数学知识，更关键的是我们还应该要着重地训练初中生的数学思维能力。在课堂教学中，教师一定要给学生充分讲解这些数学知识背后蕴含的数学思维，才能更好地培育初中生的数学思维能力，这样才有助于学生的长期发展。很多初中数学老师似乎总是把讲授相关的基础知识当成教育的首要目标，并带着这种观念来培养学生，其实我们在学习这些理论知识的背后，教师更应该关注到的是教会学生掌握相关的核心数学思想。我们作为教师，不应该只是把目光局限于书本知识的教学，更重要的是我们应该考虑怎样培养学生的数学思维能力，从而真正地帮助学生学习。

参考文献

[1] 尹莹. 在初中数学教学中如何培养学生的思维能力 [J]. 中国校外教育，2013,29:129.

[2] 张世英. 初中数学教学中培养学生数学思维能力的现状及措施 [J]. 新课程，2020,49:90.

[3] 麦景雄. 在初中数学教学中全面发展学生思维能力 [J]. 农家科技，2011,4:56-58.

[4] 王淑花，吴尚义. 国外思维能力培养研究综述 [J]. 教育与职业，2010,18:176-178.

[5] 中华人民共和国教育部. 义务教育数学课程标准 [M]. 北京：北京师范大学出版社，2022.

初中数学课堂差异教学的案例研究与反思[1]

李会荣[2]，安曼琦

摘要： 随着新课改的不断发展以及"双减"政策的出台，学生的差异成了课堂教学的关注点。传统教学往往会忽略学生的差异性，导致教学效率得不到显著提高，而差异教学充分关注了学生之间的差异性，并针对学生存在的差异进行因材施教，使每位学生在现有的水平上有相对的提升，教学效率也有大幅度的提高，因此把差异教学引入初中课堂显得尤为重要。本文首先对差异教学的概念、特点，以及差异教学和传统教学的区别进行了总结；其次分析目前初中数学课堂存在的问题，并针对所存在的问题提出实施差异教学的策略；最后以人教版《一元一次方程》为例进行差异化教学，从三维目标的角度对实践结果进行分析并验证了在初中数学课堂实施差异教学的优势。

关键词： 差异教学；教学策略；数学课堂

一、引言

随着新课改教育的不断改革，传统"讲授法"教学形式已经不能满足新时代的教育需求。传统的讲授法注重教师"教"，这种教育方式只能按部就班地完成教学任务，教学目标单一，教学过程单一。教师只注重学生最终是否达到教学的要求，忽视了每个学生存在的差异性。传统的课堂教学容易让学生失去学习的兴趣，严重时会出现厌学现象。差异教学与传统的教学相比，课堂教学方式更容易让学生接受。首先，教师会根据学生之间的差异性来制定教学目标；其次，在课堂中运用多样化的教学方式，划分教学难度，根据每个学生已有的水平为基础进行分层教学；最后，根据每个学生已有的知识水平和学习过程对学生进行评价。差异教学做到了教育面向全体学生，让学生都能够在学习上获得成功，做到了"承认、尊重、利用"学生的差异。

"差异教学"可以追溯到我国古代孔子提出的"因材施教"，他认为教师要根据学生的认知水平、学习能力以及学生个性的不同，有针对性地实施教育，激发学生的学习兴趣，树立学生的自信心，这也铺垫了"差异教学"的出现。华国栋在对因材施教研究的基础上提出了"差异教学"的理念，他在《差异教学论》中主要解释了学生存在的差异类型、差异是如何产生的，在教学中如何利用学生的差异，教师在面对不同层次的学生时如何实施教学，如何挖掘学生的潜力。21世纪以来，差异教学被教师和学生普遍关注，在差异教学的研究方面国内外学者都给出了自己的定论，主要分为三个方面：第一方面主要是教师对待学生差异时，如何进行教学。例如夏正江在《一个模子不适合所有的学生：差异教学的原

---

[1] 基金项目：陕西省教育学会2022年度一般课题（课题编号：SJHYBKT2022115）"初中数学差异教学的创新与实践研究"

[2] 作者介绍：李会荣，1979年生，男，陕西洛南人，博士，教授，研究方向：机器学习与数学教育

理与实践》中主要说明了针对不同的学生，教师要做到尊重学生的差异并在课堂中不断调节教学方法做到因材施教；黛安·荷克丝（Diane Heacox）发表了《差异教学：帮助每个学生获得成功》，他在文中提到实施差异教学必须要以学生的需要、学习特点和兴趣为基础，教师要改变教学的速度、教学水平从而达到差异教学。第二方面主要是学生个体之间存在差异如何尊重并利用学生差异。例如马爱军通过对英语课堂差异教学策略的研究，提出尊重个性差异，课堂教学要突出学生是学习的主体；刘筱娟通过分析"因材施教"与"合作学习"，说明了分层合作的课堂教学有更强的针对性，学生能最大程度地向自己的"最近发展区"靠拢。第三方面是课堂中如何进行差异化教学。例如邹启星主要分析了中职德育课堂教学现状并提出因材施教，创设多元活动的教学策略；王忠兴从作业差异化处理的角度进行分析，强调如何发挥作业的有效性，从而充分调动学生的积极性，促进学生进步与发展；在2021年，李晓霞通过对学生分层教学，逐步增加教学难度的方式对学生进行差异化教学，目的是为了培养学生的学习兴趣；汤姆森（Carol Ann Tomlinson）在《多元能力课堂中的差异教学》中指出差异教学主要是将学生的个别差异作为课堂教学的重点，教师要依据学生的知识水平、兴趣、个人学习风格来设计差异化的教学，让所有学生在原有水平上得到相对的发展。

根据目前初中课堂教学中存在的问题，结合差异化教学的优势，本文于2021年在镇安初级中学，以该校初一（1）班为实验班实施差异教学，初一（2）班为对照班进行传统教学（两个班级的学生学习水平相当），并从教学的三维角度方面对两个班级学生进行为期一个月的对比分析，分析结果表明通过差异化的教学方式，每一位学生都能在数学课堂中更加愉快的学习，同时也提高了学生对数学学习的信心，以及课堂的教学效率。缩小学生的差距，让所有的学生在学习中都有所提升，促使学生对数学学习产生兴趣，也有利于提高课堂教学质量和教学效率，促进素质教育的发展。

二、差异教学

(一) 差异教学的概念

从古至今，差异教学一直被人们关注着。差异教学作为一个当代教育背景下从理论开始走向实践的教学概念，到目前为止没有一个确定的概念。华国栋认为，差异教学是课堂教学形式，教师要学会利用学生的差异来进行课堂教学；夏正江对差异教学的理解为一个模子不适合所有的学生。教学要结合学生的智力、学习风格等差异，不断调整教学进度；汤姆森指出差异教学要根据学生的知识水平、兴趣、风格来设计差异化的教学，让所有学生在已有的知识水平上得到相对的提高；汤姆林森认为差异教学并非一维课堂，差异教学中教师要积极主动地去了解每一名学生的个体差异，以学生的发展为目标。

本次实践中的差异教学是指在教学中不能"一刀切"，要充分尊重学生的个体差异，根据学生的个性差异以及班级的情况调整教学内容，教学过程由易到难，由基础知识开始循序渐进，并根据学生对知识的掌握快慢逐渐加大知识点的难度，让教学可以满足不同层次学生的学习需要，从而做到"培优补差"缩小差距，激发学生学习的兴趣，使各个层次学生的学习均有所提高。

(二) 差异教学特点

差异教学在 20 世纪就已经被提出，不同的学者对差异教学都有自己的理解，但是大部分学者对差异教学的研究都围绕学生的最近发展期、多元化智能以及学生的个性差异这三个方面进行展开的。教师在课堂中对不同层次学生的教学着重点也是要放在学生最近发展区、多元化智能理念以及个性差异这三方面。

1. 最近发展区

所谓"最近发展区"是指学生现有的知识水平和可能达到的发展水平之间的距离。教师在对学生进行教学的过程中要把注意力放在学生的最近发展区上，强调教师在课堂教学过程中要注重课堂中的问题或相关情景的设置，要以学生现有的知识为基础，逐步加大教学内容难度，引导学生思考，把课堂中的学习任务由教师逐步转化为学生自己，从而激发学生的潜在能力，使其达到并超越其最近发展区进入下一个待发展的水平阶段。

2. 多元化智能理念

多元智能理论是美国加德纳（H.Gardner）博士提出的，他认为人都拥有 8 种智力，其中每个人的思维和对外界的认识方式都是以多元化的形式表达的。对于教育教学来说，多元智能理论有助于转换我国传统的"讲授式"的学习方式。在进行课堂差异教学时，首先要调动起学生对数学学习的兴趣，让他的这种兴趣转变为"自我"的主观意识，把"要我学"变为"我要学"。教师以多种方式教学使学生感受到知识带给他们的成就感，便可激发学生学习的欲望。其次，教师要提高教学质量。在学习过程中，只有在反复的知识输入下才能保障学生有较好的知识理解和掌握。初中数学课堂中，教师除了书本上的知识还可以利用黑板、多媒体、教具加深他们对知识的了解，培养和发展学生的各个方面。最后，对于学生的评价做到多维度，以全面和发展的眼光去评价学生，做到教育的宗旨是激发学生的潜力，帮助学生找到更适合自己学习方式的同时发现自己的长处，做到因材施教。

3. 个性差异

学生的个性差异主要表现在学生智力、人格、思维、认知方式、兴趣、意志、学习动机等方面，教师要尊重学生的个性差异，要根据每个学生的学习情况因材施教，让学生都能在学习上获得成功，做到"承认、尊重、利用"的差异，让学生的个性能够得到全面的发展。

通过对这三个概念的理解，我们要明确教师在进行课堂差异教学之前，首先要做到承认、尊重学生之间的差异；其次，结合每个学生的差异来制订教学计划；然后教师根据学生的学习风格、兴趣、准备水平来进行教学，在教学过程中根据不同层次学生对知识的掌握，不断调整课堂教学的方案，教学过程中要把关注点放在学生的多重智力发展；最后，教师在对学生进行课堂评价时，也要依据每个学生现有的水平和学习过程有针对性地进行评价。

(三) 传统教学与差异教学的区别

我国传统的教学主要强调的是老师的"讲"和学生的"听"。教师通过讲授、讲解等方法让学生来了解、理解和掌握运用知识，这种教学方式虽然可以提高课堂的教学效率和学生对知识的全面认识，但却抹杀了学生思考问题的能力，注重了教师的"教"，却忽视了学生的"学"。课堂基本都是老师以"灌输式"的教学方式使学生获得知识，学生缺乏思考能力，对"讲授"产生了依赖性。同时学生对学习也失去了兴趣，无法激发出学生对知识的好奇心，也不能帮助学生树立起良好的自信。表1为传统教学与差异教学在课前、课中、课后三个阶段的区别。

表1 传统课堂与差异教学的区别

阶段	传统课堂	差异课堂
课前对比	根据知识点的多少来制定教学目标	根据学生的差异性来制订教学目标
	制定统一的评价标准	师生一同制订适应于个体和全班的学习评价目标
	教师根据课程目标、自身的教学习惯和教材制订教学方案	教师根据学生的学习风格、兴趣、现有水平来制订教学方案
课堂对比	教师按照课程标准按部就班的将知识传授给学生	教师在关注学生学习兴趣的基础上，根据学生的兴趣并结合课程标准进行授课
	教学形式以教师"讲授法"为主	多样化的教学方式
	对学生只有单一的智力形式要求	注重学生多重智力的发展
	学习侧重于对知识与技能的掌握	老师不但关注知识与技能的掌握，更加注重对学生数学兴趣、思维逻辑等方面的培养
	教师直接指导学生学习中存在的问题	教师以学生为主体，引导学生自己发现学习中的问题
课后对比	布置的作业类型通常比较单一	教师经常布置多类型多选择的作业
	学生课后遇问题，教师给予帮助	学生课后遇到问题，应自我探索、同学互助，最后才是教师给予帮助
	评价标准绝对化，只注重成绩和成果	评价标准相对化，根据每个学生已有的水平和学习过程来评价

三、当前初中数学课堂教学存在的问题

（一）教学目标单一

教学目标是指在课堂的教学活动之前，教师以学生的认知水平为基础，结合教学内容，制定了一个教师期望学生通过一堂课的学习最终达到的学习效果。它主宰着课堂教学活动的整个过程。但当下初中数学课堂的教学是以知识为主的教学，为了完成认知目标，而抹杀了学生对学习的兴趣，忽视了学生的差异性。重结果轻过程的教学观念是目前初中课堂教学中非常明显的教学弊端。教师在教学中把关注点放在学生对知识的掌握程度上，忽略学生在学习过程中是否吃透了知识点。教师都是为了讲课而讲课，没有提前了解不同学生已有的知识水平以及数学学科的内容，导致教学目标过于单一。由于数学知识的抽象性和逻辑性，如果教师的教学目标不明确，不能根据学生的差异来制定，那么就会导致部分学生在学习的过程中像听天书一样，这样整节课的效率会大打折扣，最终不利于学生的长期

发展。

（二）授课方式单一

随着教育改革的不断更新，因受到传统教育理念的影响，我们在对教师进行授课方式进行调查时发现，有64.2%的教师选择"讲授法"，有23.8%的教师选择"讨论法"，有12%的教师选择"讲练结合法"。从结果可以看出，目前初中的课堂教学仍然是以教师"教"为主。这种授课方式在整个过程中学生学习都是被动的，没有给学生表达自己观点的机会，尤其是初中数学学习过程中的一些公式，学生容易出现"死记硬背"。学生如果注意力不集中或者自主学习能力差，就会导致学生的学习变成机械化，长期下来，学生就会丧失对知识学习的兴趣，严重时会出现厌学的现象。"讲授法"的授课方式容易忽视学生的个别差异，学生习惯了教师"灌输式"的授课方式，也就没有了思维的挑战性。

（三）课堂提问单一

多年来，在课堂教学中，教师可以通过提问的手段让学生进行思考，虽然课堂提问很重要，但也并非是多多益善，在初中数学课堂教学中，教师常常问到学生这样的问题："你们通过图片可以发现什么？你们还有什么疑问吗？"常常折腾半天，学生要么提不出数学问题，要么提的问题与本文知识点相差甚多，要么焦头烂额，手足无措，无法得到自己想要的答案。课堂中教师提出的以较难的问题居多，对于基础比较薄弱的学生来说起不到很好的思维提高，反而让学生感到无所适从，长此以往，会打击这部分学生的积极性，导致学生产生自我产生怀疑，变得自卑。

（四）评价单一

对于初中课堂评价，当前大部分教师仍然以教育的结果作为评价的依据，对优秀学生的评价标准是固定的、死板的。在评价学生之前，教师已经在自己的心里设定了标准，能达到教学标准的会对其进行表扬，对未达到教学标准的对其进行批评，甚至是打击，忽视了学生本身之间存在的差异性，不能激发学生对学习的积极性。对于一些尊重学生差异的教师，有时对学生在进行评价是会出现"你真棒！""你说的很好"这样含糊的赞扬，这些评价虽然也有激励作用，但指向性不强，会出现学生本人以及其他学生不知道"棒"在何处，"好"在哪里。所以教师在评价时不仅要关注到学生的差异，还要将评价具体化。

四、初中数学课堂差异教学的策略

差异教学相比传统的教学方式有很大的优势。我们都知道世界上没有两片相同的树叶，同样每个学生都自己的特点和特征。那么，如何在课堂教学中关注差异，让每一个学生都能找到自己的位置，实现自己的价值呢？我们只有做到全方位的差异化教学，才能让不同层次的学生都收获知识，同时让他们对学习产生更加深厚的兴趣，为国家培养出一代又一代的全面发展的人才。下面是对初中数学课堂差异教学提出的策略。

（一）教学目标，关注差异

因学生的学习基础、认知水平、性格、学习习惯等多方面存在着差异，所以学生接受知识的快慢程度也有差距，教师要综合班级中学生的差异性，可将教学难度划分为阶梯式的教学难度。基础目标保障学生对知识点的理解，培养他们的学习兴趣；挑战目标要求学生在理解的基础上，对所学知识点可以灵活使用；冲刺目标培养学生的数学素养和数学思维逻辑。通过制定不同的教学目标，保障课堂上每一位学生都能融入课堂的氛围当中。

(二) 课堂提问，关注差异

提问是师生互动必不可少的环节，通过提问的方式，教师可以充分调动学生的积极性，迅速了解学生对知识的理解和掌握。教师在请学生代表起来回答问题的时候，不能只关注好学生、尖子生，这样会使中等生和后进生心里产生自卑从而厌学。因此在提问环节教师要关注不同层次的学生。对于学习成绩比较薄弱的学生，让他们回答一些难度较小的问题，使学生获得成就感和自信心，激发学生对数学学习的乐趣；对于学习成绩中等的学生，教师要注重在基础学习之外培养学生的思维逻辑，可以让他们回答一些带有思维逻辑的题，促使他们能够发散自己的思维，提升他们敢于探究新知的能力；对于学习能力强的学生，让他们解答一节课中的综合以及抽象的问题。通过分层次的提问方式，不仅帮助学生树立自信心，使其注意力集中，而且可以使每个层次学生都能有相应的提高。

(三) 课堂练习，关注差异

课堂练习要有针对性和目的性，教师在设计课堂练习的时候要围绕教学目标、重难点、学生的认知水平以及对知识点的掌握程度，选择一些有代表性的练习题。课堂练习要有层次划分，根据学生存在的差异性，将学生分为三个等级：优等生、中等生、后进生。三种不同层次的学生对学习的能力、学习目标、思维逻辑、接受新知的程度各有不同，在这样的情况下课堂中的分层练习就显得尤为重要。将课堂练习由简到难进行设计，第一类题为基础题，这类题主要是对课本知识简单的理解和掌握做的一些基础练习题，这部分题主要是为了让学生全面掌握新课的知识，激发学生学习的积极性；第二类题为中度变式题，这部分题主要是为了让学生能够灵活地转化思维，学会变通；第三类题为拓展拔高题，这部分题在前面两类的基础上内容更加丰富，融会贯通了多个知识点，考查的是学生的综合能力。这样有利于不同层次的学生参与到数学的教学活动中来，让每一位学生都能感受到学习带来的乐趣，让学生在原有的知识水平上能得以提高。

(四) 课堂评价，关注差异

教师在一节课中不能只根据学生知识掌握的多少来进行评价，还要从学生的创新精神、学习兴趣、学习及探究能力、心理素质、情感态度等多方面去评价学生。首先，评价时要有激励性，适当的表扬评价可以增加学生的信心，提高学生学习的兴趣。其次，评价要有针对性，主要是教师对于不同个性的学生，要有针对性的评价。对于比较内向的学生，教师在提问完学生问题之后，更多的是肯定他回答问题的自信。对于比较外向的学生，教师可以采取一些比较幽默的回答方式，来渲染课堂中的气氛。对于爱钻牛角尖的学生，教师可以以一种引导式的方式来和学生进行互动式的问答方式，引导学生多方面去思考，同时在评价时要以肯定和鼓励的方式进行评价，让学生敢于发散自己的思维。最后评价要有准确性，教师要以本堂课的教学内容问题来进行评价，要具体到学生回答的每一个问题点，这样才能让学生知道自己在本节课中哪方面的知识点掌握比较好，哪方面还掌握的不太牢固。于此同时，教师也可以轻松地把握课堂的节奏快慢。

五、初中数学课堂差异教学的案例

根据当前初中数学课堂存在的问题结合差异教学的相关策略，本小节以人教版初一《数学》"一元一次方程"为例，在镇安初级中学初一年级（1）班展开差异教学。

（一）前期准备阶段

1. 学前分析

在小学的数学学习中学生对方程的概念有一定的理解和掌握，了解方程的基本要求，并且可以列一些简单的方程。初中的一元一次方程是基于小学学习方程的基础，所以在理解一元一次方程的概念和性质时也比较容易。

在进行本节数学教学活动之前，学生已累积了一些活动经验，具有解决简单问题经验，还具有合作学习的能力。由于班级中的学生在对方程类应用题的理解能力上有差异，所以，课堂中学生在对新知识的学习要以合作学习、多媒体展示和教师引导为主，辅之以其他教学方式。初一的学生的数理逻辑能力差一些，在课堂教学中我们要改变传统单一的教学模式，采用多种多样的课堂教学模式，教学情境的创设也要多联系实际生活，增强学生在课堂的活跃程度，保证授课效果，从而提高学生对数学的兴趣，提高学生的数理逻辑智能。

2. 三维目标

（1）知识与技能目标。

基础目标：理解一元一次方程概念。挑战目标：在基础目标基础上，能够解释并理解一元一次方程中字母未知数如何设和列出一元一次方程等式。冲刺目标：掌握利用字母未知数，对于复杂的实际问题准确地找出未知数，列出最优等式。

（2）过程与方法目标。

基础目标：利用温故导入和实例新授的方式引导学生理解一元一次方程概念，以及利用一元一次方程解决在生活中的实例。在学习知识的过程中，让学生感知一元一次方程中的转化思想、辅助思想、整体思想、分类讨论思想。挑战目标：在老师的引导与同学的合作交流中总结出满足一元一次方程的条件并进行归纳。冲刺目标：利用一元一次方程的定义，探索在构成一元一次方程中的注意事项，从而提高学生发现问题、提出问题、分析问题、解决问题的能力。

（3）情感态度与价值观目标。

基础目标：提问基础薄弱的学生简单的问题，对他们的回答给予肯定，培养学生学习兴趣。挑战目标：通过小组合作培养学生表达概括观点的能力。冲刺目标：提高学生全面思考的能力，培养学生认真学习的态度。

3. 教学重难点

重点：一元一次方程的定义，如何列一元一次方程。

难点：等式的性质、求解，利用一元一次方程解决实际问题。

4. 教学方式设计

初一（1）班，全班60名同学，在授课前学生提前分好小组选好小组长，每个小组5人，人员的组成都包含低、中、高三个水平的学生。授课时，教师主要根据学生的差异性进行本节课的教学环节设置，整个环节都由浅入深，逐步进行。

（二）教学实施阶段

1. 复习导入

例题 1：下面哪些可以构成方程，若能原因是什么？若不能请说出它不满足什么条件

$$x-9>6 ; \quad 4+7y=25 ; \quad 3+5=8 ; \quad a+2b$$

例题 2：一辆小汽车以均匀的速度行驶，途经马家庄、欢乐谷、学校三地，时间分别为 10:00、13:00、15:00，距欢乐谷 50 千米，距学校 70 千米。问马家庄到学校的路程有多远？

师生活动：教师引导全班学生回忆方程的概念，并让基础生口头回答第一题的问题；然后让中等生代表回答第二题的思路和答案，教师最后进行总结。

得出：构成方程所具备的要素为未知数、等式；应用题的求解步骤为审题、找未知数、列方程、解方程、作答。

2. 新课讲授

例题 3：利用之前对方程的学习，列出下列方程，并观察所列方程的特点。

（1）玩具店中，小型玩具熊每个 30 元，大型玩具熊每个 60 元，豆豆花 900 元钱买了两种类型的熊共 20 个，两种熊各买了多少个？

（2）午井中学从粉笔商手中批发来了 10 箱粉笔，教师用去 250 盒后，还剩 550 盒，问这批粉笔平均每箱多少盒？

（3）两列火车从甲、乙两地同时出发对面开来，第一列火车每小时行驶 60 千米，第二列火车每小时行驶 55 千米。两车相遇时，第一列火车比第二列火车多行了 20 千米。求甲、乙两地间的距离。

师生活动：学生独立思考并完成此题，同时找低、中、高三个层次的学生代表分别在黑板上展示（1）（2）（3）题，教师订正答案，并评价，再引导学生从这个方程中找出一元一次方程需要具备的条件。

例题 4：式子 $\frac{2}{a}+8=10$，它是否可以构成方程？

师生活动：学生先独立思考，然后分组讨论，教师找中、高层次的学生代表发言，并对他们的回答进行评价和总结。

得出：一元一次方程定义为只含有一个未知数、未知数的最高次数为 1 且两边都为整式的等式；当方程中有分数，且分数的分母为一个未知数时，因为无法确定分母的取值，像这种情况，我们无法确定它是否可以构成一元一次方程。

3. 课堂测试

练习 1：下列各式中，哪些是一元一次方程？

$$1+3x ; \quad 3y-2=6 ; \quad x+3x=7 ; \quad x+y=10 ; \quad \frac{2}{x}+5=8 ; \quad x^2+x=2$$

练习 2：根据下设问题，设出未知数并列出对应方程

（1）黄埔体育馆有一个周长为 400 米的环形跑道，阿亮要沿跑道跑多少圈，才能跑够

3000 米？

（2）课堂上教师拿出来一个梯形教具，已知它的上底比下底短2厘米，教具的高是5厘米，面积是60厘米，问教师手中这个梯形教具的上底为多少？

练习3：思维与拓展：鸡兔同笼问题

小明把买来的鸡和兔子关在了一个笼子里面，笼中头共有20个，足有52个，问笼子中鸡兔各有多少？

4. 课堂小结与反思

通过这节对一元一次方程的学习，你都收获了哪些？

师生活动：老师带领学生思考在本课中学到的知识点，请低、中、高层依次的学生次回答补充，最后老师进行总结。

（三）课后教学反思阶段

本节课的教学融入了差异教学的理念，顺利地完成了制定的教学目标。反思本节课，本文认为做到了差异化教学。首先，在课前，对教材、学情进行了分析并根据学生的差异性制定了多重的教学目标。在教学中，重难点的突破方法得当，教学过程环环相扣，主要采用了自主探究、引导提问、合作讨论等学生喜欢的教学方式。其次，教师根据学生之间存在的差异提出不同的问题，让基础薄弱的学生回答简单的问题，确保他们理解本节课中的相关概念，激发他们对数学学习的积极性。对于一些稍微有难度系数的问题，由中间水平的学生进行回答可以让基础薄弱的学生有恍然大悟的感觉，同时可以提高每位学生的思维能力。对于分析、归纳，请班级中的优等生进行回答，培养学生的逻辑思维能力，提高学生的创新思维，并对不同层次学生的回答，进行具体的评价，鼓励学生，增加学生学习的信心。通过这种方式将课堂中的知识点由简到难、由浅入深地逐步让学生理解掌握，并且设计不同难度的练习题，让学生进行课堂知识的巩固，加深学生对知识的掌握。最后，教师以引导的方式由基础薄弱的学生开始依次对本节课所学的知识点进行总结，教师进行评价和补充。纵观本节课的教学过程，学生的学习兴趣比以往有明显的提高，并且不同层次的学生对本节课的知识点都有相应的理解和掌握，同时也大大提高了课堂的教学效率。

六、小结

本次研究中，通过参考文献对差异教学的概念、特点，以及差异教学和传统教学的区别进行归纳总结并提出目前初中数学课堂存在的问题，根据目前存在的问题提出实施差异教学的策略，然后根据镇安初级中学初一（1）班60位学生的学习基本情况均匀地进行分组，并以人教版教材中的"一元一次方程"为例进行差异教学。通过在本校进行为期一个月的差异教学，对比实验班和对照班的教学情况，从三维目标的角度对实验结果进行分析，结果证实将差异教学引入在初中数学课堂中可以有效改善传统教学中存在的不足，并做到承认、尊重、利用学生的个体差异进行因材施教，同时可以使课堂教学质量有较大的提升。最后，在研究初中课堂差异教学的案例中还存在下面几点不足：

（1）本次对课堂差异教学的研究过程中，对学生的个性、兴趣爱好没有进行调研，所以在设计案例的时候，只是在学生之前的学习水平基础上来进行的研究，所以在样本方面还有所欠缺，以及没有做好对学生后期的回访。

（2）学生的实践样本偏少，扩大学生样本，多收集数据，加长研究时长，可以更加精确地获得符合初中课堂差异教学的方法。

在今后的数学课堂教学中，笔者会结合本次实习中的实践经验，把"差异教学"的模式巧妙地应用到课堂当中，根据不同层次的学生，制定出符合学生差异的教学难度，不断去激发学生对数学学习兴趣，培养学生不同方面的思维能力，不断去优化课堂教学，找出适合班级学生的教学模式，致力于培养学生的全面发展。

参考文献

[1] 华国栋. 差异教学论 [M]. 北京：教育科学出版社，2001.

[2] 马爱军. 英语教学中差异性教学策略研究 [M]. 安徽：合肥工业大学出版社，2018.

[3] 夏正江. 一个模子不适合所有的学生——差异教学的原理与实践 [M]. 上海：华东师范大学出版社，2008.

[4] 邹启星. 提高中职学校德育课堂教学有效性的策略 [J]. 亚太教育，2019,113(12):135.

[5] 姚亚敏. 杜威"教育即生活"对我国初中综合实践课程的启示 [J]. 文存阅刊，2021,8: 125-126.

分类讨论思想在中学数学教学中的应用[1]

李会荣[2]，闵钊

摘要：分类讨论思想是中学数学教学中的一种常用解题方法，而且应用非常广泛，但是一些中学教师对分类讨论思想认识不够重视，在教学过程不能主动地向学生渗透分类讨论思想方法。本文首先对分类讨论思想的概念、要求、原则、标准进行研究；其次总结了中学数学教学中分类讨论思想的常见几种类型，例如由概念、性质、运算、图形位置、参数变化、实际情况等引起的分类讨论，探讨如何在中学数学教学中渗透分类讨论思想；最后通过两个教学案例探索在分类讨论思想教学中如何引入课程思政，帮助学生建立正确的价值观。

关键词：分类讨论思想；中学数学教学；课程思政

一、引言

在中学数学中蕴含着许多的数学思想，而分类讨论思想就是其中的一种，同时它也是在中学数学解题中经常使用的一种方法。分类讨论思想在简化研究对象、人的思维发展中有着重要的作用，是指导人们思考问题与解决问题的原则。分类讨论思想能使人发现数学知识之间的内在规律，有助于概括归纳数学知识，完善整理所学过的知识体系；有助于知识的理解和记忆；还有助于增强中学生学习数学的兴趣。

在两千多年前古希腊数学家欧几里得所著的《几何原本》这一书中，就有在几何中运用分类讨论思想的方法，例如，比例、几何级数的讨论、对不可公度数的分类等。我国第一部数学著作《九章算术》就体现了分类讨论思想，它不仅把分类思想体现在书名中，还体现在内容中。它将书中246个数学问题分为九大类，在第七章"盈不足"中提出了盈不足、盈适足和不足适足、两盈和两不足三种类型的盈亏问题，在第八章"方程"中引进和使用了负数，并提出了正负数的加减法则，这些都体现了分类思想的具体应用。近年来，对分类讨论思想的研究非常多，其中最主要的是教师在教学中如何应用分类讨论的思想，具体体现为如何让学生掌握并灵活运用。近年来，我国教育一线的教育工作者也对分类讨论思想和中学数学教育有着充分的研究和实践，为我国的教育发展默默贡献着自己的一份力量。

为了加强中学数学教师对分类讨论思想方法教学的重视，拓宽中学数学教师渗透分类讨论思想的思路和方法，促进在中学数学教学中应用分类讨论思想方法，形成良性的学习竞争氛围，为教师在渗透分类讨论思想方法提供参考。在新课标的要求下，学生不仅要学

---

[1] 基金项目：陕西省教育学会2022年度一般课题（课题编号：SJHYBKT2022115）"初中数学差异教学的创新与实践研究"

[2] 作者介绍：李会荣，1979年生，男，陕西洛南人，博士，教授，研究方向为机器学习与数学教育

到知识与技能，更应该学到思想和方法。本文首先将对分类讨论思想的基础理论再分析，其次通过对分类讨论常见类型举例，总结如何在教学中渗透分类讨论思想；最后探索在分类讨论思想的渗透中融入思政因素，引导学生建立正确的思想政治价值观。

二、分类讨论思想

（一）分类讨论思想的概念

分类讨论思想是指在解决一个比较复杂或者带有不确定性的问题时，用一种方法不能完全地解决，这时需要研究问题本身，探索问题可能会出现什么样的可能性，然后对所有出现的可能性做出解答，最后整合所有结果得到这个问题的答案，这就是分类讨论思想。

（二）分类讨论思想在中学教学中应用的重要性

人在成长的过程中，到达一定程度，思维的训练就显得尤为重要，中学阶段的学生，其学习能力、思维习惯都在快速发展，这就需要教师在教学过程中对学生的学习能力、思维习惯加以引导，因势利导，进而提高学生的学习效率和学习质量。中学数学教师在教学设计时，应尽可能多设计一些能向学生渗透分类讨论思想的教学环节，循序渐进地对学生进行分类讨论思想的渗透。

随着新课程改革的深入，分类讨论思想在数学的应用特别广泛。然而，在真正教学中并非如此，教师只是一味地把答案、框架抛给学生，没有真正培养学生分类讨论思维能力，教师没有讲一些经典的题目，学生也没有掌握基本的思维模式。若中学生课后做习题的量不够，解题能力也会岌岌可危。思维的训练在中学阶段显得尤为重要。因此，要求教师在教学中，首先多多演示一些有质量的习题，向同学们灌输分类讨论的思想，进而增强思维的训练；其次，教师要对不同类型知识的分类讨论进行总结，让同学们一目了然，不至于拿到题摸不着头脑。

目前，中学数学教材有人教版、苏教版等，无论是在哪个版本的教材里，其中的概念、法则等知识的排版、先后学习顺序都是一环套一环的，如果这节课学生没有学会，是会影响到以后的学习，这样就必须要学生学好每一节知识，而许多的知识都会运用到分类讨论思想，如果学生能理解并且掌握分类讨论的思想方法，那么学生在今后相类似的知识点学习中就能容易一些，使学生感受到数学其实并不难，能让学习差一点的学生跟紧步伐，共同进步。分类讨论思想还可以提高学生的综合分析能力，学生在遇到问题时思考得更加全面，解题过程才能够更加的具有条理性、严谨性和完整性。

（三）分类讨论思想的要求

当一个问题需要运用分类讨论思想解决时，要学会准确地运用它，必须做到分类准确、科学、统一，不重复、不遗漏，并且在此基础上要做到最简的分类，精简分类讨论的过程。

（四）分类讨论的标准

一般来说，讨论一些数学问题的设定，根据一个标准，把问题划分为子类 A_1, A_2, A_3, …, A_n，然后在 $\{A_1, A_2, A_3, …, A_n = P\}$ 上讨论实现等效的实践，这就叫作分类讨论的标准。例如，对方程 $ax^2+bx+c=0$ 及 $\Delta = b^2-4ac$ 来说，如何判别方程的实根，其分类讨论的标准是 $\Delta > 0$ 或 $\Delta = 0$ 或 $\Delta < 0$；又如，探讨指数函数 $y = a^x$ ($a > 0$ 且 $a \neq 1$) ($x \in \mathbf{R}$) 的

单调递增区间和单调递减区间，它的分类讨论标准是 $a>1$ 和 $0<a<1$，可以认为是按 a 进行分类的。

（五）分类讨论的原则

怎样使分类讨论做到完整、准确呢？这就需要按照一定的原则标准进行分类讨论，在中学阶段，我们需要运用的有如下四大原则：

（1）同一原则：要按照一个相同的标准进行分类，不能一个问题用好多种分类方法。如果研究的对象是完整的 I，A_i 是 I 的子集并依此分类，且 $A_1 \cup A_2 \cup \cdots \cup A_n = I$，则称这种分类（$A_1 \cup A_2 \cup \cdots \cup A_n$）符合同一原则。例如，商洛学院的所有在校学生，可以按十个学院来分类，也可以按进校时的年级分类，还可以按照哪一届分类；同一个学院的学生可以按照他们所学的专业分类，同一个年级或同一届的人还可以按照性别分类。如果把商洛学院的所有学生分类成"某一年级的某个男子"，这个分类就错了，用了双重标准。

（2）排他原则：各子分类项目必须是不相容的，他们之间都是相互排斥的子分类，属于一种互不相含的分类。在日常生活中的很多情况需要进行分类，保证他们之间是不相容的，即只能属于其中的一类，保证所分类的对象无遗漏。例如，某班有56名同学，现在要定购数学报和作文报两种报纸，要求最少必须订购其中的一种报纸，其中，有36名同学订购了数学报，有38名同学订购了作文报，如果把这个班级56名同学分成订购数学报的同学和订购作文报的同学两类，这就违反了排他性的原则，因为在所有的同学中有人订购了两种报纸，即订购了数学报还订购了作文报。

（3）对称原则：就是分类后各个子项并集，应该与总体相等。例如，我们学过的有理数，可以进行如下的分类：

$$\text{有理数}\begin{cases}\text{整数}\\\text{分数}\end{cases} \quad \text{有理数}\begin{cases}\text{正有理数}\\0\\\text{负有理数}\end{cases} \quad \text{有理数}\begin{cases}\text{正整数}\\\text{正分数}\\0\\\text{负整数}\\\text{负分数}\end{cases}$$

（4）条理性原则：按一次分类或多次分类要有条理，条理性会让我们更好地分析题、解决题，会让解题的过程清晰明了，不混乱。例如，我们在研究圆与圆的位置关系时，将他们分为三种情况：两个圆没有公共交点、两个圆只有一个公共交点、两个圆有两个交点。其中没有公共交点的两个圆分为外离和内含两种关系，有一个公共交点的分为外切和内切两种关系，有两个公共交点只有相交一种关系。

三、分类讨论思想在中学数学教学中的应用

（一）分类讨论常见的类型

1. 由数学概念本身引起的分类讨论

在我们所学的数学概念中，有些数学概念本身就是以分类形式定义的。数学概念包含多种类型，当题目中涉及这些概念时，如果其类型或应用条件不确定时，就需要对这些概念的各种可能性分类讨论解决，例如绝对值、分段函数、指数函数、对数函数等都需要运用分类讨论思想。

(1) 绝对值：一个正数去掉绝对值符号还是一个正数，一个负数去掉绝对值符号需要在负数前面加一个负号，0的绝对值是0，如 $|a|$ 根据定义就可以划分为 $a>0$，$a=0$，$a<0$ 这三种情况。

(2) 分段函数：一个函数的自变量 x 取不同的值，就有相应不同的解析式，它可以有很多个解析式，但是它只是一个函数，并且每个解析式的自变量取值范围不会与其他解析式自变量取值范围重复，如函数

$$f(x)=\begin{cases} x+3 & x>10, \\ f[f(x+5)] & x\leqslant 10. \end{cases}$$

在进行计算函数值时，首先确定 x 的值，然后代入相应范围的函数解析式中，得到函数值。

(3) 指数函数：一般地，$y=a^x$（a 为常数且 $a>0$，$a\neq 1$）（$x\in \mathbf{R}$）的函数叫作指数函数，函数定义域为 $\mathbf{R}$。我们在判断指数函数的图像时，首先考虑 a 的值，根据 $a>1$ 或 $0<a<1$ 来判断函数的大致图像。

(4) 对数函数：一般地，$y=\log_a N$（$a>0$，且 $a\neq 1$）的函数叫作对数函数，我们在判断对数函数的图像时，首先考虑 a 的值，根据 $a>1$ 或 $0<a<1$ 来判断函数的大致图像。

2. 由定理、公式的限制或函数的性质引起的分类讨论

在中学数学中许多的定理、公式都有限制，这些限制在我们解题过程中需要考虑进去，限制的条件不同，那么结论就会有差异。例如等比数列前 n 项和公式的求法；直线方程的设法；函数单调性的探究等都需要运用分类讨论思想。

(1) 等比数列前项和公式的求法：如果等比的通项公式为 $a_n=a_1\times q^{n-1}$，当 $q=1$ 时，求和公式为 $S_n=n\times a_1$，当 $q\neq 1$ 时，求和公式为 $S_n=\dfrac{a_1(1-q^n)}{1-q}$，那么我们在不知道等比数列的公比时，首先要判断公比 q 是否等于1。

(2) 直线斜率未知时，直线方程的设法：当我们不知道直线的斜率时，首先考虑题中所已知的条件能否得到斜率，假设能得到斜率，那么可以利用点斜式 $y-y_0=k(x-x_0)$、斜截式 $y=kx+b$；当已知条件不能求出斜率时，那么可以利用一般式 $Ax+By+c=0$、截距式 $\dfrac{x}{a}+\dfrac{y}{b}=1$、两点式 $\dfrac{y-y_1}{y_2-y_1}=\dfrac{x-x_1}{x_2-x_1}$。

(3) 函数单调性的探究：应用导数探究：①找出函数定义域；②求出 $f(x)$ 的导函数 $f'(x)$；③令 $f'(x)>0$（或 <0），求出 x 的解集，即为 $f(x)$ 的单调增（或减）区间. 在求单调区间时，首先求出导函数，下面按照导函数大于零或小于零进行分类，因为 $f'(x)>0$ 为递增区间，$f'(x)>0$ 为递减区间。所以对数函数的单调递增区间和单调递减区间，它的分类讨论标准是 $a>1$ 和 $0<a<1$；指数函数的单调递增区间和单调递减区间，它的分类讨论标准是 $a>1$ 和 $0<a<1$，可以认为是按照函数的单调性进行分类的。

3. 由数学自身运算需要所引起的分类讨论

在解题过程中，经常将题中的式子变形，或者等同于另外一个式子，方便进行解题或

运算，式子的变形和计算都要依照本身题意中的限制条件，有些式子经过变形后可能会与原题中的限制有冲突，这个时候再根据条件来进行分类讨论。例如不等式的可乘性、开偶次方根、关于集合之间关系的讨论都需要运用分类讨论思想。

（1）不等式的可乘性：当 $a>b$，$c>0$ 可知 $ac=bc$；当 $a>b$，$c>0$ 可知 $ac=bc$。不等式的可乘性应用在解不等式的过程中需要考虑化简不等式、对不等式进行变形，需要左右两边乘上同一个数，我们在选择这个数要根据题中条件选择，选择的这个数正负不确定，那么就需要进行分类讨论，选择正数不会使原式发生改变，选择负数要进行变号。

（2）开偶次方根：在开方时，根的指数可能是偶数，也可能是奇数，在遇到开方根数是偶数时，被开方式必须大于或等于 0 才有意义，因为一个数的偶次幂肯定为非负数。

（3）集合之间关系的讨论：在讨论集合之间关系时，要根据集合元素来判断它们之间的关系。特别地要考虑空集，很多学生采用分类讨论时漏掉空集。

例题 1 集合 $A=\{x|x^2=1\}$，$B=\{x|ax=1\}$，若 $B\subseteq A$，则实数的值为多少？

分析 根据题目中的条件，可得集合里的元素，因为 $B\subseteq A$，那么集合 B 就会有三种情况，分别为集合 $B=\varnothing$，$B=\{1\}$，$B=\{-1\}$，通过这三种情况可以求出实数 a。

解 由 $x^2=1$ 可得 $x=\pm 1$，所以 $A=\{1,-1\}$，

当 $B=\varnothing$，则满足 $B\subseteq A$ 恒成立，此时 $a=0$；

当 $B=\{1\}$，则满足 $B\subseteq A$，此时 $a=1$；

当 $B=\{-1\}$，则满足 $B\subseteq A$，此时 $a=-1$。

综上可得，$a\in\{0,1,-1\}$。

4. 由图形的形状或位置变化引起的分类讨论

在几何问题中点、线、面之间的位置关系是分类的依据，我们在分类时，优先考虑特殊元素的位置关系来分类处理，如与图形的形状不确定有关的、直线与直线的位置关系、直线与圆的位置关系等。

（1）与图形形状不确定有关的。

例 2 在 $\triangle ABC$ 中，$\angle B=25°$，AD 是 BC 边上的高，并且 $AD^2=BD\cdot DC$，则 $\angle BCA$ 的度数为多少？

分析 根据已知可以得到 $\triangle BDA\sim\triangle ADC$，注意 $\angle C$ 可以是锐角也可以是钝角，所以应当分情况进行分析讨论，从而确定 $\angle BDA$ 度数。

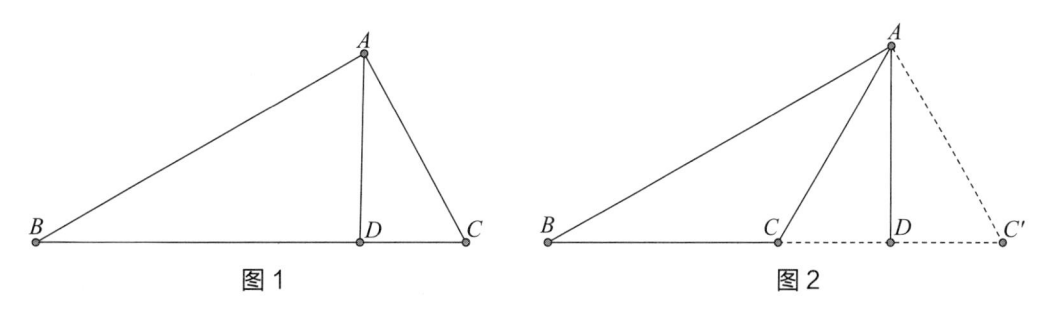

图 1

图 2

· 231 ·

解 ①如图1，当 $\angle C$ 为锐角时，由 $AD^2 = BD \cdot DC$，AD 是 BC 边上的高，得 $\triangle BDA \sim \triangle ADC$，$\therefore \angle CAD = \angle B = 25°$，$\therefore \angle BCA = 65°$，

②如图2，当 $\angle C$ 为钝角时，同理可得 $\triangle BDA \sim \triangle ADC$，$\therefore \angle BCA = 25° + 90° = 115°$，综上可得 $\angle BCA = 65°$ 或 $115°$。

（2）在判断两条直线的位置关系时，先要确定直线是否异面，这个时候就要进行分类讨论，讨论两条直线是否在同一平面，当两条直线在同一平面时它们之间的关系有哪些可能；当两条直线不在同一平面时，它们的位置关系又有什么可能。

（3）直线与圆的位置关系有相交、相切、相离三种，该怎样去判断呢？我们要根据题中的条件来进行分辨使用什么方法，当题中给了直线方程、圆的方程，那么就可以通过解方程组来判断它们之间的关系，还可以根据圆的方程求出圆的半径、圆心的坐标，利用圆心坐标和直线方程求出圆心到直线的距离 d，判断 d 与 r 的大小关系，进行分类讨论。

5. 由参数变化引起的分类讨论

如果题目中含有参数问题，首先要分析参数，对可能出现的情况进行分类讨论，结合可能出现的情况得到结果是否符合题意，要注意参数变化引起结论的变化。例如集合问题、方程问题、不等式问题都需要运用分类讨论思想。

（1）集合问题：给出两个集合，并且知道集合的交集或并集，让求其中一个集合参数的值。

例3 已知集合 $A = \{x \mid x^2 - 5x + 6 = 0\}$，$B = \{x \mid mx + 1 = 0\}$，且 $A \supseteq B$，则实数的值为多少？

分析 根据题中已知条件可以求出集合 A 中有两个元素，且 $A \supseteq B$，那么集合 B 可能为集合 A 的空集或真子集，集合 B 中 x 的系数 m 不确定，所以要讨论 m 的特殊情况。

解 因为 $A = \{x \mid x^2 - 5x + 6 = 0\} = \{2,3\}$，$A \cup B = A$，

如果 $m = 0$ 时，$B = \varnothing$，$B \subseteq A$；

如果 $m \neq 0$ 时，由 $mx + 1 = 0$，得 $x = -\dfrac{1}{m}$，

因为 $B \subseteq A$，所以 $-\dfrac{1}{m} \in A$，则 $-\dfrac{1}{m} = 2$，$-\dfrac{1}{m} = 3$，得 $m = -\dfrac{1}{2}$，$-\dfrac{1}{3}$；

所以符合题意的 m 的集合为 $\left\{0, -\dfrac{1}{2}, -\dfrac{1}{3}\right\}$。

（2）方程解问题：经常会遇到题中给定一个方程，方程的二次项系数或者一次项系数前都有一个参数，并且题中没有给出参数的取值范围，这时就需要对参数进行分类讨论。

例4 解关于 x 的方程 $kx^2 - (k+1)x + 1 = 0$。

分析 因为题中没有说明这个方程是一元一次方程还是一元二次方程，那么我们就应该对其进行讨论。当 $k = 0$ 时，为一元一次方程，当 $k \neq 0$ 时，为一元二次方程。在本题中很多同学会少讨论一次也能得到正确答案，这时需要教师引导学生做出正确的分类讨论。

解 k 是一个常数，当 $k = 0$ 时，由原方程可得：$-x + 1 = 0$，解得 $x = 1$，

当 $k \neq 0$ 时，由 $kx^2 - (k+1)x + 1 = 0$，

得 $(kx-1)(x-1) = 0$，$kx - 1 = 0$ 或 $x - 1 = 0$，

得 $x_1 = \dfrac{1}{k}$，$x_2 = 1$，

综上可得：$x_1 = \dfrac{1}{k}$，$x_2 = 1$.

(3) 不等式问题：在遇到解不等式问题时，题目中不仅有未知数，还有参数，当化简到一定程度不等式便无法计算，这时就需要进行分类讨论。

例5 解关于 x 的不等式 $\dfrac{a(x-1)}{x-2} > 1 (a \neq 1)$.

分析 首先观察不等式，把不等式化简，其中 a 的取值影响结果，那么就要把 a 进行分情况讨论，由题意可知分为 $a > 1$ 或 $a < 1$ 这两种情况，在 $a < 1$ 中还分为两种情况 $a < 0$ 或 $0 < a < 1$，需要老师引导学生把所有可能的情况逐级进行分类讨论，这样才能做到不重复，不遗漏。

解 原不等式可化为：$\dfrac{(a-1)x + (2-a)}{x-2} > 0$. 当 $a > 1$ 时，原不等式与 $\left(x - \dfrac{a-2}{a-1}\right)(x-2) > 0$ 同解，解为 $\left(-\infty, \dfrac{a-2}{a-1}\right) \cup (2, +\infty)$；当 $a < 1$ 时，原不等式与同解 $\left(x - \dfrac{a-2}{a-1}\right)(x-2) > 0$.

A. 若 $a < 0$，$\dfrac{a-2}{a-1} = 1 - \dfrac{1}{a-1} < 2$，解集为 $\left(\dfrac{a-2}{a-1}, 2\right)$；

B. 若 $a = 0$，$\dfrac{a-2}{a-1} = 1 - \dfrac{1}{a-1} = 2$，解集为 $\varnothing$；

C. 若 $0 < a < 1$，$\dfrac{a-2}{a-1} = 1 - \dfrac{1}{a-1} > 2$，解集为 $\left(2, \dfrac{a-2}{a-1}\right)$；

综上所述：当 $a > 1$ 时解集为 $\left(-\infty, \dfrac{a-2}{a-1}\right) \cup (2, +\infty)$；

当 $0 < a < 1$ 解集为 $\left(2, \dfrac{a-2}{a-1}\right)$；

当 $a = 0$ 解集为 $\varnothing$，当 $a < 0$ 解集为 $\left(\dfrac{a-2}{a-1}, 2\right)$.

6. 由实际情况引起的分类讨论

这类分类讨论主要在应用题中的路程问题、追及问题，以及排列、组合问题中出现。

例6 小丽今天骑车从山阳到商州，小明今天骑车从商州到山阳，已知山阳到商州65千米，小丽以15千米/时骑行，小明以17.5千米/时骑行，他们两个骑行多长时间，才会使他们相距32.5千米？

分析 由题意可知这段路总路程为65千米，他们两个之间的距离一开始会慢慢缩小，

通过一段时间相遇后，距离又开始拉大，那么就可以分为两种情况，一种为两人没有相遇前相距32.5千米，另一种为相遇后继续拉开距离至32.5千米。

解 第一种情况，当两人还没相遇，此时两人所走的路程之和为65千米－32.5千米＝32.5千米，骑行所用的时间是1小时。

第二种情况，两人相遇后继续拉开距离到32.5千米，此时两人所走的路程之和为65千米＋32.5千米＝97.5千米，骑行所用的时间是3小时。

综上可得他们经过1小时或3小时相距32.5千米。

例7 若在1，2，3，…，9中取4个不同的数的和为偶数，则取法共有多少种。

分析 由题意可知，取4个不同的数，并且和为偶数，那么这四个数可能为四个奇数、两个奇数两个偶数、四个偶数这三种情况。

解 满足题意取法有3种：
(1) 取四个奇数，有5种；
(2) 取两个奇数和两个偶数，有60种；
(3) 取四个偶数，有1种；
所以满足条件的取法共有66(种)。

(二) 在中学数学教学中渗透分类讨论思想

1. 渗透分类讨论思想

(1) 生活迁移，渗透思想，养成意识。

每个人在日常生活中都会对一些东西进行分类，把相同的东西放在一起。每个学生也是同样的，把所有的文具都放在文具盒里，对生活中的衣服、鞋、袜子都分类放置，这时就可以利用学生在生活中分类，迁移到数学的学习中来，教师在教学中可以利用学生在生活中的分类进行有目的的数学分类思想渗透，还可以找教材中涉及分类讨论思想的知识点，在讲授这些知识时就要进行有意识地培养。

(2) 学习思想，把握本质。

当学生学习分类讨论思想达到一定程度，觉得分类讨论思想不再抽象，教师可以对学生系统地讲授分类讨论思想，让学生对分类讨论思想产生系统的认识，重新认识分类讨论思想的定义、要求、原则、标准等。最重要的便是分类讨论的步骤，进一步规范解题的逻辑。

(3) 启发引导，提高能力。

当教师在遇到需要运用分类讨论思想的定理、法则、习题时，应注重在讲授知识时的设计，要循序渐进，体现启发学生、引导学生的效果，加强学生对使用分类讨论思想的方法，使学生能够自己分辨出该怎样正确地分类讨论，在讨论时，不能遗漏任何一种可能。在习题课中，可以多找一些有关分类讨论思想的习题来锻炼学生的概括总结能力，从而加强学生的条理性、严密性思维。

2. 教师对学生的引导

(1) 加强基础知识学习。

学生只有学好分类讨论思想基础知识，才能熟练运用它进行解题。基础知识非常重要，

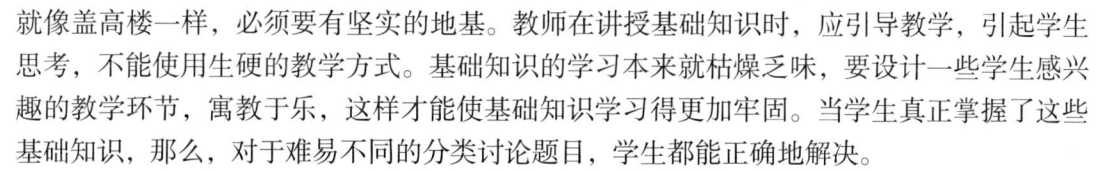

就像盖高楼一样，必须要有坚实的地基。教师在讲授基础知识时，应引导教学，引起学生思考，不能使用生硬的教学方式。基础知识的学习本来就枯燥乏味，要设计一些学生感兴趣的教学环节，寓教于乐，这样才能使基础知识学习得更加牢固。当学生真正掌握了这些基础知识，那么，对于难易不同的分类讨论题目，学生都能正确地解决。

(2) 提高分类讨论意识。

很多学生在解题过程中，没有想到运用分类讨论，分辨不清什么样的题应该用分类讨论，对题目无从下手。出现这种情况，就是学生没有形成分类讨论意识。教师应慢慢提高学生的分类讨论意识，首先，设计简单分类讨论问题，让学生感受，其次，根据知识体系的扩充，慢慢地增加分类讨论问题的难度，逐步提高分类讨论意识。

(3) 加强相应题目的训练。

我们都知道理论要联系实际，理论容易听懂，要将理论用于实践并且熟练运用很难。教师应加大、加深学生对分类讨论思想题目的训练，多总结同类型题目，使学生能主动的应用，达到能够熟练的解决同类型问题、提高分析问题和解决问题的能力。

3. 对教师的要求

(1) 注重分类讨论思想在教学中渗透。

首先，中学数学教师应从课本下手，认真研究课本中的知识，精心设计备课内容。备课内容就是学生要学习的内容，只有在备课内容中合理的渗透分类讨论思想，学生才能获得清晰的感知。

其次，准确把握教学时机。在渗透分类讨论思想时要由表及里地渗透到教学的各个环节之中。在新课标的指导下，中学数学教案要具有严密逻辑性的，所有的知识环环相扣，循序渐进，符合中学生的心理认知发展顺序。

(2) 改进教学方法。

中学数学教师都有着自己习惯的教学方式方法，然而时代在进步，科技在发展，我们的教学设施也发生了改变，对于新的事物我们要勇于接受，多去学习，然后改进自己的教学方式方法，适应时代的发展，从而提高教学质量。

学生主动学习的方式远比教师教授的更好，那么在教学中，教师要引发学生主动地学习，以学生为主体，利用学生的探知欲，让学生积极主动地参与到学习之中。

讲授法是传统教学方法，许多教师仅用这一种教学方法容易形成教育途径的依赖，时间过长对学生也会有影响，会导致学习数学的兴趣下降，所以教师应用多种方法进行教学。例如，简单的分类讨论题目，可以让学生讲解；一般的分类讨论题，可以引导学生自主探究；有一定难度的分类讨论题，可以进行分组讨论；很难的分类讨论题，教师可以点拨学生提供思路。总之，教学方法可以形式多变。

四、在中学数学分类讨论思想教学中融入课程思政

课程思政指以构建全员、全程、全课程育人格局的形式将各类课程与思想政治理论课同向同行，形成协同效应，把"立德树人"作为教育的根本任务的一种综合教育理念。处于中学阶段的青少年人生价值观处于起始阶段，这时就需要教师引导学生建立正确的思想政治价值观。对学生正确思想政治价值观的引导不能仅仅依靠思想政治课老师，应该让各

科老师都将课程思政融入自己的教学设计中，协同完成中学阶段的德育教育。

中学数学教学中渗透分类讨论思想时还可以融入思政元素，学生在学习分类讨论思想的同时还可以培养正确的价值观，完成德育教育。在分段函数教学中，可以设计实际生活中的水电费分阶梯收费，使学生明白资源的重要性，养成节约、不铺张浪费的良好个性品质；在指数函数、对数函数的研究中，通过对底数进行分类讨论，培养学生全面分析问题的能力和辩证唯物主义观；在教学设计中增添数学文化、数学家故事，提高学生的辩证思维，学生还可以感受数学文化、数学史的魅力，数学故事中的哲理，增强学习数学的兴趣。

例 8 商洛市是丹江河的源头，而丹江河是国家南水北调工程中重要水源之一，丹江河的水缓解着北京、天津地区用水匮乏的情况，现在商洛市自来水公司为了节约更多的水资源，以供给缺水的北京、天津地区，现在制定如下方案：每户每个月的用水量不超过 30 吨，那么按照每吨 0.5 元收费；每户每个月的用水量超过 30 吨，按照 0.8 元收费．设某户当月消费的水费为 $f(x)$，则

$$f(x)\begin{cases}0.5x & x<30,\\ 0.8x & x\geqslant 30.\end{cases}$$

解 在分段函数的导入教学中渗透分类讨论思想，根据用水量多少从而确定水费的单价，设置悬念，使得学生自然而然地利用分类讨论的思想进行解题．通过南水北调工程，不仅达到课前导入的效果，吸引学生对于学习数学知识的兴趣，还向同学们介绍了我国重要的南水北调工程，让学生知道目前水资源仍然匮乏，向学生渗透节约用水的良好品质。

五、小结

应用分类讨论思想是一个长期的循序渐进的过程，并不是一朝一夕完成的，在教学中，我们要引导学生构建分类讨论思想，使学生多体会运用分类讨论思想解决数学问题的便捷性。但在身处中学时代的学生对分类讨论思想的认识、理解、运用都不是很强，他们不知道如何进行正确分类，这时就需要教师来结合教材，深入了解教材，然后结合所学过的知识，对学生加以启发性的引导，慢慢地培养学生分类讨论的思想，能够让学生感受到数学的魅力。

参考文献

[1] 巨海波. 分类讨论思想在高中数学教学中的应用分析 [J]. 华夏教师，2018,10(23):34-35.
[2] 尹芳. 论初中数学思想方法的渗透 [J]. 教师博览，2020,27:67-68.
[3] 刘伟. 分类讨论思想在中学数学教学中的应用 [D]. 长沙：湖南师范大学，2015.
[4] 肖学军. 古代数学名著《九章算术》简介 [J]. 初中生世界，2017,41:51.
[5] 赵自阳. 数学思想方法在中学数学教学中的渗透 [J]. 教书育人，2015,31:52.

基础教育阶段王维诗歌教学方法探析

李小奇，王俊[1]

摘要：王维的诗歌在基础教育阶段占有重要地位，他的诗歌在基础教育阶段语文教材中有多篇入选。本文整理了人教版、部编版以及苏教版教材中王维诗歌，对选取诗歌的内容进行分析。其次综合各位一线教学名师教学设计和教学实录，从教师的教和学生的学双边活动中探析教学方法，从中获得启发性思考。最后总结各位老师成功的经验，针对教学中普遍存在问题进行反思，根据素质教育和新课改要求在教学方面提出一些建议。

关键词：王维诗歌；基础教育；教学方法；成功经验；问题建议

一、序言

古诗中蕴藏着丰富的传统文化基因，具有潜移默化的教育功能。在孔子诞辰2565年纪念大会上，习近平总书记曾经谈到"古诗文经典已融入中华民族的血脉，成了我们的基因。我们现在一说话就蹦出来的那些东西，都是小时候记下的。语文课应该学古诗文经典，把中华民族优秀传统文化不断传承下去[2]"。这为古诗文学习提出要求，呼吁我们将优秀古诗文传承下去。唐诗作为中华优秀传统文化的一部分，取得了辉煌的艺术成就，唐朝时期也出现了许多杰出的诗人，例如李白、杜甫、王维。明代文人徐增在《而庵诗话》中对此三人留下了很高的评价："诗总不离乎才也。有天才，有地才，有人才。吾于天才得李太白，于地才得杜子美，于人才得王摩诘。太白以气韵胜，子美以格律胜，摩诘以理趣胜。太白千秋逸调，子美一代规模，摩诘精大雄氏之学，篇章字句，皆合圣教。"他的这句话中，对王维评价很高，作为盛唐时期优秀的诗人，他的诗歌不管是在当时还是在后世都具有很大的影响。这些诗人所作的诗歌，需要我们一代一代传承下去，就目前中小学语文课文选材来说，王维诗歌占有很大的比重。究其原因，还是因为他的诗歌符合课程标准要求，能够使学生从诗歌学习中获得美的熏陶，提高书写美、表达美的能力。

二、基础教育阶段入选王维诗歌概况

基础教育阶段语文教材中选取了较多王维的诗歌。他的诗歌清新淡远、意境优美，能够使学生获得审美体验，发展美育；且他的诗歌符合新课标要求，对培养学生正确价值观有重要影响。

---

[1] 作者介绍：李小奇，女，文学博士，副教授。主要从事古代文学教学工作，主要研究古代文学、园林文学与文化
王俊：女，汉语言文学专业学士，中学语文教师，主要从事中学语文教学和教育研究工作

[2] 按照编辑要求补充序言中总书记的讲话出处：2014年9月24日新华网：http://news.cntv.cn/2014/09/24/ARTI1411559623907174.shtml

（一）王维诗歌入选情况

本文综合人教版、部编版及苏教版教材，对基础教育阶段王维诗歌进行统计整理（见表1）。

表 1　基础教育阶段语文教材中王维诗歌概况

年级	册数	版本	诗歌名称
三年级	上册	苏教版	《九月九日忆山东兄弟》
	下册	人教版	《九月九日忆山东兄弟》
	下册	部编版	《九月九日忆山东兄弟》
四年级	上册	人教版	《送元二使安西》
	上册	部编版	《鹿柴》
五年级	上册	部编版	《山居秋暝》
	下册	部编版	《鸟鸣涧》
六年级	下册	人教版	《鸟鸣涧》
七年级	下册	人教版	《竹里馆》
	下册	部编版	《竹里馆》
	下册	苏教版	《使至塞上》
八年级	上册	人教版	《使至塞上》
	下册	人教版	《终南别业》
	上册	部编版	《使至塞上》
高中选修	中国古代诗歌散文欣赏	人教版	《归嵩山作》
			《积雨辋川庄作》
	唐诗宋词选读	苏教版	《山居秋暝》

经过统计可以发现，三个版本的书共计选取王维诗歌10首，其中两首诗歌写亲情（《九月九日忆山东兄弟》）和友情（《送元二使安西》），其余8首都是山水诗，这些诗中有写自然山水的诗（《归嵩山作》《鸟鸣涧》《山居秋暝》），也有写园林风光的诗（《积雨辋川庄作》《终南别业》《竹里馆》《鹿柴》），还有写边塞风光的诗（《使至塞上》）。这三个版本的内容选材数量上，人教版与部编版中选取了较多王维诗歌，其中人教版选取了8首，部编版选取了6首，相较于这两个版本，苏教版中选取的王维诗歌较少，只有3首入选。部编版与人教版选篇相似度较高，很多诗歌只是在年级分布上有些许不同。

（二）教学内容的选取

教学内容的选取主要是依据教学目标，对于古诗词教学，在近年来的《义务教育语文课程标准》中要求中学生能"诵读古代诗词，注重积累、感悟和运用，提高自己的欣赏品位"。《普通高中语文课程标准》对学生鉴赏古典诗歌的能力要求有所提高,"根据诗歌、散文等不同的艺术表现方式,从语言、构思、形象、意蕴、情感等多个角度欣赏作品,获得审美体验,认识作品的美学价值,发现作者独特的艺术创造"。其实归根究底就是对工具性和人文性方面的要求,体现在教学设计中就是三维目标,即知识与技能、过程与方法、情感态度与价值观。

《九月九日忆山东兄弟》在三个版本中都有入选,这首诗歌作于王维少年时期,彼时他初入长安,面对不熟悉的环境,难免产生孤寂之感,所以在重阳节的时候写下这首诗来怀念远在家乡的亲人。这首诗歌从情感态度价值观的方面引导学生重视亲情,珍视亲情。而与之同为抒情诗的《送元二使安西》是王维送友人出使安西之时所作,表达了他对友人的依依不舍之情,后被人传为离别之声,又称《阳关三叠》。在教学建议中明确指出要重视情感、态度、价值观的正确导向,"培养学生正确的思想观念、科学的思维方式、高尚的道德情操、健康的审美情趣和积极的人生态度,是与帮助他们掌握学习方法、提高语文能力的过程融为一体的,不应该当作外在的附加任务。应该注重熏陶感染、潜移默化,把这些内容贯穿于日常的教学过程之中"。这类诗歌的选材正是基于这些要求,以求在潜移默化下培养正确的价值观。

其余8首诗都是山水诗,有3首描写自然山水,4首写园林景观,剩余1首描写边塞风光。《归嵩山作》作于王维辞官归隐期间,描绘了从长安到嵩山途中所见之景,同时抒发作者安逸的心情。《鸟鸣涧》作于越中时期,从开元八年至开元二十一年将近15年,他都在吴越漫游,这一时期的王维远离朝政,诗歌意境平静安和,也表现出了开元盛世和平安定的气氛。《使至塞上》是一首边塞诗,当时王维在朝廷受到排挤,奉命出使边塞,作者本身在出使时带有不平之气,但是在见识到大漠风光之美、感受到戍边战士保卫国家的决心后,自豪感油然而生,作下此诗。而描写园林风光的四首诗《积雨辋川庄作》《竹里馆》《鹿柴》《山居秋暝》皆是王维于辋川时所作,其中竹里馆和鹿柴都是地名,描写了辋川的景色风光。《终南别业》作于开元二十九年,这时他在仕途备受打击,于是开始半官半隐地生活,这首诗歌将他归隐后的闲适情趣写得有声有色,表达出作者在写诗时内心的宁静与安逸。这些诗歌的选材正是基于《义务教育语文课程标准》中所要求的"在主动积极的思维和情感活动中,加深理解和体验,有所感悟和思考,受到情感熏陶,获得思想启迪,享受审美乐趣"。这些山水诗歌的学习有利于学生认识美、书写美、表达美,在学习中感受自然之美。

三、一线教学名师教学方法举隅

教学方法是指教师和学生以完成课堂教学的任务,实现教学目标而采取的共同活动手段方式,是教师引导学生掌握知识和技能、获得心健康发展的方法。这是由教师的教和学生的学进行的双边性活动。一线优秀教师教学方法具有重要的借鉴意义,他们的成功经验启发着每一位老师,为王维诗歌教学提供新思路。

(一)教法

教师的教在教学活动中起了很大的作用,如果教师的教法无法符合学生的学情,那学生在学习活动中也必定起不到什么大的效果。故此,教师在教学中要根据学生学情、文章特点、学生所处年龄阶段,在教法上严加斟酌,让学生学有所得,达到预定的教学目标。

对此我们选取一线教学名师教学实录与教学设计,从他们的教学中学习成功经验。

1. 课堂导入

在课堂教学过程中,导入是不可缺少的一部分,好的导入可以直接激发学生的学习兴趣,给予启发思考。正如特级教师于漪所说:"开讲,犹如文章的'凤头',小巧玲珑,它能在极短的时间内,安定学生的情绪,诱发学生与课文学习相应的感情,激起学生学习的兴趣,让他们带着强烈的求知欲、孜孜以求的心理进入学习的情境中,使学生激趣乐学。"以下选取一线教学名师优秀的导入方法。

①标题导入法。在《山居秋暝》的学习中,薛法根老师与孙双金老师都以诗歌题目进行导入,先解释"暝",再解释"秋暝",其次是"山居秋暝",且都是从偏旁开始,他们都对《山居秋暝》的"暝"的构成进行了提问,孙双金老师还将"暝"进行了拆分,将其分为四部分,日字旁、秃宝盖、日和六,秃宝盖代表山峰,山峰下面有个"日",表示太阳已经降到山下去了,六在古代代表农村的房子,太阳已经落到山下去了,紧挨着我们的小屋顶,这就说明是黄昏时刻。"秋暝"说明了季节,是在秋天的时候,"山居秋暝"就是居住在山林当中,看到秋天日落时分的风光、风景。这样一想就是一幅美丽的景象,让学生在不知不觉中对这首诗歌产生了学习的兴趣,想要一探究竟。

②猜谜导入法:陈志勇老师在《鸟鸣涧》的教学中,一开始并没有说出教学内容,而是在多媒体上展示了几张图片,让同学们看图来猜古诗、背古诗,以此来激发学生的学习兴趣,使学生很快进入学习状态。这样不仅对本首诗歌的学习有所启发,并且让学生对其他几首诗歌有了一个大致的了解,在学习它们时,学生的印象就会更加深刻。

以上教师的成功教学案例启示我们,在导入环节要采取新颖、有趣的方法。这样不只能够加强学生对知识的理解,还能抓住学生的注意力,让他们眼前一亮,产生浓厚的学习兴趣。

2. 课堂学习

教师是教育活动的主要设计者,教师进行这种活动的目标就是使学生更好地理解和接受知识。一线老师们在教学中通过使用图片、诗词等方式引导学生进行自主的学习,不仅可以让学生更加深刻地理解其中的内容、感情,同时还可以培养学生的想象力,有利于提高学生的审美能力。

(1) 对诗歌内容的理解。

理解诗歌内容是诗歌鉴赏的重点,理解诗歌内容才能体会到诗歌意境和思想感情。为了让学生更好学习诗歌,各位一线教师采用以下方法分析诗歌内容:

①景象描绘法:王维诗具有极强的审美体验,苏东坡评价王维的"诗歌诗"中有画,画中有诗,所以在学习诗歌意境时朱小红老师让学生对诗歌的画面进行想象。《使至塞上》所展现的是大漠茫茫无边,黄河杳无尽头的画面,再从画面中的孤烟点题,将诗人自己的孤寂情绪巧妙地融入广阔的自然景象描绘中,如此充分体现出诗中有画的艺术特色。从这种教学方法中教师不仅仅是让学生描绘画面,更是让学生对诗人的所处环境有一个大致的了解,与诗人对话,能够进一步体会作者的心境,为深入学习诗歌做铺垫。

②语言构图法:在解读《山居秋暝》一诗时,大家会找出如明月、青松、岩石、清泉、浣女、渔舟诗中之景,杜延霞老师为了让同学解读意境,先让他们对这些画面进行构图,

最后再用优美的语言描述出来，让同学们通过动静结合，感受农家生活的恬静和安适。这种方法不只是对学生进行知识教学，也进行了美育教育，使学生能从构图中真正地发现美、理解美。

诗歌教学，尤其是山水诗教学，描绘画面尤为重要。一线教师通过这些方法让学生感受到画面之美，也为其他教师教学提供参考。

(2) 对诗歌情感的解读。

情感是诗歌的核心，诗歌教学一定要把握住诗歌的情感，引导学生感受作者的思想感情，引发共鸣，将这种感情投射到现实生活，培养学生的情感态度价值观。以下是一线教学名师教学设计与教学实录在教学中解读诗歌情感的方法：

①诗句解读法：杜延霞老师引用了《楚辞·招隐士》里面与王维《山居秋暝》相反意义的典故。"王孙游兮不归，春草生兮萋萋""王孙兮归来，山中兮不可久留"的典故，刚好与"随意春芳歇，王孙自可留"相反，来进一步表达诗人对秋天山野所怀有的深厚感情，同时也表达出王维归隐的决心与闲适隐居生活的惬意，深化诗歌主题，增强艺术感染力。也通过这种决心进一步表达山水田园的自然美，以自然美表现人格美。

②重点字词解读法：王维在《使至塞上》中的名句"大漠孤烟直，长河落日圆"，引用了"直""圆"两个字，这两个字看起来平常，但是结合语境读起来就会给人不一样的感觉，例如"直"字读起来就会使人感到劲拔坚毅之美，就犹如守卫边疆的战士们以挺拔的身姿伫立于边境，而"圆"字又带给人温暖的感觉，这两句写出了边关壮阔的景象，表达了对祖国壮丽山河的热爱之情。教师通过引导学生分析鉴赏字词感受诗歌之美，提高学生的审美能力。

诗歌情感解读是诗歌教学的难点，教师通过讲解重点字词句，通过诗眼引导学生理解诗歌思想感情以及作者内心情感。

3. 对读拓展

教师在教学时大多会以同类诗歌或者同作者诗歌进行对读拓展，通过诗歌对比进行学习。王维《山居秋暝》《鹿柴》《鸟鸣涧》这几首诗都提到"空山"，薛法根老师就这三首诗中的"空山"进行对比，《鹿柴》中的"空山"只听到了人的声音，没有看到人的影子；《鸟鸣涧》中的"空山"静到可以听到桂花落地的声音，静到月亮出来时可以把鸟吓得飞走；而《山居秋暝》里写到的空山却不是真正的空山，而是心空了，看到的山也就空了。

张雪晨老师在《鹿柴》的教学中将其与王籍的《入若耶溪》进行对读，她将两首诗分别减去重点字词，再去分析意境变化，《鹿柴》减去"响"字之后它所表现的幽静就会有所淡化，且"响"一旦与空山相呼应，就会有空谷传音的感觉；而《入若耶溪》作者则以鸟鸣来衬托山林的幽静，两首诗都表达空山的寂静，用有声来衬托山林之幽，以动衬静，以声衬寂。

这种对读拓展不只是让学生对不同诗歌内容的理解，更重要的是可以更加深刻地理解主题思想，例如王维诗歌中众多"空山"意象，通过多首诗歌的比较，就会使学生对"空山"有一个更深层次的理解，也让学生知道学习古诗时要用心感悟，并不是同一个意象表达的内容、情感、心境就是相同的。

解读课文，如果只是"好读书，不求甚解"，理解不得要领，那是万万不可取的，读书就要"掘地三尺"，在"入乎其内"的解读基础上"出乎其外"，跳出单篇课文的束缚，将文章与其他文章进行对比解读，同中求异，异中求同，不断挖掘，透过现象看本质。

（二）学法

学习知识不仅仅是教师的教，还要配合学生学，才能够更好、更快地实现培养目标。学生的学不是"注入式"的填充，要主动学习，使学生成为学习的主人。一线教师在诗歌朗读、体会意境、理解艺术手法方面对学生进行启发引导，让学生在学习中产生启迪、学会知识、掌握方法。

1. 学习诗歌朗读

诗歌的节奏就像是平时我们讲话时候的停顿一样，在不同的地方停顿就会有不同的意思，诗歌看似只是短短的几个字，但是如果节奏划分错误那么意思也就会变得不一样，出现偏差。《义务教育语文课程标准》对于阅读诗歌提出要求："诵读优秀诗文，注意通过语调、韵律、节奏等体味作品的内容和情感。"

薛法根老师在《山居秋暝》教学中指导学生划分节奏，以五言绝句为例，从字数上进行引导，每一首诗五个字，共有八句，从字数上学生发现要在诗歌每一句的第二个字后停顿，在这基础上又推出了七言绝句的节奏规律，即"二二三"的节奏停顿规律。对于这个方法不只是运用在本首诗歌上，对于以后学习其他诗歌也可以运用，这种方法也符合新课标要求的由重知识到重学习的转变。

2. 体会诗歌的意境

在古诗学习中，诗歌的意境尤为重要，教师要引导学生从分析景物入手再去体会诗歌意境，学生要在脑海里构成一幅完整的画面，从而再去理解诗歌主旨。

朱小红老师在《使至塞上》教学中，先让学生去寻找诗中的意象，随后意象构图。在一片苍茫的沙漠中，没有山，没有树，有的只是横贯其中的黄河以及直上云霄的孤烟，在这幅画面的引导下，学生自然而然地就会联想到诗人的孤寂，同时也会理解借景抒情的艺术手法。

费洁老师在《鸟鸣涧》教学中通过诗歌朗读引导学生感受诗歌意境。例如"人闲桂花落"这句，费老师先让学生想象桂花落在地上时舒缓的感觉，学生们通过这种解读在读到"桂花落"三个字时就会读得格外轻柔，仿佛真的看到桂花从枝头飘落，然后悠悠落地。教师通过捕捉学生朗读诗歌的轻重之感，用诗性的语言引导学生感受"落"的美感，领会诗歌中所表达的"静"。费洁老师在教学中运用启发性教学原则，引导学生独立思考，积极探索，从而提高学生分析问题和解决问题的能力。

3. 理解诗歌艺术手法

在诗歌教学中，教师为了让学生理解诗歌文字美、语言美，提升审美境界，会在诗歌欣赏中掺入艺术法分析。

在一般的分析中我们都是运用常规思维，从炼词、诗眼进行分析，但是费洁老师在《鸟鸣涧》的教学中采用一种新的方法——写作练习法。

在讲完王维擅"用声音来反衬出夜的宁静之后"，费老师引导学生"试着用声音来写出'静'"，并出示了几句未填完的句子：

①书房里静悄悄的，＿＿＿＿＿＿＿＿＿＿＿＿。

②夜晚的山林宁静幽美，你听，＿＿＿＿＿＿＿＿＿＿＿＿＿＿。

从学生的练习中，我们可以看到他们对以动衬静地手法掌握得还是很不错的：

①书房里静悄悄的，连根针掉在地上也都能听得一清二楚。

②夜晚的山林宁静幽美，你听，鸟儿在轻轻歌唱，那么动听，那么悠扬。

这种写作练习法不仅能让学生理解以动衬静的艺术手法，更能引导他们发散思维，锻炼想象力，有利于提高语言表达能力。

四、一线教学名师教学成功经验、问题及改进建议

通过探析各位一线教学名师教学设计与教学实录中的教学方法，我们从中学习到很多成功经验，为其他教师教学提供参考。同时也发现了三个问题，即吟诵缺失、自然缺失、写作训练缺失，这些问题是当前大多数教师普遍存在的问题。针对这些问题，我们提出一些方法对策以求能够引起重视，让学生们学习吟诵、格律诗写作这些优秀传统文化，希望能够将其传承下去，发扬光大。

（一）一线教学名师教学成功经验

各位一线教学名师在教学中有许多成功之处值得借鉴。他们根据新课标的要求，采取新颖灵活的教学方法，让学生进行自主、合作、探究学习，倾听学生的声音，让学生成为学习的主体，教师成为学习的参与者、组织者。教师从原本教会学生知识转变为教会学生学习，让学生在学习过程中能够产生举一反三的效果。

1. 注重学生自主学习

杜延霞老师将教师活动和学生活动分开，让学生自己编写教案，确定教学目标、教学重点。学生在完成这个工作时，课下一定会对诗歌仔细地研读，广泛查阅资料进行思考，这一系列活动能更好地发挥学生们的主动性，培养了学生自主、合作、探究的学习习惯。教师让学生自行进行教学设计，从教学设计中可以清楚地看出学生在这节课上存在的问题，同时也能检查学生的预习情况。在后面的教师活动中教师也能够更有针对性地进行指导，引导学生进行高效率学习。

2. 方法新颖灵活

张成华老师在《山居秋暝》教学中使用一种新颖、独特的方法。他将整体的教学设计制作成了一份企业规划书，联系生活实际，提出假设，"假如王维生活于改革开放、人尽其才的现代社会，他除了作诗外，最适合参与哪一项经济活动？"学生们发散思维联系王维所作的山水诗歌，最终选择开一家有"归隐"特色的旅游公司，根据之前学过的同类诗歌，从中选择景区精心策划。张老师的这种授课模式不仅仅是让学生"学"，更是让他们去"用"，将同类诗歌与现代经济生活相结合，既能加强学生对古典诗歌实用性的认识，也可以培养学生的创新精神。

（二）教学存在的问题

随着新课改的推进，教育理念也随之更新，新的教学理念冲击着旧的传统观念，在现在的教学中仍旧存在着一些问题有待改进。如果教师在教学中无法真正解决教学中存在的问题，无法掌握学生的学情以及学生对诗歌学习的心理特点、困难与障碍，那便无法真正

产生大成效。故此师生双方要做好教与学的探究，发现问题，解决问题，才会真正改进诗歌教学现状。

1. 吟诵缺失

诗歌教学中大多数老师会要求学生对诗歌进行朗读，即清晰响亮地念出来，这样的阅读教学面向大众，是语文课的重要内容。近年来，有学者提出了吟诵阅读，这并不是异军突起，在三千年前我国便已经产生了吟诵教学。"吟诵"是介于读、唱之间，把握诗歌节奏、韵律，将诗歌吟诵出来，使人感受到韵律美、节奏美，能够入情入境，从而进一步体会感悟诗歌所赋予的情感。

吟诵是我国三千年来诗词文赋欣赏和传承的重要形式之一，对其进行抢救式的保护是完全有必要的。吟诵的形式和风格多种多样，因人而异，因地而异，因时而异；吟诵没准谱，无定调，口耳相传，各行其是，因而很难传续下来。但是人们在吟诵诗歌的时候，会根据自己对诗歌情感的理解，将其吟诵出来，平声高扬，仄声短促，这是大众一贯的吟诵定律。一百年前，吟诗如同写字一样，是读书人的基本功；可如今能吟诵古诗文者，寥寥无几。经过近年来的抢救，古老的吟诵呈现出枯木逢春的态势。

现在大多数老师在教学中依旧经常采用朗读教学，没有将吟诵教学放入教学设计之中，朗读虽然与吟诵有异曲同工之妙，但是通过吟诵，将古典诗歌的音乐性与诗歌内容结合更能激发学生的兴趣，提高学习效果，体会诗歌意境。

2. 自然缺失

王维的山水诗在诗史中具有极高的地位，苏东坡如此评价他的诗："味摩诘之诗，诗中有画；观摩诘之画，画中有诗。"可见他的诗作中有着极强的画面感，且蕴含着出色的画面构图之美。对此，在教学中我们应该注重自然教育，从真正的自然中去感受自然景色之美，理解诗人在作诗时的心境。在现代社会中大家都被束缚在应试教育的樊笼里，无法真正地体会到"复得返自然"地真实感受，学生不能真正感受景色之美、山川之广。这就要求在有条件的情况下对学生进行自然教育，真正的感受自然。

自然缺失是当代教育中的共同缺失，学校教育与家庭教育只注重学生成绩的提高，而忽略了学生精神层面需求，也违反了素质教育中所要求的培养学生的实践能力。

3. 写作训练缺失

古代诗歌具有极强的韵律美、节奏美、文字美，这些特点是现代诗歌与外国诗歌都无法达到的，在"五四"运动过后，文学界提出废文言而倡白话的要求，从此，就极少有人去写格律诗，那么在将来的某一天格律诗写作是不是会消失在历史长河中呢？

在古诗的教学过程中，教师们常常会觉得格律诗写作较难，因此忽略了古诗写作教学。但其实从启蒙开始，我们就对声律进行学习，这对于律诗的创作有很大的辅助作用，如果在小学时期能够将对韵纳入教学之中，那势必会对格律诗的写作提供有利条件。所以，在此呼吁教师在基础教育阶段对学生的律诗写作进行培养，律诗的写作训练对于学生的白话文写作和诗歌鉴赏裨益良多。律诗中蕴含着大量的优秀传统文化，我们也可以通过这种写作训练将其传承下去。

（三）改进建议

1. 重视吟诵

王维作为盛唐时期著名的诗人，他的才华不仅仅局限于诗歌方面，在绘画、音乐方面也造诣颇高，所以在学习王维诗歌的时候要尤其注意它的节奏感与韵律感。

陈铁民在《王维集校注》中引用清代文学家张谦宜《㓗斋诗谈》卷五的话来评价《送元二使安西》中"劝君更尽一杯酒，西出阳关无故人"两句——"凡情真以不说破为佳"。本首诗全篇都在依依惜别的离别之情，但全文未出现一个离别之词，绵绵情意尽在无声之中展现。这更加让人感受到朋友离别的不舍与绵绵情意。

重视诵读、吟咏，感悟诗的语言、构思、意境、艺术手法。这既是一种理解文本的方式，也是一种读者传达自己情感的方式，是读者与文本情感的交融，而绝不是单向地感知或把握。

近年来，我国许多前辈学者为发扬吟诵调而做出了大量工作，例如叶嘉莹先生将诗词吟诵录音，就是希望吟诵能够传承后世。除此之外，周有光先生、陈少松教授等学者都为吟诵调的恢复做出了重大贡献。在北京，还有"中华吟诵周"活动，至今已举办了三届，而正是因为这些努力，吟诵在教学中越来越被重视起来。

叶嘉莹先生曾说："吟诵非常重要，字从音出，字从韵出，只有吟诵才会创作。"她将诗歌吟诵的平仄拿捏得恰到好处，学生能在抑扬顿挫的旋律中感受到"原汁原味"的古诗读法。她强调"吟诵不是学习一个调子"，学生吟诵的学习不应以学会叶调为目标，而是以叶嘉莹的经典吟诵为代表，为古诗词学习打开新的窗口，探索学习古典诗词的更多的可能性。

为提高古诗词教学效率，教师可以让学生从叶调吟诵开始学习，一方面在教学的过程当中，可以把叶嘉莹先生的吟诵录音播放出来，让学生在聆听的过程中跟着学习，让学生在日积月累中学习诗歌吟诵调；另一方面，学生在跟学过程中，可以通过迁移，提升文言语感，后期学习其他诗歌时能够提高学习效率，减少教师吟诵讲解时间。这种教学方式可以提高教学效率，同时也能够增强学生的语感和吟诵调的学习，为今后的学习打下良好的基础。

叶调教学主要是给师生提供一种吟诵的学习方法。教师在吟诵课堂当中不仅仅是一名传播者，同时也是教学的一个探索者。在叶调学习过程中，教师充当的是践行者和推广者的身份。根据新课标的教学要求、特点和学生的学习情况，教师需要对吟诵阶段的课程进行详细的规划和设计。首先要确定吟诵的教学重点，使古诗词的教学形式更加的丰富，具有吸引力，能够引起学生的学习兴趣；另外在练习吟诵的过程当中，吟诵的题材不仅仅是课内的，也可以是课外的，比如说可以布置一些课外的吟诵训练，或者是亲子共读古诗词，这不仅仅能够让学生学习吟诵，同时还能促进家庭的和睦。

虽然目前也有很多学校已经意识到古典诗词学习的重要性，但是具体如何学以及如何让学生产生学习的兴趣，还要做出进一步努力。小学是中华文化的启蒙阶段，如果让学生从小学开始就学习叶调，推广吟诵教学，利用沉浸式学习方式，让学生感受到古诗词当中的意境美，学生的语文素养也会不断地提升。而且吟诵不仅仅是独自欣赏和品味，同时还能够和他人产生交流和沟通。学校可以定期举办一些古典诗词吟诵交流大会等一些大型的活动，为学生营造一个良好的学习氛围。这样学生不仅仅是只停留在背诵和抄写的阶段上，而是从思想上更加重视吟诵，为学生带来全新的体验。

2. 自然浸润

"自然教育"要求学生深入自然，以自然环境为背景，以人类为媒介，利用科学有效的方法，使儿童融入自然，通过系统的手段，实现儿童对自然信息的有效采集、整理、编织，形成社会生活有效逻辑思维的教育过程，这是素质教育在我国推行以来，适合用于学生在小学阶段的崭新的教育模式。自然教育通过让小学生走进自然、接触自然、感受自然的教育理念，在贴近大自然的学习环境中培养学生的综合素质，促进学生身心健康和学习进步。近年来，自然教育成为许多家长关注的热点，在中国传统教育观念的影响下，现在许多教师也越来越关注着这一新颖的教育方法，将教学与自然教育结合起来，让学生在生态自然体系下，在劳动中接受教育；培养他们自立、自强、自信、自理等综合素养，同时树立正确的人生观、价值观，培养面向终身的优质生存能力、培养生活强者的教育模式。

王维的山水诗中含有大量的意境描写，学生如果只是一味地依靠想象，那是无法亲身体验到诗歌之美的，例如《鹿柴》一诗："空山不见人，但闻人语响。返景入深林，复照青苔上。"如果没有真正地去幽静的山谷中听忽远忽近的说话声，没有去看落日的晕影映入深林又映照在青苔上的绝美景色，是无法依靠想象来感受其中意境的，也无法感受到树林的寂静和幽深。这首诗中对诗、画、乐的结合，都需要学生切身的体会。

教师与家长可以在课余的时间带领学生去亲近自然、感受自然，这样的审美意蕴会更加浓厚，且素质教育要求学生全面发展，要求德、智、体、美、劳全面发展，自然教育的开展不仅仅可以使智育得到发展，美育也会相应得到提高，美育教育能培养学生认识美、爱好美、表达美，学生经过自身的亲身领略，鉴赏能力也会得到提升。而学生经过长时间的学习，对于枯燥的理论知识难免会产生疲惫感，自然教育有利于学生精神的放松，也是对学习的正强化，激励学生努力学习。

自然教育就是让学生融入自然之中，利用自己亲身感受去适应社会，学习知识，相较于教学中的间接经验灌输，这种直接经验的学习才更能够使学生印象深刻，有自己的切身体会，而不是纸上谈兵，这种教育更加有意义，更加有利于学生的成长。

3. 训练写作

《声律启蒙》《笠翁对韵》这两本书讲究平仄和押韵，是清代儿童学习诗歌写作的蒙学读物，对引导现代学生的写作有着重要的意义。在部编版一年级语文教材中，上下两册都选入了据此改编的"对韵歌"："云对雨，雪对风。花对树，鸟对虫。山青对水秀，柳绿对桃红。"（《对韵歌》，一年级上）、"古对今，圆对方。严寒对酷暑，春暖对秋凉。晨对暮，雪对霜。和风对细雨，朝霞对夕阳。桃对李，柳对杨。莺歌对燕舞，鸟语对花香。"（《古对今》，一年级下）这两篇"对韵歌"都符合对仗和押韵。在教学中，教师可以让学生背诵这些篇目，在此基础上再去模仿练习，课下让学生将自己所写的对韵句进行交流，互相品评。长久下来，学生对对韵句的掌握必定会有很大的进步。

对于律诗还有一个要重点学习的就是平仄，自小学起，学生们就已经学习了汉语拼音声调，这为学生平仄学习奠定了基础。一般情况下，普通话里的阴平和阳平就是平声，而上声和去声都是仄声。在格律诗的写作中需要遵守基本格律：即一句之内平仄相间，两句之间平仄相对。通过这些知识的讲解，学生就可以在教师的引导下进行律诗的创作。

学生运用所学知识，对照律诗基本格式，确定自己诗作的对韵和平仄，在保证内容饱满和有"诗味"的前提下,将自己完成的诗歌与同学交流,咬文嚼字,再让老师加以评价,对于优秀的诗歌教师可以给予奖励,激发学生们的创作热情,对于不足之处加以指导,进一步修改平仄和对韵,使诗歌更有节奏感和韵律美。在这种氛围下,班级里就会掀起创作热潮,这对于学生以后的诗歌学习,以及写作训练都会有很大的益处,也有利于学生进一步鉴赏诗歌,发现诗词之美。让学生在学习中传承中华民族优秀传统文化,既可以加强自身文化素养也能传播优秀传统文化。中国的传统文化博大精深,需要我们一代一代地传承下去,让优秀文化历久弥新。

学生通过律诗写作,可以更多了解律诗,更好学习律诗,这就是最大的收获。如果学生对这类写作活动感兴趣,那他们就会认真准备、积极参与,这样既能学习知识,又能提升语文素养。学生喜欢写作,会更加乐于学习,也会积极配合老师,和老师更加默契。如果学生可以长久坚持下去,那他们的诗歌学习一定会有很大的进步。

五、结语

中小学语文教材中选取较多王维诗歌,旨在培养学生的审美情趣。本文将基础教育阶段人教版、部编版以及苏教版语文教材中王维诗歌进行统计,结合一线教学名师教学实录和教学设计,从教与学两方面探析他们的教学方法,总结各位教师成功教学经验。这些老师运用巧妙地课堂导入引起学生的学习兴趣,高效的课堂学习让学生理解诗歌内容、解读诗歌感情,广泛拓展阅读来加深对诗歌的理解。在朗读诗歌时教师引导学生读出节奏、读出韵律,从中品味诗歌语言之美,利用意象构图体会诗歌意境,感受诗歌画面之美,采用写作练习理解诗歌艺术手法,提高鉴赏诗歌能力。这些一线教学名师在教学中方法新颖灵活,注重引导学生自主学习,对进一步探究王维诗歌教学方法有一定的借鉴和启示作用。但是在目前教学中,教师们还普遍存在吟诵缺失、自然缺失、写作训练缺失等问题,这些问题存在于大多数教师教学中,针对这些问题,教师在教学中要引导学生重视吟诵,将吟诵带进课堂,让学生倾听吟诵录音,学习吟诵的方法并将其运用到每一首诗歌中,吟出自己的感情和风格;课后要让学生走进自然,将诗歌教学融入自然,关注自然教育,亲身感受自然之美,促进学生美育发展;除此之外,还要提高学生动手写作能力,学习格律诗写作方法技巧,学习优秀传统文化,将其一代一代传承下去,发扬光大。

参考文献

[1] 罗娅,梓斌,吴玥. 新设计师习近平·文化篇 [N/OL]. http//politics.peo-ple.com.cn/n/2014/1115/c1001-26032453.html, 2014-11-05.

[2] 徐增. 而庵诗话 [M]. 台北:台北新文丰出版公司,1988.

[3] 中华人民共和国教育部制订. 义务教育语文课程标准2011[M]. 北京:北京师范大学出版社,2012.

[4] 中华人民共和国教育部制订. 普通高中语文课程标准2017[M]. 北京:北京师范大学出版社,2017.

[5] 张春香. 亮出美丽的"凤头"——语文课堂导入艺术初探[J]. 中国科教创新导刊,2010,3:202.

教育生态视角下小学古诗词教学刍议

李小奇，王蕾婷[1]

摘要：以"尊重、唤醒、激励"为核心的生态教学理念越来越被专家学者重视。本文先对古诗词生态教学的现状进行分析，点明生态教学的必要性。其次对生态教学核心理念进行了详细分析。最后在具体教学情景下，立足于生态教学核心理念，提出所要达到的目标以及具有可行性的策略。旨在通过上述方法，根据学生身心发展的规律，帮助学生更好地学习古诗词。

关键词：小学文；古诗词；生态教学

一、引言

"课堂生态学"的概念最早是在1932年由美国教育学者华勒在他的著作《教育社会学》中提出，1976年美国教育学家克雷明在《公共教育》一书中正式提出"教育生态学"的概念，把教育和环境联系在一起。国外学者的研究主要集中在教育生态结构方面，从宏观、微观等不同层面对教育生态进行研究。我国的生态教育研究起步较晚，1975年学者方炳林出版了《生态环境与教育》。我国的绿色生态教育是从环境教育中逐步演化而来的。学者吴鼎福、诸文蔚在1990年出版的《教育生态学》是我国大陆第一本教育生态学专著。1992年白燕、任凯出版《教育生态学》，该书将教育生态学的研究对象界定为教育生态系统。2017年罗华勇的《教师成长之路——高中语文生态有效课堂教学研究与反思》以生态课堂教学研究为主线，对普通高中语文课堂教学进行了反思。这一系列有关教育生态专著的出现也说明我国越来越注重教育生态研究。但是目前在古诗词生态教学方面研究处在探索阶段，研究初高中方面的古诗词生态教学论文有四篇，对小学古诗词生态教学的研究仅有一篇，是郭秋霞的《浅谈小学古诗词生态课堂的建构》，该文着眼于教学实施途径，针对课内与课外具体的教学方法进行分析。可见，对小学古诗词生态教学之内涵以及核心理念的研究还有很大拓展空间。所谓生态课堂，是以学生为主体，以强调每一个学生的需求、欲望和意识，兼顾学生的个性发展，通过现代课堂教学手段，实现教学与学生发展的真正统一的课堂。这一理念与《义务教育语文课程标准》中学生是学习的主体这一理念相契合。

在新课改的背景下，义务教育语文课程培养的核心素养要求学生树立文化自信，文化自信是指学生认同中华文化，对中华文化的生命力有坚定信心。即学生通过语文课程学习热爱中华文化，继承并发扬中华优秀传统文化。《义务教育语文课程标准》提供1至6年级优秀诗文背诵推荐篇目共75篇，而部编版小学课本共有古诗词111篇，在落实中华优秀传

---

[1] 作者介绍：李小奇，女，文学博士，商洛学院副教授。主要从事古代文学教学工作，主要研究古代文学、园林文学与文化
王蕾婷：女，汉语言文学专业学士，中学语文教师，主要从事中学语文教学和教育研究工作

统文化教育方面，语文教材所选古诗词数量有所增加，体裁也更加多样。《义务教育语文课程标准》要求重视"语文课程对学生思想情感所起的熏陶感染作用"，通过优秀文化的熏陶感染，促进学生和谐发展，提高学生思想道德修养和审美情趣。毫无疑问，古诗词作为弘扬我国优秀传统文化的重要载体，可以起到促进学生发展的作用。例如李绅的《悯农》让学生知道了农民的艰辛，培养学生不浪费粮食的好习惯；于谦的《石灰吟》展现了诗人洁身自好、坚贞不屈的品质，培养学生正直、清白做人的良好品德；李清照的《夏日绝句》表达了诗人愿意为国捐躯的强烈的爱国之情，培养学生的爱国品质。古典诗歌蕴含意义深刻，题材广泛，表达情感丰富。

因此本文将从生态教学的内涵、核心理念以及目标和策略三个方面对小学古诗词教学进行分析和研究，以此来改变古诗词教学枯燥无味、形式单一、学生理解浅显等问题，让小学生更好地感受古诗词中蕴含的各种情感，培养学生的审美意识，并且让学生感受鲜活的课堂，提高课堂学习效率。

二、当前小学古诗词生态教学的现状

生态有效课堂追求的是一种自由、和谐、民主的课堂氛围，教师是课堂的引导者、参与者、组织者，学生是学习的主体，教学过程是师生共同参与、共同合作的过程，师生应该是一种伙伴关系，而不是教师"一言堂"。在新课程改革后许多老师已经有意识地对这方面改进，但目前在古诗词教学中依然存在许多问题，基于存在的这些问题，建构生态课堂的必要性显得更为重要。

（一）古诗词教学现状

《义务教育语文课程标准》要求通过语文学习，热爱国家通用语言文字，热爱中华文化，继承和发扬中华优秀传统文化。针对我国一直大力弘扬中华优秀传统文化，鼓励学生学习传统文化这一现状，传统古诗词教学也有了很大的改变，许多老师不再是单纯的"一言堂"式教育，加入了师生互动、合作探究等生态式教学方法，更加注重学生是学习的主体这一观念。但古诗词教学依然存在许多"非生态"的教学现象，笔者将从以下两个方面阐述：

1. 老师的教

在古诗词课堂教学中，许多老师虽然加入了师生合作探究、生生讨论、小组交流等学习方式，但这些学习方式仅用在解释诗词中难以理解的字词，在整堂课的教学过程中依旧采用传统的"诵读—解释诗意—背诵古诗"的教学方法，他们把古诗词的教学目标设计为理解并背诵古诗，把教学重难点设计为诗意理解和体会诗人情感，但在具体教学活动中没有发挥学生对古诗词的情感态度价值观理解的主观能动性。

面对应试考试和教师绩效考核的需要，教师为了让学生在考试时得到优秀的成绩，一般都会抓住古诗词这个不能丢分的点。以往的教学中，教师会在上课前一天就布置好预习任务，要求学生通过工具书了解诗文的含义并且背诵古诗，等到上课时学生已经把古诗背过了。面对这种情况，学生会失去一部分听老师讲课的欲望。同时教师利用早读以及自习时间让学生默写古诗，模式化以及功利化的教学会使学生产生厌恶学习古诗词的情感，失去学习的兴趣，不利于学生的学习。

一些新手教师由于自身教学经验不足，在教学过程中大量依赖教辅资料，束缚了自己的思维，讲解诗词时没有自己的想法和新意，使他们的课堂逐渐模板化。熟手教师已经形成了自己的教学风格，面对多媒体教学，难以有效合理的运用。多媒体是教学的一种辅助工具，但部分老师使用不当，无法与自己的教学风格相融合，教学内容全部用多媒体展示。一些老师认为单一的使用音频、视频、图片等在教学中就是新媒体教学，而没有很好地与自己的课堂活动相连接，难以为学生塑造真实的语言情境。其实这不仅忽视了学生语感的培养，还对学生掌握本节课的学习内容造成了负担。

由此可见，许多老师对生态教学的把握还存在很多不足，没有真正做到以学生为主体。在这种情况下，不论是增加新的教学方式还是利用网络新媒体教学，本质还是老师向学生灌输知识，教师没有起到作为组织者和引导者的作用，是新版的"填鸭式"教学。

2. 学生的学

首先是学生对古诗词的看法不正确。学生认为古诗词离现在的生活非常遥远，生活中不会用到，再加上他们缺乏真实生活的体验与感受，所以很难准确体会诗人诗歌中表达的感情，笔者通过访问一些小学生得知他们认为学习古诗词就是应付考试，学习方式就是背诵，他们只需要在考试前认真把古诗词复习默写一遍就可以。

其次便是学生因考试而形成了固定的诗词模板，例如"表达了诗人爱国/思乡的思想感情"这种套话。学生不去挖掘诗词背后的深意，通过平常上课老师教的内容写出千篇一律的答案，他们学习古诗词非常机械化，例如《石灰吟》一诗中，学生总将"粉骨碎身"默写为"粉身碎骨"，因为他们不了解诗人这么写是为了平仄押韵，不明白诗文背后的内涵，所以总是写错。

最后就是学生对古诗文学习的积极性不高。小学生的知识储备并不丰富，一些教师没有顾及小学生的年龄，很多时候引用以及联想的故事和诗文小学生没有听过，于是学生听课过程中一脸茫然。再加上古诗词教学过程中，学生总是被教师牵着鼻子走，丧失了学习主动性，容易出现听课过程中发呆的情形。课堂枯燥严肃，也就很少有学生主动回答问题，个别学生被提问回答结果也是不尽如人意。

(二) 古诗词生态教学的必要性

古诗是我国古典文化的瑰宝，对学生的成长具有重要的作用，学生学习古诗词不仅能传承我国优秀传统文化，还能提高自身审美意识。为了使学生能更好地学习古诗词，将生态教学融入古诗词教学中，生态教学的自由性能减少古诗词教学模式中的一板一眼。生态教学融入古诗词中有很多的益处，笔者将主要介绍以下几点：

1. 有利于充分发挥师生双方在教学中的主动性和创造性

生态课堂为师生的发展而教和学，教师用创新的教学方式，例如小组合作、游戏教学法等，激发学生学习积极性，激发学生想象力。小学的古诗词内容短小却内涵丰富，学生有丰富的想象空间，小学时期是学生想象力发展的黄金时期，小学生的想法天马行空，但他们对诗词的意境以及感情难以理解，如果教师充分发挥生态课堂中的以学生为主体，引导学生学习，学生不仅能对古诗词产生浓烈的兴趣，更能培养其抽象思维和想象力。

2. 有利于建立师生良好的教学关系

传统教学师生处于对立面，教师传授知识教学，学生被动接受学习，教师处于高位，站在讲台唱独角戏。而生态课堂希望构建的是一个平等的课堂，师生能够合作探究、平等交流。在这种环境下，学生能够大胆说出自己的想法，可以自己提出问题、自己探究，教

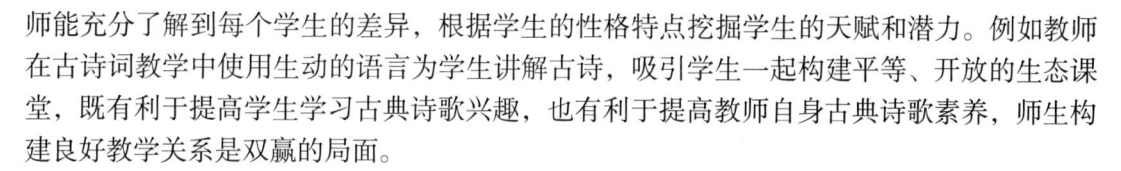

师能充分了解到每个学生的差异，根据学生的性格特点挖掘学生的天赋和潜力。例如教师在古诗词教学中使用生动的语言为学生讲解古诗，吸引学生一起构建平等、开放的生态课堂，既有利于提高学生学习古典诗歌兴趣，也有利于提高教师自身古典诗歌素养，师生构建良好教学关系是双赢的局面。

3. 有利于培养学生的审美意识

古诗中具有画面美、音乐美、意象美和语言美，但对于小学生而言这些都是很难体会的，构建古诗词生态课堂，教师开创特殊的教学课堂，学生在这些特殊课堂中获得灵感和乐趣。例如被苏东坡称赞为"诗中有画，画中有诗"的"明月松间照，清泉石上流"。学生可以开展自己的想象力，画出诗中自己感受到的画面，体会诗词中的画面美，提高学生鉴赏与感悟诗词的能力。又如王安石的"春风又绿江南岸，明月何时照我还？"中的"绿"字，诗人反复推敲更改才写成，但这首诗也是因这个"绿"字使春天跃然纸上，这体现了古诗中的语言美。

三、古诗词生态课堂核心理念

生态课堂就是要尊重学生，充分展示学生的个性，使学生在课堂中自由自在、畅所欲言，学生在课堂中能够积极主动，生态课堂的核心理念就是：尊重、唤醒、激励。其核心理念以学生为本，凸显学生的主体地位，在枯燥的古诗词课堂中尤其重要。

（一）尊重：构建师生双向互动关系

尊重不仅是学生尊重老师，还是老师尊重学生。尊重是构建师生双向的尊重互动关系，建立平等课堂，建立师生友好关系。在教学活动中，教师应该改变自己高学生一等的态度，真切地做到一切为了学生，教师应该明白教学不是为了教会学生知识，而是为了教会学生学习。教师还应该尊重学生间的差异，因材施教。面对不同学习能力和程度的学生，教师应该采用不同的教学方法，鼓励学生选择属于自己的学习方式，采用与自己性格特点相适应的学习方法。小学一节课四十分钟，教师一般会用到三十分钟讲述知识，剩下时间提问以及让学生思考，学生很容易走神，这不是平等的互相尊重的课堂，教师应该走下讲台与学生交流，把枯燥的古诗词课堂变得生动有活力。

（二）唤醒：构建古诗词课程动态教学模式

唤醒主要是指唤醒学生的求知欲和学习欲望。在小学生心中，古诗词与散文、小说等相比还是比较枯燥无味的，没有跌宕起伏的故事情节，也没有浅显易懂的直白语言，要学懂古诗词必须要学习注释和诗意，学生面对复杂的学习内容第一时间总会选择逃避，以至于慢慢丧失了学习古诗词的欲望。唤醒学生的学习欲望是古诗词教学中必不可少的一部分，这就要求古诗词课堂要摒弃传统的静态教学模式，构建一个动态的课堂。传统的静态课堂即老师机械地向学生传授知识，动态教学模式中教师会将课堂的主动权交给学生，教师作为组织者和引导者设置有价值、学生有兴趣的问题，充分发挥学生的聪明才智，激发学生的创造力和想象力，使学生成为课堂的主人，产生学习的欲望。

（三）激励：构建激励和评价多元化的课堂

激励是生态课堂核心理念之一，主要表现为构建一个激励和评价多元化的课堂。激励教育是一种情感教育，能够提升学生的自信心。这并不是指教师要对每个学生做出鼓励式的评价，而是根据学生的性格特点和表现做出符合这个学生的评价，如果教师对学生的评价经常是"你真棒""你真优秀"，学生会认为这个教师评价不真诚，逐渐忽视这个教师的评价，评价的目的在于提升学生古诗词鉴赏和语文素养能力，所以教师的评价应该及时并且落实在具体的问题上，提出中肯的意见和建议。教师要肯定学生，激发学生自主学习意识，教师在日常教学活动中经常引用学生学习或者知晓的古诗词，学生引用古诗词在写作或回答问题时，教师应该给予充分的鼓励和赞扬，学生会对学习古诗词产生更高的兴趣。评价的多元化不仅体现在评价内容的多元上，还体现在评价主体的多元上，评价的主体不仅局限于教师，还包括学生互评、家长评价，从不同的主体得到不同的评价结果，促进学生的可持续发展。

四、教育生态视域下的古诗词教学的目标和策略

生态教学并没有明确的教学方法和策略，是一种以学生为中心，充分发挥学生个性的理想化教学模式，古诗词教学中需要构建一种师生平等的良好教学关系，营造一个和谐、民主的课堂，体现以学生为主体的理念。构建古诗词生态课堂，教师就要改正一些老而旧的教学观念，更新教学模式，与时俱进。因此要树立理想的古诗词生态教学目标，并在此基础上得出教学策略。

（一）构建理想的古诗词生态课堂的目标

构建理想的古诗词生态课堂，既需要明确"教与学"之间的关系，也需要考虑教师与学生、学生与学生、学生与古诗词文本这三方面是紧密联系的。

1. 构建师生是伙伴与民主关系的课堂，提高师生双方的能力

由生态课堂的定义可以得出，教师与学生是平等的关系，是互相促进、合作交流的伙伴关系，和谐的师生关系有利于提高课堂效率，促进师生双方能力的提升。陈桂生教授说："教学的本质就是教师与学生的交流与对话，是一场关于思想碰撞活动。"这就表明教学过程中师生是需要不断交流的，许多老师在面对古诗词教学时，不考虑小学生身心发展规律，用成人的思维去设计教学目标，导致课堂气氛沉闷，学生也会对教师的教学能力产生怀疑。很多教师在教学过程中，不注重培养古诗词鉴赏的能力，教授古诗词时从诗意直接到情感价值。教师的鉴赏方法基本决定了小学生的鉴赏方法，长此以往，师生双方都不会有提升。而在生态课堂中，教师注重培养学生鉴赏诗歌的能力，那么学生就会得到发展，教师在教学过程中反思自己的不足，也会提升自己的专业知识和文化素养，双方是共生关系。构建师生平等交流的民主关系课堂，教师的提问与学生的回答也是有联系的，教师提出的问题引导学生掌握和理解古诗词，而学生的回答不仅能反映出这堂课的学习情况，还能在交流中给予老师新的教学思路。师生双方通过对话交流构建伙伴与民主的关系，能够提高学生的学习能力与教师的教学能力。

2. 营造学生之间和谐互助的课堂，打破枯燥无味的教学模式

学生之间的互动是一种重要的学习方式，在学习过程中，学生们最容易接触和交流的人就是自己的同学，在学习古诗词过程中，学生容易觉得枯燥无味，需要查阅的资料内容太多。因此需要营造生生互助合作的课堂，让学生发表自己不同的见解，介绍自己查阅到的不同的资料，集思广益，学生能够听取到更多的知识，扩大学生的知识面，也能打破沉

闷的、枯燥的课堂。对于小学生而言，与同学共同学习的氛围轻松，符合其身心发展规律。

3. 开创学生和古诗词文本的共生发展的课堂，做到真正的走进文本

小学的古诗词尽管都比较短小，但却意蕴深远，但由于课堂教学的局限性，所以很多古诗学生并没有真正地感受文本。学生想要深入的学习古诗词，就必须去认真研读文本，要有自己的解读。例如清代诗人纳兰性德的《长相思》，学生要了解诗人的创作背景和性格特点，知道诗人为什么写下这首诗，了解了诗人在苦寒的塞外因为思乡写下此诗后，学生不应该站在现代的视角去解读本诗，应该把自己置于与诗人相同的环境去感受诗人的情感。学生需要走进文本，开展多角度的解读，不应该只是靠着老师对诗词中逐字逐词的精讲去理解诗词，应该让学生在与文本交流的过程中体会诗人白描手法的运用，这些是教师代替不了的。

(二) 构建理想的古诗词生态课堂的策略

为了改进传统古诗词课堂中存在的缺点，优化古诗词教学方法，让学生能够更好地学习古诗词、热爱我国古典文化，从而得到理想的古诗词生态课堂，可以采用以下几种策略。

1. 尊重学生的主体地位

教师需要尊重学生，教师在课堂只是适时进行点拨，把学习的主动权交给学生。例如在《鸟鸣涧》的学习中，教师可以引导学生思考为什么作者在"月出惊山鸟"一句中要用"月"这一意象？能不能换成别的，比如太阳呢？学生肯定回答"不可以"，但他们不能说出理由，因此需要教师引导学生与诗句上联的"夜静春山空"相联系，夜晚一切都是如此寂静，月亮的光亮突然照到了小鸟，小鸟才受到了惊吓。此外，学生是知识的探究者与构建者，教师要理解并且信任学生，提出有价值的问题，充分相信学生的自主合作探究能力。叶圣陶先生说："教是为了达到不需要教"，教师所做的一切都是为了引导学生学会自主学习，因此教师需要树立一切为了学生的观念，平等对待每一位学生，关注学生的个性化发展，发现学生之间存在的差异，因材施教，以此凸显学生的主体地位，并且建立平等和谐的师生关系。

2. 唤醒学生学习欲望

古诗词教学大多比较枯燥，需要唤醒学生学习古诗词的主动性与积极性，教师可以开展多种形式的古诗词教学活动，以此打破传统的静态课堂，构建充满活力的动态课堂。首先，教师可以创设情境。《义务教育语文课程标准》提出要"创设真实而富有意义的学习情境"，促进学生学习方式变革可以让学生进行角色扮演，教师创设一个情景，让学生设身处地地感受诗人当时的想法。例如在《赠汪伦》的教学中，教师让两位同学分别扮演汪伦和李白，学生一开口的"太白兄"和"文焕兄"将师生全体带入古诗词中，随后他们更令人惊喜。角色扮演不仅能让学生更真切地感受诗人表达的情感，也体现了以学生为主体，学生是学习过程中的主人翁。其次，教师可以运用多媒体，丰富教学内容。这个过程不是简单的视频或者音乐导入，而是利用课余或课后时间，鼓励学生在日常生活中学习古诗词，例如观看"中国诗词大会""经典咏流传"等节目，激发学生对古诗词的兴趣，鼓励发现诗词中的美，形成健康的审美情趣。最后，进行跨学科学习实践。教师可以将古诗词教学与阅读课、写作课、绘画课相结合，学生想象自己是诗人，用现代汉语将古诗词写成小作文，还可以续写、编写和改写，或者是学生画出自己心中的景色，体现学生对古诗词的独特理

解，运用多种样式呈现作品，发挥学生自己的创造性。

3. 激励学生释放能量

教师需要用评价的方式激励学生、肯定学生。《义务教育语文课程标准》要求"教师应树立'教—学—评'一体化的意识，科学选择评价方式，合理使用评价工具，妥善运用评价语言，注重鼓励学生，激发学习积极性。"例如在教师教学生学的过程中，诵读是学习诗歌的重要环节，许多学生因为害羞读的很小声，这时教师应该大力鼓励此类学生，肯定此类学生的能力。还有课堂教师让学生出声朗读课文时，学生虽然读得很通顺，但却没有感情，这种诵读无法体会诗人所表达的情感，既违背注重学生情感体验的要求，无法体会诗歌语言的美感，也违背了培养学生良好语感的要求。教师应该用饱满的情感先给学生范读诗歌，使学生体会到诗歌语言的美感，然后激励学生有感情的诵读诗歌，认真听每一位学生的诵读并且做出相应的评价，不以背诵为目的。评价还体现在教师评价内容的多样上，例如用"欲穷千里目，更上一层楼"评价学生取得进步；用"千磨万击还坚劲，任尔东西南北风"表扬学生遇到问题不退缩，勇于面对的品质；用"少壮不努力，老大徒伤悲"劝勉学生不要浪费时间，趁早学习，用诗歌评价学生，更能激发学生学习诗歌的兴趣。

五、结语

本文以"生态理念"为基础，尝试建构以"尊重、唤醒、激励"为核心理念的生态课堂对小学古诗词进行教学探究。

生态教学理念由于新课程改革而被专家学者越发重视，用此理念教学能区别于传统的古诗词教学。通过对小学古诗词生态教学现状的了解可知，小学是学生学习古诗词的基础时期，激发学生对古诗词的兴趣，培养学生掌握学习鉴赏古诗词的方法，能为初高中的学习奠定坚实的基础。同时，学生学习古诗词不仅能够丰富情感体验，还能提高审美意识，促进学生语文核心素养的发展。

建构以"尊重、唤醒、激励"为核心理念的生态课堂，为古诗词教学提供了另一种新的教学形式。不仅能把课堂还给学生，体现学生的主体性，还能通过开展多种多样的教学活动，帮助学生更好地体会古诗词所表达的思想情感，建构和谐、开放的生态课堂。

参考文献

[1] 林立琼. 新课改背景下高中语文生态有效课堂教学实践探究——评《教师成长之路——高中语文生态有效课堂教学研究与反思》[J]. 中国教育学刊，2021(4):123.

[2] 罗勇华. 教育成长之路：高中语文生态课堂教学研究与反思 [M]. 成都：西南交通大学出版社，2017.

[3] 教育部. 义务教育语文课程标准（2022年版）[M]. 北京：北京师范大学出版社，2022.

[4] 课程教材研究所，小学语文课程教材研究开发中心. 义务教育课程标准实验教科书语文五年级下册教师教学用书 [M]. 北京：人民教育出版社，2013.

[5] 课程教材研究所，小学语文课程教材研究开发中心. 义务教育课程标准实验教科书语文六年级下册教师教学用书 [M]. 北京：人民教育出版社，2013.

小学生亲子沟通与自尊[1]

梁丰[2]，李盼盼，杨思琪

摘要： 为了进一步提高小学生的心理健康水平，为心理健康教育工作的有效开展提供依据和指导。本文采用《亲子沟通问卷》和《自尊量表》，对326名小学生进行问卷调查，探究亲子沟通与自尊的关系。结果表明，小学生亲子沟通与自尊呈显著正相关；亲子沟通能正向预测自尊。因此，家长要积极与孩子建立良好的沟通桥梁，学校应正确引导父母与子女良性沟通，以提高小学生自尊水平，更好地为小学生心理健康教育工作服务。

关键词： 亲子沟通；自尊；小学生

在经济与科技发展迅速的当下，小学生成长中的家庭结构、校内环境以及整个社会环境都发生了巨大变化，而家庭关系和同伴关系与学生的自尊发展紧密相关。亲子关系中，家长与孩子的交流是必不可少的，家庭关系中父母与孩子之间互相交换自己的信息意见、表达自己的观点、抒发自身情感和态度的过程称为亲子沟通。在个体成长最初期建立的人际关系就是亲子关系，它关系着儿童成长期间身心发展的健康，甚至还影响未来儿童人际交往关系的发展。父母与孩子有效的沟通会造就一个良好的沟通氛围。儿童时期没有与父母建立良好的沟通，会造就成年之后一系列心理健康问题，所以亲子沟通程度的好坏，对儿童这一时期个体身心健康发展尤为重要。当亲子沟通出现问题或亲子沟通程度不高时，家庭成员之间的关系变得尤为紧张，这样会造成儿童在遇到困难时可能会无法正确客观地认清问题的本质，导致思绪混乱甚至是行为的偏差，对自身或他人造成不可挽回的伤害。

自尊是个体基于自我独立意识苏醒的发展，产生和形成欣赏自我、尊重自我，并希望可以得到他人、群体和社会普遍认同及尊重的情感生活体验，是自我意识的一部分，是人们赞美、关注、欣赏自己的程度，是对自己价值感总体情感上的评价。小学这一阶段的主要任务是获得勤奋刻苦意识，避免自卑情绪，体验实现自己的价值能力，是重要的形成以及塑造健全人格的时期。但多重因素影响下，学生会表现出不同的心理健康问题，许多因素会对学生的自尊产生影响。有研究证实，自尊的发展主要受个体内部和外部环境因素的影响，家庭和同伴交往是其中影响最大的因素。孩子会尊重并重视父母的教导，父母与孩子应站在平等的角度交流，合理引导孩子探索自己的内心和发掘了解世界，这样对孩子掌握交往技能和建立正确世界观有极大帮助。

本文旨在了解小学生亲子沟通与自尊的现状及特点，探讨小学生亲子沟通与自尊的关系，为提高小学生自尊提出针对性的建议和意见，为提高小学生心理健康水平提供支持与建议。

---

[1] 基金项目：陕西乡村基础教育研究课题：陕西省乡村振兴战略背景下农村留守儿童研究（SXJY202218）
[2] 作者介绍：梁丰，1986年生，河南虞城人，教育学硕士，副教授，研究方向为：心理健康教育

一、对象与方法

(一) 研究对象

本研究采用分层随机取样法,选取陕西某小学四、五、六年级的小学生作为被试。发放问卷356份,回收有效问卷共326份,有效回收率为91.57%(见表1)。

表1 被试的具体分布情况

人口学变量	类别	人数(人)	百分比(%)
性别	男	173	53.1
	女	153	46.9
是否独生子女	是	97	29.8
	否	229	70.2
年级	四年级	105	32.2
	五年级	109	33.4
	六年级	112	34.4
父亲文化程度	大学及以上	151	46.3
	中学(中专)	52	16.0
	小学及以下	123	37.7
母亲文化程度	大学及以上	148	45.4
	中学(中专)	42	12.9
	小学及以下	136	41.7

(二) 研究工具

1. 亲子沟通问卷

《亲子沟通问卷》是由王树青等人修订的中文版本,问卷包括20个项目,每一个问题学生都要从父亲和母亲两个不同的角度回答。问卷使用的是5点计分,"1 = 很不符合""2 = 较不符合""3 = 难以确定""4 = 较符合""5 = 很符合",问卷总的得分情况越高就代表着学生的亲子沟通质量越高。该问卷各项指标都符合测量学的要求,具有较高的信度和效度。

2. 自尊量表

《自尊量表》采用由国内学者汪向东等人修订的中文版。共10个项目,采用5点计分,"1 = 完全不符合""2 = 较不符合""3 = 难以确定""4 = 较符合""5 = 完全符合",得分越高,表示自尊水平越高。量表信度0.82以上,效度0.65以上。可以看出,该问卷各项指标都符合测量学的要求,具有较高的信度和效度。

（三）研究程序

量表按照心理测验程序进行施测。随机抽取自习班级进行测验，向被试说明注意事项，测验没有时间限制，基本都在 20min 之内完成。为防止有的学生没写或者写错，当场回收问卷并查看，这样可以保证研究结果的可靠度。

（四）数据处理

采用 Microsoft Excel 2007 进行数据录入与管理，继而采用 SPSS17.0 统计软件进行分析处理，统计方法包括描述统计、独立样本 t 检验、单因素方差分析、相关分析和回归分析。

二、结果与分析

（一）小学生亲子沟通与自尊的基本状况

本研究调查发现，小学生亲子沟通与自尊的平均分均高于中值，说明小学生的亲子沟通良好，自尊水平较高，数据见表2。

表2 小学生亲子沟通与自尊的基本状况

变量	平均数	中值	标准差
父子沟通	68.43	60	14.40
母子沟通	70.57	60	13.85
自尊水平	38.15	30	8.00

（二）小学生亲子沟通与自尊的差异比较

1. 小学生亲子沟通与自尊在性别、是否独生子女上的差异比较

本研究对小学生亲子沟通与自尊在性别、是否独生子女上进行独立样本 t 检验显示，不同性别小学生的父子沟通、母子沟通与自尊不存在显著的差异（$P > 0.05$）；独生子女与非独生子女的父子沟通、母子沟通与自尊也不存在显著的差异（$P > 0.05$），数据见表3。

表3 小学生亲子沟通与自尊在性别、是否独生子女上的差异比较

条件	父子沟通	母子沟通	自尊水平
男（$n = 176$）	68.55 ± 13.75	70.72 ± 12.72	38.20 ± 8.09
女（$n = 126$）	68.29 ± 15.14	70.41 ± 15.05	38.09 ± 7.88
t	0.16	0.20	0.12
p	0.87	0.84	0.91
独生子女（$n = 45$）	69.20 ± 13.82	72.32 ± 12.11	39.19 ± 8.01
非独生子女（$n = 257$）	68.10 ± 14.66	69.83 ± 14.48	37.71 ± 7.94

续表

条件	父子沟通	母子沟通	自尊水平
t	0.63	1.49	1.53
p	0.55	0.14	0.45

2. 小学生亲子沟通与自尊在年级上的差异比较

本研究对小学生亲子沟通与自尊在年级上的差异比较进行单因素方差分析显示，不同年级小学生的父子沟通、母子沟通与自尊均存在显著的差异（$P<0.05$），具体表现为四、五年级的父子沟通与母子沟通均高于六年级；六年级的自尊高于四年级，即总体上高年级学生的自尊要高于低年级学生，数据见表4。

表4 小学生亲子沟通与自尊在年级上的差异比较

变量	四年级（$n=105$）	五年级（$n=109$）	六年级（$n=112$）	F	P	LSD^*
父子沟通	70.11 ± 11.76	70.88 ± 14.32	64.54 ± 15.95	6.49	0.02	1, 2 > 3
母子沟通	73.07 ± 11.14	71.32 ± 14.40	67.51 ± 70.57	4.71	0.01	1, 2 > 3
自尊水平	36.15 ± 7.98	38.61 ± 8.25	39.42 ± 6.82	3.95	0.02	3 > 1

*注：1 = 四年级，2 = 五年级，3 = 六年级。

3. 小学生亲子沟通与自尊在父亲文化程度上的差异比较

本研究对小学生亲子沟通与自尊在父亲文化程度上的差异比较进行单因素方差分析显示，父亲文化程度不同的小学生的父子沟通与自尊均存在显著的差异（$P<0.05$），具体表现为父亲文化程度在大学及以上的父子沟通与自尊均高于父亲文化程度在小学及以下的，即总体上父亲文化程度高的小学生父子沟通更好，学生自尊水平也更好，数据见表5。

表5 小学生亲子沟通与自尊在父亲文化程度上的差异比较

变量	大学及以上（$n=151$）	中学（中专）（$n=52$）	小学及以下（$n=123$）	F	P	LSD^*
父子沟通	71.23 ± 13.23	67.96 ± 16.34	65.19 ± 14.32	6.20	0.00	1 > 3
母子沟通	72.33 ± 13.38	70.54 ± 15.13	68.42 ± 13.66	2.74	0.07	—
自尊水平	39.93 ± 8.02	37.96 ± 7.64	36.04 ± 7.60	8.43	0.00	1 > 3

*注：1 = 大学及以上，2 = 中学（中专），3 = 小学及以下。

4. 小学生亲子沟通与自尊在母亲文化程度上的差异比较

本研究对小学生亲子沟通与自尊在母亲文化程度上的差异比较进行单因素方差分析显示，母亲文化程度不同的小学生的父子沟通、母子沟通与自尊均存在显著的差异（$P<0.05$），具体表现为母亲文化程度在大学及以上的父子沟通、母子沟通与自尊均高于母

亲文化程度在小学及以下的，即总体上母亲文化程度高的小学生父子沟通、母子沟通更好，自尊水平也更好，数据见表6。

表6 小学生亲子沟通与自尊在母亲文化程度上的差异比较

变量	大学及以上 ($n = 148$)	中学（中专） ($n = 148$)	小学及以下 ($n = 148$)	F	P	LSD^*
父子沟通	70.95 ± 13.83	69.00 ± 15.52	65.51 ± 14.22	5.21	0.01	1 > 3
母子沟通	73.62 ± 13.38	72.67 ± 11.69	67.35 ± 14.39	6.61	0.00	1 > 3
自尊水平	39.93 ± 8.02	37.96 ± 7.64	36.04 ± 7.60	8.43	0.00	1 > 3

*注：1 = 大学及以上，2 = 中学（中专），3 = 小学及以下。

（三）小学生亲子沟通与自尊的相关分析

本研究对小学生亲子沟通与自尊的相关分析显示，父子沟通与自尊显著正相关；母子沟通与自尊显著正相关，说明亲子沟通越好，小学生自尊水平越高，数据见表7。

表7 小学生亲子沟通与自尊的相关分析

变量	父子沟通	母子沟通	自尊
父子沟通	1	—	—
母子沟通	0.736**	1	—
自尊水平	0.542**	0.543**	1

注：** 表示 $P < 0.01$。

（四）小学生亲子沟通与自尊的回归分析

本研究以自尊为因变量，父子沟通、母子沟通为自变量，采用回归分析方法，建立回归方程，结果显示：父子沟通与母子沟通共同解释了自尊的33.5%，这说明，父子沟通与母子沟通对其自尊存在正向预测作用。小学生亲子沟通越好，自尊水平也越高，数据见表8。

表8 小学生亲子沟通与自尊的回归分析

因变量	预测变量	R	R^2	ΔR^2	B	F	t
自尊	父子沟通	0.543	0.295	0.293	0.172	83.011***	4.647***
	母子沟通	0.583	0.339	0.335	0.181	135.796***	4.709***

注：*** 表示 $P < 0.001$。

三、讨论

（一）小学生亲子沟通的现状及特点分析

本研究调查结果显示，总体看来，亲子沟通程度中孩子与母亲的沟通交流明显高于父亲。研究发现，儿童在谈论私密话题时，与母亲沟通的感觉更放松，这是因为母亲和父亲在家庭中承担的角色不同。在家庭中，母亲对孩子投入了更多关注，更多的对孩子予以理解和接受，反应更温和；而父亲更具决断性，拥有更多的权威，因此孩子不愿与父亲谈论有关情绪和私密的事情。与父亲相比，母亲更愿意、更积极、更认真地主动花时间与孩子进行交流。当孩子与父亲沟通时，主导对方的动机低于与母亲沟通，所以孩子更愿意听从父亲的教诲。而与母亲进行沟通时学生却更加容易开放、坦诚地表达他们自己内心的真实想法和感受，并且会更容易更好地倾听母亲的观点。

亲子沟通在年级上的差异总体表现为，低年级亲子沟通要高于高年级，造成这种差异的主要原因是低年级的学生没有很强的独立意识，依然有很强的依赖性，在学习生活中遇到的各种趣事希望与父母分享，遇到困难或烦恼第一时间会想到寻求父母的帮助，愿意听取父母的意见，亲子之间就能够进行更多敞开心扉的沟通。而小学五、六年级学生，逐渐形成自我意识，即将步入青春期，生理和心理发展逐渐复杂，孩子更愿意自己去探索解决问题的方法，父母的知识和教育方式逐渐与孩子的自主意识相违背，从而导致个体在人格上的主观偏执。对父母的关爱厌烦和排斥，产生逆反心理，随着年级的升高，并且随之而来的学习任务加重和升学压力等因素，父母对孩子的关注度主要集中在孩子的学习上，常常忽略了与孩子内心的交流，这就导致孩子容易出现一些消极的、不良的沟通情绪。同时，很多家长依然把孩子当成长不大的儿童，对孩子产生的逆反心理表示出不解，认为无法与孩子沟通，反而增强对孩子的约束和限制，没有及时调整教育方式，因而导致子女的逆反心理，影响和子女的沟通。

小学生父母文化程度高的亲子沟通水平要高于父母文化程度低的。父母的文化程度直接影响家庭中孩子成长过程中的心理环境，并且父母的自尊与价值观也会传递给孩子，从而影响对子女的教育态度和教育方式，并且言传身教，对儿童的发展产生积极正向的影响。文化程度高的父母有更科学的教育思想，更能以平等的角度与孩子沟通交流，能够及时知道孩子的学习生活动态，了解孩子，适时鼓励孩子，使他们能养成正向积极的好习惯；文化程度低的父母没有接受足够的知识教育，对孩子没有威信，一味放任或一味专治，孩子不能与父母进行良性的亲子沟通，会影响孩子的心理健康发展。

（二）小学生自尊的现状及特点分析

本研究调查结果显示，小学生自尊的平均分均高于中值，说明小学生的自尊水平较高。本研究对小学生自尊的差异分析的研究发现：小学生自尊发展水平在性别上不存在显著差异，在得分上，男生的分数略高，这可能与女生思考问题比较多，顾虑比较多，反而限制了其发展。

小学生自尊发展水平在是否独生子女上不存在显著差异。其原因可能因为二胎政策放开，本研究中大多数学生为非独生子女。但在以往的研究中表示，由于我国独生子女教育家庭中父母文化教养行为方式不同的特点，父母只有一个孩子，就会对孩子的关注度过高，容易对孩子迁就和溺爱，反而会压抑子女的自主独立学习的意识，使孩子产生依赖性，缺乏独立性和自尊感。父母越是偏爱孩子，就越有可能苛责孩子，过度的惩罚或者盲目的拒绝和否定都会影响孩子的独立发展。因此，独生子女独立意识差，在面对困难时可能反应消极。父母有多个子女的非独生子女家庭，多个孩子一定程度上分散了父母的注意力，这样对于孩子个体来讲，父母较少干预孩子的自主行为，让孩子可以体验到更多的实践发展机会，感受到自我管理和价值的实现，增进自豪感和自尊心，而这些孩子更愿意选择通过提高自己的方式亲历社会实践并且赢得更多的尊重。

小学生自尊发展水平在年级上存在显著差异，高年级小学生自尊水平高于低年级。小学生自我意识在三、四年级发展相对较为平稳，而五六年级正处于自我意识的第二个发展高峰。有研究说明，儿童自尊发展的年龄特点是：10到12岁自尊逐渐上升，13到15岁又逐渐下降；儿童自尊水平与年级表现的差异特点是：小学四年级至六年级自尊水平逐渐升高，本研究也证实了上述观点。儿童随着学习文化知识、活动能力的不断提高及社会交往范围的扩大，渴望同伴的认同与支持，使自己感受到在群中自我存在的重要性；希望在学习和活动中展现成就、实现的价值，证明自己具有处事接物的能力，从而产生自信心。

小学生自尊发展水平在父母文化程度上存在显著差异，高学历的父母多数可以支持和鼓励子女发展更高的自尊。感受到自己父母的关爱和理解越多的学生通过自尊发展水平程度越高，而不当的教养行为，过度溺爱或过度严厉，都会使孩子的整体自尊水平降低。父母教育孩子的方式对自尊的形成起着重要作用，接受过高等教育的父母，他们的孩子自尊水平会更高，这是因为受教育程度高的父母可以更好地理解和选择好的父母教养方式，充分尊重孩子的意愿，使孩子在关爱和尊重中成长，更加自信，拥有更强的自尊。

（三）小学生亲子沟通与自尊的关系分析

本研究的相关分析表明，亲子沟通与自尊存在正相关，回归分析结果显示，亲子沟通对青少年的自尊有正向预测作用，说明父母与孩子有良好的亲子沟通，会正向积极影响孩子的自尊。父母在教育子女的过程中会对孩子输出自己的知识和经验，而要孩子重视父母交流的信息，建立在父母和孩子之间有着良好的亲子沟通。这些信息对孩子掌握交往技能和建立正确世界观有极大帮助。所以亲子之间沟通越好，越有助于帮助青少年发展积极的人际关系，这样，从而受到同龄人的欢迎，间接培养他们积极的自尊。

四、结论与启示

小学生亲子沟通良好，自尊水平较高；小学生亲子沟通与自尊在年级和父母文化程度上存在显著差异；小学生亲子沟通与自尊显著正相关，亲子沟通能够正向预测自尊水平。

家庭环境对小学生人格塑造、个性形成、社会适应影响深远，小学生正处在身体和心智发展的关键阶段，也是形成以及塑造健全的人格的重要阶段，学生要通过人际交往对周围的环境进行不断探索，自尊对小学认识自我、判断自我及自我概念的发展有着重要影响，并直接关系着小学生的人格塑造和心理健康。因此，提高小学生自尊水平可以从以下几个方面进行：

（一）家长方面的建议

作为孩子最亲近的人，家长要积极与孩子建立良好的沟通桥梁，尤其是父亲平时可能忙于工作，疏于与孩子之间的沟通，父亲应积极参与孩子的教育，要通过及时和充分的沟通交流，实现关爱平衡，使家庭生活更为和谐，促进孩子健康发展。

（二）学校方面的建议

学校应正确引导父母与子女良性沟通，通过举办公开讲座、亲子团辅活动等方式增进亲子沟通的距离，让家长们意识到，亲子沟通的重要性，加深亲子沟通；鼓励学生上课积极参与，主动发表自己的观点；多组织校园趣味活动，增进同学之间的社交机会，鼓励引导较为内向的同学也能发挥他们的特长，参与到集体活动中来。

（三）社会方面的建议

创建和谐社会，为融洽的家庭氛围营造良好的社会大环境；网络媒体可以加强对家庭亲子沟通的宣传教育，社区多组织活动，让孩子意识到和谐的人际关系对自身发展的重要性；多宣传小学生美德故事，让学生看见榜样的力量；让小学生在健康的环境中成长，塑造健全的人格，提高整体自尊水平。

参考文献

[1] 李燕. 亲子沟通对青少年成长的影响及提升策略 [J]. 中国德育，2020,4:24-28.

[2] 徐云，李幸，余小敏. 成都地区亲子沟通现状调查 [J]. 中国妇幼保健，2013,28(27): 4509-4510.

[3] 杨晓莉，邹泓. 青少年亲子沟通的研究 [J]. 心理与行为研究，2005,3(1):39-43.

[4] 方晓义，戴丽琼，房超，等. 亲子沟通问题与青少年社会适应的关系 [J]. 心理发展与教育，2006,3:47-52.

[5] 王明忠，周宗奎，范翠英，等. 父母冲突对青少年社交焦虑的影响：序列中介效应分析 [J]. 心理发展与教育，2013,29(2):166-173.

小学生师生关系与学习动机对学业成绩的影响研究[1]

梁丰[2]，李盼盼，崔连诗

摘要：为了进一步提高小学生学业成绩、改善学习心理问题提供依据和指导。本文采用《师生关系量表》和《学习动机问卷》对302名小学生进行问卷调查，探究小学生师生关系、学习动机与学业成绩的关系。结果表明，小学生师生关系、学习动机与学业成绩均存在显著的正相关，小学生师生关系、学习动机对学业成绩有正向预测作用；因此，可以通过改善小学生师生关系、提高小学生学习动机等方面提高其学业成绩。

关键词：师生关系；学习动机；学业成绩；小学生

小学生正处在健全人格塑造的一个关键时期，和谐的师生关系和学习动机有利于其小学生在各个方面的成长，帮助小学生去改善提高其学习的主动性，从而取得学业上的成功。

师生关系在教学过程中有至关重要的地位，师生关系是一种特殊的社会关系和人际关系，而随着社会的发展，对老师和学生关系有了新的要求，即尊重老师爱护学生、老师对学生不能搞专制、特权，要和学生平等交流，教学和教育相长及了解和理解学生心理。那么师生关系如何去衡量呢？师生关系是指老师和学生在日常学习和交往过程中通过思想、交流对话、相互的感情、日常活动交往过程中进行的更为直观的活动与交流，是一种在学习和育人上的老师与学生的紧密关系。而师生关系的好与坏会对学生在学校的行为特点产生影响，从而影响到学生的学习成绩。

在心理学范畴中，学习动机是许多科研要素中极为重要的一个方面，是研究学生心理健康程度与学习能力，而且行为趋于某个学习目标的内在原因或动力。王学红（2007）认为，学习动机是更为直观能促进学生去开展学习活动的内在推动力，这时就需要对学生进行学习动机的点播与鼓励表扬。而外部动机的产生条件就不再和学生自身的想法及兴趣点有关了，它经常是产生于外在的因素，比如老师的表扬奖励及家长的鼓励支持。学生去参与学习内容是为了得到自己想要的而形成的动机。学习动机对学业成绩有着非常明显的影响，而学习动机的培养就是要抓住它的关键期，也就是在小学时期。这一时期小学生的生理和心理都处于发展期，各方面的可塑性比较强。这对于重塑或者改变已有的一些不好的品质都会更有利。但是这个时期也容易受到各种因素的影响，如电脑游戏、学生之间的不良交往等，这些都会对良好学习动机的形成产生不利影响。因此，培养学生良好学习动机的品质就显得刻不容缓。

---

[1] 基金项目：陕西乡村基础教育研究课题：陕西省乡村振兴战略背景下农村留守儿童研究（SXJY202218）；陕西省教育学会课题：初中学生心理危机干预研究（SJHYBKT2022141）

[2] 作者介绍：梁丰，1986年生，河南虞城人，教育学硕士，副教授，研究方向为：心理健康教育

学业成绩是衡量升学、个体成功、学校教育质量的一个重要指标，也是国内外教育研究的焦点。因此，为了更好地解决学业成绩问题，有必要了解小学生学业成绩的现状，从师生关系、学习动机两个方面探讨其学业成绩的影响。

一、对象与方法

（一）研究对象

本研究采用分层随机取样法，选取陕西某小学三至六年级的小学生作为被试。发放问卷 350 份，回收有效问卷共 302 份，有效回收率为 86.29%（见表 1）。

表 1　被试的具体分布情况

人口学变量	类别	人数（人）	百分比（%）
性别	男	176	58.28
	女	126	41.72
是否独生子女	否	257	85.10
	是	45	14.90
年级	三年级	66	21.85
	四年级	84	27.82
	五年级	65	21.52
	六年级	87	28.81
是否学生干部	是	83	27.48
	否	219	72.52

（二）研究工具

1. 师生关系量表

采用北京师范大学张磊编制的《师生关系量表》进行调查问卷。量表包含冲突性、依恋性、亲密性、回避性四个维度，共计 22 个项目。该量表从"完全不符合"到"完全符合"依次记为 1~5 分。在依恋性、亲密性上的得分表示的是师生关系的积极程度；在冲突性和回避性上的得分表示师生关系的消极程度。总得分越高，表示师生关系越好。该问卷各维度的内部一致性信度系数介于 0.40~0.81，总问卷的 α 系数为 0.80。该问卷各项指标都符合测量学的要求，具有较高的信度和效度。

2. 学习动机问卷

《学习动机问卷》是由学者余安邦编制的《个人取向成就动机量表》（内部动机）和《社会取向成就动机量表》（外部动机）混合而成，共 13 个条目，该量表采用 5 点计分（1—完全不符合，5—完全符合）。其中第 2 题、第 13 题为反向计分题，得分越高表明学习动机越强。该问卷各项指标都符合测量学的要求，具有较高的信度和效度。

3. 学业成绩

本研究中所涉及的学业成绩变量，来自学校各班级学生最近一次期中考试的语文、数学、英语三科成绩的总分。为了避免出现差异，将语文、数学、英语三科成绩相加的平均值转化为分数作为学业成绩总分。

(三) 研究程序

量表按照心理测验程序进行施测。随机抽取自习班级进行测验，向被试说明注意事项，测验没有时间限制，基本都在 15 min 之内完成。为防止有的学生没写或者写错，当场回收问卷并查看，这样可以保证研究结果的可靠度。

(四) 数据处理

采用 Microsoft Excel 2007 进行数据录入与管理，继而采用 SPSS17.0 统计软件进行分析处理，统计方法包括描述统计、独立样本 t 检验、单因素方差分析、相关分析和回归分析。

二、结果与分析

(一) 小学生师生关系、学习动机的基本状况

本研究调查发现，小学生师生关系总分项目均分高于理论中值，说明小学生的师生关系总体良好。小学生学习动机总分及各个维度的平均分均高于中值，说明小学生的学习动机水平比较高，数据见表2。

表2 小学生师生关系及学习动机的基本状况

变量	$M \pm SD$	项目均分
师生关系总分	64.52 ± 7.99	2.93
回避性	10.19 ± 2.51	2.55
冲突性	16.06 ± 6.50	1.78
亲密性	18.79 ± 4.71	4.70
依恋性	19.48 ± 3.44	3.90
学习动机总分	45.40 ± 5.75	3.49
内部动机	21.98 ± 3.20	3.66
外部动机	23.42 ± 3.92	3.35

(二) 小学生师生关系、学习动机的差异比较

1. 小学生师生关系的差异比较

本研究对小学生师生关系的性别、是否独生子女、是否学生干部差异进行独立样本 t 检验显示，不同性别小学生的冲突性和亲密性存在显著的差异（$P < 0.05$），具体表现为男生

的冲突性得分高于女生，亲密性上女生得分高于男生；是否为学生干部小学生项的亲密性存在显著的差异（$P < 0.05$），具体表现为学生干部的亲密性得分高于非学生干部，数据见表3。

表3 小学生师生关系的差异比较（1）

条件	师生关系总分	回避性	冲突性	亲密性	依恋性
男（$n = 176$）	64.42 ± 8.34	10.38 ± 2.64	16.91 ± 6.61	17.98 ± 5.01	19.16 ± 3.50
女（$n = 126$）	64.65 ± 7.50	9.92 ± 2.30	14.88 ± 6.18	19.93 ± 4.01	19.92 ± 3.31
t	-0.247	1.573	2.701	-3.766	-1.907
p	0.805	0.117	0.007	0.000	0.058
独生子女（$n = 45$）	64.23 ± 7.66	10.44 ± 2.53	16.36 ± 7.12	18.40 ± 5.59	19.07 ± 4.28
非独生子女（$n = 257$）	64.56 ± 8.05	10.14 ± 2.51	16.01 ± 6.40	18.86 ± 4.55	19.55 ± 3.27
t	0.227	-0.739	-0.327	0.518	0.719
p	0.82	0.46	0.744	0.606	0.475
学生干部（$n = 83$）	65.42 ± 7.98	10.12 ± 2.77	15.36 ± 6.91	19.91 ± 4.35	20.02 ± 3.10
非学生干部（$n = 219$）	64.17 ± 7.98	10.21 ± 2.41	16.33 ± 6.33	18.36 ± 4.78	19.27 ± 3.54
t	1.213	-0.29	-1.156	2.585	1.815
p	0.226	0.772	0.249	0.010	0.071

本研究对小学生师生关系在年级上进行单因素方差分析显示，不同年级小学生的师生关系总分及冲突性、亲密性、依恋性存在显著差异（$P < 0.05$），具体表现为四年级在冲突性维度上的得分高于三年级、五年级、六年级的学生；五年级在依恋性、亲密性维度上的得分高于三年级、四年级、六年级的学生；三年级在师生关系总分维度上的得分高于四年级、五年级、六年级的学生，数据见表4。

表4 小学生师生关系的差异比较（2）

条件	三年级（$n = 66$）	四年级（$n = 84$）	五年级（$n = 65$）	六年级（$n = 87$）	F	P	LSD*
师生关系总分	66.88 ± 9.70	64.02 ± 8.59	65.78 ± 5.45	62.04 ± 6.85	5.515	0.001	3 > 4,5,6
回避性	10.04 ± 2.67	10.72 ± 2.51	9.68 ± 2.36	10.16 ± 2.45	2.171	0.092	
冲突性	17.46 ± 7.38	18.72 ± 6.17	12.96 ± 5.55	14.76 ± 5.43	13.284	0.000	4 > 3,6,5
亲密性	19.68 ± 4.00	16.44 ± 5.04	22.04 ± 3.52	18.00 ± 4.14	23.329	0.000	5 > 3,6,4
依恋性	19.80 ± 3.23	18.20 ± 3.62	21.10 ± 2.63	19.25 ± 3.46	9.751	0.000	5 > 3,6,4

*注：3 = 三年级，4 = 四年级，5 = 五年级，6 = 六年级。

2. 小学生学习动机的差异比较

本研究对小学生师生关系的性别、是否独生子女、是否学生干部差异进行独立样本 t 检验显示，不同性别小学生的内部动机存在显著的差异（$P < 0.05$），女生的内部学习动机高于男生；小学生学习动机在其他变量上不存在显著差异（$P > 0.05$），数据见表5。

表5 小学生学习动机的差异比较（1）

条件	学习动机总分	内部动机	外部动机
男（$n = 176$）	3.46 ± 5.50	3.58 ± 3.28	3.36 ± 3.68
女（$n = 126$）	3.53 ± 6.07	3.78 ± 2.96	3.33 ± 4.34
t	-1.36	-3.145	0.535
p	0.175	0.002	0.593
独生子女（$n = 45$）	3.42 ± 6.03	3.63 ± 3.63	3.23 ± 4.42
非独生子女（$n = 257$）	3.51 ± 5.70	3.67 ± 3.12	3.37 ± 3.82
t	1.262	0.503	1.443
p	0.208	0.616	0.150
学生干部（$n = 83$）	3.46 ± 4.72	3.82 ± 2.74	3.25 ± 3.62
非学生干部（$n = 219$）	3.51 ± 6.10	3.65 ± 3.36	3.38 ± 4.00
t	-0.928	0.722	-1.813
p	0.354	0.471	0.071

本研究对小学生学习动机在年级上进行单因素方差分析显示，不同年级的小学生学习动机存在显著的差异（$P < 0.05$），具体表现为五年级小学生在学习动机总分及内部动机维度上的得分高于四年级和六年级的学生；三年级小学生在外部动机维度上的得分高于四年级和六年级的学生，数据见表6。

表6 小学生学习动机的差异比较（2）

条件	三年级（$n = 66$）	四年级（$n = 84$）	五年级（$n = 65$）	六年级（$n = 87$）	F	P	LSD^*
学习动机总分	47.12 ± 5.55	44.17 ± 5.81	47.22 ± 5.55	43.92 ± 5.34	7.838	0.000	5 > 4,6
内部动机	22.64 ± 2.53	21.12 ± 3.48	23.55 ± 3.09	21.13 ± 2.91	11.333	0.000	5 > 4,6
外部动机	24.48 ± 4.03	23.05 ± 3.57	23.66 ± 4.13	22.79 ± 3.88	2.751	0.043	3 > 4,6

*注：4 = 四年级，5 = 五年级，6 = 六年级。

(三) 小学生师生关系、学习动机与学业成绩的相关分析

1. 小学生师生关系与学习动机的相关分析

本研究对小学生师生关系与学习动机的相关分析显示，师生关系与学习动机显著相关；具体表现为小学生师生关系总分、亲密性、依恋性与学习动机总分及内部动机、外部动机之间存在显著正相关；回避型、冲突性与学习动机总分及内部动机之间存在着显著负相关，数据见表7。

表7　小学生师生关系与学习动机的相关分析

变量	师生关系总分	回避性	冲突性	亲密性	依恋性
学习动机总分	0.211**	-0.144*	-0.137**	0.377**	0.338**
内部动机	0.152**	-0.275**	-0.339**	0.533**	0.463**
外部动机	0.186**	-0.013	-0.076	0.118*	0.118*

注：* 表示 $P < 0.05$，** 表示 $P < 0.01$。

2. 小学生师生关系、学习动机与学业成绩的相关分析

本研究对小学生师生关系、学习动机与学业成绩的相关分析显示，师生关系、学习动机与学业成绩显著相关，具体表现为小学生师生关系总分、亲密性、依恋性与学业成绩总分存在显著正相关；小学生学习动机总分、内部动机、外部动机与学业成绩存在着显著正相关，数据见表8。

表8　小学生师生关系、学习动机与学业成绩的相关分析

变量	学业成绩	语文成绩	数学成绩	英语成绩
师生关系总分	0.162**	0.093	0.158**	0.110
回避性	-0.056	-0.002	-0.041	-0.068
冲突性	-0.029	-0.016	-0.002	-0.048
亲密性	0.181**	0.095	0.138*	0.170**
依恋性	0.225**	0.117*	0.212**	0.163**
学习动机总分	0.732**	0.474**	0.592**	0.545**
内部动机	0.516**	0.331**	0.418**	0.382**
外部动机	0.654**	0.426**	0.529**	0.489**

注：* 表示 $P < 0.05$，** 表示 $P < 0.01$。

(四) 小学生师生关系、学习动机与学业成绩的回归分析

本研究以学业成绩为因变量，师生关系、学习动机及其各个维度为自变量，采用回归分析方法，建立回归方程，结果显示：外部动机、内部动机、师生关系共同解释了学业成

绩的54.3%，小学生师生关系、学习动机对学业成绩存在正向预测作用，数据见表9。

表9 小学生师生关系、学习动机与学业成绩的回归分析

因变量	R	R^2	ΔR^2	B	F	t
外部动机	0.654	0.427	0.425	0.139	223.892***	13.288***
内部动机	0.735	0.540	0.537	0.127	175.650***	8.467***
师生关系	0.740	0.547	0.543	0.021	120.086***	2.159***

注：*** 表示 $P < 0.001$。

三、讨论

(一) 小学生师生关系的现状及特点

本研究调查结果显示，小学生师生关系处于中等偏上水平，这一结果与江诚、祁问对小学生师生关系的研究相符合。小学生师生关系的各个维度中依恋性和亲密性属于积极程度，其得分越高说明师生关系越好；冲突性和回避性属于消极程度，其得分越低说明师生关系越好。结果表明，小学生师生关系的各个维度得分中最高的是亲密性维度。从排序中可以看出小学生与老师之间的亲密和依恋发展得比较好，且冲突和回避发生的较少。这一研究结果表明小学生在与老师的交往过程中处于和谐友好的氛围中。

本研究对小学生师生关系的差异分析的研究发现：小学生师生关系在性别上存在差异，具体表现为：男生在冲突性维度上的得分高于女生；女生在亲密性维度上的得分高于男生。根据心理学理论，男生的心理发展比女生要晚，所以男生的心理成熟度要比同龄女生低一些，而女生更加善于表达，沟通能力要比男生强，心思更加细腻，所以在遇到问题时，男生更加容易冲动。

小学生师生关系在是否为学生干部上存在显著的差异，具体表现为：学生干部在亲密性维度上的得分要高于非学生干部。学生干部在日常学习中是与老师接触较多，能更加了解老师的想法，能与老师及时沟通交流，进而能够建立良好的师生关系，学生干部也能表现出对老师的亲近。

小学生师生关系在年级上存在着显著的差异，具体表现为：四年级在冲突性维度上的得分高于三、五、六年级的学生；五年级在依恋性、亲密性维度上的得分高于三、四、六年级的学生；三年级在师生关系总分维度上的得分高于四、五、六年级的学生；而三年级和六年级在此维度上不存在显著的差异。总体来说五年级学生在依恋性、亲密性维度上比其他年级发展的要好，五年级的学生正处于认知能力、社会交往能力大变化的时期，这就会对师生关系产生良好的影响。三年级和四年级的学生这时主要的交往对象是同学，对良好师生关系的需求并不大，而六年级的学生开始面临升学的压力，以及此时学生的叛逆心理也逐渐显露出来，冲突和回避也随之产生，这就不利于良好师生关系的发展。

(二) 小学生学习动机的现状及特点

本研究调查结果显示，小学生学习动机总分及各个维度的平均分均高于中值，说明小

学生的学习动机水平比较高。本研究对小学生学习动机的差异分析的研究发现：小学生学习动机在性别上存在差异，表现为女生的内部动机高于男生的内部动机。这一研究与武晶晶关于小学生学习动机的研究一致。原因可能是在女生比男生更顺从家长和老师的期望，而且女生在生理和心理上要比男生发育得早，在学习上更容易表现出主动而积极的学习动机。从整个方面来看，小学生学习动机存在性别差异主要是由男女生成熟期的差异所导致的。

本研究发现，学习动机总分、内部动机在年级上存在显著的差异，具体表现为五年级在学习动机总分与内部动机维度上的得分高于四年级和六年级的学生；而外部动机在年级上不存在显著的差异。总体来说，五年级的学生学习动机总体要优于三、四和六年级的学生，五年级学生此时处于学习的最佳阶段，其认知内驱力以及附属内驱力正处于发展阶段，对学习的肯定、对知识的渴望以及解决问题的需要，还有为了获取来自老师、家长以及社会的赞许和认可而增强其学习动机。

（三）小学生师生关系、学习动机与学业成绩的关系分析

本研究的相关分析表明，师生关系各个维度与学习动机存在显著正相关，这与李新的研究一致，即师生关系越好其学习动机就越强。和谐的师生关系是学生觉得学习有趣的一个非常重要的方面。从这就能够观察出师生关系对学习动机有着一定的影响。师生关系的和谐友好表示学生可以在轻松愉快的环境中学习，那么其学生的学习动机也会随之增强。其中依恋性和亲密性属于积极程度，师生之间如果依恋和亲密性程度高，那么学习动机也会高；冲突性和回避性属于消极程度，此时就要避免师生之间出现矛盾与摩擦，师生之间要通过沟通交流来减少冲突，以达到一个良好的师生关系。

学习动机包括外部动机和内部动机，在小学阶段学生的小学动机主要以外部动机为主，如有的学生纯粹是为了得到表扬或者奖励而去学习，表扬或者奖励作为外在条件即诱因来激发出学生的学习动机，这种外部动机不利于学生的长期发展。要去培养和激发学生的内部动机，引导学生去找到学习真正的乐趣，使自身可以得到满足。

师生关系与学业成绩之间呈显著正相关，这与周文叶的研究一致。回归分析发现师生关系对学业成绩有正向预测作用。如果师生关系好，小学生学习成绩也好；如果师生关系不好，则小学生学习成绩也会差。和谐友好的师生关系可以开创出轻松、有趣而且学习效果很好的课堂气氛，能够让小学生感到放松、快乐、头脑活跃，更便于学生提高其学习成绩。在这种良好的环境下，小学生学习的积极性就高，随之对知识的理解就快，此时能够激发他们的聪明才智，积极主动地学习，学习的效果也会有很大的提高。同样，不良的师生关系会导致学生形成消极的自我概念，进而导致其学业上的不良。因此，在师生交往交流的过程中一定要注意方式方法，双方都要付出自己的努力去维护师生关系，以促进学生改善其学业成绩。

学习动机与学业成绩之间呈显著正相关，这在陈道雪的研究中也得到了相同的结果。回归分析发现学习动机对师生关系有正向预测作用。具体为外部动机对学业成绩有正向预测作用、内外部动机对学业成绩也有正向预测作用。学习动机越强，其各个方面的学习成绩越好。学习动机强的学生不但自身喜欢学习、有能力学习，而且善于学习，其可以取得良好的学习成绩。

参考文献

[1] 王宇. 师生关系和同伴接纳对初中生学业成绩的影响: 自我控制和学业拖延的链式中介作用[D]. 大连: 辽宁师范大学, 2019.

[2] 付宇. 农村寄宿制小学高年级学生师生关系对学业成绩的影响: 自我控制和学业拖延的中介作用[D]. 大连: 辽宁师范大学, 2017.

[3] van de Pol Janneke, van Gog Tamara, Thiede Keith. The relationship between teachers' cue-utilization and their monitoring accuracy of students' text comprehension[J]. Teaching and Teacher Education, 2021,10:104-106.

[4] 李瑞. 小学生学习动机、学业自我效能感与学业成绩的关系及其干预研究[D]. 保定: 河北大学, 2019.

[5] 王学红. 论学生学习动机及其激发与培养策略[J]. 中国成人教育, 2007,3:138-139.

新课程标准下初中物理有效课堂教学探究❶

刘宝盈，李丽君，刘宗辉❷

摘要： 新课程改革的背景下教学被赋予了新的价值观，"双减"政策的实施又对校内教学提出了更高要求，因此，对新课程背景下教学有效性进行探究，可以有效解决新课程背景下初中物理教学中存在的问题且能够确保"双减政策"落到实处。为了探究新课程背景下初中物理有效课堂教学，本文在分析相关研究背景以及相关理论的基础上，通过对当前初中物理有效课堂教学的现状进行调查分析，发现了目前物理课堂教学存在的问题，对问题进行了思考，同时给出了构建新课程背景下初中物理有效课堂教学的策略。

关键词： 新课程标准；初中物理；双减政策；有效课堂

一、引言

在新课程改革背景下，初中物理教学不能还是采用传统的教学模式，应该加强学习和研究新课程标准，积极探索构建高效课堂的措施，提高学生学习效率。提升初中物理课堂有效性，将会促进新课改的推进，完善教师的教学模式以及教学观念；可以提升教师的教学技能，有效实现三维教学目标，以此来促进学生有效进行物理知识的运用，提升学生实践能力。2021年我国开始实施"双减"政策，这项政策一经发布，就引起了社会的广泛关注。"双减"政策对学校教学提出了更高的要求，在减轻学生负担的同时还需要保证教学的质量。这就要求教师的教学要做出相应的改善。

在新一轮基础教育课程改革中，"物理新课程标准"取代了原来的"物理教学大纲"，这不仅是一个名称的替换，更是对物理教学本质要求的改变。物理新课程标准更注重对学生的探究能力、实验操作能力、学习兴趣的培养，但是深入实际的初中物理课堂，正视教学现实，就会发现当前的物理教学仍然有许多问题有待改进和提升。受应试教育的价值导向，目前有很多物理教师在教学中仍然延续传统机械式教学模式，过于注重学生的成绩而忽视学生的学习过程。老师只重视向学生灌输课本知识以提高成绩而没有做到以学生为学习的主体，忽视了教学过程中学生的感受；迫于升学压力在教学中只注重强化训练考试可能会考的重点内容，采用题海的教学战术让学生不断做题，导致学生对物理学习的兴趣降低，产生厌学状况。这样的教学方法不仅效率低下，还与物理新课程标准中强化对学生科学素养的鲜明主题相背离，造成物理课堂机械古板缺少趣味，导致有部分学生对物理课失

---

❶ 基金项目：陕西高等教育教学改革重点研究项目（21BZ075）；陕西乡村基础教育研究课题（SXJY202219）；陕西省教育学会课题（课题编号：SJHYBKT2022166）；商洛学院教育教学改革课程思政专项（21jyjxs106）；商洛学院大学物理教学研究中心资助（22JXYJ01）

❷ 作者介绍：刘宝盈，1967年生，男，陕西洛南人，博士，三级教授，主要从事教育管理研究
李丽君，1991年生，女，河南信阳人，硕士，讲师，主要从事教育教学改革研究
刘宗辉，1997年生，男，陕西渭南人，本科，主要从事中学物理改革研究

去学习的兴趣，被动地学习物理。针对这一现状，教师就需要进行调查研究，准确定位新课改下的课堂教学，以此构建一个高效率的物理课堂，实现有效教学。

对于物理有效课堂教学的研究也逐步从理论走向实践。国内对初中物理有效教学的研究主要体现在以下几个方面：①研究的目的是改变传统应试教育下为了考试而学的弊病，试图用有效的教学方式来替代传统的教学理论、教学方式或教学模式，从而有效落实素质教育理念。②大多学者采用文献法对国外有效教学研究的过程和经历进行引进、学习、评论和探讨，从理论层面探索和解决我国"应试教育"问题以及对我国新课程改革的启示，少数学者和一线教师采用行为科学和实验科学，同时与教学实践过程相结合的方法来进行系统研究。③研究内容上比较重视对有效教学理念、教学方法、教学模式的整体特征进行分析，强调在实际教学活动中教师与学生的活动方式。④在评价标准上不再提倡采取以学生学习成绩为主的竞争性的、单一化的、量化考核评比模式，而是采用促进学生全面发展、个性发展为核心的多元化、差别化、发展性的考核评价标准。

二、有效课堂教学的相关概念界定

（一）有效课堂教学的内涵

"有效教学"是指教师按照教学活动的客观规律，投入较少的时间、精力和物力，以高效地实现预期的教学效果，从而实现教学目标，满足社会和个人的教育价值需求而组织实施的活动。课堂教学有效性是指在教学效果中体现出来的教师和学生共同活动，引起学生身心素质变化并使之符合预定目的的特性。有效课堂教学是符合教学规律。有效果、有效益、有效率教学的高度统一的整合体，四者构成了有效教学。

结合上述定义，所谓有效课堂教学的内涵就是在一定的教学条件下，教师在相应的课堂时间内通过一系列的教学活动，使学生能够达到最佳的预期教学效果。

（二）初中物理有效课堂教学概念

1. 初中物理有效课堂教学的核心

初中物理有效课堂教学的核心是对学生科学素养的培养，使学生得到全面发展。在教学过程中，教师应激发学生对物理的兴趣和学习物理积极性，让学生在学习的过程中领悟到知识的本质，从而使学生的综合素质得到提高。

2. 初中物理有效课堂教学的内涵和特点

初中物理有效课堂教学的内涵是指通过教学活动实现物理课程标准的三维教学目标，并且使学生得到进步和发展。初中物理有效课堂的特点：一是目标明确。教学目标在课堂教学中起着导向作用，它是指导课堂教学的有效实施的关键。新的课程背景下有效物理课堂首先要充分体现三维教学目标，其次教学目标要针对学生实际情况而定，只有这样才能设置合理有效的教学目标。二是学生是学习主体。如果教学中过于强调教师的主体性，会导致学生学习积极性降低，出现厌学的态度。而且，机械的教学只能让学生掌握理论知识，缺少对知识的实践应用。所以有效课堂教学应该让学生积极主动地参与教学环节，配合教师开展教学活动，掌握教师所教的绝大部分内容。

3. 皮亚杰的认知发展阶段理论

皮亚杰的认知发展阶段理论对初中物理有效课堂教学的启示：教师在教学中应该认识到初中学生的思维发展既有一定的共性，也有独特个性的特点，根据学生思维发展的不同程度，选用不同的教学方式、提问策略，做到尊重和理解学生思维发展的阶段性和多样性。初中阶段学生的思维非常活跃，根据这一特点物理教学过程中教师要注重引导学生积极思考分析问题，培养学生的探究意识以及激发学生对物理学习的兴趣。

4. 维果斯基的最近发展区理念

维果斯基的最近发展区理念对初中物理有效课堂教学的启示：教学中必须充分考虑学生已有的发展水平，了解学生已经掌握的物理知识，在引导学生全面掌握简单知识的基础上适当增加知识难度，以促进学生的思维发展。教师应该重视对教学方法的研究，教学方法不仅要追求科学性还应该适当注重艺术性，这样能给学生的学习带来最大的帮助，学生的最近发展区就越宽阔，就越容易在有限的课堂时间内学到更多的知识。着眼于最近发展区进行物理教学，能给学生带来适当的刺激，从而激发和培养学生学习物理知识兴趣，自然就能够提高物理课堂教学的有效性。

三、初中物理有效课堂教学现状的调查与分析

(一) 初中物理有效课堂教学的调查研究

1. 调查问卷设计

在设计本次调查所用的问卷的时候，查阅了相关的文献并对比文献中所使用的调查问卷的内容以及设计思路；然后依据所需要调查的内容，修改和选用相关文献中的问卷，生成本次调查使用的问卷。

课堂教学是以学生为中心的，且学生是学习的主体，教学活动只有以学生为中心，结合学生的实际学习情况才会取得成功。教师在教学过程中只有对学生充分了解才能实现有效课堂教学。因此问卷主要从学生学习物理的基本情况和教师的教学两个方面进行对初中物理有效课堂教学的现状和影响因素的调查。

2. 调查对象

本次调查所选取的对象为商洛职业技术学院实验中学、商丹高新中学、富兴中学、鹿城中学的初中八、九年级在校的学生。共发放纸质调查问卷428份，回收纸质版调查问卷428份，其中22份为无效问卷，有效率为94.85%。

3. 调查方法

为了保证本次调查所得到的数据真实有效，本次对学生的调查采取不记名填写纸质问卷的形式。

(二) 调查结果分析

1. 学生学习物理的基本情况

问卷调查了学生在课前预习、课后整理笔记复习反思、主动回答提问、课堂参与度、

物理实验的基本情况。

经过对调查数据的整理(图1),发现只有54人(约占13.33%)在课前进行预习的次数非常多,有258人(约占64.17%)在课前进行预习的次数较少;有46人(约占11.44%)在课后整理笔记、复习反思的次数非常多,有255人(约占63.43%)在课后整理笔记、复习反思的次数较少。在预习和复习反思方面,都只有少数学生会在课前对要学的新内容进行预习和复习反思,说明只有少部分学生有课前预习和复习反思的习惯,大多数学生没有预习和复习反思的习惯,也体现出教师缺少对学生预习和复习反思的要求及引导。

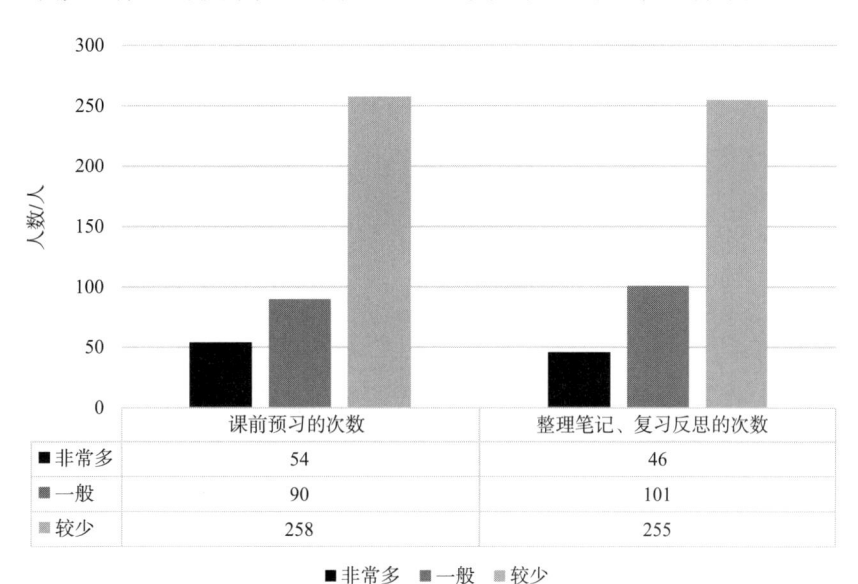

图1 学生预习和整理笔记及复习反思情况

在主动回答提问方面数据如图2所示。通过对数据统计和分析可以看出仅有8.45%的学生在课堂上主动回答问题的次数较多,也就是说学生在课堂中主动回答问题的积极性不是很高,说明教师的提问策略需要改善。在课堂参与度方面如图3所示,20.64%学生总是积极参与,有71.14%的学生偶尔参与,表明教师应该采取措施提高学生课堂参与度。

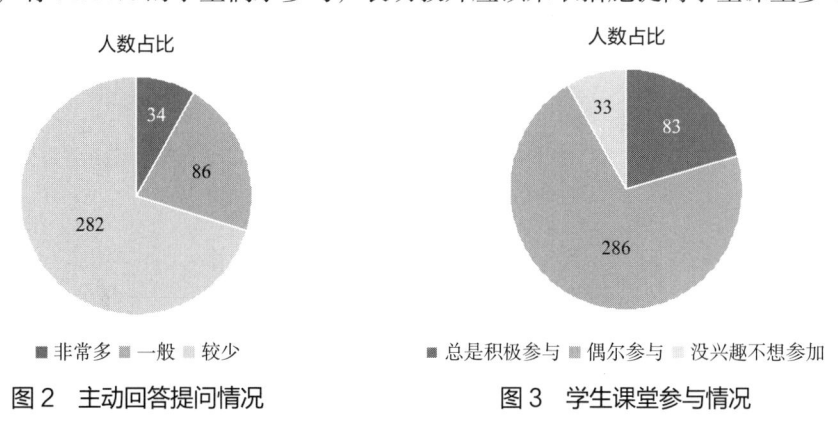

图2 主动回答提问情况   图3 学生课堂参与情况

在物理实验方面如图4所示,有86.56%的学生表示非常喜欢做物理实验,仅有3.23%的学生表示不喜欢做物理实验;有62.68%的学生喜欢做物理实验的原因是对实验非常感兴趣，有33.33%的学生喜欢做物理实验的原因是物理实验可以加深对物理知识的理解（见图5）。因此，在物理教学中教师应该利用好学生对实验感兴趣这一优势，通过物理实验提升学生对物理学习的动力，加深对知识的理解。

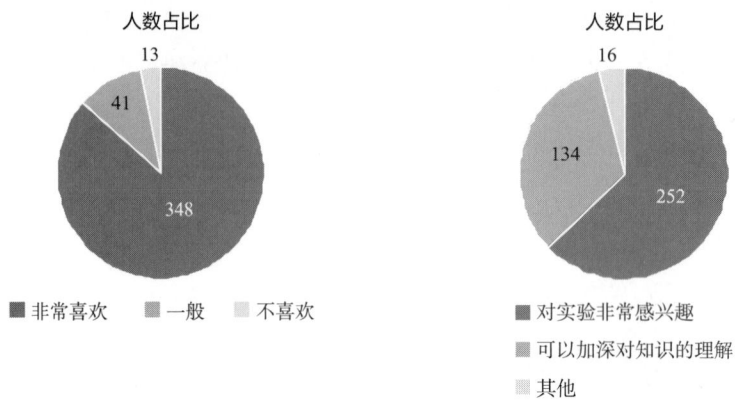

图4　学生是否喜欢做实验情况

图5　学生喜欢物理实验的原因

2. 教师的教学方面

教师教学相关情况如图6所示。从图中可以看出，教师在教学中将所学内容与实践相结合的次数、有新课导入以及安排做实验的次数偏少。因此，教师应重视"将所学内容与实践结合"以及"新课导入"的作用，并在教学中使用这些教学方式。

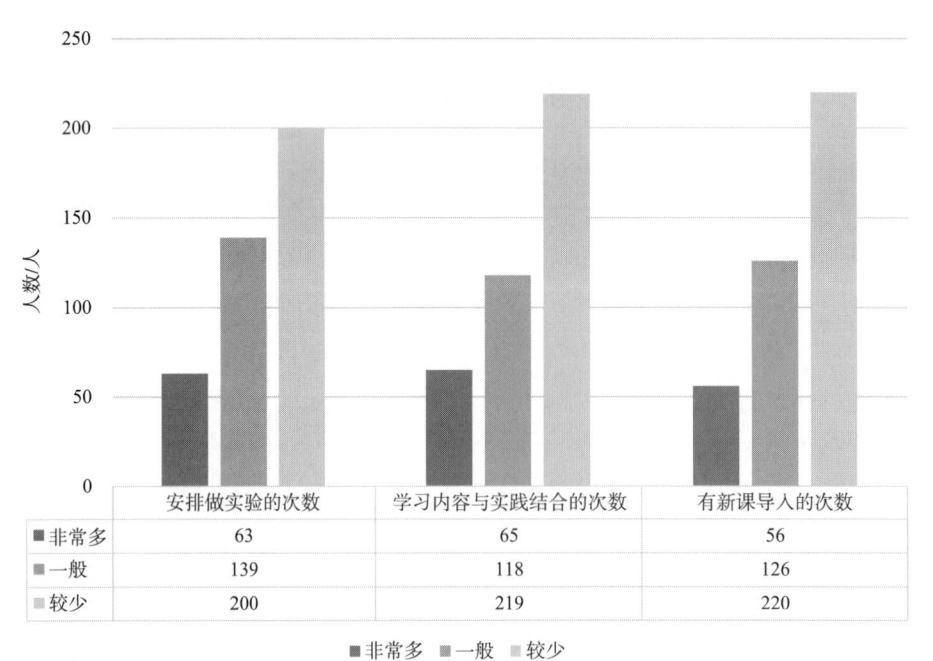

	安排做实验的次数	学习内容与实践结合的次数	有新课导入的次数
非常多	63	65	56
一般	139	118	126
较少	200	219	220

图6　教师教学方式相关情况

(三) 教师教学中存在的问题及思考

1. 存在的问题

本次调查教师方面主要采用观察法，即在教育教学实习过程中进行实际物理课堂教学观摩的同时，和工作在一线的初中物理教师交流，结合相关文献学习对新课程背景下初中物理有效课堂教学存在的主要问题进行思考分析。

首先，教师的新课程教学观念有待加强。在教育实习听课的过程中，我观察到在升学压力影响下物理教师的教学观念还保留一定程度的只重视学生分数的陈旧的教育观念，物理课堂并未真正从以教师为中心转变到以学生为中心，教师在讲授重点章节以及较抽象的内容时依旧是以讲授知识为主，没有采用引导学生积极思考、合作探究的自主探究学习模式。在以教师为中心的灌输知识的物理课堂中学生的积极性很低，学习兴趣也严重缺失，这样的物理课堂自然效率低下，也就谈不上是有效课堂。

其次，只注重学生对物理知识的掌握而忽视学生对物理知识的探究过程。教师在讲授常考的重点内容时按照课程目标和考试对学生要达到的能力要求来安排教学环节，从而使学生掌握重点知识能在考试中得到较高分数。例如，在讲授"凸透镜成像的规律"这一节课时，大多老师都会用两节课来完成该节内容的教学，在第一次课程中教师采用演示实验的方法引导学生对凸透镜的成像规律进行记忆，然后在学生对凸透镜成像规律有一定了解后再进行第二次课程，第二次课程主要是学生动手实验进行验证。由于第一次课程教师会进行演示实验，学生在课堂中的表现会比较活跃，但是学生对凸透镜的成像规律的掌握情况并不是很好，只能是抽象的理解，然后再通过习题练习来加深对知识的记忆。第二次课程中由于已经知道实验结论，学生并不会认真做实验，所以本节课也就达不到通过让学生自主实验来探究物理规律的目的。这种教学方式虽然能够达到让学生掌握重点知识的目的，但是这样的物理课堂会失去活力，学生也缺失了对探索物理规律的好奇心和兴趣，造成物理课堂效率低下。

最后，理论与实际相脱离，缺少引导学生进行实践的环节。初中物理是一门基础学科，注重实验且与实际生活联系紧密，但在实际教学中仍会出现教师强调让学生理解背诵物理概念和物理公式的现象。例如在"阿基米德原理"这一节内容的学习中，教师通过新课讲授引导学生学习阿基米德原理的内容及数学表达式 $F_{浮} = G_{排}$，然后结合之前学习的内容给出导出式：$F_{浮} = G_{排} = m_{排}g = \rho_{液}gV_{排}$，让学生在听的过程中把公式记在笔记中。这样的教学方式造成学生对物理公式和概念的理解是老师所强加的，学生并没有真正理解，很容易混淆 $V_{排}$ 是物体排开液体的体积而不是物体浸入该液体的体积；如果教师能够在课堂上引导学生通过实验观察和探究"排开液体的体积和物体浸入液体的体积之间的关系"，可以有效解决学生混淆的问题，提高学生学习效率，使物理课堂教学高效。

2. 对上述问题的思考

在新课程改革的背景下，教师必须转变和更新教学观念。传统的机械化教学模式已经不能满足学生学习和成长发展的要求，传统的机械化教学模式侧重于让学生掌握知识以提高学生的考试成绩，忽视对学生创新意识和逻辑思维能力的培养，在一定程度上违背了新课程标准中培养学生"核心素养"的目标，因此教师必须根据时代发展的需要转变教学观念。

新课程改革提出学生是学习的主体，而教师在学生学习过程中起着主导作用，教师应该改变以往向学生灌输知识的教学方法，充分发挥学生的主观能动性引导学生在课堂中积极思考分析，自主探究学习；培养学生对物理课程的学习兴趣，使学生在兴趣的驱使下主动接受教师的引导从而积极参与到物理课堂中；在要求学生掌握知识的同时加强对学生创新意识和逻辑思维的培养，促进学生的创新思维和创造能力的提升。

在初中物理课堂教学中，教师的教学观念直接影响课堂教学的有效性，所以教师应提高认识，根据新的物理课程标准的相关要求不断学习，积极开展教育教学研究以提升教学技能，不断提升自身业务水平，提升物理课堂教学的有效性。

四、构建新课程背景下初中物理有效课堂教学的策略

（一）教师有效教学的策略

1. 教师备课策略

有效备课对有效教学具有至关重要的作用，如果教师的备课存在问题就会造成实际课堂教学出现实效性低的缺陷，所以有效备课是提升初中物理课堂教学有效性的根本出发点。

教师在备课过程中首先要确立明确的教学目标，即通过教学要教会学生什么知识、设计哪些教学活动、培养学生什么样的行为习惯、提高学生哪些能力；其次对教材进行深度解读，结合教材和生活实际安排教学内容，实现教材的育人价值；最后充分地了解学生，尽可能从学生的兴趣出发设置教学环节，以刺激学生的探究欲望。

2. 教师授课策略

重视新课导入。有效导入是教师利用相关教学素材从而顺利引出教学内容、激发学生的学习兴趣、唤起学生原有相关知识经验，促进有效教学顺利展开的过程。当前大多数教师在上物理课前都会对上一节课所学的内容进行提问，提问结束后就直接说我们今天要学习什么内容，然后就开始了讲授新的内容，这样就造成学生对探索新知识的欲望低，缺失物理课的学习兴趣。有效地导入能够激发学生的学习兴趣，刺激学生的探究欲望，例如在讲授"光的直线传播"这一节课时可以这样导入：同学们，在学习之余我们会通过看电视剧来放松自己，在军旅题材的电视剧中我们总会看到这样的情境，在整队的时候指挥员会下达向右看齐的口令，然后随着一阵紧张有序的小碎步后整支队伍就会对正看齐，在射击训练时班长会强调"三点一线"，那么你们知道这么做的原因是什么吗？相信通过今天的学习大家就会明白。通过这样的导入可以吸引学生的注意，激起学生的求知欲望。在讲授"物体的浮沉条件"这节课时教师可以利用多媒体设备播放我国海军军舰和潜艇训练的画面，然后问学生为什么巨大的军舰可以漂浮在海面，潜艇可以海中下潜和上浮。这样导入新课不仅能激发学生的学习兴趣还能够对学生进行爱国教育。

重视实验教学。在物理教学中，教师要积极开展物理实验的教学，物理实验能够培养学生动手实践能力，使物理充满趣味。教师应为学生提供充分的自主实验空间，将课堂留给学生，培养他们的创新意识。既可以安排学生实验任务，让他们自己去做，也可以把他们分为几个小组，通过团队的方式进行探索。学生在实验过程进行探究、分析、讨论，最终达到实验教学目的。例如，在"电流的热效应"这一节课中，教材描述了什么是电流的

热效应，教师可以拿一个白炽灯，然后向同学解释电流通过白炽灯的时候电能转化成光能的同时也会散发出热量，让学生用手感受明显的灼热感。学生通过这种简单的小实验不仅加深了对电流热效应的认识和理解，还使得学生的学习兴趣得到提升。

教学方式要多样化。对于初中的物理课堂教学，让学生了解和掌握物理概念、规律和物理实验等知识是教学的重点和难点。教师在教学过程中可以结合多媒体设备，创设与生活实际贴近的学习情境，例如在学习电流这一章节的内容时，由于电流这一概念比较抽象，学生没有具体的感受，导致大多数学生认为这一概念难以理解，所以教师在备课过程中可以结合相关资料，利用多媒体课件将"水流"与"电流"进行类比，将电流在电路中的状态通过动态画面的形式呈现，帮助学生理解这一抽象概念；结合实验进行教学，激发学生学习兴趣。实验可以培养学生的动手和探究能力，例如在讲授摩擦力这一节课的时候，老师可以要求学生将两本书一页页的叠加起来，然后两个人用力去拉，学生就能直观感受到摩擦力的存在，通过这种趣味小实验不仅能够激发学生学习兴趣，还能激发学生的探究欲望。

3. 教师提问策略

教学中，通过提问可以提高学生听课的注意力；通过提问教师可以了解学生掌握知识的情况，以调整教学策略；通过提问可以引导和促进学生积极思考。教师在教学中要注意提问的技巧，所提出的问题要针对教学重点，难度适中且具有引导性，问题提出的时机要把握好，达到引起学生注意和刺激学生注意的目的，在学生回答后对学生的表现要有相应的有效评价，促进学生进步。

(二)学生有效学习的策略

1. 预习策略

预习是一种学生主动获取知识的途径，学生自己阅读、思考将要学习的内容，对其有一定的了解和认识。通过预习可以使学生带着自己的思考和疑问走进课堂，在一定程度上可以提高课堂教学效率。因此，教师应该采取措施发挥预习的作用。

首先，培养学生预习的习惯。八年级学生刚接触物理课，对物理有较高的兴趣和好奇心，教师可以利用好学生的这一特点，在课前安排给学生有趣味性的思考题或者动手制作模型的小任务，让学生感受到物理学习充满乐趣，这样学生就会逐渐养成预习习惯。

其次，明确预习任务和目标。预习任务要具体，能激发学生探究兴趣和思考，让学生通过预习对将要学习的知识有一定的了解和思考，能带着问题、疑问走进课堂，达到在课堂上积极主动地寻求答案和解答疑惑的目的。

2. 听课策略

学生学习的关键是听课，培养学生良好的听课习惯有助于物理有效课堂教学的实现。在讲课过程中要求学生保持注意力紧跟教师的讲解思路，在讲到重点、难点或者学生注意分散的时候，教师应该采取有效措施进行调节学生的注意力，例如进行提问、组织学生讨论、进行实验等。要求学生在听课过程中做好课堂笔记，记录课堂中所讲到的重点知识、解题方法及思路，以便于课后复习巩固。

3. 复习策略

复习有助于学生对知识的巩固，加深知识的理解，提高学生成绩。初中学生只有少数学生有反思复习意识，因此需要给学生强调复习反思的重要性，引导学生养成反思复习的学习习惯。教师可以在课前通过提问的方式督促学生对学过的知识进行复习，还可以要求学生准备错题本，把自己错的题目进行整理并引导学生对题目进行归类整理。

五、结论

为了解新课程背景下初中物理有效课堂教学的现状，提出提高物理课堂教学有效性的策略，本次探究先学习了相关研究的理论和成果，并进行了整理。然后运用相应的方法对物理有效课堂教学的现状进行调查分析，发现学生对与物理学习以及物理实验拥有比较高的兴趣，但学习方法和习惯还有待改善；教师受升学压力的影响在教学中还是注重怎样让学生掌握知识，教学方式单一，导致物理课机械化。这些因素对物理有效课堂教学有一定程度的影响，结合调查和相关文献给出如下策略和建议：教师应转变和更新教学观念，改变传统的机械化教学模式，积极开展教学研究，探索适合新课程标准的教学方式；授课时，重视新课导入、重视实验教学、教学方式也要尽可能的多样化。

参考文献

[1] 曹维平. 初中物理教学的有效策略研究 [C].《教师教学能力发展研究》科研成果集（第十三卷），2018:1055-1057.

[2] 王蕊. 农村初中物理有效课堂教学的策略研究 [D]. 汉中：陕西理工大学，2018.

[3] 唐宇嘉. 基于新课改下的初中物理有效教学策略研究 [D]. 成都：四川师范大学，2017.

[4] 陈晓端. 有效教学理念与实践 [M]. 西安：陕西师范大学出版社，2007.

[5] 赵柳青. 高中物理教师课堂有效教学行为研究 [D]. 西安：陕西师范大学，2017.

中学物理教学中学生创新能力培养的研究❶

刘宝盈，李丽君，张颖❷

摘要：随着知识经济的到来，人类也开始反思创新对社会发展的重要性。唯有从传统教育观念上加以创新，并在中学阶段对学生进行创新能力的培养，才能真正切实担当起时代所赋予教师的教育责任。本文从创新能力的概念出发，提出了培养学生创新能力教师所要遵循的原则。同时，对中学物理教师在教学中培养学生创新能力的情况进行调查，从而提出了培养学生创新能力需要具备的条件，进一步给出了在中学物理教学中怎样才能更好地促进学生创新能力的具体措施，为以后的中学物理教学提供一定的参考。

关键词：物理教学；创新意识；创新思维；创新能力

一、引言

创新意识是指导学生自主学习的基础，通过提问与思考，可以促进学生对知识的探索，促进其创造性。在中学物理课堂上，采用创新的教学方式，可以充分调动学生的兴趣，带动学生进行发散地思维，主动探索知识。物理课程在培养学生的创造性思维上具有得天独厚的优势。通过对物理知识点的研究，老师能够引导他们自行制定实验方法，开展自己的实验项目，在教学活动中开展创新思考，以此培养他们的独立思考意识，并通过对物理的探索和学习来提高学生的创造力。在初中物理教学中，教师应注意对学习者加以适当的引导与辅助，以增添教学的趣味，激起学习者的探索求知欲，为培养学生创新能力奠定坚实基石。

在具体的教学方法上，众多学者提出了自己的看法与认识。吴立刚认为，创新是现代教育所追求的最高境界，教师也要改变传统的思维模式，在课堂教学中体现新的教育思想，以满足新课程标准的教学需要，并培育符合新时期特点的高素质人才。刘才生主张，从改变老师的教学观点，变革物理课堂，营造创新气氛，培养学员想象力等几个方面锻炼学员的创造能力。任俊刚指出，学生在读书工作过程中不但掌握了物理学的基础知识，物理学方法和物理学精神，更是要养成学生对科学的认识方式和求学的品质，开拓进取的能力和创新性意识。鼓励学生在物理教学流程中具有创新性、创造性的思想，并以此教育学生对物理有更多的能力和意识，以利于学生物理创新思想和能力的良好发展。王德荣表明，在切实改变教师教学思想的基础上，为提高教师的创造性素养，必须要求他们主动地开展中

---

❶ 基金项目：陕西高等教育教学改革重点研究项目（21BZ075）；陕西乡村基础教育研究课题（SXJY202219）；陕西省教育学会课题（课题编号：SJHYBKT2022166）；商洛学院教育教学改革课程思政专项（21jyjxs106）；商洛学院大学物理教学研究中心资助（22JXYJ01）

❷ 作者介绍：刘宝盈，1967年生，男，陕西洛南人，博士，三级教授，主要从事教育管理研究
李丽君，1991年生，女，河南信阳人，硕士，讲师，主要从事教育教学改革研究
张颖，2000年生，女，陕西西安人，本科，主要从事中学物理改革研究

学教育研究，并利用有效的教育原理和手段，包括开放性的课堂教学原理、与学生交流的教育原理、活动教育原理、发展性评价教育原理、与科技和人文融合的教育原理等，积极进行多样化的教育活动，以训练他们的创新性观念、独创性人格能力和创新性方法。

从创新能力的概念出发，本文提出了培养学生创新能力教师所要遵循的原则。同时，对中学物理教师在教学中培养学生创新能力的情况进行调查，从而提出了培养学生创新能力需要具备的条件，并进一步给出了在中学物理教学中怎样才能更好地促进学生创新能力的具体措施，为以后的中学物理教学提供一定的参考。

二、创新能力的概念及培养原则

创新能力是运用知识和理论，在科学、艺术、技术和各种实践活动领域中不断提供具有经济价值、社会价值、生态价值的新思想、新理论、新方法和新发明的能力。创新能力是国家进步的灵魂，是经济竞争的灵魂；今天的社会，比拼的不仅仅是人才，更多的是人类的创造性。

创新能力培养原则主要包括：主体性原则、过程性原则、协同性原则、超越性原则、探索性原则、实践性原则。主体性原则是指老师要适当地重视并强调每个学生的主动性，通过各种合理的教学方法与措施，充分调动每个学生的主观学习积极性和创新能力，使教学富有生命力与创新性；没有学生的主体性，没有他们的主动参与，教育就不会充满生机。主体性是现代教育的基本特点，培养主体性是培养学生主动性思维和创造性思维的重要保障。过程性原则是指教师在传授知识和技能的同时，还要指导学生了解知识的形成过程，例如提出、形成结论、建立方法等，并体会到这种认识的基础和与其他知识之间的关系。协同性原则是指教育工作中要实现教的创新和学的创新，要实现课程的创新和课程的再创造，要实现校内与校外的融合，要做到培育学生的创造精神和创新意识。超越性原则是指老师要在教学中指导学生勇于尝试、敢于冲破常规、标新立异，不满足于已有的实验结果，不相信唯一的合理解释，不信任书籍和权威性，勇于向教师、书籍、权威性进行挑战，并激发学生的创造能力，为创新创造条件。探索性原则是指教师应该给学生引入特定的主题、素材，以引导学生的主动思考，使其思想从感性到理性转变。在创新教学过程中，老师会根据课本的内容向学生们讲述科学的历史，并通过提问、思考来引导学生发问、思考和探索，并通过讨论和辩论的方式在讨论和辩论中产生思想的碰撞，促进学生的探索和创新的能力。实践性原则是指老师应将学到的基础知识正确使用到实际工作中去，锻炼学生的基本功，提高学生剖析实际问题、解决实际工作的技能。

三、培养学生创新能力所需的条件

(一) 具有创新意识

要培养学生的创新能力，首先要培养学生的创新意识。意识是一种特殊的心理机制，它能反映人的内在与外在的客观事实；也就是人在清醒状态下，对自己和周围环境的认知状态。意识是人的自然演化过程中产生的最高级的结果。从创造的构成因素上，创造性思维是创造活动的动力，有了创新意识才会有想要创新的动机，才会使创新能力得到更好的发展。

(二) 具有创新思维

培养创新思维也是培养学生创新能力的一个重要前提，创新思维就是对墨守成规的否定，不断尝试新方法、新思维，使思维的产物具有现存事物不具备的特质，符合事物的发展趋势。因此，创新型思维不但体现在思维的过程中，还体现在思维的结果中。创新思维是思维活动中的高级过程，是个人在已有知识和经验的基础上，从某些现象、过程和事实中形成新概念、建立新规律、完成新理论的思维过程。

(三) 具有创新素质

教师应具备如下创新素质：①要具有品德高尚。要有崇高的品格，要用全部的爱心去对待自己的学生。②具有深厚知识。苏霍姆林斯基曾说："在学生的心中，教师必须是一位智慧、渊博、思考、热爱与求知的人。"是否能够积极地建构自己的知识结构，是区别"创新型教师"和"教书匠"的一个重要指标。③具有先进的教学理念。在教育研究与教学过程中，要自始至终贯彻以人为中心，培养学生"以人为本"的教育和教学理念。④具备创新精神。必须具备解决问题的能力，要有创意的思考，必须具备一定的教学和研究能力，要具备良好的教育督导能力。

学生应具备如下创新素质：①要有很强的创造性。不满足于现状，不拘泥于传统，爱刨根问底，不把问题弄清楚决不罢休。②勇于创新。勇于思考他人未曾想过的问题，勇于完成他人未完成之事，并不畏惧艰难与挫折。③高度独立。能够独立思考、研究、探究、有自己的见解、不随大流、勇于坚持、勇于纠正、敢于犯错。④坚持。能够坚持不懈地专注于一个问题，并能坚忍不拔。

四、培养创新能力的途径和方法

(一) 让学生经历创新过程，培养创新能力

1. 要打破常规，敢于超越

要提升创新能力，必须突破思维定式。牛顿发现了万有引力，就是打破了日常生活中的固有思维。苹果肯定不止一次掉落，但是牛顿却发现了，并对这个现象进行了深入的探索，最终发现重力。每个创新者都敢于突破传统思维，取得最终的成功。

2. 要善于运用不同的思维方式

就像是解数学题，一道数学题有很多种解题方法，在日常生活中，学生要学会用不同的方法来思考问题。在学生们的思想变化中，学生的头脑也会显得越来越敏捷，创造力也会获得很大的提高。

3. 要多进行思考

在生活中要多进行思索，普朗克曾讲过："思想能够形成一个桥，让我们通向知识。"当我们持续地思考时，我们就会持续地运用知识。到了这一步，我们也许会发现一些不同的事情。这就好像是一本书，每一次看的时候，都会有不同的感觉。

4. 积累基础知识

基础知识是我们提升创造力的根本，我们要有创造力，就必须要有坚实的基础，没有

坚实的基础，什么都做不了。只有掌握了基本的知识，我们才能将其利用起来，把所学的东西慢慢地组合在一起，形成新的东西，就是创新的能力。

（二）在物理实验教学中培养学生的创新能力

物理教学是一门实践性的学科，全部的物理学知识都源自科学研究实践。在物理实验教学中，老师要让学生了解实验的实际操作，学生既要有一定的基础实验技术，又要对物理问题进行实验研究的兴趣。例如，"以大量小"试验法，采用了间接测定法；同时，老师也可以重新设计实验，或者与日常生活相结合，进行开放性、探索性的实验，拓展学生的思考与实践。

1. 把演示实验下放给学生

在物理课程中，教师往往采用展示实验来使学生对某些现象加以仔细观察，并将它们展示得栩栩如生，以便提高学生对概念和定律的理解；为使学生们能够更好地投入到科学探究中去，教师们就把展示型的实验任务交给学生们，让学生全神贯注地观察自然现象、思考问题、练习提问，从而激发了学生的学习激情，并提高了学生的观察能力、丰富的想象力、问题意识以及实际解决问题的能力。在实验中，学生在学习、了解、设计实验的过程中，学生进行了有目的的观察与分析，以证实他们的猜测和假设。例如，有些学生认为，封闭电路会产生感应电流是因为导线切断了磁感线，而不是因为磁通量的改变。学生经过自己的试验和观察，证实了自己看法的错误，对电磁感应现象的发生和发展有了更深刻的认识。教师要将实验交由学生进行，使他们具有认真观察目标、专注、积极参与等能力，从而激发课堂活动的积极性和创造性。

2. 设计对比性实验

通过设计对比实验，可以让学生在情境改变前后，观察到显著差异，从而提高学生对所研究问题的了解。如在教学"电容和电感对交流电流的影响"一节内容时，我们在实验室里进行了一次比较，结果发现在发声喇叭的两端加上一个电容，喇叭的高频与声音强度均有了较大的降低；而另一个则是并联了一个电感线圈，这样喇叭的低音也会减弱，经过比较和分析，让我们真切身体会到了高频电容的"通高阻低，通交阻直"，还有电感线圈的"通低阻高，通直阻交"的基本意义。在物理课上，可把一些学生所能理解的模糊事物设计为对比实验，让同学们豁然开朗，达到"百闻不如一见"的目的。

3. 设计开放性实验

课程内容中的大部分实验都是项目已有、方案单一、步骤明确，限制了学生的开放性、多向性和灵活性，使其探究的积极性受到限制。比如：对一栋建筑进行了测量，有些同学准备了一根绳索，用来直接测量；有的按影子长度，按相似形求出；有些同学从自由下落时间计算出了大楼高度等。老师们通过总结，与同学们共同探讨不同教学法的优缺点，最终找出最好的解决办法。再例如，在学习胡克定律时，教师首先要求学生自己设计过程，探究弹簧在弹性区间中的形变与弹力之间的关系，然后基于测试的结果，总结出胡克定律。采用开放式实验，或将验证性实验转变为探索性实验，培养学生积极探索、活跃思考、发现问题、解决问题的能力，通过对物理原理的认识，了解仪器的使用和一些关键的实验方法。

（三）一题多解训练发散思维，培养学生的创新能力

例题：一块质量为 m 的木块，在倾角为的斜面上以加速度 a 匀加速下滑，斜面静止，求地面对斜面的摩擦力大小，如图1所示。

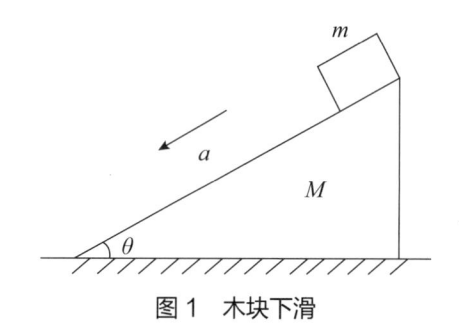

图1 木块下滑

解法1：

根据受理分析（图2、图3），由牛顿定理得：

$$N = mg\cos\theta \quad (1)$$
$$mg\sin\theta - f_1 = ma \quad (2)$$

得：

$$f_1 = mg\sin\theta - ma \quad (3)$$
$$f_1 + f_2\cos\theta = N\sin\theta \quad (4)$$

把公式（1）、公式（3）代入公式（4）中，得出：

$$f_2 = ma\cos\theta \quad (5)$$

这个方法也是一个基本方法，其计算量较大，分析方法也相对繁杂，一般中学生就可以完成。

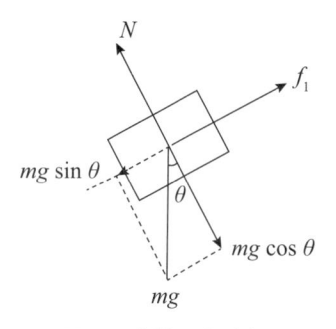

图2 木块受力分析　　　　图3 斜面受力分析

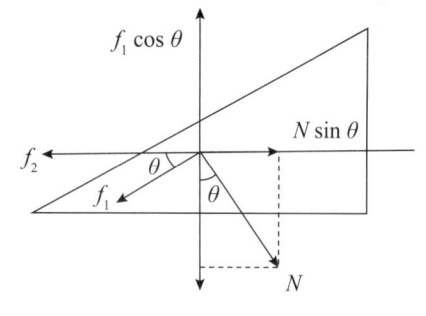

解法2：变换考虑问题的视角。

通常情况下，把相对静止的多个物体都可以等效地视为一个整体来看，而现在用了一种更让学生们惊讶的方法，将木块和斜面当作一个整体来看，如图4所示。

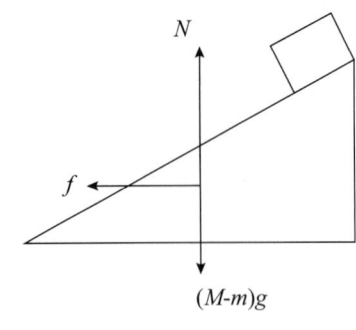

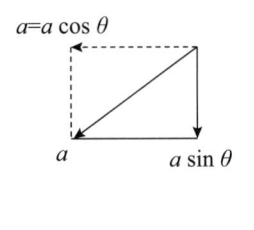

图4 受力分析

木块在水平方向上的合外力：
$$F_水 = ma\cos\theta \tag{6}$$

斜面体在水平方向上的合外力：
$$F_斜 = ma_斜 \tag{7}$$

（$a_斜$表示斜面体在水平方向的加速度）

则木块与斜面的整体在水平方向上的合外力：
$$F_合 = F_水 + F_斜 \tag{8}$$

这是相比于原整体法含义上更为广阔的一个总体思路——广义整合法则：在水平方位上列牛顿第二定律：
$$F_合 = ma\cos\theta + Ma_斜 \tag{9}$$

$$f = ma\cos\theta + m \times 0 = ma\cos\theta \tag{10}$$

这个解法令学生耳目一新，打开了思考的天窗，调动了他们的探究欲，他们的学习积极性随即被激发起来。

解法3：通过实现对问题的等效变化，将问题化繁为简。

木块沿斜面以 a 下滑，说明它的合外力的大小和方向是什么样的？

学生们立即联系到牛顿第二定律，并给出了答案，合外力大小为 ma，方向沿斜面向下，教师进一步启发引导，如果再给它加一个外力，大小也为 ma，方向与原来加速度 a 方向相反，此时木块的状态将会是什么样的？有的学生说：木块会静止在斜面上，有的学生则说：物块向下匀速运动。

于是刚才做的那道题在改变条件的前提下，其状态发生改变，演变成如图5所示的问题：

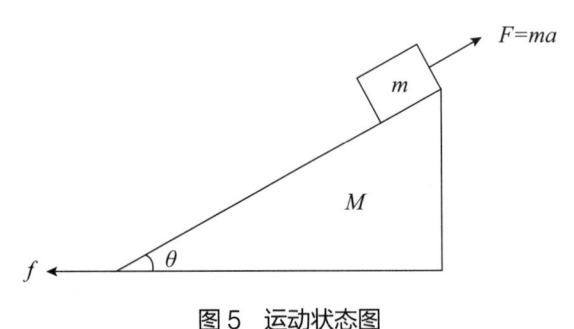

图5 运动状态图

因为两个物体都相对静止，故把两个物体看作一个整体，如此转化，学生就非常容易得到正确答案：

$$f = F\cos\theta = ma\cos\theta \tag{11}$$

三种解题方式的实施，极大扩展了学习者的能力，锻炼了学习者的思考灵活性，也极大提升了他们的兴趣。学校教师在这样的训练中，往往并不满足于对一个问题的求解，也不是以单一思考的方法来解决，而是更乐于尝试运用新颖、创意的思考方式，以提升学生的创新激情与创新能力。

(四) 在课外活动中培养学生的创新能力

课外活动是对学校物理课堂内容的拓展，是训练学生创造力，进行创新性活动的重要途径。在课外活动中，学生们能够在自然、安全的氛围中张开想象的翅膀，发挥其能动性，从而有效开发学生的创新潜力。另外在学以致用的同时，也训练了学生们动手、动脑的能力，从而感受到了创新的快乐，培养了学生的创新意识。

1. 把物理知识由课内渗透到课外

在教育过程中，老师应指导他们把掌握的理论知识运用于实际，让学生可以更好地理解并加强对物理的了解，进而培养他们的自主动手实践能力与创新性。例如，在完成"静摩擦力"部分教学后，再布置一份家庭作业，探讨车辆在路上行驶时所受到的静摩擦力，并将其记录下来。经过实际探究，大部分学生都可以得到后轮受摩擦力向前，而前轮受摩擦力向后的合理结果，进一步深化巩固了课程学习内容。

2. 在日常生活中去发现和探究物理问题

鼓励学生在学习过程中要成为一名细心的人，注重观察，发现问题，确定研究主题、培养问题意识，增强创新精神。

例如：张伟的家在砂石场旁边，有一次李明到张伟家里的时候，突然发现了一件事，那就是他看到了一座座大小不一的沙丘。他们仔细看了看，发现它们都是类似的圆锥，但和沙堆不同。他们到了煤场，对煤场的煤粉进行了观测，结果也差不多。"为什么同类颗粒堆积物是相似的，而不同类则不相似呢？"在物理课中，他们学过这样一个问题：当物体在倾角为 θ 的斜面上恰好静止时，必有 $\tan\theta = u$，那么是不是只要 u 相同，θ 就相同呢？他们怀着这样的想法去了实验室，进行了一次仿真试验。他们将米和沙子分别从漏斗中排出，在纸张上形成了一个个形状各异的圆锥。通过测量锥形的高度和直径，得到的资料表明：同一种物质堆积成不同大小的圆锥体的 $\tan\theta$ 略有差异，在误差范围内可以认为相等。结果证明了他们当时的猜想是正确的。

3. 开展形式多样的各种活动，培养学生的创新能力

通过校内的板报、校刊等形式，大力弘扬科学知识，培养学生的创新意识。组织同学参与计算机、无线电、模型等各类科学兴趣团体，有计划地组织学生参与课余活动，了解现代科学技术的发展与运用。让同学们进行课后的小型创作，在创作上进行创新和突破。

例如：由于社会经济及人民生活的日益提升，中国居民对轿车的需要量也将越来越大。但是，因为车辆排出的尾气导致了空气污染，新闻媒体上也经常报道，因此有人不断地提议要研制更"环保"的汽车。王玉军在家里找到一辆电动玩具车，他考虑是否可以将其改

造为太阳能动力,经过查询,他得知这款玩具汽车可以使用 PN 结来发电。他从家电维修部门丢弃的一些 3DDI5 硅三极管中挑选出 6 个集电极良好的 3DDI5 三极管,做成 6 个光电板,并将其装在一辆玩具车的车顶上,形成一个串联的电路。在强烈的灯光下,一辆自制的太阳能汽车启动了。他在课堂上做了一个示范,介绍了自己制作的太阳能手推车。学生对太阳能车的结构感兴趣,并就开发太阳能汽车的可行性、优点和不足进行了探讨。

在此基础上,学生的创新与思维能力都得到了充分的发展,而学生的主动学习能力也获得了很大的提升。

五、结论

全面探讨、分析、尝试、评价中学物理教学中对学生创新能力的培养会涉及很多方面,是一个庞大的系统工程。本文就中学物理教学中,对学生创新能力的培养作了调查研究。得出教师要充分发挥学生的创新能力,就必须以学生为中心,采取实验探究、一题多解等方法,在教学过程中不断地进行创新,使其具备综合创新能力,成为社会所急需的创新型人才。

参考文献

[1] 薄洪晶. 中学物理实验教学中培养学生创新能力实践探索 [D]. 长春:东北师范大学,2011.

[2] 罗娟. 转型背景下新建本科院校大学英语教学问题研究 [D]. 成都:西南民族大学,2017.

[3] 马真. 美国 PBL 教学模式及在高校研究生教学中应用研究 [D]. 济南:山东师范大学,2011.

[4] 陈淑丽. 初中物理探究式教学中问题提出的原则和方法 [J]. 当代家庭教育,2020,17:110.

[5] 蒲海霞. 初中物理实验教学中学生创新能力的培养 [J]. 当代家庭教育,2022,5:20-22.

初中"道德与法治"课中优秀传统文化教育的路径研究

王贝贝，王晓霞，李敏

摘要：优秀传统文化具有贵和尚中的和谐精神、刚健有为的进取精神、以天下为己任的爱国精神等，引领受教育者对优秀传统文化进行学习与实践，更能帮助受教育者树立正确的三观以及文化自觉与自信。初中"道德与法治"课承担着对中学生开展思想道德教育、树立正确三观、文化自信、传承优秀传统文化的重要职责。但在实际教学中，由于教师知识储备不足，道德与法治课堂教学注重知识目标，学校对优秀传统文化助力不足，课本中的优秀传统文化资源利用不充分，导致初中道德与法治中优秀传统文化的德育价值体现不充分，学生对学习优秀传统文化缺乏认识和兴趣。为此，需从提升教师优秀传统文化的能力，明确教学目标提高教学质量，课堂教学和实践教育有机结合，挖掘教材资源提升课本利用率等方面发挥优秀传统文化在育人及文化自信等方面的作用。

关键词：初中；道德与法治；优秀传统文化

中华优秀传统文化是中华民族的根与魂。习近平总书记在党的二十大报告中指出："坚持和发展马克思主义，必须同中华优秀传统文化相结合。"党的十八大以来习近平总书记从人类发展规律、社会主义发展规律、共产党执政规律的高度对中华优秀传统文化作出新论述；旗帜鲜明地高度肯定中华优秀传统文化的历史价值、理论价值、时代价值和实践价值，深刻揭示了中华优秀传统文化继承创新的内在理路和历史规律，为新时代中华优秀传统文化的继承创新指明了方向，提供了根本遵循，标志着中国化马克思主义文化观的大飞跃、大突破。加强中华优秀传统文化在初中"道德与法治"课程中的教育既有利于中华优秀传统文化的继承及展现其时代价值，又有利于理论自觉、文化自信，推动民族进步。

一、初中"道德与法治"课中优秀传统文化内容及实施原则

人的全面发展既是经济发展的产物也是文化的产物。中华优秀传统文化在人的全面发展中主要体现为促进个体思想道德素质和精神境界的提升。优秀传统文化中蕴含的辩证唯物主义和历史唯物主义思想能使人们正确认识自己和世界，树立正确的三观，增强人们的价值判断力和伦理道德的责任感，坚定理想信念。

为了达到对受教育者德、智、体、美、劳的全方面发展，教育部在"道德与法治"课程的教学大纲中，对教材进行了相应的整理，并通过一系列的中华优秀文化教育实践活动，对学生进行一系列的教育实践，帮助学生树立民族自信心和自豪感，使其成为合格的社会主义接班人。

（一）优秀传统文化的内容及核心价值

人和社会的发展不能没有精神力量的支撑。中华优秀传统文化为文化传承创新提供思想源泉，为人的安身立命提供价值遵循，为思政课建设提供内生动力。文化是一个民族得以延续、发展的精神动力。习近平总书记指出，中华优秀传统文化"对中华文明形成并延续发展几千年而从未中断，对形成和维护中国团结统一的政治局面，对形成和巩固中国多民族和合一体的大家庭，对形成和丰富中华民族精神，对激励中华儿女维护民族独立、反抗外来侵略，对推动中国社会发展进步、促进中国社会利益和社会关系平衡，都发挥了十分重要的作用"。

1. 优秀传统文化的内容

新时期、新形势下，党中央对优秀传统文化的内涵有了更明确、更深层的定义，并着重强调优秀传统文化对实现中华民族伟大复兴的教育功能，其内涵主要分为三个层次：一是传承和弘扬天下兴亡、匹夫有责为中心的家国情怀。让同学们深刻地认识到"中国梦"并非空洞的口号，而是全中国人民共同肩负的一项责任，要加强民族认同感、培育爱国情怀、建立民族自信，要把国家的兴盛作为最高荣誉。二是仁爱共济、立己达人的社会情怀，是指中国优秀传统文化中的中庸思想，即个人与他人、社会、自然的和睦共处，懂得己所不欲勿施于人的处世方式，要心存善念、理解他人、尊重他人、热爱自然，共建和谐美好的精神家园，促进良好社会风气的形成。三是正心笃志、崇德弘毅人格修养。这一层次是从个人角度出发，有关于个人勤劳奋斗、诚信友善的优良道德观念以及优良的道德品质和行为习惯。通过从国家、他人、个人三方面阐释21世纪中华优秀传统文化的内涵，优秀传统文化的德育价值被充分挖掘和发挥。

2. 优秀传统文化的核心价值

（1）贵和尚中的和谐精神

和就是和、合。和——和谐、和睦、和平；合——合作、融合。贵和尚中思想在中国作为多民族国家长期繁荣发展过程中发挥了重大作用，是中华民族所追求的一种和谐精神。以九年级上册第七课中华一家亲为例，长久以来，党中央在人才、资源、经济等方面给予了各民族地区经济、文化、社会发展的大力支持。尤其是改革开放后，国家大力推进西部大开发，通过人才管理、人才引进等方式增强各民族地区的密切联系，从而极大地促进各民族地区在政治、经济、文化、社会等方面的发展，使各区域民族关系更加融洽、社会更加和谐、人民群众幸福指数不断增加。

（2）刚健有为的进取精神

有为即有所作为，指有历史责任感和时代使命感。《周易》的《象传》中说"天行健，君子以自强不息"，这是中国古代对刚健有为思想做得最好的通俗概括，并以此要求中华儿女积极有为、勇于进取。以九年级上册第一课"踏上强国之路"为例，我国是一个拥有五千年文明的历史大国。近代以来，中国人民在西方列强的入侵和封建制度的压迫下，经历了空前的苦难。百余年来，强盛富民是中华民族百年奋斗的目标。中国人民在中国共产党的领导下，确立了社会主义制度，极大地促进了社会生产力的解放和发展，为中国的发展奠定了物质基础。改革开放以来人民的生活水平得到了明显的改善，综合国力得到了明显的提升，在世界上的地位也得到了明显的提升，中华民族实现了从站起来、富起来，到强起来的伟大飞跃。

(3) 以天下为己任的爱国主义精神

爱国主义是中华民族的精神基因，使人们对自己国家、民族、文化的归属感、认同感、尊严与荣誉感，维系着国家的团结统一，激励着中华儿女为实现中华民族复兴不懈奋斗，这与中华民族以天下为己任的爱国主义精神是密不可分的。中国古代家国一体，崇尚"亲民如子、爱国爱家"(两汉记)，中国人把对父母的孝，扩展到对国家的忠，形成了深厚的爱国主义情感。以九年级上册第五课第二课时"凝聚价值追求"为例，在五千多年的发展历程中，中华民族不仅创造了灿烂辉煌的优秀文化，且形成了以爱国主义为核心的伟大民族精神。

(二) 初中"道德与法治"课中优秀传统文化教育的实施原则

1. 坚持与社会主义核心价值观教育相结合

优秀传统文化是社会主义核心价值观形成的思想源泉。习近平总书记指出："培育和弘扬社会主义核心价值观必须立足中华优秀传统文化。牢固的核心价值观，都有其固有的根本。抛弃传统、丢掉根本，就等于割断了自己的精神命脉。"传承中华优秀传统文化，对培养受教育者正确的价值观、人生观和世界观具有重大的现实意义。在初中《道德与法治》课中，教师要把培养和实践社会主义价值观念融入到课堂知识中，充分利用初中《道德与法治》课程的德育特色，深入挖掘其中的优秀传统文化内容并将其与社会主义核心价值观教育相结合，使受教育者能够理解和实践社会主义核心价值观。

2. 坚持与时代精神教育相结合

习近平总书记在全国宣传思想工作会议上指出："中华优秀传统文化是中华民族的突出优势，是我们最深厚的文化软实力。"通过挖掘中华优秀传统文化，将中华优秀传统与当代时代教育特点的结合，使优秀的传统文化精华滋润着受教育者的灵魂，进而引导受教育者的行为。教育工作者要将优秀的传统文化融入初中"道德与法治"课程中，将优秀传统文化与新时代中国特色社会主义思想相结合。优秀传统文化是中华儿女在生产劳动中不断继承与创造出来的，而新时代的优秀传统文化，更是顺应了时代发展的潮流，满足了时代发展的需要。以发掘革命传统中的红色教育资源为例，红色教育资源使受教育者能够更好地理解和学习优秀传统文化，充分发挥红色教育资源的德育价值。

3. 坚持课堂教学与实践教育相结合

在"道德与法治"课程教学期间要注重教学内容的实践性。教师在课堂教学期间，也要积极开展一些有教育意义的教学实践活动，让受教育者可以在现实的环境里面感受道德与法治课程存在的必要性与实践性，从而对生活中的事物有更深刻的认知和思考。另外，教师要结合教材中所提到的教学要求，把教材涉及的知识和内容当成教学依据，采取调查和观察以及实验和探究等实践活动方式，以及运用丰富的课堂教学技巧可以让学生理解明白"道德与法治"课本当中的知识内容。例如，教师可以适时组织学生一起去观察和爱国主义相关的一些教育基地，从而激发受教育者的爱国情感等活动。通过对优秀传统文化的认知与实践，从而使"道德与法治"教学目标在实践活动中得以实现。

4. 坚持与学生身心发展水平认知相结合

科尔伯格认为："人类的道德发展要经历三个水平六个阶段"，而在初中"道德与法治"课中学习主体处于习俗水平，处在这一水平的儿童，能够着眼于社会的希望与要求，并以社会成员的角度思考道德问题，他们已经开始意识到个体的行为必须符合社会的准则，能够了解社会规范，并遵守和执行社会规范。学生正值青春期，其身心状况发生了较大的改变，如自我意识的提高，思想的独立性和批判能力得到了极大的发展，不再满足于教师的简单讲授以及教材上的知识，并且学生对优秀传统文化和传统美德有一定的了解，因此教师在开展"道德与法治"课教学过程中要多角度考虑到学生已有的认知发展水平和知识经验，开展丰富多彩的课堂教学活动，突出培养和发展学生自觉性的教学目的，为学生提供一个展现自己的舞台，提高他们的思辨能力，充分调动他们学习优秀传统文化的积极性，进一步达到传承和发展优秀传统文化目的。

二、初中"道德与法治"课中优秀传统文化教育存在的问题

目前我国初中"道德与法治"教育教学仍有不少问题，课程设计、教学过程绝大部分仍处于理论学习阶段，教师对于优秀传统文化教学认识不足停留在知和教的层面而未达到启智、情感与应用层面，使得优秀传统文化的价值在初中"道德与法治"课程实际教学中并未得到极大的发挥，主要体现在以下四个方面：

(一)"道德与法治"课教师的知识储备不足

在当前的中学"道德与法治"教师团队中，资历较深的教师占主导地位，他们的工作比较繁忙，很少有时间去系统地学习优秀的传统文化；同时，由于应试教育的影响，尽管他们提倡加强优秀传统文化的学习，但由于习惯了传统的教学方式，课堂上仍然采用教师授课，缺乏与学生的有效互动，很难调动学生的积极性。教师在参加教研培训的体会中，都有很多的收获，专家们的讲解也很全面，让他们大开眼界，但教研学习完之后他们就会重新投入到工作中去，依旧没有足够的时间去巩固和练习，教研培训内容会被渐渐遗忘，很难把教研培训的内容融入实际的教学中。

(二)"道德与法治"课堂教学偏重知识目标

2020年中共中央宣传部、教育部印发的《新时代学校思想政治理论课改革创新实施方案》中的基本要求就是把握新时代、推进一体化、突出创新性、增强针对性、注重统筹性。这样的要求以及义务教育的全面普及，我们必须明确"培养什么样的人、如何培养人、为谁培养人"，从而优化学校育人蓝图。首先，教师在课前给学生学习大纲，要求学生在教材上找出问题的答案并勾画出来，在课程进行中则用不同颜色的笔对笔记进归纳和补充，课后完成作业主要是课堂上的大纲问题再一遍的摘抄，尽管课堂中也有利用故事事例来辅助教学，可最终注重的还是理论知识的传授，忽视对受教育者在情感价值观方面的培养。教师在课程中与学生很少有情感上的交流与沟通，没有办法及时了解学生的心理动态和情感动态，更不要提对学生的世界观、人生观、价值观进行培育和引导。

(三)学校优秀传统文化活动与氛围助力不足

学校优秀传统文化活动助力不足主要体现在形式单一、内容单一，以及德育价值单

一。如学校组织的两项优秀传统文化实践活动：一是组织学生到蓝关古道上参观，二是举行"九一八"升旗典礼。通过实际观察与调研这些活动注重形式，对优秀传统文化的学习停留在表面现象，学生无法真正感受到优秀传统文化的精神内涵，无法生成情感共鸣。如参观蓝关古道，多是走马观花，未进行文化内涵讲解。"九一八"主题升旗典礼，通过主题演讲的形式进行而演讲内容比较空洞，缺乏真实案例和数据，未从心灵上激发受教育者对"九一八"事件的感同身受，更难以让受教育者感受到"九一八"事件背后的伟大爱国精神。举办这种形式上的优秀传统文化活动，不仅现实意义不强，还会使学生反感，难以激发学生对优秀传统文化的兴趣与认同。从环境上看学校走廊墙壁上挂满了学生的优秀作品，楼梯两边挂着各系老师的优异成绩和荣誉，唯一与优秀传统文化相关的就是校训以及墙壁上挂着的孔子的介绍。

(四) 课本中的优秀传统文化资源利用不充分

在"道德与法治"课程教学过程中，教师对教材中的中华优秀传统文化资源的运用还不够充分，学生的素质和能力存在一定差距，导致教学目标无法实现。通过对教学实践的观察，发现很多教师在课堂上并没有把优秀的传统文化知识传授给学生，特别是在实际教育教学的实践、探究和沟通中，比如有些老师就是一笔带过，有的教师压根就忽视不讲解，而是用别的资料来替代。只是从教科书中汲取优秀的传统文化，对于学生认知发展和人格发展具有一定局限性，这无疑是对优秀传统文化教学的一个重大影响。如果教师仅依靠现有教材中所列出的优秀传统文化资源进行教育教学，而不深挖教材德育资源，势必影响优秀传统文化的教学效果的发挥和学生的全面发展。

三、初中"道德与法治"课中优秀传统文化教育的策略

中华优秀传统文化作为初中"道德与法治"教学中的重要教学内容，对提升学生的文化素养，帮助其树立正确的三观以及文化自觉与自信具有重要作用，针对前述问题提出以下对策。

(一) 提升教师优秀传统文化教育能力

初中"道德与法治"课程内容综合性比较强，这就意味着该课任课教师不仅要提高自身专业知识素养同时也要努力提升自己的思想道德素质。教师是教学的引导者，教学成效与教师专业素质有直接的关系，课堂气氛很容易影响学生对这门课程的喜欢程度，因此教师在备课的时候首先要熟悉教材内容掌握知识的逻辑，了解学生知识储备以及认知特点，其次在教学中组织好课堂教学，注意学生学习状态同时激发其学习优秀传统文化的情感，创造良好的学习环境，提高教学效率，最后教育者应积极参与听课、评课，及时地更新和补充自己的专业知识，积极参加教育局和学校的科组活动，不断提高自身素质和优秀传统文化教育水平。

(二) 明确教学目标提高教学质量

在学科教学设计中，教学目标的设计是一项至关重要的步骤，因此，要保证教学目标的准确、恰当、明确，找到教学评一体化的关键，保证教学目标的"三导"(导学、导教、导评) 功能，充分发挥初中"道德与法治"的价值，实现教学目标的可量化、可操作性，从

而对教学与评估起到指导作用。教师要通过对课程规范的分解，对学生的学习情况进行分析，并对教材进行研究，以保证教学目标能够针对学科的核心知识和关键技能，从而解决"教什么"这个问题。以九年级上册第五课《促进民族团结》为例，本课所依据的课程标准内容是提高文化认同感、民族自豪感。知识目标的主要内容：知道我国社会主义新时期的民族关系与处理民族关系的原则与基本制度，了解促进民族地区经济与社会发展的对策。能力目标：认识到维护和增进国家统一是每一个公民神圣的使命和光荣的责任，我们要从自己做起，从小事开始。情感态度和价值取向：了解维护国家统一是每个人的义务；理解加强民族团结，促进民族地区共同繁荣的重要性。

（三）坚持课堂教学与实践教育相结合

在"道德与法治"课程应坚持理论联系实际，以充分发挥中优秀传统文化的德育价值。中学生处于形成良好道德和法治意识的关键时期。在这个阶段，学生对各种形式的道德和法治实践活动产生了浓厚的兴趣。该时期学生对许多实践活动充满热情跃跃欲试，因此初中教学应该多设置一些具有实践意义的课外活动，在此实践过程中，促进学生对中国优秀传统文化的学习，让学生把课堂中学到的理论知识充分运用到生活中，达到知行合一的目的，从而更好地指导学生每一次的实践。学校应根据受教育者的发展和精神需要，结合受教育者在文化课上所学到的知识，使受教育者积极参与学校组织的丰富多彩、有趣的优秀传统文化实践活动。优秀传统文化实践活动可以从形式、内涵及地域三个方面展开。学校要充分利用地域优势和地区优秀传统文化教育资源，带学生走出校门，感受更为广阔的优秀传统文化环境。

其次在"道德与法治"教学中，教师也应需要根据学生的实际情况出发，制定不同的课外活动。创新课堂的授课形式，例如带领学生情景再现，让学生扮演其中的角色，身处情景中更好的领悟优秀传统文化的内涵。通过在课堂中不同形式的表达和引导，让学生更加深入细致地认识优秀传统文化的具体内涵和重要意义，在过程中达到德育渗透，更好地发挥"道德与法治"课中优秀传统文化的德育价值。

（四）挖掘教材资源，提升课本利用率

教师要结合本班学生的个性特点和学习兴趣，根据所处地域文化特色开展形式多样的教学活动。教师在优秀传统文化教育过程中要多积极肯定和鼓励学生。不同年级的学生在学习态度和能力上存在着明显的差别，有的喜爱古典文学，有的则比较喜欢现代文学，还有的则比较缺乏学习兴趣。因此在"道德与法治"课程中，教师应正视不同学生之间的差异性，并积极解答学生对于优秀传统文化所存在的问题，从而激发学生的学习积极性；对那些敢于尝试但回答有偏差的学生，要鼓励其积极地学习优秀的传统文化，并通过课外读物、网上资讯等方式来加强自身优良的传统文化素养，从而进一步地提高学生自身的优秀传统文化意识。

初中"道德与法治"课中优秀传统文化教育的不足会影响中学生认知，不利于他们树立文化自信，这就意味着开展"道德与法治"教学活动时要在实际教学过程中落实优秀传统文化教育，在"道德与法治"实践活动中发挥优秀传统文化教育的价值。这不仅需要学校、教师的组织安排，同时还需要学生的家庭、学生自身以及社会的配合。与此同时，"道德与法治"课教师也要不断提高自身的专业学识和道德修养，牢固树立德育意识，重视对

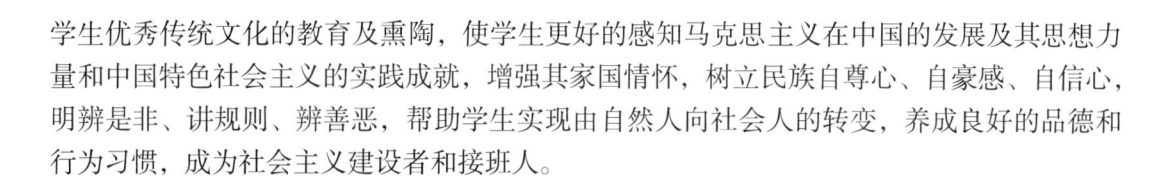

学生优秀传统文化的教育及熏陶，使学生更好的感知马克思主义在中国的发展及其思想力量和中国特色社会主义的实践成就，增强其家国情怀，树立民族自尊心、自豪感、自信心，明辨是非、讲规则、辨善恶，帮助学生实现由自然人向社会人的转变，养成良好的品德和行为习惯，成为社会主义建设者和接班人。

参考文献

[1] 冯刚，鲁力．习近平关于中华优秀传统文化重要论述的理论蕴含 [J]．湖南大学学报（社会科学版），2022(1):2.

[2] 习近平．在纪念孔子诞辰 2565 周年国际学术研讨会暨国际儒学联合会第五届会员大会开幕会上的讲话 [N]．人民日报，2014-9-25(2).

[3] 张莹．中国优秀传统文化对当代青少年德育教育的启示 [J]．青年与社会，2018(30):251-252.

[4] 刘行坦．论以中华优秀传统文化涵养大学生友善价值观 [J]．佳木斯大学社会科学学报，2017,35(2):91-93,97.

[5] 季颜骏．中华传统文化与师范生社会主义核心价值观培育研究 [J]．课程教育研究，2018(12):39-40.

[6] 牛冠恒．什么是文化自信？ [J]．领导科学论坛，2019(22):56-68.

[7] 陈妍．青少年道德发展阶段分析——基于科尔伯格道德发展阶段理论 [J]．现代交际，2020(7):142-143.

[8] 刘舒宁．初中道德与法治课中优秀传统文化教育研究 [D]．沈阳：沈阳师范大学，2019.

运用红色文化资源开展中小学德育的价值和途径探索

刘勇，金敏，张文

摘要：红色文化资源是党和人民在不同时期英勇奋斗的历程中留下的中国特色文化资源，可以发挥重要的政治导向、道德教化、心理整合等德育价值。有效开发红色文化资源及其价值内涵、运用红色资源创新中小学德育工作实施途径、营造良好校园文化环境能够更好地促进红色文化融入中小学德育工作。中小学运用红色文化资源可以较好地提升德育工作的感染力和亲和力。

关键字：中小学；红色文化资源；德育

一、引言

红色文化是指在红色革命运动时期以及新中国成立、建设和改革实践的过程中积累的革命精神传统及其负载的物质实体。红色文化体现了中国共产党及其领导的人民在新中国的不同历史时期沉淀下来的优良传统，是富有中国特色的文化资源，它蕴含着丰富的革命精神和厚重的历史文化内涵。红色文化资源作为各类大中小学德育工作的重要载体，具有极高的文化和教育价值，为思想政治教育的开展提供了重要文化载体和实现途径。红色文化资源不但为思想政治教育提供了重要资源，还创设了思想政治教育开展的重要文化环境，有利于增强文化自信、引导政治方向，抵御历史虚无主义，激发精神动力，约束规范行为的价值意义。在新时代中小学生德育工作创新的要求下，面对当前复杂的中小学德育工作形势，许多学者反思总结了传统思想政治教育的缺陷，红色文化教育方法的创新也是其中的重要内容。如何在新媒体时代利用并传承好红色文化资源，讲好、讲活红色故事，更好地发挥德育工作立德树人的根本任务，需要进一步开拓思路，创新工作方式方法，探索富有实效的中小学德育创新实现路径。

二、红色文化资源蕴含的中小学德育价值

（一）传承红色文化基因，坚定理想信念，发挥政治导向价值

红色文化资源是中国共产党领导全国各族人民在中华民族伟大复兴的征程中克服重重困难，在实现民族独立、人民解放、国家富强的过程中积累下来的宝贵精神财富，高度凝聚了党的领导、中国道路、政治制度，是最具先进性、革命性、科学性的意识形态，其承载的理想信念、价值观念、精神品质与中小学德育培育价值高度一致。中国共产党领导人民群众与反动势力进行斗争，为无产阶级谋取幸福的革命实践是马克思主义中国化的具

体体现。红色文化资源中蕴含的马克思主义政治思想、理想信念寄托了革命先烈和广大人民群众崇高的革命理想和社会主义信念，代表着无产阶级的利益和要求，体现了社会主义意识形态的本质。新时代下中华儿女循着先辈们的足迹，继续砥砺前行，为实现中华民族伟大复兴的"中国梦"开始续写着新的时代故事。虽然新时代面对不同的发展任务和挑战，但无论是今天的航空航天精神，还是抗疫精神都是对红色文化中坚定理想信念的文化继承。英雄的中华儿女也正是带着这样的红色文化基因，不忘来时路，薪火相传，创造一个又一个的传奇故事。红色文化资源中蕴含了丰富的中国特色社会主义精神传承，为中小学的德育工作提供了巨大的教育资源库，具有坚定理想信念、发挥政治导向的价值。

（二）继承优秀传统，锤炼优秀品质，发挥道德教化价值

红色文化不是脱离中华民族优秀的文化传统而孤立存在的，而是在特定历史时期优秀的中华儿女继承发展优秀的中华文化传统，在解决时代问题中展现出来的优秀事迹。红色文化资源是中国化的马克思主义，是中国优秀文化的传承和发展。红色文化中出现的革命先进事迹体现了一个个英雄人物为实现崇高理想抛头颅、洒热血的英雄事迹。他们用自己的热血诠释了青春，用无畏的勇气捍卫了理想，用铁一般的意志诠释了优秀的品格。红色文化中所包含的崇高理想、先进思想、热忱的情感、坚强的意志和无私的行为是中华民族优秀文化典型的诠释，对于人们形成正确的社会公德、职业道德、个人品德和家庭美德具有典型示范意义。红色文化积淀的史料不是冰冷刻板的一些陈旧资料，而是一个个鲜活的、有血有肉的生动故事。由于红色文化具有极好的真实性、时代性，从而可以让红色文化中的英雄事迹能够在中学生德育教育中发挥师范教育作用，激发中小学生继承优良传统，锤炼优秀品格。

（三）树立优秀榜样，引发情感共鸣，发挥心理整合价值

红色资源作为党和人民浴血奋战、艰苦创业和改革创新的实践活动的客观反映，展现了英雄人物的超凡智慧判断、优秀的心理品格以及高尚的人格形象。从心理健康教育的工作角度来讲，红色文化不但具有政治引领、道德教化的作用也能够在激发奋斗志向，磨炼意志，转移压力，正确处理心理矛盾等方面为中小学生树立良好的榜样，从而达到陶冶情操，完善品格，发展能力，实现全面发展需要的目的。近年来，思想政治教育和心理健康教育的联系研究取得了一些成果，两种教育内容和方式的根本任务相互交叉，内容相异却又存在内部统一性，在实践领域中，心理健康教育的新方法可以为思想政治教育提供借鉴，而红色文化资源则可以为心理健康教育领域提供重要的资源输出，发挥较好的心理整合价值。

三、中小学运用红色文化资源开展德育工作的现实问题

（一）渠道单一，开发红色文化资源的理念陈旧

使用红色文化资源开展思想政治教育工作一直都是德育工作中的一个常规做法。但是在教育过程中，仍然会存在形式呆板、流于形式等问题。甚至有些人在创新德育工作的呼声下觉得红色教育已经过时，质疑使用红色文化资源开展德育工作的可持续性和有效性。常见的红色文化教育主要是依托思政课堂和主题活动类实践活动，学生的参与面较广，但

能够深入细致理解其精神内核并做到入脑入心并不容易。除了教育渠道相对单一外，许多人对于红色文化的认识也比较局限，阻碍了红色文化和德育教育的密切配合。一般而言，红色文化具有物质形态和非物质形态两种形式。以红色纪念馆烈士陵园、革命遗址等为代表的物质形态的红色文化主要用于提供德育教育中的实践参观活动。此外，红色文化中的非物质形态则表现为不同时代和地域下产生的各种代表性的红色事迹（比如"五四"运动、建党历史、长征、解放战争、土地革命等）和革命精神（比如井冈山精神、延安精神、女排精神、抗洪救灾精神、抗疫精神等）以及英雄人物（比如董存瑞、黄继光、王进喜、焦裕禄等）。但一些红色文化教育对于使用红色文化的资源挖掘不深，不细致，演绎脸谱化，导致人们对于红色文化的理解容易停留在认知层面，难以引起情感共鸣和行为意志响应。加之信息时代的到来，人们对于信息的接受要求提升，需要在使用红色文化资源时，进一步提升红色文化的时代特征、地域特征和可持续发展特性。近年来，部分研究中已经开始着力挖掘当地的红色文化资源，并在教育过程中更加注重红色教育贴近学生的心理和年龄特征，让红色文化中的人物和事迹真正走向学生的身边。进一步拓展红色文化使用的渠道，开发更加丰富、鲜活的红色文化资源以贴合新媒体时代信息传播的特点，贴近新时代的发展要求，将是今后红色文化融入德育工作的研究内容。

(二) 浮于表面，红色文化资源发掘不深

红色文化教育作为良好的文化教育传统，在大中小学具有较好的教学基础和实践经验，但是随着新时代德育工作要求逐渐提升，中小学德育要求不再是简单的知道和了解的水平，更加注重学生深层次的理想信念树立以及高尚道德情操的培养。国内德育领域的专家学者也积极开展红色文化教育工作的反思和创新探索，提出了许多问题和新思路。许多学者开始反思应该如何更深层次地挖掘红色文化资源，做好红色文化的开发、统筹管理工作。由于传统红色文化的输出形式以单项灌输和强制执行为主要渠道，对红色文化中的人物和精神没有进行细致的挖掘，容易成为不接地气的"神话"，在学生中的接受面虽然较广，但是缺乏与学生真切联系的情感和精神认同，有时成为了一阵风式的走秀，甚至破坏了红色文化应该具有的教育影响作用。从学生的偶像崇拜研究来看，许多学生的偶像崇拜对象并不来源于红色文化中的英雄人物。其中原因与红色文化的形象给人以距离感，学生较难在英雄人物身上找到共鸣和认同有关。只有研究如何贴近青少年的心理需求，深入细致挖掘红色文化的精神内涵，并以轻松巧妙的形式展现红色文化的具体形态，红色文化的教育功能和魅力将是巨大的。

(三) 简单重复，缺乏创新手段

长期以来，思想政治教育主要通过思政课的主渠道展开，红色文化教育作为宝贵的文化资源经常出现在的思想政治教育工作中。但是，目前的思想政治教育工作大多属于学校组织，个人参与，从上级到下级，从老师到学生的纵向文化传递模式，存在命令和单线灌输较多，交流和互动探讨较少；纪律和正式教育活动多，平等交流和非正式文化浸染少；要求和自上而下的层级传递多，激情和同伴人际网络影响较少。当前新媒体时代到来，短频快的信息轰炸，也带来了新的文化传播形式和要求。以此同时，各种价值观和文化影响并存于网络空间，青少年处于心理和生理半成熟期，在文化偏好上求新求异，传统的思想政治教育方法，比如政策宣讲、榜样鼓励、文化展示等已经不能较好地适应青少年思想政

治教育的要求。此外传统的红色文化教育往往没有考虑到红色文化教育在大中小学阶段的连续性，使得各种内容混杂，简单重复，让学生容易产生认知疲劳。许多学者呼吁实现大中小学德育工作一体化，完成各教育阶段内容的衔接。红色文化教育不是完全如数理公式一般具有逻辑清晰紧密的结构，其内容本身也会表现出时代性和可持续发展性。因此内容的重复往往是不可避免的，但呈现的方式就需要因事因人因地制宜。实现大中小学德育工作的一体化，还需要将红色文化的运用建立在对教育对象的充分接触和了解基础上。不同的年龄阶段的学生在认知、情感、意志、人格的发展都呈现出不同的心理发展特点，要避免红色文化教育的单调重复。红色文化教育的创新需要德育工作者积极增加对红色文化教育的深层次研究，灵活把握学生的心理和道德发展规律，不断提升德育工作的科学性前瞻性，探索更加多元而有效的红色文化教育形式。

四、红色文化资源开展中小学德育工作的路径探索

（一）有效开发红色文化资源及其价值内涵

1. 增加红色文化资源的亲和力

红色文化包含了许多中国共产党和人民群众中涌现的先进人物和事迹。英雄事迹和人物往往以其高大光辉的历史形象出现在红色教育课堂和实践活动中。但是，如果在红色文化教育中不能够将英雄人物还原为有血有肉、有矛盾、有情感的真实人物，不能将历史的场景还原为有困境、有缺憾、有危机的真实画面，却总是只能以俯视的视角看待神一般的"传说"，就会让红色文化失去其真实性和亲和性。这样就失去了原有史料应有的感染力，更重要的是这种简单符号化也很容易将历史简单化、幼稚化，丧失了其本来的思想引领的价值内涵。失去亲和力的英雄人物和故事难以在德育工作中发挥深层次的情感认同和榜样学习的价值传递功能。2021年电视剧《觉醒年代》迅速出圈，成为广大青少年追捧的热剧，从播放量到评论热度一直持续不降，其背后成功的原因就是塑造了一个个不太完美，但又非常质朴可爱的鲜活形象，增加了红色文化典型人物的亲和性。

2. 增加红色文化资源使用的时代性

红色文化蕴含的内容非常广阔，在大中小学使用红色文化进行德育工作已经取得了不少的工作经验。在红色文化教育的推进中，曾出现过一些质疑的声音，怀疑红色文化是否过时。这种质疑是对某些使用红色文化资源开展德育工作内容和形式陈旧的反映。增加红色文化资源的时代性，绝不是抛弃对党和人民奋斗历史的追寻，而是在德育教育中更加注重开发红色文化资源的可持续性，并在德育工作中创新方法和思路，用新时代的视角，讲好红色故事。

3. 挖掘红色文化资源的地域性

红色文化资源具有较强的可持续性，能够在时代和地域的空间中不断挖掘出有价值的内容。挖掘地域红色文化资源更加有利于提升红色文化在德育教育中的亲和性和感染性。商洛属于革命老区，有很多史料值得挖掘成为中小学德育教育的重要红色文化资源。商洛在红军长征中成为鄂豫陕革命根据地的中心，红二十五军曾在这里建立革命根据地，留下了许多英勇奋战的红色文化事迹。商洛在新中国成立后而成为革命老区，红色文化也已经

扎根商洛，传承着商洛广大人民群众全力支持革命和无私奉献的精神。为了继承弘扬红二十五军的革命精神，商洛建立了很多具有教育价值的红色文化展馆、烈士陵园等场地。进一步挖掘红色文化的地域特征，能够很好地提升德育教育的感染力，引发学生的探究兴趣和积极的情感认同。

(二)运用红色资源创新中小学德育的实现路径

1. 推动中小学思政课堂内涵式建设

习近平总书记指出，"思想政治理论课是落实立德树人根本任务的关键课程❶"。做好中小学思政课堂内涵式建设首先要求在课程建设中聚焦立德树人培养目标，紧密围绕习近平特色社会主义思想铸魂育人，将这一总体课程目标贯穿至思政课教育教学全过程。其次着眼立德树人的总目标，更需要制定中小学各阶段的具体目标，促进课程目标的连续性、科学性和协调性。教学目标的设置要适应学生身心发展规律，要深入研究中小学生的心理发展规律和特点，积极满足不同年龄阶段的心理需要。思政课的内涵建设还需要深入开发和利用好红色文化资源，提升思政课的感染力和亲和力。红色文化资源为中小学的思政课堂提供了良好的教学资源。不断创新方式方法进行红色文化教育和思政课的内涵式发展要求是一致的。最后，思政课的内涵式发展还需要不断加强教师队伍建设，加强思政课教师对红色文化资源的理解和运用水平。教师队伍建设一直都是提升思政课内涵发展的关键因素，红色文化资源的具体运用最终往往是以思政课教师为桥梁得以实现的。思政课教师如何更加灵活、科学、细致地运用红色文化资源创新思政课堂，完成教学目标，深化教学研究，影响着思政课的内涵式发展水平。

2. 充分利用红色文化资源，建设课程思政

习近平总书记指出，"思政课要做思想政治教育的显性课程❷"，那么课程思政就属于思想政治教育的隐性课程。思政课始终是思想政治教育的主渠道，也鲜明地体现了中国特色社会主义教育的特点。同时，中小学德育工作还遵循"三全育人"的整体格局，要深入挖掘其他中小学学科课程和教学方式中蕴含的思想政治教育资源。目前音乐、美术、体育等学科已经涌现出许多优秀的课程思政建设经验。其中有很多都是使用了红色文化中艺术表现手段和内容。红色文化中还包含了中小学许多学科内的德育内容，红色文化资源的不断持续开发和利用将有效地促进中小学课程思政的建设。在实施课程思政的过程中，红色文化资源常常容易被学科教师忽略，没有灵活地将学科内饱含的红色文化资源挖掘理解清楚，容易造成课程内容衔接的问题。因此，在课程思政中使用红色文化资源的还需要不断深入理解红色文化和学科知识的结合点，巧妙实现"让思政之盐，融入到课程之汤"的课程思政要求。

3. 拓展课外实践空间，发挥红色文化的育人功能

组织开展青少年课外实践活动，讲好"中国故事"，是弘扬红色文化，进行德育工作的重要实践内容。可以将红色文化融入课外实践包括党日团日、主题班会、班队会以及各类主题教育活动中，还有校园文化建设为核心的文明校园创建，校训、校歌、校史的教育，

---

❶ 习近平. 思政课是落实立德树人根本任务的关键课程[J]. 新长征(党建版),2021,3:43.
❷ 同上。

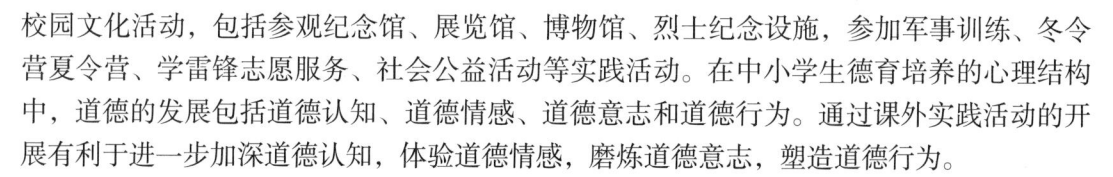

校园文化活动，包括参观纪念馆、展览馆、博物馆、烈士纪念设施，参加军事训练、冬令营夏令营、学雷锋志愿服务、社会公益活动等实践活动。在中小学生德育培养的心理结构中，道德的发展包括道德认知、道德情感、道德意志和道德行为。通过课外实践活动的开展有利于进一步加深道德认知，体验道德情感，磨炼道德意志，塑造道德行为。

4. 研究心理教育规律，促进红色文化教育的科学性

运用红色文化资源开展中小学德育工作必须符合中小学生心理教育的规律，认真学习并研究中小学生的学习心理规律、道德形成的阶段特征，通过制定具体、有针对性的教育方案将红色文化融入中小学德育工作中。只有准确把握了中小学生的心理教育规律，才能够确保德育工作取得实效。此外，中小学德育工作和心理健康教育工作都是以立德树人为根本目标，在工作的领域、对象、目标等设定有很多重叠。心理健康教育中可以蕴含德育工作的内容和目标，同时德育工作也以掌握学生心理发展规律为工作基础，并可以借鉴使用心理健康的一些方法来创新德育开展的形式和手段。许多学者使用心理健康领域的团体心理辅导、心理剧等形式进行德育工作获得了理论和实证研究的支持。

(三) 继承和发展红色文化资源，营造优秀校园文化

1. 适应新媒体环境，创新红色文化的传播形态

新媒体时代为信息传播和教育带来了新的模式。从新媒体短频快的特征来看，信息传播更加迅捷、快速，新媒体信息平台提高了红色文化资源的传播速度和传播范围。从新媒体以图片、视频等形象化特征进行信息传播的特点来讲，新媒体的信息传播模式也为红色文化的内容呈现带来挑战。新媒体语境下红色文化资源的传播容易从注重红色文化资源精神内核转而以其符号化、形象化、特征化受到关注。适应新媒体信息传播的环境，就需要在德育工作中将红色文化的呈现形式不断进行挖掘，创新其红色文化的传播形态。从新媒体信息传播的特点来讲，信息传播速度快，互动性强，进入了众媒时代，人人都是信息的生产者和传播者。红色文化进入新媒体时代容易导致碎片化、标签化，如果不能及时、迅速、合理管控还容易造成一定的信息误读和曲解，这都为德育工作者提出了新的挑战。在新媒体时代进行红色文化德育工作，需要德育工作者积极掌握新媒体信息传播规律，站在信息传播的高地，不断创新红色文化传播形态。

2. 活用红色文化，建设优秀校园文化

中小学校园文化是能够体现学校教学、学习风格和秩序的精神文化环境。特定的校园文化和学校的办学定位、管理风格、培养目标、精神风貌紧密相关。红色文化除了可以作为思政课堂主渠道的教学资源，更是以各种物质和非物质文化的形态存在于特定的文化形态中。运用红色文化的丰富内涵建立优秀的校园文化，从而使德育目标在文化背景的潜移默化中得实现。一些学校通过积极继承和发展红色文化，融合当地文化，开发校本课程和特色文化活动等形式积极探索红色文化资源对校园优秀文化建设的推进。优秀校园文化建设本身就发挥了积极的德育作用，有利于中小学生树立坚定理想信念，自觉形成文化自信，培养积极乐观的生活态度和高尚的道德情操。

参考文献

[1] 聂国林. 红色资源思想政治教育价值有效实现研究 [D]. 南昌：南昌大学，2013.

[2] 王开琼. 红色文化资源价值与德育功能研究 [J]. 教育现代化，2016,3(24):219-220,232.

[3] 姚米佳，万生更. 陕西红色文化资源的德育功能研究 [J]. 党史文苑，2010,14:75-76.

[4] 朱伟. 红色文化传播现状、问题与对策研究 [D]. 济南：山东大学，2014.

[5] 曾喜云. 红色文化资源开发利用中存在的问题、原因及对策 [D]. 武汉：华中师范大学，2008.

[6] 李霞. 论红色资源在思想政治教育中的应用 [D]. 长沙：中南大学，2013.

[7] 朱小理. 红色资源转化为教育教学资源的方式及路径研究 [D]. 南昌：南昌大学，2011.

[8] 习近平. 思政课是落实立德树人根本任务的关键课程 [J]. 新长征（党建版），2021,3:43.

[9] 殷世东，余萍. 中小学课程思政的内涵、逻辑依据和实践策略 [J]. 课程、教材、教法，2022,42(8):85-91.

[10] 梅萍. 新时代思想政治教育心理疏导的发展走向探析 [J]. 马克思主义研究，2019,7:152-159,164.

[11] 陈虹，潘玉腾. 立德树人视域下高校心理育人价值及其实现路径 [J]. 思想理论教育，2019,5:86-89.

[12] 李惠旋. 新媒体环境下红色文化的传播分析 [J]. 文化产业，2021,32:125-127.

"双减"政策背景下小学语文作业设计策略

张文诺

摘要：课业负担和校外培训负担沉重会损害青少年儿童的身心健康，使家庭教育支出所占比例大，破坏了教育的生态平衡。近年来，教育"内卷"现象严重，校外教育培训机构良莠不齐，他们为追求利益恶意炒作，制造教育焦虑，严重地破坏了教育公平。为解决这一问题，国家推出了"双减"政策，旨在减轻学生课业负担、规范校外培训行为，破除唯分数论、唯升学论、唯学历论。"双减"政策出台后，给学生提供了优质的课后服务，减轻了家长的焦虑。教师优化作业设计，满足学生的个性化需求，真正做到减负提质。本文从"双减"政策实施的必要性、"双减"政策下的小学语文作业设计以及所带来的影响三个方面探讨了"双减"下的小学语文作业设计。

关键词："双减"政策；小学语文作业；设计策略

2021年7月24日，中共中央办公厅、国务院办公厅印发《关于进一步减轻义务教育阶段学生作业负担和校外培训负担的意见》。"双减"政策主要内容是在义务教育阶段有效地减轻学生过重的学习负担，通过减少作业量和作业时长，教师根据学生的差异合理设计作业，满足不同学生个性化需求，尽可能给学生更多的自由空间。另外，进一步规范校外培训，严肃查处非法营利机构，减少学生校外培训负担，释放了营造良好教育生态的信号，让学科教育回归学校主阵地，能有效地解决家长焦虑。"双减"政策的出台，引发热议，北京、天津、上海、成都、浙江、湖南、沈阳等地纷纷出台相关政策，结合各地实际认真贯彻落实会议精神，推动"双减"工作落地落实，并做好各项工作。"双减"政策出台后，取得了很大的成效，大家纷纷表示支持，并对此抱有很大的期待。

一、"双减"政策实施的必要性

（一）小学语文作业布置存在的弊端

作业可以加强对已学知识的理解与巩固，提高学生知识的综合运用能力，在教育教学过程中发挥着不可忽视的作用。但是，小学阶段教师在布置作业时，有以下几方面的不足：第一，现今的作业布置趋向功利化。教师往往布置大量重复性抄写作业，多数学生为完成作业而写作业，教师忽视了学生的创造性和自主性。学生的作业更多依赖家长督促批改完成，教师不能及时了解学生不懂的知识点，使得作业成为学生的负担和家长的噩梦。第二，作业的布置缺乏新颖性和创新性。受传统思想和教学模式影响，大量的机械性抄写作业加重了学生的记忆负担，学生容易产生厌倦心理，降低学习效率，导致对语文学科失去学习

---

[1] 基金项目：本论文是"商洛学院教改项目：新文科视阈下语料库在校本英语教学中的应用研究（项目编号：22jyjx122）"的阶段性成果

的兴趣。部分教师随意布置作业，责任心不强，学生依靠课外辅导班进行学习，作业缺少创新性，更多的是依靠做大量习题来提高学习成绩，歪曲了作业的功能，不利于学生创造思维的发展。第三，作业缺乏层次性。教师在布置作业的时候大多数是统一而又固定的，忽视了学生的差异性，导致学习好的"吃不饱"，学习差的"吃不消"。因此，在布置语文作业的时候要因人制宜，结合学生学习实际情况，恰当合理布置适合学生个人的作业。第四，作业未能体现合作性。俗话说"众人拾柴火焰高"，集体的智慧高于个人的智慧。教师在布置作业的时候更多的是依靠个人去完成，很少有合作探究的作业，家长参与完成的手工制作、体验式作业少之又少。第五，作业的布置难以体现开放性和思考性。如今网络发展迅速，各种搜题软件层出不穷，学生在没有家长监管下，为了贪图早点写完作业又想答案准确率高，应付老师检查，就去网上搜答案，做题缺乏自我思考的过程，不利于知识点的掌握。大部分老师布置的作业仅限于课本知识的巩固与理解，未能紧密联系生活，缺少对生活的观察与体验。例如，学完人教版小学语文二年级下册《邓小平爷爷植树》一课后，教师可以给学生布置这样一项作业：利用周末和父母共种一棵树。一方面，可以让学生知道树是如何种的，了解树苗生长过程；另一方面，学生可以获得更多的生活体验，增强学生的实践能力，提高环境保护意识。

（二）"双减"政策的优势

"双减"政策提出后，学生有着良好的学习环境，学生在乐趣中积极学习，很大程度上减轻了家长的焦虑，有利于实现义务教育阶段学生身心健康发展，让教育回归本真。另外，有利于少年儿童发现和激活自身潜能，给学生一个充满趣味而又快乐的童年。"双减"政策为我国教育提出了新理念：减负也不仅只是让孩子学到更多课外知识，还要使他们学会做一些有用的题来提升自己的水平和综合素质，培养学生德、智、体、美、劳均衡发展。在设计语文作业过程中，教师应根据不同年龄段，不同知识水平的学生分类分层设计作业，优化作业设计，提升专业水平，推进作业设计改革。"双减"政策提出后，教师的工作方向也发生了改变，以学生为本，遵循教育教学规律，着眼于小学生的身心健康，保证学生有充足的休息时间。完善校内课后服务，给小学生更多的时间做自己喜欢的事，促进学生的个性化发展，按照兴趣，发挥自我特长。"双减"政策推动了我国教育教学行业的发展，提高了教育信息化水平，促进教育资源共享，实现教育公平。

（三）"双减"政策在小学语文作业设计策略中的作用

小学语文作业设计是教师对小学阶段学生的识字、阅读和作文等知识方面进行指导与评价，并使学生养成良好的学习习惯的过程。在实施"双减"政策之前，教育部门一直强调要重视基础阶段的教学工作，这一做法使得学校更加关注学生的文化课成绩与升学率之间存在的密切联系。小学语文作业设计是为了帮助教师更好地完成教学任务和提高课堂效率，在促进小学生掌握知识技能等方面发挥重要作用。因此，小学语文作业设计的好坏直接关系到学生学习兴趣与效率。在"双减"政策实施之后，语文作业设计的创新使学生突破了课本的束缚，注重学生课内外知识的相互串联，促进学生多种学习能力的发展，提升了学生的语文核心素养，教师也会更加关注提高课堂教学质量和效果，优化作业设计，为学生减轻负担。

二、"双减"政策下的小学语文作业设计

(一) 基于分层理念的小学语文作业设计

1. 分层作业的特点

第一，根据学生的学习差异而设计。孔子曾说过："生而知之者，上也；学而知之者，次也；困而学之，又其次也；困而不学，民斯为下矣。"孔子的这句话充分注意到了人与人之间的差异与层次。心理学上有"差异心理学"，研究表明：不同个体在心理发展过程中，其心理机制、运动系统的活动能力、感觉和知觉的灵敏度、智力、知识范围、学习成绩、兴趣、态度以及其他种种不同的心理特征都存在着程度不等的差异性。由此可见，每个人的学习差异是客观存在的。因此，在设计作业时，要根据班级中学生的学习差异、发展的不平衡进行作业分层设计，供不同水平的学生自由选择，让不同层次的学生都能有所提高。

第二，分层分类优化组合。一般情况下，所有学生的作业是统一的，不能体现学生的差异，不利于不同学生通过作业练习在自己的"最近发展区"得到充分的发展，这也与老师的"考试忧虑"有关，害怕学生少做题而影响了考试成绩，容易使学生产生厌烦心理，这样的做法恰恰适得其反。由于每个学生有着不同的学习方式，学习水平也不尽相同，所以要分层、分类设计作业，满足学生的不同需求，引导学生互助合作，弥补分层作业带来的分化。

第三，激励性评价与弹性分组。教师在评价学生作业的时候，不能使用统一标准去评价，这样的话不能调动全体学生的积极性。总的原则是，不论哪一类学生，都应该以激励性的发展评价为主，在具体实施的过程中，对于优、中、差的作业采取不同的评价方式和标准。对优等生严格要求，对中等生可适当放宽要求，增强学习的信心。分层作业中的分组是有弹性的、递进性的，不是固化的，这就需要教师敏锐地观察学生的学习情况，让学生有改进提升的空间。在这样的作业评价激励机制下，学生在成功的尝试中，既有动力也有压力，从而树立信心，培养学习兴趣。

2. 分层作业的设计样式

分层作业有很多种分层方式，最终目的都离不开帮助不同学习层次的学生有效地完成作业，使得学生在原有层次上更好地发展。学优生在基础知识的学习上，提升思维品质，发挥特长；中等生在学完基础知识上，能有较大的进步；学困生确保能基本掌握所学知识，并且对学习保持热情。

(1) 根据作业量和作业难度分层

通过调查研究发现，以往的语文作业形式单调，主要以识字和抄写背诵为主，不能从多方面来体现语文学科的人文性，大量抄写性作业不利于学生创新思维的发展，忽视了学生的个性化特点。

在设计多层次语文作业时，应考虑学生的个性、心理特征、兴趣、学习动机、学习习惯、接受能力等因素，着眼于学生的最近发展区，围绕作业量和作业难度两个核心变量进行分析、设置。通过减少作业量、调整作业难度，来提高作业的针对性和有效性。在布置作业时，控制作业的总量，首先设计适合中等水平学生的题目，并将其作为 B 层作业，在此基础上通过减少简单题，增加开放题、综合题等方式设计 A 层作业；通过删减难题、增

加基础题等方式来设计 C 层作业。学困生集中学习基础知识和基本方法，对稍有难度的知识，采取适当降低起点、减缓坡度的方法；对学优生而言，适度的拓展有利于发展其观察力、记忆力、思维力和想象力等，有利于激发他们产生新的求知欲。教师针对不同学生进行分层练习设计，练习难度有了梯度，这将使所有学生体验到成功的喜悦，并为每个学生提供更大的空间和更多的机会去探索新知识。

(2) 立足差异，自主选择

不少教师往往把语文作业简单地理解为"练习""巩固""反馈"，没有从深层次来理解语文作业的深层内涵，从而导致了语文作业设计形式单一，一般以"抄写""按课文内容填空""默写""组词"等形式为主，容易导致学生出现简单重复、疲劳应战等现象。繁重的课业负担、单一的作业形式、枯燥的作业内容，不仅失去了作业原有的功能，而且扼杀了学生的积极性，抑制了学生多样化思维的发展。例如，学完《望庐山瀑布》后，设计以下几种类型的作业题目供学生自由选择：

①背诵、默写《望庐山瀑布》；

②《望庐山瀑布》描写了一幅怎样的画面？发挥自己的想象写出来；

③你最喜欢哪一句古诗？说出来，结合课文并谈一谈你喜欢的理由。

以上三项作业根据学生的实际情况自由选择，这三项作业难度依次提高，分别适用于不同层面学生的需求。

(3) 根据学生的风格和兴趣选择

统一而机械的作业会导致学习好的学生吃不饱、学习差的吃不了，加重了差等生的学习负担。假如让学生根据自己的兴趣自主选择作业，能提高学生的主动性，作业也更有针对性，让学习负担停留在恰当的位置，避免学生疲于作业。例如，学习完《草原》一课后，可以给学生这样布置作业：

请根据自己的兴趣爱好，任选一题完成：

①喜欢绘画的，可以用水彩笔画出文中第一段所描绘的内容；

②喜欢朗诵的，有感情地朗读课文，表达自己对草原的喜爱之情；

③喜欢积累的，可以把文中优美的句子摘抄下来，课后朗读背诵下来；

④喜欢写诗的，可以为本文作一首小诗来赞美草原的美丽景色，在课前展示给大家。

以上的作业设计融合绘画、朗读、诗歌、创作于一体，充分调动了学生的学习积极性，让学生爱上学习、学会学习。学生根据自己的特长选择喜欢的作业类型，发挥了自身潜能。久而久之，学生的学习积极性高涨，在快乐中、收获中学习。

(二)"自我设计"作业

学生是富有个性的群体，教师在进行作业设计时，可以适当地把作业设计的权利交给学生，让学生自编作业，设计感兴趣的作业，培养学生的创新意识。学生在编写作业的过程中，必须认真研读课文，回顾课堂主要知识、重点和难点，思考知识之间的内在联系，甚至跨学科搜集相关信息，从而找到问题的最佳答案。让学生自我设计作业，一方面可以促使学生认真听课，养成边听课边做笔记的好习惯；另一方面，可以锻炼学生发现问题、分析问题、解决问题的能力，培养其创新意识，增强学习的信心，使学生真正成为作业的主人。

比如，学习完《小蝌蚪找妈妈》一课，可以让学生自己设计作业。学生一听给自己设计作业，纷纷举手，课堂气氛十分活跃。以下是几个学生的发言：

①我想把这篇课文画成一幅画给邻居小朋友看。
②我喜欢课文的第三、四自然段，我要背给爸爸听。
③我会告诉弟弟小蝌蚪是如何变成青蛙的，根据课后插图讲给弟弟听。
④我要和奶奶、爸爸、妈妈分角色朗读课文。
⑤我还想知道青蛙是怎么生活的。

看，学生不仅理解了课文，有的同学还想和家人一起阅读课文，甚至想到利用课外时间去学习更多的知识，我表扬了同学们给自己布置的作业。

又如，学完《要是你在野外迷了路》一课，可以问学生学完课文打算做些什么。学生纷纷发言：

①我要给爷爷奶奶讲一讲迷路时如何在大自然辨别方向。
②我要把这篇课文读给爸爸妈妈听。
③我要给周围人介绍四种天然的"指南针"。
④我还会向大人请教一些其他辨别方向的小技巧。

学生在设计作业过程中，用自己独特的方式把作业演化为富有创意的语文实践活动，从而增强语文实践能力，体现语文学科的实践性和创新性。

再如，学完《古诗二首》（《村居》《咏柳》）一课后，学生给自己留的作业是：

①我会向同学们展示我的书法。
②我会请爸爸帮我听写课后生字并默写古诗。
③我会用自己的话把《村居》描写出来。

学生根据自己个性设计特色鲜明的作业，充分地发挥自己的聪明才智，各尽其能，有效地激发了学生做作业的兴趣，改变了被动做作业的局面，使学生真正成为作业的主人。学生有了宽松的作业环境，不再是在被家长逼迫、督促下才能完成，这样的作业使他们感到其乐无穷，每一个学生都有发挥和展示自己个性的机会，每个人都能有所收获。教师进行作业设计时，学生成为学习的真正主人，让他们在学习中体验快乐，获得真实的感受。"自助餐式"作业设计，为学生搭建了一个展现自我、挥洒个性、激活思维、启迪智慧的舞台。

(三)"四招"设计有效小学语文作业

1. 第一招：使用"作业超市"，体现学生选择作业的自主性

超市里的物品琳琅满目，供大家自主选择，满足不同需求的人。"作业超市"是由老师设计多种类型的作业，学生结合自身特点进行自由选择的一种作业形式。例如，在学完《秋天》一文后，布置了这样一项作业："同学们自由选择任意一题，自主完成作业：①喜欢读书的你，寻找一篇有关秋天的文章并阅读；②喜欢朗诵的你，给父母朗读本文；③喜欢绘画的你，拿起你的画笔描绘你所看到的春天；④喜欢写作的你，描写出你眼中美丽的秋天；⑤喜欢周末游玩的你，去外面寻找秋天的脚步。"学生在自主选择作业过程中，对于自己所选的作业，每个学生都在积极探索思考如何完成，充分发挥主观能动性，培养了他们的创新意识，体现了学生们的才华。

2. 第二招：放入"调味品"，凸显作业的趣味性

小学阶段的学生在上课时，注意力容易被外界新鲜事物所吸引，他们乐于做自己感兴趣的事，对于不感兴趣的事，就不愿意去做。那么，在设计作业时可以适当放进一些"佐料"，使作业形式更加灵活多样，内容生动有趣，符合小学生心理特点，弥补传统作业枯燥、呆板、机械等缺陷，可以有效地让学生爱上学习，提升他们的学习兴趣。

（1）与文中人物进行对话

翻开小学语文课本，我们会看到许许多多的人物，如卖火柴的小女孩、大禹、司马光、朱德、邓小平爷爷等。面对这些人物，学生们也有太多的话和他们说，可以安排如下的作业：学完《卖火柴的小女孩》，当你来到小女孩的身边，你会对小女孩说些什么？学习了《邓小平爷爷植树》，假如你来到北京天坛公园，看到了邓小平爷爷当年亲手种的那棵树，穿越时空，你想对邓小平爷爷说些什么？与文中人物对话，实际上是鼓励学生大胆地发挥自己的想象，表达自己的观点，深入了解文章内容，走进文本去体会特定的场面，进一步了解文章的思想感情。

（2）当小小评论家

学完《将相和》同学们知道了文中的蔺相如勇敢机智、深明大义，以国家利益为重；廉颇有些高傲和嫉妒心，但能知错就改；赵王虽然胆小，但能知人善任，善于听取他人意见。文中的每一个人物形象鲜活生动，给同学们留下了深刻的印象。在同学们的心中都会有"一杆秤"，有是非标准，能对文中的人物进行合理公正地评价。接下来，可以邀请同学们当"小小评论家"，说说本文中自己喜欢的或者讨厌的人物。同学们听到后，迫不及待地小声说了起来。第二天，同学们交上来的作业内容各有各的见解。有的学生写道："蔺相如不辱使命，完璧归赵，渑池之会使赵王免受秦王的侮辱，封蔺相如为上卿，廉颇不服气蔺相如职位比他高，愤愤不平，心胸狭小。"有的同学写道："蔺相如面对廉颇的挑衅，以国家利益为重，尽力避让。"还有同学说："廉颇虽不服气，但他能知错就改，主动向蔺相如负荆请罪，我们应该向他学习。"同学们选择喜欢的或者讨厌的人物进行评论，激发了他们的学习兴趣。从他们的作业中，看到了他们对课文中人物的认识，进一步加强了对真善美的理解，提高了学生明辨是非的能力。

3. 第三招：让学生在生活中学语文，充分体现作业的实践性

"新课标明确指出，在教学中要努力体现语文的实践性和综合性，沟通课堂内外，充分利用学校、家庭和社区等教育资源，开展综合性学习活动，拓展学生的学习空间，增加学生语文实践的机会。"语文与生活密切相关，在设计语文作业时，教师要设计与生活密切联系的开放式语文作业，让学生在感悟生活、体验生活中完成作业，让学生对社会也有一定的了解，不能只局限于课本中。在作业设计时，可以进行如下尝试：

（1）扩展阅读，学生由课堂走向课外

扩展阅读是以教材为根本，从课堂走向课外，即"课内作为课外的指导和凭借，课外作为课内的补充和发展。"进一步拓展了语文的学习空间。

（2）动手实践，把生活注入作业中

新教材的课后习题设计了一些开放习题，更加注重语文与生活的密切联系，使学习更有挑战性和趣味性。这些开放性习题，有利于激发学生的创新性思维，使思维更加灵活，

给予学生更多地思考空间，在语文学习过程中联系生活。

4. 第四招：给学生一双想象的翅膀，实现作业的创造性

（1）课文内容扩写

学习《静夜思》后，学生们意犹未尽，可以给他们布置这样一项作业：诗人抬头看到了什么？诗人低头又想到了什么？根据课文注释和你的理解，用自己的话写一写。

（2）写想象作文

新大纲要求学生写想象作文时，要"鼓励学生写想象中的事物，激发他们展开想象和幻想，发挥自己的创造性"。学习了《难忘的泼水节》这篇课文后，可以让学生们写一篇想象作文，要求如下：泼水节是傣族人民的传统节日，节日活动有泼水、赛龙舟、放孔明灯、浴佛、诵经、孔雀舞表演等，可真是一个盛大的节日。请你以"泼水节"为题，写一篇想象日记，假如自己来到泼水节现场，你会看到什么，会干什么？写一篇想象日记。学生打开想象的大门，随意发挥，这样的作业对于语文的学习起到了很好的作用。

三、"双减"政策下的小学语文作业设计所带来的影响

"双减"政策实施后，减轻了学生的学业负担。学生对学习的兴趣有了很大的提升，他们有了更多的空闲时间，可以选择干自己喜欢做的事，满足学生个性化需求。有利于学生身心健康发展，发挥特长，培养自己的兴趣爱好，促进学生德、智、体、美、劳全面发展；没有过多的作业和培训班，学生就会更加努力地进行自主学习，培养学生的自主学习能力，在学习中学会自主探索，使学生朝着个性化的方向发展；目前"唯分数论"依然存在，家长、老师只关注学生的学习成绩，以成绩的好坏来评定一个学生是否优秀，忽视了对学生内心的关爱，造成家庭矛盾严重，给学生带来巨大的压力。"双减"后，对于学生的评价是多元的，不只以成绩定好坏，教学秩序更加规范，缓解了家长的焦虑，带给学生更大的发展空间。

"双减"政策既给教师带来许多新的挑战，也给他们带来了发展机遇。如何进行教学转型、提升课后服务质量、作业如何"增质减量"，处理家校关系等，都会是教师所面临的压力。教师应转变教育观念，紧随教育方针的变革，响应国家的教育政策，要摒弃过去以作业数量为主的观念，真正理解作业的内涵，发挥作业诊断、巩固的功能，分层布置作业，提升教师的专业水平；教师要把"双减"看作是修炼自身教育内功的契机，高度关注教育新变化，不断精进，关注学生的需求和发展区，亮出自己的"妙招""实招""硬招"为"双减"助力，真正成为国家教育事业的忠实拥护者，学生减负提质的可靠引领者。

"双减"政策对教育行业提出了更多的新要求。"双减"政策的实施，进一步强化了学校的主体责任，对于校长等教育管理者提出了更高的要求，如何协调人财物等物质保障，调整管理模式，保证"双减"工作平稳运行，这些都是需要考虑的现实因素；在"双减"政策实施过程中，要进一步保障教师权益，在物质待遇上，给予教师课后服务相应的经济补助；减轻校外培训负担，意味着有利于实现教育公平，所有的孩子站在同一起跑线，没有校外培训机构的加持，学生进行分流，一部分学生考入普通高中，另一部分学生进入职业学校，有利于加紧技术型人才的培养，促进教育行业优化转型升级，释放教育活力。

四、结语

"双减"政策出台后,全国各地随之积极响应,并进行了相应的教育改革。"双减"政策弥补了传统教学的不足,解决了学生学习负担过重、教育成本过高等问题,提升了课后服务质量,是一项创新之举。总而言之,"双减"政策背景下的小学语文作业设计还需要进一步深入探究,教师在布置作业时要以学生为根本,应该考虑多方面的因素,结合教学实际,进行全方位思考。现如今,学生依然存在着被动做作业的问题,如何进行作业优化升级,合理地设计作业,是教师面临的难题。因此,本文基于上述难题列举了三例语文作业设计的样式,为语文作业的设计提供范例。但是,这只是语文作业设计的一部分,切实有效的语文作业设计还需要更深一步的思索,结合实际情况设计,学习他人的先进理念。"双减"政策不是一蹴而就,需要全社会的共同努力,发挥各方资源优势,统筹兼顾,为学生营造良好的学习氛围,实现学生全面而自由的发展。

参考文献

[1] 雷玲. 名师作业设计新思维(语文卷)[M]. 上海:华东师范大学出版社,2017.

[2] 方臻,夏雪梅. 作业设计——基于学生心理机制的学习反馈[M]. 北京:教育科学出版社,2014.

[3] 于永正. 个性化作业设计经验:语文卷[M]. 北京:教育科学出版社,2007.

[4] 陈玉玉. "双减"下基于分层理念的小学语文作业设计[J]. 求知导刊,2021,6:15.

[5] 吴艳玉. 浅谈语文作业设计、布置及评改[J]. 中华活页文选(教师版),2021,9:76.

初中数学变式教学研究

张东翰，蒋凯维

摘要：初中数学题型千变万化，内容复杂多变，学生理解有一定难度，传统的授课模式不能让学生对知识得到充分的吸收，变式教学则弥补了这一缺憾。文中主要讨论了初中数学中的变式教学，首先介绍了变式教学的起源及发展；其次给出了变式教学的教学模式，并通过例题讲解与教学分析，给出了变式教学的优势及其适用范围。

关键词：变式教学；数学课堂；变式应用

一、引言

现代教育是面向全体学生的教育，多方面因素导致学生之间存在着巨大的差异，"一刀切"的教学模式显然不能让全体学生得到发展，因此教师要尊重学生学习水平的差异，了解不同学生之间存在的共性问题或者个别学生存在的个别问题，针对这些问题制定不同的解决策略，让每一位学生都能得到充分的发展。在新课程改革的推进下，数学教学方法日新月异。传统教学模式显然存在一些弊端，不再适合于现在的教学，变式教学取代传统教学大势所趋，更简便的计算方法和手段让数学学习变得更加简单，晦涩难懂的语言变成了一目了然的符号或者图形。

教师通过变式教学引导学生理解、掌握、运用知识，不再是用"填鸭式"教育方法，学生将课本知识转化为自己的"储备粮"，学生在课堂上积极展示，主动探究，有利于更好地开展教学。变式教学得到了很多师生的青睐。国内外许多学者也对其进行了研究，并发表了自己的见解。杨继珍通过对三种应用策略的分析发现，变式教学可以将数学知识和数学思想有机地结合起来，能够有效地提高课堂教学的质量和效率，因此她主张教师应重视变式教学在教学中的应用。陈丽梅探讨了变式教学的基本原则、重要作用以及具体应用。魏巧璐用具体的教学案例力求让大家多方面理解变式，不单单局限于某一方面。崔如霞从变式教学的相关概念、理论基础以及课堂实施等方面进行了研究，从椭圆的概念及其标准方程以及同角三角函数的基本关系两个知识点切入，分析了如何书写高中数学变式教学的教学设计的步骤，论证了变式教学如何应用于高中数学课堂。最后得出了研究结论：实施变式教学后，学生的解题能力得到提高，解题速度得到质的飞跃，学习效率也得到提升。瑞典学者马登建立了教学的"现象图学式"，从学习论的角度说明了变式教学的现实意义。

近年来，变式教学被越来越多的教师和学生接受，我们的思维方式也越发灵活，教师在课堂教学中更加熟练地使用变式教学，课堂学习氛围更加浓厚。本文讨论了变式教学的原则、模式以及在初中数学课堂中的应用。

二、基本原则

（一）目的性

数学知识枯燥乏味，教学材料缺乏吸引力，学生往往对数学学习缺乏热情，很难产生学习兴趣，这对数学知识的学习是很不利的。因此，教师应当融合原有材料的基础上，进行一些改变。教师要结合教学的具体需求，采用其他形式帮助学生理解知识、掌握知识，枯燥的教学形式往往很难引起学生思考，这无形中给学生理解知识加大了难度。因而在课堂教学中，必须明确掌握数学本质的特征和非本质的特征，更好地推进数学教育工作的开展。

（二）启发性

子曰："不愤不启，不悱不发。"初中教师不应该一味地单纯传授知识，更应该启发学生，教会学生思考，培养学生养成自主思考和乐于钻研的好习惯。在变式教学中应该遵循启发性原则，只有学生对学习不再排斥，自主选择学习，这样于教师和学生都是非常有收益的。于学生而言，学习效果会事半功倍，以前花费大量时间去学习，却依旧收效甚微，现在在课堂上就能当场消化，课后只需巩固即可，不需要量的积累也可以达到质的飞跃；于教师而言，师生的互动增多，能有效调动课堂气氛以及吸引学生的注意力，学生将关注点转向课堂，积极动脑思考了，对知识也就能更好地掌握，也能更好地实现数学教学目标。

（三）量力性

数学课程内容难度大且深奥，知识枯燥乏味，学生在学习过程中容易产生退缩心理，如果在这时没有教师的引导和鼓励，学生往往会失去学习的兴趣，或者陷入自我怀疑，久而久之放弃数学这门学科。因此，教师在变式教学中应坚持量力而行原则，提前做好转变教学模式的准备，评估知识难度，确保学生可以适应，并指导学生对知识学习由易到难，循序渐进，同时也要做到因材施教，不能用一种教法去教所有学生。

三、变式教学模式

变式教学的重点是处理好变与不变的关系，变的是规律，是现象；不变的是根源，是本质。变式教学的模式也不是简单的一种，而是多元的。大多数人所知道的不过是冰山一角，下面将从三个角度去分析变式教学的模式。

（一）一题多解

通往罗马的路不止一条，而解决数学问题的"路"也四通八达。解决数学问题的方式多如牛毛，探寻多种解决途径的过程就是不断回忆学过的知识，构建知识网，完善数学学习系统的过程，教师引导学生思考、回顾、列式、求解，用多种方法去解决提出的数学问题，学生的思维也会挣脱束缚，肆意翱翔，不再局限于参考答案所呈现的方法，展示出能想到的所有的解题方法，找到最适合自己的"最优解"。

（二）一题多变

在初中数学课堂上，教师往往不会就题论题，他们常常改变问题的条件或者创设情境，引导学生思考，对结论进行适当的延伸或者拓展。这种举一反三式的教学模式可以让学生见识到更多的例题,也让他们在变式中对知识更加融会贯通,做题也会更加得心应手。

(三)多题一解

初中数学问题千变万化,题目数量浩如烟海,想要凭借有限的生命去做完它们是不可能的事,因此我们要善于发现问题的本质,将数以万计的问题化为一类,看清它的本质后,再多的题目也可以用一种方法去解决。了解变式的本质,探寻变化的规律比一直埋头做题要好得多。常言道:"磨刀不误砍柴工",教师在讲授数学问题时更应该将重点放在总结归纳上,而不是问题答案本身。答案固然重要,但方法才是"重头戏"。

四、变式教学在初中课堂的应用

数学学习从来都不该是"三个一",一学期、一本书、一门考试,应该是具有阶段性以及连贯性的,由易到难,从简到繁,学生在学习新知识的同时将旧知识联系起来,通过对新旧知识的掌握与运用,举一反三的解决其他数学问题。变式教学按教学内容可以分为:数学概念的变式、公式定理的变式。

(一)数学概念的变式

1. 概念的引入变式

数学概念最典型的特征就是抽象化,虽然概念的定义十分准确,学生能够一字不差地将其背下来,并且知道每一个词的含义,但是却弄不懂概念表达的意思,这时我们就需要将新的概念与所学的知识联系起来,通过生活中的实际问题帮助学生理解晦涩难懂的数学概念,让学生理解并掌握概念。

例1 二元一次方程组的定义

变式1 高一年级在体育课上进行篮球比赛,约定胜一场得2分,平一场得1分,输一场得0分,高一(3)班总共比了10场,输了2场,共得了15分。那么高一(3)班胜了几场?平了几场?

思考 假设一个未知数可以解出来吗?如果设两个呢?

解 设高一(3)班胜了 x 场,平了 y 场。

分析:比赛场数 x、y 要同时满足两个等量关系:

(1)胜的场数与平的场数一共是8场;(2)10场比赛的总得分一共是15分。

由题意可知

$$\begin{cases} x+y=8 \\ 2x+y=15 \end{cases}$$

变式2 在一个停车场上,停了汽车和摩托车一共32辆,这些车一共有108个轮子。求汽车和摩托车各有多少辆?(其中汽车有4个轮子,摩托车有3个轮子)

解 设停车场有汽车 x 辆,摩托车 y 辆。

分析:车辆数 x、y 要同时满足两个等量关系:

(1)汽车与摩托车一共是32辆;(2)车轮数一共是108个。

由题意可知
$$\begin{cases} x + y = 32 \\ 4x + 3y = 108 \end{cases}$$

变式1和变式2是由生活中的实例来引入，通过让学生观察它们之间的共同特征，归纳总结出要学习的概念。

观察上面的式子，我们不难发现：每个方程都含有两个未知数，并且未知数的项的次数都是1，那么，我们把这样的方程叫作二元一次方程。对于共含有两个未知数的两个一次方程所组成的一组方程，我们称它为二元一次方程组。

2. 概念的辨析变式

概念的辨析即教师在教学过程中，为了帮助学生掌握概念而设计一些辨析题目，将表述相近或者相似的两个或者更多的概念混在一起，让学生通过自己对概念的记忆情况去判别它们，其目的是通过这些题目，让学生对概念进一步理解，帮助学生深层次地掌握概念。

例2 通过二元一次方程的概念判别下列式子，哪些是二元一次方程？

(1) $x - 3 = 0$ (2) $x + y = 2$ (3) $x - 2y$

(4) $2x = y - 1$ (5) $x^2 + y = 2$ (6) $x^y = 2$

分析：通过定义判断二元一次方程：
①含有两个未知数；②未知数的项的次数都是1；③整式方程。

通过对题目中式子的辨析，让学生更清晰、形象地理解二元一次方程的基本概念，能够通过辨析一元一次方程与二元一次方程的概念，对二元一次方程的定义理解得更透彻以及能够应用二元一次方程组解决数学问题。

3. 概念的巩固变式

课堂学习固然重要，但课后巩固也不容忽视，在学生学完课本概念后，教师应及时让学生进行课后巩固。教材上的习题只是最基础的，学生仅仅掌握这些是远远不够的，教师应适当对课本习题进行一些变式，让学生真正意义上地吃透教材，这样当学生遇到其他题目时，才能够得心应手。通过对概念的辨别让学生明确其内在特征，之后让学生练习一些题目来巩固所学概念。概念巩固变式就是教师设计一些变式题目，学生应用本节课所学的新知识练习并巩固它们，在巩固的过程中也能对概念进行深层次的理解。

例3 求 $f(x) = x^2 + 2x - 3, x \in R$ 的最大值和最小值。

变式1 $f(x) = x^2 + 2x - 3, x \in [-1, 1]$（在题目的基础上，限定了自变量$x$的范围）

变式2 $f(x) = x^2 + 2x - 3, x \in [-a, a]$（在变式1的基础上，将定区间改为动区间）

变式3 $f(x) = x^2 + 2ax - 3, x \in R$（对称轴是不确定的）

变式4 $f(x) = x^2 + 2ax - 3, x \in [-1, 1]$（在变式3的基础上，限定了自变量$x$的范围）

变式5 $f(x) = (\sin x)^2 + 2\sin x - 3, x \in R$（不能直接计算，需要使用换元法）

分析：(1) 求出对称轴：$x = -\dfrac{b}{2a}$；

(2) 画图象：五点画图法 (列表—描点—连线)；

(3) 判断：

① 图像开口方向。

开口向上，对称轴与图像交点处 $f(x)$ 取得最小值；开口向下，对称轴与图像交点处 $f(x)$ 取得最大值。

② 对称轴一定。

a) 当 $x \in R$ 时，只存在最大值或者最小值，此时最大值或者最小值位于对称轴与图像的交点；

b) 当 x 的取值区间为定区间时，存在最大值和最小值。

i. 闭区间

若对称轴位于区间内，则在对称轴与图像的交点处取得最大值 (或者最小值)，在离对称轴远的端点处取得最小值 (或者最大值)；

若对称轴位于区间外，利用函数图像的单调性判断。若函数单调递增，则在左端点处取得最小值，在右端点处取得最大值；当函数单调递减时，则刚好相反。

ii. 开区间

若对称轴位于区间内，则在对称轴与图像的交点处取得最大值 (或者最小值)；

若对称轴位于区间外，则不存在最大值或者最小值。

当对称轴不定时，最大值和最小值也不确定。

(二) 公式定理的变式

1. 定理公式的形成变式

对题目进行变式，让学生从自身的基本知识水平入手，在课堂教学过程中，学生由已有的知识基础逐步过渡到本节课需要掌握的新知识点，并通过对知识点的逐步迁移，完成新旧知识之间的联系。

例 4　某天毕达哥拉斯去朋友家做客，无聊地看地板时发现朋友家的地砖间存在某种数量关系，之后提出了著名的毕达哥拉斯定理 (图1)。试找出 a, b 与 c 之间的数量关系。

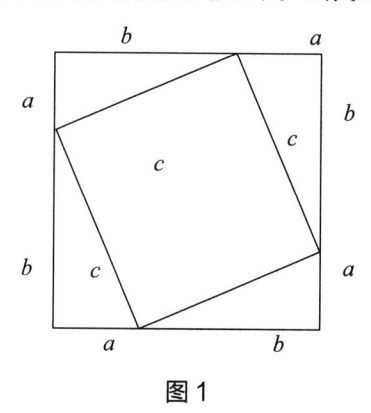

图 1

分析：运用面积相等的方法。

解 $(a+b)^2 = \frac{1}{2}ab \times 4 + c^2$，去括号得 $a^2 + 2ab + b^2 = 2ab + c^2$

移项得 $a^2 + 2ab + b^2 - 2ab = c^2$，合并同类项得 $a^2 + b^2 = c^2$。

2. 定理公式的多证变式

教师在提出公式、定理后，引导学生从多个角度，运用多种不同方法对其进行分析，让学生从多个层次，多种角度进行思考，运用不同的方法对定理、公式进行证明，有利于训练学生勤于思考的习惯，一题多解能够训练学生的思维，更好地解决数学学习中的问题。

例5 如图2，△ABC是等腰三角形，AD是∠BAC的平分线。试证明：△ABD ≅ △ACD。

图2

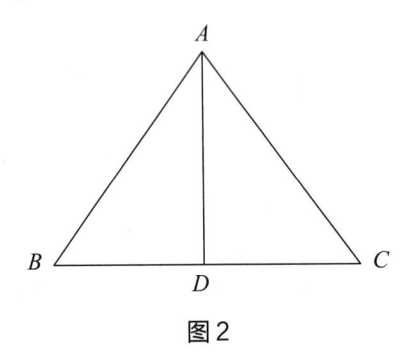

分析：(1) 由等腰三角形我们可以得到：①腰相等 (AB = AC)；②底角相等 (∠B = ∠C)；③三线合一 (顶角的角平分线；底边上的中线；底边上的高)；

由已知条件 (AD是∠BAC的平分线)，我们不难得到：AD⊥BC且AD平分BC。

(2) 三角形全等的判定方法：

适用于全部三角形：①边边边 (SSS)；②角角边 (AAS)；③角边角 (ASA)；④边角边 (SAS)；只适用于直角三角形：斜边直角边 (HL)。

证法一 边边边 (SSS)

由题意△ABC是等腰三角形且AD是∠BAC的平分线 ∴ AB = AC，AD是∠BAC的垂直平分线 ∴ BD = CD

在△ABD和△ACD中

$$\begin{cases} AB = AC \\ BD = CD \\ AD = AD \end{cases}$$

∴ △ABD ≅ △ACD(SSS)

证法二 角角边 (AAS)

由题意△ABC是等腰三角形可得∠B = ∠C，∵ AD是∠BAC的平分线

∴ ∠BAD = ∠CAD

在△ABD和△ACD中

$$\begin{cases} \angle B = \angle C \\ \angle BAD = \angle CAD \\ AD = AD \end{cases}$$

∴ △ABD ≌ △ACD

证法三 角边角 (ASA)

由题意△ABC是等腰三角形可得 ∠B = ∠C，AB = AC ∵ AD 是 ∠BAC 的平分线

∴ ∠BAD = ∠CAD

在△ABD 和△ACD 中

$$\begin{cases} \angle B = \angle C \\ AB = AC \\ \angle BAD = \angle CAD \end{cases}$$

∴ △ABD ≌ △ACD (ASA)

证法四 边角边 (SAS)

∵ △ABC 是等腰三角形 ∴ AB = AC ∵ AD 是 ∠BAC 的平分线 ∴ ∠BAD = ∠CAD

在△ABD 和△ACD 中

$$\begin{cases} AB = AC \\ \angle BAD = \angle CAD \\ AD = AD \end{cases}$$

∴ △ABD ≌ △ACD (SAS)

证法五 斜边直角边 (HL)

由题意△ABC 是等腰三角形 又∵ AD 是 ∠BAC 的平分线 ∴ AB = AC, AD 是 ∠BAC 的垂直平分线 ∴ AD ⊥ BC

在 Rt△ABD 和 Rt△ACD 中

$$\begin{cases} AB = AC \\ AD = AD \end{cases}$$

∴ Rt△ABD ≌ Rt△ACD (HL)

3. 定理公式的变形变式

教师在提出定理、公式后，学生对定理、公式进行一些变形和推广，可以在不同情境中加以运用，解决实际教学中的数学问题，这可以训练学生的抽象思维能力和数学解题能力。学生通过对公式的变形得到一个新的公式，有助于学生更深刻地理解定理以及公式的本质，有利于培养学生逆向思维能力和发散思维能力。

举例 (1) 平方差公式：$a^2 - b^2 = (a-b)(a+b)$，其变式为 $(a-b)(a+b) = a^2 - b^2$

推广：$(a-b)(a+b)(a^2+b^2) = a^4 - b^4$

(2) 完全平方公式：$(a \pm b)^2 = a^2 \pm 2ab + b^2$，其变式为 $a^2 \pm 2ab + b^2 = (a \pm b)^2$

推广：

① $(a+b)^2 = (a-b)^2 + 4ab$

② $(a+b)^2 + (a-b)^2 = 2a^2 + 2b^2$

③ $(a+b)^2 - (a-b)^2 = 4ab$

五、总结

本文讨论了变式教学的基本原则和模式，并对变式教学在初中课堂的应用进行了研究，从概念定义到公式定理再到练习题的讲解，变式教学让课堂从复杂化变得简单化，数学课堂也不再是以往的死气沉沉，反而激发了应有的生机活力。学生也不再是嗷嗷待哺的雏鸟，而是翱翔蓝天的雄鹰，学生从被动变为主动，无疑提高了课堂效率。

参考文献

[1] 杨继珍. 变式教学在高中数学教学中的应用 [J]. 青海教育，2021(5):45-45.

[2] 陈丽梅. 变式教学在初中数学教学中的应用研究 [J]. 数理化学习（教研版），2021(5): 35-36.

[3] 魏巧璐. 数学变式教学例谈 [J]. 小学教学参考，2019(3):26-26.

[4] 崔茹霞. 变式教学在高中数学教学中的应用研究 [D]. 聊城：聊城大学，2019.

[5] MARTON F, BOOTH S. Learning and Awareness[M]. New Jersey: Lawrence Erlbaum Associates Publishers, 1997.

基于 MATLAB 的简谐振动研究

袁训锋，黄天清，刘宝盈

摘要：简谐振动是最简单、最基础的振动，是中学物理教学的重点和难点。为了加深学生对简谐振动清晰直观的认识，采用软件再现简谐振动过程是最有效的手段。以弹簧振子为基础，运用 MATLAB 软件分析简谐振动过程中时间、位移、速度、加速度之间的关系，同时合成不同条件下简谐振动运动轨迹。结果表明，物体向平衡位置运动时，其位移、加速度、势能均减小，其速度、动能增加。简谐振动的周期 T 与劲度系数 $\sqrt{k}$ 呈线性关系。两个同频率简谐振动合成时，相位差为 $2k\pi$ 时其振幅相互加强，相位差为 $k\pi$ 时其振幅相互削弱；三个不同频率简谐振动合成时，呈现出三个拍的叠加现象；两个相互垂直且频率比相同的简谐振动合成时，合振动运动轨迹随相位差变化呈周期性变化。对简谐振动进行 MATLAB 软件分析，有助于增强教学效果，提高学生对知识掌握的水平。

关键词：简谐振动；MATLAB；弹簧振子；频率

一、引言

简谐振动是振动中最简单、最基础的振动形式。在简谐振动学习中，简谐振动的合成相对于大部分学生来说比较抽象，此内容是中学物理教学的重点和难点。在简谐振动的教学过程中，通常采用简谐振动图片和视频等手段加深印象，但效果不明显。在课堂教学中常采用多媒体课件等教学手段辅助教学，学生很容易观察得到解析结果，却不容易得到直观物理图像，抑制了学生的学习兴趣。同时，由于课堂时间的局限性，学生需要在有限的时间内对大量抽象的理论概念进行理解，并且还要完成大量的数学计算，不利于对简谐振动内容的掌握。针对以上问题，众多学者纷纷采用各种软件，将抽象的物理问题直观形象地描述出来。当前主流软件有 Maple、MATLAB、CAD。其中 MATLAB 是目前最流行、应用最广泛的可视化数值计算软件，由美国 MATLAB WORK 公司研发，又称为"矩阵实验室"。它具有强大可扩展性、易学、易用特性，使用者不需要具备高深的数学知识和程序设计能力，不需要了解太多的编程技巧，通过语句就能完成极其复杂的任务，MATLAB 的这些特点深受广大学者喜爱。因此，如果将 MATLAB 合理的运用在物理教学中，便可以将客观抽象的知识直观呈现给学生，丰富学生的表象认识和直观经验；同时还可以减少大量运算、节省课堂时间，将有限的课堂时间留给学生巩固理解。本文通过 MATLAB 对简谐振动的特点进行研究与分析实现物理过程的可视化教学，旨在提高学生对简谐振动相关知识的理解，同时也符合新型高效课堂教学的理念。

目前，国内外利用 MATLAB 软件已成功再现简谐振动合成相对应的图形。如宋璐利用

MATLAB 编程只需要输入简谐振动的基本参数，就可得两个或多个简谐振动的合成图形。刘会玲等利用 MATLAB 软件研究两个互相垂直的斜锯齿与简谐振动合成的运动轨迹图像。张学科等利用 MATLAB 研究多个不同频率的简谐振动的合成。刘慧等运用 MATLAB 在计算机上研究简谐振动合成的图形并在物理教学中运用。肖波齐等运用 MATLAB 研究弹簧振子的简谐振动对实验数据进行处理，结果表明，语言在曲线拟合方面有很大优势，通过曲线拟合可以得到符合实验要求的光滑曲线，使得结果简便、直观，并精确验证振子振动周期与振子质量呈线性关系。蓝海江等利用 MATLAB 在一维、二维及三维坐标中合成多个同频率、不同频率简谐振动，并绘出不同频率简谐振动合成的波形及轨迹。黄贤群等利用 Excel、LabVIEW、MATLAB 等计算机应用软件演示简谐振动的合成过程。董刚、谷晓琪利用 MATLAB 研究简谐振动的分解，将抽象的物理过程以直观形象的形式展示出来。

本文以 MATLAB 软件为基础，系统地对简谐振动的合成进行研究，帮助学生直观理解简谐振动各物理量关系及其两个简谐振动合成规律的物理意义，提高学生的学习效率，培养学生的学习兴趣。

二、简谐振动的基本概念及 MATLAB 可视化

MATLAB 是一款应用在科学研究数学方面的软件，包括 MATLAB 和 Simulink 两个部分。MATLAB 可以将繁杂难以计算的数学运算进行剖析，完全摆脱烦琐的过程，通过图形演示出来，轻易完成计算，而且编程完全可视化且具备图形处理功能。软件具有丰富的应用工具箱，为使用者提供大量、便利、实用的处理工具。因此，MATLAB 易于学习和掌握。

简谐振动是最简单、最基础的振动方式。当物体进行简谐振动时，物体受力与物体运动的位移成正比关系，并且受力的方向总会一直指向平衡位置。在物理学中物体受到的回复力用 F 表示，小球与平衡位置之间的距离用 x 表示。根据胡克定律 F 与 x 的关系可以表示为：$F = -kx$，负号表示回复力的方向与简谐振动位移的方向相反，k 表示弹簧的劲度系数，根据牛顿第二定律，$F = ma$，可以得到 $a = -kx/m$，当物体的质量不变时（假设 $m = 1$），$a = -kx$，可以看出物体的加速度与物体位移的方向相反，且呈线性关系。

（一）弹簧振子的运动

本文以弹簧振子为基础，研究简谐振动的特征与表达式。假设质量为 m 的小球与弹簧连接，这样的弹簧与物体的组合系统就称为弹簧振子，如图 1 所示。如果把小球往前或者后释放，这时弹簧就会被压缩或者拉长，迫使小球返回平衡位置，小球在弹力的作用下，就会在平衡位置做往返运动。

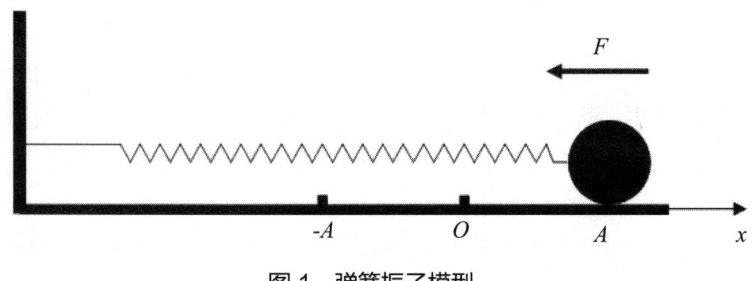

图 1　弹簧振子模型

从图 1 中可以看出，弹簧振子在 O 附近做反复运动。已知弹簧振子质量为 m，小球所受合力为 F，弹簧劲度系数为 k，则 $F=-kx$，根据牛顿第二定律，$F=ma$ 联立：

$$-kx = m\frac{d^2x}{dt^2} \tag{1}$$

令 $\frac{k}{m} = \omega^2$ 有：

$$\frac{d^2x}{dt^2} + \omega^2 x = 0 \tag{2}$$

微分方程的解为：

$$x = A\cos(\omega t + \varphi) \text{ 或 } x = A\sin(\omega t + \varphi) \tag{3}$$

式（3）为简谐振动的运动学方程。

A 是振幅，ω 称为固有角频率：$\omega = \sqrt{k/m}$（简谐振动具有周期性，一次完整振动所需要时间称为周期，用 T 来表示，周期是描述物体振动快慢的物理量）。

φ 是初相位，(在角频率 ω 和振幅 A 已知的谐振动中，振动物体在任一时刻，运动状态都是由 $(\omega t + \varphi)$ 决定，它是决定谐振动状态的重要物理量，统称为振动的相位。显然 φ_0 是 $t=0$ 时的相位，称为初相位。

弹簧振子的固有周期为：

$$T = \frac{2\pi}{\omega} = 2\pi\sqrt{m/k} \tag{4}$$

由上述分析可以得出简谐振动的运动方程为 $x = A\cos(\omega t + \varphi)$。

根据加速度与速度的定义，可以算出简谐振动的速度 v 与加速度 a 分别为：

$$v = \frac{dx}{dt} = -A\sin(\omega t + \varphi) \tag{5}$$

$$a = \frac{dv}{dt} = \omega^2 A\cos(\omega t + \varphi + \pi) \tag{6}$$

式中 $v = \omega A$ 和 $a = \omega^2 A$ 称为速度幅值和加速度幅值。为了更清楚直观地观察研究弹簧振子运动过程中位移、速度与时间等物理量的关系，利用 MATLAB 仿真出弹簧振子的运动轨迹，观察物体在简谐振动过程中位移、速度、加速度等物理量的变化关系。弹簧振子的简谐振动图像，如图 2 所示。

参考简谐振动弹簧的理想振动，优化弹簧振子的运动模型可以更好地观察运动过程的规律，并加入了按任意键才弹簧开始运动，让同学有充分的准备时间。通过用 MATLAB 仿真出来的图像，可以在图中直接看出运动的周期、振幅，在运动过程中可以清楚的看出简谐振动位移与时间的关系 $x = A\cos(\omega t + \varphi)$。

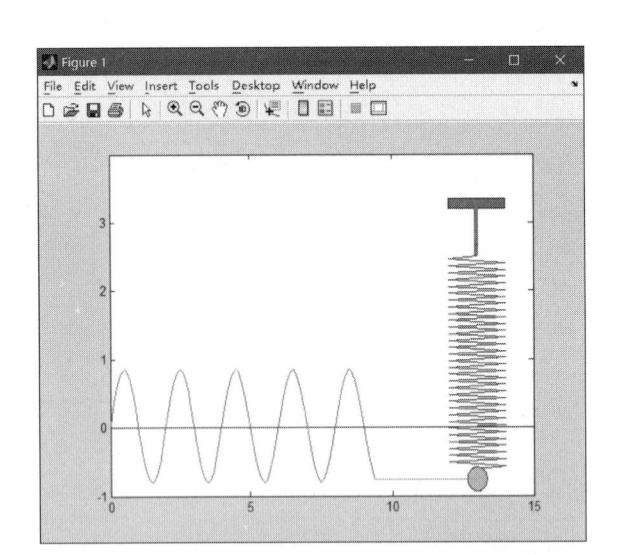

图2 弹簧振子的简谐振动 MATLAB 可视化

(二) 位移与速度、加速度、能量的关系

为了直观地观察简谐振动中各物理量之间关系，用 MATLAB 并列模拟出时间与位移、位移与速度、位移与加速度、时间与能量的运动轨迹图，如图3所示。

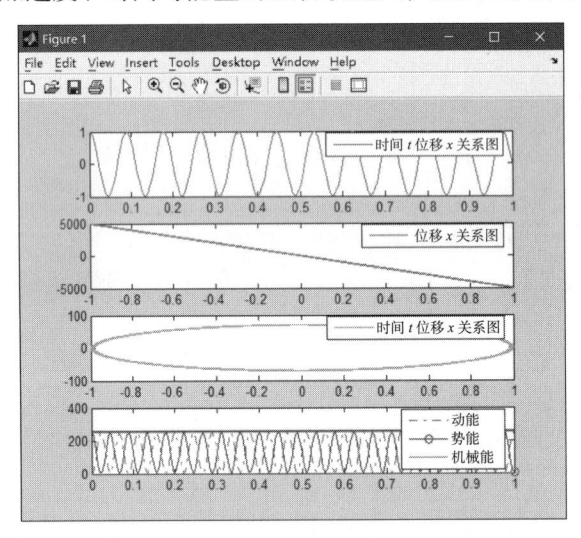

图3 简谐振动中位移、速度、加速度、能量的关系

本程序参考位移、速度、加速度的程序，根据研究需要加入对能量的研究，并把原本静止的图形，以轨迹运动的方式呈现出来。为了增加同学的可操作性，增加自取振幅与质量的变量数值，使同学有参与感，激发同学学习物理的兴趣。

从图3中可以清楚地观察到，位移随时间的变化为余弦函数，在质点做余弦运动时速度与加速度都做有方向的变化。在周期运动中，速度先反向加速后减速，再正向加速后减速，加速度先反向减小后正向增加，当物体向平衡位置运动时其动能增加，势能减小；当物体远离平衡位置时，动能减小，势能增加，在整个过程中机械能守恒。在 MATLAB 模拟简谐振动过程中，能够直观清楚地观察分析各物理量之间的关系，只需输入对应公式即可。

(三)周期 T 与劲度系数 k 的关系

弹簧振子的周期是由劲度系数决定，为了弹簧振子的周期与弹簧劲度系数的联系，首先将不同劲度系数的弹簧挂着相同质量的小球，给予外力让弹簧振子做周期运动，观察它的振动周期和速度快慢。观察并记录不同劲度系数的弹簧在振动相同周期后所需要时间，多次测量取平均值。利用 MATLAB 进行处理，从而得到弹簧振子振动的周期与劲度系数间的关系。弹簧振子周期与劲度系数的关系数据如表 1 所示。

表 1 弹簧振子 T-K 关系数据

弹簧精度系数 k (N/m)	2.5	5	10	15	25
第 1 次振动的时间 nT (s)	42.7	29.55	21	16.75	13.36
第 2 次振动的时间 nT (s)	43.15	29.57	20.8	17.26	13.21
第 3 次振动的时间 nT (s)	43.05	29.56	20.8	17.34	13.37
50 次全振动平均时间	42.97	29.56	20.87	17.12	13.31
平均周期 T/s	0.859	0.591	0.417	0.342	0.266

根据表 1 的数据在 MATLAB 中编写程序绘制周期与劲度系数的关系，如图 4 所示。

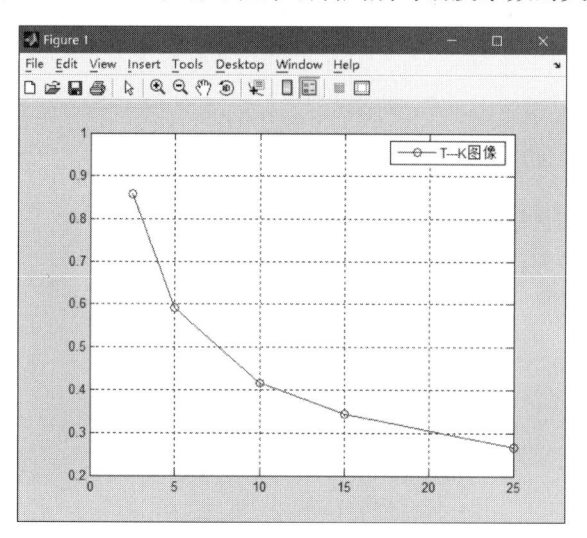

图 4 周期 T 与劲度系数 k 的关系

从图 4 中观察到周期与劲度系数的关系类似于幂函数 $y = kx^{-n}$ 的图像，试把 $n = 1/2$，$1/3$……结果 $n = 1/2$ 时为正比关系，利用 MATLAB 运行程序得到图 5 所示。

从图 5 可以看出，在弹簧振子系统中弹簧振子的周期 T 与劲度系数 $k^{-1/2}$ 是直线关系，弹簧的劲度系数的 $-1/2$ 次方与周期成正比，劲度系数 $k^{-1/2}$ 越大，物体运动周期越长，也就是说弹簧劲度系数的开方与周期成反比。

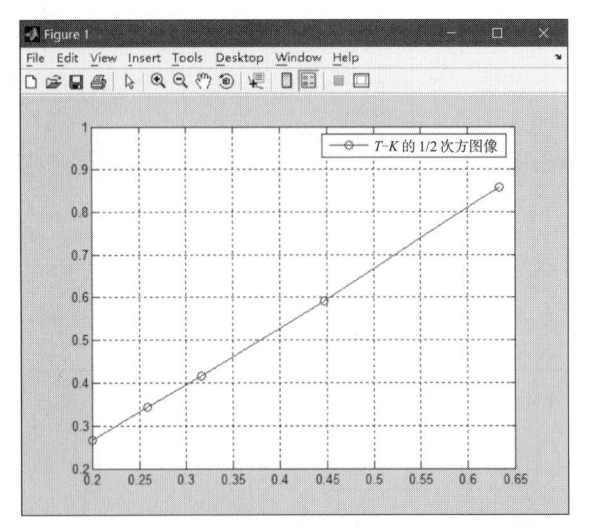

图5 周期 T 与劲度系数 K 的 1/2 次方的关系

三、简谐振动合成的 MATLAB 可视化

在物理学中，常常会遇到质点在同一时间参与几个不同的振动。例如，当有两个声波同时传到某一点时，那么该点会同时参与这两个振动。根据物理学中的运动叠加原理，质点在这一时刻的运动，就是两个振动相叠加组合。本文研究的简谐运动的合成是力学的主要内容，也是后续光波叠加理论基础，为了更好地掌握简谐振动的合成规律，采用 MATLAB 进行仿真模拟再现简谐振动合成过程。

（一）同频率简谐振动的合成

假设有质点在某个时刻，同时参与两个同频率、同相位的简谐振动。把该质点所在的平衡位置设为坐标原点 O，设 X 轴正方向为振动的方向，观察分析同时开始计时的两个简谐振动。设这两个简谐振动分别为：

$$x_1 = A_1 \cos(\omega t + \varphi_1) \tag{7}$$

$$x_2 = A_2 \cos(\omega t + \varphi_2) \tag{8}$$

可知该合振动的位置为：

$$x = x_1 + x_2 = A\cos(\omega t + \varphi) \tag{9}$$

式子中 A 和 φ 的值分别是：

$$A = \sqrt{A_1^2 + A_2^2 + 2A_1 A_2 \cos(\varphi_2 - \varphi_1)} \tag{10}$$

$$\tan \varphi = \frac{A_1 \sin \varphi_1 + A_2 \sin \varphi_2}{A_1 \cos \varphi_1 + A_2 \cos \varphi_2} \tag{11}$$

1. 同频率相位差为 $2k\pi$

先来研究同方向同频率同相简谐振动的合成。为了更直观的观察同方向同频率简谐振动的合成规律，运用同坐标系内两个同方向、同频率的简谐振动的运动轨迹相互叠加合成新的运动轨迹。设置变量振幅、频率、初相位,在此取 $A_1=20$,$A_2=10$,$\omega_1=\omega_2=4$,$\varphi_1=2$,$\varphi_2=0$,如图 6 所示。在 MATLAB 中运行获得简谐振动,如图 7 所示。

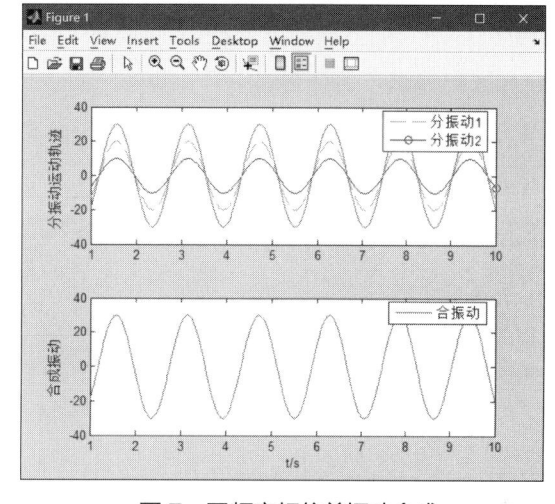

图 6　参数取值　　　　图 7　同频率相位差振动合成

本程序参考同频率简谐振动的合成,把原本静止的图像以运动形式呈现出来,把分振动与合振动分开观察其运动轨迹方便对比,加入可操作窗口,学生可以自己输入参数频率、振幅、相位等,增加可操作性,激起同学的兴趣。

可以看出,当两个振幅、频率相同,相位差为 $2k\pi$($k=0$,1,2,3,…)时,两个振动轨迹重合,而合成振动的振幅是原分振动振幅之和,即 $A=A_1+A_2$,结果表明两个同频率简谐振动的合成,相位差为 $2k\pi$,其振幅相互加强。

2. 同频率相位差为 $k\pi$

那么如果这两个简谐振动的相位相反,也就是相位差为 $k\pi$($k=0$,1,2,3,…)时,它的合振动又会怎么样呢？选取如图 8 所示的参数,在 MATLAB 运行获得简谐振动轨迹如图 9 所示。

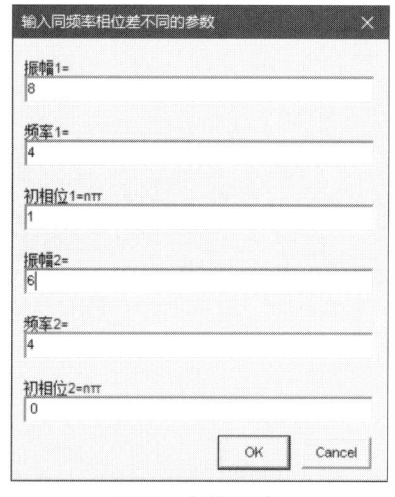

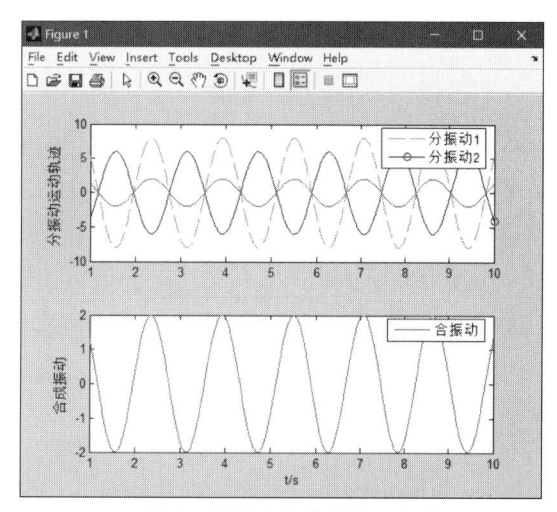

图 8　参数取值　　　　图 9　同频率相位差振动合成

对相位差为 $k\pi$ 的简谐振动合成进行研究，只需要以上面的程序为基础改变其相位差为 $k\pi$ 即可，操作非常简单，其规律更具有对比性。可以看出，当两个振幅、频率、相同相位差为 $k\pi$ 时，相差半个振动周期，而合成振动的振幅为分振动相位差即 $A=A_1-A_2$，也就是合振动的质点是静止的。两个同频率简谐振动的合成，相位差为 $k\pi$，其振幅相互削弱。

3. 同频率相位差为任意值

当这两个相位差是任意值时，选取如图10所示的参数，在MATLAB运行获得简谐振动轨迹如图11所示。

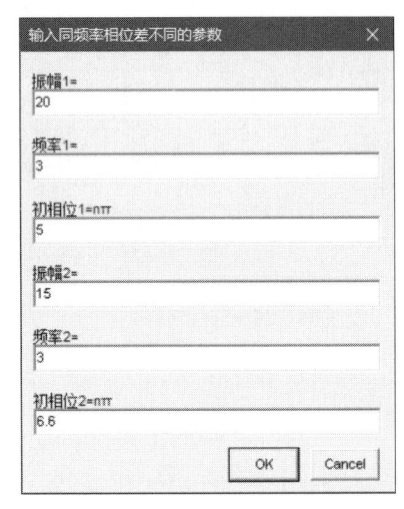

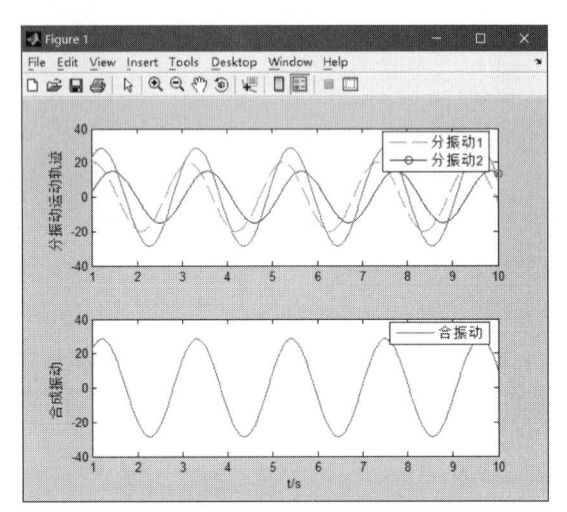

图10 同频率任意相位差参数　　图11 同频率任意相位差的合振动

对相位差为任意值的简谐振动合成研究，也是基于上面的程序即可，只需要改变其相位差。从图10、图11中可以看出，相同方向同频率的简谐振动合成后，合振动的振幅是相介于两个明显振动之间的振幅，合成后的振动与计时开始的时刻没有关系，只与初相有关。

综上可得，两个同频率简谐振动合成时，合振动的振幅在原来两个振动振幅之差与原来两个振动振幅之和之间，即 $|A_1+A_2|\geqslant A\geqslant |A_1-A_2|$。如果原来两个振动的振幅相等那么就是 $A=0$，也就是说两振动的合成质点没有发生运动，也就是说质点处于平衡状态。两个同频率，相位差为 $2kn\pi$（$n=1, 2, 3, \cdots$）的简谐振动的合成仍为简谐振动，且频率不变，振幅是原来的一倍。振幅与相位差之间存在着十分密切的关系。

(二) 三个不同频率简谐振动的合成

假设有一个质点在某个时刻同时参与了三个不同频率同相位的简谐振动，那么它的合振动就十分复杂。下面我们先讨论三个简谐振动的频率相差不大时（即 $\omega_3>\omega_2>\omega_1$）且振幅相等（即 $A=A_1=A_2=A_3$）的情况。设这两个振幅相等，频率相近，简谐振动的振动方程为：

$$x_1=A\cos\omega_1 t \qquad x_2=A\cos\omega_2 t \qquad x_3=A\cos\omega_3 t \qquad (12)$$

合振动的表达式为：

$$x=x_1+x_2+x_3=A\cos\left(\frac{\omega_2-\omega_1}{2}t\right)\cos\left(\frac{\omega_2+\omega_1}{2}t+\varphi\right)+A\cos\left(\frac{\omega_3-\omega_1}{2}t\right)\cos\left(\frac{\omega_3+\omega_1}{2}t+\varphi\right)+$$

$$A\cos\left(\frac{\omega_3-\omega_2}{2}t\right)\cos\left(\frac{\omega_3+\omega_2}{2}t+\varphi\right) \tag{13}$$

如果是两个简谐振动合成，从 $A\cos\left(\dfrac{\omega_2-\omega_1}{2}t\right)$ 可以看出时间变化十分缓慢，可看成缓慢变化的振幅，合振动仍然存在振动的特性，但是已经不再具有简谐振动的特征。可以看出合振动的角频率为 $\dfrac{\omega_2-\omega_1}{2}$，合振动的振幅是 $2A\cos\left(\dfrac{\omega_2-\omega_1}{2}t\right)$，它是时间 t 的周期函数，随着时间的变化而缓慢变化，称为振幅的调制因子。如果是三个简谐振动的合成，那么会产生什么样的效果呢？为了直观向大家展现合成后的振动，取三个相近的频率，选取如图12、图13所示的参数，在MATLAB运行获得简谐振动轨迹如图14、图15所示。

图12　不同频率合成参数1　　　　　　图13　不同频率合成参数2

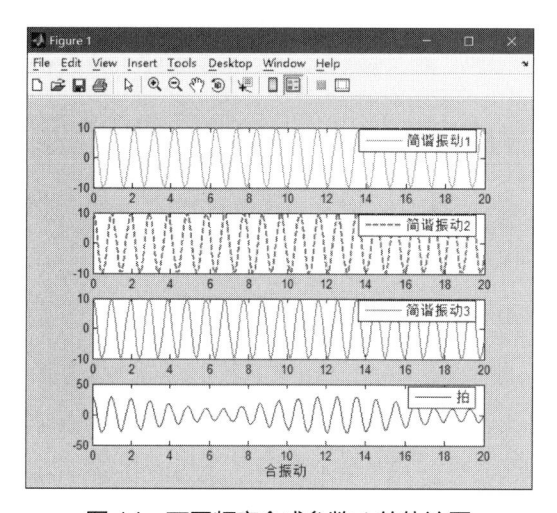

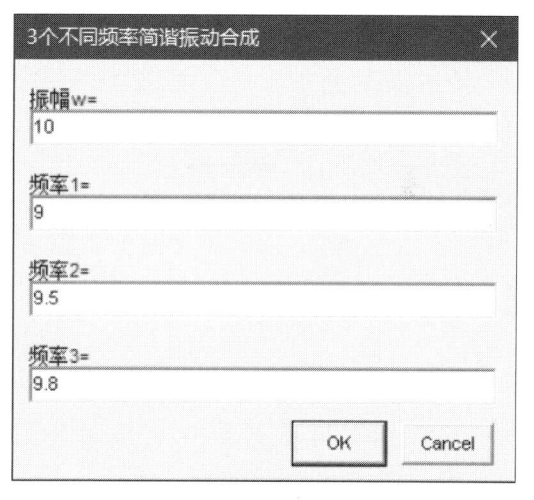

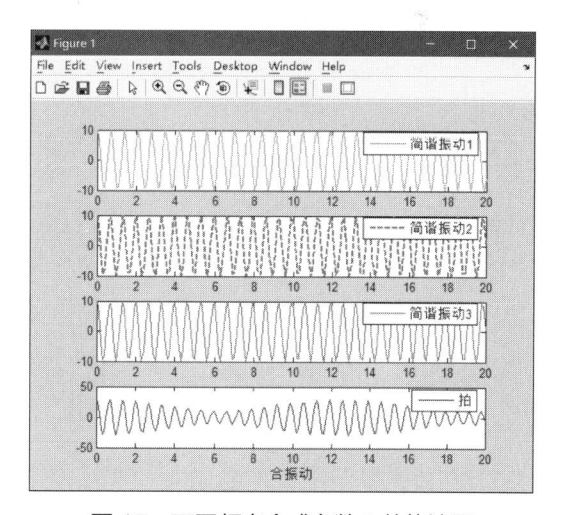

图14　不同频率合成参数1的轨迹图　　图15　不同频率合成参数2的轨迹图

两个相互垂直的简谐振动合成形成"拍"的前提下，对三个简谐振动进行研究。从图14、图15中可以看出，振幅相同、频率不同的三个简谐振动的合振动形成一大一小的拍，这种现象是三个简谐振动两两合成形成三个拍，三个拍叠加的现象，这三个拍叠加形成拍的振幅是单独两个简谐振动合成拍振幅的一半。

在研究拍现象过程中，利用 MATLAB 编程时，要注意参数值选取，因为振幅调制因子变化缓慢，如果角频率取值太小，就不容易清楚观察到拍现象。

拍现象在乐器中的应用比较多，有拍现象的乐器，其振动效应比无"拍"现象的振动效应更为明显。因此，我们非常有必要研究拍现象。并且，通过测量"拍"的频率，从而可以推算出物体的运动速度。用频率相近的可见光波让其叠加，这样就可以产生得到拍现象。

（三）相互垂直简谐振动的合成

当质点同时参与两个不同方向（相互垂直如振动在 x 轴，振动在 y 轴）的振动时，在正常情况下，质点会在平面的曲线运动。在两个相互垂直的简谐振动的方向上建立 x 轴和 y 轴，合振动质点的平衡位置看作坐标原点，那么这两个分振动可以分别用下面的函数表示：$x = A_1 \cos(\omega t + \varphi_1)$，$y = A_2 \cos(\omega t + \varphi_2)$，$t$ 时刻，质点的位置由坐标 x，y 共同决定。上面的方程是以时间 t，作为参变量的运动轨迹参数方程，消去时间 t，便可得到轨迹方程为

$$\frac{x^2}{A_1^2} + \frac{y^2}{A_2^2} - 2\frac{y^2}{A_1 A_2}\cos(\varphi_2 - \varphi_1) = \sin^2(\varphi_2 - \varphi_1) \tag{14}$$

这个方程是椭圆方程，从而我们知道两个相互垂直、频率相同的简谐振动合成的运动轨迹是椭圆。我们用 MATLAB 描绘出不同的相位差的两个分振动合成图。

1. 相互垂直不同频率比

保持相同的相位差和振幅，频率比分别为 $\omega_1 : \omega_2 = 1:1$，$\omega_1 : \omega_2 = 2:1$，$\omega_1 : \omega_2 = 3:1$，参数设置如图 16、图 17 所示。

图 16　频率比为 1∶1　　　　　　图 17　频率比为 2∶1

两个相互垂直频率比相同，垂直的相位差不同。对垂直的相位差为相同 0.25π。频率比依次增加进行研究，并加入改变参数的窗口，可以让同学按照顺序进行输入，依次得到图像，如图 18 所示。

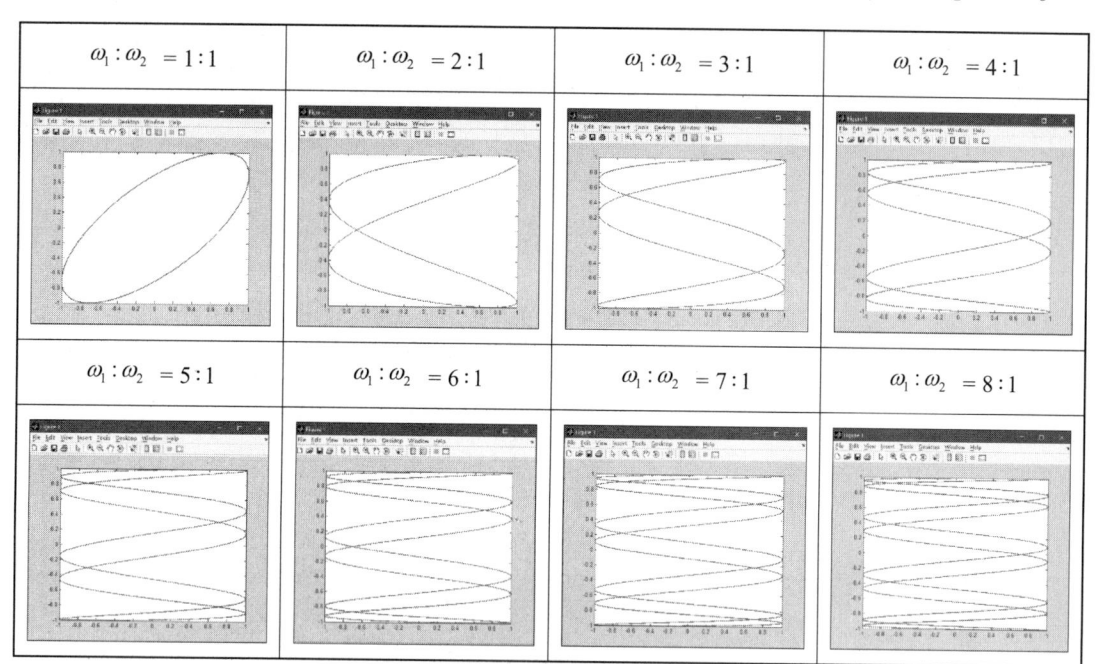

振幅相同，相位差为 0.25π，频率依次为 $\omega_1:\omega_2 = 1:1$，$\omega_1:\omega_2 = 2:1$，$\omega_1:\omega_2 = 3:1$。

$\omega_1:\omega_2 = 1:1$	$\omega_1:\omega_2 = 2:1$	$\omega_1:\omega_2 = 3:1$	$\omega_1:\omega_2 = 4:1$
$\omega_1:\omega_2 = 5:1$	$\omega_1:\omega_2 = 6:1$	$\omega_1:\omega_2 = 7:1$	$\omega_1:\omega_2 = 8:1$

图 18　不相同频率比的简谐振动合成图

从图 18 中可以看出，两个简谐振动的振幅相等，相位差为 $\Delta\varphi=0.5\pi$，频率比依次为 $\omega_1:\omega_2 = 1:1$，$\omega_1:\omega_2 = 2:1$，$\omega_1:\omega_2 = 3:1$ 时图形的外切垂直线的切点数慢慢增加，其规律是随两相互垂直的简谐振动的频率比增加，合振动所形成的图形外切点数也以 0，1，2，3，…增加，切点数与频率之间有 $F_y/F_x = N_y/N_x$ 的关系。

2. 相互垂直不同相位差

如果两个相互垂直的简谐振动频率不相同时，合振动运动会怎么样？在 MATLAB 中先后进行两种简单的情景模拟，发现合振动运动比较复杂，两个简谐振动相互垂直、频率相近，合振动看成是同频率的振动合成，相位差却在发生缓慢的变化。因此，这两个简谐振动的合振动轨迹是按照图 18 的图形顺序，呈周期性变化由椭圆变为圆或直线。当两个简谐振动的频率相差比较大，频率比是整数时，合振动运动轨迹形成封闭且比较稳定的轨迹，选择两个简谐振动的频率比为：$\omega_1:\omega_2 = 4:1$，得到如图 19 中的图像。在物理学中把这种质点同时在 x，y 轴上做简谐振动，所形成的合振动的封闭图形叫作李萨如图形。在 MATLAB 中改变两个简谐振动的参数观察质点的运动轨迹，发现李萨如图形的形状与这两个相互垂直简谐振动的角频率比、初相位、初相位差都有关系，这些因素是影响李萨如图形形状的因素。

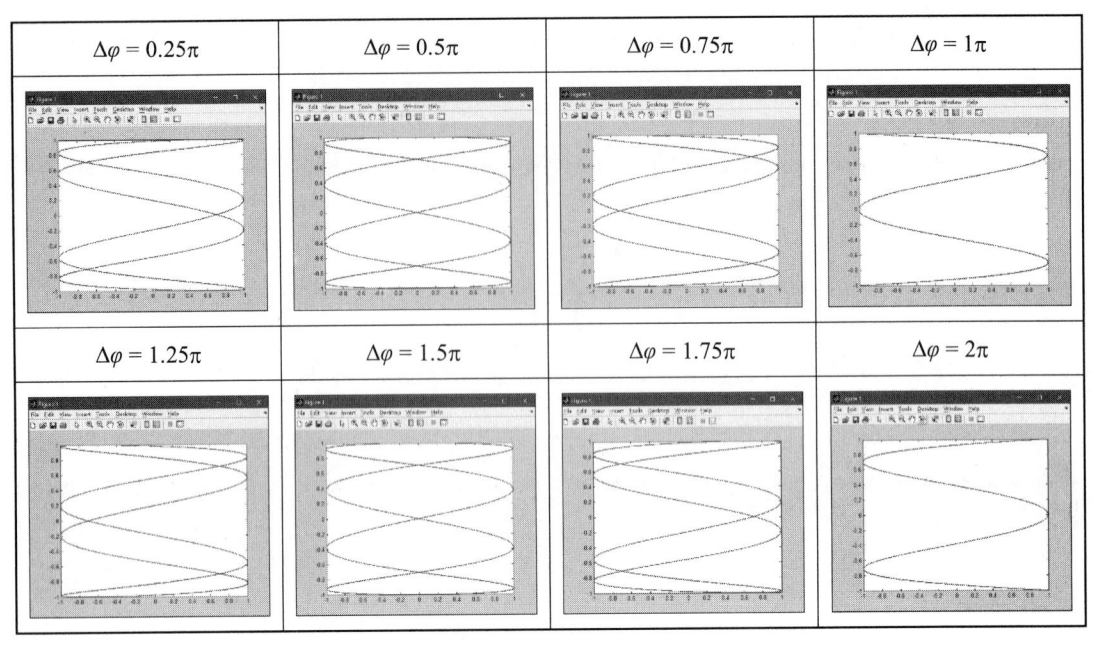

$\Delta\varphi = 0.25\pi$	$\Delta\varphi = 0.5\pi$	$\Delta\varphi = 0.75\pi$	$\Delta\varphi = 1\pi$
$\Delta\varphi = 1.25\pi$	$\Delta\varphi = 1.5\pi$	$\Delta\varphi = 1.75\pi$	$\Delta\varphi = 2\pi$

图 19　相互垂直不同频率的简谐振动合成图

在以上的程序基础上，只需保持频率比一样，依次改变垂直的相位差即可，操作非常方便。在 MATLAB 的演示过程中发现两个简谐振动的频率的比值是整数时，类似的曲线多种多样，图 19 只是频率比为 4∶1 的图，其他比例的图形本文不再展示。通过已知频率的简谐振动推算出另一个未知的简谐振动的频率和周期，这种方法在测未知频率的简谐振动是比较常用和方便的方法。当频率已知时，就可以用这种图形确定相位关系，这种技术常常在无线电技术中使用，主要测量无线电的频率与确定相位关系。利用这种原理常用的还有音叉频率的测量、检测力平衡式加速传感器动态特性。

如果两个相互垂直，当它们频率比为无理数时，它的合成振动的运动轨迹永远不会重复，运动轨迹将会逐渐密布在规定的矩形面积内，也就是在振幅决定大小的面积里面。选

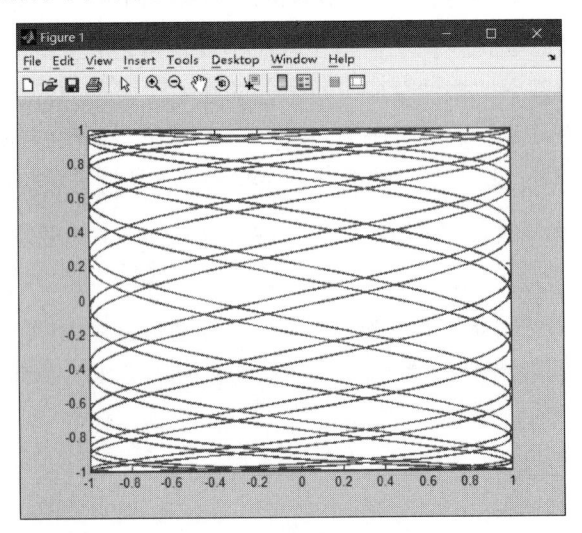

图 20　相互垂直不同频率的简谐振动合成图

频率比为 19∶5 的无理数，如图 20 所示。

四、结论

以弹簧振子为基础，运用 MATLAB 软件分析简谐振动过程中时间、位移、速度、加速度之间的关系，同时合成不同条件下简谐振动运动轨迹。结果表明：

①物体向平衡位置运动时，其位移、加速度、势能均减小，其速度、动能增加。简谐振动的周期 T 与劲度系数 $\sqrt{k}$ 呈线性关系。

②两个同频率简谐振动合成时，相位差为 $2k\pi$ 时其振幅相互加强，相位差为 $k\pi$ 时其振幅相互削弱；三个不同频率简谐振动合成时，呈现出三个拍的叠加现象。

③两个相互垂直且频率比相同的简谐振动合成时，合振动运动轨迹随相位差变化呈周期性变化。对简谐振动进行 MATLAB 软件分析，有助于增强教学效果，提高学生对知识的掌握水平。

参考文献

[1] 刘鑫，赵里昂，于文晶，等. Mathematica 在普通物理教学中的应用 [J]. 物理与工程，2017,27(2):51-55.

[2] 宋璐，宋燕燕，冯艳平. 基于 MATLAB GUI 的振动合成方法的研究 [J]. 电子设计工程，2015,23 (23):43-45.

[3] 刘会玲，王小克，牛海波，等. MATLAB 在绘制两相互垂直斜锯齿振动与简谐振动合成运动轨迹图形的应用 [J]. 物理与工程，2019,29(1):110-115.

[4] 张学科，陆朝华，潘晓明. 基于 MATLAB 研究多个不同频率简谐振动的合成 [J]. 柳州师专学报，2009,24(2):128-130.

问题驱动：基础数字教育资源公共服务政策变迁逻辑

杨小锋

摘要： 数字教育资源公共服务是以政府为责任主体的组织为实现学有所教公共利益而提供的数字教育资源及服务总和，围绕其所形成的政策是教育信息化实践发展的时代所需而非政府部门的独自行为，运用多源流理论探寻数字教育资源公共服务政策变迁机理发现：问题流凸显数字教育资源公共服务实践问题演变，增量提质、停课事件及双线反馈推动问题流的发展并引起政策制定者的关注；政策流汇聚教育信息化研究领域的专家学者的优秀研究成果与建议，"政策共同体"助力共识达成并形成备选方案；政治流聚集了我国执政党公共服务理念与民众对数字教育资源公共服务的意见。三流汇合适逢政策之窗开启，最终推动了数字教育资源公共服务政策的变迁。

关键词： 数字教育资源公共服务；政策变迁；多源流理论

一、引言

数字教育资源公共服务作为教育公共服务内容之一，是政府为满足人民大众对优质教育公共利益需求而提供的各类数字教育资源及服务的总和，具有"满足公众需要"和"公民平等享受"的典型特征，对于始于1997年"中央资源库"的数字教育资源公共服务来说，数字教育资源公共服务于2017年正式列入"政策"之中，随后出台的一系列政策更是将其上升为国家改善数字教育资源开发与服务能力不强的实践行动，成为新时代实现人民大众均衡享受数字教育资源服务的现实所需。值得思考的是，历时30余年的探索与实践，数字教育资源公共服务问题为何现在引起了决策者关注并上升至政府层面？为什么现有的数字教育资源公共服务方案能够脱颖而出？作为一个连续不断、高度复杂的演进过程，数字教育资源公共服务政策过程中存在哪些致使其最终出台的关键因素？对这些问题的回答能够帮助政策受益对象清晰理解政策形成内在机理，从而摒弃"公共政策的制定是专业人员，尤其是政府及研究人员中专业人员领地"的片面认识，有助于更好地将政策付诸实践，研究试图利用多源流理论，从问题流、政策流、政治流及三流耦合来系统审视数字教育资源公共服务政策选择及变迁机制。

二、多源流理论的引入及其分析框架

在借鉴渐进主义理论和摒弃全面理性决策思想的指引下，基于詹姆斯·马奇（James March）及科恩等人的"组织选择垃圾桶模型"，美国政策科学家和政治学家约翰·W.金登（John W. Kingdon）结合垃圾桶模型所谓的"问题、解决方案、参与人员和决策的机会"四大政策动因提出了多源流分析框架 MSA（Multiple Streams Approach），该框架由问题流、政策流、政治流、政策企业家及政策之窗五大关键因素组成（图1），主要聚焦于政府议程的建立与备选方案等前决策过程分析，其中，问题流是一系列社会状况演化而成的问题集合；政策流是问题潜在解决方案的集合；政治流是政府议程的制度及文化背景，因政策之窗所具有的稀缺性、短暂性和部分不可预测性，存在着问题、政策建议与政治契机反复寻找结合空间并达成"共识"的"最近开窗期"政策企业家作为政策形成的关键者，游历于三流之间并且将预先包装好的解决办法、问题及政治契机的结合体带到窗前等待政策之窗开启，当三流汇聚恰逢政策之窗开启时，便是问题及备选方案进入决策议程的关键时刻（该过程中问题会发生变化，如偏远山区学生可获得数字教育资源量少或质差的问题进一步引发了城乡数字教育资源供给均衡问题），但由于各独立流形成与汇合、政策之窗开启等均存在着模糊性和或偶然性，也使多源流分析框架常被理解为政策变迁解释模型中的机会模型。

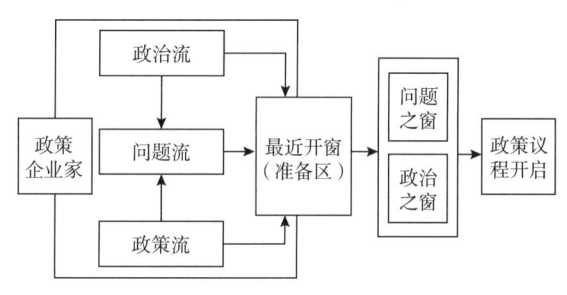

图 1 多源流分析框架 MSA

三、基于三流汇聚的数字教育资源公共服务政策变迁动力分析

多源流分析框架以分析政策议程设置前的多动力因素分析而著称，以多源流分析视角来审视我国数字教育资源公共服务政策形成过程，有助于科学理顺该政策形成的前决策过程，从而明晰推动政策形成的关键动力。

（一）问题流：数字教育资源公共服务实践问题演变

问题流是问题的形成、界定、识别及被政府关注的过程，在数字教育资源公共服务供给实践中，当需求者所获得的数字教育资源数量及服务质量与其期盼产生差距，或个体（群体）间形成明显不平等对比，或所需要的数字教育资源公共服务的类型改变时，便会采取行动促使"个体问题"演化为"共性问题"。在数字教育资源公共服务问题流中，各种问题层出不穷，但重硬件建设轻资源服务、数字教育资源共享度低、数字教育资源对教育教学支持不到位、公共服务供给机制不健全等问题是数字教育资源共建共享阶段数字教育资源公共服务面临的主要问题，亟待寻求政策支持予以破解，然而这些问题虽可能作为未来政策产生的起点，但是通过其自身力量被政策制定者关注显得势单力薄，最终引起政策制定者关注的关键性力量主要以数字教育资源公共服务量与质的指标变化、规模化停课事件发生和双线反馈为代表，同时，政策参与者们对数字教育资源公共服务各类问题的持续性关注是数字教育资源公共服务相关政策得以出炉的条件。

1. 增量提质：数字教育资源公共服务问题备受关注的关键指标

教育政府部门或政策参与者常常通过常规性监控有关问题的代表性指标及其变化来关

注某问题，数字教育资源服务系统指标主要通过数字教育资源数量及服务质量来衡量，主要体现在：

一是教育信息化建设项目数量及规模不断扩大，如2000年前以计算机辅助教学软件研制开发与应用项目、1000个校园网试点项目等项目标志着我国教育信息化建设处于准备期；2000—2010年，我国推进教育信息化发展的主要项目为"现代远程教育工程""校校通""农村中小学远程教育（一期及二期）""班班通"等；2011—2020年，三通两平台项目、教学点数字教育资源全覆盖、一师一优课和一课一名师活动、百区千校万课信息化示范工程、教育信息化教学应用共同体项目等。

二是软硬齐备促进数字教育资源平台的转型升级，从期初的学校数字教学资源库、区域数字资源库、卫星宽带传输网和互联网相互补充的国家数字教育资源网到基于云服务的国家数字教育资源共享平台，横纵联通的数字教育资源服务体系逐渐构成。除此之外，作为体系的硬件基础，我国基础教育拥有教学计算机数量2019年达到1947.5778万台，是1999年拥有量（165万台）的11.8倍；拥有校园网学校数量15.0531万所，是1999年拥有量（0.3万所）的50.177倍。

三是多模态优质数字教育资源建设加速，从2000年起，我国便审时度势开启涵盖音视频教育资源等8个子项目在内的现代远程教育资源建设项目，其中由中央电教馆通过卫星IP广播向全国农村中小学校播发数据达到408G（2004年）、390GB（2005年）和476GB（2006年）；2007年，农村中小学远程教育工程已面向中西部地区的23个省、自治区、直辖市以及新疆生产建设兵团共配备了教学光盘播放设备401028套，卫星教学收视系统278737套，计算机和多媒体设备44566万套，教学多媒体资源覆盖初中9个学科和小学8个学科，共4129个学时。视频资源达到2099小时，教学素材资源已有7692条，向全国农村教学点免费发放8.7万张培训农村教师的应用光盘，27.3万名教师参加全国中小学教师教育技术能力建设计划培训和认证，合格达86%。2010年，《国家中长期教育改革和发展规划纲要（2010—2020年）》颁布，网络教学资源开发与建设加速，以微课、MOOC、在线课程、精品资源共享课等多模态数字教育资源成为教学的必备，截至2014年全国6.4万个教学点全面完成了"教学点数字教育资源全覆盖"项目建设任务，实现了设备配置、资源配送和教学应用"三到位"，国家数字教育资源平台从2015年的智能导航系统和资源超市上线、2016年实体资源达1400多万条和总量超过1.4P到2017国家平台资源页面访问超过6亿次；2018年，师生网络学习空间从60万个激增到7100万个，2019年，教师通过一师一优课、一课一名师活动晒课达2007门，数字教育资源的数量已成指数性增长。

四是基于教学活动的个性化数字教育资源数量急剧增加，2010年前围绕数字教育资源应用的各类教学赛事相对较少，2010年后，中小学微课大赛、全国中小学信息技术教学应用展演、全国中小学电脑制作活动、全国教育教学信息化大奖赛、全国中小学互动课堂教学实践观摩活动、全国中小学教学信息化应用展览等各种形式的比赛如火如荼开展，标志着我国数字教育资源进入了应用推广阶段。

通过这些指标及其变化的解读，不难发现：我国数字教育资源在量与质上已实现了指数性扩容与提质，无独有偶，《中国教育监测与评价统计指标体系》（2015年版）新增了"生均数字资源量"指标，用于监测和评价全国及各地学校数字资源建设及应用情况，更说明了数字教育资源建设与发展已列入国家的监测体系中。因此，在资源指数性扩容背景下，政策参与者不仅意识到了数字教育资源的量变问题,同时,生均数字资源量指标的提出反映了政策参与者更关注数字教育资源的地域、校级及生生间的均衡配置问题。

2. 停课:数字教育资源公共服务问题备受关注的触发剂

政策参与者能够通过数字教育资源指数性增长及公平配置等指标变化觉察数字教育资源公共服务中的供给数量不足、供给水平低等众多庞杂问题,要从仅被政策参与者关注上升为涉及公众利益的社会问题,需要"一次危机、一种公共默认的符号或政策制定者的个人经历"等事件的触发,而我国数字教育资源公共服务问题提升至能见度高的社会问题主要有:2003年的"非典"疫情、2015年的"雾霾"和2020年的新冠肺炎疫情等不可抗拒因素致使基础教育系统出现不同时间周期的"停课居家学习"。2003年4月,为满足"非典"期间停课在家的中小学生学习的需要,教育部面向北京、内蒙古、河北、广西等地区开播"空中课堂",累计播出电视教学节目1115节,开通"课堂在线"专门网站和一些免费网校,点击次数达6.7亿次,在线答疑630万道题,参与教师31.8万次;2015年因雾霾停课期间,北京数字学校有线电视和网络平台两个渠道的累计总访问量达到368万次,32万学生到北京数字学校学习;截至2020年3月4日,三个大洲的22个国家宣布或实施过停课措施,13个国家全国范围停课,学前到高中阶段的2.905亿儿童和青少年无法继续学业,对于经历30余年的信息化建设与发展来说,这些事件的发生可谓一次公共危机,但更是一次检验国家数字教育资源服务水平的试验,我国在政府主导下,各级学校、企业和公益组织协同创新不仅探索出破解"停课"事件的"停课不停学"行动方案,同时数字教育资源服务于战疫的中国模式得到了其他国家的效仿。然而,在化解这些事件带来的危机中,帐篷学校、学生蹭WiFi、爬山顶、蹲菜地、追着信号看视频等"标题"频频刺激公众"眼球",引发了公众在规模化数字教育资源供给现状下,对偏远山区和农村学生公平获得量足质优的数字教育资源服务的普遍关注,这也促使数字教育资源公共服务问题演化为社会公平问题。

3. 双线反馈:数字教育资源公共服务问题备受关注的助力剂

我国公共政策过程的民主化特征决定了政策形成前对来自各方利益者意见反馈的尊重。

一是数字教育资源公共服务的需求者对数字教育资源服务问题的反馈意识增强、反馈方式多样和反馈力度增强。20世纪90年代以后,网络在增强了公民的民主意识的同时,也树立了民众参与网络意识,在"我向总理说句话"活动中也不乏"建议政府购买在线教育平台资源""解决教育资源配置不均问题的方法""给教育插上'互联网+'的翅膀"等网民意见,线上线下意见反馈渠道的疏通与双线意见的汇聚,有效助力数字教育资源公共服务问题进入政策制定者的关注视野。

二是供给主导者对数字教育资源公共服务项目执行反馈及评估反馈。作为公共服务供给的主导者,各级政府主要通过对现行数字教育资源公共服务供给的系统监督和评估、查看研究者提供的研究(调研)报告、听取来自线下线上的反馈性意见等来判断现行政策项目是否按原计划顺利进行、执行过程是否符合政策条例的公众解释、是否有来自政策执行中未涉及的问题。《农村中小学现代远程教育工程试点工作验收管理办法》等评估办法、国务院教育督导委员会开展的教育信息化工作专项督导检查、教育部开展的农村中小学现代远程教育工程绩效评估、"教学点数字教育资源全覆盖"项目评估、教育信息化与网络工作月报等均是从政府管理层面对教育信息化项目实施进行系统评估和监督的过程,同时,我国教育信息化建设工程的规划设计是建立在对前期工程实施效果的评估、广泛的调查及科学论证的基础上的，对体现民众对现行数字教育资源服务政策执行意见的"现状及存在问题"的阐述，彰显了我国公共政策的渐进性。《教育信息化十年发展规划（2011—2020年）》肯定了"国家实施的一系列重大工程和政策措施……数字教育资源不断丰富，信息化教学的应用不断拓展和深入"，到2016年《教育信息化"十三五"规划》的"以'三通两平台'为主要标志的各项工作取得了突破性进展，全国中小学校互联网接入率已达87%，多媒体教室普及率达80%；优质数字教育资源日益丰富"，各类数字教育资源建设、应用及服务问题的改善使政策参与者或制定者对前期工程项目的实施效果持认可态度，同时，也开始正视"数字教育资源共建共享的有效机制尚未形成，优质教育资源尤其匮乏""信息化建设推进进度不平衡……信息化区域发展水平仍存在较大差异"等不同阶段围绕该主题的各类问题。

三是教育信息化领域不同研究共同体对数字教育资源公共服务的研讨意见。国家先后通过召开教育信息化专家组工作会议、全国教育信息化年度工作会议等方式，积极听取来自教育信息化领域的专家学者对数字教育资源公共服务问题的意见和建议。由国家数字化学习工程技术研究中心等部门联合发布的《中国教育信息化发展年度报告》，涉及数字化教学资源开发与应用等方面，目的是对我国教育信息化前期发展进行科学审视，并提出存在的问题，供各级政府、教育行政部门、教育机构、企业和有关研究机构参考，各省市等也同时发布教育信息化的调研或研究报告。可见，双线反馈本质上是数字教育资源公共服务供给者与需求者的互动过程，不乏消极反馈，而恰恰是这种反馈成为数字教育资源公共服务问题被关注的助力剂。

（二）政策流：数字教育资源公共服务政策共同体的智慧结晶

政策流是政策建议产生、讨论、重新设计和受到重视的过程，主要来源是政策共同体与政策企业家，但我国数字教育资源公共服务政策中不存在明显的政策企业家宣扬思想和"软化"公众的现象，因此，政策共同体产生的具有技术可行性、价值可接受和有限约束性特征的研究成果、解决方案和改进措施组成决策议程中的备选方案目录。政策共同体主要包括政府机构人员、教育政策研究者、教育信息化研究学者及公共服务利益相关者。

1. 来自政府组织机构的表态

任何一个项目被提上议程离不开政府的关注，数字教育资源公共服务政策亦是如此。政府机构围绕数字教育资源公共服务在公共场合的发言表态，说明了其所代表组织对数字教育资源公共服务的重视，而这些表态对未来备选方案的形成具有指引作用，与官员表态密切相关的方案往往会从备选方案目录的低端走向顶端，提高备选方案的入选率。近年来，来自不同政府组织机构从数字教育资源公共服务供给主体、供给模式和供给体系等方面针对数字教育资源公共服务存在的问题提出了具体要求和倡议，如表1所示。

表1 政府组织机构对数字教育资源公共服务的表态

年份	公共场合	表态内容
2015年	第二次全国教育信息化工作电视电话会议	提升数字教育资源开发与服务供给能力，特别是为农村、边远、贫困、民族地区学校提供免费服务……培育社会化的资源服务市场，采用政府购买服务等方式，鼓励有资质的企业和机构开发优质资源、提供优质服务，让优质教育资源更好地惠及普通民众

续表

年份	公共场合	表态内容
2015年	全国电化教育馆馆长会议	以构建教育资源公共服务和共享机制为抓手，深入推进"课堂用经常用普遍用"
2017年	全国教育信息化工作会议	数字教育资源服务正在由各级教育资源公共服务平台为主，逐步向全国互通的教育资源公共服务体系发展转变
2018年	全国教育信息化工作会议	引入"平台+教育"服务模式，建成国家数字教育资源公共服务体系。融合众筹众创，实现数字资源、优秀师资、教育数据、信息红利的有效共享，助力教育服务供给模式升级和教育治理水平提升
2019年	全国教育信息化工作会议	教育资源供给服务能力快速提升。通过整合各级各类教育资源公共服务平台和支持系统……不断提升教育资源公共服务均等化、普惠化、便捷化水平
2020年	"互联网+"助力教育资源均衡化研讨会	探索利用市场机制优化配置教育资源的新机制，整合线上线下资源，创新服务供给模式，提供丰富的教育资源公共服务

2. 来自教育信息化研究学者的学术建议

数字教育资源公共服务相关政策的出台离不开众多专家学者的倡议与呼吁，专家学者聚焦数字教育资源公共服务供给理念、供给主体、供给模式和供给评价等方面提出解决方案及建议。供给理念方面，除共建共享理念、共建众享理念外，基于大数据的个性化学习和智能推送服务等个性化服务理念成为规模化数字教育供给面临的新理念；供给主体研究方面，苏小兵等人以公共产品理论为研究视角认为现有数字教育资源供给的主体主要有政府和市场；陈耀华认为作为公共产品的信息资源不应被企业或某些机构所垄断，应让企业提供竞争性服务而不是利用信息资源零成本复制的特点牟取暴利，与此视角相同的柯清超等人认为数字教育资源供给主体应为政府、市场和第三方。杨文正认为政府是基础教育信息资源供给主导者，应积极引导社会多方的参与，实现政府与社会性力量合作与互补的"双向互动"；供给模式方面，李伯华以公共物品理论为基础，从资源生产与共享阶段的动态视角，在分析了高校数字化教学资源供给困难的成因的基础上，提出了高校数字化教学资源供给模式可以分为学校供给、私人供给、自组织供给和第三方组织供给等四种供给模式。柯清超从数字教育资源的公共资源立场，认为我国的数字教育资源以政府供给、市场供给、公益供给和自我供给为主，沈丹丹则基于区块链理念构建了数字化教育资源共享模式；供给评价方面，吕晓红以"资源供给绩效水平与供给方式存在相关关系"为假设，以3E理论(经济性、效率性和有效性)和系统论为指导，从投入和产出维度对智慧课堂产品配套的资源库供给、企业开发的资源网站供给、学校自主建设资源库供给、出版社提供教材配套电子资源供给、政府主导建设的教育资源公共服务平台供给等5种供给方式的绩效水平进行测量，表明不同资源供给方式的整体绩效水平差异不大；王庆彬在绩效视角下对无锡公共教育服务平台建设的期望绩效与实际应用绩效进行分析，认为要提高资金投入绩效和应用过程绩效；杨文正等人从绩效改进视角提出我国基础教育数字教育资源应从供给机制创新、投入效益提升、资源质量改进和使用效率提高等四个维度优化配置过程机制。

(三)政治流:以民为本的公共服务理念和国民情绪

约翰·金登认为政治流是由国民情绪、压力集团间的竞争、选举结果、政党或者意识形态在国会中的分布状况以及政府的变更等因素构成,但在我国政策语境中,数字教育资源公共服务机制从"公建众享"到"共建共享"的修正本质上是其制度化"方法论"的创新,这种创新离不开党和国家公共服务理念的指引。

1. 党和国家以民为本的公共服务理念

金登将执政党的执政理念作为政治流中的要素之一,作为我国执政党,中国共产党的执政理念是"立党为公,执政为民",全心全意为人民服务的根本宗旨始终指引着党的整个执政过程,这一执政理念指引的公共服务领域理念必然是"以民为本和为民服务"。公共服务是以政府为责任主体为满足公共利益需求而提供的产品与服务总和,党和国家始终将改善人民生活水平和增进人民福祉作为公共服务供给的最终目标。为了适应和满足人民日益增长的美好生活需求,各级政府通过创新服务理念、服务方式和提高服务效率等措施,将"为广大公民提供普惠性、保基本、均等化、可持续的公共服务"作为其核心职责,推动公共服务从管理走向治理和构建公共服务型政府。作为公共服务的子系统,数字教育资源公共服务同样承担着数字教育资源供给、资源治理等职能,这也决定了其公共服务理念也是"以民为本和为民服务"。《教育部关于数字教育资源公共服务体系建设与应用的指导意见》提出的"要把服务用户作为工作的出发点和落脚点"是对该理念的回应,而该理念也将指引数字教育资源服务供给实践。

2. 国民情绪

国民情绪使得政府行为不仅要考虑自身的效用因子,还需要考虑来自民众"呼声"所产生的政治压力,国民情绪是某阶段大部分民众在对涉及数字教育资源服务供需各方面问题的思考基础上形成的一致性判断,对诸如数字教育资源公共服务平台建设、公共服务体系构建、个性化数字教育资源供给等政策项目具有积极和消极作用,这种情绪通过活跃的公众人物的"新闻报道或网络博文"等公共舆论媒体引起政府关注。无论哪一领域的改革都并非一帆风顺,作为我国教育信息化工程,数字教育资源服务同样出现了:一是对数字教育资源服务"规范化供给"的舆论,2010年起,"多媒体教材(学)费、数字资源费"等新闻屡见各类新闻媒体,但并未引起大众对"数字教育资源"问题的普遍关注,2019年,夹杂不良内容和商业广告等教育App给广大师生和家长带来了困扰,应用泛滥、平台垄断、强制使用等问题再次引发了民众对教育App的不满,产生了不良的社会影响,相对传统学前教育资源,广大师生对享有规范化和普惠的数字教育资源公共服务追求再次困惑于"供给与需求的不适切",对数字教育资源公共服务供给规范化管理需求迫在眉睫。二是数字教育资源服务"差异化供需"舆论,主要体现在城乡布局结构差异明显、个体需求差异多样,"加大对农村,特别是偏远山区、贫困地区的数字教育资源供给"的话题屡见报纸媒体的专题专栏,数字教育资源城乡均衡供给已成为亟待数字教育资源公共服务政策解决的问题之一,个体需求差异多样化主要表现在供给与需求不匹配的问题,"学校使劲买但教师不买账""有车缺油"和"有枪没弹""给的用不了,要的给不了""政府牵头建设的各级资源网中资源重复率过高，资源海量但是质量问题堪忧，企业运营的资源又无法得到专业的审核和质量保证。""资源获取平台多端杂而乱的供给现象明显"等这些话题迫使数字教育资源公共服务政策既要解决"量"与"质"的问题，同时要重视规模与个性问题，可见，这些"规范化供给""差异化供给"舆论在一定程度上影响了数字教育资源公共服务公共政策的方向。

（四）决策议程启动的机遇：政策之窗的开启

政策之窗是社会问题得到响应、解决方案得以提出和国民情绪得以回应的最佳时机，按照政策之窗由问题流或政治流中的事件打开，政策之窗可以分为问题之窗和政治之窗。

1. 数字教育资源公共服务政策之窗开启模式

我国数字教育资源公共服务政策之窗开启主要以"问题+备选方案+政治可接受性"模式为主，其中，优质数字教育资源数量不足、区域分布不均、个性化需求无法满足等典型问题集聚外化为数字教育资源公共服务的供需矛盾，指标的变化、事件的发生和意见反馈是促使这一问题被政策参与者关注并进入政府议程的"催化剂"；不同领域专家学者组成的政策共同体在对问题的分析与研究基础上，提出了诸如更新供给理念、优化供给模式、协同供给主体和合理供给评价等一系列解决方案，这些方案经历优化、消失和重新设计后，与显性问题匹配并快速进入政府议程；虽然问题与备选方案已初步匹配，但来自公民对数字教育资源公共服务需求压力的影响，那些符合我国执政党的公共服务理念的问题解决方案才能真正来到政策之窗之前。2017年10月18日，在党的十九大报告中，习近平总书记进一步强调"我国社会主要矛盾已经转化为人民日益增长的美好生活需要和不平衡不充分的发展之间的矛盾。"并提出"完善公共服务体系，保障群众基本生活，不断满足人民日益增长的美好生活需要"，成为数字教育资源公共服务政策之窗开启的标志。《教育部关于数字教育资源公共服务体系建设与应用的指导意见》便紧随其后出台，在"数字教育资源共享程度低、服务机制不健全"等问题流、"共建共治国家体系、建设运行国家体系枢纽环境"等六大措施构成的政策流、执政党公共服务理念在教育信息化领域的践行及"美好教育"需求的民意回应构成的政治流下，产生了"不断提升教育基本公共服务均等化、普惠化、便捷化水平，努力让每个孩子都能享有公平而有质量的教育，加快教育现代化，办好人民满意的教育"的政策目标，随后《关于促进"互联网+社会服务"发展的意见》《教育信息化2.0》《教育部关于加强网络学习空间建设与应用的指导意见》等政策相继出台，2020年5月22日，全国两会顺利召开，李克强总理政府工作报告中再次提出"推进教育信息化"，特别是在大规模线上教学之后，"在线教育治理及数字教育资源服务均衡供给"成为两会期间代表们讨论的热点，这次大会的召开将为数字教育资源公共服务系列政策再次出台提供窗口，"数字教育资源公共服务治理"或将成为未来数字教育资源公共服务政策的核心，同时，这说明了数字教育资源公共服务已进入政策参与者与制定者持续关注的议题。

2. 政策企业家：数字教育资源公共服务政策之窗开启关键

问题流、政策流和政治流在某一时刻汇聚等待政策之窗开启，然而该过程顺利与否却与政策企业家息息相关，以专家学者、党和政府主要领导人、人大代表和政协委为代表的政策企业家始终游历于各流内外，虽并不大肆宣扬自己的建议，但在政策最近开窗期至政策之窗打开的一瞬间，政策企业家则再次出现却将最能引起关注公共问题和历经软化的建议公布于众，从而使其问题配套建议进入决策议程。每年全国两会为来自不同领域的政策企业家提供了推动自己建议的空间。如 2015 年人大代表俞敏洪提出《关于有序推进网络学习空间人人通工程应用工作的建议》，认为市场上互联网或移动互联网教育产品鱼龙混杂，鉴别难度大，"网络学习空间"范畴的产品在质量和教学理念上差别大，网络学习空间对很多学校老师而言是一个抽象的学术名词等问题，并提出政府应改变重硬件轻软件的采购方式，从而适应"软件即服务"发展潮流等四项建议。2016 年全国政协委员、重庆第二师范学院院长杜惠平认为，农村义务教育信息化发展还存在基础设施短板、信息资源短板和应用短板，应尽快补齐农村教育信息化短板，填平城乡教育数字鸿沟。2017 年全国政协委员、联想集团董事长兼 CEO 杨元庆提出应利用信息化手段扩大优质教育资源覆盖，建议国家鼓励学校、企业、科研机构合作，推动这些新技术在"互联网＋教育"的应用和推广，针对众多政策企业家提出的问题及匹配的建议，在 2017 年出台数字教育资源公共服务系列政策给予有效回应，可见，政策企业家是数字教育资源公共服务政策出台的关键力量。

四、总结

数字教育资源公共服务政策形成与变迁来自三流耦合和政策之窗开启。数字教育资源公共服务作为教育公共服务的子系统，具有经济属性、政治属性和教育属性，数字教育资源公共服务政策的形成机理分析也应兼顾经济、政治与教育等方面。在数字教育资源公共服务的问题流、政策流和政治流陆续形成以后，党的十九大的召开成为其得以耦合的政策之窗，因此，数字教育资源服务存在问题、解决方案及适宜的政治机遇是数字教育资源公共服务政策产出的必备条件。

政策企业家和政策共同体是数字教育资源公共服务政策形成不可忽视的核心力量。从对三个独立溪流的分析可以看出，政策企业家对自己的建议或成果并不进行过度宣传，而恰恰是在对数字教育资源存在问题的实践分析和广泛调研的基础之上提出合理对策，他们既可以是政策共同体一员，又能将政策共同体形成建议推上政策议程；值得注意的是，政策共同体虽然所处的政策流与问题流和政治流在触发政策之窗开启的力量不同，但其紧密关注着问题流中各种问题，成为"问题、建议、理念与民意"的主要来源，具有"自上而下"和"自下而上"交叉特征，影响着甚至指引着数字教育资源公共服务政策形成。

参考文献

[1] 郁建兴，吴玉霞. 公共服务供给机制创新：一个新的分析框架 [J]. 学术月刊，2009,41(12):12-18.

[2] 高铁刚，张冬蕊，耿克飞. 数字教育资源公共服务供给机制研究——基于 1996—2018 年教育信息化政策变迁的研究 [J]. 电化教育研究，2019,40(8):53-59,69.

[3] 教育部. 教育部关于数字教育资源公共服务体系建设与应用的指导意见 [J]. 中华人民共和国教育部公报，2018,1:26-29.

[4] 林小英. 中国教育政策过程中的策略空间：一个对政策变迁的解释框架 [J]. 北京大学教育评论，2006,4:130-148,191.

"双减"背景下初中化学教学现状及改善策略

王怡，刘惟肖，郭萌

摘要：通过文献梳理、调查问卷以及经验总结等方法研究初中化学教学现状，总结出"双减"实施前后初中化学教学中存在的问题，主要包括：学生作业负担仍然较重，作业管理不够完善，超前超标培训问题尚未根本解决，课堂教学效率低，教学内容枯燥乏味、学生学习化学的兴趣普遍较低以及家校共育与合作意识淡薄。通过分析问题产生的原因，提出改善策略，将"双减"为学生学习带来的正收益努力达到最大化，让每一位学生都能够了解到学习化学的乐趣。

关键词："双减"；初中化学；教学方法；家校共育

一、引言

为了深入贯彻党的十九大和十九届五中全会的精神，持续提升学校的教学水平，规范整治校外培训，有效减轻义务教育阶段学生过重的作业负担和校外培训负担（以下简称"双减"），2021年7月，中共中央办公厅、国务院办公厅印发了《关于进一步减轻义务教育阶段学生作业负担和校外培训负担的意见》，为重新阐释教育本质、切实优化教育生态、持续规范教育环境提供了新契机。《意见》主要提出了以下几点要求：全面压减作业总量和时长、减轻学生过重的作业负担、提升学校课后服务水平、满足学生多样化的需求、坚持从严治理、全面规范校外培训行为、大力提升教育教学质量、确保学生在校内学足学好、强化配套治理、提升支撑保障能力以及扎实做好试点探索，确保治理工作稳妥推进。

二、"双减"政策的历史演变

1917年，毛泽东同志写下《体育之研究》一文，对课程繁重的现象提出批判。四年后，毛泽东又在《湖南自修大学创立宣言》中认为课业过多会使学生丧失主动性和创造性。新中国成立后，毛泽东同志把他的观点更加鲜明地表达出来。"健康第一，学习第二"是多少家长所希望的事情，但是真正能做到的又寥寥几人。对这一目标的追求，不知道经过了多少代家长，仍在不断追求。

1957年，毛泽东同志要求各地管好"教材要减轻，课程要减少"一事，把第一书记作为减负的第一责任人。1964年，毛泽东同志提出"课程减半"建议，目的是平衡学生的劳与逸，鼓励实行启发式的教学。

在1977年恢复高考后，全社会读书热潮扑面而来。十年中积压下来的570多万青壮年男女，从车间、军营等各行各业走进了改变自己和国家命运的考场。但随之而来的是学校片面追求升学率，忽略学生的全面发展。于是，在1983年，教育部颁发了《关于全日制普通中学全面贯彻党的教育方针、纠正片面追求升学率倾向的十项规定（试行草案）》，提出"要减轻学生过重的学习负担",要求学校"不得随意增加课时,或提前结束课程",并对课外作业进行量化,要求"课外作业量应控制在初中每天一个半小时,高中每天两个小时之内"。减负从此有法可依。改革开放40年来,我国先后出台了35项中小学"减负"政策,其中减负专项政策11项,相关配套政策24项。据统计,在1988年至2020年,国家至少颁布了13份文件来落实减负,由此可见减负的重要性。

2021年7月,中共中央以及国务院办公厅印发了《关于进一步减轻义务教育阶段学生作业负担和校外培训负担的意见》,明确了学科类培训机构统一登记为非营利性机构,一律不得上市融资,严禁资本化运作。现如今,人们再次提出"减负",以"双减"政策的形式出现。学生负担过重,并非偶然现象,而是在历史上一直存在并且一直难以杜绝的现象,从有科举制度开始,就有无数人皓首穷经,为了走科举这个上升渠道就一直在激烈竞争,而现在为了通过高考独木桥,也是一样。"双减"政策的落地,还是让我们看到了未来学生可以减轻学习负担的可能性,但是这个过程一定非常艰难曲折,离不开每个家长、学生,甚至每个人的共同努力。

三、"双减"过程中急需解决的问题

通过大量的文献查阅,发现在"双减"政策在实施的过程中,普遍存在如下几个问题:

第一,"唯分数论"现象严重。长期以来,中考成绩成为默认的中学生水平的评价标准,但从实际的情况来看,传统人才的定义标准有失公平公正。"唯分数论"导致老师和家长都在过度追求分数,从而偏离教育与学习的意义,并且很多学校经常忽略掉培养兴趣课程的重要性,从而导致一些小学科的边缘化,与中考等考试无关的课程在一些老师和家长的心里已经变得可有可无,也因此失去了它原本存在的意义。

第二,课堂教学效率低,教学内容枯燥乏味。化学课堂应注重培养学生的实践能力与思维能力,但在实际的教学当中,老师经常重复性地为学生讲解各种各样的化学方程式、定理等。有的教师说得十分明白:"老师从头讲到尾,学生自己也理解不了,讲完后,给学生规定练习,就让学生做,然后老师检查,你给学生一遍又一遍地讲解练习的题目,这样学生才有可能真正掌握这些知识。"虽然这样的确可以让学生彻底掌握知识,但是这样的课堂教学会使学生失去学习化学的兴趣,甚至导致厌学的现象。如果学生厌倦于灌输性的课堂,就会表现出学习动力缺失的情况。因此,教师不得不加大课后作业量,有的地方甚至还出现过不同学科的教师之间互相"抢夺"学生的家庭作业时间的现象;而家长则争着为自己孩子寻找各色的校外辅导班,以弥补在校学习的短板。因此,当学生在课堂上没有学好学足,就需要校外辅导班来弥补。在学生考试的压力依然超负荷、"提分"必须要"增负"的观念依旧普遍存在的情况下,即使通过国家颁布法令减少作业,严禁课外辅导,其造成的结果就是要么在一段时间后作业又会卷土重来,要么就改变一种形式继续存在,这些结果必然会使"双减"政策的收益甚微。"双减"减掉了学生与家长的负担,但是在减负后学校应该明白"提质增效"的重要性,只有学校教育可以做到让学生在校内学足学好,才能满足家长与学生的各种需求,以使"双减"政策有效实施。

第三,应试教育和"题海战术"使学生作业负担越来越重。所谓的"应试教育"其实就是反复做题、反复考试的"用负担换取成绩"的方式。然而对于中学生而言,过多的作业弊大于利。作业的"质"与"量"并不是正相关。作业数量虽然会影响作业的质量,但并不是只要作业数量足够多，其带来的质量就足够高。抛弃掉质量，一味追求数量大量的做题，收效甚微，甚至可以说是浪费时间，并且"题海战术"会使学生的学习负担更重，而教师会认为自己只要布置了足够多的题目，就会达到最理想的效果，但事实恰恰相反。

第四，学生作业负担仍然较重，作业管理不够完善。在设置分层和弹性作业时，也产生了一些问题：学校更注重作业的数量，而忽略了作业的质量，学生的作业不能表现出来学生思维的梯度，并且在作业成为可选的之后，作业的评讲使得老师困惑，在老师原本就繁重的工作任务下，在作业的布置上既要面向全体学生，又要满足学生的个性化需求，这两样同时满足还是有很大的难度。设置个性化作业的本意是为了提高作业的可选性，既可以照顾到全体学生，又可以针对部分学生，可是当作业有了弹性之后，促进学生全面发展与满足学生个性化的需求又很难同时达到。

第五，家校合作共育意识淡薄。从家长方面来说，家长认为教育完全是学校的事情。这些家长觉得只要把孩子送进学校，学校和教师就应该负责孩子的所有教育。同时，他们觉得自己也不懂得如何教育，并将这个原因作为借口，将孩子完全托付给学校，认为自己只需要做好孩子的后勤工作，保障孩子的衣食住行、安全及健康问题就足矣。与之相反的是还有一些家长觉得自己的孩子只能自己来教。他们认为老师是以"应试教育"为目的而教育，缺少因材施教的教育理念，不能满足学生个性化需求，所以家长们就觉得知识掌握和课外拓展，还得靠他们为孩子做提升。更有甚者，深受社会偏激舆论的影响，将教师污名化，对教师极其不信任，自己包揽孩子的全部教育工作，干扰教师的正常教育教学。从教师方面来说，教师觉得家长知识水平不高，对孩子不能很好地辅导功课，甚至认为家长的帮忙可能会对学校的教学起反作用。另外，教师缺乏家校共育的意识，在忙碌的工作任务下也确实存在缺少和家长沟通，甚至推脱责任的现象，这样就严重地破坏了家校之间的信任基础。

第六，校外培训改头换面，超前超标培训问题尚未根本解决。在"双减"政策逐步落实的同时，诸多校外培训行业已然停止了商业化的营业，但是在担心孩子成绩无法提升、担心别人家的孩子比自己孩子学的多的焦虑下，仍有不少家长偷偷地将孩子送进私人的小型辅导班，宁愿花费比之前补课班高出几倍甚至十几倍的价钱也不惜让孩子"有校外辅导可上"，也就是所谓的"高端私培"。

第七，学生学习化学的兴趣普遍较低。在化学学科的特点以及学生成长环境的共同作用下，学生们普遍对化学的学习兴趣较低，并且现代教学的发展，多媒体教学的广泛普及，使得中学生原本不多的化学实验更加寥寥无几。现实生活中现代化的高科技设备的使用以及广告媒体等的影响，降低了学生乃至所有人的对于化学的关注度。

"双减"政策的落地实施需要教师构建高效的化学课堂，提升教学质量，以帮助学生巩固基础知识，并削减繁杂的课业负担，进而有效落实"双减"的政策。作业的主要目的是让学生通过复习和预习，强化对所学知识的掌握，作业的本质仍是四百多年前夸美纽斯强调的对已有知识或技能的实际操练或反复演练的"练习"。课业负担重是果而非因，"双减"是手段而非目的，只有对症下药，才能有效实施"双减"，最终达到重塑教育良好生态、促进学生全面发展的目的，切实实现培养时代新人的教育目标，从根本上减轻学生的负担、整体提升学校教育教学质量，更加科学合理的布置作业，促进学生全面发展、健康成长，进一步提升学校教育教学质量和服务水平。化学作为中学教育中的一门基础课程，相对其他课程在人们日常生活中的应用更为广泛，无论是社会生产、环境保护、科技发展还是饮食安全等方面都能够体现出化学这门学科的重要性。通过对初中学生化学学习现状的研究，对于在"双减"背景下初中化学教学出现问题的原因进行分析，在有效贯彻落实"双减"政策的同时，提高中学生的化学学习兴趣和学习能力，进而提高他们的化学学习水平。

四、初中化学教学现状调查及分析

采用问卷调查法对陕西省商洛市镇安县初级中学的学生进行调查。商洛市镇安县初级中学作为镇安县直属的初级中学，是商洛市的示范初中，有45个教学班，在校学生2470人，是镇安县最具有代表性的普通初中。陕西仍存在很多类似于镇安县发展水平的县城，因此，选择镇安县初级中学作为调查对象是极具代表性和说明性的学校，在"双减"的背景下，优化并改善这些学校的教学现状将为陕西省整体的教育水平带来巨大的提升。

在认真了解并分析镇安县初级中学的大致情况后，根据"双减"背景下的初中化学学科特点，研究并制作了《镇安县初级中学学生化学学习情况调查问卷》，以镇安县初级中学初三学生为对象进行调查，初三学生共有795人，调查采用抽样调查的方式随机抽取一部分初三的学生作为调查对象。为了提高本问卷调查的真实性和可靠性，问卷采用匿名调查的方式，问卷共包括27道选择题，发放的问卷一共220份，回收的问卷218份，其中，有效问卷215份，无效问卷3份，有效收回率为98.6%。此次问卷将从学生的基本情况、学生的成绩方面、学生的学习负担方面、学生的学习兴趣方面、考试方面、学生在学习化学前对于化学的认知程度以及学生的学习方法这几个方面来进行数据分析并发现其中存在的问题。

（一）关于学习成绩的分析

在参与调查的215名学生中，有53名学生很满意自己的化学成绩，14名学生不怎么在乎自己的化学成绩，剩下的多达148名学生认为自己的努力与收获不成正比，远远超过了预期的数据，占总调查人数的68.84%。这说明学生们学习化学的方法存在很大的问题，常常事倍功半，学习效率低下。

（二）关于学习负担的分析

在查阅大量的有关"双减"的文献后，发现学生们仍然普遍存在学习压力比较大的问题，因此，在问卷的第5、第6道题目中设置了关于学生学习负担方面的调查，主要从学生对化学课后作业的满意度和化学学科对学生造成的负担两个方面来分析学生目前所承受的学习负担。在参与调查的215名学生中，有156名学生认为化学的课后作业造成的负担很大，占总调查人数的72.56%，有121名学生认为化学这门学科对自己造成了很大的负担，占总调查人数的56.28%，可见"双减"在实施后并未取得明显的效果，学生在日常的学习中依然在承受着超负荷的学习负担，从而产生厌学的心理，再加之成绩不好，很容易地就陷入了一个恶性循环之中。

（三）关于学习兴趣方面的分析

兴趣是学习的第一动力，并且化学作为一门实验性很强的学科，学生很容易地会因为各种有趣的实验而喜欢上化学这门学科，但是通过统计问卷调查的第7道题目的结果数据，却发现学生们在学校做实验的频率极低，在参与调查的215名学生中有198名学生表示学校会在一学期之内举行1~3次化学趣味活动或者化学实验，严重违背了化学的学习要以实验为基础的学习方法，使得学生们对于化学的学习兴趣一直不高。另外，在问卷调查的第8道题目，调查学生们在化学课堂上的兴趣时，认为老师上课幽默风趣的学生仅有21名，占总调查人数的9.77%，而认为化学课堂枯燥乏味的学生则多达123名，占总调查人数的57.21%，由此可见老师们的教学方法还需要进一步的改进。

除此之外，问卷中的第9道题目还涉及了学生们分别对于化学书本知识和化学实验的兴趣，结果令人满意，其中有173名学生表示对于化学书本知识的学习兴趣较低，更倾向于在实践中获取知识，占总调查人数的80.47%；有158名学生表示非常期待化学实验，认为化学实验非常有趣，占总调查人数的73.49%。可见学生普遍对于化学实验有较高的兴趣，但是学校做实验的频率过低，严重消磨了学生们对于化学实验的积极性，这也是目前多数初中化学教学所存在的现状。

(四)关于考试方面的分析

考试是一种严格且相对方便的检验学生知识水平的方法，通过考试可以很好地检查学生们的知识储备能力和学习能力，但是常有一些学校不把考试为学生带来的收益最大化，甚至反而会出现负面效果。以镇安县初级中学为例，在问卷的第10、第11道题目中提到了关于平日里化学测验及考试的难易评价以及考试失利的归因分析，可以看出，在参与调查的215名学生中，其中认为考试有难有易，能很好地区分学生们的学习层次的学生有87人，占总调查人数的40.47%；认为考试过难，在考试中会遇到很多不会的题目的学生有119人，占总调查人数的55.35%。另外，在对学生们的考试失利原因进行归因分析的数据统计中，其中有58名学生觉得自己考试失利是在平时没有认真学习化学，占总调查人数的26.98%；有86名学生认为化学太难，认真学也无法学懂学明白，占总调查人数的40%；剩下的71名学生则认为自己化学考试失利是因为自己的考试状态不好，占总调查人数的33.02%。由此可以看出，化学考试难度的设置属于偏难的水平，考试过难会打击学生学习的自信心，因此，如果考试难度在过于难的情况下适当降低难度，学生们会因为成绩的上升而提高学懂化学的自信心。

另外，在对于学生们化学考试失利进行归因分析的数据统计可以看出，占比最多的学生认为化学这门学科太难，即使认真学也无法理解掌握。但是初三是化学这门学科第一次出现在学生们的面前，这可能会和学生们在第一次接触化学这门学科之前，也就是在日常生活中对于化学了解的程度有关，因此，问卷中还设置了学生们在接触化学这门学科之前对于化学的了解程度以及在日常生活中对于化学的关注度。

(五)关于学生在学习化学前对于化学的认知程度分析

随着经济的发展与现代科学技术的进步，人们的生活水平日益提高，化学已经与人们的日常生活产生了十分密切的关系。学生们在学习化学前，常常留意生活中的化学，将会很好地和在学校学习的化学知识结合起来，从而进一步产生对化学这门学科的兴趣。由调查结果可见，在参与调查的215名学生中，有53.02%的学生很少关注生活中的化学知识；只有16名学生表示会经常主动关注生活中的化学知识，占总调查人数的7.44%。由此可以看出，学生们在日常生活中对于化学的关注度普遍较低，这也是学生们对于化学一直兴趣不高的侧面原因。

(六) 关于学生的学习方法分析

"工欲善其事，必先利其器"，一个好的学习方法无异于学生们提高学习效率和强化学习效果的杠杆，不仅可以帮助学生们养成良好的学习习惯，提升化学成绩，还能提高学生们学习化学的兴趣，建立学习化学的自信心。在问卷的第13、第14、第15、第16道题目中设置了关于学生们学习方法的调查题目，主要从学生们在课后之余自发学习化学的时间、学生们在化学课堂上记笔记的程度、学生们认为在学习化学时制订学习计划的重要性以及制订计划后的完成度4个方面分析：在参与调查215名学生中，有多达149名学生表示老师布置的化学作业和当天的化学课堂是每天所有学习化学的时间，占总调查人数的69.30%；而在对学生在上化学课时记笔记的程度进行调查分析时，有6名学生表示自己从来不记笔记，而在查看这6名学生以往的化学成绩时，发现他们的化学成绩一直处于班级下游水平。在对学生的学习计划方面进行调查分析时，在参与调查的215名学生中，有171名学生表示制订学习计划对于学习非常有用，但是在调查学生们对于自己制订好的学习计划完成度的分析时，却有127名学生表示自己经常不能完成自己制订好的学习计划，占总调查人数的59.07%。综上可见，学生们在学习方法的方面还有待改进。

五、初中化学教学存在的问题

(一) 学生学习的自信心不足

自信心作为中学生良好心理素质的重要组成部分之一，是学生们克服困难，取得成功的内在动力。但根据对镇安县初级中学的调查以及自身的实习经历，发现学生很少敢于在课堂上举手发言，回答问题过度紧张，不敢主动大胆地提出自己的疑问、与周围同学进行学习方面的交流；在学习遇到困难时，第一个想到的是向别人求助，而不是自己想办法解决；对自己所做出的问题结果缺乏自信，自己的想法常常需要得到别人的肯定。

(二) "唯分数论"现象严重

"唯分数论"的现象普遍存在于学生的家长和老师之中，老师"不考不教，不考不学"，家长只关心孩子的成绩，"唯分数论"会为学生不断地制造焦虑，影响学生们的价值观，增加学生们学习和心理的双重负担。

"双减"后的作业减量也减质，学生在作业上的负担仍然较重，化学学科在学生中仍然扮演着负担较重的角色。"双减"政策实施后，部分学生仍然需要做大量的作业以达到老师的要求；还有一部分学生虽然有较少的作业，但是作业的质量堪忧，作业的作用形同虚设。

(三) 学校对于化学实验的重视程度不够高

因镇安县地理位置的特殊，致使当地发展缓慢，这也导致学校对化学实验的重视程度不高，学生反映学校实验室器材陈旧，硬件设施不齐全，而大部分学生在日常生活中对化学的关注度普遍较低，对于化学学习的兴趣主要都来自化学实验，因此也造成了学生对于学习化学的兴趣普遍较低的现象。

(四)考试内容不能很好地发现学生学习存在问题

考试的题目难易程度过于极端，未能在考试内容中很好地设置梯度，学生普遍反映化学考试过难，学生看不到自己成绩的提升，也就逐渐失去了学习化学的兴趣，失去了学习化学的自信心。

(五)学生的学习方法存在较大问题

学生学习化学的方法存在的问题较多，每天自发学习化学的学生只有很少一部分，不能及时巩固当天所学的知识。另外，化学作为一个实验性很强的学科，常常导致一部分学生忽略掉在课堂上记笔记的重要性，记笔记不仅可以让自己在课后遇到遗忘的知识点时顺利查找，还可以让自己在记笔记的同时记忆当前的知识点。最后，学生们对于学习计划的重视程度不够高，虽然大家普遍认为在学习时制订学习计划非常重要，但是经常不能按时完成计划，这同时也从侧面反映出学生的自控能力较差，因此，学生们对于学习计划的重视程度还有待提高。

(六)校外补课现象仍然存在

"双减"政策实施后，校外的补课机构绝大多数已经不见踪影，但是仍有一部分家长为了提高孩子的学习成绩会想尽办法找到一些私人的、不正规的补课机构，不惜花费高昂的补课费用也要让孩子补课，造成这一现象的根本原因就是学生在学校里不能学足学好，在学校的学习质量一直较低。

(七)家校合作共育意识淡薄

镇安县当地发展水平相对落后，很多家长和学校的教师都对家校共育的重视程度不够高，经常低估甚至忽略家校合作的重要性，"双减"的落实需要每一位家长和老师的努力，并且还需要家长和老师之间的互相配合，才能将"双减"的收益达到最大。家长和学校不能及时沟通，也会导致家校之间的信任桥梁逐渐崩塌，形成恶性循环，很难再建立起良好的家校合作意识。另外，镇安县当地发展较慢，有一部分家长选择外出打工，在外地的家长不能及时了解到孩子的学习情况，依然需要学校来作为"桥梁"，学校若不与这部分学生的家长及时沟通学生的学习情况，不及时共同解决学生存在的问题，也会导致学生学习的压力越来越大。

六、初中化学教学的提升策略

(一)提高学生学习的自信心，教师在教学中应当做到有教无类

对于家庭中父母关系不和睦的学生，首先，利用课余时间多做学生的思想工作，帮助其甩掉思想包袱，根据其特殊的家庭情况在平时尽量做到多鼓励，少批评，让其重拾信心，并告诉他"父母其实最想看到的是他好好学习，而不是因为父母之间的矛盾而影响了自己孩子的学习"。其次，多关注该生平时的生活及学习情况，要求上课时认真听讲，做到课前预习、课后复习，练习、作业尽量独立完成，在生活上让全班其他学生多与该生交流、活动，有问题时互帮互助，让其感受到班集体的温暖。再次，培养其良好的学习习惯，对其严格要求，每次在遇到其犯错时，多讲道理，让其从本质上认识到学习的重要性。最后，每次考试结束后，当该生成绩不理想时，不直接批评，而是从中找出他这次考试和上次考

试的进步在哪儿,并加以赞赏,让其体会到进步的快乐。

(二)破除"唯分数论",关注学生的全面发展

老师和家长们需要从"唯分数论"的泥潭中走出来,停止用"别人家的孩子"来贬低自己的孩子,不要让孩子们觉得考试的分数是他们唯一的意义所在,要把孩子当作一个完整的有独立人格和独特个性的人来对待。老师们要基于教育的初心使命来一场深刻的教育价值观的大讨论,深刻反省和批判"唯分数论"等错误的教育价值取向。学校需要培养的不仅是爱学习的学生,更是全面发展的人。"双减"政策的背景下,国家对学校五育并举与心理健康提出更高要求。对于社会、学校和家长而言,不可以再把分数视为学生的最高指标和判断标准,更应注重学生的个性化需求,以此来促进学生的全面发展。

(三)严格控制作业总量,按照因材施教的原则分层布置作业

一是依据布置作业学科课节控制总量。按照学科特点和学生课内学习消化、课外作业巩固状况,明确布置作业和不布置作业的两类不同学科,把布置作业的学科作业纳入每日布置作业学科课时总量中。二是按照因材施教原则分层布置作业。课堂教学和作业都应做到因材施教。作业的设计要根据学生的实际情况进行分层、按难度区别分级,平均涉及不同层次的学生。学校应该统一要求教师做到因材施教,根据不同学生的学习状况分层布置作业,让学习有困难的学生只完成必做题而不用完成选做题,让学习基础扎实,学习主动性、积极性强的学生在完成必做题的基础上视学科时间分配情况完成选做题。新课标对初中化学教学的要求是"以实验激发学生学习化学的浓厚兴趣;要以学生为教学主体,转变课堂教学模式;鼓励学生质疑,开展探究教学;规范做题习惯,培养学生分析问题,解决问题的能力",因此可以布置一些实验性的作业来让学生保持对化学的兴趣。

(四)强化学校硬件设施,提高化学实验的质量

由于镇安县地理位置的特殊性,导致当地的经济状况一直以来相对其他的一些县城发展缓慢,这也造成了学校一直未改善实验室条件的现象。根据上文的调查数据,学生们学习化学的兴趣与化学实验有很大的关联,要想提高学生们学习化学的兴趣,提高学校化学实验室的质量刻不容缓。学校教育提质既是"双减"政策的价值指向,也是落实"双减"政策的根本举措。

(五)考试题目设置梯度,难易不宜过于极端

自从新课程改革之后,结合目前的"双减"形式,考试的题目不应当从形式上模仿中考题目,而是追求结合大纲和学生学习现状的观念,以不模仿代替模仿,充分展现试题应有的选拔性和教育性。在难度方面,应当以中等难度为主,将试题的难度分成五个等级:检验是否了解主干知识和基本方法,能否解决简单的常规问题;检验是否准确理解一些主要理论,能否在有一定综合性的场景下正确使用理论和方法,能否解决有一定难度的常规问题;检验是否准确掌握了一些有难度的理论和思想,是否通过长期的学习和实践,形成了一些思维习惯,是否能在相对隐蔽的场合下发掘到可以应用的理论;检验是否对于已经学过的理论建立相对敏锐的直觉,是否具备进一步学习的潜力,能否初步地思考一些实际应用问题;检验能否在新的环境下迅速形成新的直觉,能否将学过的理论和思想综合起来,解决应用性问题。

(六) 改变课堂教学方式，使学生在学校中学足学好

根据对镇安县初级中学的调查，发现大多数老师上课属于"灌输式"教育，一节课从头讲到尾，而且经常会出现拖堂的现象。大多数初中生能持续集中注意力的时间只有30～38分钟，教师们可以利用学生们注意力集中的尾期来组织小组讨论，或者带学生了解生活中的化学趣味小知识等使学生们持续高度集中的注意力得到放松，在学生们放松的同时也可以巩固所学的知识。学校教育提质增效，让学生在校内学足学好，这既能确保社会公平，也能缓解社会焦虑，严格遵循教育部有关课时的限制，将课堂的质量作为第一任务，使学生能在校内学到充足的知识。

(七) 加强家校合作共育意识

著名教育学家苏霍姆林斯基曾说过："没有家庭教育的学校教育以及没有学校教育的家庭教育，都不可能完成培养一个人这样极其细微的任务。"这就说明"家校合作"是学校教学与家庭教育之间的桥梁，而现如今很多家长与学校都忽视掉了合作共育的重要性。通过家校友好合作能够更加高效地实现学校的教学目标，实现家庭教育的创新发展，对于学生的全面发展具有非常重要的意义。家庭教育是学校教育顺利开展的重要基础，因为父母决定了孩子入校前的水平，并且孩子的很多行为都会模仿自己的父母，因此父母应该做到以身作则。家长必须要尽自己最大的努力为孩子做好榜样，这样才可以及时地把学校的教育落实到底，并同时弥补学校教育中存在的不足。而要使学校教育的收益做到最大化，必须建立在良好的家庭教育的基础上，学校与家长方面建立信任的桥梁，这样才能有效开展"家校共育"的模式。只有在良好的家校共育的基础下，学生才可以既在学校中学足学好，也能在家里拥有一个良好的学习环境。另外，学校应当重视家长会的重要性，开展家庭、学校之间互访的活动，为学校和家庭的有效沟通提供良好的机会和平台，对留守儿童重点关注，及时与其家长电话沟通，让不在孩子身边的家长也能及时掌握孩子的学习情况，以配合学校依据学生现状及时做出应对策略。

参考文献

[1] 季爱民，黄莉. 马克思主义幸福观视角下的"双减"政策解读 [J]. 福建教育学院学报，2022,23(1):1-2.

[2] 柴广翰. 尊重和遵循孩子的成长规律——专访健康中国行动专家咨询委员会专家、中国科学院心理研究所副所长陈雪峰 [J]. 健康中国观察，2021,10:50-55.

[3] 马开剑，王光明，方芳，等. "双减"政策下的教育理念与教育生态变革（笔谈）[J]. 天津师范大学学报（社会科学版），2021,6:13-15.

[4] 陈彬莉. 统一高考影响下应试体制的形成原因以及运行机制 [D]. 北京：北京大学，2007.

[5] 周颖. "县中"模式的特点及成因研究 [D]. 北京：北京师范大学，2009.

初中数学教学中的德育渗透

王晓,曹星[1]

摘要： 数学是中学教学的一门重要学科,除了基本的算术以及逻辑思维的训练,数学教学中更重要的是对德育的渗透,通过德育的渗透来提升中学生的素质,进而为国家培养高素质人才。从中学生心理认知特点出发,通过一定的德育教学理论,对学校德育现状、数学德育渗透弱化的原因及德育渗透的必要性进行分析,提出一些可以提高中学数学教学中德育渗透的方法,结合数学教学过程进行合理的渗透,使初中数学教学与德育结合在一起,为中学生的全面发展打下坚实的基础。

关键词： 初中数学；数学教学；德育渗透

一、引言

德育是学校工作的生命线,德是为人之根本。大多数教育学家都认可教育当中德育的重要性。在我国的基础教育中强调"德智体美劳全面发展",并且把德放在首位,这体现了我国对青少年教育中德育的重视。在人的认知发展过程当中,学生时代是各方面价值观还未完善的阶段,在这阶段进行一定的思想道德教育,能够为其塑造良好的人格打下基础。所以从小学到大学,学校都有设置德育课程,让青少年实现更全面的发展。然而,当前我国学校教育普遍未曾脱离成绩尺度,由于在学习过程中升学的重要性,社会、家长对教育者的评价主要是以教育者教的学生成绩以及升学情况为标准,这使得教育者也相应地重视学生的成绩,忽视了对学生道德素质的培养。本文从德育的基本内涵和教育心理学出发,与中学生的认知特点结合,分析中学数学教学在德育渗透方面弱化的原因,并探讨对中学生进行德育渗透的重要性及意义,对中学数学德育教育出现的问题提出解决措施,从而提升学生对数学的学习兴趣、增强学习意识,完成相应的学习目标。

二、德育渗透的理论依据与基本原则

(一) 德育渗透的理论依据

当前,比较多的学者都倾向于用"思想品德教育"来表述德育的概念。德育是有广义和狭义之分的,狭义一般指在学校中的德育。本文是从狭义的德育出发,探讨初中数学教育中的德育渗透,所以从狭义方面出发,对于学校德育的定义："教育工作者对学生进行思想道德教育,建立德育的环境,并让学生在该环境下提高对道德的理解及实践,从而促进

---

[1] 作者介绍：王晓,男,河南南阳人,博士,商洛学院数学与计算机应用学院副教授,主要从事组合优化及数学教学方面的研究
曹星,女,陕西咸阳人,商洛学院数学与计算机应用学院数学与应用数学专业学生

学生思想道德的提升。"数学学科由于更加偏于理论性，所以数学教学上的德育渗透主要是培养学生合作进取、诚实守信的品质。

教育心理学是对学生在学习过程中认知及态度的研究，并根据这些认知和态度的特点对学生进行有效的教育，培养学生对学习的正确态度以及提高学习效果。教育心理学是教育学与心理学的结合，教育学当中明确把德育作为学生教育的重点，对于学生的德育，要分阶段进行层层渐进的教育，让学生系统的提升道德水平，并养成良好的道德观念，教育心理学从学生的心理活动及特点出发，可以让教育工作者更有效的对学生进行德育的培养。教育研究不仅要服务于政策需要，更要为科学制定政策提供理论依据和事实依据，是衡量研究水平的标志。赫尔巴特提出了"五种道德观念"和"三个阶段"的道德教育理论，从教育心理学出发，赫尔巴特指出教学与道德教育紧密联系，教学中应渗透德育。杜威认为数学虽然关注自然科学方面的规律，但是数学最终的作用是为人服务，所以在数学教学当中进行一定的德育，能够培养学生正确使用数学的态度，从而让数学和道德教育相结合，正确发挥数学的作用。根据教育心理学的理论，在中学数学教学中渗透德育对学生来说是可行并且非常重要的。

(二) 德育渗透的基本原则

德育渗透要循序渐进，在数学教学中的德育渗透，要充分考虑学生的年龄层次等客观条件对他们接受教育内容程度的影响，必须根据学生的知识水平和思维发展水平，找出切合实际的教育内容，有目的、有计划、循序渐进地进行。不同学科知识的学习都是由浅入深地进行，由于不同阶段学生的认知水平及道德观念有所差别，所以对于学生的思想道德教育要制订相应的计划，并且按照计划对学生进行逐步深入的教育。数学教学当中的德育是一个分层次的系统性结构，在不同层次进行科学有效的教育方法，才能使学生的德育有着更稳定的发展。数学德育上的循序渐进原则，一是从内容上要结合其他学科的认知程度，使德育符合学生的认知；二是从学生的德育检验上，要定期实行思想道德教育活动，对于一些思想道德素质较差的学生要给予一定的宽容和进步的可能，让其在之后更有所提高，对于道德素质较高的学生，进行一定的表扬，让优秀的学生带动不足的学生，实现全面的德育水平提高。

对于学生的德育水平，不要只让某个阶段德育水平短暂的提升，而是要让学生的道德水平一直保持在某个较高的水平，并且要一直学习进步。要实现学生的道德水平持久性的提升，是要把学生对于道德的观念转换为内在的价值观，从而能够一直影响着他们的行为。对于学生德育水平的持久性，不能只依靠书本上的一些内容，而是要把书本上的内容转化为实际的行动，让行动影响态度，从而形成持久的道德水平提升。

数学方面的德育，不能只是生搬硬套，而是要发现德育与数学之间的联系，从而能够实现数学教学到道德教育的自然转化，在此过程中进行一定的德育教育，能够让学生正确认识到数学当中德育的重要性。要实现数学当中德育过程自然化，需要教师在课程前充分准备课程内容，发掘其中有道德教育的部分，并在课堂教学中找准时机的进行德育，这样学生容易接受，能够达到德育的目的。

三、德育渗透的必要性

(一) 教学过程中德育被弱化

受到升学率观念的影响，对教育工作者教育成果的评价忽视了德育的高低，因此会出现高学历低素质的现象，这是由于社会、家长等各方面对德育认知的不够深刻，家长只看中学生的考试成绩，从而让学生全身心投入到学科学习中，没有对人际关系进行深刻的理解，导致他们对生活和学习当中的职责与担当不足。科任教师只管自己所教学科的学习成绩，与学生讨论更多的是成绩的提高、名次的提升，忽视了教师在教书过程当中还有育人的职责。学校管理者为了学校的升学率和招收更好的学生，出现了重智育、轻德育的情况，如今以智育替代德育的现象比比皆是，让思想品德教育的实效性难以体现，正是这种认识导致了德育工作在学校中的开展愈发艰难。

当前我国经济水平的提高，让人们的物质生活水平也得到提升，相应的人们的价值观念也发生了潜移默化的改变，人们开始更多的重视物质消费水平，渐渐忽视了道德观念的提升。人们的生活在发生着变化，但是有些教育工作者的道德观念还停留在较陈旧的水平，对于学生的引导方式不佳，从而对学生缺乏感召力，让学校教育效果被校外负面影响"抵消"。由于现阶段应试教育占据主流，学生迫于升学带来的压力，教师更多地去关注书本知识和学生成绩，忽视了本该关注学生德育的养成，间接影响了学生德育品格的塑造。受到消费主义的影响，也不太关注自身的道德发展，而是想着依靠学习获取更多的利益。

(二) 基础教育中德育渗透的必要性

国家是每个个体所依托的对象，通过国家能够发挥各方面的优势及整合各方面群体的能力，实现个体能量发挥的最大化，而这一切都是建立在对国家的尊重及爱护上。在国家层面上也提出了相关的纲要来培养学生的爱国情怀，并且要求学校把爱国教育贯穿到整个教书育人的过程当中。在数学当中也可以通过国家著名的爱国数学家的事迹来促进对学生爱国情怀的培养，现如今部分初中学生的爱国情怀比较薄弱，对于国家的数学发展历程知道的比较少，对于国家当中为数学做出重大贡献的科学家并没有投入一定的时间和精力去了解，从而他们学习数学也缺乏为国家科学事业做出贡献的意识。我国发展历史悠久，不同的学科都取得了不错的进步，对于数学的研究，最早就有勾股定理、鸡兔同笼等数学研究成果，同时我国对数学的研究偏重于实用，利用数学观察得出农历等规律，更好的指导农业的发展。可是由于近代不可阻挡的社会变迁和历史事件，导致我国在数学上的发展渐渐落后于西方数学强国，而后经历漫长艰难的奋力追赶，才拉小了和西方数学发展强国的差距。随着我国数学发展的落后还有数学教育教学上的失误，数十年的数学教育局限于简单的数学知识的普及，致使受教育学生对数学的认识只停留在现代数学文明的熏陶中，数学教育中德育的缺少带来的是对过往我国数学历史辉煌的数典忘祖，对祖国传统科学的一无所知。更无从谈起对传统数学中的核心思想的了解和认识，发掘和利用更像是空中楼阁。了解数学发展历史，可以通过前人的经验少走许多弯路，更好地进行数学学习，最终为我国的数学发展做出贡献，同时研究我国数学发展的历史，有助于发现我国近代在数学发展上变弱的原因，通过分析原因并继续发展数学，能够让我国的数学研究回到辉煌时代，最终以数学发展促进我国科技的发展。

我国当前对新课程改革目标的最终落脚点是素质教育，是让学生实现全面发展，同时对学生的素质教育不是片面的，而是要进行综合性的科学培养。《素质教育与道德》中指出素质道德教育贯穿人发展的全过程，并且每个过程都是相联系的，而在人的整个素质当中，道德品行是重中之重。对初中生进行德育，主要是在教学过程当中通过具体的教学内容扩展开来，在数学教育过程中由于其课堂上教学的案例本身就含有道德教育的内容，所以需要教师根据这些案例扩展到道德教育，进而促进学生道德水平的提升。应试教育下学校、教师、家长以及学生都只关注成绩，这在学校阶段是有很大的作用，但是学生出了学校考验的是综合能力，而不是某一单方面的能力，所以应该先从学校和家长出发，改变其对素质教育的观念，进而促进对学生综合素质的培养。我国在经济发展初期，对于精通计算、数学方面的人才需求量很大，但是随着我国各项经济活动发展得越来越完善，以及在经济发展过程中出现的道德缺失事件，让国家更加重视对人的道德素质的培养，尤其是高素质人才，所以国家需要专业知识和道德水平双高的人才，来满足我国发展的需要。

四、教学过程中德育渗透策略

（一）教师教学观念和行为的转变

新的课程与教学观念，就当前学校实际教学活动实施情况来看，部分教师不愿接受或是难以取代已被认可而付之于行为习惯的陈旧的纯数学教学观念；有的教师对新课程与教学改革认识模糊，无法在其教学过程中真正进行有序教育；有的教师由于传统的教学观念根深蒂固，未能找到有效的传统教材和德育观念相融入的教学方法。推动新课程改革的阻力多集中于缺乏教育科学方面的知识和能力，教师们心有余而力不足；学校因为其特有的属性，对于改变创新接受度低。而教师作为一项重要的校园课程人力资源，既是课程资源的开发者和使用者，而其自身的职业素养、教学经验也是重要的课程资源。德育教育能否在学校顺利开展，最为关键的是教师自身的教育理论水平和文化科学水平。因此，在进行学校德育工作的进程中，培训教师的职业素养，帮助教师与时俱进，让教师储备教育工作所需的文化知识，提高数学教学能力，使数学知识和德育的学习步调形成一致性，把教师打造成推进学校德育渗透工作的践行者和主力军是学校德育工作的重中之重。

（二）教师能力的提高

利用数学教学穿插、渗透进行德育教育，教育实施的要求主要集中于以下几点：首先，教师必须具备综合知识以及相关理论的教学实施能力，才能正确地带领学生有效学习，做德育教育的引导者、促进者。虽然现阶段，许多的教师也是从分科式教育走过来的，经过专业的培训和考试，有扎实的专业基础知识储备，具备专业分析问题、解决问题的能力，但对于思想品德教育如何去贴近社会发展和学生生活实际是无从下手的。施教过程中只能运用简单方法进行宣讲，无法实现循循善诱，因势利导。其次，鉴于教师年龄的分布情况，部分教师是从"重智育，轻德育"的教育环境中成长起来的，因此，这部分教师对师德、师风、师魂的观念构建有所欠缺，自身的人文素养还有待提高，在给学生进行教导时，言传身教的积极作用不大。因为教师是每天都要面对学生的，在日常授课和班级管理过程中，对学生产生观念性的影响，这些影响包括教师对国家的情怀、对科学的严谨及热爱程度以及日常行为规范等，所以数学教师在教学过程当中要注意自己各方面的行为规范以及语言习惯，避免传播不良观念和情绪。数学教师除了最基本的数学学习外，还要促进自身全方面的发展，一要促进自身政治理论的学习，培养良好的家国观念，从而能够在学生面前树立良好的榜样；二要学习一些哲学知识，让自己有更深层次的思想意识，并能教会学生用辩证法的态度看问题；三是加强自身对数学相关历史的了解，从而能够在课堂上引经据典，并增加一些数学上的趣味故事，提高学生的学习乐趣。例如在数学课堂进行德育渗透，就可以用实际的数学知识联系实际生活。通过对教材的整体把握，教师选择适当的研究性学习课题，采用合作学习的方式进行。最后，学校除了平常多组织提高教师基本综合素质的培训交流活动以外，还应该着重培养德育工作开展所需的知识储备和能力提升。以实效型培训方式和途径，使教师在参观、学习的过程中积极沟通交流，在典型案例和最新研究动向的深入分析、研究中，加速成功经验的推广范围及程度，切实推动德育教育在数学学科中的发展。

（三）发挥数学史的育人作用

数学的发展源于人类群体的扩大，需要一些抽象东西来计数，从而提高工作效率，所以数学的起源很早，随着数学的发展，各方面的数学知识越来越抽象，让学生在学习过程中难以弄懂，所以对数学史进行学习，能够让学生对数学有一个更好的理解。通过对数学史的学习，可以了解在社会生产过程中数学发挥的作用，也可以看到数学科学家在研究数学过程当中展现的人格魅力，从而让学生能够更好地提升数学素养，有助于学生对数学在实际生活中所发挥的作用有个清晰的认知，加深学生对科学技术、社会、政治、经济等方面对数学发展所起的相互作用的认识。通过数学学习的全面性、系统性、通俗性教育，使学生对数学家产生敬仰之情，此时恰当引导学生们对其生平事迹，以及对国家、社会的贡献，鼓励和教育学生学会运用数学解决生活中常见而又简单的问题。可以通过数学家的人格魅力影响学生，例如华罗庚的自学成才、康托尔的为数学而疯等。或者是通过数学发展史的曲折激励学生培养坚持不懈的优良品质，例如集合的一波三折、对数的发展和产生等。

数学的教育的目的远不止步于单纯的爱国主义教育，更多的是使学生更好地理解数学，学会运用思维去思考；让学生对数学学习充满兴趣，由兴趣入手，让学生由浅入深爱上数学。因此，引导学生学习数学的知识和能力走向，将知识融会贯通之后变为个人见解，对世界观，人生观，对社会、历史、人生感悟的形成构建一个基础性的客观理念，是数学史在这方面突出而又重要的表现。所以，在初中数学教学中以适当的方式，合适的时间融入数学史是非常必要。

五、总结

教育是人类发展的重中之重，教育工作者作为人类灵魂的铸造者，不仅要会教书，更要会育人，尤其在新课改新时代的要求下，"能育人，育好人"的作用更是任重而道远。初中数学教学的过程中，合适的时间、合适的切入点对德育工作的良好渗透性具有不可忽视的积极作用，坚持理论和基本原则的情况下、开展初中数学德育，用数学之美、数学史的闪光点来激发中学生对中学数学的热爱，进而加深初中数学教学中的育人作用。数学文化教育，将传授数学知识的常态化扩展、延伸到传播数学思想、方法、精神和文化等多方面的学习与认识中，从而形成学生素质培养的重要参与作用。顺应新课程改革提出的德育要

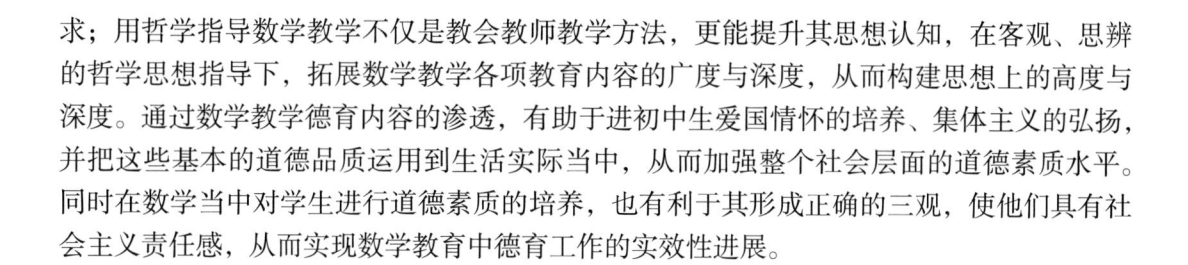

求；用哲学指导数学教学不仅是教会教师教学方法，更能提升其思想认知，在客观、思辨的哲学思想指导下，拓展数学教学各项教育内容的广度与深度，从而构建思想上的高度与深度。通过数学教学德育内容的渗透，有助于进初中生爱国情怀的培养、集体主义的弘扬，并把这些基本的道德品质运用到生活实际当中，从而加强整个社会层面的道德素质水平。同时在数学当中对学生进行道德素质的培养，也有利于其形成正确的三观，使他们具有社会主义责任感，从而实现数学教育中德育工作的实效性进展。

参考文献

[1] 许家明. 德育视角下的初中数学教学研究 [D]. 昆明：云南师范大学，2019.

[2] 万莉. 试论学科教学中的德育渗透 [D]. 武汉：华中师范大学，2013.

[3] 李荣. 数学学科德育渗透问题的分析 [J]. 数学学习与研究，2019,2:134-136.

[4] 叶挺. 数学教学中德育渗透的实践思考 [J]. 数学教学通讯，2019,18(6):60-61.

[5] 袁振国，蔡怡. 教育科学研究在《教育规划纲要》制定中的作用——袁振国教授专访 [J]. 苏州大学学报（教育科学版），2014,3:55-61.

试错法在中学物理教学中的应用[1]

谭小东，李安军[2]

摘要：受到应试教育的影响，中学物理教学中存在教学理念落后、方法单一、目标不明确等现象，难以达到既定的教学目标，收到良好的教学效果。面对这一现状，新课程改革要求教师不仅要重视物理知识的传授，还要注重培养学生的学习兴趣和自主学习的能力，充分尊重学生学习的主体地位，促使学生更加积极主动参与到物理知识的学习及探究中，最终落实物理核心素养的教学目标。试错法是通过鼓励学生大胆思考，积极探索，不断发现问题和错误，并不断完善和解决问题的一种教学方式。结合新课改的教学理念，本文探讨了试错法教学的优点，以及在中学物理教学中的应用。在教师的悉心引导下，让学生在大胆猜测，反驳错误、更正错误的过程中内化知识，增强学习的主动性和积极性，培养学生的创造思维能力，使学生真正成为学习的主体，从而提高课堂教学质量。

关键词：试错法；物理教学；教学策略

一、引言

物理学是自然科学中最为基础的学科之一，具有很强的逻辑性、精确性和抽象性等特点。中学生作为初学者在学习物理知识时往往感到很困难，学习过程中也难免会犯各种各样的错误。通常教师在教学过程中总是尽可能地避免学生犯错，甚至不允许学生犯错。因为他们害怕学生犯错，把错误看作绝对的坏事。在课堂上当某个学生回答问题出错时，教师通常会立马提问其他学生，最后只会对正确答案进行点评和解释。这种传统的教学模式偏重机械记忆，解题训练。在很大程度上，教师的演示代替了学生动手，教师的讲解代替了学生的主体活动，教师的分析代替了学生的思维。基本上教师怎么教学生就怎么学。这种貌似高效合理的教学方式其实是与现代教育理念完全背离的。中学物理新课改明确指出学生是学习活动的主人，教师是学习的引导者。学生作为学习主体具有自主性、独立的主体意识和明确的目标，通过一系列的自主学习活动，把科学知识转化为自己的精神财富，并能应用于实践中。因此，教学的最主要目的并不是让学生死板地掌握和记忆一些知识，而是培养学生独立自主的学习能力，以及分析和解决问题的能力。倘若教师能对学生犯的错误充分利用，便可将错误变为独特的教学资源，提升教学效果。

试错法教学就是基于试错衍生出来的一种教学方法，即让学生大胆去思考和探索，提出自己的猜测和观点，通过大胆地试错不断发现问题和错误，尝试性解决问题排除错误，

---

[1] 基金项目：陕西高等教育教学改革重点研究项目（21BZ075）；陕西省教育科学"十四五"规划项目（SGH21Y0238）；商洛学院教育教学改革课程思政专项（21jyjxs106）

[2] 作者介绍：谭小东，1985年生，男，陕西宝鸡人，博士，副教授，主要从事教育教学改革与实践研究
李安军，1997年生，男，陕西咸阳人，本科，主要从事中学物理改革研究

最终获得正确答案。试错法教学符合人们对事物的认知过程，即怀疑、批判、发问、摸索、试探和否定。允许试错并非鼓励学生犯错，应该尽可能避免那些因为粗心大意和失误导致的犯错。从错误中汲取经验教训，通过反驳和否定错误的假设和理论，学到更扎实的知识，以推陈出新。徐荣改在他的文章中首次分析了三角比教学中试错法的应用以及对于中学生来说试错法对于创新思维的培养，张小蔚则是在2018年发表的文章中阐述了在语文学习方面试错法的作用与帮助。而在2017年许心宏和陈丽娟重要讲述了在应用写作教学中试错法的重要性和可行性。与此同时，蒋丽英也强调了试错法对于生物教学的意义和帮助。由此可见，试错法对于中学教学各科学习的帮助和促进作用。而与此同时初中物理学习与教学的研究也受到国内学者的广泛重视，我国各省在物理教学模式上都有一些研究，对山东几所中学的物理教学模式做了较为详细的论述。李华君很早之前就探讨了试错法对于教学的重要性和对学生创新性思维的培养和开发。在阎金铎主编的书中对我国目前常用的一些物理教学模式有所介绍。如"启发—引导"教学模式、"自学—讨论"、教学模式"探究模式""课题研究模式"，等等。陆丽也在2021年发表的文章中提到了试错法的作用。在20世纪60年代，波普尔在其著作中提出试错法。该方法是指研究者面对特定问题时先提出某种假说，通过一系列的演绎、预测、实验和观察，令假说被证伪或证实。英国科学哲学家卡尔波普尔说，试错法的成功主要取决于提出足够数量和独创的理论，所提理论应足够多样化，并应进行足够严格的检验。这样，如果我们有幸，就可以排除不适的理论而保证最适者生存。桑代克在他的书中详细描述了试误说的概念和定义，他认为试误说有三大定律——准备律、练习律以及效果律，强调有效的学习需要具有一定的心向，要经历探索的过程，还需反复练习并得到积极反馈。因而，"试错教学法"就是使学生在主动学习的过程中经历出错、知错、改错和防错四个阶段，从而加深对所学内容的真正理解和掌握。随后桑代克又在他的著作中强调了试错法对于人类学习的重要作用。皮亚杰认为通过试错能让学生思维真正活跃起来。同时在他的另一本书中也表达了试误过程中领悟出来的知识属于学生的个体知识，必定掌握得更为牢固。

二、试错法在中学物理教学中的主要作用与优点

（一）试错法的主要作用

试错法教学是基于刺激反应联结和试误理论提出的一种教学方法。它的基本观点是在试错过程中学习，以出错作为一种负反应，反面否定、修正错误，从而逐渐减少无关的错误反应，最终形成正确的反应。这种教学方法与人们对未知事物的认知过程相一致，符合学生学习过程的心理特征。首先，科学上的很多伟大发现都是从合理的猜测开始的。猜测是试错法的第一步，没有猜测就不会发现问题和错误，那就更谈不上解决问题。我们的认知一方面来自观察和实践，另一方面来自我们的经验和知识储备。在处理具体问题的时候，需要猜测和怀疑，对已往知识进行修正，融进新的认识和理论之中。因为我们对一些新鲜事物缺乏完整的了解，很多时候只掌握了部分事实材料，但还是不能清晰地把握事物。为了使事物的本质尽快地浮出水面，就需要进行猜测、审察，使之尽快暴露出来。而从已有事实中发现新东西是需要直觉和想象力的，因此猜测是同创造性思维紧密相联的，可以培养学生的想象力和创造力。猜测和怀疑总是带着科学审慎的态度，不是胡乱想象，瞎编乱

造，需要尊重客观事实且可以被检验。其次，猜测的目的就是给出问题的初步答案，接下来就需要对该答案进行检验。在这一过程中，将不断地发现问题、找出错误、更正错误，从错误中学习，汲取经验，不断提高对问题的认识，最终找到解决问题的正确道路。试错法的基本思想就是排错，只有不断排除错误，才能提高认识。由于我们人类的认知本身就存在局限性，对于一个新鲜事物的认识，总是需要一个过程，不可能一下子就能看清事物的本质。科学上的许多重大发现也是在经历无数次错误、排除错误，再犯错、再除错的反复交替中实现的。因此可以说，几乎所有的认知过程都是在犯错和改错中前进的。试错就好比摸着石头过河，它要求我们要有敢于犯错、敢于批判、敢于否定的精神，在摸索中前进。从错误中学习，累积经验，在批判的基础上，敢于否定旧认知、旧观念、旧理论，只有批判才能创新、才能进步。作为教师就应该引导和鼓励学生大胆去想，大胆去尝试，充分发挥学生的主体性。在这个过程中学生可能会遭受挫折和失败，出现各种各样的错误，最好的解决方法不是直接提供正确答案，而是鼓励学生从错误中总结经验，继续思考其他方法来解决问题。因此，试错法教学可以提高学生们的学习能力和纠错能力。

(二) 试错法的主要优点

1. 试错教学可以有效利用错误资源

学生在学习物理过程中难免犯错，如果能充分利用这些错误，那么学生所暴露出来的错误将是开展教学的重要资源。教师如果能够合理的利用这些资源，可以将不利因素转化为有利因素，化被动为主动。当学生在学习过程中出现一些错误时，教师不应该直接指责和批评学生，也不能只是直截了当的告诉学生哪里出错、应该如何改正。如果这样做的话，学生没有思考的空间，自然也就不会有进步。教师应该引导学生积极思考和讨论交流，分析出错的原因，并指导学生逐步改正错误。最后应该及时总结经验，让学生反思为何会出现此类错误、失误点在哪里，如何才能避免下次遇见同类问题时再次出错。经过这一番过程，既让学生充分理解和掌握了所学知识，又培养了学生举一反三、触类旁通的学习能力，有利于学生的长远发展。

2. 试错教学可以培养学生的问题意识

爱因斯坦曾说："提出一个问题往往比解决一个问题更为重要。"解决一个问题只是一个方法问题，只要通过特定的策略按程序进行就可以，而提出一个问题往往很困难，需要从新的角度和立场出发去思索，提出具有科学意义的问题，进而推动科学的不断进步。可见问题意识对我们进行科学研究发挥着及其重要的作用。学生在学习中遇到问题并非坏事，问题是督促学生积极学习、研究更深层知识的动力。试错法这种从问题出发的研究方法正好有助于培育学生的问题意识，加强学生的认知能力，提升学生的思维品质。试错法一开始就是提出问题，接着根据问题设计和构想出一系列相关的解决方案，然后通过不断验证、排除去解决旧问题，进而探索新问题。在问题意识的引领下，通过这样循环往复的过程不断加深对所学知识的理解，在纠错中不断提升解决问题的能力。

3. 试错教学可以培养学生分析问题解决问题的能力

学生遇到具体的物理问题时，一般都是在他们已有的知识和解题经验中，猜测或探索出一些规律和方法，尝试在问题的目标和条件之间寻找联系。一旦确定某一或某些概念、规律和方法可能建立起这种联系时，便可以初步给出问题的答案，然后将初步答案反馈检验，若结果是肯定的，则问题解决；若结果是否定的则进行修正或重新猜测，在大脑中搜索新的概念、规律和方法，再次去求解。这是正常分析和解决物理问题的一般模式。试错教学过程中，很多问题都是让学生自己分析，教师不会什么都讲，主要是引导和启发学生，有意识培养学生读、审物理问题和创设问题原型的能力。教师在讲解习题时带领学生分析题目中的关键词和句，创设问题原型要让学生在完成一种习题后，能自主改变题目条件或问题得出新问题的答案，并将方法进行总结归纳。通过这样不断的训练，可以消除学生畏惧学习物理的心理，在具体的物理情景中，通过独立分析、回答问题、相互讨论和辩论，不仅可以激发学生的求知欲，使其产生思考的动机，而且有利于学生轻松愉悦地学习，培养学生的学习兴趣，提高分析问题解决问题的能力。

4.试错教学可以构建新型师生关系

建立和谐的师生关系，是教师与学生双方共同的心理需求。一个人只有和他人构成良好的人际关系，才能充分发展自己的个性，实现自我价值，展现健康的精神风貌。和谐、融洽、良好的师生关系对于中学物理教学理念从应试教育向素质教育转变起着积极的推动作用。师生关系融洽，教师热爱学生，学生尊重敬仰教师，这不仅能活跃物理课堂气氛，也能增进师生间的感情。在传统的物理课堂教学中，以正确回答问题为评价目标，大多数学生因害怕出错被批评和被耻笑而逃避回答问题，不愿意表明自己的观点。试错教学法是以学生错误为教学资源，重视培养学生思维的独立性，把课堂时间还给学生，使之有充足的时间动脑、动心、动情、动手获得知识。师生之间是民主、平等的关系。在民主、平等的课堂氛围中，学生更愿意敞开心扉，积极踊跃发言、展现自己真实的想法。师生在互动过程中发现共同的、有价值的错误，从而提高试错教学的针对性和有效性。

三、如何将试错法应用到中学物理的教学实践中

（一）转变教学观念

中学物理教师受到传统教育观念的影响，教学急功近利，只注重分数，忽略了学生的学习兴趣和学习特点，只把课本上的知识灌输给学生，导致学生经常出现厌学情绪。新课程改革要求教师的教学理念必须从知识本位向核心素养转变。作为一名教师需要对师生角色进行重新定位，尊重学生的主体学习地位。在此基础上，教师应该对学生物理知识的掌握情况、学习能力、学习兴趣和思维特点等进行全面的分析。以此为依据，制订培养计划和教学方案，契合学生的学习需求，最终促使学生完成从被动学习到主动学习的转变。中学物理教师必须明确自身不再是知识的灌输者，而是教学的引导者。教师应根据教学内容和学生的学习需求，结合学生的实际情况，充分考虑学生间的个体差异，对传统的教学方法进行改进，采用多元化的教学模式，最终促使每一个学生都能有所收获，这样才能有效提高物理课堂的教学质量。教师应该转变观念，把教学重点由"教什么"向"怎样教"和学生"怎样学"转变。针对"学、会、创"等问题，循环往复，使学生的学习内在动力得到持续发展。

（二）注重引导与师生互动

基于前面提出的试错教学思想，中学物理教师可以在实际教学中适当地应用这种教学法。引导猜测是试错教学的第一步，在此过程中，教师要营造一个平等、自由的课堂环境，为学生的"引导猜测"打下了坚实的基础。此外，在实际的物理教学中，教师要做的是指导者，而不是裁判员。事实上，试错教学的主要目的是培养学生的猜想、质疑精神和自我纠正的能力，而不是简单的否定和加强对错的连结。在试错教学中，教师可以引导学生进行猜想，从而有效地培养学生的猜想能力，让他们大胆地质疑实验教学，为以后发现错误、纠正错误、内化知识打下坚实的基础，从而提高实验教学的效率。为了让物理教师对学生的课堂反应给予恰当的反馈，要做到及时与学生进行充分的沟通与讨论，让他们能够清晰的认识到自己的思想缺陷。在具体的物理教学中，对物理的概念进行了高度的抽象化和概括，而中学生的思想还不够成熟，抽象的思维水平还很低，因此，必须提供合理、丰富的相关资料，使学生能够更好地理解和接受这种观念。在物理教学中，可以增加培养手工技能的制作课程，学生之间可以相互协作，共同完成一件作品。学生之间还可以通过相互评价，相互学习对方的长处共同提高。

（三）设置合理台阶鼓励积极探索

试错教学的核心是在教师的引导下，学生在已经掌握的基础知识条件之下，逐渐的完成完善并且能够掌握知识。其中这个过程是在教师提前设置好教学内容、教学环境，教学知识基础上，之后学生在特定的教学环境中，通过使用已经掌握的知识，处理问题，暴露问题的原因，最终能够发现对知识认知的不足之处，重新掌握课程的知识。例如在物理公式的掌握中，学生知道公式的含义，但无法正确的掌握方法处理问题，那么就需要在使用公式计算这个问题所在的环节加强学生处理问题和分析问题的能力，找到方法能够正确切入，正确的完成计算过程。这样能够让学生学会分析问题，找原因，找解决问题的方法，从而更好地促进学生主动学习和主动思考，最终能激发学生对物理学习的兴趣，提高教学效率。在这样的循环过程中学生会自己主动的探寻，如同在破解问题的答案一般直到找到最终正确的内容，处理关键的问题掌握知识内容。如果学生只是了解公式的含义，但无法正确是使用公式计算，那么针对这样的情况学生就知道自己问题在于无法使用计算，这就是让学生在学习过程中能够清晰的了解自己所掌握的知识，知道自己问题的所处阶段在哪一步，加强薄弱环节的问题处理，这样学生就可以针对性的找到问题的所在之处，处理某一阶段的问题，解决关键问题。这样一环扣一环的步骤能够最终帮助学生完善学习内容。教师在教学的过程中可引导学生发现问题的关键所在，找到解决问题的办法，在关键问题处理环节中帮助学生一层一层的发现错误。或者教师可以引导学生主动的进行讨论交流，与同学能够互相沟通，在思考过程中发现关键所在，设计处理问题的办法，更正错误完善内容。

（四）及时引导学生对课堂试错进行总结

在教学中，对于部分学生在课堂试错环节所暴露出的一些错误，教师要敏锐的加以注意和利用这部分问题，有时这些问题绝不仅仅只体现在这部分学生当中，对同一问题不同学生之间他们的理解上可能是有偏差的，教师可以将这些问题作为必要的教学资源，在教学当中及时引导学生进行交流总结，剖析错误的成因，引导学生纠正；然后，让学生们思

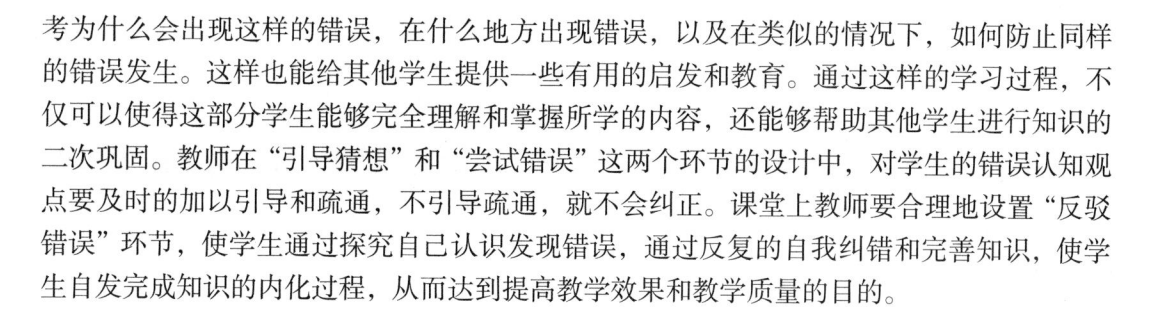

考为什么会出现这样的错误，在什么地方出现错误，以及在类似的情况下，如何防止同样的错误发生。这样也能给其他学生提供一些有用的启发和教育。通过这样的学习过程，不仅可以使得这部分学生能够完全理解和掌握所学的内容，还能够帮助其他学生进行知识的二次巩固。教师在"引导猜想"和"尝试错误"这两个环节的设计中，对学生的错误认知观点要及时的加以引导和疏通，不引导疏通，就不会纠正。课堂上教师要合理地设置"反驳错误"环节，使学生通过探究自己认识发现错误，通过反复的自我纠错和完善知识，使学生自发完成知识的内化过程，从而达到提高教学效果和教学质量的目的。

四、结语

新课改对中学物理教学的各个方面都提出了更高的要求。作为物理教师，教学理念、教学目标和教学方法等也需要做出相应的调整，以适应新课改的要求。通过试错法教学启发引导学生独立思考，使学生能从解决错误的问题中加深对知识的理解，汲取经验，不断提高学生的学习主动性，加强学生分析问题和解决问题的能力，培养学生的探索精神和自主学习能力，不断提高教学质量。物理教师应注重学生核心素养的培养，调整和优化教学方案，拓展教学内容，适当地增加探究类物理实验和科学设计类课后作业，挖掘学生的学习潜力。同时要转变教学观念，从单纯地注重结果的获得向注重教学过程的体验转变，充分发挥错误的教育价值，使学生深刻地领悟错误的价值及意义。错误并不可怕，不是惟恐避之不及的东西，而是一笔有待开发的宝贵教学资源。学生在学习中会犯各种各样的错误，教师不应该总是责备学生，应该给予更多的宽容与接纳，同时更要善于透过现象看本质，洞悉学生所犯错误的教育价值，鼓励和引导学生从错误中学习，真正理解所学的物理知识。在实施新课改的今天，试错法教学对于弘扬学生的主体性、培养学生的个性和创造性都具有极其重要而特殊的现实意义。

参考文献

[1] 徐荣改. 试错教学法在三角比教学中的探索 [J]. 新课程·下旬, 2018,4:76.
[2] 张小蔚. "试错法"在高中议论文写作中的应用 [J]. 考试周刊, 2018,9:46.
[3] 许心宏, 陈丽娟. "试错法"在应用写作教学中的方法构建与作用 [J]. 齐齐哈尔大学学报: 哲学社会科学版, 2017,2:183.
[4] 蒋丽英. 在生物教学中培养学生创造力的途径 [J]. 广西教育（中教版）, 2015,12:114-116.
[5] 陆丽. 试错法在初中生物实验教学中的运用探索 [J]. 知识文库, 2021,2:163-164.

普通中学学生化学认知水平现状与提升研究[1]

王香婷[2]，王竞宇

摘要：为了提高普通中学学生化学认知水平，本文从中学生的化学认知水平现状入手，对商洛市、宝鸡市的三所中学学生的化学认知水平展开调查，并以此做了详细分析，以期给予中学生适当的建议。问卷内容涵盖学生入学前对化学的认识、化学日常学习现状、化学学习方法现状三个方面。结果表明，学生存在化学学习兴趣不浓、学习侧重点偏失、学习方法不当、家校教育严重缺失等问题。基于这些问题，在不违背化学课程标准的前提下，提出了加强中学生化学素养、促进家校良好沟通、强化学生学习方法等来提高中学生的化学认知水平，促进学生有效学习化学。

关键词：普通中学生；化学认知水平；学习方法；家校教育；化学素养

认知能力是指人们分析、了解和把握事物的能力，即人们对事物的构成、性能、与他物的关系、发展的动力、发展方向及基本规律的把握能力，而化学认知水平是指学生对化学认识、思维或知觉的自身发展，包括理解和推理的意识官能或过程，靠它获得关于感觉或理念知识的能力强弱性。对于中学生化学的学习，化学认知水平是他们化学学习水平和接受能力的决定因素。化学认知水平是一个学生是否能够有效学习化学的决定条件。随着新课改的逐渐推进，我国学生的科学认知水平也有所提升，培养和发展学生的科学认知水平，成为科学教育的中心。科学教育的目的是培养和发展中学生的认知水平，而基础化学课程教育的主要目的是培养和发展中学生从化学角度认识客观事物形式和结果的水平，我国学者在这方面做了大量研究。中学生学习能力的前提条件是对学科产生浓厚的兴趣，即具有良好的学科认知能力。为了使中学生在接触化学时能够很好地认识化学，对化学学习产生浓厚的兴趣，增强中学生学习化学的能力。基于此，了解中学生基本的化学认知水平，针对化学认知水平现状做出提升方案，使他们对化学产生正确的理解和看法具有重大意义。对于中学生而言，化学作为一门新增课程，中学生对于化学并没有一个全面系统的认识和理解，对化学学习的积极性较差，本文从中学生的化学认知水平现状入手，通过分析，给予中学生适当的建议与意见，旨在提高中学生的化学学习兴趣和学习能力，进而提高其化学学习水平。

一、研究方法与设计

（一）研究方法

通过文献查阅、问卷调查、数据分析等多种方式，了解中学生的化学认知水平现状并

---

[1] 基金项目：陕西教育科学"十三五"规划课题（SGH18H401）；商洛学院教改项目（21SFKC04,20jyjx108）
[2] 作者介绍：王香婷，1982年生，陕西西安人，有机化学硕士，商洛学院化材学院副教授，研究方向为有机催化及光谱分析

依照现状分析制定相应的提升方案。

(二) 研究对象

本次问卷主要针对陕西省的普通中学初三学生，分别选择商洛市一所市区中学（商丹高新学校）、一所县区中学（镇安县初级中学）和宝鸡市凤翔区的一所县区中学（竞存中学）进行调查研究。表 1 为本次调查对象的具体组成情况。

表 1 调查对象的组成情况

学校名称	学生（人）	占比（%）
商丹高新学校	70	33.3
镇安县初级中学	70	33.3
竞存中学	70	33.3
总计	210	100

商丹高新学校：商丹高新学校是商州区政府与西安高新一中联办的一所集幼儿园至中学为一体的全寄宿制学校。商丹高新学校可容纳 4680 名学生就学，管理团队卓越，并配有名优师资队伍。

镇安县初级中学：镇安县初级中学是县直属初级中学，商洛市示范初中，现有 30 个教学班，在校学生 1626 人，是镇安县具有代表性的普通初中。

竞存中学：竞存中学位于宝鸡市凤翔区城东大街太白巷，是凤翔区初中学校教研教改的窗口校，现有 38 个教学班，在校学生 2400 余人。在全区教育教学、管理、教科研方面发挥了示范、辐射和带动作用。

(三) 问卷设计与数据处理方法

在大致了解和分析了国内外普通中学学生化学认知水平现状以及三所中学的概况后，根据新课改下初中化学学科特点，设计并制作了《普通中学生化学认知水平现状调查问卷》（表2），调查方式采用抽样调查，随机抽取一部分学生作为调查对象。本次问卷采用不记名形式，共发放问卷 225 份，回收问卷 221 份，其中，有效问卷 210 份，无效问卷 11 份，回收问卷有效率为 93.3%。问卷共包含 19 道选择题和 1 道主观题。其中单选题 18 道，多选题 1 道。本次问卷主要从学生入学前对化学的了解程度、化学日常学习中的现状、化学学习方法现状三个角度完成调查分析。将这些问卷调查所得数据采用 Excel 2010 进行分析。

表 2 调查问卷的内容

问卷内容	涉及题目
入学前对化学的了解程度	4～8
化学日常学习中的现状	9～16
化学学习方法现状	17～20

二、问卷结果分析

(一)学生入学前对化学了解程度分析

1. 学生对化学学科理解分析

根据回收到的 210 份有效问卷显示,有 209 名中学生认为化学是社会中必不可少的一门学科,对社会的发展进步有着巨大的影响,仅有 1 人认为化学有利有弊,但对以后的生活有所帮助。说明当代中学生具备较高的科学素养,能够正确认识化学这一门学科的意义所在。

另外,出于化学属于理科的原因,155(73.8%)名学生认为男生对于化学的学习具有极大的优势,剩余 55(26.2%)名学生则表示女生具有更好的化学学习能力,原因可能在于女生一般比较细腻、沉稳踏实,不像男生那样调皮,细腻沉稳对学习化学具有很好的推进作用。

2. 学生对化学关注度分析

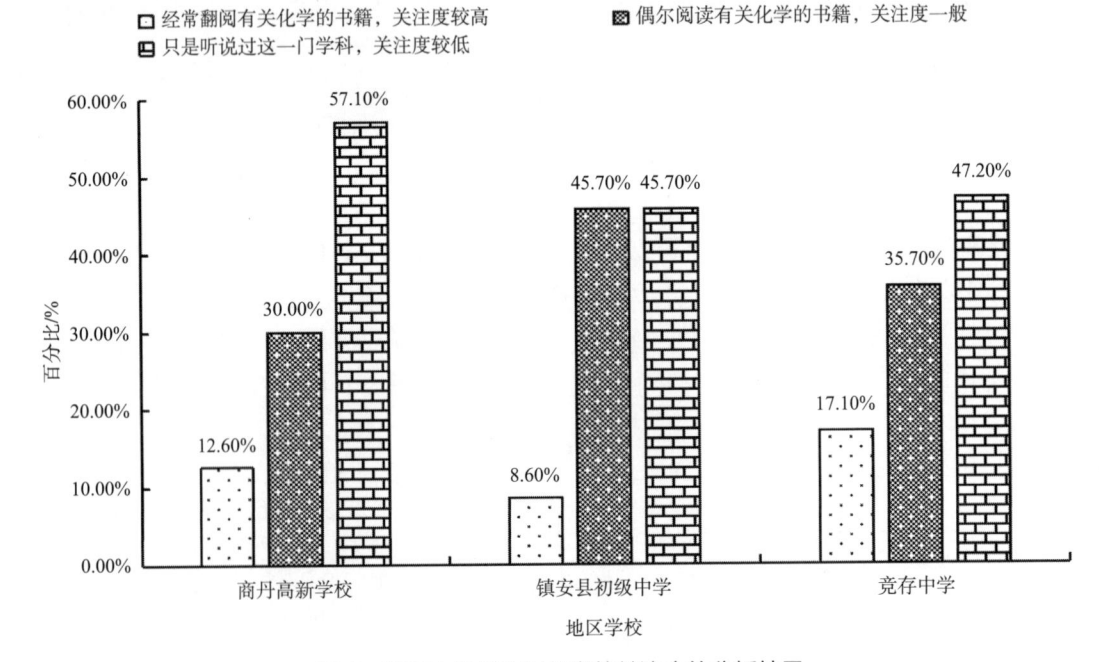

图 1 是普通中学学生对化学的关注度的分析结果。从图 1 可以看出,商洛市两所学校的初三学生对化学的关注度较高的比例达到了 12.60% 和 8.60%,对比两所县区学校,两所中学学生对化学的关注程度也显示出了巨大差异,分别占比 8.60% 和 17.10%。从图 1 的分析结果可以看出数据规律性不强,可能与参与问卷的学生自身对化学的喜好有关。而各地区经济的发展、教育政策的不同也直接影响了各市、县区学校学生对化学的关注度,对科学素养的培养也差距甚大。

图 1 普通中学学生对化学的关注度的分析结果

3. 学生化学兴趣分析

图2和图3是普通中学生对化学的兴趣分析结果。由图2可知，有50%的中学生对化学很感兴趣，35%的中学生对化学的兴趣一般，15%的中学生比较迷茫，不太清楚自己是否喜欢化学。令人欣慰的是，回收的问卷中，没有一人讨厌化学。说明化学课程在中学生的日常学习中还是比较受欢迎的。这也间接说明普通中学生是乐于获取自然科学知识来丰富自身的。从图3的调查结果中可以直观地看出中学生对化学实验有较大的兴趣，有46%的中学生表示自己喜欢动手参与实验，这样可以提高自己的动手能力，也会大大增强对于知识记忆的牢固度，不易遗忘；化学中有一个区别于其他学科的概念，即为宏观与微观，31%的中学生喜欢探索奇妙的微观世界，希望自身可以从微观的角度来解释化学现象，这也是一名普通中学生所应具备的化学学科素养；其中还有12%的中学生认为化学相对于物理来说简单一些，自己能够更容易地理解消化化学知识；从调查的结果显示，化学老师也是学生喜欢化学学科的重要因素之一，11%的中学生因为喜欢化学老师，进而喜欢化学这门课程，化学老师的授课方式、教学技能也影响着学生对化学学科的喜爱。

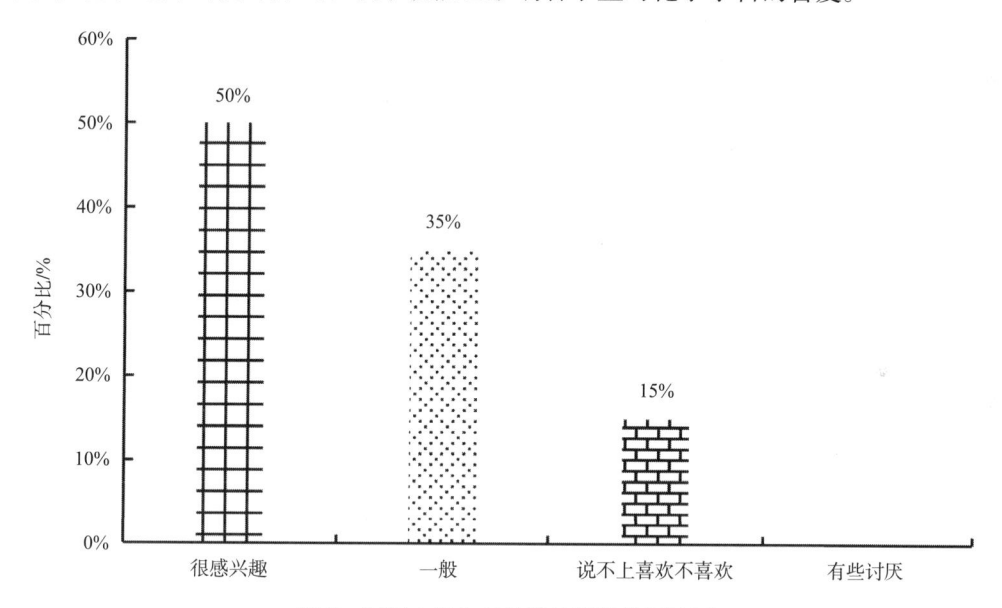

图2 普通中学生对化学的兴趣分析结果

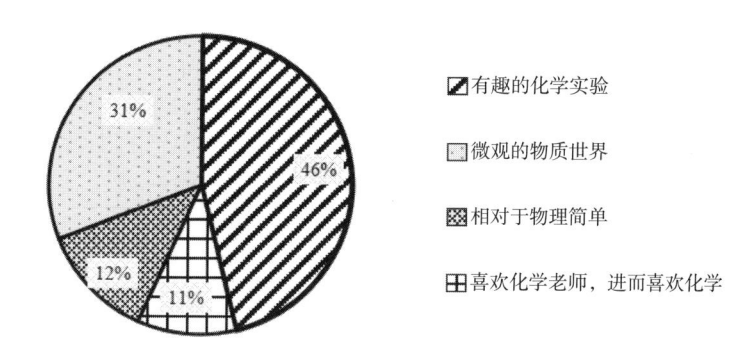

图3 普通中学生对化学感兴趣的因素分析结果

(二)学生化学日常学习中的现状分析

1. 学生化学学习能力分析

图 4 是对中学生化学日常学习中注重的能力分析结果。中学生在学习化学知识时，通常有不同的侧重点。由于当下应试教育的盛行，很多学生更注重于卷面上的分数，所以本次调查占最大比例的为解题技巧（30%），中学生们希望通过解题技巧的获取来提高卷面成绩，取得满意的高分；同样，实践是检验真理的唯一标准，有 28% 的中学生更注重自己实践能力的培养以提高应变能力等；20% 的中学生注重创新能力的培养，22% 的中学生注重信息收集和处理能力的养成，这些都是新时代中学生需要培养的重要学习能力。

对初三学生来说，养成良好的学习能力是他们掌握知识的关键。图 5 是中学生对化学知识掌握情况分析的结果。从图 5 可以看出，各地区学校的中学生掌握情况差异较大。三所学校中学生知识掌握脉络清晰的比例差距较大，其中以商丹高新学校为最好，达到了

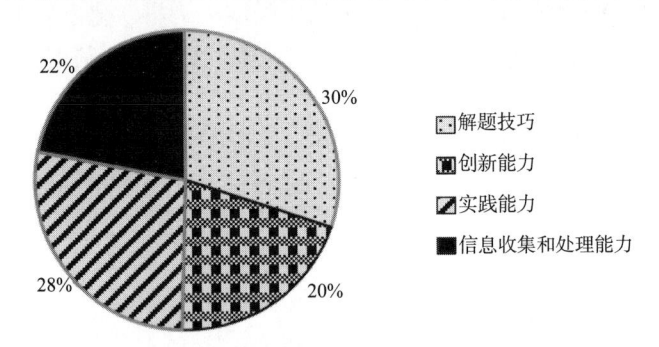

图 4 中学生化学日常学习中注重的能力分析结果

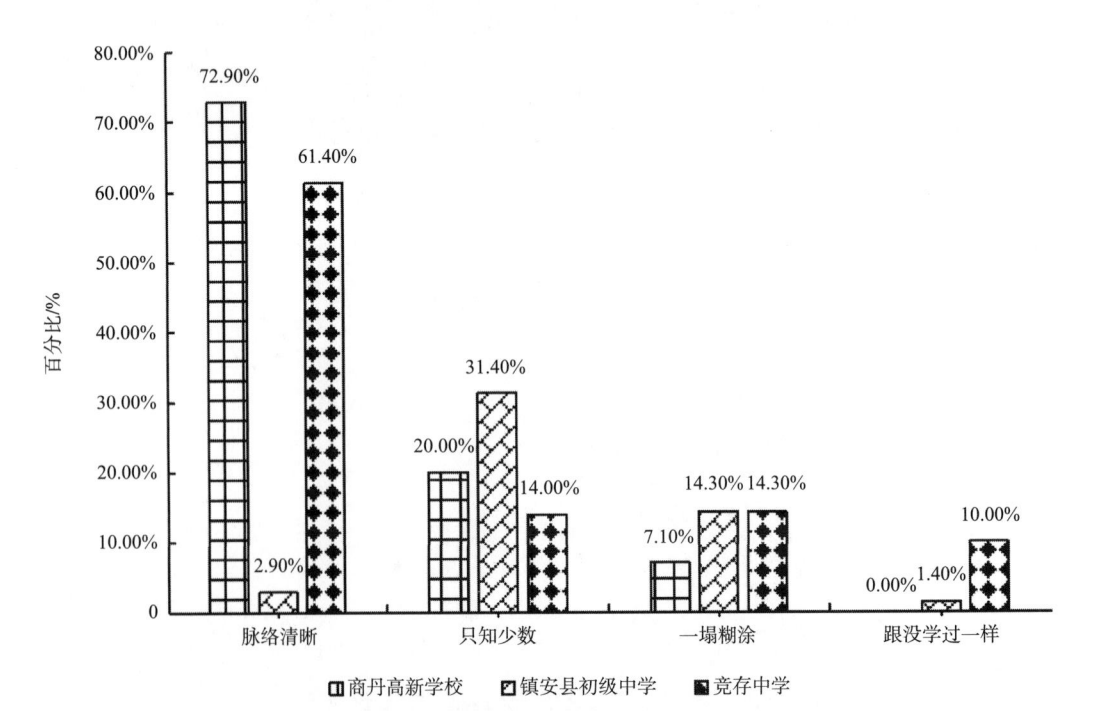

图 5 中学生化学知识掌握分析结果

72.9%；整体来看，市区学校中学生的化学知识掌握情况好于县区学校中学生化学知识掌握情况；其中，两所县区学校也存在部分差异，这可能是各地区教学政策与教学管理造成的差异。

2. 学生学习努力程度分析

除了对化学学科的兴趣之外，中学生的学习努力程度也是其能否很好掌握化学知识的重要因素。因此本次问卷调查中设计了第11、第12、第15题来了解普通中学生在日常学习中的努力程度，具体结果如表3所示。从表3可以看出，大部分中学生的化学学习努力程度还是比较好的。有58.1%的中学生能够从多种途径来获取化学相关知识；64.3%的中学生确实能够很努力地学习化学；55.7%的中学生能够一边听，一边思考，然后记下重要的内容。同样，还是有22.9%的中学生只注重化学课堂学习，缺乏课下探索精神；同时，也因为作业繁重等原因导致19.0%的中学生无暇探究新知识。中学阶段是一个具有动荡性的阶段，学生容易产生骄傲、自负等情绪，表3中就显示有10%的中学生因为自身聪明的特点对化学学习不屑一顾，更有25.7%的中学生敷衍了事。在课堂上记笔记有助于中学生梳理课堂内容结构，帮助学生简便的记忆所学知识，因此中学生在学习化学时，拥有良好的记笔记习惯尤为重要。表3分析结果显示，55.7%的中学生能够运用正确的记笔记方法，一边听，一边思考，然后记下重要的内容。40%的中学生的记笔记方法不恰当，仍有4.30%的中学生完全不记笔记，针对中学生的心理特点，制订相应的学习计划，能够有效促进学生的学习努力程度。

表3 学生学习努力程度分析结果

调查内容	选项	结果
你除了在化学课堂上学习化学之外，还通过其他途径学习化学吗？	A 没有	22.9%
	B 有些	58.1%
	C 作业、考试太多，没有时间去了解其他的	19.0%
你是如何进行化学学习的？	A 只是凭侥幸和聪明才能通过这门课程，没有太多努力	1%
	B 花点精力，能过去就得了	25.7%
	C 确实很努力地在学习化学	64.3%
同学们听课有不同的笔记方法，你的方法是？	A 只是听，不记笔记	4.3%
	B 一边听，一边把老师讲的尽可能记下来	14.3%
	C 一边听，一边把老师要求记的记下来	25.7%
	D 一边听，一边思考，记下重要的内容	55.7%

3. 家校影响因素分析

家校共育，就是家校双方在"为了孩子健康成长、全面发展"这个一致的目标下，各尽职责、互相配合、共同进步，使育人效果达到1+1＞2的教育过程。本次问卷第13、第14、第16题对家校影响因素进行调查。调查结果如图6～图8所示。由图6可以看出，

43%中学生更加喜爱实际训练的教学方法，这样有助于锻炼中学生自身的实践能力；37%的中学生比较喜欢直观演示的教学方法，直观演示的教学方法更有助于学生们理解与掌握课堂知识。仅有9%的中学生表示自己喜欢以语言转述为主的教学方法，这种以教师为中心的教学方法应转变，应当由"教师中心"转变为"学生中心"。11%的学生崇尚高尚情操，故而选择了以情景陶冶为主的教学方法。

分层教育就是教师根据学生现有的知识、能力水平和潜力倾向把学生科学地分成几组或各自水平相近的群体并区别对待，这些群体在教师恰当的分层策略和相互作用中可以得到较好的发展和提高。

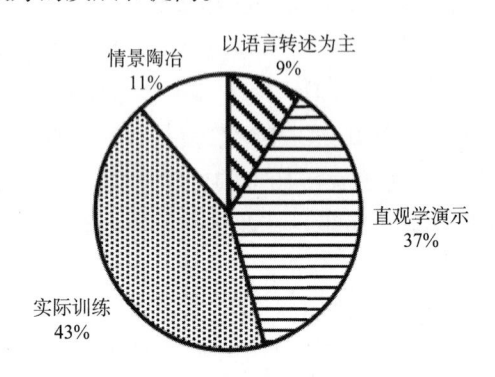

图6 学生喜爱的教学方法分析结果 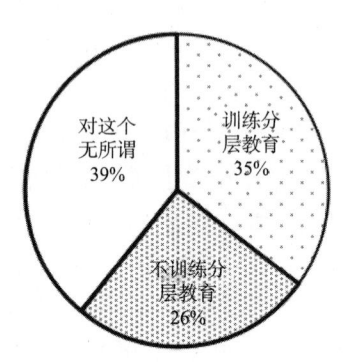　　图7 学生是否需要分层教育分析结果

从图7分析的结果来看，39%的中学生对分层教育持无所谓的态度，原因可能是部分中学生并不了解分层教育，从而表现出无所谓的态度；35%的中学生觉得教师在课堂上应该采取分层教育，这样有利于因材施教；也有26%的中学生不提倡在课堂上进行分层教育，可能因为课堂时间较短，教学任务也比较重，分层教育不利于课堂结构的完成。

家庭教育是所有教育的基础，家长对学生的影响是学生成长过程中不可或缺的因素之一。图8是对学生学习过程中家长持有态度的分析结果。从图8中可以直观地看出，42.9%的家长对学生的学习还是非常关心的，也有34.3%的家长偶尔询问孩子学习状态，由于地

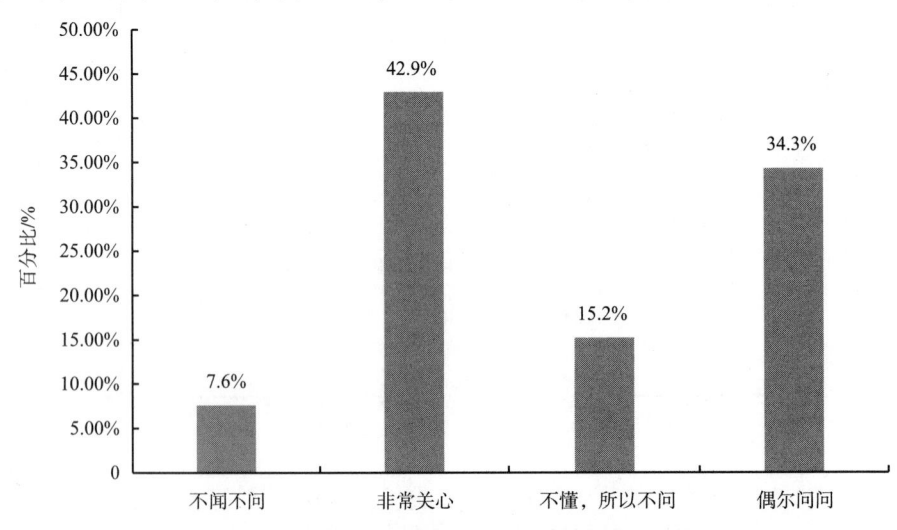

图8 学生学习过程中家长持有态度的分析结果

区的不同、经济的差异导致文化水平的差异，15.2%的家长由于知识面没有那么广泛，无法帮助学生学习化学，但也有7.6%的家长对学生的学习不闻不问，可能这部分学生家长教育观念不强，可以多加强家长教育观念的培养。

(三)学生化学学习现状分析

1. 学生学习方法分析

图9是学生对学习方法的重要性认识的分析结果。从图9中我们可以非常清楚地看到当代中学生认为学习方法对化学的学习来说是比较重要的，三个地区学校分别有88.6%、85.7%、70%的学生觉得拥有良好的学习方法可以帮助他们更好的学习化学。但三所学校仍然有部分学生对学习方法不重视，相比来说市区学校明显好于县区学校，说明市区学生相对于县区学生更重视学习方法，这可能是市区教育管理好于县区教育管理所致。

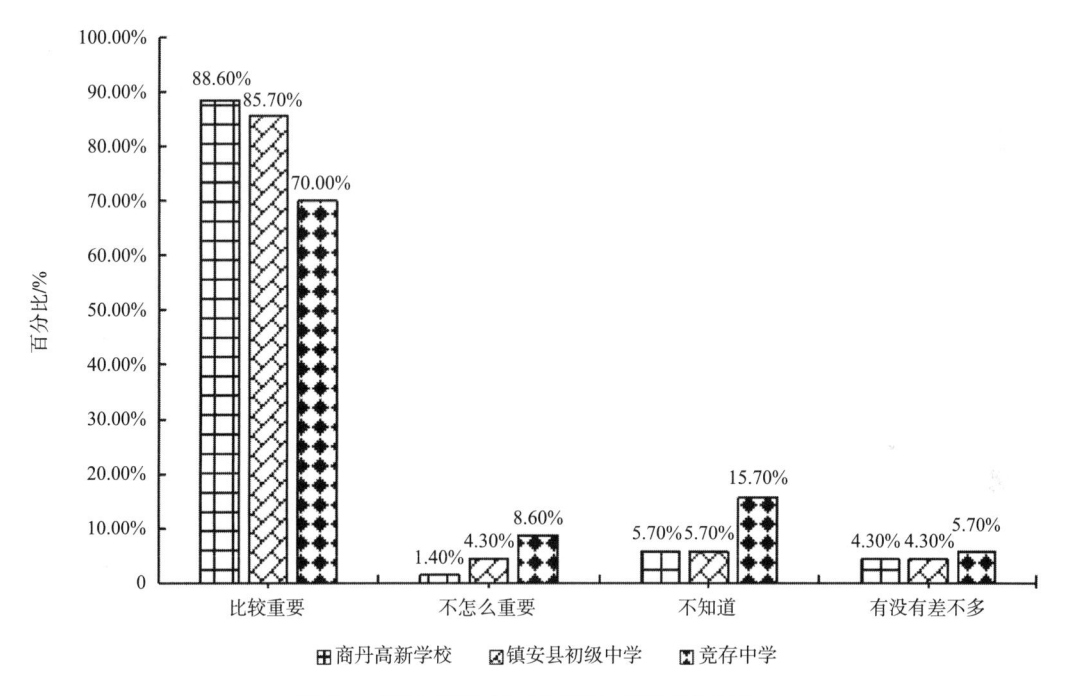

图9 对学生学习方法重要性认识的分析结果

图10是对学生学习方法现状的分析结果。从图10中可以看出，多达51%的中学生经过一段时间的尝试，已经掌握了适合自己的化学学习方法，这是一个令人称赞的好现象。但另一方面，也仍然存在6%的中学生从未意识到学习化学需要讲究方法，27%的中学生有这个意识但却未付诸行动，16%的中学生效仿其他学生的学习方法，最终也发现并不适合于自己。建议中学生们需要通过尝试，找到适合自己的学习方法，以改变自己的化学学习现状。

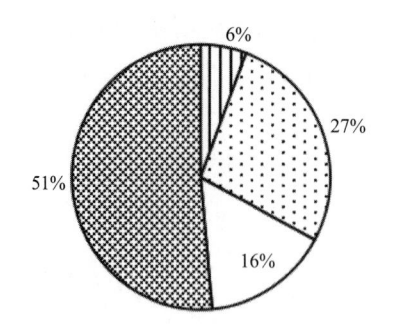

图10 学生学习方法现状分析结果

2. 学生学习计划分析

制订学习计划，可以促使中学生按照计划实行任务，排除困难和干扰。图11是对中学生学习计划实施情况分析结果。由图11可以清楚地看出64%的中学生基本能够执行自己制订的学习计划，这是一个非常好的现象，理应成为中学生学习的主流；另外有20%的中学生经常把目标定得太高，在执行一段时间之后又降低目标；更有9%的中学生对自己没有准确的定位，由于目标太高就直接放弃学习计划；但也由于学习兴趣等因素，7%的中学生从未制订过学习计划。

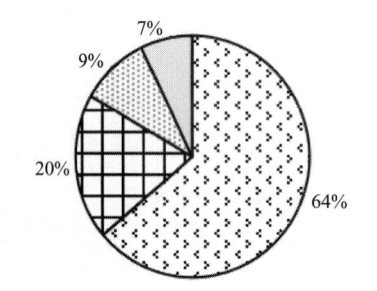

图11 学生学习计划实施情况分析结果

图12是对三所学校学生学习计划对比分析结果。由图12可以直观地看出，商洛市区74.3%的中学生基本能执行自己制订的学习计划，在三个地区学校学生中排名领先，商洛县区与宝鸡县区能基本执行学习计划的中学生分别占64.30%和67.10%。导致这种结果的原因可能是市区学校的教学管理模式、师资力量优于县区学校，同时，商丹高新学校作为一所私立学校，对学生的要求会更高一些。相反地，调查结果也呈现出明显的两极分化现象。商洛市区也存在5.70%的中学生从来没有学习计划，相比之下两所县区学校只有2.80%和4.20%的中学生没有学习计划。这部分中学生应该从思维方式和学习方法上做出改变，从而适应当前学习要求。

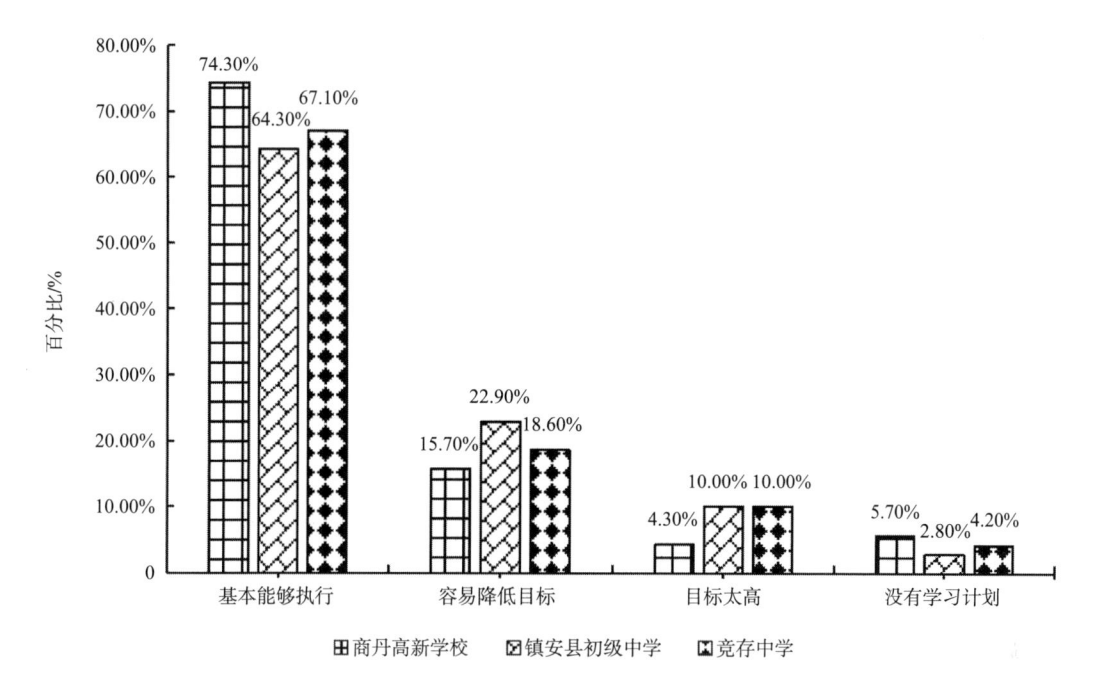

图 12　学生学习计划对比分析结果

3. 学生归因分析

归因是通过分析和推测行为的因果关系，以控制环境及受其影响下人们的行为（图 13）。

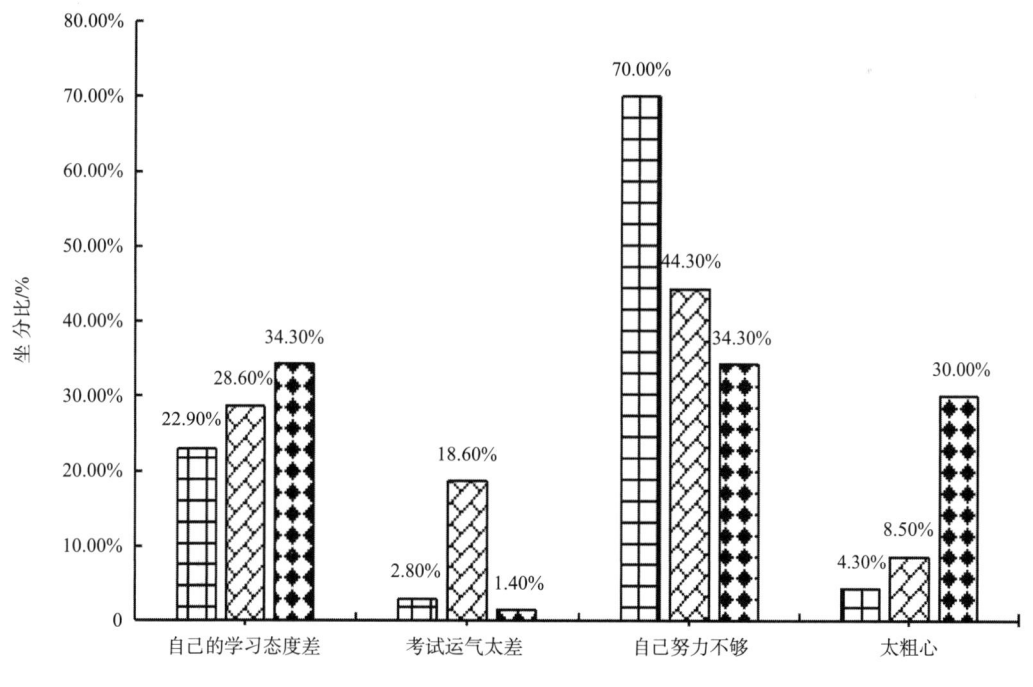

图 13　对学生考试失利归因分析结果

是对中学生考试失利归因分析的结果。各地区学校的中学生的归因大相径庭，商洛市区学校的中学生有70%将考试失利归因于内部稳定的努力程度上来，相比之下，两所县区学校只有44.3%和34.3%的学生归因于此，市区与县区的学生思想差距就体现了出来；同样，市区学校仅有2.8%和4.3%的中学生认为自己考试失利是因为考试运气太差与太粗心所致，两所县区学校的中学生分别为18.6%和8.5%、1.4%和30%。三个地区分别有22.9%、28.6%、34.3%的中学生能在考试失利后反思总结，认为自己的学习态度和学习方法有误。中学生需要对自己的考试失利进行正确的归因。这其中也需要家长与教师引导学生进行积极、正确的归因，寻找问题所在，然后帮助学生制订改正计划，促进中学生的全面发展。

三、中学生化学认知水平存在问题

（一）对化学学科理解不透彻，难以形成学习兴趣

根据学生入学前对化学的了解程度的调查中可以看出，高达73.8%的学生认为男生对于化学的学习具有极大的优势，仅剩26.2%的学生则表示女生具有更好的化学学习能力。初中化学虽然属于理科，但并不像数学、物理那样有太多繁杂的运算，相反倒是有大量需要记忆的知识概念。对于初三学生来说，化学是一门很陌生、很新鲜的课程，但从调查结果显示，中学生对于化学学习并没有太大兴趣。有50%的中学生对化学很感兴趣，也有35%的中学生对化学的兴趣一般，还有15%的中学生比较迷茫，不太清楚自己是否喜欢化学。说明他们在系统学习化学之前并没有很好地认识化学学科，化学课堂也有可能没有激发他们的兴趣。

（二）学习能力侧重点偏失，缺乏适合的学习方法

学习能力的侧重点和合适的学习方法可以帮助中学生很好地理解和掌握化学知识，但从调查结果来看，大多中学生注重解题技巧的培养，旨在提高卷面成绩，应付考试，但却违背了获取知识的初衷。中学生应全面发展实践能力、创新能力、数据收集和处理能力以及解题技巧，不可因小失大。学习方法对于中学生学习化学有着至关重要的作用，选择一个合适的学习方法将事半功倍。调查结果显示，49%的中学生仍未找到适合自己的学习方法，因此中学生在日常学习过程中应该注重找寻合适自己的有效学习方法，制订良好的学习计划，轻松愉快的学习化学。

（三）对化学重视程度不足，家校共育严重缺失

从调查结果分析来看，中学生除了课堂学习化学以外，很少再有其他途径获取化学知识，甚至因为课业繁重无暇顾及其他途径。而且在学习过程中，不能全心全意地投入进去，只是花费小部分心思，侥幸通过即可。课堂上并没有掌握正确的记笔记方法，导致浪费有效学习时间。以教师为中心的课堂模式仍然贯穿于中学生的化学课堂，学生们依旧易于接受这种授课方式，无法实施以学生为主体的教学思想。家长对学生的学习关注程度过低，持放任态度的仍不是少数，家校沟通过少，家庭教育与学校教育不能有机地结合起来。

（四）化学认知水平地区差异明显

中学生的化学认知水平与地区存在着密切联系，由于各地区教育政策、教育管理与实施情况的不同，各地区普通中学生的化学认知水平存在巨大差异，但整体来看，市区学校

的中学生化学认知水平明显高于县区学校的中学生的化学认知水平，这可能是由于市区学校师资力量雄厚，教育资源、设备齐全，学生们有更多机会接触化学相关知识、实验等，进而激发了市区学生的学习兴趣，从而认知水平较高。

四、建议与对策

（一）加强中学生化学学科素养

学科素养是近年来教育改革的热点内容，也是接下来教育教学的发展趋势。化学学科素养是中学生对化学认识的最好体现。在中学生日常学习生活中，学校和教师应利用多种教学资源提高中学生的思想认识，理解化学的宏观、微观概念，使学生们从本质上对化学产生兴趣，然后促进其更加深入、灵活地探索美妙的化学世界。在平时的课堂中，教师也应该积极引导学生自主的提出问题，自主探究，引导学生们展开激烈的讨论、辩论，带着问题去寻找知识，这样有利于中学生大幅提高自身化学学科素养，促使学生喜爱化学。

（二）促进家校良好沟通

社会的发展与科学的进步促进了学校教育，与此同时，人们对家庭教育的重视度也逐渐提高，在中学生的成长过程中，家庭教育同学校教育一样都是不可或缺的重要因素。教师应与家长积极交流、沟通，使学校教育和家庭教育达成统一战线。倡导家长全面参与教学，充分尊重家长的意见，并适时采纳。学校也可采取多样的培训方法，如开展家长素养培训班，端正家长教育观念，提高家长教育学生的水平。同时学校和家长应该保持正确的教育态度，要充分认识到家庭教育是学生成长的关键，在学校与家长，家长与学生之间建立一座稳定的桥梁，共同维护教育，促进中学生全面健康地成长。

（三）强化学生学习方法

当前教育形势下，学生的学习方式只局限于教师讲，学生听。学生们不知如何学习化学，只知道在课堂上跟着老师，跟着课本，这样却不能很好地掌握化学知识，学习效率很低。所以，教师应该更新教学观念，让学生真正掌握与运用科学的学习方法。这就要求教师不能过度依赖课本，可以多鼓励学生动手进行小实验从而强化学生学习掌握方法。教师可以与学生深入交流沟通，从而了解到学生的日常学习习惯，与学生共同制订适合每一个学生自身的学习计划，以此帮助学生进行有效地学习化学。

（四）改变教学理念

随着新课改的实施，教育教学从"教育者为中心"转变为"学习者为中心"教学从"教会学生知识"转变为"教会学生学习"。但根据调查结果来看，大部分地区的学校并没有完成这一转变，这样一来使学生的主体性大大削弱。现阶段教学过程中，教师应改变以往的教学理念，要充分发挥自己的主导作用，引导学生进行思考而不是一味地讲授知识，控制学生的思维，因为学生才是整个课堂的主体，学生才是学习的主体，于是就要求教师在教学过程中倾听学生的想法，引导学生进行思考、讨论，"让学引思"，注重学生们自主思考。发挥学生的主观能动性，时刻牢记"以人为本"的学生观，将课堂还于学生。

参考文献

[1] 陈会昌. 中国学前教育百科全书·心理发展卷 [M]. 沈阳：沈阳出版社，1995.

[2] 袁运开，蔡铁权. 科学课程与教学论 [M]. 浙江：浙江教育出版社，2003.

[3] 刘凭思，季春阳. 中学生对化学认知情况的调查与反思 [J]. 林区教学，2015,12:97-98.

[4] 朱华光，吕琳，吴星. 中学生化学学习动机和兴趣的最新报告 [J]. 中学化学教学参与，2001,10:17-20.

[5] 李少兰，吴星. 化学教学中学生认知能力的培养与提升 [J]. 化学教与学，2012,7:4-6.

"翻转课堂"在中学化学教学中的探索与实践[1]

王香婷[2]，刘婷，郑禧音

摘要：本文通过查找与"翻转课堂"和"化学教学"相关的近40篇文献，运用分析法、比较法量化对比进行文献分析，结果表明，教师的思想观念、互联网技能娴熟程度、数字化资源的优劣、家庭经济以及学生自控力都会影响翻转课堂的实施。最后，本文以文献分析为基础，以布鲁姆的认知领域目标为理论依据，针对经济落后地区如何实施翻转课堂这一问题，提出了简易方案，并设计了实验室制取氧气的翻转课堂教学案例，为该地区实施翻转课堂教学提供参考。

关键词：翻转课堂；文献分析；经济发展落后地区

一、引言

翻转课堂，也可译为"颠倒课堂"，是指在课前，让学生自主学习理论性知识，在课堂上，教师以学生为主体，启发学生通过合作探究的方式，将课前的知识进行升华，让学生在课堂中对知识进行运用、分析和综合，从而内化知识。翻转课堂的优点是将教师由原来的教师灌输知识，学生接受知识，改变成了学生积极主动学习探索知识，教师帮助、引导和启发学生，符合新课改要求，并且有利于培养学生的创新精神和实践能力。

随着社会经济文化以及科技的发展，我国教育也随之适时的发生改变。全球科学技术的进步，让我们进入了互联网时代，在此之下，学生可以运用互联网，在丰富的数字化资源中进行在线学习，这为我们教学进入"翻转课堂"教学模式打下了物质基础，使得教育不仅仅局限于课堂之内，在课堂外，学生也可以通过互联网的方式在线进行学习。

翻转课堂发展至今，也有学者提出了质疑的声音。他们认为，翻转课堂只是改变了学生的学习时间，把课内教师讲授，转变成视频的形式，课前学习，依然是"教师讲，学生听"这种教学方式。而学生解决问题的能力没有得到提升，除此之外，学生对信息的筛查能力也比较薄弱，而网上信息鱼龙混杂，学生难以找到合适自学的教学视频资源，并且学生的自控能力较差，在家里通过互联网的方式学习，容易走神，无法集中注意力去学习。

因此，对于如何优化翻转课堂这一教学方式，国外学者依旧在探索与研究中。随着互联网的发展，全球形成了地球村。此时，翻转课堂这些教学理念观点，也随之传播至国内，我国教育者对翻转课堂这种教学模式也展开了研究与应用。

---

[1] 基金项目：陕西教育科学"十三五"规划课题（SGH18H401）；商洛学院教改项目（21SFKC04,20jyjx108）
[2] 作者介绍：王香婷，1982年生，陕西西安人，有机化学硕士，商洛学院化材学院副教授，研究方向为有机催化及光谱分析

然而，在实施过程中不同的研究者发现因为学校设备陈旧、教师使用互联网技能不足、数字化资源匮乏、学生自控力差等不同方面的问题，影响了翻转课堂的进一步实施、撰写了诸多文献。本文对翻转课堂在化学教学中的文献进行对比、分析、思考，提出自己的观点以及见解。

二、研究方法

(一) 文献分析法

通过在知网上以"翻转课堂在中学化学中的研究""翻转课堂之化学教学案例""翻转课堂与化学"等为关键词进行筛选，搜集、查阅相关文献，整理分析翻转课堂在化学领域的研究现状及实证，为进行本研究做好前期准备，并总结得出研究思路。

(二) 比较法

将现有文献进行比较分析，得出翻转课堂的现状与问题，并选取经济发展落后的地区，作为此次研究的对象，进行对比研究，设计出适合经济发展落后地区实施翻转课堂的方案。

三、基于文献分析的翻转课堂研究

(一) 翻转课堂在教学中的应用研究与理论研究比重

截至 2021 年 5 月 15 日，在中国知网数据库中，经过高级检索，以"翻转课堂"为关键词 共检索到2.15万条记录。以"翻转课堂"和"应用研究"为关键词，可以检索出3971条记录，以"翻转课堂"和"理论研究"为关键词能检索出2.11万条记录，如图1所示。由图1可知，翻转课堂的研究中，在理论方面的文献占98%，造成这一现象的原因可能是教育者在实施的过程中遇到了各种阻力以至于难以实施，因此在教学应用中文献较少。

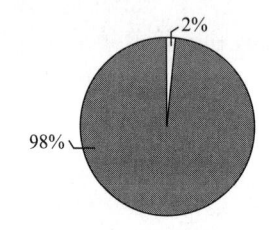

□翻转课堂在教学中的应用研究　■翻转课堂在教学中的理论研究

图 1　翻转课堂在教学中的应用研究与理论研究比重

(二) 各科目对翻转课堂的研究

将"语文""数学""英语"等各科目和"翻转课堂"为关键词，在中国知网数据库中，进行高级检索，其中翻转课堂在语文领域中有1424条记录，数学领域中有2453条记录，英语领域中有7419条记录，物理领域中有1167条记录，化学领域中有1059条记录，生物领域中有616条记录，历史领域中有313条记录，政治领域中有241条记录，地理领域中有277条记录，如图2、图3所示。因此得出，英语最多，而政史地相对较少，化学生物次之。并且翻转课堂在英语教学中的研究相比化学而言是其7倍，在此基础上，发现翻转课堂在化学教学中的研究与应用在全部科目在翻转课堂中的研究与应用中占比为7.07%，造成这种现象的原因可能是，主课科目教师人数比其他科目教师基数多，同时理科中需要学生自学内容较多，因此研究翻转课堂的文献比文科多。

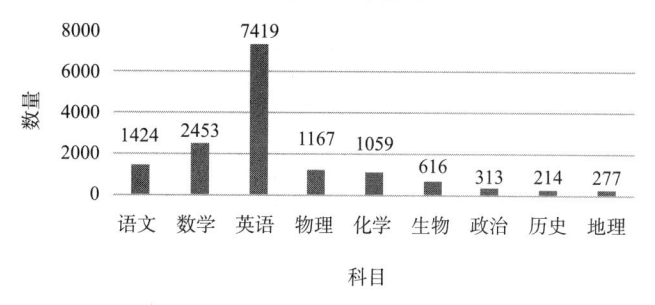

图2 各科目对翻转课堂的研究

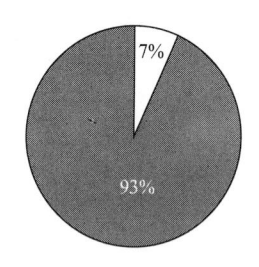

图3 翻转课堂在化学中的研究与其他学科中研究的比重

（三）翻转课堂在化学教学中的应用研究与理论研究比重

以"翻转课堂""化学教学""应用研究"为关键词共检索到248条记录，以"翻转课堂""化学教学""理论研究"为关键词共检索到811条记录，如图4所示。发现在化学教学中理论研究远多于应用研究，理论研究是应用研究的3倍多。

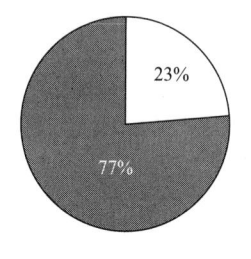

图4 翻转课堂在化学中的应用研究与理论研究的比重

（四）翻转课堂在化学实验教学中的研究比重

以"翻转课堂在化学教学中的研究"为关键词共检索到1059条记录，以"翻转课堂""化学实验教学"为关键词共检索到280条记录，如图5所示。通过文献分析，发现翻转课堂在中学化学教学中研究的方向也偏向于对翻转课堂理论的研究，相比较而言化学实验方面的研究较少，仅占26%。造成这一现象的原因可能是教师更加注重对学生的理论教学，化学实验课程所安排的课时少,以至于翻转课堂在该方面的文献也很少。

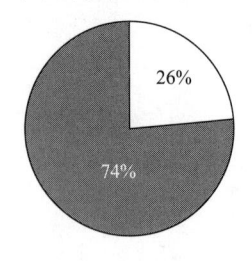

□ 翻转课堂在化学中的应用研究　■ 翻转课堂在化学中的理论研究

图5　翻转课堂在化学实验教学中的研究比重

四、翻转课堂在化学教学中的现状与存在的问题

（一）翻转课堂在化学实验教学中的现状与存在的问题

在学习化学理论的基础上，通过相应的化学实验课，使学生对理论知识进行深刻的理解，并且实验课可以培养学生严谨求实的科学态度，是学生掌握基本操作技能的重要途径。因此，化学实验课也应该得到重视。而将"翻转课堂"模式应用到实验课堂中，可以改变传统"灌输式"的教学，让学生课前学会操作方法，课中自己动手操作，从而提升学生的自学能力，培养学生的创新精神。

1.翻转课堂在化学实验教学中的现状

从学生角度分析，学生具有个体差异性，由于成长环境和学习方法不同，导致学生对于实验的操作能力良莠不齐，有些学生能够熟练的设计以及操作实验，有些学生甚至连实验的基本操作都无法完成。即使学生能够动手实验，也是对教师的模仿，机械的重复实验，并未真正的独立思考。

从教师角度分析可以分为两个部分：教学方式和教学思想。教学方式：大多数教师虽然接受新的课程标准，但是教学方式相对传统，多数学校和教师还没有重视对学生实验能力和科学探究能力的培养。教学思想：重理论轻实验。许多老师因为课时少、教学时间紧、希望教学能够一步到位，大量讲解理论知识。占用化学实验的时间，缺乏对实验课的重视。还有一部分的教师会通过自身操作或者视频播放演示实验，省去学生猜想探究实验的过程；另有一部分的教师直接讲解实验的现象及结论，让学生通过大量的习题来掌握该部分的学习内容，这两种方式都不利于培养学生的探究能力。

从评价角度分析，当前的评价体系并不完善，学校在评价学生实验时与其他教学内容混为一体，极大的淡化学生实验所占的比重。

2.翻转课堂在化学实验教学中存在的问题

从学生角度分析课前课中问题。课前：小组合作研讨上，由于没有明确分配任务，有些成员可能并没有完全参与，仅由少数成员进行研讨。课中：预习成果展示环节，学生采取自愿原则，积极外向的学生会多次争取获得展示机会，而一些性格内敛的学生得不到展示机会，一些学生可能会抱有自己不上台展示不需要好好预习的心态，不能全面调动学习积极性。

从教师角度分析存在两方面问题：思想意识和内容复杂。思想意识：教师对教学中的实验探究问题没有足够重视。内容复杂：一个教师要面对多个学生，想要照顾到每个学生是困难的事情。

从评价角度分析，评价指标包括学生的课前预习情况，教师只能根据学生的实验预习报告和上台展示的学生来评价该组成员的预习效果，不能全面了解每个学生的具体预习成果。

（二）翻转课堂在化学理论教学中的现状与存在的问题

学生现状与问题：对翻转课堂缺乏认知、升学压力大、学习方式转变困难等也成为阻碍学生自觉接受新型教学模式的重要因素。开展翻转课堂所用到的平板电脑等可移动学习设备依然为部分学生的家庭带来了较重的经济负担。学生升学压力较大，不愿转变学习方式。自学能力较弱的学生过于依赖教师讲解，不能课前有效自学，且观看教学微视频时，学生自控能力较差，容易分散注意力。最重要的是学生每门课程都采取翻转课堂，需要学生每天在家里自学15分钟，一天一共就要观看75分钟的视频，除此外，还要对课程进行理解和分析，这还没有计算教师布置的课后练习题花费的时间。因此，这种教学模式一定会导致学生的负担加重，不符合减负的理念。

学校现状与问题：学校没有免费的无线校园网络覆盖，学生在课余时间不可以随时随地使用平板电脑、智能手机等可移动上网设备在校园网络平台上获取资源，进行自主学习。学校网络设施、教学设备不完善，学生缺乏足够的学习资源。班级学生人数较多，不利于化学翻转课堂模式的开展，不利于教师对课堂教学的组织和监控。导致教师为了照顾大部分学生的学习习惯、提高教学的效率，就不得不采用最保险的讲授式教学模式。教师没有机会尝试更多种的教学方式，也没有多余的精力去关注学习困难的学生，使不少学生因此弃学、厌学，最终导致班级学生的成绩呈现很明显的两级分化。

数字资源现状与问题：虽然上海市普陀区目前正在尝试的"J课堂"项目，由优秀专业教师精心设计、制造的优质课，即清晰易懂、学练结合、适合学生自学的微视频课程，放在特定的网络平台，免费提供给广大的教师、学生。但数字资源依然存在问题，一方面，网站视频资源不足，微视频资源的优质性难以保障，而且更新较慢；另一方面，部分教师缺乏创新精神，直接将网络资源下载应用，没有根据实际情况选择适合学生的学习内容以及自己的教学风格。

教师现状与问题可以分为两方面：思想技能和内容繁重。思想技能：教师教学观念受到传统授课教学模式的束缚。没有适应自己"引导者"的角色，对学生自学的效果"不放心"。虽然大部分的化学教师能够利用PowerPoint录屏等基础软件自己录制简单的化学教学微视频。但是对Show Me、Ask3、Educreations等微课制作软件以及化学学科常用的教学专用软件Chemoffice2006、Chemwindow等并不能熟练使用。内容繁重：老师不仅要备课，找视频，同时还要对网上现有资源抒发自己的见解和创新。

（三）翻转课堂的教学模式

教学模式由原来简单的课前看视频，课中教师启发拔高，这种简单的教学模式逐渐添加了更多的元素，让教学不仅变得有趣，同时也能检测到学生的学习状况。但仍然存在教师工作量大，视频内容不符合学生学情等现象。表1将翻转课堂的教学模式内容和特点汇总如下：

表1　翻转课堂的教学模式内容和特点

名称	内容	特点
乔纳森伯格曼和亚伦萨姆斯老师	课前：以家庭作业的方式看教学视频或DVD 课中：完成练习题或展开探究活动以及实验任务	首次实施课堂翻转，且DVD对于没有电脑或无法上网的家庭，提供便利
可汗学院模型	翻转课堂的基础上设计了课堂练习系统，同时添加了游戏化学习的方式，且对学生的学习给予评价	寓游戏于学习中，激发学生兴趣，且对学生表现进行评价反馈
河畔联合学区模型	视频中包括文本、图片、3D动画等丰富多彩的媒体材料	更吸引学生沉浸课堂
哈佛大学埃里克·马祖尔博士	课前：学生看视频提问题／教师根据学生问题备课 课中：采用苏格拉底式的教学方法启发学生	课前教师根据学生已有问题，针对性的备课，可以提高教学效率，并且启发式教学体现了学生是学习的主体
斯坦福大学模型	教学视频每15分钟，弹出一个测试，并结合社交媒体学生可以相互在网上讨论问题	"共同学习"的模式非常有效
曾贞"反转"教学模型	课前：看视频前，提出问题；看视频中，找出答案 课中：运用知识解决实际问题	将理论知识与实际相结合。对问题进行了深入探究，应用并解决
化学实验翻转课堂教学模式	以仿真模拟实验室为中心，进行化学实验课堂翻转	将翻转课堂应用到化学实验课程中
二段四步十环节模式 第一代翻转课堂	课前采用导学案的方式	对网络资源要求相对较低
二段四步十环节模式 第二代翻转课堂	使用视频和学习系统	使得学习更加系统化，专业化
二段四步十环节模式 第三代翻转课堂	优秀教师打造供学生自学的优质课堂，并上传到网上供大家免费学习	数字资源越来越丰富；部分资源不适合相应学生，需要教师进行相应调整

五、经济落后地区实施翻转课堂案例研究

(一)理论基础

布鲁姆将认知领域目标分为知道、领会、应用、分析、综合、评价六个层次，知道、领会是最简单的认知要求，学生自己通过看书也可以获得该知识；应用分析是认知的加强，需要在知道、领会的基础上，内化知识才可以做到灵活应用与分析；而综合与评价是认知

的最高目标。

传统课堂将简单的知道、领会放在课堂中在老师的引导下进行，将应用、分析等有难度的内容留在课后让学生自己内化。而翻转课堂将知道、领会留在课前由学生自主学习，把应用、分析放在课堂中在老师的启发下将知识内化。

(二) 实施翻转课堂的方案

在进行文献总结时，发现翻转课堂在经济发达的地区实施和应用较多，而在经济落后的地区翻转课堂的文献少，且实施过程中由于经济原因，导致学生在家里课前观课看视频是难以实现的。因此对经济落后地区实施翻转课堂需要设计一个便于实施的方案，教师在课前让课代表，利用教室多媒体资源为学生播放微视频，并结合导学案完成课堂翻转。

经济落后地区实施翻转课堂的方案如表2所示。

表2 经济落后地区实施翻转课堂的方案

时间	教师活动	学生活动
课前	设计导学案和寻找合适的视频	观看视频完成导学案
课中	针对学生课前问题，采用启发式教学，引导学生突破教学重难点	通过自主合作探究，得出结论并内化知识
课后	针对学生学习反馈，给予评价和辅导	完成对应的习题

(三) 教学案例

下面将以实验室制取氧气为教学案例，为经济落后地区的翻转课堂教学提供参考。

课前：寻找或制作实验室制取氧气的微视频。在自习课时间，由课代表在班级内组织学生，通过教室多媒体设备播放实验室制取氧气动画视频。视频内容为高锰酸钾制取氧气。该视频共2.39分钟，先讲述了所需药品，接着呈现出所需仪器，然后将实验过程中的关键字展示出来，并一一介绍了如何操作，以及注意事项，最后，视频将实验装置图，以及实验步骤展示出来。不仅具有趣味性，还可以吸引学生注意力，同时也使学生短时高效的学习了实验室高锰酸钾制取氧气的知识。

接下来，再播放一个视频，视频为过氧化氢制取氧气。该视频共1.55分钟，先讲述了过氧化氢溶液制取所需的药品以及仪器，接下来介绍了实验步骤，同时描述了注意事项。该视频使学生短时高效的学习了实验室过氧化氢在二氧化锰催化下制取氧气的方法。

学生先观看完视频之后，完成教师设计的导学案，最终上交给教师。教师根据学生完成情况设计本节课的教学过程和内容。

课中：首先教师先请两位同学说出高锰酸钾和过氧化氢制取氧气的步骤是什么。预设学生能根据课前所学回答出实验步骤。接着教师以填空的形式提问全体学生实验过程中的注意事项：例如高锰酸钾制取氧气为什么需要塞棉花，试管口略向上倾斜对吗？过氧化氢制取氧气不将长颈漏斗伸入液面，形成液封会出现什么情况等内容。

在学生掌握了这些知识后，组织学生自主实验，在学生操作的过程中教师走进学生，对部分学生进行帮助，让学生自主完成实验室制氧的实验。在学生完成实验之后提出问题：过氧化氢溶液制取氧气的实验中，为什么要加入二氧化锰，它的作用是什么？让学生以化学小组的形式进行讨论：设计什么样的实验，可以探究二氧化锰的作用。在此期间教师会协助小组讨论，最终一起确定方案为：采用控制变量法，用双氧水制取氧气，以及双氧水和二氧化锰一起制取氧气的实验方法，从而探究二氧化锰在该实验中的作用。在得出方案后，让学生自主实验探究，观察到加了二氧化锰的锥形瓶中，制取氧气速度比较快，从而得出二氧化锰作为催化剂可以加快反应速率，接着教师指出催化剂的一变二不变特点。之后教师展示一些习题，巩固本节课的重要知识点，并将如何用氯酸钾制取氧气，作为课后练习。

课后：学生在作业本上写出氯酸钾制取氧气的实验步骤，老师对其进行批改，并对错误之处进行辅导。

六、结论与展望

本文对翻转课堂现有文献（30～40篇）进行量化对比，以表格、文字、绘图等方式，概括总结出翻转课堂研究现状及存在问题，从而为其他研究者提供翻转课堂现状以及问题，方便其快速了解相关情况，并在此基础上，提出解决方法及建议。通过对近40篇与"翻转课堂"和"化学教学"相关的文献分析，发现在翻转课堂实施过程中，普遍存在学生自制力弱、教师工作量大、学校顾虑升学压力不愿意转变教学方式，以及数字化资源涉猎面窄和实用性差等问题。针对经济落后地区设计的简易方案，虽然在网络覆盖率和学校设备方面要求较低，便于较贫困地区实施，但是依然存在部分教师驾驭翻转课堂的能力不足和工作量大、备课较为辛苦和数字资源匮乏等问题。学生方面，由课代表组织，在活动时间以班级为单位共同播放视频，会存在部分学生自控力不足，不会认真观看视频完成导学案，从而达不到翻转目的。

截至2021年6月，中国知网中已有2.15万篇关于翻转课堂的文献，但多为理论阐述，在实践应用方面较少，尤其是经济发展落后的地方，希望能多关注翻转课堂的应用。同时，需要不断制作出优质的数字化视频，助力教师实施翻转课堂。

参考文献

[1] STRAYERJF.How Learning inaninverted classroom influences cooperation, innovation and task orientation[J]. Learning Environments Research, 2012, 15(2): 171-193.

[2] 王秋月．"慕课""微课"与"翻转课堂"的实质及其应用[J]．上海教育科研，2014,8: 15-18.

[3] 卢晓东，严先元．第四章课堂教学的时间管理[M]．成都：四川大学出版社，2010.

[4] 郑少绵．翻转课堂运用于化学一轮复习的教学研究——以元素化合物为例[D]．漳州：闽南师范大学，2018.

[5] 王丹．论翻转课堂在法学教改中的运用[J]．才智，2015,30:24-25.

情绪调节策略与高中生考试焦虑[1]

彭虎军[2]，李盼盼，王格

摘要：为了改善高中生考试焦虑现象，为心理健康教育工作的有效开展提供依据和指导，本文采用《情绪调节策略量表》《考试焦虑量表》，对400名高中生进行问卷调查，探究高中生情绪调节策略与考试焦虑的关系。结果表明，高中生多使用认知重评的情绪调节策略，高中生存在考试焦虑现象；高中生情绪调节策略与考试焦虑呈显著负相关；高中生认知重评对考试焦虑有负向预测，表达抑制可以正向预测考试焦虑。

关键词：心理学形象；心理求助态度；大学生

一、引言

教育传递知识，知识的掌握情况通过考试来检验，考试作为检验教育成果的一种方式具有重要的意义。它既是教育成果的检验，又是不断提升的机会。正因为考试重要，考生在面临考试时或多或少会产生一些情绪，其中焦虑情绪是人们常议的一个话题。就高中生而言，随着学习和生活空间的不断扩大，他们会面临着更多的挑战。在现今科技飞速发展的时代下，学生的考学压力加重，而家长、教师及社会对学生的期待，越发加重他们的负担。学生既要承担繁重的学习和考试任务，又要迎接生活各个方面的挑战，内心的焦虑和压力冲突不断扩大。当这种压力出现在考试的时候，可能出现一些原本学得好的同学到正式考试时就发挥失常的情况，造成学生害怕考试害怕学习的现象。在新时代、新思想背景下，国家大力发展素质教育，实行双减政策，缓解学生的压力。因而帮助学生正确看待考试，缓解考试焦虑是很有必要的。

田宝（2001）认为考试焦虑是由考试所引起的焦虑，是学生在面对考试情境所产生的担忧、自我占据、自我集中等认知反应和相应的生理唤醒、典型行为交织而成的复杂情绪反应。陈顺森综合国内外学者概念后，将考试焦虑定义为个体在准备考试、参加考试、结束考试之后各环节，对考试情境所产生的认知反应、生理唤醒和行为表现，三者相互作用的复杂的情绪反应。由此可见，考试焦虑是个体在考前、考中、考后对考试情境（或刺激）所产生的一种认知、生理、行为的复杂情绪变化。

情绪调节策略对考试焦虑有重要影响。较严重的考试焦虑会对学业成绩产生负面影响。因此，改善个体考试焦虑的问题尤为重要。田来（2013）曾在研究中提到情绪调节策略与个体情绪体验有重要关系，不良的情绪调节策略会引起个体更多的消极情绪体验，所以不同水平的考试焦虑个体的情绪调节策略可能存在差异。

---

[1] 基金项目：陕西乡村基础教育研究课题：陕西省乡村振兴战略背景下农村留守儿童研究（SXJY202218）；商洛学院课题：西部贫困地区农村中小学心理健康教育研究（20FK009）

[2] 作者介绍：彭虎军，1968年生，陕西丹凤人，教授，研究方向为：学校心理健康教育与管理

本文旨在探讨不同水平考试焦虑个体情绪调节策略差异，研究情绪调节策略对高中生考试焦虑的影响作用，帮助高中生以更好的情绪调节策略来降低焦虑水平，更好地应对考试，为提高学生心理健康水平提供支持与建议。

二、对象与方法

（一）研究对象

本研究采用分层随机取样法，选取陕西某高中高一、高二、高三的学生作为被试（表1）。发放问卷400份，回收有效问卷共388份，有效回收率为97%。

表1 被试的具体分布情况

人口学变量	类别	人数（人）	百分比（%）
性别	男	149	38.4
	女	239	61.6
科目类别	文科	264	68.0
	理科	124	32.0
年级	高一	125	32.2
	高二	123	31.7
	高三	140	36.1

（二）研究工具

1. 情绪调节策略量表

采用由Gross等人编制而成的情绪调节策略量表（ERQ）进行调查问卷。本量表有认知重评、表达抑制2个维度，王力等人将其引入中国，表达抑制的重测信度0.79，认知重评的重测信度0.82，信度和效度良好。一共10个题目，七点计分方式，得分越高，表明情绪调节策略的使用频率越高。

2. 考试焦虑量表

采用考试焦虑量表（TAI）进行调查问卷，问卷分为情绪性（E）和忧虑性（W）两个维度，有较好的重测信度，其中忧虑性分量表0.77，情绪性分量表0.72，总分量表0.88。

（三）研究程序

量表按照心理测验程序进行施测。随机抽取晚自习班级进行测验，向被试说明注意事项，测验没有时间限制，基本都在30分钟之内完成。为防止有的学生没写或者写错，当场回收问卷并查看，这样可以保证研究结果的可靠度。

（四）数据处理

采用Microsoft Excel 2007进行数据录入与管理，继而采用SPSS24.0统计软件进行分析处理，统计方法包括描述统计、独立样本 t 检验、单因素方差分析、相关分析和回归分析。

三、结果与分析

(一)高中生情绪调节策略及考试焦虑的基本状况

本研究调查发现，高中生情绪调节策略的两个维度，认知重评和表达抑制的平均分均高于中值，根据量表的计分方式，说明高中生侧重使用认知重评的方式调节情绪。高中生考试焦虑总分及两个维度，忧虑性和情绪性的平均分均高于中值，说明高中生存在考试焦虑，情绪性和忧虑性并重，数据见表2。

表2 高中生情绪调节策略及考试焦虑的基本状况

变量	平均数	中值	标准差
认知重评	28.91	24	7.23
表达抑制	16.36	16	5.06
考试焦虑总分	64.29	50	14.24
忧虑性	27.46	20	6.25
情绪性	27.45	20	6.20

(二)高中生情绪调节策略及考试焦虑的差异比较

1. 高中生情绪调节策略与考试焦虑在性别上的差异比较

本研究对高中生情绪调节策略与考试焦虑在性别上进行独立样本 t 检验显示：不同性别高中生情绪调节策略不存在显著的差异（$P > 0.05$）；不同性别高中生考试焦虑总分及两个维度不存在显著差异（$P > 0.05$），但从得分情况可以看出，男女生均存在较高程度的考试焦虑，数据见表3。

表3 高中生情绪调节策略与考试焦虑在性别上的差异比较

变量	男生（$n = 149$）	女生（$n = 239$）	t	P
认知重评	28.44 ± 7.64	29.20 ± 6.97	-1.013	0.312
表达抑制	16.56 ± 5.08	16.23 ± 5.05	0.611	0.542
考试焦虑总分	63.79 ± 14.64	64.61 ± 14.01	-0.552	0.581
忧虑性	27.54 ± 6.30	27.41 ± 6.23	0.211	0.833
情绪性	26.99 ± 6.53	27.74 ± 5.99	-1.148	0.252

2. 高中生情绪调节策略与考试焦虑在科目类别上的差异比较

本研究对不同科目类别高中生情绪调节策略与考试焦虑进行独立样本 t 检验显示：不同科目类别高中生情绪调节策略不存在显著的差异（$P > 0.05$）；不同科目类别高中生考试

焦虑总分及两个维度不存在显著差异（$P > 0.05$），但从得分情况可以看出，文科生、理科生均存在较高程度的考试焦虑，数据见表4。

表4　高中生情绪调节策略与考试焦虑在科目类别上的差异比较

变量	文科（$n = 246$）	理科（$n = 124$）	t	P
认知重评	28.83 ± 7.14	29.06 ± 7.44	-0.293	0.769
表达抑制	16.55 ± 5.20	15.94 ± 4.73	1.107	0.269
考试焦虑总分	64.65 ± 14.54	63.52 ± 13.61	0.727	0.468
忧虑性	27.61 ± 6.42	27.14 ± 5.88	0.965	0.488
情绪性	27.66 ± 6.28	27.01 ± 6.04	0.964	0.336

3. 高中生情绪调节策略与考试焦虑在年级上的差异比较

本研究对高中生情绪调节策略与考试焦虑在年级上的差异比较进行单因素方差分析显示：不同年级高中生的认知重评情绪调节策略存在显著的差异（$P < 0.05$），具体表现为高一、高二的认知重评均高于高三；不同年级高中生的表达抑制情绪调节策略不存在显著的差异（$P > 0.05$）；不同年级高中生考试焦虑总分及两个维度不存在显著差异（$P > 0.05$），但从得分情况可以看出，三个年级高中生均存在较高程度的考试焦虑，数据见表5。

表5　高中生情绪调节策略与考试焦虑在年级上的差异比较

变量	高一（$n = 125$）	高二（$n = 123$）	高三（$n = 140$）	F	P	LSD
认知重评	29.83 ± 8.18	29.44 ± 6.35	27.61 ± 6.92	3.64	0.027	1,2 > 3
表达抑制	16.18 ± 5.53	17.01 ± 4.86	15.94 ± 4.77	1.57	0.210	—
考试焦虑总分	65.18 ± 15.67	64.46 ± 14.46	63.35 ± 12.66	0.558	0.573	—
忧虑性	27.74 ± 6.70	27.55 ± 6.18	27.13 ± 5.91	0.332	0.718	—
情绪性	27.77 ± 6.89	27.55 ± 6.39	27.08 ± 5.36	0.431	0.650	—

注：1 = 高一，2 = 高二，3 = 高三。

（三）高中生情绪调节策略与考试焦虑的相关分析

本研究对高中生情绪调节策略与考试焦虑的相关分析显示：认知重评与考试焦虑总分及忧虑性、情绪性呈显著负相关，即高中生使用认知重评的情绪调节策略越多，其考试焦虑越少；高中生表达抑制与考试焦虑总分及忧虑性、情绪性呈显著正相关，即高中生使用表达抑制的情绪调节策略越多，其考试焦虑越多，数据见表6。

表6　高中生情绪调节策略与考试焦虑的相关分析

变量	认知重评	表达抑制	忧虑性	情绪性	考试焦虑总分
认知重评	1	—	—	—	—

续表

变量	认知重评	表达抑制	忧虑性	情绪性	考试焦虑总分
表达抑制	0.339**	1	—		
忧虑性	-0.248**	0.147**	1	—	
情绪性	-0.215**	0.151**	0.854**	1	—
考试焦虑总分	-0.244**	0.156**	0.956**	0.957**	1

注：** 表示 $P < 0.01$。

(四) 高中生情绪调节策略与考试焦虑的回归分析

本研究以考试焦虑为因变量，情绪调节策略的认知重评和表达抑制两个维度为自变量，采用回归分析方法，建立回归方程，结果显示：认知重评对考试焦虑存在负向预测作用 ($P < 0.001$)，表达抑制对考试焦虑存在正向预测作用 ($P < 0.001$)，两者共同解释了考试焦虑 13.8% 的变异，数据见表7。这说明，高中生认知重评策略使用越频繁，考试焦虑越低；反之，表达抑制使用越频繁，考试焦虑越高。

表7 高中生情绪调节策略与考试焦虑的回归分析

预测变量	R	ΔR^2	B	F	t
认知重评	0.244	0.059	-0.546	30.940***	-5.470***
表达抑制	0.374	0.138	0.621	27.814***	4.322***

注：*** 表示 $P < 0.001$。

四、讨论

(一) 高中生情绪调节策略与考试焦虑的基本情况分析

本研究调查结果显示，高中生侧重使用认知重评调节策略。情绪调节策略是指个体对情绪的发生、体验与表达施加影响的过程。张文海提出根据Gross的情绪调节过程模型，情绪调节策略包括认知重评和表达抑制。认知重评是一种先行关注情绪的调节策略，表达抑制属于反应关注情绪调节策略。胡静 (2010) 研究表明青少年情绪调节策略发展经历一个逐步成熟的过程，随着年龄的增长，更倾向于使用先行情绪调节策略。在先行情绪调节策略中，更多的人在认知改变阶段对情绪进行调节。本研究与上述结论一致。

本研究调查结果显示，高中生存在考试焦虑。忧虑性是指对考试的评价、预期而产生的不安与担心，情绪性是与不安、担心相伴而生的心慌、紧张、出汗等（心理上）情绪体验及（生理上）植物神经产生的一系列身体反应。高中生既要面对学业的压力，同时也要接受来自父母、老师、同学、社会等多方关注或期许。学生负担的压力不断累积，内心矛盾激化，加剧焦虑情绪的发生。他们越看重考试，这种焦虑与压力就越大，因而在考试时会更加紧张焦虑。张鼎曾在研究中提到学生在考前会出现忧虑性考试焦虑和情绪性考试焦虑，考中以情绪性焦虑为主，考后出现担心成绩、怕被批评等忧虑性焦虑。因而，考试焦虑在现今考生中普遍存在。

（二）高中生情绪调节策略与考试焦虑的差异分析

本研究调查结果显示，情绪调节策略在年级上有显著差异。高一、高二学生在认知重评的得分显著高于高三学生。虽然之前有研究说随着年龄增长更倾向于认知重评调节策略的使用，与该结果不一致。但高三学生面临沉重的升学压力，持续的焦虑、紧张、烦躁使得他们不太能冷静地以积极的方式思考和处理问题，取而代之的是悲观、压抑或者反复思考纠结，有时甚至出现逃避现象，选择性忽视，直接不回答或搁置在一旁。高一学生由于面临的是一个新的环境、新的挑战，会更多优先关注自己的情绪问题，会更对采取相对积极的调节策略（认知重评）；对于已适应高中生活的高二学生来说，升学离他们还较远，因而他们的压力感、挫折感较小，处于高中生活中最轻松、惬意的阶段，因而会采取先关注情绪的调节策略（认知重评）。高年级学生比低年级学生更多地使用消极的情绪调节策略，说明随着个体自我的进一步发展，学生更关注自我、更关心自己内心的感受、人格也更加独立。因而，高一与高二学生在认知重评上得分显著高于高三年级。

本研究调查结果显示，考试焦虑在年级上不存在差异，可能与当前社会现状有关。现今社会，学生从步入高中开始就有升学目标，每次测验都认真对待，考试焦虑普遍存在，因而在年级上没有显著区别。也有研究表明，高中生考试焦虑在性别与年级上不存在显著差异，因而此次研究结果也可以接受。

（三）高中生情绪调节策略与考试焦虑的关系分析

本研究的相关分析表明，高中生认知重评与考试焦虑总分及忧虑性、情绪性呈显著负相关；高中生表达抑制与考试焦虑总分及忧虑性、情绪性呈显著正相关。由此可见，高中生使用认知重评调节策略可以降低焦虑水平，多使用表达抑制则更容易产生考试焦虑。此研究的结果与田来（2013）研究结果一致，即考试焦虑越高的个体倾向于使用表达抑制策略，考试焦虑越低的个体越倾向于使用认知重评策略。正如前文提到，处于持续焦虑、紧张、烦躁的心境下，个体不能冷静的思考和处理问题，逃避、压抑或者反复思考更易于采取表达抑制策略（抑制自己情绪发生）从而更加焦虑。认知重评与表达抑制都可以降低负面情绪，但表达抑制是反应关注情绪调节（抑制自我情绪行为）会对认知产生干扰。其次，习惯使用表达抑制的个体负性情绪体验较多，惯于使用认知重评的个体会体验到更多的积极情绪。

五、结论

①高中生侧重使用认知重评策略，高中生考试焦虑普遍存在；②高中生的情绪调节策略在年级上有显著差异，在性别和科目类别上无显著差异；③高中生考试焦虑在性别、科目类别和年级上均无显著差异；④高中生认知重评与考试焦虑总分及忧虑性、情绪性呈显著负相关；高中生表达抑制与考试焦虑总分及忧虑性、情绪性呈显著正相关；⑤高中生认知重评策略使用越频繁，考试焦虑越低；反之，表达抑制使用越频繁，考试焦虑越高。

六、启示

家庭方面：父母应多关心孩子，主动了解孩子情况。定期开展家庭亲子活动，拉近与孩子的关系，减少彼此的隔阂。同时，要给孩子独立成长的空间，让孩子不要感觉是被束缚的。要让孩子感觉自己是自由的，彼此之间关系紧密，能够自信且独立去面对问题。父母不要以分数论成败，应时常鼓励孩子，只要孩子尽自己最大努力就值得赞扬；同时，对于失误情况，父母可以同孩子一起探讨并分析原因，避免二次出错。家长时常与孩子交流，以自我情绪表露为话题引导孩子采取积极调节策略，养成主动采取认知重评策略的习惯。

学校方面：学校有计划地开展心理教育课堂，给予学生在轻松氛围中表露自己情绪的契机，引导学生采取更加积极主动的情绪调节策略。学校教师用鼓励代替批评，针对错题或失误进行学法指导；同学间彼此加油，减少不恰当的相互比较，树立共同进步理念。

学生方面：高中生要主动与父母同伴多交流沟通，自己有困难或者烦心事应当多表露。学生对于考试要抱着敬畏之心，不要过分恐惧，也不要置之不理。对于自己要有信心，即使有不足但相对也会进步，要看到自己的闪光点。同时，注意力专注，只需集中在当前事物上，将其他压力转移。当出现焦虑情绪时，多使用认知重评策略，降低考试焦虑。

参考文献

[1] 田宝. 高中生考试焦虑影响成绩的模式和对策研究 [D]. 北京：首都师范大学，2001.

[2] 陈顺森. 箱庭疗法缓解初中生考试焦虑有效性的研究 [D]. 保定：河北大学，2005.

[3] 田来. 高中生考试焦虑、注意网络及情绪调节策略的关系研究 [D]. 长春：吉林大学，2013.

[4] 王力，柳恒超，李中权，等. 情绪调节量表的信度和效度研究 [J]. 中国行为医学学科学，2007,16(9):846-848.

[5] 叶仁敏，汤姆·洛克林. 测验焦虑的跨文化研究 [J]. 心理科学通讯，1988,3:27-31,37.

实验室几种度量器具损坏后的修复与校正

任有良，王羽，王建成，孙楠

摘要： 化学实验对学生理解化学理论知识起着不可替代的重要作用。而在化学实验中，完好的实验仪器是实验得以进行的保证。通过对实验室的度量仪器（如量筒，滴定管，移液管）不同程度破损的修复及校正，以及度量仪器在日常放置中的养护，减少损耗，降低实验成本，变废为宝。

关键词： 度量仪器；仪器修复；仪器校正；仪器保养

一、综述

化学是一门以实验为基础的学科。化学实验是化学这一门学科教学的重要组成部分之一，在化学教学工作中，化学实验在培养学生能力中有着动机、探究、创新三大功能，三大功能培养了学生的实验兴趣、探究能力、创新能力以及对待科学严谨的态度。通过化学实验掌握基本实验方法和实验技能是提高学生的科学素质、创新思维及动手能力的有效手段。通过化学实验，可以更加活学活用课堂所学理论；理论和实验的密切联系，使化学知识愈加融会贯通，提高学生理论知识的学习能力，并且使学生记忆时间愈加长久。因此，化学实验对学生理解化学理论知识起着不可替代的重要作用。而在化学实验中，完好的实验仪器是实验得以进行的保证。化学实验所用度量仪器大多是易破碎的玻璃仪器，稍有不慎就会使玻璃仪器受损破裂，从而影响实验的正常进行和实验效果。据不完全统计，各大高校实验室玻璃度量仪器消耗与日剧增，以商洛学院化材院为例，玻璃度量仪器消耗占实验室总消耗50%以上。若能设法变废为用，则可把玻璃仪器的损耗降到最低点，所以研发各种度量仪器的修复使用方法迫在眉睫。

实验室常用的大部分度量仪器都是玻璃材料制造的。人们之所以选择玻璃制品作为化学实验的主要度量仪器，是因为玻璃材料具有无色透明，耐腐蚀，能加工成各种复杂形状的优点。

玻璃仪器的损耗有其本身的原因，也有人为因素。本身的因素就是玻璃材料的韧度低，脆度高，所以容易破损。而有些生产厂家为了利润，不符合规定生产，所以仪器本身就质量差，尚未使用就有破损。而人为原因就是仪器使用者的违规操作导致的度量仪器破损。这是仪器破损的主要原因。违规操作导致的度量仪器破损主要是因为仪器使用者实验秩序有误，操作不细心和仪器使用完毕后的日常放置不当导致的。玻璃仪器是化学实验中使用最多的仪器。化学实验常用的玻璃度量仪器有：烧杯、量筒、锥形瓶、容量瓶、试剂瓶、吸量管、滴定管等。在化学实验中，每个实验台上摆放的玻璃仪器有十几种以上，一个教室就需上百个玻璃仪器，若同时使用多个实验室，则需玻璃仪器多达上千只，而且不同实验使用的玻璃仪器各不相同。玻璃仪器种类繁多、规格多样、使用量大。而且它易开裂、易破裂，如果不正确地利用和管理，将会产生巨大的浪费。

在我国中学中因为有很多的学校做实验少，甚至连演示也不多见，导致中学生的基础操作技能较差，学生在实验中，难免出现操作错误，以至于形成一些不良的实验习惯，错误的操作是仪器损坏的原因之一。因为错误操作和操作不规范导致的度量仪器破损有很多，主要表现在量筒大多是顶部破损。试管、移液管、胶头滴管、酸碱滴定管主要是底部的尖嘴部分破损等。第二个原因就是因为学生自己的粗心大意导致，主要表现在实验室实验完成后归置仪器时随手放置导致仪器的破损。这主要表现在烧杯、量筒底部的破损，玻璃棒玻璃管中部的断裂等。

操作不当导致玻璃仪器破损的另外一种原因是普通的院校因为生源有限，所以在高中阶段这些学生很少有单独的实验经历，就算有也只是进行一些简单的试管试验。而有机化学实验所涉及的仪器较多，实验装置复杂，操作步骤繁多，实验中涉及的药品有一定毒性且大部分药品易燃、易爆，具有一定的危险性。因此，在做实验时，学生经常把仪器弄坏。以上的破损情况可以通过一定的保护措施来避免，大多数的破损都可以经过简单的加工处理继续使用。

二、常见度量仪器的使用

(一) 量筒

1. 使用方法

量筒是实验室中常用的一种仪器，用途是按体积定量取液体，是量取一定体积液体的度量仪器之一，量筒一般准确度较低。将液体倒入量筒时，用左手握住量筒，略微倾斜，用右手握住试剂瓶，将瓶口靠近量筒，让液体慢慢流入。接着握着量筒的上端，让其自然地竖直，与量筒中液体的凹液面最低点保持一致，并读取所得到液体的体积数。

2. 注意事项

(1) 量筒不能用作反应容器直接使用。

(2) 量筒不能加热，因为它是一种玻璃测量工具，特别是反复长时间的加热，高温的加热。如果温度过高，它会发生变形，从而影响测量的准确度。

(3) 量筒不能稀释浓酸，浓碱，特别是强腐蚀性液体。这是因为即使玻璃是一种惰性物质，也并非完全没有反应。一些强酸性和碱性的物质，特别是强碱性物质，依然能使其受到侵蚀。所以，长时间存放或长期使用的量筒也是错误的。

(4) 量筒不能储存药剂，量筒是个度量仪器，不是容器，不适合存储液体物质。

(5) 不能用量筒来量取非常温溶液。若计量时温度太高或温度太低，则刻度不准确。

(6) 不能使用洗衣粉来清洁量筒，以防刮花刻度。量筒是不能刷的，因为它会把量筒的内壁磨破，导致里面的容量发生改变，从而影响测量的精度。

(7) 量筒不用润洗。有时候我们倒完之后，发现量筒内有很多液体挂壁，觉得倒的量不够，再用溶剂或者其他手段去反复润洗。其实这也是不对的，因为量筒的设计之初就考虑到了量筒的液体挂壁，这部分液体体积是被考虑进去的，倒出去的液体体积就是我们需要的液体体积。

(二）容量瓶

1. 使用方法

容量瓶是为配制准确物质的量浓度溶液所使用的精确度量仪器。它是一种梨形的、平底带有磨口玻璃塞，有着细长颈的玻璃瓶，颈上标有刻度。在规定的温度下，容量瓶瓶中的液体体积达到标线时，其液体的体积就是所标示的体积。容量瓶有着多种规格，有 5 mL、25 mL、50 mL、250 mL 等，它主要应用于直接法标准溶液的配制、精确稀释和标样的制备。在使用之前要先检查一下瓶塞有没有渗漏，将已知的固体溶质精确称重后倒入烧杯，用少量的溶剂将其溶解。然后把溶液沿玻璃棒放进容量瓶。为了使所有的溶质都能进入容量瓶，必须反复用溶剂清洗，并将所有的清洗液都放入容量瓶。向容量瓶内加入液体，当液位与标线接近时，用滴管小心地滴加，直至将溶液凹液面与刻度线相交。把瓶塞拧紧，然后用颠倒和摇晃的方式将里面的液体充分搅拌混合均匀。

2. 注意事项

（1）药品的溶解是不能在容量瓶里进行的，容量瓶温度的改变会导致容量瓶容积改变影响准确度，药物应当在烧杯里充分溶解，然后再放入容量瓶中。

（2）用来洗涤烧杯的溶剂不得超出刻度标线，一旦超过，必须重新进行配制。

（3）容量瓶不能进行加热。如果溶质在溶化时释放热量，则要等它冷却后才能进行下一步操作，因为当温度升高时，瓶子和液体都会膨胀，由于膨胀系数的不同，测量的容积会不精确。

（4）容积瓶仅适用于调配溶液，不能长时间保存溶液，否则会腐蚀瓶身，影响容量瓶的准确性。

（5）容量瓶用完后要立即清洗，塞上瓶塞，并在瓶塞和瓶口之间放一张纸，防止瓶塞和瓶嘴粘住。

（6）容量瓶只能配制一定容量的溶液，但是一般保留4位有效数字（如100.0 mL）。因此，在书写溶液容量时，一定要用 ×××.0毫升格式。

（三）滴定管

1. 使用方法

滴定管是滴定分析法所用的主要度量仪器，分为两种：一种是酸式滴定管，另一种是碱式滴定管。酸式滴定管的下端有个玻璃活塞，可装入有酸性或氧化性质的溶液。碱式滴定管用来盛放碱性的溶液，其下端与装有玻璃球的橡胶软管相连，用玻璃珠来控制溶液流出，橡皮软管下端再接有尖嘴玻璃管。在将标准溶液倒入酸性滴定管前，先要将试剂瓶中的标准溶液摇晃均匀，装溶液时，先要把活塞完全关好，然后用左手拿住滴定管上部无刻度处，滴定管可以稍微倾斜以便于装入溶液，用右手握着试剂瓶，将溶液倒入滴定管，直到溶液达到零刻度以上为止。向滴定管中加入标准溶液后，应检查活塞下端或橡皮管内有无气泡。如有气泡，对于酸式滴定管可以迅速转动活塞，使溶液急速流出，以排除气泡。对碱性滴定管，首先将滴定管倾斜，把橡胶管向上弯曲，把滴管口朝上，再用手挤压玻璃珠的上部，让溶液从尖嘴处喷出，使气泡随之排出。橡胶管中的气泡有没有排出橡胶管可以对着光线进行检查。排除气泡后，调节液面在"0.00"mL 刻度，或在"0.00"mL 刻度以下处,并记下初读数。滴定完成后手拿着滴定管上端使滴定管自然下垂,并将滴定管下端悬挂的液滴除去之后,眼睛与液面在同一水平面上,进行读数。

2. 注意事项

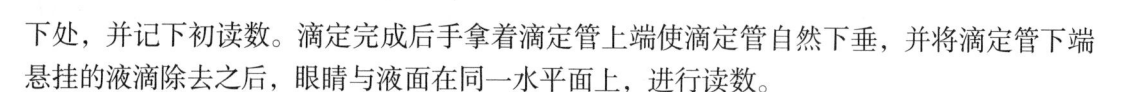

(1) 滴定管内是无气泡的。快速的排液可以将酸式滴定管内的气泡排出。轻轻提起尖头玻璃管,用手指按压玻璃珠,可以将碱式滴定管内的气泡排出。

(2) 酸式滴定管不能用来盛放碱液,因为它容易被碱液侵蚀,导致瓶塞不能转动。

(3) 碱式滴定管不宜装有对橡胶管腐蚀(如碘、高锰酸钾、盐酸等强氧化或酸性)的溶液。

(4) 滴定管与量筒不同,它的读数是从上到下逐渐增加的。

(5) 滴定管使用后要马上清洗,避免影响刻度。

(四) 移液管

1. 使用方法

移液管是用来准确移取一定量体积溶液的度量仪器。移液管属于量出式度量仪器,仅用于测定其释放的溶液体积。它是一根中间部分膨大的细长玻璃管。移液管下端为尖嘴状,上端管颈处刻有标线。将用待吸溶液润洗过的移液管插入待吸溶液液面下 1~2 cm 处,用吸耳球吸取溶液,将移液管提出待吸溶液,并使移液管管尖端接触待吸溶液容器内壁片刻后提起,用滤纸擦干移液管下端粘附的少量溶液,溶液吸取完毕。然后将移液管直立,接收仪器倾斜,吸液管的下端紧贴着接受器内壁,松开食指,让液体沿着接受器内壁流动,待液体流干,在液体流出 15 秒后,将吸液管顶端在接受器内壁上来回滑动,然后移除吸液管,溶液释放完成。

2. 注意事项

(1) 移液管不能使用烘箱进行烘干,高温会改变移液管容积。

(2) 移液管只能移取常温的溶液。溶液温度的变化会导致移液管膨胀或收缩,移液管的容积会发生改变。

(3) 为了实验的准确性,同一实验中应尽可能使用同一支移液管,不同的移液管容积会有微小的不同,影响数据准确度。

(4) 移液管在使用完毕后,应立即用自来水及蒸馏水冲洗干净,置于移液管架上。玻璃材料虽然耐腐蚀,但长时间浸泡也会被腐蚀。

三、实验部分

(一) 仪器及材料

实验所需材料见表 1 和图 1。

表 1　实验材料

材料	规格	数量(个)	备注
破损量筒	10 mL, 25 mL, 50 mL, 100 mL, 500 mL	10	各 2 个
破损容量瓶	50 mL, 100 mL, 250 mL	6	各 2 个

续表

材料	规格	数量(个)	备注
破损滴定管	25 mL，50 mL	4	各2个
破损移液管	25 mL，50 mL	4	各2个
破损吸量管	5 mL，10 mL	4	各2个

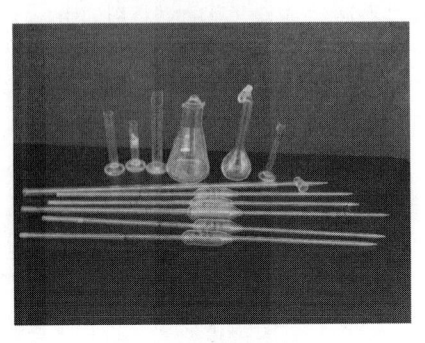

图 1　部分破损仪器

实验所需仪器见表2。

表 2　实验仪器

仪器	规格	数量(个)
量筒	25 mL	1
三角锉刀	3号	1
圆盘状吸铁石	半径15 mm 厚度5 mm	2
吸量管	5 mL，10 mL	2
酒精喷灯	壁挂式酒精喷灯	1
注射器	20 mL	1
移液管	25 mL，50 mL	2

(二)玻璃仪器的加工及处理

1.挂式酒精喷灯的使用

(1)添加酒精：将灯壶吊在高处，然后拧开盖子，将工业酒精倒入其中，达到灯壶总容量的五分之二到三分之二之间(不超过壶容积五分之四)，酒精不可过多或过少。太多容易造成危险，太小会导致喷灯无法持续使用，影响实验效果。

(2)预热和点燃：将喷灯放在大的石棉网上(防止预热时喷出的酒精着火)或用打湿的抹布包裹，往预热盘中注入少量工业酒精并将其点燃。拧开酒精阀门等汽化管内酒精受热汽化并从喷口喷出时，预热盘内燃着的火焰就会将喷出的酒精蒸气点燃。有时也需用火柴点燃。

(3) 调节火焰：移动挡风片调整通风口，使火焰变得稳定。酒精喷灯使用的关键为调节火焰，火焰应明显的分层，而且可以听到嘶嘶的响声。

(4) 熄灭酒精喷灯：结束使用时，移动挡风片关闭通风口，关闭酒精阀门，用湿抹布覆盖燃烧口，灯焰即熄灭。然后稍微拧松酒精阀门，使灯壶内的酒精蒸气放出。

(5) 喷灯使用完毕，将剩余酒精倒出。

使用酒精喷灯的注意事项：

(1) 使用挂式酒精喷灯时，不允许再增加任何加热源。

(2) 在使用过程中，应该随时注意喷火嘴的畅通，以防堵塞。

(3) 挂式酒精喷灯工作的时候，应该注意周围的环境，尽量避开易燃物品，室内温度不宜过高。

(4) 挂式酒精喷灯工作完毕后，不要立即用手触摸，以免造成烫伤事故。

(5) 放置很久的挂式酒精喷灯，使用前先用直径 0.6 mm 左右的金属针将喷嘴疏通，避免喷嘴堵塞。

2. 截断和熔烧细玻璃管

(1) 锉痕：将待截断的玻璃管平放在桌面上，用锉刀的刃口在左手大拇指压着玻璃管的位置上用锉子把它挫出一个凹槽。要在一个方向上锉，而不能前后锉，锉出来的凹痕应该垂直于玻璃管，从而确保玻璃管折断后断面平滑。

(2) 截断：用两只手握住玻璃管，使其锉痕处朝外，大拇指齐放在挫痕后面两侧轻轻地向外按压，同时双手用力把玻璃管向两端拉，以折断玻璃管。

(3) 熔烧：玻璃管的截面很锋利，容易把手划破，所以必须在高温火焰中熔烧。把玻璃管截断处斜插入酒精喷灯火焰中熔烧时，要缓慢地转动玻璃管使其熔烧均匀，直到熔烧光滑为止。为避免烧焦桌面，灼热的玻璃管应放在石棉网上冷却，不要放在桌面上，也不要用手去摸，以免烫伤。

3. 粗玻璃管的截断方法

因为粗玻璃管直径大于 1 cm，不便于直接使用锉痕的方法直接切割，所以采用延申切割法来继续截断处理，操作方法如下：

(1) 制造裂纹：观察破损处有无可延伸裂纹，如果有则进行步骤 (2)，如果无则开始制造裂纹。组装并点燃壁挂式酒精喷灯，将玻璃管上端放在酒精喷灯火焰上烧热后，用蘸有冷水的细玻璃棒触及烧热的玻璃管上端，即可在触点处产生许多小裂纹。

(2) 画切割线：将制好裂纹的玻璃管放置到常温，截取一段长方形纸条 (长的一端长度长于玻璃管圆周长) 水平包裹玻璃管，将蘸有墨水的竹签沿纸条上端划线，得到水平切割线。

(3) 切割破损部分：选择离切割线最近的一个裂纹，将玻璃棒末端置于酒精喷灯上加热，将烧热的玻璃棒末端触及玻璃管裂纹的前端，不断延伸，使裂纹缓慢延伸至切割线上，并绕切割线旋转一周。然后用三角锉刀轻轻敲打玻璃管上端 (切割线往上的区域)，即可敲掉容量瓶颈部破损部分。

(4) 熔光：把截断面斜插入酒精喷灯外焰中熔烧，缓慢地转动玻璃管使熔烧均匀到表面光滑，即完成熔光。

4. 拉制玻璃管

（1）烧管：在拉制玻璃管时，用酒精喷灯对玻璃管进行加热，但要使玻璃变软，玻璃管受热范围变更小。

（2）拉管：玻璃管加热到红色或黄色时，将其从火焰中抽出，沿水平方向旋转拉扯，直至达到要求的细度后，用一只手握住玻璃管，使其垂直下降。待冷却后，截断。

（3）扩口：管口灼烧至红热后，用金属锉刀柄斜放在管口内迅速而均匀旋转，完成扩口。因为部分玻璃管管壁过厚无法用锉刀柄进行直接扩口，所以可以使用以下方法进行扩口操作：取石棉网放置到桌面上，点燃酒精喷灯，把截断面插入酒精喷灯火焰中熔烧至红热，将玻璃管缓慢垂直下压至石棉网上，重复操作至扩口完成。

（三）常见度量仪器的修复与校正

1. 量筒

量筒的破损情况如下：

（1）破损在最大刻度线以上如下，如图2（a）所示。
（2）破损在最大刻度线以下如下，如图2（b）所示。
（3）破损在底座，如图2（c）所示。

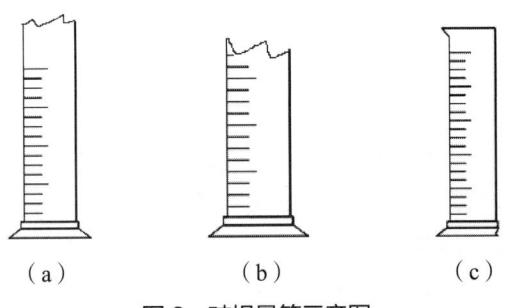

图2　破损量筒示意图

针对情况（1）和（2）的修复方法如下：使用延伸切割法割去量筒破损部位后，将量筒顶部正对量筒刻度的方向插入酒精喷灯外焰熔烧至红热，用锉刀迅速向外下压得到量筒的嘴。量筒修复完成。

针对情况（3）的修复方法如下：裁剪一块和底座大小相同的硬纸板用透明胶带粘到底座上即可继续使用（见图3）。

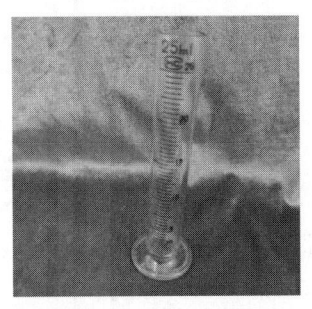

图3　修复好的量筒

量筒的校正：

情况（1）修复完成后，因为未涉及量筒最大刻度以下，所以量筒的量程未改变，可以继续正常使用。

情况（2）因为涉及量筒最大刻度线以下，量筒量程发生改变，而且因为上端刻度受热发生形变，刻度会失准，建议上端 2 cm 长的一段容积不计入量程。

情况（3）修复完成即可正常使用。

2. 滴定管

滴定管的破损情况如下：

(1) 破损在"0"刻度线以上，如图 4(a) 所示。

(2) 破损在"0"刻度线以下，如图 4(b) 所示。

(3) 滴定管下端玻璃尖嘴破损，如图 4(c) 所示。

(4) 酸式滴定管活塞中旋塞破损，如图 4(d) 所示。

(5) 碱式滴定管橡胶软管破损，如下图 4(e) 所示。

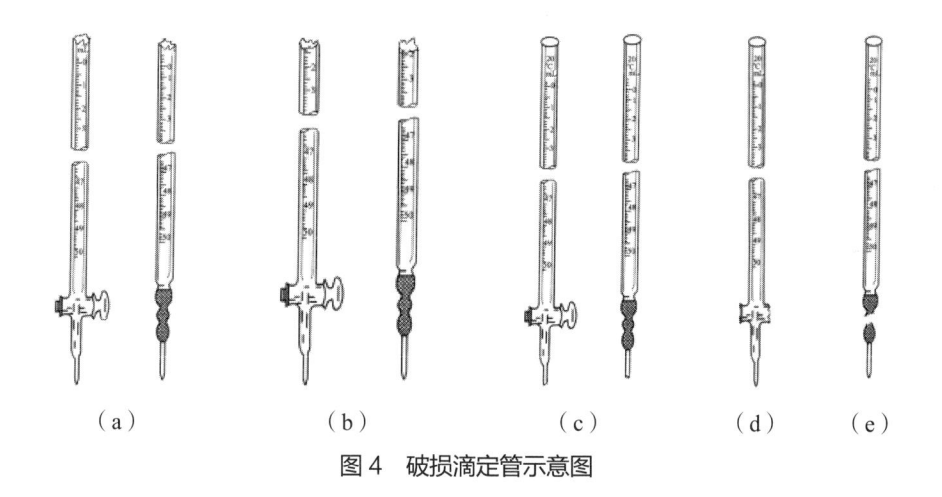

（a） （b） （c） （d） （e）

图 4　破损滴定管示意图

针对情况（1）和（2）的修复方法如下：使用延伸切割法割去滴定管破损部位。

针对情况（3）的修复方法如下：观察滴管口破损是否严重，若只是有小豁口则再进行熔光操作可以继续使用；若豁口过大则可以进行拉管操作制作一个新尖嘴口。因为滴管口与酒精喷灯烧制的位置过近易造成烫伤，可以先在滴管口烧接一段玻璃管再进行拉管操作。碱式滴定管豁口过大可以更换一个尖嘴。

针对情况（4）和（5）的修复方法如下：碱式滴定管直接更换橡胶软管即可正常使用。酸式滴定管需要割去旋塞部分并经熔光和扩口，然后连接上乳胶管、玻璃珠、玻璃尖嘴，可改成碱式滴定管使用（见图 5）。

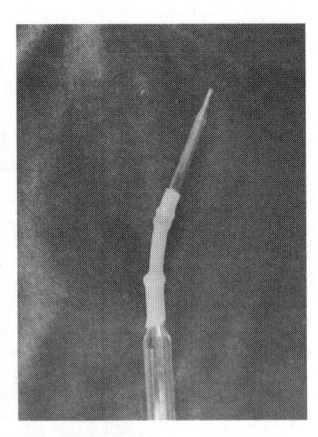

图 5　修复后的碱式滴定管

滴定管的校正：

情况（1）因为未达到"0"刻度线可以照常使用。

情况（2）因为刻度线减少量程也相应减少，而且因为上端刻度受热发生形变，刻度会失准，建议上端 2 cm 不计入量程，为了便于记录数据从整数开始使用。

情况（3）酸式滴定管修复之后容积发生改变，因无法校正滴管口处容积，所以滴定管只能量取刻度的中间值。

情况（4）和情况（5）的校正方法如下：用量筒准确量取纯净水加入组装好的滴定管中将滴定管垂直放制，调节下端橡胶软管与滴定管接入部分的长度，使水面与刻度零一致．滴定管的校正完成。

3. 容量瓶

容量瓶的破损情况如下：

（1）配套的磨口玻璃塞破损或丢失，如图 6(a) 所示。

（2）容量瓶颈部破损未达到瓶身标线，如图 6(b) 所示。

（3）容量瓶颈部破损达到瓶身标线，如图 6(c) 所示。

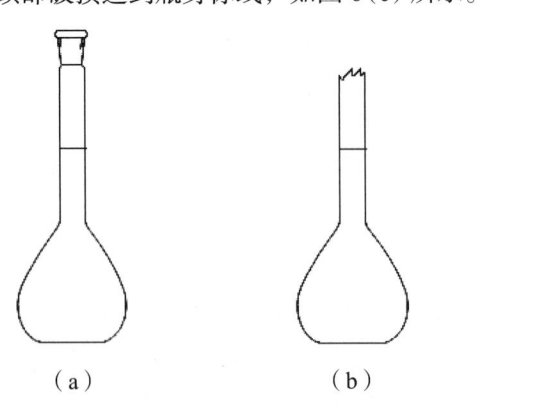

图 6　破损容量瓶示意图

针对情况（1）的修复方法如下：如果只是橡皮筋丢失更换橡皮筋即可，若是整个磨口玻璃塞丢失，则可以找同一型号、同一规格的容量瓶颈部破损但是磨口玻璃塞完好的塞子替换即可继续正常使用。

针对情况（2）的修复方法如下：使用延伸切割法割去容量瓶破损部位，熔光与扩口之后找到与瓶口匹配的橡胶塞在胶塞上部插入小节玻璃棒，至此破损容量瓶修复完成可以继续使用。因为橡胶材质问题，部分与橡胶反应的溶液（主要为酸性溶液如硫酸、盐酸等）不可在修复后的容量瓶中使用。

针对情况（3）因为容量瓶容积已经减少，所以无法修复。

容量瓶的修复：因修复后的容量瓶的容积未发生改变，所以无须校正（见图7）。

图7　修复后的容量瓶

（四）移液管的修复与校正

1.移液管的修复

移液管的破损情况如下：

（1）上端破损未达到标线，如图8(a)所示。

（2）上端破损达到标线，如图8(b)所示。

（3）玻璃尖嘴破损，如图8(c)所示。

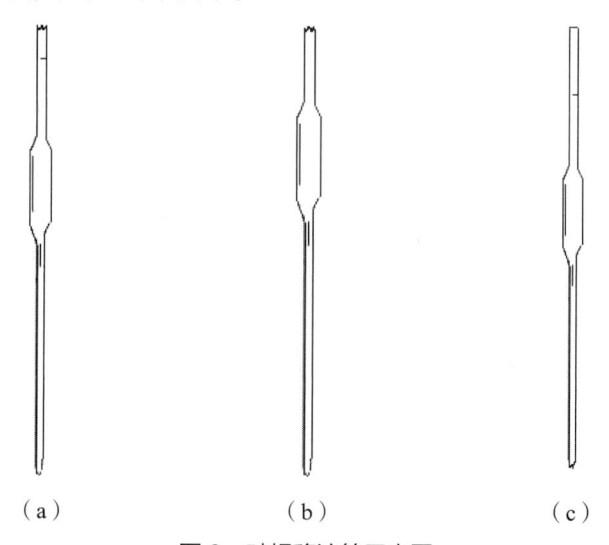

（a）　　　　（b）　　　　（c）

图8　破损移液管示意图

针对情况（1）的修复方法如下：将上端破损部分截去，截面熔光，因为标线以下的体积未发生改变所以可以继续使用。

针对情况（2）因为移液管体积已经减少，所以无法继续使用。

针对情况（3）的修复方法如下：观察玻璃尖嘴破损是否严重，若只是有小豁口则在进行熔光操作后可以继续使用；若豁口过大则可以在移液管下端进行拉管操作，制作一个新尖嘴口（见图9）。

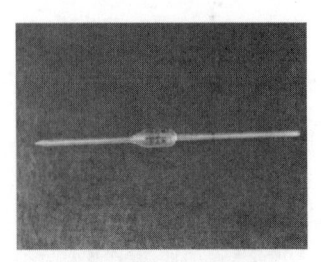

图9　修复后的移液管

2. 移液管的刻度确定及校正

方法一：以 25 mL 移液管为例，以 1 mL 蒸馏水为 1 g 为标准计算确定刻度线。

（1）记录初始值。打开分析天平，将 50 mL 量筒放入分析天平中去皮。用待校正的移液管吸取蒸馏水到原标线处，将蒸馏水注入量筒中取得蒸馏水的质量，记录蒸馏水此时的质量。

（2）标记刻度线。在原标线向上以 3 mm 为间隔画 20 个刻度，吸取蒸馏水到向上一个刻度线处，再次将蒸馏水注入烧杯中取得蒸馏水的质量。根据两次的质量差再次调整向上的刻度数，直到蒸馏水达到 24 g 左右停止，记录与 25 g 差值。

（3）确定准线。裁剪 2×2cm 的保鲜膜和 5 mm 的输液器塑料软管。移液管吸取蒸馏水到 24 g 时的刻度线处，用保鲜膜覆盖玻璃尖嘴后用输液器塑料软管包裹（见图10）。将移液管放入垂直置入分析天平的量筒之中去皮，用输液管针管处和去针头的注射器组成的滴定装置（见图11）准确滴加至差值数。将滴定管竖直静置 20 min，在水平面处划线，此时的线就是 25 mL 的准线。

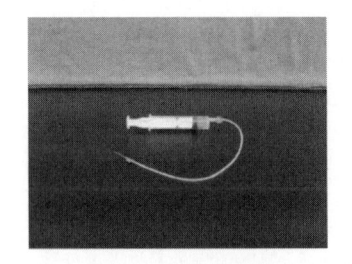

图10　封口装置 　　图11　滴定装置

方法二：以 25 mL 移液管为例，与标准移液管比较确定刻度线。

（1）选取标准移液管。打开分析天平，将 50 mL 量筒放入分析天平去皮，取标准移液管放入量筒之中称取空管的质量。

（2）测标准移液管挂壁值。用标准移液管吸取 25 mL 蒸馏水后放出，将移液管放入分析天平量筒之中称取有挂壁的移液管质量，空管与有挂壁的移液管质量差即为移液管的挂壁值数据见表3，多次测量后取平均值，减少因操作不当引起的误差。

表3　标准移液管挂壁值测量数据表

实验次数	1	2	3	4	5	6	平均值
空管质量（g）	33.6304	33.6287	33.6274	33.6279	33.6197	33.6349	33.6281
润湿后质量（g）	33.6951	33.6789	33.6913	33.6880	33.6778	33.6876	33.6864
挂壁值（g）	0.0647	0.0502	0.0639	0.0601	0.0581	0.0527	0.0582

确定移液管准线。裁剪 2 cm × 2 cm 的保鲜膜和 5 mm 的输液器塑料软管，用保鲜膜覆盖玻璃尖嘴后用输液器塑料软管包裹，将移液管放入垂直放入分析天平的量筒之中去皮。用输液管针管和去针头的注射器组成的滴定装置从移液管上端伸入，不断滴加蒸馏水至分析天平的度数为 25.00 + 0.0582 g 时，将滴定管竖直静置 20 min，在水平面划线，此时的线就是 25 mL 的准线。

3. 移液管的标定（以 25 mL 移液管为例）

理想状态下 1 mL 蒸馏水是 1 g，而在日常生活中 1 g 蒸馏水只能近似为 1 mL。为了移液管更加精确的量取，可以采取以下方法：

（1）确定质量。打开分析天平，将 50 mL 量筒放入分析天平去皮。取一完好的移液管吸取蒸馏水至标线后注入量筒中称重，记录数值见下表4。更换干燥的量筒重复以上步骤3次取平均值。

表4　标准移液管移取蒸馏水质量表

实验次数	1	2	3	平均值
蒸馏水质量（g）	24.9186	24.8832	24.9377	24.9131

（2）确定差值。取已校正的移液管吸取蒸馏水至标线处，注入量筒中称重，记录数值见表5。更换量筒重复以上步骤3次取平均值，记录与标准移液管的差值。

表5　待细校正移液管移取蒸馏水质量表

实验次数	1	2	3	平均值
蒸馏水质量（g）	24.8921	24.7976	24.8022	24.8306

（3）确定标线。使用粗校正方法二的滴加方法滴加差值。滴加完成后画线（见图12）。

图12　标定后的刻线

(五) 常见度量仪器的养护

1. 量筒

量筒的破损主要是因为量筒在使用时的疏忽和操作不够规范导致的上端破损，也就是磕碰导致量筒上端破损，为了减少量筒的损耗，将采取以下方法养护：

把一块圆盘形状吸铁石用透明胶带粘到量筒底座之下，将另一块吸铁石用透明胶带粘到实验台上（见图13）。因为吸铁石的磁性，量筒将不易倒伏导致上端破损。

图 13　量筒保护装置

2. 容量瓶

容量瓶的破损主要是因为容量瓶在使用时的疏忽和操作不够规范导致的上端破损，也就是磕碰导致容量瓶上端破损，为了减少容量瓶的损耗，将采取以下方法养护：

取一个瓶盖口径比容量瓶略大的塑料瓶。去掉塑料瓶下端，将上端扣到容量瓶之上（见图14），此时的容量瓶即使倒下也不会触碰到容量瓶上端导致破损。

图 14　容量瓶保护装置

3. 滴定管和移液管

滴定管和移液管的破损主要是因为滴定管和移液管在使用时的疏忽和操作不够规范导致的玻璃尖嘴破损。可以考虑在以下两个养护方法：

（1）将玻璃尖嘴进行熔光处理，使尖嘴部分管壁变厚不易破损。

（2）截取3cm橡胶软管作为保护套包裹玻璃尖嘴，使滴定管和移液管在日常放置中不易破损，如图 15 所示。

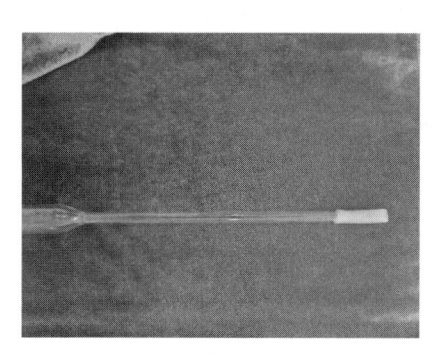

图 15　移液管保护套

参考文献

[1] 向德轩，舒友. 浅谈高校化学实验教学中安全意识的培养 [J]. 广东化工，2016,43(21): 230.
[2] 牟芬，邱淑银，王新芳，等. 化学实验在培养学生能力中的功能研究 [J]. 山东化工，2021, 50(10):221-224.
[3] 沈芝，吕雅倩，赵强. 中学化学实验对学生理解理论知识的意义 [J]. 广州化工，2020, 1:142-143.
[4] 范希新. 浅谈化学实验过程中玻璃仪器易碎的原因及预防 [J]. 教育教学论坛，2009,2: 163.
[5] 席晓光，王心满. 降低实验中玻璃仪器破损率的几项措施 [J]. 化学教育，1998,5:36.

手持技术在 CO_2 通入澄清石灰水系列实验中的应用

任有良，崔坤，孙楠

摘要：手持技术是由计算机和微电子技术相结合的新型数字化实验手段。由于简单方便，将其应用于基础化学实验教学中成了一种趋势。本文主要利用手持技术对二氧化碳通入饱和石灰水溶液和非饱和石灰水溶液进行了探究，从 pH 的变化曲线对石灰水溶液中产物的变化及组成进行了揭示。在二氧化碳通入饱和石灰水溶液反应的实验中，利用手持技术显示实验过程中的 pH 变化曲线，从曲线变化分析化学反应过程和结果，利用数据说明该反应过程发生的化学变化从而通过量化感知和感官感知化学实验过程。

关键词：手持技术；二氧化碳；澄清的饱和石灰水；澄清的非饱和石灰水

一、综述

手持技术在基础化学实验中的应用是一种趋势。利用手持技术改进传统的化学实验，从感官感知和量化感知化学实验，可以更加具体和形象的解释实验的过程和结果。手持技术是钱扬义教授 20 世纪末 21 世纪初提出的新型教学方法，在此之后有很多前辈也将其引入到更多化学研究当中。侯之光和李法瑞也将其引入高中化学教学中。但是由于手持仪器的价格比较昂贵，仅在东南沿海部地区应用比较多，而在广泛的西部地区并没有被大面积使用。所以西部地区的手持技术在实验探究和教学中还缺乏经验。本文旨在通过手持技术探究基础化学实验当中二氧化碳通入饱和澄清石灰水溶液的 pH 变化解释实验现象和反应发生的规律，以实践的结果切实的说明手持技术在基础化学实验中的应用优势。

(一) 手持技术的定义

手持技术，顾名思义就是掌上技术，或者掌上实验室，可以用手拿着方便、快捷、可操作的技术，它是由数据采集器、传感器和配套的软件组成的定量采集和处理数据系统，并能与与手机、电脑、平板电脑等现代科技用蓝牙连接，高效快捷的采集数据并处理实验数据。手持技术可以广泛应用于科学探究的方方面面，可以方便而迅速地收集各类物理、化学、生物、环境等数据。手持技术从不限操作群空间，拥有开放的实验空间，能从定性到定量，提高探究实验的准确率，拥有从结果到过程各个方面的研究，能提高科学探究的准确性。目前在化学实验探究教学中应用最广泛的传感器有温度传感器、气体、浓度传感器、溶解氧传感器、色度传感器、压强传感器、电导率传感器、湿度传感器、pH 传感器以及各种离子(如 K^+、Ca^{2+}、NO_3^- 等)浓度传感器。

（二）手持技术在化学实验中应用的特点

化学实验改革和发展的有效手段是手持技术，而手持技术是一种现代化的、高科技的实验方法。目前我们有很多传统的探究性实验，可以用手持技术进行探究。随着高科技的发展，手持技术的仪器越来越便捷。除此之外，手持技术在中学化学实验中的应用还具有以下特点：

1. 使实验更加科学化和简单化

手持技术引进化学实验，能够适应现代科技与国际接轨。利用该技术的化学实验打破了传统的实验室限制，可以随时随地的进行化学实验，使实验空间更加广阔，实验内容更加丰富，可顺利进行大量的在传统实验室无法进行的实验。借助手持技术的实验更加容易认知一些难于理解的科学概念和原理。此外，智能化的仪器能够自动记录和处理实验数据，在实验结果上利用图像清晰地表达实验数据变化，从而不需要后期进行大量繁杂的数据处理工作。

2. 使化学实验更加全面，能从定性和定量的角度了解实验，更加的准确全面

大量的传统实验往往只能让学生看到实验结果，却看不到在化学反应过程中化学参数的变化，只重结果不看过程。学生仅能停留在结果是什么，并不理解其中过程有什么。手持技术综合全面的实验过程，能给学生直观的感受，让学生清楚过程也不是单一的，而是复杂多面的。全面性就是体现在将过程和结果都呈现给学生，启迪学生的思想，迸发出多面的思维。

3. 实验教学中能够引导学生向一个科学的探究者迈进

化学实验的传统教学，很容易造成老师说什么，同学们就学什么，难以启发学生的多项思维，使教师和学生只固定地扮演自己的角色，这样会使老师和学生都变成一个固定的输出机器。老师是固定的信息源，学生是吸收信息源的瓶子，固定而烦琐，会使学生和老师丧失激情和兴趣。利用手持技术，会使实验多了一份信息来源，教师也从"信息机器"向"信息使用者"转变，教师不仅能输出信息，而且可以交换信息，还能够接受学生输出信息，从而可以促成课堂中信息的双向和多向交流，引起学生的学习兴趣，促进学生向一个科学的探究者的进步。

二、手持技术在基础化学实验中的应用现状

（一）在酸碱滴定中的应用

高中学习中主要采用传统的指示剂来确定滴定终点，但指示剂的选取比较困难并且滴定终点不易确定容易造成大的实验误差。邓峰通过在 NaOH 溶液滴定盐酸中使用电导率传感器、NaOH 溶液滴定醋酸溶液、NaOH 溶液滴定盐酸和醋酸的混合溶液中进行探究最终得出，将电导率传感器测量电解质物质量浓度的方法运用到酸碱滴定当中，可以减小人为主观判断的误差，而且可以省略为了选择指示剂而带来的苦恼，弥补了传统滴定实验中缺少关于强碱滴定弱酸有效测定方法的空缺，通过实验图像弥补学生感官上的空白，让学生更加直观的看到了实验过程中发生的化学变化。在测定弱酸电离常数的应用中，任峰和周祖保运用 pH 滴定法测定弱酸的电离常数，实验主要采用 pH 传感器和滴数传感器测定氢

氧化钠溶液滴定醋酸溶液过程中的 pH 值变化和氢氧化钠溶液的体积，自动采集出滴定过程中的 pH 变化曲线，即为滴定曲线，通过对数据分析和处理得出弱酸的电离常数。北京教育学院的王春应用手持技术；探究草酸和高锰酸的反应；利用色度传感器，监测溶液透光率。

（二）探究压强对化学反应速率的影响

人教版高中《化学（选修4）》第二章"化学反应与速率和化学平衡"和苏教版高中《化学（选修4）》专题二"化学反应与化学平衡"当中只说明了压强改变会引起浓度的变化，教材直接指出压强影响化学反应速率的本质是对浓度的影响，这造成了学生难以理解的学习困境。有很多实验探究者对这一问题进行了探究，按照教材上 $NO \rightleftharpoons N_2O_4$ 来展开探究。但是该实验有很大的不可操作性，首先仅通过感官观察实验过程中反应物颜色变化的快慢来判断化学反应的速率，这很难判断，不具备科学实验的科学性和严谨性。并且颜色变化非常不明显，人主观视觉误差较大，难以进行定量分析探究，同时二氧化氮本身是具有毒性的不够安全，不利于进行课堂演示实验。

鉴于此，天津师范大学教师教育学院研究生王敬文借用手持技术，利用 $CO_2 + H_2O \rightleftharpoons H_2CO_3$ 进行实验设计。在其实验设计中，主要运用手持技术，通过对二氧化碳和水反应生成碳酸可逆过程中溶液的 pH 值在一定范围内变化所用时间的测定，以及对体系内二氧化碳浓度变化程度进行分析，解释压强对化学反应速率的影响。实验中主要运用电脑及 DataStudio 软件、PASCO 数据采集器、pH 值传感器、二氧化碳传感器组成的数字化仪器，得出实验图像。通过数形结合的思想，深刻的解释了压强对化学反应速率的影响，解决了传统实验的困难。

（三）探究过氧化氢生物催化剂的课堂实验

中学化学用于 H_2O_2 分解制氧气演示实验常见的催化剂是 MnO_2 和 $FeCl_3$；中学生物使用猪肝匀浆中的过氧化氢生物酶对 H_2O_2 催化分解。但是二氧化锰粉尘可引起人的锰肺尘，并且高价锰氧化物不论侵入机体的途径，其毒性作用对大脑有损伤，因此利用二氧化锰为催化剂时，若处理不当可能对环境和人体造成非常严重的危害。而新鲜的猪肝作为催化剂，如果运用到课堂演示实验需要制作成匀浆，工序复杂并且价格较高、不易保存，猪肝的气味比较大，颜色和形状都不易于引发学生的实验兴趣。实验室和实验上往往需要大量的氧气，氧气也是一种非常重要的工业生产原料，所以寻找到廉价的制备氧气的方法尤为重要。

鉴于上述的问题，福建师范大学化学与材料学院郑庄钰改用常见、便宜、容易购买的水果蔬菜作为催化剂，利用压强传感器观测不同种类及用量的催化剂分解 H_2O_2 的速率，从中选择适于课堂演示及学生自主探究实验的生物催化剂及其用量。本实验以动态曲线的形式呈现反应速率的变化，将实验现象转换成数字与图像，不仅可以同步观测到宏观现象和与之对应的实时气压数值，还能从定性和定量两个角度了解化学反应进程，从而弥补了传统实验所达不到的目的。中国人民大学附属中学分校的黄正华、逯文晶、王荣、韩珊借助手持技术，对教材中 H_2O_2 分解的实验进行了改进，通过严格的控制变量，设计实验，验证了催化剂阳离子对反应的催化作用，并且还从阴离子对催化反应的影响进行了相关实验。结果表明阴离子和阳离子的催化作用有不同程度影响。实验结论解释为：Fe^{3+} 和 Cu^{2+} 能加快反应速率且催化性能 $Fe^{3+} > Cu^{2+}$。

(四) 在新式教学中的应用

天津师范大学硕士张瑜,在手持技术的基础上设计了化学实验探究能力的教学设计,用了两组实验,一组是碳酸钠和碳酸氢钠性质的实验,包括溶解过程中温度的变化、pH 变化、酸反应快慢以及热分解能力;另一组是难溶电解质沉淀溶解平衡、沉淀转移和沉淀转化的实验。通过数形结合来帮助学生学习教学的内容。在使用智能手机传感器的手持技术应用到化学实验的研究中,文山学院化学与工程学院洪俊华、赵宁东、刘俊、刘江以"碘钟实验"为例,用手机软件和手机内置光线传感器组成检测系统,将透过不同浓度氢离子碘钟振荡体系光强度变化转化为数字信号的变化,绘制出碘钟振荡反应周期性变化曲线,研究碘钟振荡反应随氢离子浓度的变化规律。林铃和李秀华基于王立新 TQVC 认知模型评析手持技术在化学实验教学中的应用,以二氧化碳和氢氧化钠的反应为例,用压强、温度、pH 传感器和计算机组成数字化仪器,以设计微课为例,实际的指出了新型实验的优势,很好的将手持技术融入了课堂教学。

(五) 二氧化碳和饱和石灰水中的研究现状

朱鹏飞、陈敏基于于数字化实验,以二氧化碳通入澄清石灰水导电率变化的研究为例,设计了课堂教学微课。钟汝永用 pH 计证实向 pH 大于 12.24 的新制饱和澄清石灰水中通入过量二氧化碳不能使其完全变清。李友银和石璞利用手持技术电导率传感器和 pH 传感器,探究饱和氢氧化钙溶液里面通入过量经过洗气的和未经洗气的二氧化碳气体的澄清过程中电导率的变化,从电导率的角度解释饱和石灰水和二氧化碳的反应,运用理论完美解释了该反应。王敬文使用手持技术利用 $CO_2 + H_2O \rightleftharpoons H_2CO_3$ 进行实验设计,在他的实验当中,利用手持技术探究对二氧化碳和水反应生成碳酸的可逆过程中溶液的 pH 值在一定范围内变化所用时间的测定,以及对体系内二氧化碳浓度变化程度进行分析,解释压强对化学反应速率的影响。

三、实验部分

(一) 仪器与试剂

1. 实验仪器

分析天平、大号试管(30 mm × 200 mm)、量筒(250 mL、50 mL)、铁架台、大烧杯、玻璃棒、橡胶塞、锥形瓶(500 mL)、pH 传感器、TMP 传感器、iPad 以及配套的 Graphical 软件、胶头滴管、天平、药匙、吸水纸、医用注射器和橡胶管等。

2. 实验试剂

氢氧化钙(AR)、氧化钙(AR)、氯化钙(AR)、氢氧化钠(AR)、生石灰(工业级)、蒸馏水、37% 的盐酸、大理石、邻苯二甲酸氢钾、混合磷酸盐、四硼酸钠、氯化钾。

(二) 实验原理与方法

1. 实验的原理

在制备饱和石灰水时,分别用工业级的生石灰和水反应生成氢氧化钙,用试剂级的氧化钙与水反应生成氢氧化钙,用氯化钙溶液和氢氧化钠溶液反应生成氢氧化钙。

在饱和石灰水通入二氧化碳反应的实验当中，主要发生了二氧化碳和水反应生成碳酸，氢氧化钙和碳酸反应生成碳酸钙，过量的碳酸和碳酸钙反应生成了碳酸氢钙。

在二氧化碳的制备中，盐酸和大理石反应生成二氧化碳。涉及的化学理论方程式如下：

$$CaO + H_2O = Ca(OH)_2$$

$$CaCl_2 + 2NaOH = Ca(OH)_2 + 2NaCl$$

$$CO_2 + H_2O \rightleftharpoons H_2CO_3$$

$$CO_2 + Ca(OH)_2 = CaCO_3 \downarrow + H_2O$$

$$CO_2 + CaCO_3 + H_2O = Ca(HCO_3)_2$$

$$CaCO_3 + 2HCl = H_2O + CaCl_2 + CO_2 \uparrow$$

2. 实验方法

测定溶液中静态的 pH 值，对几种不同来源的澄清饱和石灰水溶液进行测量，发现其中的 pH 有差异。测定反应过程中动态的 pH 变化，以揭示二氧化碳和澄清的饱和石灰石反应所发生的现象和规律。

具体做法：计算出理论上生成 5g 氢氧化钙所需的几种原材料的质量，加 500 mL 的水，制成澄清的饱和石灰水，用温度传感器测出室温温度，用 pH 传感器测出每一个的 pH 值，记录实验数据。然后分别通入二氧化碳，连接 pH 传感器，观察实验现象，记录实验数据。

(三) 内容与步骤

1. 实验准备

(1) 用蒸馏水清洗实验所需的玻璃棒，锥形瓶等仪器，烘干备用。

(2) 0.5 mol/L 和 0.1 mol/L 盐酸的配制：配制 0.5 mol/L 的盐酸，用量筒量取 37% 的盐酸 4.1 mL，倒入烧杯中，加水，转移至 100 mL 容量瓶中，加水至刻度定容。配制 0.1 mol/L 的盐酸，用量筒量取 37% 的盐酸 8.3 mL，倒入烧杯中，加水，转移至 1000 mL 容量瓶，加水定容。

(3) 分别用邻苯二甲酸氢钾、混合磷酸盐、四硼酸钠配制 pH = 4、0、6.86、9.18 的缓冲溶液各 250 mL，以备校准 pH 传感器之用。

(4) 配制 pH 传感器储存液：向 100 mL pH 值等于 4 的缓冲溶液里添加 0.2 mL 0.1 mol/L 的盐酸，再加 10 g 氯化钾。

(5) 将新买工业级生石灰放入干燥器或装入广口试剂瓶中待用，备好实验所需。

(6) 准备好 pH 传感器、TMP 传感器、iPad 及其配套的 Graphical 软件。

2. 澄清的饱和石灰水溶液的配制与验证

配制：

(1) 称量：用天平精确称取生石灰（工业级）3.78 g、氧化钙（AR）3.78 g、氯化钙（AR）7.50 g 和氢氧化钠（AR）5.42 g、氢氧化钙（AR）5.00 g。

(2) 配制溶液：将称好的生石灰、氧化钙（AR）、氢氧化钙（AR）分别放入 500 mL 的 3 只锥形瓶中，加入 500 mL 蒸馏水，充分震荡，塞紧塞子，编号分别为 A、B、C，静置沉淀直至澄清 (需 6 h 以上)，待用。

(3) 将事先称取的氯化钙和氢氧化钠分别放入 200 mL 蒸馏水中，待充分溶解后，混合在一起（边混合边搅拌）。另加入 100 mL 蒸馏水，编号为 D，塞好塞子，静置沉淀至澄清，待用。

测定澄清的饱和石灰水溶液的 pH：

（1）将沉淀至澄清的四种饱和溶液，用注射器吸取上层清液，倒入 500 mL 的锥形瓶，塞好橡胶塞，分别编为 A_1、B_1、C_1、D_1。

（2）长按三秒打开 pH 传感器开关，并连接 iPad 上的蓝牙和 Graphical 软件，将 pH 传感器依次插入刚刚吸取的 1 号上层清液中，从软件上读出几种清液的 pH 数值（在 pH 传感器插入下一种清液之前，需要用蒸馏水冲洗玻璃珠及其附近区域，并用吸水纸吸干）。实验数据记录于表 1 中。

表 1 不同原料制取等量的氢氧化钙溶液的 pH

A_1	B_1	C_1	D_1
12.56	12.66	12.69	12.74

从表 1 可以看出，四种不同来源制取的饱和石灰水溶液的 pH 都不相同。工业级生石灰溶解于水的 pH 最小，氢氧化钠和氯化钙反应生成的饱和氢氧化钙溶液 pH 数值最大。通过实验数据分析推测，之所以氢氧化钠和氯化钙为来源制备的饱和石灰水 pH 数值大，是因为存在有未反应完全的氢氧化钠。而生石灰为来源制备的饱和石灰石 pH 数值最小，可能是生石灰之中存在有少量呈酸性的杂质。其余两者的石灰水溶液的 pH 则十分接近。

验证：

（1）如图 1 所示，取一只三颈烧瓶，用夹子固定在铁架台上。一口用橡胶塞塞紧；中间的口用单孔橡胶塞塞紧，孔内插入滴液漏斗；另一口用单孔的橡胶塞塞紧，孔内插入直角玻璃弯管，与一根玻璃管通过橡胶管相连，以备插入待测溶液中之用。

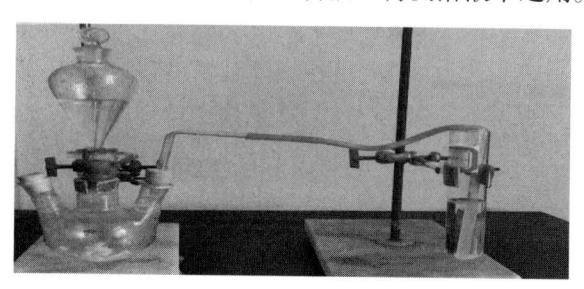

图 1 制取二氧化碳的装置

（2）向滴液漏斗里加入适量的 0.5 mol/L 的盐酸，向三颈烧瓶中放入适量的大理石块。

（3）用干燥的大试管装入石灰水 A_1 约 50 mL，将其固定于另一只铁架台上。

（4）将玻璃管插入大试管中，并打开滴液漏斗，让盐酸匀速滴入三颈烧瓶。观察大试管中的实验现象（通入二氧化碳的时间为 5 min），并记录于表 2 中。

（5）分别取相同体积的石灰水 B_1、C_1、D_1 约 50 mL，重复上述操作，观察实验现象，记录于表 2 中。

表2 二氧化碳通入饱和石灰水的实验现象

类别	实验现象
A_1	澄清→浑浊→澄清较明显
B_1	澄清→浑浊→澄清明显
C_1	澄清→浑浊→澄清不明显
D_1	澄清→浑浊→澄清明显

从表2的实验现象可知，不同来源的饱和石灰水溶液和过量的二氧化碳反应，最终的澄清效果不一样，但都不能完全变澄清。相比而言，试剂级的氢氧化钙制取的饱和石灰水溶液（C_1）与二氧化碳反应澄清效果最不明显，而其他三种溶液（A_1、B_1、D_1）的澄清效果较明显。

结论：

几种不同来源的澄清饱和石灰水与过量的二氧化碳反应澄清的程度存在差异，可能与溶液的pH值有关。因差异性不大，均可用于验证二氧化碳的存在。

3. 不同来源的石灰水和二氧化碳反应过程的探究

实验过程：

(1) 连接好实验装置，再安装上pH传感器以及iPad，以检测石灰水A_1，如图2所示。

(2) 长按三秒，打开威尼尔pH传感器上的开关，等红灯闪烁。

(3) 打开iPad上的蓝牙，打开Graphical软件，连接pH传感器，点击软件上的"数据采集设置"时间为500 s，测量速率为2样本/s，点击"采集"，开始测量。

(4) 待传感器示数稳定后（约需50 s），打开滴液漏斗的旋钮，让盐酸以稳定速率滴下，二氧化碳气体平稳进入大试管中。

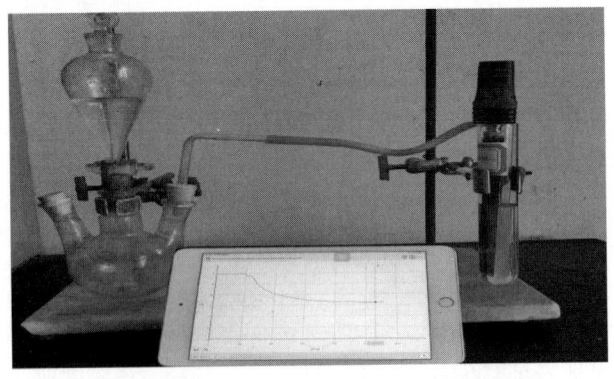

图2 连接好pH传感器和iPad的装置图

(5) 观察实验现象及图像变化，做好记录和数据处理。

(6) 依次取B_1、C_1、D_1进行同样的操作，同样做好记录和数据处理。

(7) 再做一组对照试验，即向蒸馏水中通入二氧化碳反应直至饱和，编号为H。

注：pH传感器每次使用不能在碱性溶液中超过5 min，在观察到实验图像变成一条直

线时，应立即拿出，用蒸馏水冲洗，吸水纸吸干，放在 pH = 7 的缓冲溶液中短暂保存。若长期储存，应放入专用的储存液中。

实验现象与数据处理：

(1) 实验现象见表 2；

(2) 实验中溶液的 pH 变化的主要拐点值见表 3。

表 3 主要拐点值

组别	初始值	拐点 1 值	拐点 2 值	拐点 3 值	最终值
A_1	12.57	12.06	9.34	7.26	6.64
B_1	12.66	12.07	9.90	7.91	6.61
C_1	12.69	12.24	9.79	8.29	6.49
D_1	2.74	11.98	10.19	—	6.63

(3) 从实验图像可知，除对照组实验外，其他几组实验的 pH 变化趋势是相同的，都是先平缓，再迅速下降，接着又稍微平缓，最后又下降直到不再变化。

(4) 综合表 3 实验数据，可以看出 A_1、B_1、C_1、D_1 的 pH 拐点变化。总的来看 C_1 拐点 1 和拐点 3 的 pH 值最大，拐点 2 pH 值最大的是 D_1。在 pH 变化的最终值中 A_1 为 6.64，B_1 为 6.61，D_1 为 6.63，它们 pH 值相近，C_1 为 6.49 最小，它们与纯水中通入二氧化碳 pH 最终值相比，都远高于纯水。纯水中通入二氧化碳的最终值为 4.48。

(5) 观察实验，结合表 3 数据，发现 A_1、B_1、C_1、D_1 图像的变化趋势相同，则可从整体变化趋势可知实验过程中发生的化学变化。

从初始值到拐点 1 之间二氧化碳和氢氧化钙反应：

$$Ca(OH)_2 + CO_2 = H_2O + CaCO_3 \downarrow$$

此时溶液中 $Ca(OH)_2$ 过量，通入 CO_2 溶液开始变浑浊，但由于 $Ca(OH)_2$ 浓度较高，所以 pH 变化平缓。

从拐点 1 到拐点 2，主要发生的反应：

$$Ca(OH)_2 + CO_2 = H_2O + CaCO_3 \downarrow$$

随着 CO_2 增多，$Ca(OH)_2$ 浓度减少直至完全被反应，溶液 pH 迅速下降，所以图像比较陡峭。

从拐点 2 到拐点 3，生成的 $CaCO_3$ 达到最大量。

$$CaCO_3 + CO_2 + H_2O = Ca(HCO_3)_2$$

此时图像有个较平缓的趋势，是因为 CO_2 被 $CaCO_3$ 所消耗。

从拐点 3 到最终值，溶液仍未完全澄清，说明还存在大量 $CaCO_3$。此时仍继续通入二氧化碳，但是 pH 不再继续下降，再通过与对照组往蒸馏水中通入 CO_2 的最终 pH 的比较，证明 $CaCO_3$、$Ca(HCO_3)_2$ 和 CO_2 在该条件下反应已经达到动态平衡。故该反应可改为：

$$CaCO_3 + CO_2 + H_2O \rightleftharpoons Ca(HCO_3)_2$$

4. 不澄清溶液的沉淀物换水再反应的探究

实验过程：

（1）将大试管中反应过后的石灰水 C_1 的混浊液静置沉淀一晚上。

（2）取一个干净的注射器，去掉针头，连接一段塑料细管（来自医用输液器），吸取上清液，留下沉淀物，编号为 Q。

（3）往沉淀物中加入约 50mL 的水，充分地震荡，让溶液再变浑浊。然后通入二氧化碳，连接好手持仪器，得出实验图像，观察实验现象。

（4）再取饱和澄清石灰水 C_1 50mL 通入二氧化碳得到最终不澄清的浑浊液，立即将其分成四份，然后分别按照 1∶1，1∶2，1∶3，1∶4 稀释，分编号为 M、N、O、P。

（5）连接好仪器，向四种稀释好的浊液里分别通入二氧化碳，观察实验现象。

实验现象及数据记录：

沉淀物 Q 加水后 pH 值约为 7.04，通入二氧化碳后迅速下降，然后减缓下降，直到最终平行不变。减缓下降的拐点处 pH 值约为 5.86，最终稳定值为 5.58，大试管的溶液中的颗粒明显减少，但仍然混浊。

浑浊液 M、N、O、P 加水稀释之后 pH 都小于 7，通入二氧化碳之后最终 pH 都稳定在 6 以上。

实验小结：

沉淀物 Q 加水之后初始值大于 7，是由于静置沉淀过程中二氧化碳完全溢出，碳酸氢钙微溶未被吸取完全，所以略显碱性。浑浊液 M、N、O、P 加水稀释之后通入 CO_2 初始值小于 7 则说明浑浊液二氧化碳并未完全溢出，与理论相符。而无论是沉淀物 Q 加水还是浑浊液 M、N、O、P 加水稀释，与二氧化碳反应最终 pH 值都达到稳定。充分说明不管如何通入二氧化碳，在达到平衡之后，其 pH 都不会再发生变化。有多少二氧化碳参与反应，就有多少二氧化碳放出，溶液中碳酸钙将不再减少。

5. 饱和溶液稀释后再反应的探究

实验过程：

（1）分别取 25 mL C_1 里的溶液，按照 1∶1，1∶2，1∶3，1∶4 稀释，然后取不同浓度的稀释好的石灰水各 50 mL 装入大试管中，分别编号为 E、F、G、K，贴上标签，待用。

（2）按照实验过程连接实验装置，然后将稀释好的不饱和石灰水溶液 E、F、G、K 分别与二氧化碳反应。记录实验现象，分析实验数据，得出实验结论。

实验数据记录和实验现象记录：

（1）实验数据记录于表 4 中。

表 4　不饱和石灰水通入 CO_2 后 pH 变化主要值

组别	初始值	拐点 1 值	拐点 2 值	拐点 3 值	最终值
E	12.25	11.55	9.48	8.15	6.40
F	12.15	11.53	9.46	8.14	6.31
G	12.06	11.40	9.13	8.00	6.20

续表

组别	初始值	拐点1值	拐点2值	拐点3值	最终值
K	11.95	11.36	8.95	—	6.10

(2) 实验现象记录于表 5 中。

表 5　四组不饱和石灰水和二氧化碳反应的实验现象

类别	实验现象
E	澄清→浑浊→澄清较明显
F	澄清→浑浊→澄清明显
G	澄清→浑浊→完全澄清
K	澄清→浑浊→完全澄清

实验小结：

(1) 从实验图像趋势可以看出来，按照 1∶1，1∶2 和 1∶3 稀释的 E、F、G 三组，仍然和饱和状态下的 pH 变化趋势相同。按照 1∶4 稀释的 K 组，已经没有拐点 3，从拐点 2 开始平滑下降。

(2) 从表 3 实验数据和表 4 实验现象，可以看出 G 组石灰水完全变澄清，即石灰水 1∶3 稀释后澄清效果最好，而 K 组变浑浊时间极短，则可说明氢氧化钙含量少与大量二氧化碳反应迅速生成少量碳酸钙，碳酸钙又与二氧化碳迅速反应生成碳酸氢钙，则溶液变浑浊时间极短。但是 K 组实验最终的 pH 值仍然大于在纯水中通入二氧化碳最终的 pH 值，则说明生成的碳酸氢钙抵消了一部分 pH。

四、结论

在本次尝试实验中，利用 pH 传感器和 ipad 组成的手持仪器，很成功地探究了二氧化碳和石灰水反应过程。从几种不同来源的饱和石灰水的制备到选择最佳的饱和石灰水和二氧化碳进行反应，再到对反应过程的探究，以及对不饱和石灰水和二氧化碳反应的研究，都运用了手持技术。从量化感知和感官感知两个方面对实验进行研究。笔者利用 pH 传感器从实验图像直观地解释了两者反应的过程。并且探究出了石灰水和二氧化碳最终能从浑浊到澄清的 pH 值，发现碳酸钙与二氧化碳和水反应生成碳酸氢钙的反应，在一定的浓度下是一个可逆的反应，存在一个平衡关系。

综上所述，利用 pH 传感器组成的手持仪器对二氧化碳和石灰水的反应较传统实验方法来讲，无论是实验效果还是实验效率都得到了大大的提升与改观。将看不到的过程，转化成数据，增加了化学实验的科学性。

总之，将手持技术应用到基础化学实验当中，恰当巧妙地使用，会收到意想不到的效果。建议广大一线教师在基础化学实验教学中进一步推广和使用。

参考文献

[1] 唐文伟. 浅议 DIS 实验教学在化学课改中的作用 [J]. 化学教与学，2010(4):69-70.
[2] STEPHEN G. An Investigation of the Use of Microcomputer Based Laboratory Simulations in Promoting Conceptual Understanding in Secondary Physics Instruction[M]. Philadelphia: Master Thesis of DREXEL University, 2006.
[3] 蔡阳. 基于手持技术的"氧化还原反应"教学设计 [J]. 化学教与学，2013,9(7):61-63.
[4] 马红艳，白涛. 手持技术在高中化学教学中的应用 [J]. 教育科学论坛，2012,1:20-22.
[5] 黄俊生. 基于微型仪器与手持技术的电解质溶解的温度变化实验设计 [J]. 广州化工，2011,39(15):188-189,207.

中小学历史教学中互动教学模式初探

赵卓煜

摘要：中小学历史教学引入互动教学模式，对改变传统教学模式有十分重要的意义，能够顺利地达成教学目标，提升课堂教学效率，发挥学生的个性和创造能力。传统的教学存在着影响学生发挥自主性的"满堂灌"问题，现在新课改背景下部分教师对于教学互动又走到了另外一个极端，出现了盲目互动的问题，这些都不利于教学效果的提升。从知识归纳型教学、历史认识和原因观点评析型教学、激发学习兴趣的辅助互动、课堂知识的课外拓展互动等几个方面针对不同的情况展开教学互动，能够有效地解决上述问题，取得更好的教学效果。

关键词：中小学历史教学；互动教学；适用范围

新《历史课程标准》强调"历史课程是在唯物史观的指导下，弘扬以爱国主义为核心的民族精神和以改革创新为核心的时代精神，传承人类文明的优秀传统，使学生了解和认识人类社会的发展历程，更好地认识当代中国和世界。"现阶段，历史教学主要采用的是传统的讲授法，由于不注重和学生之间的互动，学生学习起来难免会感觉到枯燥无味。这就格外需要教师在教学方法的更新和教学设计的优化等方面下功夫，以求能够人为性的赋予历史课程更多的趣味性，以此化解历史本身的疏离感与枯燥感。

"课堂互动"即由师生双方共同参与的，展开师生、生生全面交流的一种教学组织形式。开展历史课堂互动十分重要。首先，课堂互动能够顺利达成教学目标，提升课堂教学效率，获得最优化的教学效果。有些时候比较繁多的知识点不容易理解，特别是一些教学重难点更是会存在不小的难度。而课堂互动环节的设置，能够给予学生一定的学习任务，让学生在小组探讨的过程中，层层深入文本教材，最终为其搭建起通往教材文本的隐形桥梁。其次，课堂互动能够发挥学生的个性和创造能力。再次，课堂互动能够培养学生的社会属性。在课堂互动过程中，学生不是闭门造车、单打独斗，而是需要积极主动的与其他同伴合作或是请求历史老师、其他老师甚至是家长的帮助。因而，在这个过程中，学生的社会属性也得到了培养，沟通能力与交际能力也得到了强化。最后，课堂互动能够开阔学生良好的学习思维，培养良好的学习品质。在历史教学中课堂互动的融入还能够开阔学生的学习思维，让他们不仅仅局限于对文本教材的单纯识记，而是由对文本知识的关注转向其他领域。总之，在历史教学中设计互动这一环节，无论是对于教学本身还是对于学生的综合成长，都将是益处颇多的，所以，深入研究历史教学中的互动模式意义重大。

通过从知网上搜索到的部分文献资料来看，在这一领域目前有不少研究成果，主要观点有：传统教学模式无法更好的实现教学目标，必须加强互动，比如何永斌（2021）在《初中历史课堂教学中提高师生互动有效性的策略》中认为随着新课改的不断深化，历史教学的重要性日益凸显，传统的灌输式教学无法满足日益多样化的教学需求，因而倡导以师生互动的方式进行教学。关于怎样运用互动，具体的互动策略，孙勇（2020）在《初中历史课堂师生互动的有效教学方法》中提出在初中历史课堂中通过师生互动的方式，能够创设良好的整体学习氛围，使学生掌握知识的效率更高，同时提出在课堂互动中要尽可能尊重学生的主体地位，此外，他还认为可以以问题为导向让学生在深入化的交流互动中，主动学习更多的文本知识。

综上所述，现阶段越来越多的学者专家与一线教师开始重视历史课堂互动，他们的成就主要集中在针对于某一方面寻找出具体的对策。此外，他们的研究也具有一些共性，比如都看到了要尊重学生的学习主动性，主张调动学生的热情与信心，也都看到了互动可以让历史课堂更加富有趣味性，激发学生历史学习的兴趣。但是这些学者、教师们研究的方向相对来说都比较单一，还没有形成体系化，更没有上升到具体课堂模式的互动。针对于这一不足，本文打算从历史教学课堂互动的模式与适用范围方面进行扩展研究，使历史课堂互动教学方法更加富有系统化和专业化，以期更好地服务教学。

一、当前历史教学中存在的主要问题

当前历史教学中存在的主要问题，主要表现为传统的"满堂灌"问题和新形势下盲目互动的问题。

（一）"满堂灌"的问题

讲授法，是指教师讲授给学生的教学方法，作为一个古老而传统的教学方法，讲授式教学法一直在课堂中被普遍采用。传统的讲授式教学只是以讲授为主，并不排斥与学生互动。"满堂灌"则是上课完全由教师讲授的一种教学方式，是我国长期应试教育模式下的产物，是一种不合理的教育制度下的流毒。也被称作"填鸭式"教学法，教师主观地将众多的教学内容在课堂上向学生灌输，完全不和学生互动。

"满堂灌"的形成与班级授课制有关，我国人口基数大、在校学生众多，因而这也就导致了无法实行小班制度，人数众多的大班授课制沿袭已久是常态，在这种情况下教师运用"满堂灌"是必然的。一般而言，讲授法是目前为止能够快速完成教学任务的最佳方式，教师将知识梳理出来，而学生能够一目了然地看、读、记下知识点，这样跟完全让学生自己找出学习的重难点相比较，明显能够缩短不少时间；而且，教师在讲解的过程中，也就顺带引导学生过了一遍知识点，在一定程度上也能够帮助学生加深对文本知识的记忆，而这些仅仅依靠学生自己去发现和背诵，他们或许就会理不清头绪，尤其是在刚刚学习新课、学生对于新知识还不熟悉，以及临考试学生容易出现知识遗忘的时候。传统讲授式教学"省时高效"的特点，在追求高分成绩的应试教育背景下，就畸变为"满堂灌"的教学形式。

但是，学生在这种比较陈旧的模式中，几乎完全沦为了知识的容器，用一句网络语来形容就是成为了"没得感情的学习机器"。从这一句网络语中我们就能够看出，这种教育模式是冷冰冰的、没有温情可言的，完全无视学生个体是一个有血有肉、有思想情感的人，只是为了"教"而"教"。此外，在这种模式下久而久之学生也会产生厌倦情绪，丧失了学习的积极性和探索的主动性。在之前我国互联网不发达，学生对于知识的接收主要来源于课堂上教师的讲授，在这种学生接收知识途径比较单一的时候，"满堂灌"的讲授法还可以继续实行下去。但是现在随着互联网的发展，网络上出现了各式各样的生动有趣的历史教学方式，比如最近很火的历史动画片、历史小漫画。这样一来教师之前采取的枯燥乏味的"满堂灌"讲法就不再适应现在学生学习的需求。如果继续采取"满堂灌"的教学方法就会让学生产生厌学的情况，如在课堂上学生睡觉、不听讲、看课外书等等。因为基本上都是教师讲，讲完之后学生背诵知识点，反正最后都要背诵，那学生听不听也就无所谓。

"满堂灌"也许能够在一定时间内发挥作用，但是随着教育改革的发展，新时期的教育越来越注重"以人为本"，这种将文本内容与学生个体完全割裂的授课模式的弊端会越来越凸显。我们必须去寻求更加科学有效的授课方式，以弥补"满堂灌"模式的不足。

（二）盲目互动的问题

由于在教改过程中大家都陆续发现了"满堂灌"的诸多问题，不少教师、尤其是接受过现代师范教育的青年教师都具备了取缔"满堂灌"、增加课堂教学互动的思想，并且逐渐开始应用于实际教学中。但是，这并非证明课堂互动在今日是毫无问题、万无一失的，现阶段，有相当一部分的人开始走向另外一个极端——为了互动而互动。

首先是日常讲课中频繁互动。在新课改的形势下，大家都纷纷有了课堂互动的自觉意识，有些教师完全是为了迎合这一趋势，随大流一般赶一赶教育改革的"时髦"，选择在课堂上频繁运用互动，这未免就会使互动沦为一种中看不中用的"花架子"。甚至于有些教师认为任何一个教学环节只有通过互动教学才能实现，一整节课从头互动到尾。例如七年级下册《明朝的统治》一课，有教师这样设计教学环节：第一部分明朝建立的背景采取提问法；第二部分朱元璋加强皇权的原因采取小组讨论，但是学生对于胡惟庸和蓝玉案了解甚少，让学生小组讨论也讨论不出所以然来，纯粹浪费了时间。对于这节课重点知识朱元璋强化皇权的措施，本应该由教师重点讲述，该教师采取的却是提问法；第三部分八股取士的影响和第四部分内容明朝经济的发展，又采取的是小组讨论。这样一来整节课给人的感觉是学生的参与度比较高，反响热烈。但是每一节课的教学容量有限，设计那么多的互动方式占据了课堂大量的时间，教学任务不能按时完成，而且每一个环节都设计互动，就会导致课程的重难点不够突出，该强调的没有强调，不应该重点讲述的又占用了大量的时间。我们都知道"过犹不及"的道理，凡事都要讲求一个度，教学互动也是一样，不要过犹不及，一定要设计的恰当适量。

其次表现为赛教表演式互动。在这种互动模式之下，当事人其实看重的往往并非是学生能否从中获益，而是自己能不能在这一项互动模式的加持下与其他人有与众不同的地方，从而获取高分。试想，如此强烈的功利性之下，互动的效果又怎么可能尽善尽美？这种情况存在于各类学校中，比如许多学校上公开课的时候，感觉教师与学生的互动配合的天衣无缝、浑然天成，从头到尾几乎找不到一点瑕疵；但实际上如果有过长期的教学经验就会明白，这种情况其实并非是偶然的，也不一定是教师或是学生的素质绝佳，实际上更多的可能是人为制造出的"完美"，即提前预演出来的。而且更为残酷的是教师和学生可能都觉得自己一遍又一遍的排练是在辛苦付出，而最后呈现给评委的也的确是一个很完美的现场直播，如果评委因此给予高分，那么更是对这些教师的一种鼓励，是对这种不良教学风气的助长，长此以往教师就会依赖这种临时抱佛脚大搞赛前排练的模式，显而易见这种互动模式无益于历史教学质量的提升。如果学生处于这种另类的互动模式下，其实可能是更为糟糕的，不但从中学习不到有用的知识，甚至有可能会受到这种华而不实的教学模式的诱导，在参与课堂互动的道路上更加偏离。相比之下，现在有些地方的赛课改成临时抽查，完全是陌生学生的形式，反而会更加真实可信，倘若在这种比较紧迫的形势下教师依然能够把课堂互动这一环节设计安排的比较出彩，那么就足以证明在平日里肯定没少下功夫。

综上，我们在设计课堂互动环节的时候，也不能够陷入为互动而互动的极端，而是要实事求是、紧密贴合教学实际。此外，课堂互动也应该与学生的学习基础相吻合，可以适当设置有一定拔高点的互动，但是不能够超出学生能力范围太多，这样也发挥不出预期的效果。

二、历史教学课堂互动的模式与适用范围

历史教学课堂互动模式，符合中小学生好奇、好动、好问的年龄特点，能够激发他们的学习兴趣，使其在丰富多彩的历史教学活动中主动与课本、教师、同伴展开多元对话，增进体验、加深感悟、培养历史学习能力。历史教学互动的开展要为教学内容、目标服务，根据不同的教学内容和教学目标设计不同的互动模式，这样才能提高课堂教学的有效性。

(一) 知识归纳型教学

知识归纳型教学活动是各种教学活动中最常见的一种，与其他观点评析、课外延展等教学活动相比较，对于学生而言几乎没有难度，不存在什么技术含量。中小学历史教材中有许多需要归纳总结的内容，只需要学生摘录整理的客观识记性内容，如果教材内容比较完整充实，讲授这些知识时完全可以引导学生自己去总结归纳。比如在人教版七年级历史下册第16课《明朝的科技、建筑与文学》一课中，学习明朝的医药学著作时，教师可以让学生回顾之前学习的其他朝代的医药学著作，让学生自己动手绘制如下的表格来总结：

朝代	作者	主要成就
春秋战国	扁鹊	《四诊法》
汉朝	张仲景	《伤寒杂病论》
	华佗	麻沸散
唐朝	孙思邈	《千金方》
明朝	李时珍	《本草纲目》

以表格的形式总结既节省了时间又激发了学生学习的自主性。

再比如，在学习《北京人》的时候，教师可以让学生反客为主扮演老师，自主从发现地点、生活年代、生活情况、体貌特征、生产生活状况、社会组织与地位这几个方面，对北京人的相关知识点进行总结归纳，完成归纳后再到讲台上展示讲解。这种方式虽然仍然是对课本的复述，但是实际上与以往教师的"满堂灌"已经有了本质上的区别，在这种模式下学生已经开始初步掌握学习知识的主动性，提升了学生的动手能力，解放了教学时间。中外教育学家对这种教学模式都有理论阐释，如陶行知先生的"小先生制"和国外的贝尔兰卡斯特制（导生制）。在知识归纳型教学中，灵活运用"小老师"形式进行课堂互动教学，让学生担任小先生、体验一把当老师的感觉，肯定有不同于传统教学的显著收获。

知识归纳和展示的方式是多样的，师生可探索更多的灵活互动方式，除了讲解，还可以出题答题、竞赛等，活动形式丰富多样才能保证兴趣的新鲜深厚，增强学习效果。知识归纳型教学是比较简单的，也是最便于开展课堂互动的，采取换位对话、小老师等互动方式是高效完成这类教学的好办法。

(二)历史认识和原因观点评析型教学

历史认识、原因观点评析也是历史课程中的常见话题，而且这种话题一般是比较开放的，学生受自身知识基础、认识水平等的限制，独立完成的可能性较低。这类教学教师的正确引导十分关键，可以采取教师引导小组合作探究的方式进行互动。互动教学过程中教师一定要注意积极引导学生，掌握整个探究互动过程，而非完全让学生自身去随意探讨。

如果没有教师的引导可能就会导致课堂教学秩序失控，或者讨论内容偏离教学内容。比如，在学习《洋务运动》时，针对于课本中的观点"洋务运动使中国的殖民化加深，但同时又是中国近代外交的起点，近代化的开端"这一观点，教师可以先抛出一个话题，比如在此之前清朝一直以天朝上国自居，并且设立理藩院管理少数民族和外族，引导学生去深入探讨一下看一看洋务运动对清代（我国）究竟有哪些影响。这样学生就会顺着教师给的"藤蔓"去"顺藤摸瓜"，小组思考讨论一番：关于殖民化加深，在此之前清朝拥有自主处理国内外事务的主权，此后越来越受洋人左右，中国的殖民化加深是实情。另一方面，中国在此之前设立理藩院处理外交事务，而到洋务运动时期也开始建立总理衙门，并且派遣驻外大使，这些与现在的国际外交规则已然无二，遵循国际法和国际外交惯例是一个国家现代外交的必由之路，这说明清政府在外交方面也开始走入现代化。此外，教师也可以从国人对列强外族的称呼方面稍微提供一些线索：在此之前，外国人、外族人一直被清朝皇室及满清勋贵们蔑称为是蛮夷、戎狄等等，认为他们蛮不讲理、尚未达到文明开化的程度，而在清代末期随着列强的入侵开始转而改称其为洋大人、皇军，这些说明了什么？学生在短暂的讨论之后就会明白，这也意味着近代清朝的腐朽懦弱和列强势力之强大，强弱之势的变化让国人的心态发生了转变：从自大到自卑。

再比如学习完九年级下册第一课《法国大革命和拿破仑帝国》后，可以开展一场如何评价拿破仑的辩论赛。教师把全班同学分为正反两方，并给出论点：正方为拿破仑是一名出色的政治家和军事家，反方为拿破仑是战争狂人，应该否定。教师在给出论点之后由各小组选出四名辩手参赛，其他同学则作为后援团。给出15分钟的时间两方进行讨论，在学生辩论过程中教师要掌握辩论的节奏和秩序，不能使辩论的内容脱离教学目标。辩论最后结果是正方获胜，反方虽然失败了，但是他们通过这一场辩论赛更加深刻地了解了拿破仑这个人的一生，而且通过这次的辩论，也让他们了解了辩论的基本规则，也更加理解了论从史出这一观点。这在课堂上全靠教师讲授是不会有这么好的效果的，当然开展这一活动教师的引导也至关重要，如果没有教师的引导可能就会导致辩论内容脱离教学内容，辩论秩序失控等情况发生。

有关历史认识和原因观点评析型的内容，教师可以通过言语、图片、视频等教学形式来引导学生去思考。在这类问题中最重要的是教师对于课堂节奏的引导，学生需要顺着教师的思路思考问题，这样才能实现学生有效完成任务的同时引导学生思考的目标。而教师通过问题、史料等多种形式进行引导，能不能掌握讨论研究的进度是探究能否成功的关键。

(三）激发学习兴趣的辅助互动

激发学生学习兴趣的辅助互动，一般是作为课堂教学的辅助形式出现，倡导让学生发挥特长参与的同时，也激发了学生对历史学科的兴趣。现在不少孩子都有特长，或者本身就对某些方面天赋异禀，因而这些都为此类互动提供了自然条件，而这些也依然需要教师去引导与发掘。

如临近七一，教师就可以设计兴趣激发类的辅助互动：让班级内的小画家、神笔马良式的特长生绘制一些建党建国方面的纪念宣传画、漫画，张贴到学校的宣传栏、走廊、艺术园地等区域，引导更多的人去欣赏。

此外，也可以发动班级内的小歌手、音乐特长生带领学生学唱爱国爱党的红歌、革命歌曲比如《唱支山歌给党听》《一条大河》《我和我的祖国》等，也可以据此举办校内"历史音乐杯"红歌主题比赛——少年心向党、阳光下成长，吸引更多的人参与其中。由于每个学生的特长有所不同，因此除了绘画手抄报、演唱历史歌曲我们还可以举办一些其他的活动，比如演讲、情景剧比赛等等。

总之，这些需要教师在平日里多多注意，关注了解学生们的兴趣爱好与特长，才能够因人制宜、顺其自然地进行设计安排。

（四）课堂知识的课外拓展互动

近些年比较火的"互联网+教育"模式，也可以将其运用到历史教学中，从而拓展深化传统课堂教学内容，开阔学生知识视野，培养学生自主探索学习历史知识的能力。

比如，在学习古代史的时候有不少学生就开始发问——历史上到底有没有马尔泰若曦、有没有晴川？秦始皇最喜欢的人真的是阿房吗？秦始皇的丽妃真的长生不老吗？朱允炆有没有可能真的跟随小丸子穿越到现代了？多尔衮和孝庄太后是不是真的曾经是情侣？……而这些，也主要是由于学生受一些影视剧、特别是穿越剧的影响，因而才会产生强烈的好奇心，而如果老师一味的置之不理甚至是呵斥责骂学生，这样会扑灭学生学习历史的兴趣，久而久之学生只会觉得历史枯燥乏味，也就渐渐地失去了学习历史的兴趣。因而，教师不妨让学生课下自己借助手机、计算机等设备，去找一找这些历史人物和事件，等到下次上课的时候可以集中讨论这些问题。学生对于这些稀奇古怪而又充满神秘色彩的话题往往颇感兴趣，因而，只要给他们足够的时间，并且借助现代互联网设备的帮助，他们基本上也能够完成这些课外互动任务。

此外，教师还可以设计某个或几个小主题让学生去网上寻找资料展开对这一主题的讨论，比如，背上千古骂名的隋炀帝杨广是否果真属实？教师可以提点学生去图书馆阅读袁刚的《隋炀帝传》以及观看纪录片《中国通史》里面与隋炀帝相关内容，除了老师提供的这两个线索，学生也可以发挥自己的聪明才智寻找相关资源。通过学生之间的交流互助进行信息交流分享，来更好地完成这一任务。除此之外在学生搜集资源完成任务的过程中教师要了解学生的完成情况并对学生出现的问题进行辅导。完成后学生可以通过资料汇编、演讲、情景剧展示等方式展示自己学习的成果。教师要对完成比较好的个人或小组进行表扬奖励。

除此之外，课外扩展也可以通过角色扮演与情景剧再现、知识竞赛等方式呈现出来。总之，"教学有法，教无定法，贵在得法。"教师要做好课堂互动的掌舵者，积极为学生筹划，力求能够在教师的引导下让学生攻取更多的智慧之玉。

三、结论

历史教学中设计互动环节是为教学内容和教学目标服务的，互动环节的设计不能是杂乱无序的，更不能以形式代替内容本身，而是要使之成为优化课堂教学的一种辅助手段。教师可根据不同的教学内容和教学实际情况，针对知识归纳型、历史认识和原因观点评析等不同教学内容，以及激发学生学习兴趣、扩充课堂教学知识等不同的教学需求，有针对性的采取换位对话、小老师、小组合作探究、特长演绎、"互联网+"视域下的小主题法提问、角色扮演与情景剧再现、知识竞赛等，具有个性化、特色化的历史互动教学方式。

关于历史课互动教学，我们要树立一个基本的意识：融入丰富的互动环节是为了能够完成教学目标，如果互动方式与教学目标相违背，宁肯舍弃不用。"纸上得来终觉浅，绝知此事要躬行。"历史互动教学要收到良好效果，行动是关键。只有在教育实践中不断检验和优化理论研究成果，才能推动历史互动教学理论和实践方法不断发展和创新，把中小学历史教育提升到一个新水平。

参考文献

[1] 教育部. 历史课程标准 [M]. 北京：北京师范大学出版社，2001.

[2] 高宏. "对话"视野下的课程理解及其内在实践理性 [J]. 中国教育学刊，2016,9:57-61,75.

[3] 程晓樵，吴康宁，吴永军. 课堂教学中的社会互动 [J]. 教育评论，1994,2:37-41.

[4] 伍晓露，杨璐，苏琴. 铁打的"讲授法"绝不是"满堂灌"[J]. 长江丛刊，2019,13:130,132.

[5] 毛振明. 谈"满堂灌""放羊""自主""形与神"与"自主学习"[J]. 体育教学，2015,35(4):14-16.

试论高中历史教学中学生史料解析能力的培养

赵卓煜

摘要：在新课标的背景下，史料已经成为历史命题的核心要素，历史教材中大体可以将史料分为三种类型：文字史料、图片史料和图表史料。运用文字史料进行教学能够对深奥的名词进行解说，激发学生的学习兴趣，拓展学生的历史知识。使用图片史料可以使学生对某一事件有一个直观地认识和一定地补充说明；运用图表史料可以将知识点进行串联、对比，简洁明了地传递历史信息。史料的重要性还体现在高考试题中之中，从命题角度来说，基本占到了60%~70%，体现出明显的命题规律，即基础性和拓展性、学科知识之间的综合性和时代性等特点，只有把握住这些特点，才能有的放矢进行材料学习。学生史料解析能力的培养需要教师充分发挥学生的主体性，重视对基础知识的讲解。同时在运用课外史料时，教师还应该注意史料的真实性和价值性，注意学科与学科之间的联系。

关键词：高中历史教学；史料类型；史料应用；史料解析能力

一、引言

随着新课标（2017）版的颁布，培养学生史料分析的能力也引发了广泛的讨论，例如新课标（2017）版中的课程目标第三条要求："知道史料是通向历史认识的桥梁，了解史料的多种类型，掌握搜集史料的途径与方法"。通过近几年的高考题我们不难发现，材料分析题在高考中所占比重越来越大，除了常规的主观题引用大量史料外，出题人也开始在客观题中运用大量的史料，考查学生的捕捉信息、提取信息、解析史料等方面的能力。而在教科书中，通过不同版本的教材对比我们不难看出史料在教学内容中大量存在，不论是历史故事、文献记载还是人物图片都在一定程度上帮助教师更好地完成史料教学，让我们充分意识到史料分析在历史学科中的重要性，可以加强学生的历史素养。

针对这一课题，我国许多的教学教研前辈也做了深刻的研究。主要体现在以下几个方面：例如：赵鹏瑛的《高考新课程改革背景下史料、史观和史学方法的运用》从历史课堂、学生、教师三个视角系统地阐释了史料对历史教学的重要性，并且从自身的历史教学实践出发，通过对学情的正确分析探究如何将史料有效地运用到教学中。鞠亚南的《文言文史料在高中古代史教学中的应用研究》以文言文史料为切入点，通过对文言文史料和一般史料的对比阐明其特点。从文言文史料区别其他史料的方面出发，单独探究了文言文史料在高中中国古代史教学中的运用，结合文言文史料的材料来进一步说明历史教师在古代史教学中应用文言文史料时掌握的一定方法。另外，周强的《2015—2019年全国高考二卷文综历史试题中的"史料实证"研究》通过对近五年来全国二卷史料实证素养型试题为研究对象，对其主客观题从分值、数量、考查比重等进行全面的统计与分析，归纳出其命题特点，对于全国二卷地区的教师和学生提供了巨大的帮助，也对本文关于高考试题的分析起到了积极的借鉴作用。

虽然目前有大量的学者针对这一方面做出了丰富的研究，但是我们仍可看出其存在一些不足。例如有的学者从单一类型的史料出发进行分析、对比、缺乏完整性，还有的学者从应试教育的角度来进行史料分析的研究，忽视了学生的主观能动性，过于重视成绩的驱动作用。因此从教科书中的史料出发，通过对史料的总结、归纳来论述史料分析在新课改下的重要性和培养学生历史素养的作用。同时通过史料分析题，分析其特点来进一步说明教师在教学中运用史料的技巧和学生分析史料时应注意的细节和技巧，有助于提升学生的史料分析能力。

二、史料在高中历史教材中的应用

梁启超先生在《中国历史研究法》一书中说："史料者何？过去人类思想行事所留之痕迹，有证据传留至今者也。"著名秦汉史专家安作璋先生认为，史料是"研究和编纂历史所用的材料。……广义的史料，应包括人类社会在历史发展过程中遗留下来的一切痕迹，或简称遗迹。"以上两位学者都认为史料是人类社会在生产生活中所遗留下的痕迹，可以说只要有人类出现，就会有史料的存在，同时它也是研究和编纂历史所用的材料，通过史料可以使现在的人们了解过去所发生、所经历的一些事情，可以说史料是驱散掩盖厚重历史迷雾的一束光，是打开通往千年前历史大门的一把钥匙，是过去历史存在的痕迹。

而在《新课标》的颁布要求下，如何更好地运用史料，这对高中历史教师和学生都是一个挑战。对于教师来说，随着历史教科书中引用史料的不断增加，对教师的专业文化能力有了更高水平的要求；而在高考历史试题中材料解析题比重的不断攀升，也使得其对老师的教学能力有了新的要求，教师如何将自己的文化知识、历史思维传授给学生，培养学生的历史思维能力和历史素养，这无不是一个挑战。对于学生来说，解析史料问题能力的高低不仅仅取决于学生对历史基础知识的掌握，更是考验学生是否具有独立思考问题的能力、分析总结问题的能力、历史思维的能力以及是否可以充分发挥自己的主观能动性。

当前人教版高中历史教科书中选用了大量的图片、地图和史料，这使得历史知识更加生动形象，同时使学生们更好地理解历史知识，所用史料大体可分为三种类型：文字史料、图片史料和表格史料，因其不同的功能分布在教科书的不同位置。

1. 文字史料

文字史料广义上是指一切以文字形式记录的史料，是在日常生活中使用最为广泛的材料，而在人教版历史教科书中一般都是直接引用历史文献。主要有以下几种情况：

首先是概念解说，即对教课书内容中一些深奥的名词或者概念进一步解释说明的史料，多出现于中国古代史的部分，针对这一部分内容同学们学习起来可能有一定的障碍，因此在教材中会对一些难以理解的知识点通过相关史料来进行解释。比如高中历史必修一第2课《秦朝中央集权制度的形成》的"学思之窗"模块提供之下面的史料和问题：

《史记·秦始皇本纪》载：有一天，秦始皇外出，看见丞相车骑很多，认为不是好事。宫中有人将此事告诉丞相，丞相随即减少车骑数量。秦始皇大怒，说：你们有人泄露我说的话！但没人敢承认。于是，秦始皇下诏，逮捕当时在场者，并全部杀掉。

思考题：秦始皇为什么对丞相车骑的多少如此在意？这则小故事反映了什么问题？

作为一名高中学生，可能对皇权至上和皇帝独尊这两个小概念理解起来较为困难，学习的时候会觉得比较抽象，因此采用这样一则史料通过对皇帝和丞相车骑数量的比较来体现中国古代皇权的特点，更有助于学生对知识点的把握。在一定程度上可以帮助学生更好地理解皇权至上和皇帝独尊这两个方面的内容，也有利于教师对至高无上的皇权这一知识板块的讲解。

其次是条约或文献文本，有助于激发学生的学习兴趣。比如高中历史必修二第23课《世界经济的区域集体化》的"资料回放"模块提供了下面的史料：

本协定各方将通过遵守协定的原则和规定，包括国民待遇原则，最惠国待遇原则及程序透明原则，来实现下述目标：①消除协定各方之间的商品和劳务的贸易壁垒，为商品和劳务在各方领土之间的跨边界流通提供方便；②促进自由贸易区内公平竞争的条件；③对协定各方领土内的知识产权提供充分有效的保护……（摘自《北美自由贸易协定》）

这则史料有利于教师对北美自由贸易区的相关讲述，相关协定的出现也为教师的讲述提供一定的支撑和条件。同时也有利于激发学生的学习兴趣，对学生课后作业的完成有一定的帮助，有兴趣的学生还可以通过这一史料找到更多的相关描述，培养学生解析史料的能力。

第三是知识拓展，它可以对教科书中所学这一课没有涉及的内容进行一个补充拓展，使学生的历史知识脉络更加完善，使学生所学的历史知识不仅仅局限于课本之中，生活处处是历史。建立一个宏大的历史观念，培养学生的历史素养。

这则史料为学生描绘了"百家争鸣"的历史场景，也进一步总结了当时的十个学派，为学生拓展本课的相关知识提供了帮助，其次为教师重点讲述儒家、道家、法家和墨家奠定了基础，也拓展了历史的学习范围，使本课的知识点不局限于"百家争鸣"和儒家思想的形成，在一定程度上可以培养学生的历史素养。比如高中历史必修三第1课《"百家争鸣"和儒家思想的形成》的"历史纵横"模块提供了下面的史料：

春秋战国时期，学术思想空前发达。当时学派很多，主要有十个学派：儒家、道家、法家、墨家、名家、阴阳家、纵横家、杂家、农家和小说家，合为"十家"。由于小说家没有系统化的理论，不能称其为一个学派，其他的九家被称为"九流"。其中儒家、道家、法家和墨家对当时和后世的影响比较深远。

因此使用文字史料，可以提高学生解读文本和归纳分析等能力，培养学生"史料实证"的核心素养。文字史料具有帮助学生理解知识、激发兴趣、拓展知识等方面的功能。它有利于教师快速的导入新课，激发学生对史料的思考，既能增强学生对历史这门学科的喜爱，也可以润物无声的培养学生的史料分析能力。

2. 图片史料

图片史料顾名思义就是以图片形式呈现的史料，它在高中历史教学中应用的相当广泛，它既是辅佐文字史料的工具性补充，也可以直观地表达许多文字史料无法表述的内容。不仅如此，它的素材来源也是十分广泛，历史遗迹图片、历史文物图片、历史地图、历史照片都可以作为图片史料，我们也一般称之为原始图片，除上述外，再造图片也可以被称为图片史料，这是后人依据一定的想象空间而制成的，在其真实性和价值性这两个方面远不如原始图片。因此，在教材中也多使用原始图片，再造图片一般作为补充使用。在人教版教材中，图片史料的应用十分繁复，几乎遍布书中的每一章节，与所学知识联系密切，同时还附有一定的文字补充。

图片史料的广泛应用，可以培养学生的历史时空观念，对本节课的知识点进行一定的延伸，通过某一时间拍摄的某一画面，可以使学生直观的看到过去事物的再现，使抽象的历史形象化、直观化，有利于增加学生的感性认识，使学生可以直观地体会到某一历史事件的画面，将自己所学的知识与图片相联系起来，最大程度还原当时的历史场景。

图1为《1714年的英国下议院》，选自必修一第7课《英国君主立宪制的建立》，它向学生直观的传递英国光荣革命后，随着君主立宪制度的建立，下议院也拥有了一定的权利，举行会议的情形。使同学们对"两院制"有更加清晰的认识，同时通过这张图中的内容分析，使学生对君主立宪制这一概念有更加深刻的理解，将史料教学这一教学方式贯穿课堂。

图1 《1714年的英国下议院》

图片史料还可以对本节课的内容进行一定的补充说明，使本节课的内容具有一定的完整性，同时有利于培养学生读图、认图的能力，也有利于培养学生"用图证史"的学习习惯。

3. 表格

图表史料一般指表格和各类统计图，即折线统计图、柱状图、饼状图等，相比于文字史料和图片史料，图表史料在教材中的所占比例较少，基本含括在高中历史必修二经济史，政治史和文化上来说涵盖较少。在教材中，图表史料常见的形式有两种，一种是将教材中的文字史料以表格的形式呈现，这样一来有利于将知识点进行串联、对比，使学生可以通过表格较为直接的得出结论。

如讲述必修三第21课《现代中国的教育》时，可向学生展示表《新中国成立初期教育与旧中国教育发展的比较》(表1)。通过同一时间学校数量和在校学生人数的对比和增长来使学生认识到建国初年我国教育的发展状况。根据实际情况，教师还可以带领学生将表格所包含的知识整理、归纳，培养学生分析史料的能力。通过对不同知识点的相互比较，使学生通过对比进一步对知识点进行掌握，实行知识的高度浓缩。

表1 新中国成立初期教育与旧中国教育发展的比较

阶段	1965年学校数	比旧中国最多时增长	1965年在校生数	比旧中国最多时增长
高等学校	434所	1947年的1.1倍	67.4万人	1947年的3.3倍
中等学校	80 993所	1949年的14.1倍	1432万人	1946年的6.9倍
小学	1 681 939所	1949年的4.9倍	11 620.9万人	1946年的3.9倍

另一种形式便是我们常见的包含大量数据的图表类史料，这一类型史料可以简洁明了地将信息传递给学生，学生在此基础上结合所学的知识进行归纳、整理、分析和总结。

如讲述必修二第10课《中国民族资本主义的曲折发展》时，可向学生展示图表《1913—1921年中国棉纺织工业的情况》(表2)。这则图表史料通过一定的数据清晰的展示了1913—1921年这一期间中国经济的发展状况，根据不同年份所对应的不同纱锭和布机可以使同学们直观的认识到1913—1921年中国棉纺织工业的情况和这一时期中国经济的变化。不仅如此，它还可以传递数字背后隐藏的历史信息，通过对几组数据的掌握和了解，学生可以推断出相关信息，如在1914—1918年的增长速度较快，这与一战是紧密联系的。在此基础上更加了解本章节所学习的知识，图表史料对于培养学生从史料中提取信息的能力是不言而喻的，对于教师讲好这一课起到事半功倍的效果。

表2 1913—1921年中国棉纺织工业的情况

年份	纱锭（枚）	布机（台）
1913	482 192	1 956
1914	544 750	2 316
1918	647 570	2 736
1919	658 748	3 839
1920	842 894	4 139
1921	1 248 282	4 139

如讲述必修二第21课《二战后苏联的经济改革》时，可向学生展示图表史料《勃列日涅夫时期苏联经济增长速度的下降》(表3)。这则史料标题为勃列日涅夫时期苏联经济增长速度的下降，本课主要讲的是二战后苏联的经济政策，而勃列日涅夫就是其中的关键人物之一。通过对比其国民收入平均年增长率和工业总产值平均值增长率，学生们结合课本相关知识可以自己归纳总结出这一时期经济增产速度下降的原因，培养学生解析史料的能力。

表3　勃列日涅夫时期苏联经济增长速度的下降

时间	国民收入平均年增长率（%）	工业总产值平均年增长率（%）
1966—1970	7.8	8.5
1971—1975	5.7	7.4
1976—1980	4.3	4.4

三、史料在历史试题中的应用

由于史料的重要性，近年来对历史知识的考查也更多地倾向于运用史料，例如史料在高考试题中的应用。

（一）史料在高考试题中的重要性

史料除了在教科书中有广泛的使用，还大量使用在历史试题之中，高考作为一项选拔人才的考试，不仅考查学生的学习能力，还考查学生的表达能力，其试题更加符合新课标的要求，因此笔者将以高考题为导向来论述史料在历史试题中的重要性。选择题主要考查学生的记忆、理解、分析等方面的能力。随着《普通高中历史课程标准（2017年版）》的颁布，对选择题的考查越来越趋向于学生的学习能力而不是死记硬背。分析题、推断题、比较题大量的出现，史料选取也成为选择题的常考考点。

例如下面所举的两道高考真题（表4）：

表4　2021版高考历史大一轮复习专题五近代中国经济结构的变动

黄彬	国学生，干练有才，上海招商局仓办时，章程皆其手订
朱纯祖	监生，幼时孤苦伶仃，学习米业，中年创设朱丽记花米行
姚光第	南邑生员，感于地方贫瘠日甚，就其家设机器轧棉厂

表1是19世纪末20世纪初毗邻上海的川沙县部分名人的简历，说明当时国内
A. 科举取士转向选拔实务人才　　B. 传统社会结构受到冲击
C. 儒家的义利观念被抛弃　　　　D. 新式工业在经济中居于主导

这道题虽然是一道选择题，但是它对学生能力的考查是十分有代表性的，它需要学生在分析表格的基础上总结出每一个表格的特点，比较三个不同人物的异同，最后根据选项和所学知识选出最为恰当的选项，这不仅考查了学生的学习能力，还考查了学生学习迁移的能力（表5）。

表5　二轮复习：古代经济政策与资本主义萌芽

据记载，清初实施海禁前，"市井贸易，咸有外国货物，民间行使多以外国银钱，因而各省流行，所在皆有"。这一记载表明当时（　　）
A. 中国在对外贸易中处于优势地位　　B. 外来货币干扰了中国资本市场
C. 自然经济受至进口货物的中击　　　D. 民间贸易发展中击清廷的治

这道选择题选取了一则文言文史料对清政府时期的海禁政策进行考查，这要求学生在

解读史料的基础上结合所学知识对这道题进行解答，因此学生在日常的历史学习中要注意培养自己分析、解析史料的能力，通过解析史料选出正确的答案。

高考历史试题全国二卷共设置选择题12道，每题4分，共48分，全部为单项选择题，有且只有一个正确选项，基本是按照时间顺序进行命题，从中国古代史开始到世界现代史。随着新课标（2017）的颁布，近三年的选择题题干多以史料的形式呈现，重视对学生史料解析能力的考查，基本占到了全部选择题的60%～70%，因此想要拿下高考选择题就必须先攻克对学生解析史料能力的培养。

非选择题是所谓的主观题，它的出题形式一般由一段或者几段史料组成题干，在设置一个或两个问题组成题设，基本每一道试题都会选取史料进行考查，但一般不是对原始史料的直接运用，而是出题人根据考纲的需要，对史料进行了一定的加工和设计。因此，一道主观题考查的不仅是学生的史料实证素养，而且涉及其他的核心素养，考查内容比较复杂，考生在这一部分的得分明显低于客观题。例如下面这道2020年全国一卷史料分析题：

材料一

20世纪50年代，中国与民主德国的关系良好，贸易和文化交往十分频繁。与此同时，中国与联邦德国之间处于对立状态。1955年，联邦德国与苏联建交后，中国逐步推动与联邦德国的民间往来。60年代，随着中苏关系日益紧张，中国与民主德国的关系降到了冰点。70年代初，联邦德国调整"新东方政策"，决定改善与中国的关系。1972年10月，两国外长在北京签署建立外交关系的公报，决定互派大使。此后，两国的交流活动迅速升温。

——摘编自刘德斌主编《国际关系史》等

材料二

1993年，德国实施"新亚洲政策"，十分重视发展与中国的关系。德国企业认为在中国"差不多所有行业都有背景"，纷纷进军中国市场。1998年，德国总理施罗德将实现外交政策"正常化"作为重要目标，对外不依附于任何国家，谋求世界政治大国地位，并与中国共同"推动世界经济出现多元认同"。中国认为加强中德在多极化世界中的合作，有利于提高各自国际地位，扩大各自在国际上的活动余地，并促进世界和平、安全和稳定。

——摘编自吴友法《德国现当代史》等

（1）根据材料一并结合所学知识，概述20世纪50～70年代中国与民主德国、联邦德国关系的变化及其原因。

（2）根据材料二并结合所学知识，简述中德建立战略伙伴关系的历史条件。

（3）根据材料并结合所学知识，简析20世纪70年代以来中德关系发展的历史启示。

这道题不仅考查某一方面的知识点，它将中国史和世界史的内容结合起来进行考查，这就增加了学生答题的难度，同时还要求学生要在中德关系变化的基础上看到背后的实际原因，对学生的总结、归纳能力是一个不小的挑战。

高考历史试卷全国二卷主观试题包括2道必考题和1道选做题，即考生可以根据自己的实际情况在3道试题中选择一道进行解答，这是学生学习和教师教学过程中的一大难点，它重点考查学生的分析、总结、归纳的能力，想要做好主观题，不仅仅需要学生对于所学知识的总结和掌握，还要在一定程度上表述自己的观点或看法，将自己的历史素养通过一定的文字表达出来。

无论是选择题还是非选择题，对学生史料实证素养的考查一直都贯穿在整张试卷之中，因此在高中历史课堂中对培养学生解析史料的能力是十分重要和迫切的，这不仅需要教师对自己专业知识的进一步掌握，提升教学质量，还需要教师对高考考情进行分析，根据其考纲特点，在高中三年中对学生进行渗透式的教学。对于学生来说，这一类型的题目考查难度较大，它不仅是对其历史知识的考查，同时也对学生历史素养的考查，如何将自己学习历史所培养的历史素养通过文字或答案转化在试卷上，这是学生需要克服的一大难点。

（二）史料分析题的一般命题规律

通过查看近五年新课标高考全国二卷，我们会发现史料分析题是按照一定的历史发展顺序进行命题的，但是历史客观题考查的范围比较单一，而史料分析题的考查范围设置很大，它既可以在考查中国史的同时考查现代史，也可以将政治史、经济史、文化史糅杂在一起进行考查，可以说这在一定程度上加大了学生答题的难度。史料分析题所采用的史料，因其受到题型的限制，一般较为简短，它既有对原始史料的直接引用，也有出题人为了考纲的需要将其进行修改而成的史料，一般而言，出题人只会对史料的内容进行一定的删减或补充适应题目的需要，不会对史料本身的含义进行改变，扭曲其本意。不仅如此，史料分析题所采用的史料也与客观题不尽相同，它更注重史料之间的内在逻辑性，这与它的命题方式有一定的关系，一道题的答案往往会对应好几段史料。

1. 注重基础性和拓展性

高考是一项选拔人才的大型考试，基础性是其首要特点，因此史料分析题也具有其特点，它以历史基础性知识为主，考的大多都是学科的主要知识点也就是课程标准要求学生所要掌握的知识。大约80%以上的史料分析题在设问时都会有这样一句话，"根据材料并结合所学知识"，这说明它需要学生在理解史料的基础上，根据自己所掌握的基础知识进行作答，要求学生想要答好这道题就必须能将自己所学的知识与材料进行充分的联系，才可以取得理想的成绩。例如这道材料题：

李贽在《藏书》中说："前三代，吾无论矣。后三代，汉、唐、宋是也。中间千余百年，而独无是非者，岂其人无是非哉？咸以孔子之是非为是非，固未尝有是非耳。"该材料表明李贽的基本观点是（　　）。

A. 反对君主专制制度　　　　B. 主张经世致用
C. 反对以孔子之是非为是非　　D. 主张工商皆本

这道题相对来说难易程度较低，主要是考查李贽的思想，对于高中的学生来说并不陌生，只需要简单的分析史料，根据史料和所学的知识，排除错误答案，选出正确的选项。这说明史料分析题虽是对学生能力和历史素养的考查，但是它仍是基于教材、源于教材，并不能脱离教材，无论所选的史料怎么陌生，都是建立在学生所学的学科基础知识上的，因此想要选出正确的选项，学生对基础知识的掌握是必不可少的。

拓展性是指学生在掌握知识基础上能够举一反三，学会利用自己现有的知识去解决新的问题或类似的问题。新课标（2017）版颁布以后，我国已经着手从应试教育向素质教育进行改变，对学生由知识的考查转向能力的考查，史料分析题中的拓展性就体现了这一特点。从史料分析题的材料选取上来看，不论是形式还是取材都倾向广泛性和多样性，不仅局限于选取教科书上所呈现的材料，学生所掌握的知识与史料信息联系越密切，学生解析史料的能力就越强，反之如果学生不能将所掌握的知识与史料联系起来，学生解析史料的能力就越弱。例如这道材料题：

"有朋自远方来，不亦说乎……四海之内皆兄弟也""己所不欲，勿施于人""德不孤，必有邻""礼之用，和为贵"是2007年祭孔大典推荐的五句奥运会迎宾语，这五句迎宾语体现的人文奥运理念包括：①团结友爱 ②崇尚道德 ③和睦相处 ④和平发展（　　）。

　　A.①②④　　　B.①②③　　　C.②③④　　　D.①②③④

这道题以孔子的思想为出发点进行考查，但是并非考查百家争鸣的知识点，而是将其拓展，立足时代，将孔子的思想转化为我们如今的价值观念，与之一一对应，这要求学生不仅要掌握孔子的思想，对其有一定的理解，还要求学生与时代背景联合起来，才能得出这道题的正确答案。在高考改革的新形势下，史料运用越来越新颖，提问角度越来越刁钻，形式越来越多样化，这一趋势的出现加大了对学生能力地考查，需要重视对学生解析史料能力的培养，将试题和自己的所学知识联系起来，用已学到的知识来解决未知的新问题，获得正确的结论。

2. 注重与学科知识之间的综合性

史料分析题是一个综合性考查知识和能力的题型。它既可以将同一时间的政治、经济、文化的知识综合起来进行考机，也可以将相同性质的事情联系起来进行比较；不仅可以将处于同一时期的不同国家和地区之间不同的社会形态进行考查，还可以将必修模块和选修模块的知识进行综合。考查的综合性还体现在与其他学科知识之间的综合上，例如历史学科和语文学科，史料分析题选取一段古诗或者一段文言文史料，学生通过对古诗词或文言文的解读，分析出相应的历史知识，在培养学生解析史料能力的同时，还可以促进学生语文学科的进步。其次是历史学科和政治学科的综合，史料分析题在考查近现代史这方面的知识时大多会联系到当今的政治热点来进行考查，通过分析历史事件中的"得"与"失"，立足于实际，以史为鉴。例如我们可以通过鸦片战争的相关材料可以得到"落后就要挨打""弱国无外交"的教训。

3. 立足实际，体现时代性

历史除了作为高考选拔性考试的一门科目以外，它还有自己的独特作用，"以史为镜，可以知兴替""读史使人明智"都说明了历史对现实生活的重要性。因此，高考史料分析题还具有立足实际，体现时代性的特点，在史料的选取上往往与社会的时代热点问题相联系。这就需要学生不仅要学习课本上的历史知识，还要走出课堂，立足于实践，把握当下的社会热点。要求学生在把握时代热点的基础上将自己的所学知识联系起来，需要在解析史料的基础，从不同的角度对热点问题进行全面的分析，老师也可以在日常的授课中，找一些与时政热点关系密切的史料来引导学生分析，培养学生这一方面的能力。例如这道材料题：

材料一

新中国成立后，中国共产党领导各族人民，持续推进反贫困之战，7亿多乡村贫困人口逐渐摆脱了贫困。2012年党中央承诺"决不能落下一个贫困地区，一个贫困群众"时，中国还剩9899万乡村贫困人口。……全国各地开展了东西部扶贫协作、对口支援等多种形式的帮扶。

——摘编自《筑牢中华民族共同体意识的伟大实践——写在我国脱贫攻坚战取得全面胜利之际》(2021.2.26)

材料二

我国社会逐步实现了由新民主主义到社会主义的过渡。……国家尽一切努力，促进全国各民族的共同繁荣。……县级以上的地方各级人民代表大会审查和批准本行政区域内的国民经济和社会发展计划、预算以及它们的执行情况的报告。

——摘自《中华人民共和国宪法》(2018年修订)

材料三

上级国家机关……财政、金融、物资技术和人等方面，帮助各民族自治地方加速发展经济、教育、科学技术、文化、卫生、体育革事业。

——摘自《中华人民共和国民族区域自治法》(2001年修订)

问题：结合材料及所学，分析至2020年底中国实现全部人口摆脱贫困的政治条件。

从这道史料题中我们可以看出，脱贫攻坚问题在建国初就已经出现，随着历届领导人的正确领导，我们一步一个脚印，努力实现全面脱贫。因此学生在回答这道史料题时，不能仅立足于材料，还要将所学知识联系起来，同时也可以与实际情况联系起来，对这道题做一个很好的解答。

不论是中国古代传统伦理道德问题还是近代民族革命，国内外政治问题都与当今世界的发展息息相关，通过对学生解析史料能力的培养来进一步塑造学生的情感、态度和价值观，激发学生的爱国热情，通过历史，展望未来。因此，史料分析题所体现的时代性，并不是单纯的指过去事件与现在的联系，它更多的是引发学生的思考，通过对历史事件的分析总结，提高学生解答现实生活问题的能力。

四、学生史料解析能力的培养

由于史料在教科书和高考试题中的广泛应用，因此学生解析史料能力的提高十分关键。在此过程中如何培养学生解析的史料能力也成为一个热门课题。教师作为学生在学习中的领路人，是学生学好一门学科的重要资源和媒介。一位优秀的教师，想要培养学生解析史料的能力首先需要做到立足于教材。历史教材是学生学习历史基础知识的重要来源，也是教师向学生传授知识的重要工具，无论是对于教师还是学生都有着无可替代的作用。教师在教学的过程中，应该善于把握教材中的重难点内容，对所教内容应该分清主次。不仅如此，每一本教科书都有自己不尽人意的地方，针对这一现象，教师应该树立用教材而非教教材的观念，这也是新课标所作的要求。教师应该充分发挥学生的主体性，积极引导学生进行分析解答，利用教材中的史料来培养学生解析史料的能力。例如高中历史必修一第6课《罗马法的起源》"学思之窗"模块提供的下列史料和思考题：

第三表（执行）：如债务人仍不清偿，又无人为其担保，则债权人得把债务人押家中拘留，用皮带或脚镣拴住，但（脚镣）重量最多为15磅，愿减轻的听便。

第八表（私犯）：以文字诽谤他人，或公然唱侮辱他人的歌词的，处死刑。

第八表：如有人打断自由人的骨头，他须偿付300阿司的罚金；如被打断骨头的是奴隶，罚金可以减半。

第十表（宗教）：出丧时，妇女不得抓破面容，也不得无节制地嚎哭。

第十一表（婚姻）：禁止贵族与平民通婚。

——《十二铜表法》

思考：这些条文，反映出当时罗马国家怎样的社会性质和状况？

这一内容并不影响教师对本课的讲解，为减轻学生的负担，教师往往将其忽略，没有进一步引导学生进行分析，加强学生对本节课内容的了解。对于教材中的史料，大部分教师只会稍微提及，并不会多做解读，这对于培养学生解析史料的能力没有帮助，因此希望广大教师可以调整传统的教学模式，重视史料在教学中的应用。

教师还应该重视对基础性知识的讲解，纵观高考的史料分析题，它虽然是对学生能力的一种考查，但更多是以一定的基础知识为前提的，因此想要提高学生解析史料的能力，夯实基础是必不可少的环节，在平常的课堂上或者是课后作业的布置上，教师千万不能忽视基础知识的重要性。例如下列材料题：

唐玄宗开元21年，在全国十五道设置采访使监察非法行为，剑南节度使王昱以剑南道采访使身份巡边，答杀姚州都督府所属羁縻越析州的不法豪酋。由此可知，这时期的采访使制度是怎样设置的？

这则材料虽然提问的是采访使制度，但是本质问的是唐玄宗时期的地方政治以及国家的行政区划，这则史料直接体现了学生对于《从汉至元政治制度的演变》中对唐朝政治制度的掌握。

除了选取教材中的史料来对学生解析史料的能力进行培养，教师还可以选取教材之外的史料，但是需要注意的是并非所有的史料都是真实的，也并非所有的史料都具有很高的使用价值。因此，教师在自己选取史料时应该注意以下问题：首先，不要选取与学生实际相差较大的史料，这样会加大学生解析史料的难度。其次，选取史料应该坚持典型性原则，就是说教师选取的这段史料是具有代表性的，与所讲的知识联系是较为密切的，这样通过史料还可以将历史事件联系起来，调动学生的学习积极性，丰富学生对历史事件的理解和记忆。对于一些重要的史料，教师应该争取在课堂上带领学生分析，而不是将这项任务留在课后完成，教师在讲述史料时，必须带领学生逐句逐字进行分析，对于一些生僻难懂的史料，教师应该查阅相关资料，给予学生详细解答。最后，教师在选取史料时还应该注意所选史料是否带有浓厚的个人色彩。历史事实的客观性要求我们在解读历史事件、历史史料时要做到公正客观，不带有色眼镜来看待历史事件和历史人物，这要求教师在选取史料时尽量选取比较客观的史料，如果这一类型史料不太好找，教师还可以直接引用两段评价不同的史料来让学生们进行解读。例如在讲关于秦始皇的相关课程时，针对对秦始皇的评价，教师可以采取以下两则史料让学生在此基础上进行分析。

材料一：秦王怀贪鄙之心，行自奋之智，不信功臣，不亲士民，废王道，立私权，禁文书而酷刑法，先诈力而后仁义，以暴虐为天下始。……一夫作难而七庙隳，身死人手，为天下笑者，何也？仁义不施而攻守之势异也。

——汉·贾谊《过秦论》

材料二：始皇帝，自是千古一帝也，……始皇帝出世，李斯相之，天崩地坼，掀翻一个世界。是圣是魔，未可轻议。

——明·李贽《史纲评要·后秦记》

通过这两则史料我们可以很明显的看出，两则史料对秦始皇的评价是不同的，相差较大。材料一说秦始皇以暴治天下，建立了以自己为尊的集权统治，滥用酷刑，焚书坑儒。材料二则认为秦始皇是千古一帝，他的雄才伟略为一统全国起到了关键作用。根据两则史料对秦始皇的不同评价，教师可以引导学生辩证的看待历史人物和历史事件，这样一来可以避免学生对某一历史事件或历史人物产生偏见的看法，使学生运用唯物史观解释历史事件。

教师还应该重视历史知识与其他学科之间的联系和本学科内部的联系，不能将史料孤立起来。当遇到有关政治史的史料分析题，学生不应该只运用政治史的相关知识来进行解答，还应该将经济史、文化史联系起来，教师应该有意识地培养学生的整体观和全球史观，在回答中国史的相关问题时还应该注意是否与世界史有所联系。例如以下这则史料分析题就体现了历史学科和政治学科的联系性。

新中国成立以来，在外交方面取得了辉煌的成就。截止到2008年底，中国与171个国家建立了外交关系，共参加了130多个政府间国际组织，缔结了近20000项双边条约，参加了300多个多边条约，参加了24项联合国维和行动，派出维和官员11063人次。

——摘编自中国外交部编《中国外交》(2009年版)

学生们解读这则史料时不能仅从历史学科的角度出发，对新中国成立后中国的外交进行一定的分析，还要结合材料，结合政治学科所学习的内容，对这则史料进行全方位、多层次、综合性的解读，利用所学的政治知识来解答历史问题。

文史不分家，对于那些晦涩难懂的史料来说，同学们所熟知的唐诗宋词更能引发学生学习的兴趣，教师可以从这一方面入手，培养学生解析史料的能力。因此，不要将历史这门学科孤立起来，要学会用已有的知识解决新的问题。教师在进行新课讲授的时候应该有意识的使用一些文言文或古诗词的段落来导入新课。例如在讲《秦朝的统一和中央集权的建立》这一课时教师可以用李白的《古风·秦王扫六合》，使学生在欣赏古诗词的基础上对本节课产生浓厚的兴趣，同时也可以培养学生解析这类型史料的能力。在讲解图片史料时，教师也应该将历史学科与地理学科充分联系起来，让同学们利用自己所学的地理知识对图片史料进行解读，而不是故步自封运用历史知识解决历史问题，教师应该有意识的培养学生通过阅读史料进而关注历史与现实社会之间的联系。

教师还应该注重学生解析史料的应试技巧，教师应该教学生如何从一段史料中迅速找到核心要点，把握住这段史料的主旨，同时在回答这类型问题时，学生应该怎么组织自己的语言，怎样将自己的逻辑与所学的历史知识联系起来，这些需要教师传授给学生。例如下面这则史料：

"修昔底德陷阱"几乎已经被视为国际关系的"铁律"。"修昔底德陷阱"这一说法源自古希腊著名历史学家修昔底德，他认为当一个崛起的大国与既有的统治霸主竞争时，双方面临的危险多以战争告终。如雅典和斯巴达之间的竞争，"使得战争无可避免的原因是雅典日益壮大的力量，还有这种力量在斯巴达造成的恐惧。"

阅读这则史料前，同学们虽然不知道什么是"修昔底德陷阱"，但是对雅典的民主政治并不陌生，因此在解答这则史料时，学生应该运用技巧，从中提取有用的信息，结合所学的知识来进行回答。教师还可以向学生推荐一些历史读物，让学生在自己有兴趣的题目上发表自己的看法，培养学生对历史的兴趣，在此基础上再引导学生对历史史料进行分析和解答。教师还可以每周固定给学生留有适量的史料分析题，等学生统一做完之后再进行讲解，以便养成学生解析史料的好习惯，在练习中逐步提升学生解析史料的能力。

五、结论

综上所述，随着新课标（2017）版的颁布，史料的应用能力越来越受到重视。但是不可否认的是解析史料对学生来说仍是一大难点，这不仅是因为史料分析题的考查内容是建立在历史基础知识上的，也是因为对史料题的解答在一定程度上可以体现学生学习能力的高低。通过对高考试题的分析，我们可以很明确的看到近几年来史料在高考题中的比例呈增长的趋势，学生解析史料能力的高低直接与学生的成绩高低呈正相关，因此培养学生解析史料能力是历史教学中的一个重要目标。通过对史料三种类型的举例说明，使人们对史料有一个较为清晰的认识。同时通过总结高考历史分析题的命题特点，我们可以明确的看出，在高考的史料分析题中，它会通过引用大量的史料，结合当下的社会热点，创设历史情境，它主要考查的是学生的理解历史问题、分析历史史料、总结历史经验的能力，不仅如此它还注重不同学科知识之间联系性。同时在其出题方式上它还体现了历史学科独有的时序性和时代性。在此基础上，教师应该改变传统的教学模式，树立新的教学理念，重视史料教学在高中历史课堂中的作用，不能像过去一样只重视对历史知识的讲授而忽略对学生能力的培养。这对教师的能力也是一大挑战，同时在教学过程，教师还应该帮助学生梳理知识网络，督促学生对基础知识进行全方位的掌握，注意知识点之间的衔接，避免学生孤立学习某一模块知识。最后教师还应该有目的地引导学生进行大量模拟史料分析题的练习，在做题中发现学生的问题，通过做题培养学生将所学知识与史料结合起来的能力，在做题的基础上培养学生解析史料的能力，只有学生分析了足够多的史料，他才不会对史料有陌生感和恐惧感，这同时也要求教师在选取史料时应该注重史料的实用性和趣味性，尽量不要选取高于学生能力的史料，避免学生因难度太大对其产生厌恶心理。学生通过对史料的大量分析，可以从中总结出属于自己的经验和方法，进而在反复训练中逐步提高自己的史料解析能力。

参考文献

[1] 梁启超. 中国历史研究法 [M]. 石家庄：河北教育出版社，2000.
[2] 安作璋. 中国古代史史料学 [M]. 福州：福建人民出版社，1994.
[3] 教育部. 普通高中历史课程标准 [M]. 北京：人民教育出版社，2017.
[4] 教育部. 普通高中课程标准实验教科书历史1必修 [M]. 北京：人民教育出版社，2007.
[5] 教育部. 普通高中课程标准实验教科书历史2必修 [M]. 北京：人民教育出版社，2007.

翻转课堂在初中数学教学中的应用[1]

赵鹏军[2]，张文华，吴小鹏

摘要：翻转课堂是一种基于互联网技术的新型课堂教学模式，其灵活化、独特化的教学方式在很大程度上解决了传统教学中的弊端，能够使学生更专注学习，提高学生的课堂参与度，进而提升翻转课堂的教学质量。本文主要运用了文献综述法、对比法和案例分析法，分析翻转课堂和传统课堂两种教学模式的优点和局限性，将二者有效融合，探索翻转课堂的具体应用原则，并给出相应的教学设计，最后给出在初中数学教学中应用翻转课堂的策略。

关键词：翻转课堂；初中数学；教学模式

一、引言

随着时代的发展和信息技术的普及，《教育信息化十年发展规划（2011—2020 年）》指出：以教育信息化推动教育现代化，是当前我国教育发展的一个重要战略抉择。推动教育信息化与教育教学的深入结合，使教育思想、观念、方法、手段全面创新，促进教育整体水平的提升，促进教育平等以及学习型社会和人才强国的建设。当前教育变革鼓励教师采用翻转课堂、微课堂等不同的新型教学模式来开设高质量、高效率的中学数学课堂，提高中学生的学习水平。为适应新时期需要而培养具有创新精神的高质量人才。作为新时代的教育工作者，我们要顺应新时代教育的发展和需求，改变传统的教学模式，把现代化的技术手段和数学学科结合起来，实现新时代教育信息化的全面延伸。翻转课堂这种新型的教学模式，近年来较为流行，已在全国各地掀起热潮，这种教学模式体现了学生的主体性，从实质上提高了学生的课堂参与性。

大量的研究调查表明，当前，传统的初中数学教学方式存在一定问题，辅助设备在数学课堂使用率较低、教师不能照顾到每位学生、不能尊重学生的主体性，这样就使得学生上课的积极性偏低，甚至会产生厌学等行为。针对这些问题，部分地区开始创新教学模式，实施分层教学、分班教学、微课堂融入教学等，从而探索出提高数学课堂效率、提高学生学习效果的方法策略。在此情况下，翻转课堂水到渠成。对于学生来说，它是学习的一种转变，它的特点是其独特的教学方法能够增强学生学习的自主性，而信息化的教学方法能够激发学生对数学的兴趣，有利于学生思维能力的发展。对于教师而言，它是教学的一种转变，便于教师开展个性化教学，改变了教师的角色，使教师从知识的传授者变成了学习的促进者，同时可以更加深入了解学生对于知识的实际掌握情况。然而翻转课堂也有弊端，对于自控能力较差的学生来说可能会无法适应。教师和学生缺乏交流，教师就不能根据学

---

[1] 基金项目：陕西省教育学会 2022 年度一般课题·初中数学探究教学的有效性研究（SJHYBKT2022116）
[2] 作者介绍：赵鹏军，男，陕西渭南人，教授，硕士，主要从事智能计算及其应用研究工作

生表情去了解学生对于本节课内容的理解程度，随时调整教学设计。部分学生自主学习能力差，这样就有可能适得其反。所以我们要根据利弊，将传统课堂和翻转课堂灵活结合起来，探讨出更加适用于我国初中数学课堂的翻转课堂教学模式。

翻转课堂是近年来一种热门的先学后教的新型课堂教学模式，2012年被学者引进到国内，国内关于翻转课堂的研究也有增无减，但其并不是完全高质量的课堂。国内对于翻转课堂教学模式的研究是较为一致的，如今已进入巩固稳定阶段。国内对于其研究更多注重的是如何去提高学生学习效率，但是忽略了翻转课堂的本质和学生的主体性，数据分析的科学性和有效性较低。我国的翻转课堂研究主要分为四个方面：内涵与本质研究、应用模式研究、实证研究与评估研究。国内很多学者提出了对翻转课堂具体应用的理解。王岚对中学数学传统教学模式的弊端进行了剖析，阐述了将翻转课堂用于中学数学的益处，并对其具体运用原理、方法进行了讨论，并提出了一些需要注意的问题。陈国泉介绍了运用微课在中学数学教学中的积极意义，并阐述了采用新的教学模式的原因。武小娟提出以促进中学生思维发展、提高中学生思维能力，培养中学生创新精神为目标，为帮助中学生形成独立分析问题、自主思考问题并且合作解决问题的能力，重视教学方式的灵活应用，发挥中学生的自主学习能力，提高数学课堂的学习效率。姚萍在国内外已有的研究基础上，对翻转课堂教学模式如何更好地应用于初中数学的复习课上，进行教学设计和教学材料的研究。杨小芬查阅了国内外有关翻转课堂的文献，对其进行了深入的研究，根据翻转课堂目前的教学研究成果以及我国学生特点，进一步提出了符合我国学生特点的翻转课堂教学模式。

翻转课堂教学模式起源于美国，在慕课（MOOC）和可汗学院（Khan Academy）的帮助下逐渐推广到全世界，引起了更多教育工作者的支持，掀起了一阵关于课堂教学模式改革研究的热潮。国外学者对翻转课堂的研究主要分为四个方面：内容和本质、支持体系、结果与应用。国外关于翻转课堂的研究主要集中在教学设计和互联网的发展上，国外的研究则侧重于学生的主动性，把学生作为课堂的主体，而非单纯地把学生的主动性作为研究对象。Matthew Bell等研究了翻转课堂如何影响高中学生的考试能力，调查了学生如何在高中物理与技术课的翻转资料室学习物理内容。Jim Bernauer解释了如何在大学生教育心理学课堂翻转课堂环境中使用表演，表明了翻转课堂这种教学方法是有效的，但并不适用于所有学生。Fatimah Alebrahim和Heng-Yu Ku通过一个案例研究了学生参与翻转课堂的感知，发现翻转课堂模型有助于提高学生的成绩。

二、翻转课堂的内涵

（一）翻转课堂的定义

翻转课堂是从Flipped Classroom或Inverted Classroom翻译过来的。它是指将课内课外的时间重新调整。上课期间，教师不再传授新知识，这些新知识新内容的学习由学生课前观看视频自主学习。学生可以收听播客，改进阅读任务，可以在互联网上与其他学生进行讨论，能随时去查阅他们想要查找需要的材料。教师也能有更充足的时间与所有学生沟通交流。上课结束后，学生根据自身情况，制订自己的学习计划，学习任务、主题、内容等，教师通过讲解和交流去把握课堂，让学生通过自身实践学习，找到最适合自己的学习方法。翻转课堂教学模式与探究性教学，以及其他教学方法的意义都较为相近，都是为了促进学

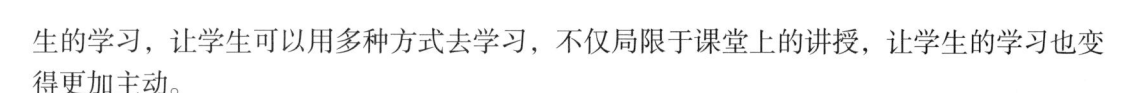

生的学习，让学生可以用多种方式去学习，不仅局限于课堂上的讲授，让学生的学习也变得更加主动。

(二) 翻转课堂在初中数学教学中的优势

1. 有利于提高学习质量

初中数学具有严密性、抽象性，涉及的知识点很多，学生不仅要理解掌握大量的知识点去进行复杂的计算，还要记忆大量的公式去解决实际问题，大部分内容较为抽象，学生难以理解，就会产生排斥数学的倾向。要想让学生掌握好学习内容，数学教育工作者就要用心设计好课堂，不应局限于传统的教学模式，可以采用广泛性的教学方式来促进学生的学习，要有意识的启发引导学生慢慢去感受数学世界，不断地领悟蕴含于数学之中的种种思维。传统的数学课堂主要是教师在课堂上进行讲解，而学生主要靠听教师讲来接受知识，在这其中，教师不断的灌输知识，而学生却缺乏独立自主思考的能力，使得学生整体思维能力降低。合理的利用电子设备可以帮助学生理解较为抽象的内容，课堂教学内容可以灵活地通过多种方式呈现出来，比如视频、图片等，不仅可以提高学生的兴趣，而且可以使一些较为复杂、难懂、抽象的数学定理、公式、概念等变得更加生动、形象，可以帮助学生更加准确的掌握知识点。学生通过提前观看教师录制好的视频，可以对下节课要学的内容有些许了解，有利于更好的掌握知识。

2. 有利于促进学生的个性化学习

中学生学业内容繁重，学习压力较大，上课稍微不注意就可能会导致学生听不懂课，再加上初中数学复杂抽象，逻辑思维能力较强等特点，传统的教学模式不能够很好地满足每一位学生。学生各有差异，有些学生可能一遍就能听懂，但是部分学生可能得多听几遍才能够掌握。翻转课堂的微视频可以更好地根据学生的特点，满足每位学生的个性化需求，学生随时都可以暂停，随时都可以学习，可以根据自己接受知识的快慢程度进行调整，有利于促进学生的个性化学习。

3. 使课堂更有针对性

翻转课堂教学模式的新兴主要在于互联网技术的发展与教育信息化发展的结合，在教育体制改革的大背景下，这也是一种不可避免的需求。翻转课堂是一种顺应学生发展的认识和特征的教学模式，使教学形式变得更加丰富多样，使学生参与课堂的积极主动性提高。学生通过提前观看视频，并及时找出自己不会的问题，教师汇总后进行教学设计和课件制作，课堂主要用于解决学生不会的问题，通过师生交流合作，让每一位学生都能积极的参与到课堂上，成为课堂的主体，使课堂更加生动有趣，不再枯燥乏味。

三、传统课堂与翻转课堂的比较

(一) 翻转课堂与传统课堂的对比

传统课堂和翻转课堂两者有着本质的区别，在教学形式、教学方法、教学内容以及教学次数等方面都有不同。传统的数学课堂上，教师是整个数学课堂的主导者，是知识的传授者，为学生讲解公式、概念、定理、方法等，学生则是知识的接受者，学生接受知识的整个过程都较为被动。课后，学生对所学的内容进行巩固复习并完成课后习题，整个过程由教师把控，教师可以合理的分配每个教学环节所需要的时间。翻转课堂与传统课堂相比其好处在于让学生自主学习，同时也可以锻炼教师的个人能力，促进教师能力发展，使师生共同进步。教师事先把制作好的录像发给学生，让学生在课后的空闲时间里观看，在观看视频的过程中及时找出不懂的问题，查阅相关资料自行思考，将思考后仍无法解决的问题标注出来。教室里的大部分时间都是教师和同学们的互动，学生的思考以及讨论等，教师对学生不理解的疑难问题进行答复。在这整个过程中，教师从教学中的"传道人"向"指导者"转化，同时，教师能更好地了解学生所掌握知识的情况，学生的主体性也得到了充分发挥。总体说来，翻转课堂就是重新调整了课堂时间，将传统课堂上主要讲解的知识内容搬到了课前来进行，而将传统课堂中课后进行练习的内容搬到了课堂上，教师和学生在这两种教学方式的参与课堂的形式不同。通过这两种不同形式的学习，学生的学习效果和学习质量也有较大的不同（二者比较见表1）。

表 1 传统课堂与翻转课堂的对比

课堂模式	传统课堂	翻转课堂
师生角色	教师主导	学生主体
上课形式	教师传授	教学视频
主要特点	教师的主导性 课程内容进度统一 课堂时间由教师分配 现场感强 有利于培养动手能力 课后解决问题 学习内容统一化	学生的主体性 课程进度由学生掌控 课堂时间由学生分配 现场感弱 不利于培养动手能力 课上解决问题 学习内容个性化

（二）翻转课堂与传统课堂的利弊分析

1. 翻转课堂的优点

翻转课堂借助现代化的教学设备，改变了以往的授课次序，采用录像授课取代课堂授课，更好地满足了学生的需要，打破了传统课堂"齐步走"的局限。较传统课堂而言，翻转课堂有着巨大的优势，从传统的以教师为主导的课堂到以学生为主体的课堂教学。首先，翻转课堂突破了时间限制，学生可以根据自己对知识掌握的实际情况随时调整视频的倍速。对于较难理解的知识点可以降低播放速度，反复观看、深入思考，对于简单的知识点可以加快播放速度，学生可以通过上网查阅各种资料来获取知识，从而满足了每一位学生的需求。其次，翻转课堂的优点就是提升了课堂的交流互动，具体表现在师生互动、小组合作、生生互动等。再次，翻转课堂的实施也需要家长的参与，可以促进学生和家长的交流。最后，翻转课堂的实施可以增强学生的自主学习能力，使学生的预习内容更加丰富化，培养学生的创新精神。

2. 翻转课堂的缺点

每一种教学模式都有其局限性。对于偏远的地区来说，实现翻转课堂较为困难，大多

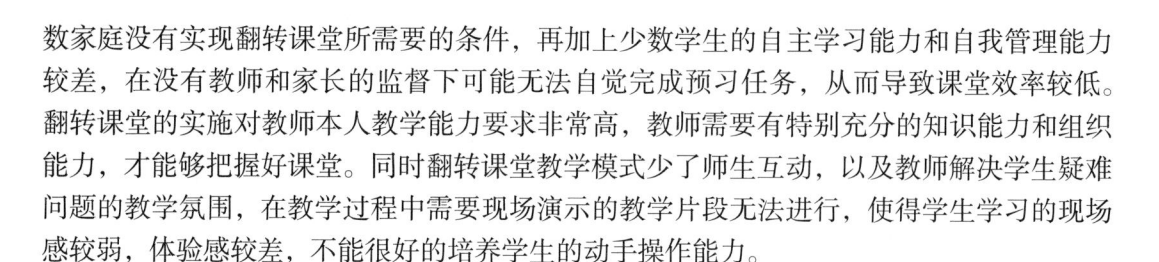

数家庭没有实现翻转课堂所需要的条件，再加上少数学生的自主学习能力和自我管理能力较差，在没有教师和家长的监督下可能无法自觉完成预习任务，从而导致课堂效率较低。翻转课堂的实施对教师本人教学能力要求非常高，教师需要有特别充分的知识能力和组织能力，才能够把握好课堂。同时翻转课堂教学模式少了师生互动，以及教师解决学生疑难问题的教学氛围，在教学过程中需要现场演示的教学片段无法进行，使得学生学习的现场感较弱，体验感较差，不能很好的培养学生的动手操作能力。

3. 传统课堂的优点

我国义务教育主要的教学模式是班级授课制，这种传统的教学模式可以充分发挥教师的主导作用，有利于系统的传授知识，学生也更容易接受。通过直接讲解重点知识，使得学生的现场感更强，可以促进师生交流互动，也可以培养学生的现场动手能力。在讲授知识的过程中有利于教师和学生思想发生碰撞，提高学习效率，教师可以通过观察学生的面部表情来判断学生是否掌握知识点，进而灵活调整教学方案。

4. 传统课堂的缺点

传统的教学模式，其上课主要模式是教师讲解，上课形式较为单一，没有任何创新。首先，传统教学模式对教师个人能力要求较低，不能够很好地提升教师个人的综合素质和教学能力，传统的教学模式较为单一，教师主要是通过板书传授知识，基本上不会涉及信息化的设备，对教师的讲课方法及形式没有太高的要求。其次，不能够很好地训练学生的思维，传统教学以教师为主，学生对于不懂的疑难问题不能得到解答，教师不能关注学生的学习方法、思维能力的形成，课堂完全由教师操控，教学过于程序化和模式化。

(三) 传统课堂与翻转课堂的融合——优化翻转课堂

传统课堂和翻转课堂各有其利弊，要想在初中数学课堂中合理的使用传统课堂和翻转课堂来进行教学，教育工作者就要根据我国中学生学习的主要特点，掌握传统课堂和翻转课堂的优点和局限性，结合各自优势和劣势，将两种模式相互渗透、扬长避短地进行教学，创新出更为完善的翻转课堂教学模式。将课程性质、课程内容以及学生特点结合起来，布置相应的学习任务，学生在上课前观看视频，自己学习并且完成教师布置的习题，课堂上，教师对学生产生的具体疑难问题进行解答，对本节课的重难点进行有针对性的讲解，不仅会增强提高学生学习的质量，而且有助于教师因材施教及学生的个性化发展（见表2）。

表2　优化后的翻转课堂

过程	传统课堂	翻转课堂	优化后的翻转课堂
上课前	学生预习课本	学生观看教师录制好的视频	学生观看视频并完成视频中的习题 教师对学生所提出的问题进行统计 教师制定具有针对性的课件
上课时	教师讲授内容	教师针对学生的疑难问题进行解答	教师讲授内容，并将学生的问题融入课堂 针对性的对学生的疑难问题进行解答 引导学生思考问题、分析问题、总结内容
上课后	教师布置作业	学生观看新的视频	教师根据学生上课期间的表现进行个性化辅导 学生观看新的视频

初中数学具有抽象性、逻辑严密性、应用广泛性的特点。改进后的翻转课堂教学模式根据中学数学的特点和学生的思维能力，进一步融合了传统课堂和翻转课堂的优势。使学生通过自主学习找出自己的问题，再由教师授课，有效地解决疑难问题，激发学生学习兴趣，互相探讨，共同进步。翻转课堂让所有学生都参与到课堂，活跃了学生的创新思维，提高了学生的数学逻辑思维能力。解决了翻转课堂现场感弱，网络因素等问题，形成了更完善的翻转课堂教学模式。具体特征如下：

1. 教学过程的重组

传统教学中，教师主要通过课堂讲解来完成教学内容。而改进后的翻转课堂，教师可以把握每位学生掌握知识的程度，可以有效地解决问题，使数学课堂更高效，更高质量。

2. 教学形式的改革

传统教学中，教师不能顾及每一名学生，完善后的教学模式下，教师可以因材施教，针对每位学生进行辅导。

3. 师生角色的转变

老师从课堂上的领导者转变为学生的助教和引导，使学生更加积极。

4. 教学环境的创新

学生可以通过现代化的信息设备进行学习，根据自身的学习情况掌握学习进度，及时思考问题。

四、优化翻转课堂的具体应用

(一)优化翻转课堂在初中数学教学中的应用原则

1. 要坚持协调发展的原则

在实施翻转课堂之前，教师要与学生进行沟通交流、提供明确的教学计划、学习任务、学习内容以及要求，给学生留够充足的时间让学生观看视频，并且完成课前作业。上课前，对学生进行课前检测。

2. 要坚持合理性原则

（1）选择合适的学习软件。

教师选取的软件应该可以进行教学，同时记录学生学习的时间长短，分析出学生学习中遇到的疑难问题，及时总结出每位学生学习数据。由于大部分学生都通过手机、平板、电脑进行学习，所以此软件应该支持手机、平板、计算机学习，并且能够同步学习数据。

（2）选择合适的内容进行翻转。

不是所有的内容都适合翻转，教师要选择合适的内容进行翻转课堂。难度较大的内容，学生难以理解的内容以及需要师生大量互动的内容就不适合翻转。

（3）视频的选取或录制要循序渐进，要选择学生能够理解且在短时间内（10分钟左右）就能掌握的知识。

（二）优化翻转课堂在初中数学教学中的案例——以菱形的性质为例

为更近一步探究翻转课堂在初中数学教学中的具体应用，笔者以人教版八年级数学菱形的性质，为例设计教学。

菱形的性质翻转课堂教学设计

一、教学目标

（一）知识与技能：通过对菱形的认识，了解菱形的相关性质及定义，并能进行简单的计算，解决实际的问题。

（二）过程与方法：在自主学习中了解菱形性质，在自主探索中获得数学学习的方法。

（三）情感态度与价值观：从已有经验出发，通过课前观看视频，感受身边的数学，体会数学的神奇，发现生活中的菱形，激发学生对数学的兴趣。

二、教学重难点

（一）教学重点：菱形的性质及应用。

（二）教学难点：菱形面积的求法。

三、任务布置

（一）观看课前视频，了解菱形的相关知识，以及菱形与平行四边形之间的联系，提出听课中遇到的不懂的问题。

（二）完成视频中检测题。

（三）教师对检测题情况进行汇总，以便掌握学生的情况。

四、教学用具

电脑（平板、手机）、多媒体

五、教学过程

（一）展示与评价

1. 用多媒体设备将学生观看视频的情况展示出来，对完成情况好的学生进行表扬或奖励，对完成情况不太好的学生给予鼓励。

2. 根据课前微视频的观看，学生积极抢答下列问题

（1）菱形的定义：_____平行四边形叫作菱形。

（2）菱形的性质：对边_____，对角_____，对角线_____。

（二）合作与探讨

1. 呈现出学生观看视频所产生的问题，学生分组讨论，师生共同探讨。

2. 巩固菱形性质的证明过程，加深学生印象。

（1）如图1所示，平行四边形 $ABCD$ 中，$AB = BC$，求证 $AD = DC = CB = BA$。

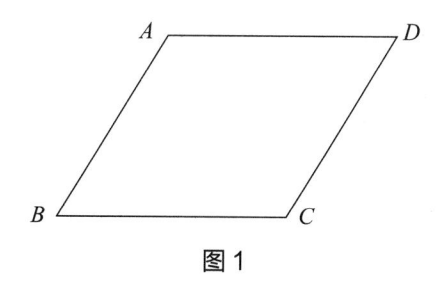

图1

证明　∵ 四边形 ABCD 是平行四边形

∴ AB = _____　BC = _____

又 ∵ AB = BC

∴ AB = BC = _____ = _____

结论 (边的性质)：_____

几何语言：∵ 四边形 ABCD 是菱形

∴ AB = _____

(2) 如图 2 所示，在菱形 ABCD 中，对角线 AC 与 BD 相交于一点 O，求证 AC⊥BD，∠DAC = ∠BAC。

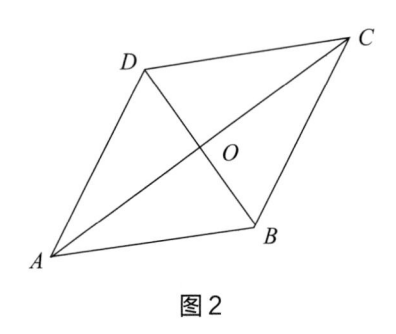

图 2

证明　_____

结论 (对角线的性质)：_____

几何语言：∵ 四边形 ABCD 是菱形

∴ _____

(三) 互助答疑

(1) 教师激励、引导学生之间互相交流，互相帮助，小组共同合作解决疑难问题，每个小组抽一名同学上讲台展示。

(2) 学生交流探讨后仍无法解决的问题，由教师统一讲解。

(3) 解决问题后，教师引导学生归纳菱形的重难点内容，总结解决菱形问题的规律方法。(让学生从边、角、对角线三个方面总结菱形的性质)

(四) 巩固提升

对学生遇到的问题进行巩固，并针对这些问题进行应用，使学生能运用菱形特性来解决实际问题，并能更好地运用菱形的性质。学生完成前三个习题后，评价学生完成情况，给予学生表扬，最后一题由师生共同完成。

1. 已知菱形的边长 5cm，则它的周长为_____。

2. 已知菱形的两条对角线长为 10cm 和 12cm，则这个菱形的周长为_____面积为_____。

3. 如图 3 所示，已知菱形 ABCD，AB = BC，E 分别是 BC、AD 的中点，连接 AE、AF

(1) 证明四边形 AECF 是矩形；

(2) 若 AB = 8，求菱形的面积。

图3

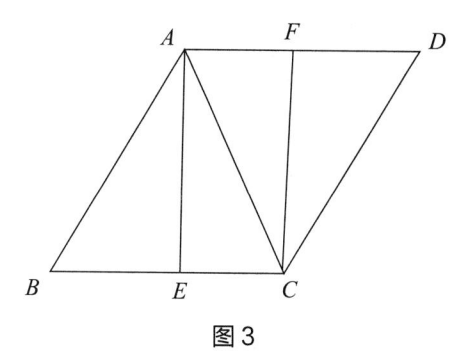

4.如图4所示，菱形花坛ABCD的边长为20m，$\angle ABC=60°$，沿着菱形的对角线分别修建了两条小路AC和BD，求两条小路的长和花坛的面积(结果保留小数点后一位)。

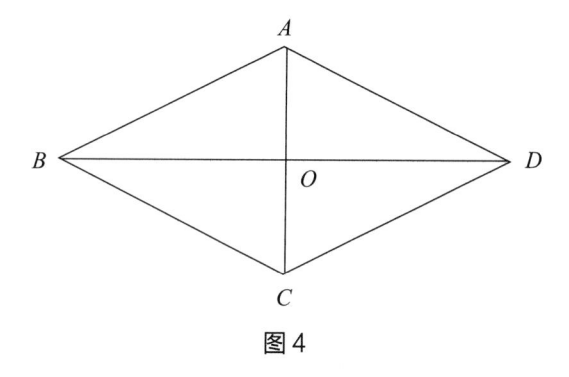

图4

解 ∵花坛ABCD的形状是菱形

∵$AC \perp BD$

$$\angle ABO = \frac{1}{2}\angle ABC \frac{1}{2} \times 60° = 30°$$

在Rt△OAB中，

$$AO = \frac{1}{2}AB \frac{1}{2} \times 20 = 10$$

$$BO = \sqrt{AB^2 - AO^2} = \sqrt{20^2 - 10^2} = 10\sqrt{3}$$

∴花坛的两条小路长

$$AC = 2AO = 20(m)$$

$$BD = 2BO = 20\sqrt{3} \approx 34.6(m)$$

花坛的面积$S_{菱形ABCD} = 4 \times S_{\triangle OAB} = \frac{1}{2}AC \cdot BD = 200\sqrt{3} \approx 346.4(m^2)$

六、总结反思

(一)总结

通过对菱形的概念、菱形的性质、菱形的面积的计算等三个角度进行归纳，总结出问题的规律和方法。

1. 菱形定义：_____
2. 菱形性质：边：_____
　　　　　　　角：_____
　　　　　　　对角线：_____
3. 菱形面积求法：_____

（二）反思

1. 菱形与平行四边形相比，其特殊性在哪里？
2. 菱形与矩形相比，其差异在哪里？

七、布置作业

1. 回顾菱形的相关知识内容。
2. 复习本章学过的知识。
3. 观看下节内容正方形的课前视频，并完成同步习题。

（三）优化翻转课堂在初中数学教学中的使用策略

通过设计人教版初中数学《菱形的性质》教学案例，总结出翻转课堂的使用策略如下：

1. 精心设计教学视频

首先，教学微视频必须要经过教师精心设计或选取，要注重引导性和趣味性，设置对应的习题可以供学生自主思考研究，微视频的讲解要与测试题同步，防止偏离。其次，微视频的选取要注意时间，尽量选取 10 分钟左右的视频，视频短小精悍，且内容可以引起学生的注意，调动起学生学习的积极性。再次，制作的视频要符合学生的特征，不宜过复杂，主要的内容还是要放在课堂上讲解。最后，视频的制作要循序渐进，问题的设置要符合学生的思维特征。

2. 注重把握课堂教学

一节课的成功与失败，关键在于课堂，课堂整体由教师来掌控。翻转课堂是一种全新的教学方式，它最大的特点在于它可以调节上课时间。学生找出自己不懂的地方，教师在解决问题的基础上来进行教学。课堂上以学生为核心，学生互相合作，教师通过实际的讲解来帮助学生解决问题，从而更好地达到本节课的目的。这种方式很好地融合了两种教学模式的优点，师生合作，使学生的学习效率得到了提高，教师的教学水平也得到了进一步的提升。

3. 鼓励学生积极思考

中学数学要求培养学生的数学创新思维，学生要具备自主学习能力、逻辑思维能力以及自我创新精神。新的教学模式需要师生共同努力，共同配合。每个人都存在个体差异，对知识的理解程度和掌握情况也都不相同，这种新型的教学模式可以让教师更好关注到每位学生，使教师有更多的时间观察到学生的思维，上课的状态等问题，照顾到每位学生，尊重学生，从而更好地实现班级学生共同进步。

4. 完善教学评价方式

在翻转课堂教学模式下，教育工作者要注重评价，注重形成性评价。首先，要采取多种方法进行教学评估，即教师对学生、学生对学生、家长对学生的评价，以保证对学生评估的全面性。其次，可以从多个方面进行评价，学生学习课程的态度，学生学习的方法，以及学生上课的参与性，等等。

五、结束语

通过查阅国内外关于翻转课堂的研究现状资料，在翻转课堂的相关理论基础上，对比了传统课堂和翻转课堂两种教学模式，分析了翻转课堂和传统课堂在初中数学教学中的利弊，并且根据我国教学模式目前的主要情况，以及我国学生的特点，将翻转课堂和传统课堂两种教学模式的优点融合起来。这种模式保留了我国传统课堂讲授的系统性，又将翻转课堂尊重学生主体性、培养学生思维能力的优势融合进去。对于初中数学教育工作者来说，我们要多激励学生独立思考，这种融合后的翻转课堂教学模式，是值得我们教育工作者去尝试的。

参考文献

[1] 教育部印发《教育信息化十年发展规划（2011—2020 年）》[J]. 中国教育信息化，2012，8:95.

[2] 卞学宇，孙婷，刘建旭. 翻转课堂混合式教学的教学效果提升路径研究 [J]. 科技风，2021,33:110-112.

[3] 苏国东. 智能教学软件促进初中数学教与学改革的研究和实践 [J]. 中国教育信息化，2021,12:92-96.

[4] 张敬南，张强，王辉. 基于疫情期间教学实践的线上教学分析 [J]. 黑龙江教育（高教研究与评估），2021,9:45-46.

[5] 鲁来凤，牟乐，王怡楠，等. 国内外翻转课堂研究现状和主题结构的对比分析 [J]. 当代教师教育，2020,13(3):79-86.

初中数学教学中学生问题意识的培养[1]

赵鹏军[2]，刘怡婷，吴小鹏

摘要：随着时代的快速发展，国家在创新型人才方面有了更高的需求。问题是创新的基础，因此在教学中培养学生的问题意识具有重要的意义。本文主要从以下几点进行了研究：首先，概括初中数学教学中学生问题意识培养的意义和重要性。其次，分析学生问题意识培养的现状。然后，探索学生问题意识培养的教学方法。最后，论述如何在教学中应用问题意识教学方法培养学生的问题意识。

关键词：初中数学；数学教学；问题意识

一、引言

"问题"与数学学习紧密相连，在数学学科中数学定理和定义都是由不同问题产生的。陶行知先生曾说："创新始于问题，因为有问题才会引发思考，进而才会得出问题的解决方案，获得独立思考的方式"。假如学生的问题意识比较缺乏，无论怎么培养创新意识和能力都不可能真正实现。问题意识是提出问题的基础，提出问题是解决问题的重要一步。改革开放以来，我国的教育水平在不断提升，随着新课改的持续推进，更多教师也意识到培养学生问题意识对于学生学习非常关键。因此我们要采取相应的措施，让学生养成问题意识，进而能够主动提出问题、分析问题，最终解决问题。

我国古代教育学家孔子很早就对思考以及学习当中问题意识的重要性做出了评价和肯定，并且提出："疑是思之始，学之端"，"学而不思则罔，思而不学则殆"等广为流传的言论，明确提出在学习当中学习者一定要带着思考和疑问，要充分结合思考和学习过程，始终要有好奇心，这样最终的学习效果才会更好。而孟子也提出"尽信书，不如无书"，即在读书的过程中学生应该始终怀着质疑精神，不能一味地相信书本中的内容，将其信奉为真理，而要有思考和问题意识，要有提出质疑和不解的勇气，这样才能真正获得知识。虽然古人并没有将问题意识的概念直接提出，然而，从其教学思想当中也能够看到他们在思考能力以及质疑精神方面的重视。

问题意识在学习当中所发挥的作用早已受到古人的重视，而问题意识在当下的教育当中仍然至关重要，现阶段，有关数学问题意识方面的研究具体侧重于数学教学以及小学生问题意识的培养当中，初中数学问题意识培养的研究所占比例不多，因此关于学生问题意识仍然有研究的意义和价值。

现代教育学家陶行知先生在《每事问》中写道："发明千千万，起点是一问。"问题是科学研究的出发点，是开启任何一门科学的钥匙。马慧通过调查发现，学生随着年龄的增长

---

[1] 基金项目：陕西省教育学会2022年度一般课题·初中数学探究教学的有效性研究（SJHYBKT2022116）
[2] 作者介绍：赵鹏军，男，陕西渭南人，教授，硕士，主要从事智能计算及其应用研究工作

提出的问题反而越来越少，并分析了培养问题意识的方法。林清对初中数学课堂中学生问题意识的现状进行了分析，并对如何做好学生问题意识的方法进行了探究。崔改萍指出，随着教育理念快速发展，灌输式教学不再适用，初中数学教学需要关注学生的问题意识。何立冬指出，在开展初中数学课堂教学中，教师可以应用问题引导法。栾鹏指出，提出数学问题是培养学生创新意识和创新能力的核心和有效的切入点，教师应该让学生带着问题走进教室。蔡丽军通过问题意识培养的原则，研究了问题意识对中学数学教学产生的意义。田洪霞通过调查研究指出初中教学中问题意识培养的问题以及培养策略，说明了学习源于思考，思考源于问题的观点。钟乐指出只有帮助学生建立问题意识，才能使学生从生活中发现数学问题，引领学生在生活中应用数学知识。王以建提出，问题意识是初中生必备核心素养体系当中的一部分，只有在良好问题意识的支撑下，才会促使学生主动发现、提出并解决问题，在持续性的问题探究当中提高主动学习能力，增强综合学习素质。宋平提出，教师应该鼓励学生质疑，加强学生问题意识的培养。王勇通过分析学生解决问题的能力，提出了解决实际问题能力的方法。因此，在现代的初中数学课堂中，学生问题意识的缺失是一个非常严重的问题，问题意识的培养显得尤为主要。

美国在20世纪80年代的基础教育领域，提出以"问题解决为中心"的课堂理论。科学哲学家波普尔曾经提出：科学始于问题，问题是已知和未知之间的地带。希尔伯特也曾经提出："在一门科学分支当中如果有足够多的问题，也就意味着其有很强的生命力；而缺乏问题也就代表独立发展的终止或衰亡。"杜威在《民主主义与教育》中认为课堂教学应作为解决真实生活问题的实验室，他认为教师应该将学生置于问题情境中，并帮助他们探索问题。综上所述，在初中数学教学中，问题意识必不可少，我们需要不断地学习和努力培养问题意识。

培养学生的问题意识，在中学数学教学中具有十分重要的意义。培养学生的问题意识，有助于增强学生的主体意识，能充分调动学生的主动性和积极性，改善学生的学习方式，提高学生学习的质量，促进学生全面发展；有助于更新教师教育理念，提高教师的教学研究能力；有助于促进课堂教学改革，提高课堂教学效率，激发学生对数学的兴趣，使教师和学生能够得到沟通发展。

二、概念界定

（一）问题意识

"问题"可以被分为两类，一是由于对科学知识背景的无知而产生的，称为"知识性疑难"，二是由于对科学知识背景分析而产生的，称为"科学探索性疑难"。

"问题意识"是理论对问题的动态解释；问题的提出和问题意识的确立应以科学怀疑为基础，依赖于研究者的知识结构。对已有研究进行文献分析是提出问题和建立问题意识的基础。

人们在认识活动当中面对一些不是非常了解或者解决难度比较大的问题和理论的时候，内心存在困惑、怀疑以及焦虑等相应的心理特征，称为问题意识。从意识本身来回答，记忆本身是一种思维或者思想，也就是说，问题意识属于提问、质疑。

（二）数学问题意识

数学问题意识即学生积极思考、自由讨论、主动发现、提出以及解决问题等有意识的心理活动。它是学生创造力的重要组成部分。数学问题意识是在问题意识概念的基础上提出的，是一种问题思维的心理品质，是指教师引导学生进入情境中隐含的"数学问题"，使学生意识到现有条件与实现目标之间存在的矛盾和需要解决的困难，从而产生的困惑、怀疑以及焦虑的一种心理状态。在这种情况之下，个体的好奇心会进一步增强，也会有更加强烈的问题意识，进而在解决问题的过程中形成自己的见解。

三、初中生数学问题意识现状问卷调查及结果分析

(一)初中生数学问题意识现状调查

1. 调查目的

通过问卷对学生发现问题、提出问题能力的现状、缺乏问题意识的因素及其方法进行调查，并对数据进行分析处理，为此次研究的重要性提出有利依据。

2. 调查对象

为了收集数据的广泛性，本次数据来源主要为柳林镇中学学生、笔者及朋友兼职所带学生，最终发放调查问卷260份，有效问卷245份，有效率为94.2%，其中男生106人，女生139人。

3. 调查问卷的内容

本问卷结合导师和学校数学教师的建议进行设计(表1)，主要包括三个方面：问题意识现状、缺乏问题意识的因素、学生的建议。

表1 调查问卷设计表

调查报告研究内容	研究内容所涉及的问题
"问题意识"现状	问题3、12、13
学生自身原因	问题2、5、6、8、9
教师自身原因	问题7、10、11
学生的建议	问题4、14

(二)初中生数学问题意识现状分析

1. 问题意识现状

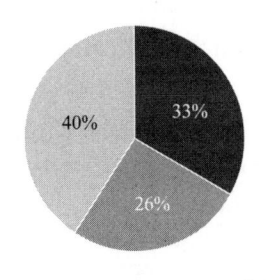

图1 学生问题意识现状（问题意识不了解 33%；上课提问浪费时间 26%；不提问，也会取得好成绩 40%）

由图1可知，随着课程改革的不断完善，大多数学生已经拥有问题意识，但少数学生问题意识仍然较差，因此，我们需要采取各种措施，增强学生的问题意识，从而达到问题意识的普及化。

2. 导致问题意识薄弱的因素

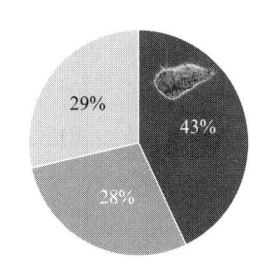

■对数学不敢兴趣　■提问是老师的事情　■很难在生活中发现数学问题

图2　学生问题意识薄弱的原因

学生自身原因：由图2得知，目前仍有30%多的学生对数学不感兴趣，因此教师在教学过程中要不断培养学生的问题意识，增强学生的学习兴趣；有20%多的学生认为提问只是老师的事情，和自己没有关系；接近50%的学生很难在生活中发现与数学相关的问题，不会主动向老师和同学请教不懂的问题，并且不会应用数学知识来解决生活中的实际问题。

教师自身原因：目前仍然有8.16%的教师由于学生上课时间紧迫，不会给学生思考的时间，在上课过程中，仍然有超过20%的教师不会提问，并让学生自己思考。

3. 初中数学教学中学生问题意识的现状总结

目前，大多数教师特别是偏远地区的教师，对于知识的传递，仍处于灌输式的教学模式中，忽略学生是学的主体这一地位。在这种教学方式的促进下，学生只是一味的相信教师，缺乏主动思考和提问的机会，长此以往，学生就会过分的依赖教师，在学习过程中，就会一味地等着教师提出并且解决问题，学生在这个过程中并没有体现出主动性，不能独立解决问题，导致学生只会机械性地用死记硬背来记忆知识。

在教学过程中，对于一些很难解决的问题，很多教师会以自己为主体，不给学生思考的时间，直接给出解决方法和思路，并且不会引导学生解决问题。目前，也有一些教师意识到了在教学过程中要培养学生的问题意识，但其仅仅只是凭借自己的感觉授课，缺乏科学性。教师在教学过程中要教授学生抓取题干中关键的解题要素，从而提高学生自主解决问题的能力，并联想可能涉及到的知识点，利用其已有的信息和相关知识点来解决问题。

4. 方法和建议

创设问题情境，激发提问思维；鼓励学生提问；小组交流讨论等。

四、初中数学教师访谈结果分析和有效措施

（一）初中数学教师访谈

1. 访谈目的

在访谈当中，与对学生展开的问卷调查结果相结合，对教师展开深入的了解以及核实。

了解几位数学教师对于培养学生数学问题意识的重视程度。

了解教师对于培养学生问题意识的建议和想法。

2. 访谈对象

本次教师访谈任意选取五位初中数学教师分别进行访谈。

3. 访谈内容

本次访谈共有如下问题：

(1) 学生在课堂中是否会主动提出问题，并解决问题？

(2) 您在教学过程中，主要以什么样的方式进行上课？

(3) 您是怎么看待数学教学中，培养问题意识这个问题的？

(4) 对于学生问题意识的培养，您有什么好的看法和建议吗？

(5) 在培养学生数学问题意识的过程中，我们需要注意什么？

(二) 访谈结果分析

首先，我们的教师都认为目前的学生都不愿意思考，问题意识比较薄弱，在课堂中，越是成绩好的越爱动脑，更加喜欢提出问题；其次，越爱思考的学生，会将所学知识融会贯通，但不爱思考的学生往往只会生搬硬套，问题稍微有变化，就又不会做了；最后，由于目前教学任务重，培养学生的问题意识不同年龄的教师有不同的看法。年龄大的教师认为比较浪费时间，如果有正确方法，是可以培养的，比较年轻的教师认为是可以兼顾的，但他们的相同点是认为培养学生的问题意识很重要。

(三) 培养学生数学问题意识的方法

1. 创设问题情境，激发学生数学学习兴趣

《义务教育数学课程标准》指出："初中阶段数学的学习，以问题解决为导向，提高学生发现与提出问题、分析与解决问题的能力。""学生一定是在实践当中不断地总结思想方法以及数学知识，而并非被动的接受教师的知识传输。"只有学生经过自主探究、分析以及归纳之后，对于知识的理解才会更加深刻，掌握的也会更加深入，进而在实际运用当中才会更加灵活且富有创新意识，使数学的价值真正得以发挥。

教师在日常教学的过程中，积极创设问题情景能够激发学生更加强烈的求知欲望，使学生能够带着问题去学习。在数学教学当中，问题属于核心，是思维形成的起点，同样也能够促进思维的发展。在课堂教学当中，教师的提问，一般能够引起学生强烈的求知欲以及好奇心。基于该特点，引导学生自主的发现问题、在讨论以及探索的过程中最终使问题得到解决，通过这种方式提高学生数学学习的积极性，也能培养学生的创新意识和思维，教学效果也会得到显著提升。

2. 鼓励学生对知识进行质疑提问

传统的阅读教学要求学生遵守规则，毫无疑问地接受教师的话和课本上的知识，不仅如此，大多数的学生还把教师的话当成至理名言，使学生对他们产生依赖性，学生严重缺乏主动性，对于学习也会丧失兴趣，久而久之，教师会产生职业倦怠，而学生会产生厌学心理。所以要转变教学观念，不要用自己的分析和提问来替代学生的自主阅读，要转变角

色，注重启发和引导，让学生自己提问。有的教师可能会想：如果学生的问题回答不了，就失去了威信；如果他们问的问题太多，就会占用大量的课堂教学时间，打乱自己的教学计划，其实这两种想法都是不必要的。学生提问后，教师可以先筛选出学生普遍困惑、渴望了解的问题，然后让学生带着问题先自己阅读感悟，寻求答案。对于暂时回答不了的问题，可以扩展到课外活动，鼓励学生自主探索。

让学生自己提出问题的好处是消除了学生学习的依赖心理，使学生由一个被动接受者变为主动探索者，学生见到自己提的问题在教学中起到了好作用，受到教师的表扬，学习的积极性更高了，兴趣更浓了。所以，我们要鼓励学生大胆质疑。

3. 增加学生解题积极性

教师组织学生进行小组活动的过程中，教师要引导学生尊重他人的意见，礼貌地陈述自己的观点，同时不要将自己的主观意见强加给别人。教师也可以把要记忆的问题做成相关的公式或者有关的口诀贴在教室后面的黑板上，让学生记忆。如"小组讨论时尽量把声音放小；说话之前先思考；认真听别人的发言；面对不同的意见我不吵；尽力帮助不会的同学；为群体争光对集体好；无论对错，都要谦虚；团结一致，勇往直前"。合作学习是学生与学生之间、教师与学生之间的互动，而教师是这种相互联系的保证者与组织者。因此，教师应该科学合理地设计合作学习的相关目标与学习任务；明确合作学习的要求，培养合作的技巧。在合作学习的过程当中，教师要在各个小组中间来回巡视，及时了解个小组的学习情况，发现不能认真参与交流的学生或小组，或者做与合作学习无关事情的学生或小组，应当要及时引导和改正他们的错误行为，提出明确的要求，保证合作学习的顺利进行。

五、初中数学教学中学生问题意识培养的教学案例

我们通过问卷调查法和访谈法来找出了影响学生问题意识的方法以及如何才能培养学生问题意识的方法。为了更好地方便我们每一个人能够理解此方法，以人教版八年级上册平方差公式以及八年级下册平行四边形的教学设计为例，给出培养问题意识的应用案例。

(一) 代数——平方差公式

1. 教学目标

知识和技能目标：
(1) 掌握平方差公式性质，也就是字母以及结构的不变性。
(2) 达到正式应用公式的水平，形成正向思维。

过程与方法目标：
(1) 使学生在推导公式当中，能够形成良好的数学学习素养以及能力。
(2) 让学生养成抽象概括能力。
(3) 增强学生的问题意识，在学习当中能够积极提出问题、在讨论和分析的过程中使问题得到有效解决，为学生更好地应用平方差解决问题提供探究空间。

情感与价值目标：
纠正学生的片面观点："数学只是一些枯燥的公式规定，只需要听老师讲就行了，不需要我们自己思考和探索，学习数学根本没有用！"体现数学源于探索，需师生共同努力，实现共赢。

2. 教学重难点及其方法

教学重点

(1) 平方差公式的本质的理解与运用。

(2) 数学是什么？

教学难点

(1) 平方差公式的本质，即结构的不变性和字母的可变性。

(2) 以培养学生的问题意识为主要目的，增加学生数学学习的参与感。

3. 教学过程设计

课程导入

相信大家都看过《最强大脑》这个节目吧，那生活中有没有这样优秀的人才呢？现在有一个智力比拼游戏，有这样的两道数学题：

(1) $31 \times 29 = ?$　　　　(2) $104 \times 96 = ?$

话音刚落，突然就有一个学生站起来，抢答说："第一个是899，第二个是9984。"他的速度简直快的惊人，甚至比计算器都要快，那么请同学们猜一猜他是怎么算出来的呢？大家想掌握他的计算小妙招吗？

设计意图　通过教师讲故事的方式展开，激发学习过程中学生的积极性，以提问的方法让学生产生强烈的好奇心，从而不会觉得数学的学习是枯燥的，体验学习数学的乐趣。

课程讲授

(1) 现在有大小未知的两个数，请同学们将这两个数随意的用字母来进行表示。

(2) 你能表示出这两个字母的和与差吗？同学们能否判断我们表示出来的式子是单项式还是多项式呢？

(3) 你能计算出这两个字母的和与差的乘积吗？同学们请试着思考一下，我会请两位同学上台展示自己的想法。

设计意图　通过教师指导学生思考，学生自己动手，利用学习过的乘法准则演算，积极思考，增强学生的参与感，尝试自己表述，为后面的学习做好准备。

演示 1　$(m+n)(m-n) = m^2 - n^2$　　　　演示 2　$(b+c)(b-c) = b^2 - c^2$

同学们可以观察以上两位同学的演示，看看有什么新的发现呢？通过观察他们的共同之处，你能否概括其结构方面的相同之处呢？也就是两个数和及差的乘积与这两个数平方差相等，即今天我们课堂要讲的乘法公式——平方差公式。

$$(a+b)(a-b) = a^2 - b^2$$

设计意图　通过两种不同的演示方式，由特殊到一般，学生和教师比较分析两种演示方式的相同点，教师在引导的基础上，和学生一起对平方差公式的特征进行概括，在教学的过程中更好地引导学生，使学生的主体作用得以真正发挥，让学生有更强的概括能力。

巩固练习

同学们，既然我们都知道了平方差公式，那同学们能否运用其来计算我们下面的问题呢？

例题 1　计算。

(1) $(-a+b)(-a-b)$　　　　(2) $(3x+3)(3x-3)$　　　　(3) $(ab+c)(ab-c)$

分析 学生在教师的引导之下能够了解平方差公式均为两个数的和与差之间的乘积的形式。

设计意图 教师引导学生完成上述习题，通过提问的方式进行，学生思考并解决问题，通过几种不同的习题进行讲解，强化对于平方公式的本质的学习，并通过学生独立解决问题，使其学习方面产生更强的积极性，增强学生在问题方面的解决能力。

例题 2 小小诊断家，同学们来判断下面习题的计算是否正确，如果不正确，应该怎么改正？

(1) $(x+3)(x-3) = x^2 - 3^2$

(2) $(-3a-4)(-3a-4) = (-3a)^2 - 4^2 = 9a^2 - 16$

设计意图 教师通过这两道习题考察学生是否掌握平方差公式，以及它的性质，鼓励学生思考问题，并解决问题。

例题 3 同学们还记得我们上课前的智力比拼游戏吗？现在同学自己来看一看，你能否跟他一样快速地得出答案呢？

(1) $31 \times 29 = ?$ (2) $104 \times 96 = ?$

解 (1) $31 \times 29 = (30+1) \times (30-1) = 30^2 - 1^2 = 899$

(2) $104 \times 96 = (100+4) \times (100-4) = 100^2 - 4^2 = 9984$

设计意图 通过对课前智力游戏的讲解，解答学生心中的疑惑，从而满足学生的好奇心，激发学生继续学习的斗志，使学生感受到平方差公式的威力，巩固学习平方差公式的应用，强化平方差公式的本质在学生心目中的地位。

有人提出，学习数学知识往往非常枯燥，只有各种定理和公式，在生活当中也没有真正起到作用，没有什么实际意义，同学们是怎么看待数学问题的呢？请同学们看看下面的问题。

几何解释

(1) 请表示图 3 的面积 (图 3 是我们一个边长为 a 的正方形剪去一个边长为 b 的小正方形得到的)。

(2) 将图 3 拼为一个长方形，如图 4 所示，该长方形的长与宽分别为多少？你是否能将其面积表示出来？

(3) 对比以上两问所得出的结果，你能发现什么？

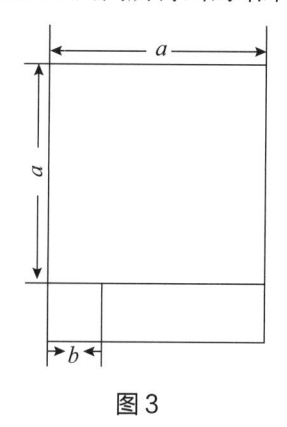

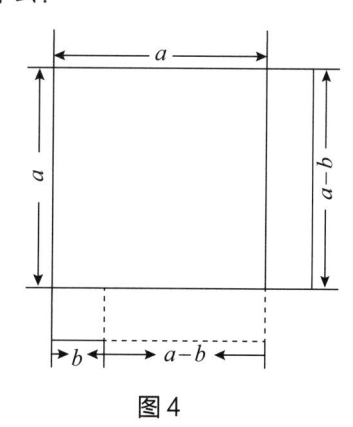

图 3　　　　　　图 4

$$S_1 = a^2 - b^2 \qquad\qquad S_1 = (a+b)(a-b) = a^2 - b^2$$

设计意图　教师引导学生分析问题，学生通过观察思考问题，设计几何解释，让学生看到我们的数学是实实在在存在的东西，是我们看得见的东西，纠正数学是枯燥的这一错误认知。

解决问题

在一开始设计利源新都小区的时候，花园被设计成正方形，边长 a 米，之后由于道路因素，修改设计为北边往南平移，而东边往东平移。所以花园的面积在修改前后相差多少？

解　如图 5 所示，原面积 $S = a^2$

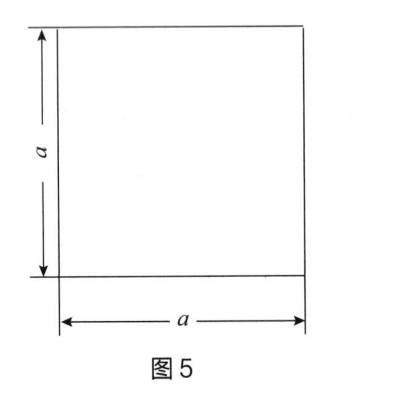

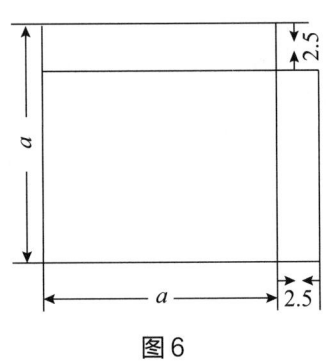

图 5　　　　　　图 6

修改后如图 6 所示，面积为：

$$S_{后} = (a + 2.5) \times (a - 2.5) = a^2 - 2.5^2$$

因此，$S - S_{后} = a^2 - (a^2 - 2.5^2) = 2.5^2 = 6.25$ （m²）

答　相比于修改之前花园的面修改后少了 6.25 m²。

设计意图　在对实际问题解决的过程中，真正让学生感受到在日常生活当中数学所发挥的作用，具有一定的价值，值得我们学习。通过解决问题，培养学生的问题意识，以及解决问题的能力。

课堂小结

(1) 平方差公式本质 $(a+b)(a-b) = a^2 - b^2$

① 固定的结构，也就是两个数的和及差的乘积，与其平方之差一定是相等的。

② 公式当中的字母 a 和 b 却能够发生变化，就可以通过别的字母来表示，也能够用正数或者是负数；甚至也能是多项式或者是单项式。

(2) 我们学习平方差公式的目的是什么？

平方差公式运用在某些乘法运算中，能够使运算速度更加快速和简便。

计算 $(a+b+c)(a+b-c) = ?$

解　$(a+b+c)(a+b-c) = [(a+b)+c] \cdot [(a+b)-c] = (a+b)^2 - c^2$

怎样计算 $(a+b)^2 = ?$ 即怎样对两数和的完全平方进行计算呢？这个问题就留到下节

课吧!

4. 课后作业

基于平方差公式来计算。

(1) $\left(\dfrac{2}{3}x-y\right)\left(\dfrac{2}{3}x+y\right)$　　(2) $(xy+1)(xy-1)$　　(3) $(2a-3b)(3b-2a)$

(4) $(-2b-5)(2b-5)$　　(5) 2001×1999　　(6) 998×1002

完成课本后面的实际应用题。

(二)几何——平行四边形

1. 教学目标

知识与技能目标

对平行四边形的概念进行理解和学习,掌握其中的性质。

过程与方法目标

基于观察、猜想和交流思考等数学活动培养学生的推理能力,并通过设置教学情境,培养学生的问题意识。

情感态度与价值观目标

通过和学生之间的交流互动,增强学生的合作意识,培养学生的问题意识。

2. 教学重难点

教学重点

对平行四边形的概念进行理解与掌握,并推导其性质。

教学难点

证明平行四边形性质的过程。

3. 教学过程

(1)课程导入

同学们,在日常生活中,你们是否留意过太阳光透过长方形窗口投在地面上的影子是什么样的呢?

其实,在我们的生活中随处可见的平行四边形点缀着生活,让生活变得五彩缤纷。老师今天给大家带来了几幅图片(PPT展示花砖、栅栏等),这些图形均为平行四边形,本节课大家一起来对该图形的性质和概念进行探讨。

设计意图　学生通过欣赏图片,体会平行四边形在生活当中所发挥的作用,创设学生并不陌生的问题情景,以此让学生产生更强的学习兴趣,也体现出了数学与生活是息息相关的。

(2)课程讲授

a. 探索平行四边形概念

活动一　对折一张纸,然后沿着折痕剪开,将两张纸片重叠在一起,剪出叠放的一对全等三角形,重合其相等的一组边,拼成四边形的形状。

问题1　同学们可以试一试,看自己能拼出的四边形一共有几种,然后请小组对全班来进行结果展示?

问题2 通过观察这些图形,同学们,能够看出哪些属于平行四边形吗?并说明理由。归类之后,来看看平行四边形都有什么共性呢?你能概括出平行四边形的定义吗?

设计意图 通过拼图,让学生感受平行四边形的概念,亲身体验平行四边形的产生与发展;通过提问的方式,引导学生思考,培养学生的问题意识,观察和对比图形,互相交流它们的共同点,培养学生归纳总结的能力。

活动二 按照定义请同学们在纸上画出一个平行四边形。

设计意图 基于画图的方式,渗透学生数形结合的思想。

问题3 通过观察,你能说出你所画的平行四边形的对边、对角和对角线吗?你能总结出平行四边形的概念吗?

教师也要对学生所找的对边、对角、对角线进行点评和纠正,并能够及时鼓励学生,激发学生的学习兴趣。

平行四边形的概念 如果一个四边形的两组对边分别平行,那么这四边形就是平行四边形。

设计意图 引导学生思考和观察图形,用所学的知识观察和分析图形,检验知识的掌握情况;引导学生发现问题,体会学生是学的主体,教师是学生学习的引导者。

问题4 你能用数学符号语言表示定义吗?

$AB \parallel CD, AD \parallel BC \rightarrow$ 四边形是平行四边形。

设计意图 学生尝试将文字语言变成符号语言,增强学生对概念的理解,培养学生的数学思维。

问题5 通过你拼接得到的图形,你能得出什么结论吗?

(1) 有几组相等的线段?

(2) 有几组相等的角?

(3) 你是怎样得到的?小组合作交流。

设计意图 学生独立思考之后,小组探讨,给学生足够的思考和交流的时间,培养学生的问题意识,引导学生思考,让每一位学生都能体验学习的乐趣,拥有数学学习的参与感。

学生讨论结束之后,教师可以通过多媒体的方式来为学生展示,让学生在性质方面理解得更加深刻,然后引导学生来梳理最终所探究的结论,对知识的掌握更加条理化以及系统化。

b. 平行四边形性质

平行四边形的对边平行且相等。

平行四边形的对角相等、邻角互补。

设计意图 通过学生在过程中的探索以及验证,使其在概念方面理解得更加深入,提升学生的推理能力以及问题意识。

4. 巩固练习

例题1 在平行四边形 $ABCD$ 中,$\angle B = 60°$,对其他各角的度数进行计算。

例题2 已知平行四边形 $ABCD$ 的周长是30cm,三角形 ABC 的周长是20cm,求 BC

的长度?

设计意图 学生独立思考，通过平行四边形角和线段的关系来解决问题，检验学生的知识掌握情况，及时查漏补缺。

5. 课堂小结

平行四边形的概念和性质都是什么呢?

设计意图 课堂小结能够让学生形成总结学习过程的意识，以提问的模式，提高学生问题意识和总结概括能力。

6. 课后作业

必做题 习题第1、2、3题。

设计意图 不同题型的作业，能够使学生更好的掌握知识，从而全面发展。
通过上面代数和几何两个方面的教学设计，体现培养学生问题意识的方法。

六、结束语

通过对于大量参考文献的查阅和阅读，结合柳林镇中学和校外机构学生的学习情况，对初中生的数学问题现状及其培养方法进行分析，并将其应用到课堂教学中，希望能够通过问题意识的优势来改善当前学生上课提问不积极，师生互动比较少，学生不能成为学习主体地位的问题。

参考文献

[1] 林子靖. 培养初中生数学问题意识的课堂教学策略研究 [D]. 烟台：鲁东大学，2020.

[2] 马慧. 数学教学中学生问题意识的培养 [J]. 科技视界，2015,15:192-266.

[3] 林清. 核心素养视域下初中数学课堂教学中学生问题意识的培养 [J]. 西部素质教育，2019,5(2):76.

[4] 崔改萍. 初中数学教学中学生问题意识的培养 [J]. 当代家庭教育，2022,8:99-102.

[5] 何立冬. 调动课堂积极性，启发学生思维——初中数学课堂教学中问题导学的应用微探 [J]. 数学学习与研究，2021,30:36-37.

基础教育阶段深化爱国主义教育的路径探析

张志昌，朱琳，蒋正治

摘要：基础教育阶段是中小学生处于身心迅速发展的重要阶段，也是思想品德和正确价值观形成的关键时期。新时代是实现民族伟大复兴的重要时刻，当代青少年是实现伟大复兴中国梦的重要力量。而爱国主义教育是培养中国特色社会主义合格建设者和可靠接班人不可或缺的内容，是党在发展进程中总结出来的优良传统和政治优势。因此学校作为向社会输送人才的重要场所，必须要将爱国主义教育放在学校德育教育中的核心位置，作为基础教育阶段工作的首位任务。

关键词：基础教育；深化；爱国主义教育

一、基础教育阶段强化爱国主义教育的意义

(一) 实现伟大复兴中国梦的必然要求

习近平总书记在主持中央政治局第二十九次集体学习时指出"实现中华民族伟大复兴的中国梦，是当代中国爱国主义的鲜明主题。[1]"由此，我们可以了解到中国梦与爱国主义教育之间有着不可分割、相辅相成的紧密联系，同时新时代的人才培育与高校的爱国主义教育也是密切相关的。

习近平总书记曾提出"人无精神则不立，国无精神则不强。[2]"实现社会主义现代化、建设社会主义现代化强国就离不开伟大精神的弘扬，也必然要不断加强爱国主义教育凝聚人心的积极作用。开展爱国主义教育就要讲好中国故事。自1949年新中国成立至今，70余年的时间便取得了震惊世界的巨大成就，从被列强欺压、国内一片混乱的场景到如今政治稳定、经济发达、社会文化先进、敢于承担国际责任的大国。这是在共产党的领导下，坚持马克思主义理论的指导思想，坚持社会主义的发展道路，无数中华儿女主动投身到祖国建设的伟大事业中，才造就的中国奇迹，这离不开每一个中国人的奉献。深刻领悟"中国故事"的内涵，才能深刻认识到今天幸福生活的来之不易，才会对中国特色社会主义伟大事业充满信心，从而自觉维护国家与民族的利益，积极投身到实现伟大复兴中国梦的建设中去，担负起民族复兴的历史重任，树立起"为人民服务、为祖国奋斗"的责任意识。

伴随着经济的不断发展，社会也在不断进步，中华民族伟大复兴的中国梦是需要年轻力量去实现的。学校是为国家培养人才的场所，当代青少年作为新一代的年轻力量、建设祖国的新鲜血液，也将成为建设社会主义社会的后备力量，"实现中华民族伟大复兴的中国梦，是爱国主义在奋斗目标上的体现，对于当代中国人的爱国情感、爱国精神和爱国力量

---

[1] 刘建军. 中国梦是当代中国爱国主义的鲜明主题 [N]. 人民日报，2016-5-10(7).
[2] 习近平谈治国理政：第2卷 [M].北京：外文出版社，2017.

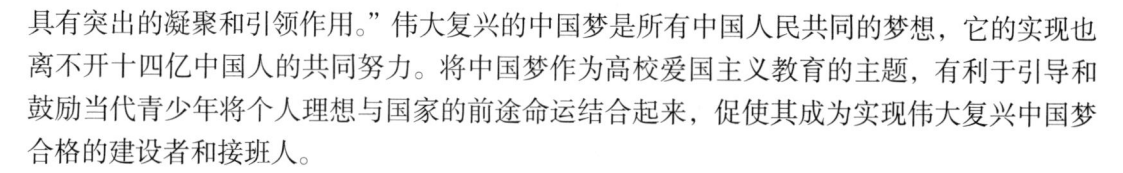

具有突出的凝聚和引领作用。"伟大复兴的中国梦是所有中国人民共同的梦想，它的实现也离不开十四亿中国人的共同努力。将中国梦作为高校爱国主义教育的主题，有利于引导和鼓励当代青少年将个人理想与国家的前途命运结合起来，促使其成为实现伟大复兴中国梦合格的建设者和接班人。

（二）坚持立德树人根本任务的重要举措

《中国教育改革与发展纲要》明确指出："基础教育是提高民族素质的奠基工程"。党在十八大报告中指出："把立德树人作为教育的根本任务，培养德智体美全面发展的社会主义建设者和接班人。"党的十九大要求，新时代中国特色社会主义的教育"要全面贯彻党的教育方针，落实立德树人根本任务"。教育是实现民族振兴、社会进步的基石，实现民族伟大复兴的征程离不开教育。爱国主义教育是学校工作的重要内容，通过学校的爱国主义教育，引导巩固学生树立坚定的马克思主义信仰，树立为人民服务的高尚意识，培养其良好的品德，塑造正确的价值观念。"立德树人"根本任务包括了科学素养、理论知识、实践锻炼、思政教育、心理素质、职业技能等多方面的内容。爱国主义教育是德育中最重要的内容之一，也是立德树人任务的根本性内容。

《中华人民共和国义务教育法》规定："义务教育必须贯彻国家的教育方针努力提高教育质量，使儿童、少年在品德、智力、体质等方面全面发展，为提高全民族的素质，培养有理想、有道德、有文化、有纪律的社会主义建设人才奠定基础"。而国务院 2019 年 10 月印发的《新时代公民道德建设实施纲要》中指出："以爱祖国、爱人民、爱劳动、爱科学、爱社会主义为基本要求。"这也再一次强调了爱国主义在公民道德建设中的首要地位。同时，青少年的思想道德建设，也要坚持以爱国主义为先，有利于学生思想政治教育的深化，也是落实立德树人的根本性举措，教育者坚持把握好立德的方法，才达到树人的最终目的，才能培养出热爱共产党、拥护社会主义制度、为中国特色社会主义事业不懈奋斗的接班人。

（三）促进学生全面发展的有效途径

基础教育阶段的学生刚刚完成幼儿到青少年的转变，在此阶段学习基本的理论知识，培育科学素养，开始逐步形成三观。但他们年龄普遍偏小、心理单纯，对于社会缺乏认知，也缺少独立的实践锻炼，思想方式与心理并不成熟，很容易被误导，形成错误的认知。现代教育的重点内容不再是理论认知的学习，而是更加注重人的全面素质的养成，在校学生不仅要加强科学理论的教育，更要帮助他们树立正确的三观，注重培养他们分辨是非的能力，德、智、体、美、劳全面发展的青少年才是当今社会所需要的人才。

道德教育是素质教育的重要内容，而爱国主义教育又是道德教育的重中之重，与青少年的健康成长紧密相关。现在基础教育阶段的学生以"00后"为主，他们的好奇心强、学习能力强、接受新事物快、自我意识也较为强烈，网络是他们获取知识的重要渠道之一。但网络知识众多且复杂，他们很容易受到其中功利主义、自我主义、享乐主义等不良思潮的侵蚀。加强爱国主义教育有利于培育学生高尚的品德、积极向上的先进意识和自居的行为习惯。通过强化学生爱国主义情怀，促使他们践行爱国主义行为、增强集体意识和社会责任感，培养他们积极奋斗、甘于奉献的爱国精神。以爱国主义为核心的道德教育，促使学生进一步实现自身的全面发展。

二、现阶段爱国主义教育面临的社会问题

(一) 网络信息多元化冲击主流意识形态

新时代背景下，社会发展程度越来越高，网络逐渐成为人们日常生活中不可缺少的一部分，基础教育阶段的学生群体存在学习接受能力快、对未知世界的好奇心重、个人意识较为强烈等特点，是受网络影响较大的人群。微信、微博、抖音等网络客户端逐渐成为学生生活中必不可少的手机软件。碎片化的信息具有传播范围广、速度快、精准性高、信息海量化等特点，有关部门的网络监管无法面面俱到，因此很多不良信息会在网络中传播。青少年们乐于通过网络接受新鲜事物，但对网络信息的辨别是非能力还有待加强。网络信息有即时传播和即时共享的功能，动动手指就可以进行分享和信息交流，但是网络信息鱼龙混杂，错误的信息传递与分享对于宣传主流意识形态起到了削弱的作用。

此类新媒体信息对于传统的以"课堂讲授法"为主的思政教育冲击较大。青少年年龄较小，心理结构单一，普遍缺少社会实践的锻炼，对网络信息缺乏分辨能力，很容易被各种各样的网络信息所吸引和误导，从而影响他们的人生观、价值观和世界观的建立。同时，不良信息的引导也会降低他们对于思政课的获得感和思政课教师的认同感，如果学生对不良信息产生认同感，则对于其自身发展与思想意识都会被污染。

另外，网络文化盛行对爱国主义教育也会产生冲击。随着网络信息的逐渐发酵，也使得西方的资本主义文化盛行，其中娱乐文化开始蓬勃发展，对基础教育阶段爱国主义教育产生了巨大的冲击。娱乐化的信息吸引人眼球，学生很容易被吸引，而导致沉迷其中，无法开展正常的学习与生活。娱乐文化兴起于资本主义社会，同时也会带来资本主义、享乐主义、个人主义、拜金主义等错误的社会思潮，这与爱国主义教育的内容是相背离的。娱乐文化对于红色文化也产生了副作用，当青少年被娱乐文化所吸引的时候，对红色文化也就难以产生兴趣，红色文化所蕴含的核心价值观难以发挥作用。

(二) 社会环境复杂化扰乱青少年的价值选择

我国一直坚持改革开放的国家政策，开放的格局也将国际关系和社会关系的复杂带进了学校和社会生活。西方资本主义国家利用各种渠道大肆进行文化渗透，向国内宣传资本主义的文化观念，西方的历史虚无主义、新自由主义、享乐主义等不良社会思潮，给青少年的思想政治教育带来了巨大的冲击。社会上各种信息纷繁复杂、良莠不齐，真假难以判断，网络匿名的特点难以分辨发言者的身份和所发消息的真假，会诱导心智尚不成熟的学生产生错误的认知，做出错误的判断，形成不良的社会氛围，严重扰乱到学生的价值选择和社会主义核心价值观的建立。

复杂混乱的环境对于学校开展爱国主义教育也造成了较大的负面影响。学校的爱国主义教育像是一砖一瓦为学生修建了科学正确的价值理念防线，但社会信息多而杂，见缝插针般的企图破坏学生的价值壁垒。新时代背景下，信息传播的方式和种类多样，青少年年龄较小、心智单纯、防范意识弱、缺乏社会经验，一些不法分子便趁机钻空子向其传播不良的思想观念，歪曲国家政策与社会时事，无形之中使学生沦为他们宣传错误思想的利用工具，为他们获取利益。

国家颁布的政策是为了维护大多数人的利益，没办法做到面面俱到照顾到每一个个体，

难以避免破坏一小部分人的利益。这种情况就会被一些激进人士在网上扭曲事实、大肆宣传，学生们很容易被这种错误言论所迷惑，从而造成对于一些国家政策的误解。例如疫情防控期间城市实行静态管理，给人们生活带来不便，特殊情况特殊对待。这种情况安心配合政府工作是此时爱国主义意识最基本的体现。但不少学生责任意识淡薄，认为政府和国家小题大做、限制了他们的人身自由，便出现抱怨连天、在网上吐槽发泄等现象。

（三）学生主观能动性未合理发挥

教育者和受教育者是教育过程当中的两个基本因素，学生作为受教育者应发挥自身主观能动性去配合教育者的引领，才能达到良好的教育成果。现阶段对于爱国主义教育的认识误区主要是两个方面的。一是单纯将爱国主义教育理解为意识形态领域的引领教育，认为爱国教育就是引导学生树立热爱国家的情感，知识学习都是不必要的。多表现于低年级学生，他们无法意识到爱国主义教育理论学习的重要性，将爱国主义简单理解为热爱国家的一片赤诚之心。二是将爱国主义教育单纯当作理论知识的学习，而忽略了相关情感的培育和观念的树立。多表现于高年级学生，仅仅注重知识与能力目标的实现，却忽略了情感、态度、价值观目标。

理论是实践的基础，但思想政治理论课作为爱国主义教育的主渠道，学生对于理论学习的重视程度不足，将课程简单理解为知识学习的课程，忽视了课程对于三观塑造和心理教育的重要性。现阶段教育升学压力较大，因此，家长和教师引导学生将学习重点放在语数外等课程中去，从而忽视了思想政治理论课的学习，学生在教学中的主体性地位难以实现。

中学阶段的学生自主性已经逐渐体现出来，并呈越演愈烈的趋势。但由于年龄较小，理论知识的学习并不充分，他们的对很多事物或事件的认识存在较强的局限性，分辨是非善恶的能力有待加强。例如在面对一些网络热点新闻事件，很容易受到一些网络言论的错误引导，就热点问题的某一方面随意发表非理性观点。年龄较大的学生思想政治教育要更注重培育理性爱国思维，使理论知识成为青少年认识世界看待世界的基础，发挥青少年学生的主观能动性，帮助其树立辩证的思维模式，理性的看待并解决问题。

三、当前强化爱国主义教育的建议

（一）强化制度保障的同时彰显政治优势

爱国主义教育是为国家培养有爱国心、践爱国行、报爱国志的实现民族复兴伟大重任的新时代青年。因此爱国主义教育具有浓重的政治属性，学校爱国主义教育不仅是学校的教育任务，更是面向全社会的公共政治任务。因此它是一项需要政府发挥主导和引领性作用的系统性大工程，将政治优势也发挥到爱国主义教育中去。政府带领学校和社会共同宣传爱国主义教育，形成1+1＞2的合力，让爱国主义成为校园小环境里必不可少的内容、社会大环境中耳熟能详的话语。将爱国主义的科学理念逐渐深入学生内心，并通过正确地引导转化为爱国主义行动，使爱国主义不再只出现在课堂上，更体现在社会各处及日常生活中。

基础教育阶段的爱国主义教育需要上级部门提供思想引领和制度保障，政府部门要担当起主体责任、成为学校爱国主义教育的坚实后盾和有力支持者，促使学校爱国主义教育逐渐制度化。政府应大力推崇并宣传爱国主义教育,明确爱国主义教育在学校工作中的重要地位,以法律法规的形式加强爱国主义教育的价值导向。另外政府的引领下教育部门要制定合理完善的相关制度并监督实施,为基础教育阶段开展爱国主义教育提供充分保障,确保爱国主义教育一以贯之的顺利开展,并给予积极的引导和完善的督察。要坚持课堂教学与社会实践的紧密结合,使爱国主义教育的理论与实践不再是两张皮,这就需要政府从中协调学校和社会之间的关系,发挥润滑剂的作用,积极促成一个和谐有序的爱国主义大环境和氛围。

另外,思政教师的质量对于思政课起决定性作用,政府不仅要重视思政课的课程建设,更要注重思政教师的培养。积极组织教师培训和理论学习,针对思政教师建设网络共享的高端理论学习平台,实现教学资源互通、共享,保证教学内容的先进性和科学性。各学校内部,定期开展思政课程总结、分享交流会,经常组织教师培训学习,年轻教师学习理论、充实自身,有经验教师学习新技术在课堂中的运用,使教学方法不断改革创新,课堂效果也得到进一步的提升。在国家出台相关政策、举行教育相关会议或领导人发表重要讲话时,思政课程的特殊性也要求教师召开深入学习相关内涵精神的会议或讲座。不断丰富和充实思政课程内容。

(二) 爱国主义教育要贯穿教育全过程

"重点发掘和总结外国有关爱国主义教育的历史经验,探讨世界上各个民族由于自身生存与发展的需要,在历史上创造过的符合本民族实际利益的爱国主义教育传统,从中找出对我国爱国主义教育有积极作用的内容和做法,拓宽我国爱国主义教育的途径是非常必要的。"外国终身教育的思维和模式也是值得我们不断参考和借鉴的。教育是一个长期的过程,爱国主义教育更是如此。在孩子幼年入学时便在其内心埋下爱国的种子,各个阶段的教育就像是浇水施肥的过程,直到他们走出校门的那一刻,爱国主义理想信念也就在内心长成了参天大树,难以撼动其地位,将在个人的一生中发挥着重要的引领作用。

基础教育阶段的爱国主义教育就像盖楼一样,在幼儿教育的铺垫之下,在小学、中学阶段加强教育,筑牢爱国主义教育的坚实基础。现阶段的爱国主义教育可借鉴西方爱国教育的一些模式,使爱国主义教育不单单只是口号而是存在于日常生活中,并贯穿教育全程。在幼龄儿童初入学的时候就进行渗透式的爱国主义教育,通过对国旗、国歌、国庆节等国家象征的认识,来感受祖国的概念,在自己与祖国中间形成一种"我们"的意识,意识到自我与国家是不可分割的。小学的基础教育阶段,学校的爱国教育以启蒙学生的爱国主义思维为主,诵读经典、聆听名人故事、观看升国旗仪式等活动,树立学生对历史的崇敬和红色经典不容亵渎的坚定信念。

中学阶段,便加强理论知识的学习,同时融合历史教育,通过系统学习对国家的发展历程产生较为深刻的认知,理论知识学习将成为培育辩证思维的基础。高中学生已经具备了独立思考的能力,这个阶段的爱国主义教育将以启发和引导学生思考为主,可以开设红色文化的选修课拓宽学生的知识面,还有开展实践活动,例如寒暑假去纪念馆进行见习活动,让优秀学生去担任馆内的介绍讲解工作,进一步深化自身认知;现场聆听革命老辈的感人事迹等活动,让学生直面红色文化,身临其境的教育模式更具有感染力,可以提升爱国主义教育的效果,促使学生将爱国的思想转化为日常生活的自觉行为。更要教育引导学生关注世界形势及其发展变化，成为具有中国情怀、全球视野的人才。

（三）充分开发利用爱国主义教育物质载体

"载体是指承担教育的基本方式，凡是承担爱国主义教育的内容、渠道和单元，都可以归为爱国主义载体，从这个意义上，爱国主义教育实施载体是十分丰富和多元的。"我国各地的红色文化资源都较为丰富，博物馆、纪念馆、爱国主义教育基地等场所都是爱国主义教育的有效的物质载体，也是开展爱国主义教育最有力的支撑，但在实践过程中，此类场所的开发利用和宣传推广工作还是存在一些问题。政府部门应与教育部门合理规划，使此类场所成为加强爱国主义教育的有效手段和开展意识形态领域的有力武器，立足于物质载体，发挥思想上的引领作用。

爱国主义教育基地是典型的红色文化资源，它区别于其他文化资源最本质的特征，就是它深刻的教育意义。爱国主义教育基地属于旅游资源，但并不完全以营利为目的，主要目的则是发挥它的教育属性。政府对于列为爱国主义教育基地的红色景点应该免费向大中小学生开放，并积极鼓励广大学生前去参观学习。另外，此类景点需要专业的知识背景才能了解其深刻内涵，具备专业的知识背景和讲解能力的讲解员是此类场馆所缺乏的。政府应鼓励支持培训一批具备专业讲解能力的学生志愿者在假期去爱国主义教育基地进行实习，一方面红色景点的讲解工作有利于学生得到实践锻炼，并深入了解和探索爱国主义教育的深层内涵，另一方面，也缓解了爱国主义教育基地工作人员缺乏导致其深刻的教育意义难以发挥的困境。

（四）优化爱国主义教育的方法体系

首先，加强基础教育和爱国主义教育的紧密联系。基础教育的理论学习与爱国主义精神的培育并不冲突，每个教师都可以成为学生的指导教师。例如语文课可以挖掘教材中的红色故事，讲解英雄故事、积累爱国热情；历史课可以将历史人物与现代模范联系对比，不同的时代背景加深学生对爱国内涵的理解；政治课则是深化爱国主义教育的主渠道，不应局限于传统的授课模式，利用视频、音频、实践等让学生参与其中的方式去深入感受、传承并践行爱国主义。其余各科老师也可发挥辅助作用，在学校营造爱国主义的浓重氛围。

其次，发挥典型模范的引领作用。"见贤思齐焉，见不贤而内自省也。"发挥先进典型的带动和激励作用是传统的教育方法，也是我们一直遵循的基本教育规律。我们国家会有感动中国十大人物、中国好人等典范人物，网络上也经常看到一些平凡但并不普通的优秀事迹，同时学校也会自主评选一些学生模范。学校可以利用文化长廊、精神宣讲等形式宣传榜样人物及他们的优秀事迹，让广大学生了解到榜样人物的英雄事迹并且学习他们身上的宝贵品质。特别是优秀学生榜样更贴近学生生活，将在生活中切实引领同学们志存高远、勇于担当。

最后，利用"仪式感"培育爱国理念。"仪式礼仪在爱国主义教育中具有具化教育内容、增进爱国热情、深化爱国认知、规范爱国行为的独特价值。"仪式礼仪促使爱国主义教育具体化，落实到日常生活中。例如升国旗仪式中，脱帽敬礼唱国歌等礼仪规范可以让学生深刻感受到国旗的象征意义，认识到国旗是国家的象征不容亵渎，日常生活中也须做到尊重国旗、热爱国旗。此类活动可以将爱国主义教育渗透进生活的方方面面，以隐性教育的方式深化、巩固爱国主义教育效果。

四、结语

爱国主义教育是贯穿公民一生的教育，对基础教育阶段的青少年深化爱国主义教育就像在其心中埋下一粒种子，精心的呵护培育与耐心的等待促使种子破土而出，成长为参天大树，再大的风雨也不能使其撼动半分。2019年11月，中共中央、国务院颁布印发《新时代爱国主义教育实施纲要》为新时代开展爱国主义教育夯实了基础，系统化、全方位地梳理了新时代爱国主义教育的内涵、意义和实施途径。基础教育阶段需坚持以《新时代爱国主义教育实施纲要》为理论指引，结合所提出的要求，持续大力地在各学校开展爱国主义教育，将爱国主义落到实处，使广大学生自觉抵制不良信息的传播和侵蚀，为实现中国梦提供内在精神动力。

参考文献

[1] 骆郁廷. 新时代爱国主义教育的"破"与"立"[J]. 思想理论教育导刊，2020(2):55-59.

[2] 李庆杨，刘晓鸥. 国外爱国主义教育及其对我国的启示[J]. 沈阳大学学报（社会科学版），2012,14(3):67-69.

[3] 佘双好. 新时代爱国主义教育的时代升华——学习《新时代爱国主义教育实施纲要》[J]. 学校党建与思想教育，2020(13):4-10.

[4] 张智，马琳. 仪式礼仪：新时代爱国主义教育的重要载体[J]. 思想教育研究，2019,4:118-122.

"三校生"物理化学基础知识调研及学习对策

石启英，张璐，杨和平，王建芳

摘要：如何通过改革教学方式，对"三校生"进行因材施教，使"三校生"获得更好的教育，成为了当下高校教育工作者面临的新目标和新挑战。以物理化学学习对策为例，通过设计问卷、采访等方式对职高、技校、中专等三校生的化学基础知识进行调研，在获得基础数据的前提下，以数据作为支撑，分析掌握的基础知识与物理化学间的衔接空档。采取行之有效的策略补足短板，为物理化学课程的学习提供有效方法和策略。

关键词：高考单招；学习水平；物理化学；学习对策

随着社会对学历要求的普遍提高，职业高中学生、技校学生以及中专学生在大学各专业中的占比显著提高，这三校的学生与普通高中学生化学理论基础、学习能力、心理素质等诸多方面有明显的不同，这让大部分学生在进入大学时，无法过渡到物理化学的学习当中，大学物理化学与高中化学所学知识差异很大，知识点的难易程度有明显差异。大部分"三校生"一般在高中阶段学习成绩较差，他们的理论知识相对其他普通高中升学的学生落后较多，学习积极性不高，高中阶段他们的理论知识就开始落后于普通高中的学生，因此在升入大学之后对于一些理论课的学习会遇到很大的阻力，一部分学生会在学习中失去自信，从而导致理论知识越来越差。高等教育中缺少对"三校生"的培养体系，大多数高校并没有体现出"三校生"的差异化，从课程安排，教学方法，培养体系和培养目标都不适合理论知识薄弱的三校生。"三校生"在高等院校中的培养体系中出现了断档，不仅导致了"三校生"在普通高校中无法正常的使用到初中学习到的知识和技能，也严重影响了他们在普通高校继续学习的积极性和兴趣。

物理化学是以物理学和化学两大学科为基础建立起来的，以多种不同的化学现象和系统为研究目标，利用物理学的理论和实践，探索挖掘和研究各种化学的基本原理的学科。物理化学是四大基础化学之一，它从一些方面也恰恰反映出现代化学的发展程度。物理化学还应用在高校素质教育中，如化学工程与工艺、制药工程、高分子材料、生物科学等专业，都与物理化学有着密不可分的关系。物理化学即与中学化学内容衔接，又是后续学习化学的基础，在整个化学学习中起着承前启后的作用。美国高等教育学家亚伯拉罕·弗莱克斯纳首先指出了与高中教育衔接对高等教育的重要性。高中教育是影响到我国高等教育发展的重要因素，要建设出一所好的学校，必须与中学教育保持统一，要重视两者的联系，尤其是大学物理化学与高中化学衔接的重要性。

关于物理化学的教学分为在创新中不断进行改进的理论教学、实验教学以及化学学科素养。理论教学以讲授基础知识为主，在这种教学方式中，教师比学生更有主动性和主导力。在理论教学方面，靳涛等在《逻辑思维方法在物理化学概念学习中的应用》一文中指出，物理化学在材料、化工等本科专业占有举足轻重的地位。教师在教学活动中要通过研究型的思维方式帮助学生理解基础理论的涵义。根据物理化学的基本特点，以概念形成策略，指导学生掌握物理化学规律，建立物理化学的基本观念，激发他们对物理化学的兴趣。实验教学是指在实践教学中，通过操作实验仪器，引起实验观察者的反应，并且通过观察和测定，获取知识和发展的教学方式。雷雪峰和徐秋红从学生的实际能力与水平出发，设计混合式"三阶段四环节"教学活动，在实验中，学生必须掌握实验的基本原理、步骤和操作要点，以提高实验的成功率。在课堂上，运用提问式的方法，使同学们对实验的基本知识有更深刻的理解，同时，还可以利用创新创业训练、学科竞赛、毕业设计等方法来提高他们的创新意识。学科素养包括基础知识、基本技能、基本经验、基本品质等几个方面，物理化学学科素养是指物理化学所需要具备的基本专业素质。物理化学学科素养需要通过长期的专业学习才能形成专业思维，以实现掌握该学科的根本目的。在学科素养方面，尚小红提出在物理化学的教学过程中通过加入一些化学史来增加学科教学内容的丰富性，提升学生学习的兴趣。程学礼也认为在学校中的物理化学教学活动中通过加入化学史的方式可以增加课堂的趣味性，同时也能促进学生的学习素质提升，提高他们学习的积极性。

目前对于物理化学教学方法时改进，大多集中在理论层面，并未真正的对大学物理化学的教学方法做出相应的改变，针对性的进行调研较少，大多数都只是通过分析大学物理化学教材，分析课堂，来试图寻求物理化学的学习方法。"三校生"与普招生相比较，共有两个特点比较明显。一是"三校生"的知识体系以及知识框架整体比较的散乱，知识结构相对较为零散，没有通过自身已有知识来自主解决复杂问题的能力，这就导致"三校生"不能将知识融会贯通，使得知识体系不可以迁移，很难从一些基础的、概念性的知识中引导出新的知识，很难达到知识点透彻的层面，这一点在平时的考试以及测试中都得到了充分的体现。随着社会对学历要求的普遍提高，而"三校生"在大学各专业中的占比显著提高，这就反过来要求我们调整物理化学的教学方法，帮助"三校生"完成大学物理化学的培养目标。对于大部分"三校生"而言，物理化学知识点十分薄弱，这就要求我们充分了解"三校生"的化学基础，对"三校生"展开调研，从他们对化学基础知识掌握情况中找寻物理化学的共同点，采取行之有效的教学措施，将高中基础知识和物理化学知识衔接起来，帮助他们更快地适应和过渡到大学物理化学的学习中。

一、化学知识基础问卷调研

(一) 问卷设置

为进一步了解"三校生"化学基础知识情况，从"三校生"在进入大学之前所学习的化学教材入手，研究"三校生"所掌握的知识体系，找到适合学生继续深度学习化学的切入点。通过物理化学与"三校生"化学衔接部分设置问卷，问卷内容分为化学发展史、化学实验知识、物理化学与"三校生"理论知识衔接、基本理论知识衔接等四部分。问卷调查的调查对象为"三校生"，样本总数为130人，通过问卷样本对总体进行描述，掌握"三校生"的化学基础知识学习情况，找出"三校生"物理化学知识学习薄弱的部分，分析原因并提出行之有效的物理化学学习对策，并且通过问卷对总体进行推断，做到贴合实际，从"三校生"基础出发，帮助他们更好的学习物理化学。

(二)问卷分析

由问卷可知,化学史方面,在"当教师在课堂上讲到化学史时,是否能引起你的注意?"一题中81.54%学生选择了能够吸引注意力,18.49%选择了不能吸引注意力,结果如图1所示。在"是哪位化学家提出了平衡移动原理?"一题中,有74%的学生选了勒夏特列,有22%的人选择了门捷列夫,还有4%的人选择了拉瓦锡。结果如图2所示。

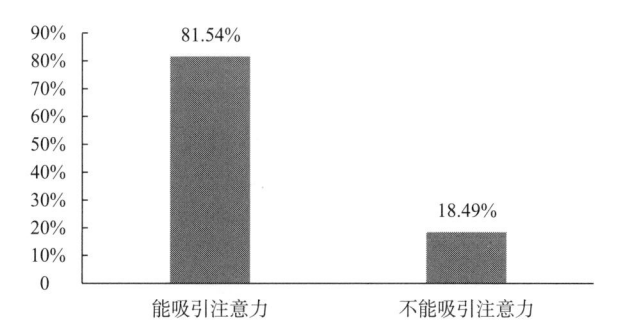

图1 教师在课堂上讲到化学史时,能否能引起学生注意

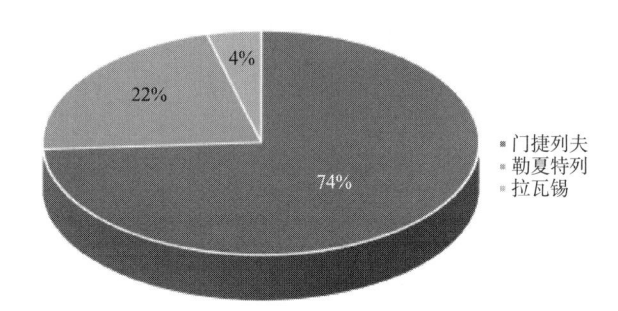

图2 化学平衡研究并且提出平衡移动原理的化学家

由此可知,"三校生"在学习化学知识的基础上,有大部分同学对化学史的知识十分感兴趣,掌握的比较到位,说明了在化学学习中同学们更加重视科学家品质和学科素养的学习。

化学实验方面分为对化学的兴趣程度、化学实验室安全知识的掌握,问卷结果见图3、图4和表1。在"对化学实验的喜爱程度"一题中,有60%的人选择喜欢,而有31.54%选择了一般,4.62%选择了不喜欢,3.85%选择了无所谓。如图3所示,可以明显地看出在高中阶段化学实验的受欢迎程度占比非常高,在大多数的"三校生"眼中对于化学实验方面

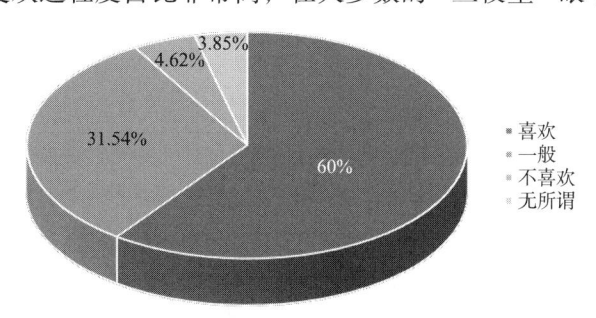

图3 对化学实验的的喜爱程度

兴趣和积极性较高。由表1及图4可知，在"关于实验室安全守则下列错误的是"一题中，85.38%的学生选择到正确答案用湿手接触电源，14.62%的学生选择了错误答案，由此可知，"三校生"对实验室安全守则掌握到位，在今后的实验教学中应注重实验室安全的教学。在"下列物品与所属类别不对应的是"一题中仅有72.31%的学生选择了正确答案浓硫酸是剧毒品，剩余部分学生对剩余选项中的氯酸钾、硝酸铵、酒精的性质掌握不熟练。在"我们在进行化学实验操作时要注意实验安全，下列做法错误的是"一题中，79.23%的学生选择正确答案某些强氧化剂（如氯酸钾、硝酸钾、高锰酸钾等）或其混合物可以研磨，10%的学生选择了面粉、较活泼的金属粉末等遇火易爆炸，操作时严禁接近明火，7.69%的学生选择了稀释浓硫酸时配戴护目镜，3.08%的学生选择了给试管加热时，不要使试管口对着自己或别人。对比可知，三校生对具体的化学实验操作类有浓厚的兴趣、化学实验室安全知识的掌握较好。

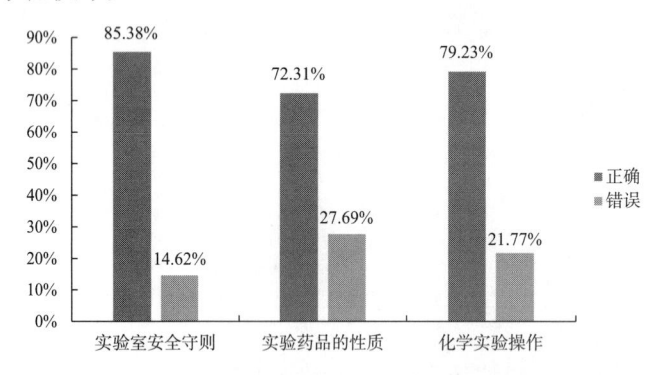

图 4 化学实验室安全知识的掌握

表 1 化学实验安全知识的掌握

单位（%）

判断结果	实验室安全守则	实验药品的性质	化学实验操作
正确	85.38	72.31	79.23
错误	14.62	27.69	21.77

在物理化学基本理论知识衔接部分又分为化学反应与能量、胶体、化学平衡、电化学基础等方面，问卷结果见表2和图5。

表 2 物理化学基本理论知识衔接部分

单位（%）

判断结果	化学反应与能量	胶体	化学平衡	电化学基础
正确	63.08	29.23	57.69	30.77
错误	36.92	70.76	42.31	69.33

在化学反应与能量的题中"温度升高使反应速率加快,主要影响了速率常数k,催化剂加快化学反应速率,则是因为降低了活化能"63.08%的学生选择了正确选项,仅有36.92%选择了错误选项;在胶体"下列叙述错误的是"一题中选择正确答案氢氧化铁胶体带电的占29.23%,选择淀粉和氯化钠的混合溶液可用渗析的方法分离占36.15%,选择胶体胶粒带电荷是它能稳定存在的原因是占15.38%,选胶体粒子的直径在1~100 nm 的占19.23%;在化学平衡题目"在对于同一个反应,化学平衡常数越大,反应物的转化率就越大"一题中,有57.69%的同学选择了对,而剩下的超过40%的同学则选择了错误,两边持平。在"一定的温度下的定容密闭容器中,取一定量的A、B于反应容器中,当条件不再改变时,表明A(g)+2B(g)=C(g)+D(g)已达平衡"一题中,有30.77%的学生选择了正确答案

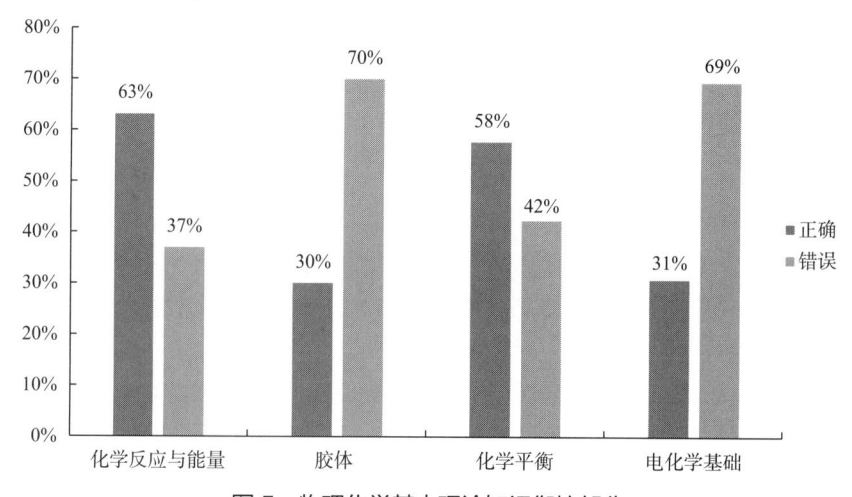

图5 物理化学基本理论知识衔接部分

混合气体的密度,有31.54%的学生选择了混合气体的压强,有26.9%的学生选择了物质的量的比值,还有10.7%的学生选择了气体的总物质的量;在电化学基础方面,"你会混淆原电池和电解池的电极名称吗?"一题中不会混淆的占51.54%,有时会混淆的占36.92%,经常会混淆的占9.23%,总是会混淆占2.31%,在"下列叙述的方法不正确的是"中选择正确答案用铝质铆钉铆接铁板,铁板易被腐蚀的占47.69%,选金属的电化学腐蚀比化学腐蚀更普遍占30.77%,选钢铁在干燥空气中不易被腐蚀的占14.62%,选用牺牲锌块的方法来保护船身的占6.92%。在物理化学衔接部分的理论知识学习中"三校生"基础知识掌握能力较差,对化学反应与能量、化学平衡方面掌握较好,但对胶体、电化学基础等方面掌握较差,总体分析"三校生"物理化学理论知识部分掌握薄弱。

(三)问卷结果

经问卷分析可知,"三校生"对物理化学实验操作类及化学史方面的问题可以轻松的回答出来,掌握比较到位,但在物理化学理论知识层面上,回答问题的错误率高,体现出学生存在诸多不足,这些因素导致他们无法更好地去继续学习物理化学这门课程。现有的物理化学学习模式,不适用于"三校生"的基础,长此以往对"三校生"在之后的学习生活,乃至整个学习生涯中,都起到负面的影响。导致学生在学习生活中,由于知识体系的不对称,消减学生的学习兴趣。因此我们急需探究出更适合"三校生"的物理化学学习对策做

出改善，提出更加适合"三校生"的学习对策。

二、物理化学学习对策的探讨

"三校生"在物理化学学习中更加偏向于生动有趣的内容，实验操作和化学史方面掌握的情况较好，但物理化学理论知识较为薄弱。分析认为，学生现有物理化学理论知识体系庞大、学生难以理解，对理论课提不起兴趣，在理论知识学习方法上有偏差没有完整的构思及框架。对物理化学知识体系不了解，通过现在所存有的物理化学知识与物理化学所教授的化学知识衔接不到位。因此，首先通过兴趣引导法提升学生的学习兴趣，例如具体的实验操作技能、化学史等，从而加深对知识的印象，提升知识的趣味性，提高他们的求知欲，帮助他们更好理解物理化学。其次采用思维导图法帮助学生梳理知识，尤其是梳理难点重点部分，查漏补缺，完善思维导图，帮助"三校生"建立起完备的物理化学理论知识体系。

(一) 以兴趣法理解物理化学知识

对于学习，兴趣是最好的老师，培养学生兴趣有利于学生更好学习理解知识。需注意的是，提问应该符合学生的现有逻辑顺序，不应当难度过大，不然容易打消学生积极性。一定要从实际出发，符合学生认知范围。

(1) 可以将基础理论知识与生活实际相联系，提高教学趣味性。以本文调查的胶体和电化学为例，如在了解表面活性剂的作用时，与生活实际结合，引发学生的思考，水中加入洗涤剂为什么能够洗干净衣服？这是由于洗涤剂里面的疏水基团吸附在污渍及衣物表面，降低了污渍与水、衣物与水之间的界面张力，通过机械振动的方法可将污渍从衣物表面脱落，而洗涤剂分子在污渍周围及洁净衣物周围形成吸附膜，从而防止污渍重新沉积。通过将物化知识与自然现象现象相联系，激发学生学习兴趣。又比如在讲授表面张力时，先引发学生的思考，为什么草叶上的水珠是球状的而不是其他样子呢？然后慢慢通过解释引导学生去理解表面张力，因为表面张力的作用，能够让液滴的体积保持最小，从而达到最大的稳定性。让学生真正思考理解所学的知识，培养他们的学习兴趣。通过理论知识与实际生活和自然现象联系，不仅可以增加学生学习的兴趣，激发学生的求知欲，还可以加深学生对基本知识的理解，让学生感觉到物理化学离生活并不遥远，突出物理化学的应用性。提高学生提出问题、分析问题、解决问题的能力，增强学生学好"物理化学"的信心。

(2) 通过与化学史相结合的方法，在课程预习回顾中加入化学史的内容，通过物理化学家的科研经历、科研成果、科研贡献等激发学生的学习兴趣。例如在讲电解质时可以引入物理化学家阿累尼乌斯的经历，在博士期间研究的课题是利用同样电压下通过不同溶液，测其电阻性能，并据此建立了电解质模型的假说理论。然而，他在自己的博士学位论文上却以失败结尾，答辩委员会主席门捷列夫则表示，他的研究结果完全是无稽之谈。不过他并没有放弃，而是一直在努力地学习，直到最后，他的实验结果被证实了。他创立了电离理论，解释溶液中的元素是如何被电解分离的现象，研究过温度对化学反应速度的影响，得出著名的阿累尼乌斯公式。1903年因建立电离学说获得诺贝尔化学奖。通过引入物理化学家的事例，激励学生产生学习物理化学的兴趣。

(3) 通过多种平台渠道观看微观动画，了解物理化学反应发生的本质例如，比如电化

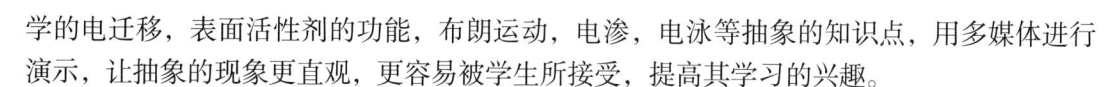

学的电迁移，表面活性剂的功能，布朗运动，电渗，电泳等抽象的知识点，用多媒体进行演示，让抽象的现象更直观，更容易被学生所接受，提高其学习的兴趣。

（二）以思维导图法构建物理化学知识体系

（1）思维导图在物理化学中应用的可行性。思维导图作为一种简单、直观的思维表达工具，与繁杂、长篇幅的语言相比较更加清晰明了的展示了知识的结构化、系统化，用图形符号、线条等表示基础知识，内容简洁、层次分明，能够让学生享受整理思绪的乐趣。因此思维导图是一种可以激发学生创造性，促进课堂交互性的工具，可以用于总结单元知识点，将某一知识点精细化，促进学生对所学知识系统化的分析回顾及了解，丰富教学活动，促进学生思维能力的提升，发展学生的创新精神。

（2）随着思维导图被越来越广泛的应用，思维导图软件的功能也逐渐强大，本次教学实践中我们选取国产制图软件 XMind。XMind 具有模板多样化、兼容性较好、可以轻松打印、以及具有同伴分享功能，可以在很好的锻炼自我思维能力的同时，与老师同学进行交流及时获得意见，从而提升自我能力。

（3）物理化学是一门有序知识点联系紧密的学科，使用思维导图可以更好地促进学生的思考系统的建立。在每一章内容学习结束之后，通过思维导图的方法，训练学生的思维体系，让同学们自行构建思维导图。本文以问卷调研中学生错误率较高的胶体知识为例，构建思维导图（见图6）。

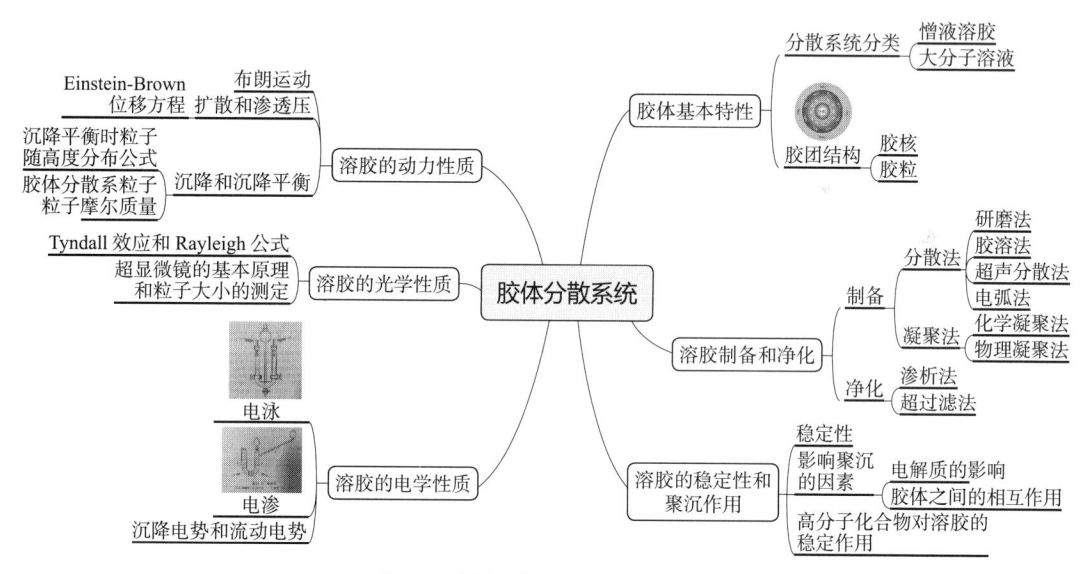

图6 胶体分散系统的思维导图

胶体分散系统主要介绍了胶体的基本特性、溶胶的制备和净化、溶胶的稳定性和聚沉作用、溶胶的动力性质、光学性质和电学性质几大模块，可以在后续的复习中先列出思维导图的主干图，再延伸至具体概念公式等，在这里我们以公式较多的溶胶的动力性质为例，如图7所示。让学生自行梳理知识结构和思维导图，有助于其课后的复习巩固，对知识的整合，在物理化学细碎的知识点中建立起联系，由点及线及面，帮助学生更快的记忆和掌握知识点。

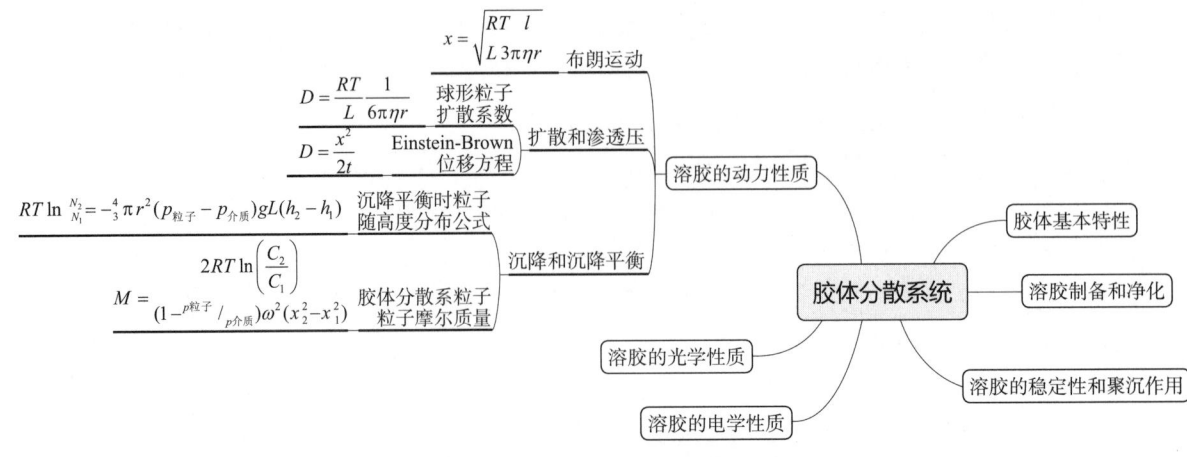

图 7　溶胶动力性质公式思维导图

（三）在教学环节中的具体应用

(1) 兴趣引导法在物理化学中在教学活动中的应用。以调研报告中"三校生"掌握较差的胶体部分和电化学部分为例，在胶体化学学习过程中，结合胶体课程的内容，让学生思索为何豆浆遇见一点卤水就变成豆腐了？然后通过学生讨论，引导学生豆浆中所含有的大量蛋白质是高分子，蛋白质通过离解或吸附，表面经带有负电荷并在表面有水膜生成，蛋白质溶液具有胶体的性质，在豆浆中加入卤水后，由于离子和水结合，蛋白质颗粒的水膜首先遭到破坏，然后 Mg^{2+} 中和蛋白质的电性，进而发生蛋白质分子大团聚的过程，又比如在讲解电化学时提问"为什么铁在潮湿的空气中会生锈？"这样，就把胶体和电化学的认识和现实结合起来。协助学生更好地把握这一环节。在讲解枯燥乏味的知识点时，结合多媒体和化学史进行趣味导入。

(2) 思维导图法在物理化学中在教学活动中的应用，采用教师为主导，学生为主体的教学方法，利用微信、QQ 班级群这种较为方便的线上软件，课后教师及时在群内发布作业，学生完成之后上传，教师进行修改批注，学生及时补充更正。同学之间课下进行自主绘图、课堂上相互交流，与教师合作探究，及时的评价反馈，完善和巩固思维导图法，如图 8 所示流程图。

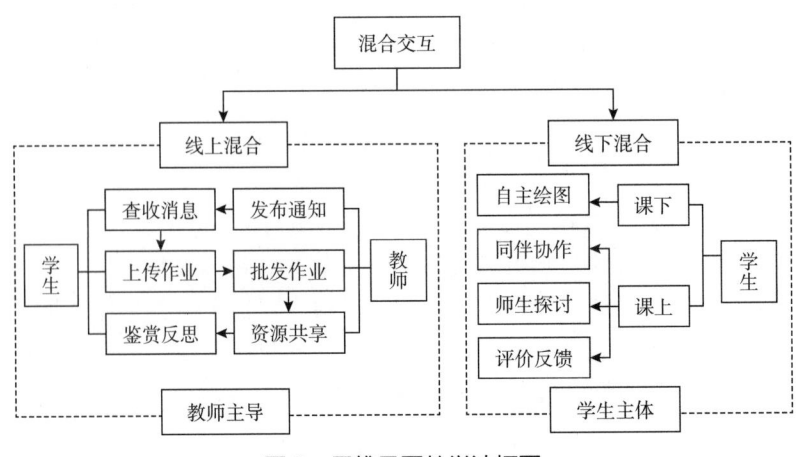

图 8　思维导图教学法框图

三、教学策略应用到实际教学中的结果分析

将兴趣引导法和思维导图法应用于商洛学院应用化学专业21级单招班物理化学课程教学中,经过为期一个月的教学实践,探究提出的研究对策施行效果。在教学实践之前,对班级中的学生进行模拟摸底考试了解他们的物理化学成绩。在使用兴趣引导法和思维导图法之后,对学生进行物理化学成绩测验,结果见表3和图9。

表3 测验成绩分布区间

项目	30～40	40～50	50～60	60～70	70～80	80～90
摸底测验成绩(%)	6	12	12	47	22	3
用对策后成绩(%)	0	0	3	22	21.8	53

由柱状图(表9)可知,第一次测验中30～50分区间人数占比为18%,50～60分区间占比为12%,60～70分占比为47%,70～80分占比为22%,80～90分占比仅有3%,学生物化成绩掌握基础较差。第二次测验中30～50分区间人数占比为0%,50～60分区间占比为3%,60～70分占比为22%,70～80分占比为21.8%,80～90分占比为53%,学生物化成绩进步较大。

由图9可知,第二次物理化学理论知识测验成绩与第一次相比,70～80分、80～90分区间人数明显增大。发现学生的成绩发生了进步,兴趣引导法和思维导图法在学生物理化学学习中起到了一定的促进作用。

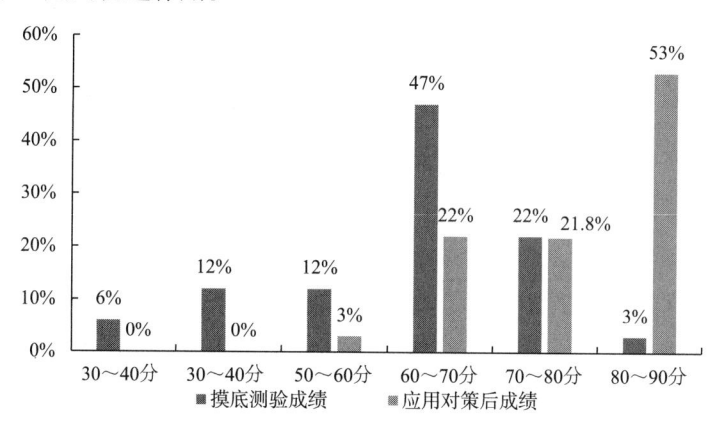

图9 测验成绩区间分布图

四、结论

通过问卷调研法,研究了"三校生"化学知识与物理化学学科化学史、化学实验以及基础理论知识的掌握情况,分析出"三校生"对于生动有趣的化学史及实验法知识情况掌握感兴趣程度高,掌握较好,但对物理化学基础理论知识掌握较差。根据调研问卷的结果,从"三校生"自身出发得出他们对物理化学基础理论知识掌握薄弱的原因是学习兴趣性不高,提出兴趣引导法,从物理化学知识出发,物化知识体系庞大,较为抽象,难于记忆,提出思维导图法。这两种方法运用到实践教学当中,使用前对学生成绩进行摸底测验,一

个月教学实践后，再次测验学生成绩，根据摸底测验成绩和应用物理化学学习对策后成绩，统计不同分数段人数分布概率，作出柱状图分析对比，发现"三校生"成绩有进步，证明所提物理化学学习对策，有助于"三校生"物理化学理论知识学习，可以在之后的物理化学理论教学活动中投入应用，为"三校生"教学人员提供教学参考，为"三校生"物理化学学习方法提供参考。

参考文献

[1] 陈凯. 国际"物理化学"课程与教学研究评述 [J]. 化学教育（中英文），2019,24:80-90.

[2] 吕琳，徐丹悦，吴星，等. 化学教育，2009,30(7):25-27.

[3] 靳涛，张夏雨，彭若锦. 逻辑思维方法在物理化学概念学习中的应用 [J]. 化工高等教育，2020,37(5):138-141.

[4] 蔡燕军，谷晓凤，粟智. 基于"概念形成策略"的物理化学教学设计——以离子独立移动定律为例 [J]. 广东化工，2020,47(18):189-190.

大学物理课程思政研究现状分析[1]

史军辉，侯茹，李乐茹[2]

摘要：本文通过中国知网对近五年发表的关于"大学物理课程思政"的论文进行文献调查与定量分析，对高校物理学科开展的成绩与存在的问题进行了综述。提出应该建立建全国家、学校、学院三级联动的安全保障体系、优化师资建设，建设高素质教师队伍、共享优质的思想政治教育资源等措施来构建完整的大学物理课程思政体系，从而实现大学物理教学与思政教育的深度融合，真正做到思想政治和专业教育的彻底融合。

关键词：课程思政；大学物理；现状分析

一、引言

高校思想政治理论课是高校德育工作中的一项重要内容，也是进行大学生思想政治教育的必修课程。坚持立德树人，推进铸魂育人。青年一代，特别是大学生是祖国和民族的未来之星，我们必须在中国特色社会主义道路、理论、制度、文化等方面加强自信心，培育爱国主义精神。目前，我国正处在新旧交织、多元碰撞的过渡阶段，多元文化的价值观念是相互矛盾的，它是由各种现象、观点、舆论、思潮影响的。当代大学生在世界观、人生观、价值观等方面的发展中，容易出现混乱、迷茫甚至扭曲的状况，严重影响了大学生的健康成长。高等学校要培养品德、智力、体育、美术、劳力等社会主义全面发展的创始人和继承者，要使思想政治工作渗透到整个教育和教学中去。树立良好的品德去教育人，"德"字为先，这是一个教育发展要紧紧把握的精神。2014年上海在逐步探索中形成"课程思政"理念，推出了《大国方略》等一批"中国系列"课程，选取部分高校进行试点，发掘出物理学科教学中的"思政"要素。习近平在2016年12月在全国高校党委和政府工作座谈会上指出，要把每一课都建设成"一段渠"，种好"责任田"，把各项课程和思想政治理论课并驾齐驱，形成合力。

课程思政与专业课程融合已是大势所趋，与其他学科相比较，高校大学物理学科的课程思政实践具有明显的优越性和重要的作用。大学物理学主要研究物质的总体运动规律和物质的基本构造，具有自然属性、也兼容了人文属性，同时，大学物理的教学区域广泛，可以发掘出大量的思政元素，并与现实生活紧密相连，这也是高校的物理与思想政治教学可以做到完美嵌套的优势所在。不仅有利于学生树立崇高的理想，努力拼搏奋进，特别是

---

[1] 基金项目：陕西高等教育教学改革重点研究项目（21BZ075）；陕西省教育科学"十四五"规划项目（SGH21Y0238）；商洛学院教育教学改革课程思政专项（21jyjxs106）

[2] 作者介绍：史军辉，1985年生，男，陕西渭南人，博士，讲师，主要从事教育教学改革与实践研究
侯茹，1972年生，女，陕西商洛人，硕士，副教授，主要从事教育教学改革与实践研究
李乐茹，1999年生，女，陕西西安人，本科，主要从事中学物理改革研究

在培养大学生物质观、运动观和世界观方面都起到了正面的影响。因此对大学物理课程中课程思政建设和研究的现状梳理之后针对性提出自己的见解，为今后有的放矢地开展工作，推动课程思政在大学物理中的发展，贡献自己的一份力量。

二、近5年研究大学物理课程思政论文的调查结果分析

（一）论文的数目分析

如图1所示，可以看到关于发表大学物理课程思政论文的数量在2016—2018年平均数量为1篇，在2018年之后呈现出逐年上升的趋势，尤其在2021年论文发表的数量有一个大幅度的提升。这也开始显示出越来越多的大学以及高校教师开始重视并参与到大学物理课程思政的教学改革与建设中。截至到2021年12月31日，全国普通高校共2756所。目前，我国大多数高校已开设了大学物理专业，并已在积极探索将"大学物理"与"课程思政"相结合的最佳匹配模式，虽然全国普通高校平均每年仅有0.09篇左右的文章，但是我们从图中来看，论文的发表数量在逐年递增，未来有关大学物理课程思政的论文也定会有很大的增长空间。

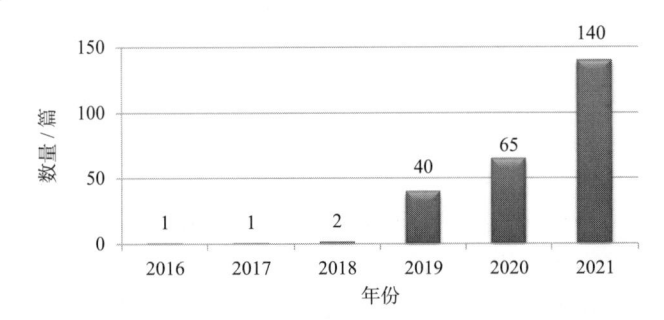

图1　2016-2021年大学物理课程思政论文发表数量

（二）论文的著述和经费来源分析

在所搜集的249篇论文中有独著57篇论文，合著192为篇论文。从表1上可以看出合著的论文占比大，这也更深层次的看出这些合著可能只是形式上的挂名，没有深入的去了解大学物理与课程思政之间的联系。论文的诸多作者并没有形成一个专门研究大学物理课程思政的科研团队，大部分作者可能并没有真正去了解课程思政本身的意义以及从思想上、从行动上改变对于大学物理课程思政的重视程度。

表1　论文著作方式

年份	独著	合著
2016	0	1
2017	0	1
2018	0	2
2019	9	31

续表

年份	独著	合著
2020	18	47
2021	30	110

表2是249篇论文受课题资助的情况，其中获得国家教学改革项目资助的论文有7篇；获得国家教学改革项目经费资助的论文大约占了4.525%；在这些之间，有9.502%的论文获得了校级课程教学改革基金的支持，但是从表格中可以发现，没有项目经费支持的论文发表的数量是最多的，它的篇数为大概占到了154篇，可见今后高校各部门更应该对于大学物理思政教育的教改增加扶持力度，推动其进一步的发展。

表2 论文受资比例

课题种类	比例情况（%）
国家级教改	4.525
省级教改	16.289
校级教改	9.502
课程思政教改专项支持	16.289
无教改课题资助	53.395

（三）论文作者的基本特点分析

图2分别是论文作者的职称和学位的比例数据。可以看出，在文章中拥有副教授头衔的文章占50.43%，正教授头衔的文章占比19.44%，拥有博士学位的文章占56.42%，硕士及以上学历者平均占比53.43%，可见对于大学物理与课程思政之间的联系是非常重视的，正因为有这些教师的重视，大学物理课程思政的发展才能更好地顺应党中央指示，加快前进的步伐。

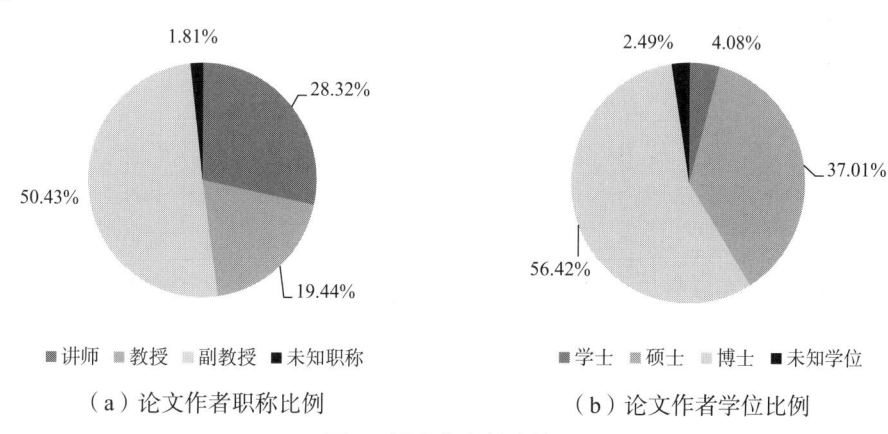

（a）论文作者职称比例

（b）论文作者学位比例

图2 论文作者基本特征

(四)论文的出版周期与影响因子分析

近5年发表的249篇论文分别发表在50种学术期刊上，2篇学位论文与3本会议论文集上。这些论文发表的期刊种类如图3(a)所示，我们从饼状图可以看出月刊、双月刊、周刊的比例分别为25.19%、24.44%、20.16%，这也说明这近5年有关大学物理课程思政的论文主要发表在月刊、双月刊与周刊上，并且它们的发表周期都是非常短的。但是这些期刊要么没有影响因子要么就是期刊复合影响因子与综合影响因子都在0.3左右徘徊，由于影响因素是一种比较统一的国际通行指标并且影响因素已经成为了一种国际通行的期刊评估方法，既可以衡量期刊的效用和显示，也可以作为一项衡量期刊学术水准甚至是论文质量的重要指标。一般而言，影响因子越高，论文的影响作用就越大，我们在选择刊物时会自然倾向于选择影响因子高的刊物。从图3(b)中得出：在249篇文章中，有复合因子和综合影响因子的论文数量占比分别是78.12%和94.73%；论文主要发表在影响因子在0.6以下的期刊上，占比分别是72.17%和90.98%。这对我们论文的引用和发表有指导意义，也更值得去学习和借鉴。

由图3(c)可以看出，刊发大学物理课程思政论文前5名期刊的分别为《物理工程》42篇、《物理通报》21篇、《教育教学论坛》16篇、《科学导刊》10篇、《广西物理》7篇，这也说明了期刊的编辑也对这种挂课题的论文有一定的重视。因此高校教师想要了解大学物理课程思政时，要注意选择期刊因子较高的论文去查看可能意义会更大。

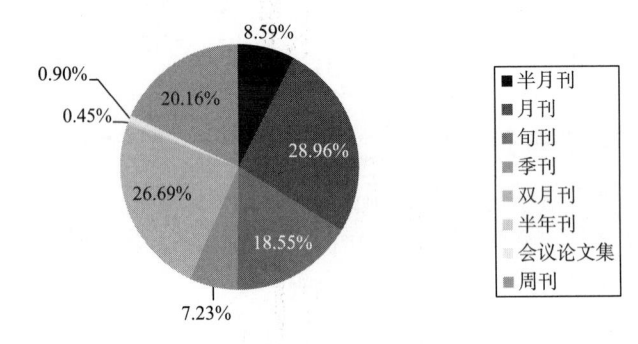

(a)期刊论文发表周期

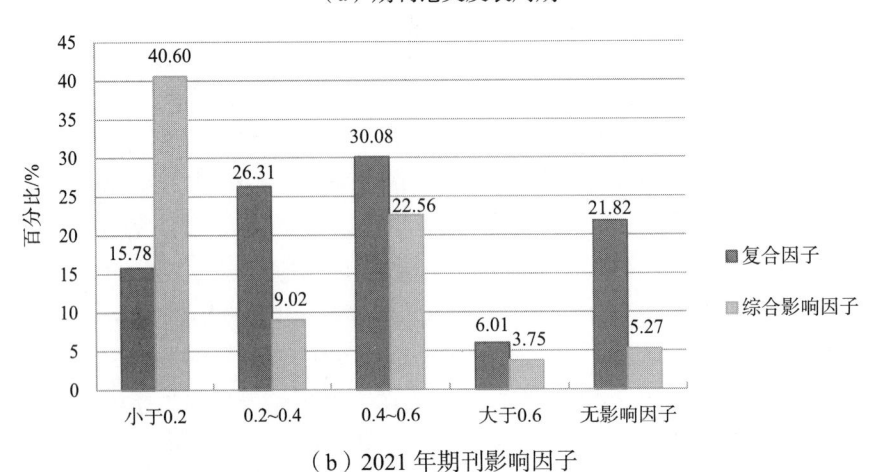

(b)2021年期刊影响因子

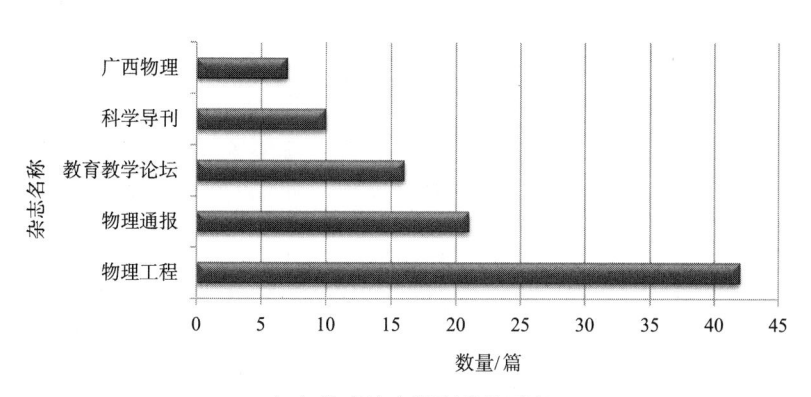

(c）发表论文期刊书前五名

图 3　大学物理课程思政发表情况统计

（五）论文的内容分析

研究论文的内容主要从以下几个方面：

1. 为什么在大学物理中开展课程思政

沈延群和其他学者把大学物理学作为科学和技术专业的必修课，同时还是一门提高本科生科学素养基础的学科，在物理课当中进行"课程思政"是非常便捷的。在物理科学方面的研究活动，它的研究对象物体可以变得非常小，小到微观的粒子，也可以非常大，大到宇宙里面的星系和黑洞，其研究内容遍布到世界当中的各个角落。在物理学发展的过程当中，出现了无数位勇往直前、绝不放弃的科学家，他们的科研精神对于培养学生们的坚定意志具有很大的促进作用。谢月娥、冯旭认为大学物理课程政具备三个独特的优势和条件：第一，在大学物理中实施思政教育使学生获益良多；第二，课程目标与思想政治教育的有效结合落成了"三全育人"的大格局；第三，大学物理课程中含有丰厚的思政教育元素。尹伟认为高校物理学具有广泛的学生覆盖面，科学性和包容性都比较强，是实施"课程思政"的重要场所。樊娟娟认为高校物理教学对培养学生的思想、科学素质、对客观事物的正确理解，特别是对物质观、运动观、世界观等方面的教育意义重大。罗熙认为由于大学物理是在大一、大二进行的，大一、大二是大学生培养个性、树立人生观、价值观的重要时期。因此在高校物理教学中把"思政"元素融入高校物理教学中，在提高教育质量方面有着重大的作用。

2. 怎样去挖掘大学物理课程中的思政资源

姚秀伟提出了运用网络资源创设情境，再现科学探究的历史进程，发掘思政资源，在积极的情感氛围中，通过各种活动和体验，从而达到"情"和"思"的完美融合。韩元春指出大学物理的基本概念、定义、定理和定律是思政教学的切入点，在教材的选取上，要"因事而化"，以生动、形象的实践为教学资源，寓教于乐，教化人心。陈真英提出了从大学物理实验、科学技术应用的效果、物理学家自己发生的事情、现实实践创新的事例、教师与学生的互动中挖掘高校物理教学的思政元素。赵露露提出从科学家的成长历程出发，从每一层全面的分析和找出课程中的与思想政治相关的资料。张化福认为可以从物理学史、从物理规律的形成、从建立物理学的理论体系、中国物理学的光辉业绩等几个角度，提炼出了这门课程的思想和政治材料。倪涌舟提出从中国古代和近代物理两个方面探讨，提取思政教育资源，激发学生求职、创新欲望。王梓名从藏族优秀的传统文化中发掘"思政"元素，并将其与高校物理课程的"思政"结合起来。宋淑梅提出了本文从物理哲学关系、物理规律应用于生产、我国科技发展的新阶段等几个角度，对高校物理学科的思政要素进行了探讨。

3.高校物理教学中怎样导入课程思政

林陈贝提出要正确处理好物理与思想政治教育的关系，明确其课程思政教育的目的，并充分发挥其在高校物理教学中的作用。曹海霞提出课程思政不仅要在课堂上进行，而且要在课前、课后都要做到，要做到全过程、全方位、多角度的融会贯通。徐大海、张静表示可以通过：第一，修订教学大纲嵌入课程思政元素；第二，从物理理论建立的过程开展课程思政；第三，介绍我国古代和近代科学家的科研成果，利用这些伟大的事迹将其表明更深层次的思想理念；第四，在实施课程思政时应选用符合学生认知特点的教学方式方法。

4.大学物理课程思政实施的路径方法

辛萍提出了从"生命＋问题""明理""实践＋情感"三个层面进行高校物理课程的思政教学。李辉提出要创新教育融合目标、创新教育融合方式、创新教育融合模式、创新教育融合管理体系中探讨了如何实现高校物理与思政创新融合。张锦认为：首先，要明确高校学生思想政治的培养目标；其次，在对高校思想政治教育的内涵进行深度挖掘的同时，也要为高校物理学科的发展找到一条新的途径，在此基础上运用多种教学方法和手段，对高校物理思政教学进行了全方位深入的思考。

5.关于大学物理教学设计中的思政元素

从表3中看出近5年关于大学物理课程思政教学设计大部分集中于对力学的研究，并且思政元素总是围绕着爱国情怀、团队合作等。在今后的论文中我们应该多倾向于电磁学、光学、热学方面，作为代课教师要对每一章每一小节的知识点深度挖掘思政元素，要更加全面精确的提取思政要点，从而展开多方面的思政教育影响。在对课程内容的设置也要尝试不同的方式并且要多与优秀的、有经验的教师请教、交流，在教学时展现出更加丰富的课堂，激发学生对于大学物理的兴趣。

表3 大学物理教学设计中的思政元素分析

案例	思政元素
圆周运动	坚忍不拔、持之以恒
动量定理	爱国主义、社会责任、法制观念、人文情怀、文化自信
电磁感应	热爱祖国、追求真理、勇攀高峰、科学报国
角动量守恒定律	努力拼搏、热爱科学、坦然面对、积极探索
力学	工匠精神
动能定律	团队合作、无私奉献、认真严谨、爱国奉献、团结友爱

续表

案例	思政元素
牛顿定律	珍惜时光、勇于探索、热爱人民、理解抗疫精神
流体运动	爱国情怀、团队精神、创新精神

三、关于大学物理课程思政的若干建议

（一）建立国家、学校、学院三级联动的安全保障体系

课程思政是一种全新的教学观念和教学实践，它对思想政治教育乃至整个教育都有很大的影响。要实现这种转变，必须建立健全的制度体系。古语有云，兵不动，粮不出。在课程思政建设中，"粮草"是指在制度和措施上做好充分的准备。

第一，政府可以制定相关的政策，为高校物理学科的思政建设提供政策支持。第二，各级各类学校要建立"课程思政"领导小组，积极推动"课程思政"建设，并在一定程度上为"课程思政"提供组织保证和制度保证。例如：由党委书记作为校本学科思政工作领导小组组长与各支部委员一起研究，制订一套具体的实施细则；定期召开大学物理课程思政建设工作部署和推进会议；教务处要强化课程的整体规划，既要保证课时，又要明确、细化其他科目的课程目标。不仅要改革教学质量评估与评估机制，还要把思想政治教育的成效融入到课程内容之中。第三，要充分调动高校师资力量，在政府的政策引导和学校的组织和领导下，为高校的课程思政工作提供必要的人力保证。例如：调动本校教师和其他学校教师建立长期的协作和沟通机制，为他们提供专业的思想政治教育和培训，以消除他们对自身素质的畏惧而不愿意参加学校的思政工作，同时学院还可以组织开展"课程思政改革创新"的科研和教学计划，并鼓励广大教师踊跃报名。鼓励各高校在自己的领域内制定相应的奖惩机制，对符合学校规定的教师给予额外的奖励，不合格的则会有相应的扣罚。在教师职务（职称）提升、评优评先等方面，可以优先选择主动参加本学科思政工作的教师。

（二）优化师资建设，建设高素质教师队伍

习近平总书记在全国大学生的思想政治工作座谈会上提出，要使广大的教育家成为一名讲道理的人，必须明白道理，相信道理。老师自己都没有成道，还怎么讲道？"讲道"就是要让学生们展现出良好的精神状态，把做人的道理和原则灌输给学生，让他们能够自尊、自律、自强，这与"课程思政"的中心宗旨是一致的。

因此搞好思想政治理论课的教学，关键在于教师。教师在大学思想政治教育中扮演着重要的角色，这是因为他们的教育使命、职业角色以及所具有的专业素养所决定的。加强思想政治工作、注重对理想信念的培养、注重师德建设，把教书育人工作落实到位是学校思想政治工作的根本保障。在新的形势下，高校组织者要充分发挥大学教师的基础性和引领性的作用，更好地承担好大学生的心理教育辅导和引导作用。

高校要引领广大教师牢固树立正确的理想信念，强化每个老师的道德修养，使其内容与大学物理学科相结合，引入一大批教学效果显著的优质教师，开设一大批"思政"示范班，遴选出一大批"课程思政"骨干，把专业课程和思想政治课有机地联系起来，形成"同

向同侪"的教育模式。同时，要进一步厘清各学科的教育内容与职责，促使每位专业教师制订实施"课程思政"的教学方案，实现"入门必思，人人讲授"。这样一方面可以为学生树立正面的思政典范，激发学生进取精神和自主学习意识，另一方面也能拓展学生的精神领域，提升学生的物理核心素养与思政素质，从而发挥课程思政的主导作用，实现以德而耕、拾获山河的教育理想。

(三) 共建共享大学物理课程思政的优质资源

对于高校来说，专业课程是课程思政建设的基本载体。把思政与学科课程相结合，不能把思政内容"全部渗透"进学科中去，而应尽量"挖掘"学科思政要素，或是将必备的思想品德培养贯穿于教学当中，让思政教育潜移默化地融入专业课程之中，构建"学科"与"思政"相融的办学模式，构建"大学物理专项教育"与"思政学"的合力。

国家如今成立了很多分专业分区域的不同教育类型的课程思政的联盟。如：医药院校的课程思政联盟、交通运输类课程思政联盟、农林类课程思政联盟、军工类课程思政联盟、财经类课程思政联盟、理工类课程思政联盟等，我们看到这些课程思政联盟都遍布在不同的区域、不同专业、不同的类型中并且发挥着重要的作用。为了更好推动中国高等教育在课程思政建设方面走得快、飞得高。各高校部门以及各级联盟应利用这些共享资源库，建立年度工作报送机制从而实现不同高校、不同专业的优质课程和优秀案例共享。使中国高等学校的课程思政真正地入耳、入眼、入脑、入心。

(四) 坚持各学科分类推进，把握课程思政建设的重要内容

高校物理学科是高校思想政治教育的重要组成部分。对大学物理教育的内涵进行了探讨，把学科特色、思维方法、价值观等综合运用到高校物理教学中去，把它与课程的教学相结合，以实现"没有声音的就达到目的"的教育作用。

各类高校一般在大一学期开设大学物理课程的专业很多，它们的课程特点和性质各不相同。教师要根据所授专业的特点在大学物理课上教学时，要融入适合本专业的课程思政要点因材施教。例如：对于文学、历史学、哲学类专业的学生，在大学物理课程教学中帮助学生掌握马克思主义世界观和方法论，深入认识习近平新时期中国特色社会主义的历史与现实、理论与实践的关系；要大力弘扬中华优秀传统文化、革命文化和社会主义先进文化；对于教育学类专业的学生，在课堂上，教师要加强自己的品德和作为教师性格的教育，要用严格的规则来规范品德，把学生的思想教育提升到以教师为目标、做好行动示范的专业的理想，培养热爱自己国家和遵守法规的人，规范教学的职业道德，教育学生传播道德的情感、传播道德的内容、解答问题的能力，把热爱自己的国家、教育自己、热爱自己的学生作为首要任务担在自己肩上，要用自己的品德来树立自身素养、用优秀的品德来进行教学任务的实施与学生的思想教育，努力成为一个有好的理想信念、有道德情操、有学习能力、有爱心的"完美好老师"。

总之，高等院校要据不同专业、不同学科门类各自的特点和规律来进行课程思政建设。

(五) 增加实验教学比重，在动手动脑中拓宽课程思政路径

物理学实验是高校物理教育不可忽视的重要组成部分。高校物理学的试验在激发学生的科学性、加强学生解题和动脑筋能力方面具有十分重大的意义。在实验课上，通过实际的实习，可以加深对理论的认识和对课程的思考。而物理作为一种注重试验的科学，其实

施既可以开辟一条新的思路，又可以培养学生的求知与动手技能。最重要的是，可以帮助学生深刻认识自然界的客观事实，让同学们远离对权力的盲目崇拜、不盲从潮流，养成严谨认真、科学的现实主义价值观。

（六）完善高校课程思政工作的质量评估与激励

高校教师队伍的素质教育水平是衡量高校思想政治工作能力的重要指标。要构建和完善"多维化"的"课程思政"绩效考评与督导考评机制，切实抓好各项考评与评价工作，深入推进高校教育教学体制改革。在实施大学物理课程思政时，要坚持以人才为核心，以建设高层次的人才为培养体系，持续完善课程思想工作体系、教学体系，内容体系的衔接。

在大学物理课程的课程思政教学阶段，第一，要充分利用各种专业指导委员会、学科评议组、专业学位教育指导委员会、行业职业教育指导委员会等专业机构的作用，制定科学、多元的课程思政评估标准。第二，把高校的课程建设成效作为评价"双一流"建设、学科评价、本科教学评价、一流专业建设、一流课程建设、高校或院系评价中的重要内容之一。第三，教师在学校思想政治工作中的作用，是评价、聘用、评优、选拔培训的一个关键环节。在各种教育成果奖、教材奖等方面，要加强对高校物理学科的思政工作以及加强对高校物理学科领域课程思政的思考和研究。

四、总结

本文通过中国知网对近5年发表的关于"大学物理课程思政"的论文进行文献调查与定量分析，对高校物理学科开展的成绩与存在的问题进行了综述。基于此，在立德树人任务下的大学物理教学中，应该建立国家、学校、学院三级联动的安全保障体系、优化师资建设，建设高素质教师队伍、高校物理学科建设共享优质的思想政治教育资源、坚持各学科分类推进，抓实高校思想政治工作的重点、增加实验教学比重、完善高校课程思政工作的质量评分与最后的成果激励，在动手动脑中拓宽课程思政路径以构建完整的大学物理课程思政体系，涵育学生的品格情操，培养大学生自己对于事物的创造能力、对于科学研究要有非常强的动手能力，从而实现大学物理教学与思政教育的深度融合，真正做到思想政治和专业教育彻底融合。

参考文献

[1] 习近平. 习近平在全国高校思想政治工作会议上的讲话 [N]. 人民日报, 2016-12-9.

[2] 沈延群, 刘淑杰. 大学物理教学课程思政的研究 [J]. 2021,8(3):71-76.

[3] 谢月娥, 冯旭, 陈元平.《大学物理》课程思政多路径渗透的探索与实践 [J/OL]. 物理程, 1-3(2022-04-29).

[4] 尹伟, 秦彦军, 李萍. 大学物理及实验课程思政教学改革与实践 [J]. 科技资讯, 2021,19(2):128-130.

[5] 樊娟娟, 于秀玲, 潘振东. 课程思政在农业院校大学物理教学中的探索——以"流体的运动"为例 [J]. 教育现代化, 2020,7(27):185-187.

点电荷静电场的模拟在高中物理课程中的应用[1]

宋亚峰[2]

摘要：新一轮课程改革的核心素质要求我们对课堂结构进行进一步的转型。随着信息时代的到来，人们对信息技术的重视程度也在不断提高，计算机技术在物理教学中的应用，已经成为一种潮流。计算机技术具有可以将抽象概念可视化的特点，而物理学科中的许多概念都是抽象、难以理解的。静电场一章中就有许多抽象概念，所以本文主要是以静电场为例，将其进行可视化仿真，并用于高中物理课程中。静电场中的电场线和等势面是一些假想曲线。可以利用计算机软件的数值处理、符号运算等多种功能，将电场线和等势面展示出来。本文主要以静电场为例，模拟单个电荷，两个电荷，三个电荷的静电场，通过改变电荷的电量和位置，观察电场线和等势面的变化，分析总结出其中的物理内涵。在教学中通过结合仿真图总结出静电场特点的方式，将知识直观展示出来，并在教学过程中应用，可以增强学生的兴趣，从而提高教学效率。

关键词：高中物理；静电场；电场强度；电势；计算机辅助教学

一、引言

（一）背景及意义

高中物理课程标准要求学生主动参与、探究、实验和思考，但这对传统的教学模式造成了很大的冲击，应尽可能地让学生掌握物理的基本知识和技巧，并在不知不觉中培养学生的科学精神。教师不能盲目地把教材中的知识灌输到学生的学习中去，要在原有的知识结构上进行正确地指导，并通过恰当的信息技术来辅助教学，既可以使教学方法现代化，又可以把抽象的物理概念可视化。

如果将计算机辅助软件引入到中学物理的教学中，将其应用到静电场的教学实践中，借助计算机辅助软件的数值运算和图形显示能力，直接调用软件中的函数，简化运算过程和计算结果，编写较简单的程序就可以很容易地绘制出分布图，用图片来描述问题，让理论上的知识直观地呈现出来，使得原本看不见摸不着的抽象事物变得生动、容易理解，从而帮助我们更好地分析和理解问题，使学生加深认识，增强教学效果，从而解决相应的物理问题；同时也便于学生对有关规则地理解与把握。利用计算机辅助软件制作具体的直观

---

[1] 基金项目：陕西高等教育教学改革重点研究项目（21BZ075）；陕西省教育科学"十四五"规划项目（SGH21Y0238）；商洛学院教育教学改革课程思政专项（21jyjxs106）

[2] 作者介绍：宋亚峰，1985年生，男，山西介休人，博士，副教授，主要从事教育教学改革与实践研究

图像和教学动画，更能吸引学生的兴趣。因此，将计算机辅助教学模式应用于高中物理课堂，是时代发展的必然趋势。

（二）高中物理课程静电场部分教学现状

静电场部分的概念、物理规律、结论，都比之前学过的章节要多，并且这部分的知识十分重要。但是这部分知识的概念又十分抽象，难以理解，在日常中不能看见，也触摸不到，学生在之前的学习中没有接触过，在刚开始学的时候，没有找到方法，是很难掌握这部分知识的。知识有难度使学生难以掌握是其中的一个原因，还有学生自身的原因，部分学生因为学起来困难而对其缺乏兴趣，从而在一定程度上影响了教学效果。

物理教学对于学校在社会现实中的教学环境也有很大影响，通过大量分析文献，可将面临的困难总结为以下几个方面：

（1）教师讲授时仅强调结论，对学生的知识结构缺乏关注。

（2）由于物理学科的特殊性，物理本身具有很抽象的性质，学生的学习热情和兴趣都不高。

（3）由于教学条件、仪器条件等因素，有些物理试验不能面向学生展示。

（4）学校之间存在差异方面，不同学校的实验设备也会因教师的不同而有所差别，从而影响到学生的学习。

由于种种客观因素，加之为推动现代教育的发展，使受教育资源限制的学生能够更好地提高自己的学习水平，所以采用计算机辅助教学软件来改善目前的物理教学是很有必要的。

（三）研究内容

在描述静电场时，通常喜欢用电势和电场强度，利用等势面和电场线来形象的直观的呈现出静电场。但静电场是看不见摸不着的，学生无法直观的感受到它的分布；电势的概念很抽象，学生难以理解；电势叠加问题，与学生距离较远，他们缺乏直观的认知，更是让学生摸不着头脑。而普通的工科物理学教科书，只是简单的列举了几个典型的例子，然后来判断电场的分布情况，再利用图形总结出相关的规律。但是，同学们只是机械的记住了规律，却没有真正的理解它的含义，也不能自己准确的画出来。一些简单的尚且如此，在面对更加复杂的情况时，等势面也更加复杂，而教科书中通常不会提及。所以，从抽象到直观的表述，是十分有必要的。

针对这一难题，本文运用计算机仿真的强大的数学计算能力和图形绘制功能，分别对单个点电荷、两个点电荷、多个点电荷系统进行仿真，主要通过电场线和等势线来描述静电场。

二、静电场模拟的原理

本文主要以点电荷为例，首先要用电势叠加原理计算出点电荷系在平面某点的电势，电场强度为电势的负梯度，利用计算机软件绘出等势面，因为电场线和等势面是垂直关系，所以可以轻松绘制出电场线。在仿真的过程中不对电荷的分布和电荷量做出规定，只需在特定的区域内，根据自己所面临的实际情况，将点电荷系的位置和电荷量输入进去，就能得到相应的电场线和等势面，让学生可以更好地了解点电荷系的电场情况。

在真空情况中的一个点电荷系，如果电场是由 n 个点电荷 $q_1, q_2, \cdots, q_n$ 所激发，则

某点 P 的电势由电势叠加原理可知

$$V_p = \sum_{i=1}^{n} \frac{kq_n}{r_i} = \sum_{i=1}^{n} \frac{q_i}{4\pi\varepsilon_0 r_i} \tag{1}$$

式中 r_i 是 P 点距离点电荷 q_i 的距离。在空间直角坐标系下，设 P 点坐标为 (x, y, z)，q_i 所在位置的坐标为 (x_i, y_i, z_i)，则在点 P (x, y, z) 处的电势为

$$V_p = \sum_{i=1}^{n} \frac{1}{4\pi\varepsilon_0} \frac{q_i}{\sqrt{(x-x_i)^2 + (y-y_i)^2 + (z-z_i)^2}} \tag{2}$$

其中 P 为空间中的任意位置。观察式（2）共四个变量，不能在三维空间中描述它们的关系。可以方便进行简单的处理：考虑平面 $z = z_i$ 内的电势分布，则点 P (x, y) 在平面内的电势为

$$V_p = \sum_{i=1}^{n} \frac{1}{4\pi\varepsilon_0} \frac{q_i}{\sqrt{(x-x_i)^2 + (y-y_i)^2}} \tag{3}$$

平面上静电场中各点的电场强度等于该点电势梯度的负值

$$\vec{E} = -\nabla V = -\frac{\partial V}{\partial x}\vec{e_i} - \frac{\partial V}{\partial y}\vec{e_j} \tag{4}$$

根据式（3）和式（4），我们分别对单个点电荷、两个点电荷、三个点电荷组成的点电荷系进行数值模拟，得到电场和电势分布图。

三、点电荷静电场的模拟

(一) 单个点电荷静电场的模拟

放在坐标原点的点电荷 q 在空间某点 P (x, y) 产生的电势为

$$V_p = \frac{q}{\sqrt{x^2 + y^2}}$$

电场强度为 $\vec{E_p} = -\nabla V_p$。

当取 $q = 1$ 时，仿真得到单个点电荷的电场线和等势面分布图如图 1、图 2：

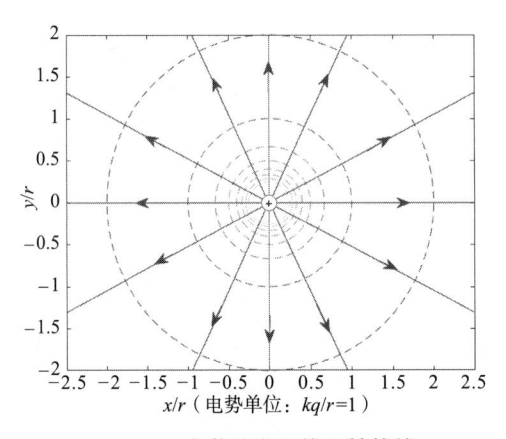

图 1　正电荷的电场线和等势线

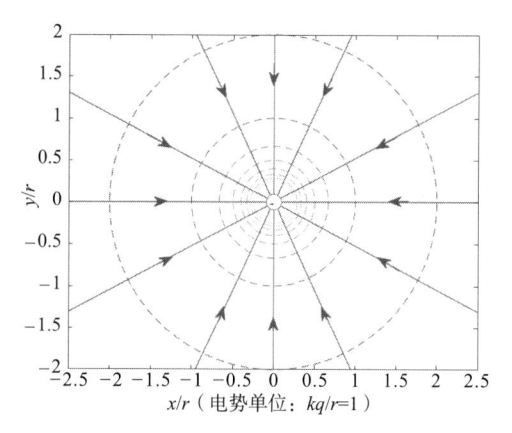

图 2　负电荷的电场线和等势线

图 1 模拟的是正电荷的静电场，图 2 模拟的是负电荷的静电场，从图中可以看到它们的分布非常相似，图片都是呈对称分布，结合图可以得到它们所包含的规律：①点电荷的电场线是以点电荷为端点呈辐射状。②对于正的点电荷，射线从点电荷指向四周；对于负的点电荷，射线从四周指向点电荷。③等势线是以场源电荷为球心的一簇簇不等间距的球面，相邻两个球面之间的电势差是相等的。④不论是正电荷还是负电荷，距离电荷越近，电场线越密，等势线也越密，场强越大。

（二）两个点电荷静电场的模拟

将两个点电荷分别放在 $(a, 0)$ 点和 $(-a, 0)$ 点，则该电荷系在空间中任意点 $P(x, y)$ 产生的电势为

$$V_p = \frac{q_i}{\sqrt{(x-a)^2 + y^2}} + \frac{q_i}{\sqrt{(x+a)^2 + y^2}}$$

电场强度为 $\vec{E_p} = -\nabla V_p$。

1. 同号两电荷的电场线与等势线

分别取 $q_1 : q_2 = 1$ 和 $q_1 : q_2 = 2$，$a = 1$，仿真得到两个同号点电荷的电场线和等势面分布图如下：

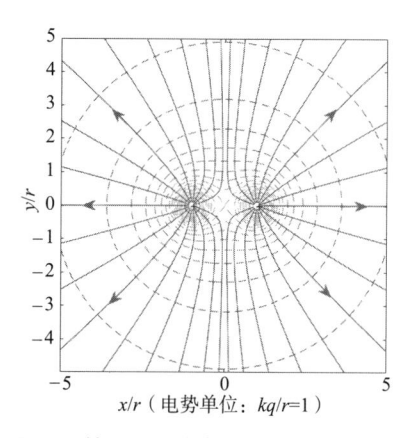

图 3　等量异号电荷的电场线和等势线

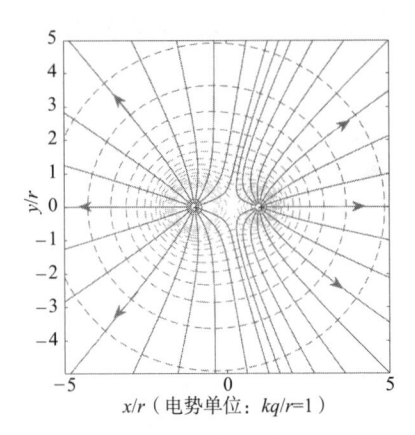

图 4　不等量同号电荷的电场线和等势线

图3模拟的是两个等量同号的正电荷的静电场，图4模拟的是两个同号不等量的正电荷的静电场，其中第一个正电荷的电量是第二个正电荷的二倍，从图中可以看到等量电荷的图片是呈对称分布的，不等量电荷图片，可以明显看出电荷量大的占的位置大，它们在静电场中的规律有：①在两点电荷连线的中点处场强度为零，这里没有电场线。②在中点处，电场强度很低，但是电场强度并非零。③在中间垂平面上由中间的一点至无限处，电场线由密集转向稀薄，也就是电场强度由强到弱。④在等量同种电荷的连线上，中点的电场最小，也就是零，因为在无穷远的地方场强为零，所以从中心点到无穷远的地方，电场的强度会随着时间的推移而减小，之间某点处有场强最大值。⑤等量同种电荷在中点对称位置，等效的点和中心点的电场强度是相等且方向相反的。⑥如果电荷电量不相等，对于两点电荷连线中垂线上的某点，总场强方向将朝向带有较多电荷的点电荷形成的场强方向偏转。⑦等势面越靠近电荷受另一电荷影响越小，呈球面，越远离两面相融合，由椭球面逐渐变为球面。

2.异号两电荷的电场线与等势线

分别取 $q_1 : q_2 = -1$ 和 $q_2 : q_1 = -2$，$a = 1$，仿真得到两个异号点电荷的电场线和等势面分布图如下：

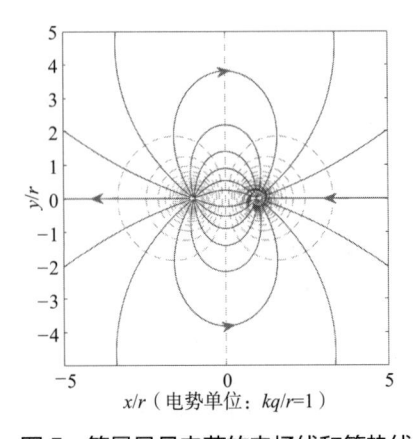

图 5　等量异号电荷的电场线和等势线

图5模拟的是等量异号电荷的静电场,可以看到图是对称分布的,图6为不等量异号电荷的静电场模拟,可以看到电荷量大的占的面积大,从图中可以得到关于静电场的规律:①两点电荷连线的方向是由正电荷指向负电荷的。②两点电荷连线的中垂面上,电场线的方向均相同,也就是说场强方向均相同,并且总是与中垂面垂直而指向负电荷所在的方向。③等量异种点电荷连线上以两电荷中点场强最小,中垂线上以中点的场强为最大,关于中点对称处的场强大小相同。④如果关于连线中点对称的电荷,总是电荷量大的附近场强较大,如果电荷是关于电势为零的点对称,则越是靠近小电量电荷场强越大。⑤两点电荷的等势面一直处于相排斥的状态,不会出现相连的情况。

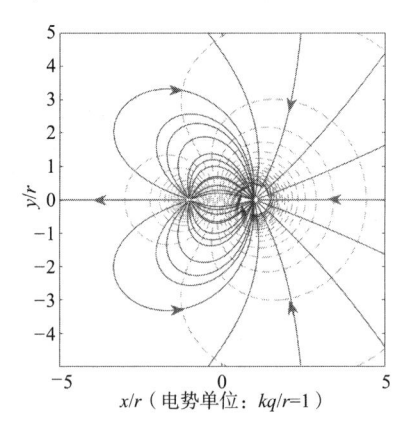

图6 不等量异号电荷的电场线和等势线

(三)三个电荷静电场的模拟

取 $q_1:q_2:q_3=1$,$b=1$,2,3,$a=2$,仿真得到三个同号点电荷的电场线和等势面分布图如下:

图7~图9都是三个呈等腰三角形排列的正电荷的静电场的模拟,处于中垂线上的电荷从 $b=1$ 到 $b=3$ 逐步向上移动,在移动的过程中图形始终是对称分布的,它们在静电场中的规律变化有:①电场强度大的地方,电场线越密集,等势线也越密集。②当三个电荷位置呈等腰三角形分布时,它们的电场线和电势也呈对称形状,且场强大小和场强方向也对称,对称线中间位置的电场线密集。③电荷的零点电势在无穷远处,同一点的电场强度

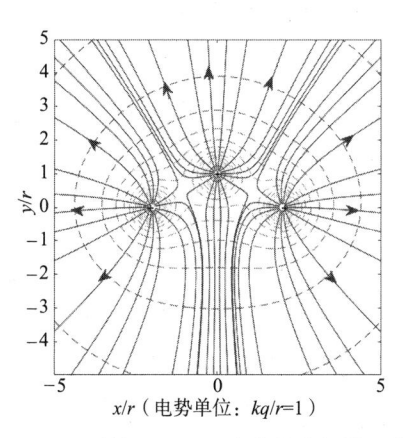

图7 $b=1$ 时等量同号三电荷的电场线和等势线

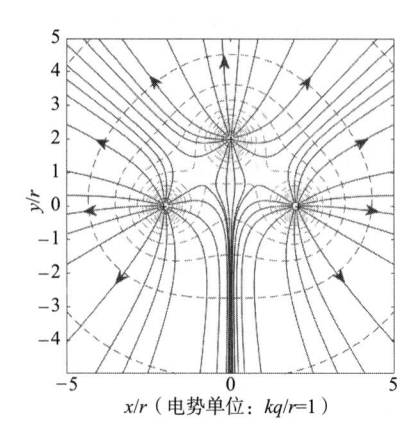

图 8　$b=2$ 时等量同号三电荷的电场线和等势线

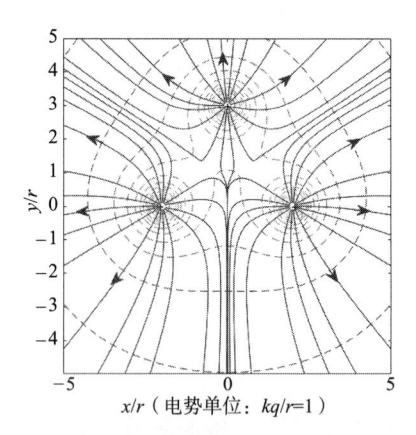

图 9　$b=3$ 时等量同号三电荷的电场线和等势线

和电势的大小随离电荷的位置变远而变小。④等势线的距离电荷较近时，还是大致呈球面分布，在距离电荷较远时，等势线与电荷的排列是相似的。

四、小结

高中物理课程中，静电场一章中就有许多抽象概念，很多看不见摸不着的场是学生很难理解的概念。本文利用计算机仿真软件模拟了单个、两个、三个点电荷系的电场线和等势面分布，在仿真的过程中，只需要知道点电荷系中电荷的分布，就可以仿真出不同情况的点电荷系的电场线和等势面分布，将理论公式用相关的函数表示出来，就可以很容易的用计算机软件仿真出来。分布图用于高中物理课堂中，可以让课堂效果更加生动形象，从而消除学生对电学部分的恐惧。教师可以在课前，将模拟的结果做好，而且当模拟完成后，教师可以随时改变电荷能量和位置的参数，只需要很短的时间就可以完成新的模拟。

因此，将计算机辅助教学引入物理教学中，可以将抽象难以理解的概念可视化，结合仿真结果进行教学，可以让课堂教学更加生动，提高学生们学习的积极性和课堂效率。

参考文献

[1] 邹军. 用 MATLAB 软件演示静电场的电场线和等势面 [J]. 湖南中学物理，2018，12: 74-75.

[2] 纪婷婷. MATLAB 在高中物理静电场教学中的应用与实践 [D]. 银川：宁夏大学，2015.

[3] 刘艳磊，李春燕，张军海，王雷，孙秋华. 点电荷系电场线与等势面的 MATLAB 仿真 [J]. 科技创新导报，2012,15:149-150.

[4] GU J, ZHANG G, WANG QG, et al. Experimental Study on Particles Directed Transport by an Alternating Travelling-wave Electrostatic field[J]. Powder Technology, 2022:397.

[5] 帅春江. Matlab 在电磁场与电磁波课程电解槽的应用 [J]. 吉林化工学院学报，2012,29(9):76-78.

简谐运动的模拟在高中物理课程中的应用[1]

宋亚峰[2]

摘要：在现阶段高中物理教学中，为了让学生更好地掌握物理原理，提高学习效率，有必要进行实验教学。不过有些物理实验受限于实验条件，且具有一定的难度，所以需要探求新的实验教学方法。现代教学媒体的发展与使用，使得仿真模拟实验做为一种新的教学方式，且具有准确、高效的优点而被广泛地应用，因此使用仿真模拟实验教学方法便可以解决上述问题。本文借助计算机仿真软件，研究了弹簧振子在不同质量与劲度系数下的运动动画以及位移、周期、能量变化的图像。根据仿真实验的结果归纳结论，将其应用于课堂教学中，展现抽象的简谐运动概念与运动规律。使用这种图文并茂的教学方式，便于学生对简谐运动有更深刻的认识与理解。同时，这种教学方式不受客观实验条件的限制，学生可以反复的学习，有助于学生后期物理学习的巩固与提高。

关键词：高中物理；简谐运动；计算机辅助教学

一、引言

（一）背景及意义

物理课程是以实验为基础的教学课程，学生通过对实验的观察，不仅可以了解实验现象。而且通过对现象分析，还可以理解其中的原理，最终归纳实验结论。在2003年教育部颁布的课程标准中提出"实验是物理课程改革的重要环节"。由此可见，实验课程的地位被提升，说明不仅要让学生学会基本的物理概念与定律，更要提升学生的动手操作能力。

随着计算机等教学媒体的普及与应用，为实验教学创造了新的物质条件。我们可以将计算机数字仿真模拟与高中物理实验结合，改变传统实验器材所不能完成的实验，或难以完成的实验的状况。对于这一点，丁玲在2009年提出了"将传统实验思想与现代教育技术结合起来，用形象的数字图形表达物理规律"的教学方法。仿真模拟实验，既可以生动形象的展示实验结果，又可以节约实验时间。计算机仿真软件容易操作且模拟效果较好。它能将模拟实验的实验效果最大化，同时也能将传统实验的负面影响降到最低，显著提升学生的学习效率。

对物理概念、定理的深入理解，必须基于对物理实验的理解与实验原理的掌握，同时教师的讲解也是必不可少的要素。随着教育资源的投入加大与计算机的普及，为实验教学带来了新的方法，计算机仿真实验法便是其中之一。本文结合案例对该方法进行深入的分

---

[1] 基金项目：陕西高等教育教学改革重点研究项目（21BZ075）；陕西省教育科学"十四五"规划项目（SGH21Y0238）；商洛学院教育教学改革课程思政专项（21jyjxs106）

[2] 作者介绍：宋亚峰，1985年生，男，山西介休人，博士，副教授，主要从事教育教学改革与实践研究

析，将计算机仿真模拟引入课堂教学之中，展现可视化仿真模拟在实验教学中的巨大优势，从而使学生的学习效果取得突破性进展。本文具体以高中物理教材中的弹簧振子的简谐运动为例，结合计算机仿真模拟，深入探究简谐运动的运动规律。根据仿真模拟的结果采取适当的教学方法，让学生牢固掌握简谐运动的原理，进而促进学生在课堂中学习的积极性与主动性，最终实现学生学习在质上的飞跃。因此，仿真模拟教学法在高中物理课堂中的应用，对学生的全面发展具有一定的促进意义。

（二）仿真模拟用于教学的现状

国外仿真模拟实验在教学方面的应用研究比较早，在仿真软件的开发与设计方面也更加完善，应用范围也更加广阔。他们依据各自的教学特点以及相应的教学理论，为仿真模拟实验在教育领域的引入搭建了广阔的平台。在1988年，美国麻省理工大学已经将Java技术应用在微电子的实验设计和开发方面，这是仿真实验技术应用在教学领域的第一次尝试。同时，北卡罗来那大学分校在美国教育部资金的帮助下利用Java技术建立了仿真物理实验室。到目前为止，各种仿真软件已经在欧美西方国家的各级各类学校得到普遍的应用，并且取得了良好的教学效果。

相对于欧美发达国家来说，我国的仿真模拟实验发展、应用则相对较晚。但是随着教学方法的多元化发展，国内的一些学者也开始对其进行研究。例如，周业奋等运用计算机软件强大的数值计算功能，求解高中物理课程中难以计算的求极值问题，同时还将仿真模拟应用在基本的物理实验上，以便于学生更高效的理解与掌握基本的物理规律。纪婷婷将高中"电场强度"和"电势能和电势"与计算机软件仿真模拟结合，运用动画的方式解释物理实验，得出结论："应用计算机软件进行教学可以让学生体会到用计算机解决物理问题所带来的方便和乐趣，激发学生的学习兴趣。"

（三）研究内容

本文主要以普通高中物理教材中的简谐运动为研究对象。采用弹簧振子在计算机软件中进行模拟简谐运动的方法，探究简谐运动的运动规律。具体是在计算机软件上建立弹簧振子的基本模型，通过改变弹簧振子的质量（m）与劲度系数（k），模拟弹簧振子的位移、周期、动能、势能等物理量的变化过程。最后根据仿真模拟的动画与图像，结合教学的目的与要求，依据学生的知识基础，引导学生积极主动的思考，掌握简谐运动规律。

二、高中物理课程中简谐运动的仿真模拟基础

（一）仿真模拟用于高中物理教学的基础

1. 仿真模拟用于教学的设备基础

近些年，国家对中小学教育越来越重视，投入也越来越大。因此也推动了教学设备的更新换代，例如电脑、投影仪等众多现代教学媒体设备。各种现代教学设备走进学校、走进课堂，为教师提供了多样化的教学方法。在此情况下，各种教学设备的普及给仿真模拟技术用于高中物理实验教学提供了基本的设备基础。

当下，电子产品与应用软件的种类越来越丰富，且逐步进入我们的生活，进入我们的校园。不仅教师办公、上课越来越依赖于电脑、投影仪等现代教学设备与各种应用软件，

而且学生学习也更多地借助手机、电脑等教学设备。因此对现代教学设备与应用软件的广泛使用使得教师对仿真模拟软件没有排斥心理，在上课过程中学生也不会被教学设备与仿真软件过分的吸引而失去上课的核心内容。在计算机等现代教学设备上运用仿真模拟软件这种现代化教学手段，改变了传统的实验教学模式，有助于提高学生的学习积极性。计算机仿真软件是一门功能强大的应用软件，具有绘图、计算、可视化等多种功能，可以有效地运用到高中课程中。

2. 仿真模拟用于教学的理论基础

近现代以来，为了更好的适应与促进教育的向前发展，许多教育学家与心理学家提出了众多教育教学理论。例如视听教学理论、认知学习理论等，这些理论又进一步促进了教育的多元化发展。这些教学理论又易于与新的教学方法结合，这种优势为仿真模拟技术应用于高中物理实验提供了丰富的理论基础。

视听教学理论是伴随着现代科学技术与信息化的发展而发展起来的新的教学理论，同时也催生出许多行之有效的现代教育教学方法，例如幻灯片、音频、视频等方法。视听教学主要依赖于运用媒体设备播放的图片、音频或视频对大脑产生明显的刺激，使得大脑对外部信息有一个深刻的记忆与深入的理解。与传统的实验教学方法不同，仿真模拟实验可以做到图文并茂、动静结合。通过多种形式的视觉刺激，提升学生的思考能力，使之在课堂过程中形成一条清晰的思路，保持良好的学习效果。

（二）高中物理简谐运动教学中存在的问题

受限于客观的实验条件，简谐运动实验用传统的方法做出来很难达到预期的教学效果。例如高中物理教材中简谐运动规律，直接给出的结论学生可能无法深入、准确的理解。

但是如果教师用计算机仿真模拟软件模拟出简谐运动过程，绘制出物理规律变化的图像，就可便于学生通过简洁的图像对其中的物理图像有清晰的认识。使用仿真模拟的教学方法教师便于操作，学生也易于接受，也能使难懂的简谐运动变得生动有趣。同时克服了传统实验的不足，容易让学生理解简谐运动。

三、高中物理课程中弹簧振子运动规律的模拟探究

（一）案例一：单个弹簧振子运动规律模拟探究

（1）弹簧振子：是由小球和弹簧构成的一个系统，也叫简谐振子。

（2）设弹簧原长为 l，劲度系数为 k，振子的质量为 m，可忽略摩擦。求当弹簧振子从最大位移开始运动时，模拟弹簧振子理想情况下运动动画和位移变化图像。

（3）解：从最大位移处开始运动，即在运动过程中对于小球来说，受到弹簧的拉力，且拉力提供合外力。由牛顿运动定律，列出公式如下

$$ma = -kx \tag{1}$$

运用微积分知识，可进一步得出

$$\frac{d^2 x}{dt^2} + \frac{k}{m}x = 0 \tag{2}$$

令 $\omega=\sqrt{\dfrac{k}{m}}$，则上式可化为

$$\dfrac{\mathrm{d}^2 x}{\mathrm{d}t^2}+\omega^2 x=0 \tag{3}$$

上式即为弹簧振子的动力学方程。由数学知识对式(3)求解得出：

$$x=A\cos(\omega t+\varphi) \tag{4}$$

该方程为弹簧振子的运动学方程。其中 A 是振幅，是初相，ω 是角频率。则弹簧振子的运动周期为：

$$T=\dfrac{2\pi}{\omega}=2\pi\sqrt{\dfrac{m}{k}} \tag{5}$$

同时，求出 ω 为：

$$\omega=\dfrac{2\pi}{T} \tag{6}$$

即 ω 是系统本身的性质，不受其他因素的影响。

将式(6)代入式(4)中并且化简得出：

$$x=A\sin\left(\dfrac{2\pi}{T}t+\varphi_0\right) \tag{7}$$

由式(7)可知弹簧振子的运动是简谐运动，为简谐运动的运动学方程。对于整个弹簧振子来说，弹力 $F=-kx$ 为弹簧振子的回复力。

根据以上解析结果，进行仿真模拟，得出弹簧振子的运动动画和位移变化图像如表1所示。

表1 弹簧振子的运动动画表示

运动位置	对应图像
初始位置最大位移处	
压缩至平衡位置处	
压缩至最大位置处	
恢复至平衡位置处	
恢复至最大位移处	

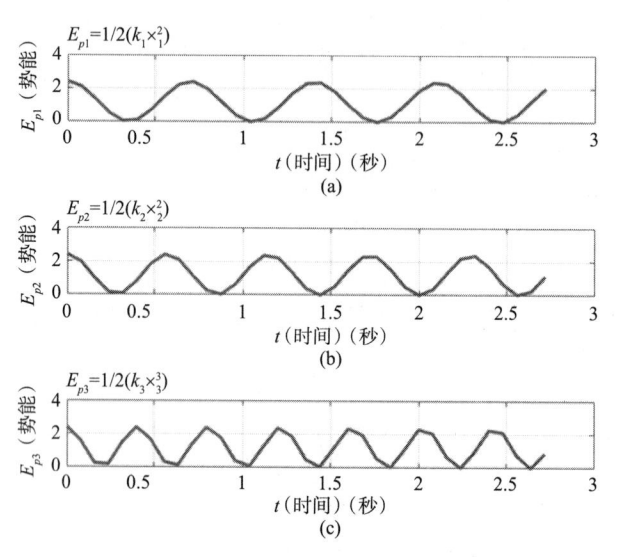

图中(a): $E_{p1}=1/2(k_1 x_1^2)$
图中(b): $E_{p2}=1/2(k_2 x_2^2)$
图中(c): $E_{p3}=1/2(k_3 x_3^3)$

图 1　弹簧振子的位移图像

（4）实验结论：表1给出了弹簧振子运动的动画，图1给出了弹簧振子位移随时间变化图像。从图1中得出：弹簧振子运动的图像遵循正弦函数变化的规律，因此证明了弹簧振子的运动是简谐运动。应用计算机软件对弹簧振子运动的仿真模拟，展现出了动态动画，也绘制出了弹簧振子的位移随时间变化的图像。可以看到，在整个仿真实验过程中虽然并未使用任何传统仪器，但是清晰、准确地表达出了弹簧振子在理想状态下的位移图像遵从正弦函数关系，有力的展现出了模拟实验在教学中的作用。表1中，已经通过表格的方式将弹簧振子运动动画表示出来，在接下来的案例中有类似的运动动画将不再表示。

（二）案例二：不同质量的弹簧振子运动能量变化

（1）设有三个被固定在同一墙面的弹簧振子，弹簧原长都为 l，劲度系数为 $k_1 = k_2 = k_3 = 30$(N/m)，振子的质量为 = 1.5(kg)，$m_2 = 1$(kg)，$m_3 = 0.5$(kg)。不计其他影响因素。求：模拟弹簧振子动态动画与能量变化图像。

（2）解：根据案例一的解析过程，得出三个弹簧振子运动的周期公式分别如下所示

$$T_1 = \frac{2\pi}{\omega} = 2\pi\sqrt{\frac{m_1}{k_1}} \tag{8}$$

$$T_2 = \frac{2\pi}{\omega} = 2\pi\sqrt{\frac{m_2}{k_2}} \tag{9}$$

$$T_3 = \frac{2\pi}{\omega} = \sqrt{\frac{m_3}{k_3}} \tag{10}$$

比较式（8）～式（10），可以进一步得出，三个弹簧振子的周期大小关系为 $T_1 > T_2 > T_3$。求出弹簧振子的势能、动能和总能量的表达式为

$$E_p = \frac{1}{2}kx^2 \tag{11}$$

$$E_k = \frac{1}{2}m\omega^2 A^2 \sin^2 \omega t \tag{12}$$

$$E = E_p + E_k \tag{13}$$

不同质量的弹簧振子运动比较如图 2 所示。

$$m_1 = 1.5 \text{ kg}, \quad k_1 = 30 \text{ N/m}$$
$$m_2 = 1 \text{ kg}, \quad k_2 = 30 \text{ N/m}$$
$$m_3 = 0.5 \text{ kg}, \quad k_3 = 30 \text{ N/m}$$

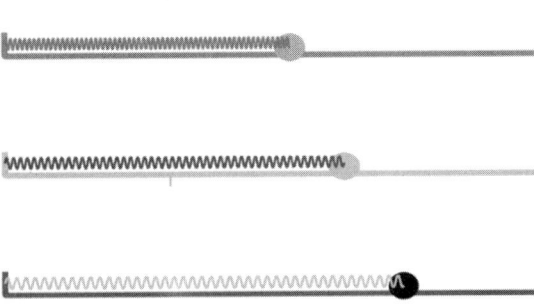

图 2　不同质量的弹簧振子运动动画比较

根据以上的解析式，进行仿真模拟。如图 3 所示，得出弹簧振子的运动动画和位移变化图像。此处三个弹簧振子的运动动画与表 1 中的情况相似，因此不再赘述。

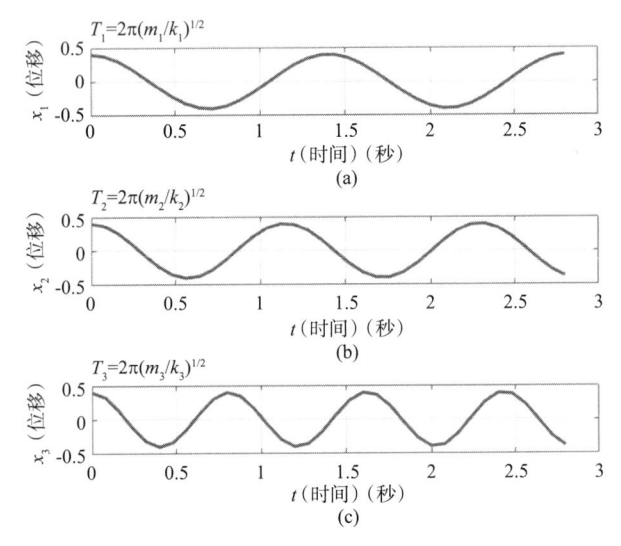

图 3　不同质量的弹簧振子运动位移比较

(3) 实验结论一：通过计算机仿真模拟的运动动画我们可以清楚地看到，在相同劲度系数，不同质量的情况下，三个弹簧振子的运动状态为：第三个弹簧振子振动的最快，第二个弹簧振子次之，第一个弹簧振子振动的最慢。从图 3 中也能得出三个弹簧振子周期变化的基本关系为：$T_1 > T_2 > T_3$，这与上面根据公式推导的结果相吻合。

(4) 不同质量的弹簧振子能量变化如图 4～图 6 所示：

(5) 实验结论二：图 4 是弹簧振子的势能随振动时间变化的图像；图 5 是弹簧振子的动

能随振动时间变化的图像；图 6 是弹簧振子的总能量随振动时间变化的图像。由图 4、图 5 结合图 3 得出，在不同质量下，当弹簧振子周期性运动时，势能和动能也呈现周期性改变。以图 2，图 3 中 $m_1 = 1.5(kg)$ 的弹簧振子为例，在最大位移处势能有最大值，动能为零；移动到平衡位置时，有最大动能，而势能为零。在整个运动过程中，弹簧振子的总能量始终没有变化；即在振动过程中，弹簧振子在任意位置上的动能和势能之和不变。

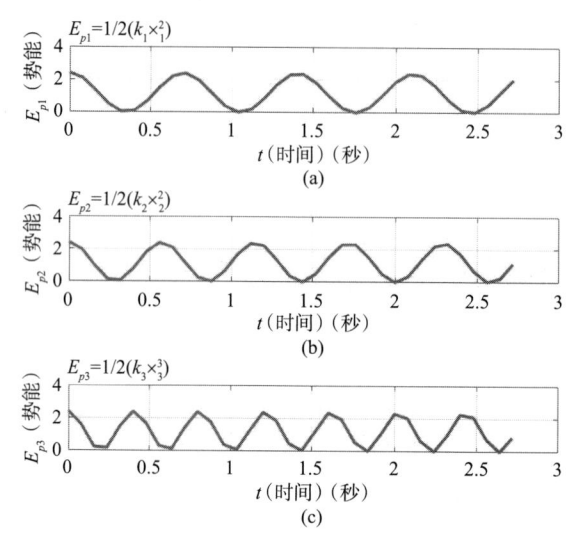

图 4 不同质量的弹簧振子运动势能比较

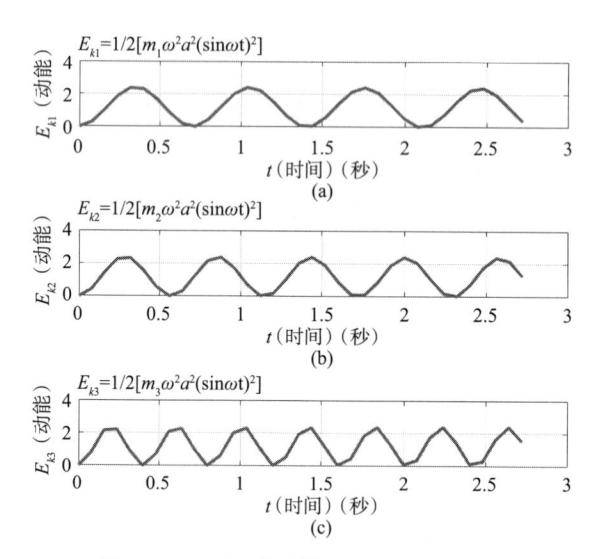

图 5 不同质量的弹簧振子运动动能比较

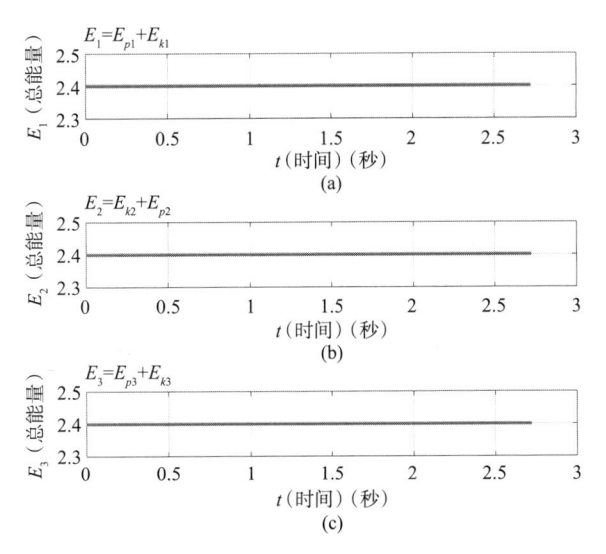

图 6　不同质量的弹簧振子运动总能量比较

（三）案例三：不同劲度系数的弹簧振子运动能量变化

（1）设有三个被固定在同一墙面的弹簧振子，弹簧原长都为 l，质量为 $m_4 = m_5 = m_6 = 1(\text{kg})$，劲度系数为 $k_4 = 40(\text{N/m})$、$k_5 = 30(\text{N/m})$、$k_6 = 20(\text{N/m})$。不计其他影响因素。求：模拟弹簧振子动态动画与能量变化图像。

（2）解：结合案例一的解析过程，得出三个弹簧振子运动的周期公式分别如下所示：

$$T_4 = \frac{2\pi}{\omega} = 2\pi\sqrt{\frac{m_4}{k_4}} \tag{14}$$

$$T_5 = \frac{2\pi}{\omega} = 2\pi\sqrt{\frac{m_5}{k_5}} \tag{15}$$

$$T_6 = \frac{2\pi}{\omega} = 2\pi\sqrt{\frac{m_6}{k_6}} \tag{16}$$

比较式（14）～式（16），可以进一步得出，三个弹簧振子的周期大小关系为：$T_4 < T_5 < T_6$。

同样，求出弹簧振子的势能、动能和总能量的表达式为：

$$E_p = \frac{1}{2}kx^2 \tag{17}$$

$$E_k = \frac{1}{2}m\omega^2 A^2 \sin^2\omega t \tag{18}$$

$$E = E_p + E_k \tag{19}$$

根据以上的解析方程，进行仿真模拟。如下图所示，得出弹簧振子的运动动画和位移变化图像。此处弹簧振子的运动动画与表 1 中的情况相似，因此不再赘述。

不同质量的弹簧振子运动比较如图 7 所示。

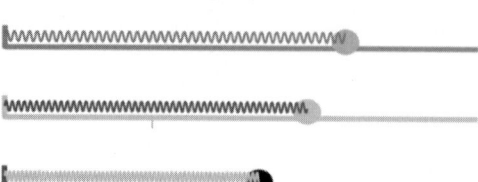

$$m_4 = 1 \text{ kg}, \quad k_4 = 40 \text{ N/m}$$
$$m_5 = 1 \text{ kg}, \quad k_5 = 30 \text{ N/m}$$
$$m_6 = 1 \text{ kg}, \quad k_6 = 20 \text{ N/m}$$

图 7　不同劲度系数的弹簧振子运动动画比较

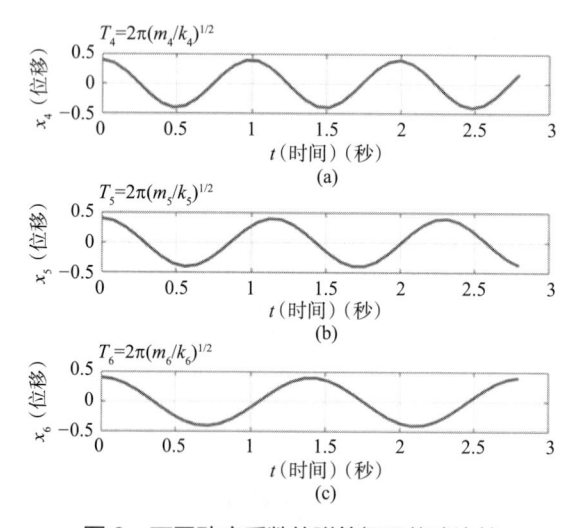

图 8　不同劲度系数的弹簧振子位移比较

(3) 实验结论一：由图 7 中的仿真动画可以看出，在相同质量，不同劲度系数的弹簧振子运动动画中：第一个弹簧振子振动的最快、第二个弹簧振子次之、第三个弹簧振子振动的最慢。又从图 8 中得出，三个弹簧振子的周期变化关系为：$T_4 < T_5 < T_6$，这与我们通过公式推导的结果基本相吻合，进而从侧面证明了仿真模拟实验具有准确、高效的优势。

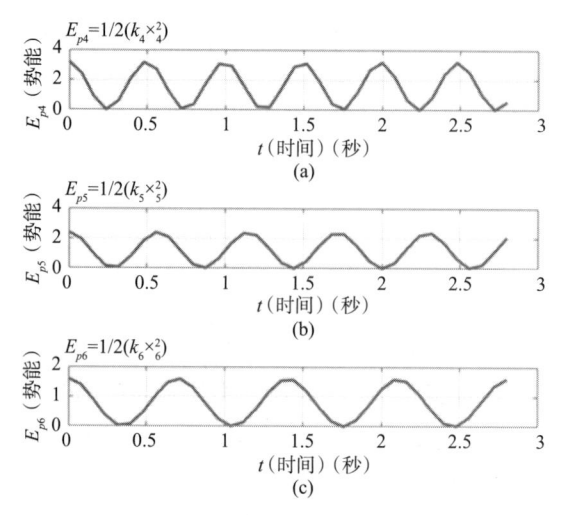

图 9　不同劲度系数的弹簧振子运动势能比较

$E_{k4}=1/2[m_4\omega^2a^2(\sin\omega t)^2]$

(a)

$E_{k5}=1/2[m_5\omega^2a^2(\sin\omega t)^2]$

(b)

$E_{k6}=1/2[m_6\omega^2a^2(\sin\omega t)^2]$

(c)

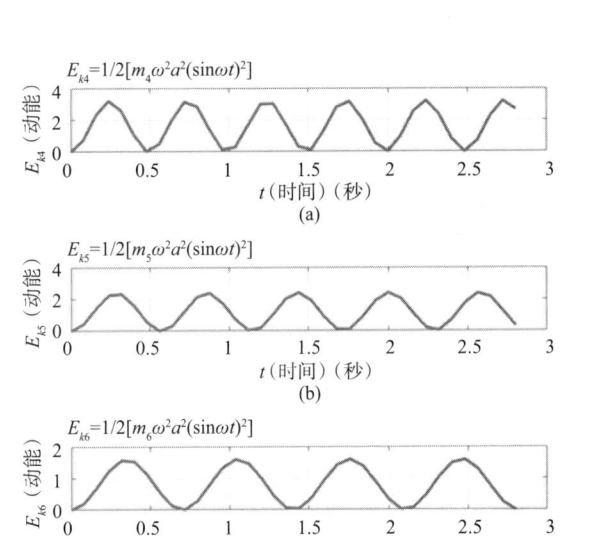

图 10　不同劲度系数的弹簧振子运动动能比较

$E_4=E_{p4}+E_{k4}$

(a)

$E_5=E_{p5}+E_{k5}$

(b)

$E_6=E_{p6}+E_{k6}$

(c)

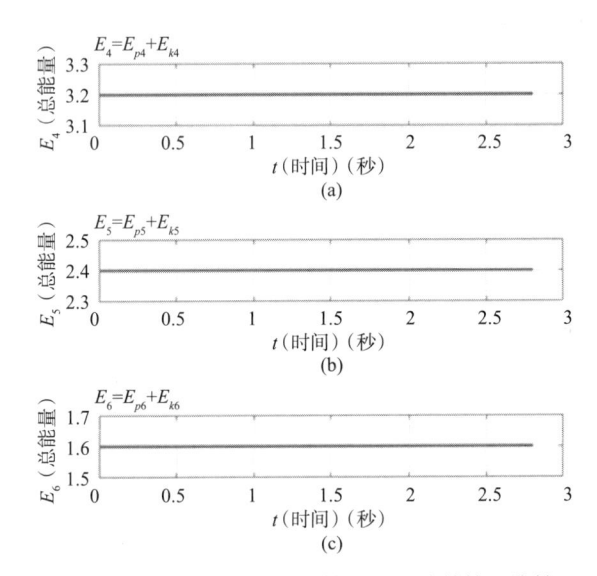

图 11　不同劲度系数的弹簧振子运动总能量比较

（4）实验结论二：图9是弹簧振子的势能随振动时间变化的图像；图10是弹簧振子的动能随振动时间变化的图像；图11是弹簧振子的总能量随振动时间变化的图像。从图9，图10结合图8得出，在不同劲度系数下，当弹簧振子周期性运动时，势能和动能也呈周期性改变，这与不同质量的情况下势能、动能的变化规律相同。以图7、图8中 $k_4=40(\text{N/m})$ 的弹簧振子为例，在最大位移处势能有最大值，动能为零；移动到平衡位置时，有最大动能，而势能为零。在整个运动过程中，弹簧振子的总能量始终没有变化；即在振动过程中，弹簧振子在任意位置上的动能和势能之和不变。这个结论与不同质量的情况下弹簧振子的能量变化相同。

（四）弹簧振子模拟的教学分析

1. 案例总结

案例一既模拟出了与传统实验相似的运动情况，也绘制出了弹簧振子的位移变化图像，便于学生观察弹簧振子的运动状态，使得学生对简谐运动有更加清晰的认识。案例二模拟了在不同质量下，三个弹簧振子运动周期、能量的变化情况。向学生展示了不同质量对弹簧振子运动周期、势能、动能的影响，引导学生得出弹簧振子的质量越大，周期越大的结论。案例三模拟了在不同劲度系数下，三个弹簧振子运动周期、能量的变化情况，引导学生得出弹簧振子的劲度系数越大，周期越小的结论。在两种不同的情况下，弹簧振子刚开始运动时，动能为零，势能最大；当弹簧振子到达平衡位置时，动能最大，势能为零，整个过程中弹簧振子的总能量始终不变。

2. 实验方式对比

（1）探究弹簧振子的位移—时间 $(x-t)$ 图像

①传统实验法：频闪照片法。

②传统实验分析：传统的实验方法是将弹簧振子的小球拉到最大位移处再将其释放，如图 12 所示。然后运用频闪仪对其拍摄频闪照片，最后将所有的频闪照片进行处理，得出弹簧振子的位移随时间变化图像，如图 13 所示。从拍摄的照片中我们可以得出，弹簧振子的位移与时间关系遵从正弦函数规律，即弹簧振子的运动是简谐运动。在实验过程中，有各种摩擦力的影响，所以弹簧振子的初始位置、频闪仪拍摄的时间不好把握。尤其拍摄间隔要设置合理，间隔太短导致弹簧振子照片重叠，间隔太长导致图像不够连贯。

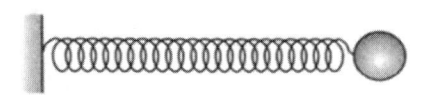

图 12　弹簧振子的振动　　　　图 13　频闪照片

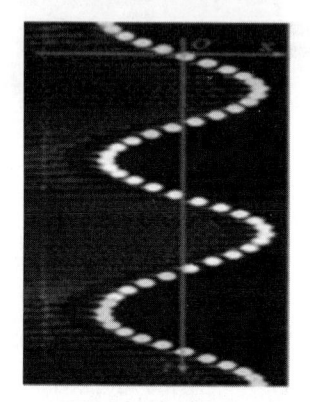

③仿真实验法：根据推导的公式，运用计算机软件仿真模拟。仿真模拟实验，既有传统实验弹簧振子的振动动画，也有弹簧振子的位移—时间 $(x-t)$ 变化图像。计算机仿真模拟实验用时短，准确度高，图文并茂地展示了实验结果。还可以将两者结合，在传统实验的基础上再进行仿真模拟实验，便可以验证传统实验的实验结果。

（2）探究弹簧振子运动的能量变化

①传统实验方法：记录法。

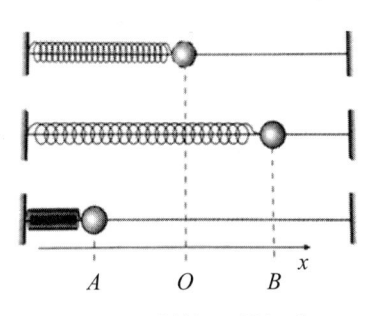

图 14 弹簧振子的振动

位置	A	A→O	O	O→B	B
位移的大小					
速度的大小					
动能					
势能					
总能					

图 15 能量分析

②传统实验分析：传统实验是借助弹簧振子的运动如图 14 所示，并且记录能量的变化过程如图 15 所示。记录不同位置的位移、速度、动能、势能、总能量的最大值、最小值和能量增减情况，总结出弹簧振子的动能与势能的变化趋势，以及总能量在任意位置都是不变的结论。在使用该方法时，由于弹簧振子的振动较快，影响其记录的准确性，可能会导致结论存在一定的误差。

③仿真实验方法：如图 4、图 5、图 9、图 10 所示，给出了在理想状态下不同质量与不同劲度系数的弹簧振子势能、动能的变化趋势，且可以看出弹簧振子的势能与动能成周期性改变，从图 6、图 11 中得出弹簧振子的总能量不变。以图 3 结合图 4、图 5、图 6 来看，当弹簧振子在最大位移位置处，势能有最大值，动能为零；当弹簧振子在平衡位置时，势能为零，动能有最大值，在整个运动的过程中弹簧振子的总能量保持不变，从图 8～图 11 中我们也能得出同样的结论。从不同质量与劲度系数下的能量变化过程看，实验从全方位、多角度地对弹簧振子的能量变化做了深入的研究。这可以帮助学生全面理解简谐运动，在实际教学中还可以先做传统的能量变化实验，再运用仿真模拟实验对传统实验结果进行验证。

鉴于弹簧振子运动的特殊性，教师很容易在课堂上演示其宏观的运动过程，但是无法直接了解到其运动周期与位移等基本物理量的详细变化情况，这样就会导致学生对该部分内容掌握不到位。因此，我们借助计算机软件对其进行仿真模拟，可以再现其运动过程；又可以得出运动周期、势能、动能和总能量的变化图像，使得学生对简谐运动有更深入的理解。

四、小结

通过对弹簧振子简谐运动的仿真模拟，得出了运动动画与清晰的周期、能量变化图像。其中，弹簧振子模拟了不同劲度系数与不同质量两种情况下的运动动画与周期、能量变化图像。对以上案例的仿真模拟与两种实验方式的对比得出以下结论：

在相同劲度系数，不同质量下，三个弹簧振子的运动都服从简谐运动，并且质量越大，弹簧振子运动周期越大。从能量变化角度来说，在振动的过程中，任意位置弹簧振子总能量相等。在相同质量，不同劲度系数下，三个弹簧振子的运动也都服从简谐运动，并且劲度系数越大，弹簧振子运动周期越小。从能量变化角度来说，在振动的过程中，任意位置弹簧振子总能量相等。

通过与传统实验对比，利用计算机软件仿真模拟简谐运动具有方便快捷、准确性高等优点。运用图文并茂的方式，给予学生多方面呈现，促进学生对简谐运动有深入的理解与牢固的掌握。

参考文献

[1] 中华人民共和国教育部. 普通高中物理课程标准 [M]. 北京：人民教育出版社，2003.

[2] 丁玲. 高中物理教学中的传统实验和数字化实验优化整合的实践研究 [D]. 上海：上海师范大学，2008.

[3] 郭强友. Matlab 可视化方法在高中物理教学中的应用与实践研究 [D]. 上海：上海师范大学，2020.

[4] 刘勇博. 高中物理实验教学的现状及对策 [J]. 学周刊，2021,2:35-36.

[5] 郭齐胜，徐享忠. 计算机仿真 [M]. 北京：国防工业出版社，2011.